Medizinische Zufallsbefunde in der Diagnostik und Forschung

Recht und Medizin

Herausgegeben von den Professoren
Dr. Erwin Deutsch (†), Dr. Bernd-Rüdiger Kern, Dr. Thorsten Kingreen,
Dr. Adolf Laufs (†), Dr. Hans Lilie, Dr. Hans-Ludwig Schreiber,
Dr. Andreas Spickhoff

Bd./Vol. 134

Zur Qualitätssicherung und Peer Review der vorliegenden Publikation

Die Qualität der in dieser Reihe erscheinenden Arbeiten wird vor der Publikation durch Herausgeber der Reihe geprüft.

Notes on the quality assurance and peer review of this publication

Prior to publication, the quality of the work published in this series is reviewed by editors of the series.

Kerstin Sabina Heidenreich

Medizinische Zufallsbefunde in der Diagnostik und Forschung

Eine rechtsethische Analyse im Spannungsfeld zwischen Selbstbestimmungsrecht und ärztlicher Fürsorge

PETER LANG

Bibliografische Information der Deutschen Nationalbibliothek
Die Deutsche Nationalbibliothek verzeichnet diese Publikation in der Deutschen Nationalbibliografie; detaillierte bibliografische Daten sind im Internet über http://dnb.d-nb.de abrufbar.

ISSN 0172-116X
ISBN 978-3-631-79733-4 (Print)
E-ISBN 978-3-631-80448-3 (E-PDF)
E-ISBN 978-3-631-80449-0 (EPUB)
E-ISBN 978-3-631-80450-6 (MOBI)
DOI 10.3726/b16241

Peter Lang – Berlin · Bern · Bruxelles · New York · Oxford · Warszawa · Wien

Diese Publikation wurde begutachtet.

www.peterlang.com

Für meine Familie

Diese Arbeit wurde im Januar 2018 fertig gestellt und im Wintersemester 2018/2019 von der Juristischen Fakultät der Georg-August-Universität Göttingen als Dissertation angenommen. Neuere Literatur und Rechtsprechung wurden bis April 2019 berücksichtigt, soweit dies sinnvoll und erforderlich war.

Besonderer Dank gilt meinem Doktorvater Herrn Prof. Dr. Gunnar Duttge für die Betreuung dieser Arbeit und die Erstellung des umfassenden Erstgutachtens. Die Idee für das vorliegende Thema ist im Rahmen meiner Tätigkeit als wissenschaftliche Hilfskraft in der Geschäftsstelle der Ethikkommission der Universitätsmedizin Göttingen entstanden und wurde durch Herrn Prof. Dr. Duttge ermöglicht und inhaltlich gefördert. Ich danke zudem Herrn Prof. Dr. Dr. h.c. Volker Lipp für die Übernahme des Zweitgutachtens.

Bei den Herausgebern der Schriftenreihe „Recht und Medizin“ bedanke ich mich für die Aufnahme meiner Arbeit in ihre Schriftenreihe.

Ausdrücklich danken möchte ich meiner Familie für ihre Unterstützung bei dem Verfassen dieser Arbeit:

So danke ich meinen Eltern Prof. Dr. Fedor und Ulrike Heidenreich herzlich, die mich bei meiner Promotion und auch sonst bei meinen Entscheidungen im Studium und im Leben immer uneingeschränkt unterstützt, beraten und ermutigt haben. Ihr beständiger und zuverlässiger Rückhalt bedeutet mir sehr viel.

Meinem Vater, meinem Bruder Dr. Julius Heidenreich und Stefanie Mayer danke ich zudem für die vielen Gespräche über medizinische Bildgebung und genetische Untersuchungen, die für diese Arbeit besonders wertvoll waren.

Großer Dank gilt meinem Ehemann Marius Meschede, der durch seine umfangreiche Unterstützung, stetige Zuversicht und Motivation an der Fertigstellung der Arbeit großen Anteil hat. Zudem danke ich ihm herzlich für die Zeit und Kraft, die er in das Korrekturlesen dieser Arbeit investiert hat.

Zuletzt danke ich meinen ehemaligen Kolleginnen und Kollegen aus dem Zentrum für Medizinrecht der Juristischen Fakultät der Georg-August-Universität Göttingen für die vielen spannenden und anregenden (medizinrechtlichen) Diskussionen während der langen Tage in der Bibliothek.

Inhaltsübersicht

Inhaltsverzeichnis

Abkürzungsverzeichnis

a. A.	andere(r) Ansicht
Ab.	Abschnitt
Abs.	Absatz
ACMG	American College of Medical Genetics and Genomics
a. F.	alte Fassung
AG	Amtsgericht
Alt	Alternative
AMG	Arzneimittelgesetz
Am J Neuroradiol	American Journal of Neuroradiology
Anh.	Anhang
AöR	Archiv des öffentlichen Rechts
Arch Neurol	Archives of Neurology
Art.	Artikel
AuR	Arbeit und Recht (Zeitschrift)
Az.	Aktenzeichen
BAG	Bundesarbeitsgericht
BÄO	Bundesärzteordnung
BDSG	Bundesdatenschutzgesetz
BeckRS	Beck-Rechtsprechung
BfArM	Bundesinstitut für Arzneimittel und Medizinprodukte
BGB	Bürgerliches Gesetzbuch
Bundesgesundheitsbl.	Bundesgesundheitsblatt
BGH	Bundesgerichtshof
BGHSt	Entscheidungen des Bundesgerichtshofs in Strafsachen
BGHZ	Entscheidungen des Bundesgerichtshofs in Zivilsachen
BMJ	British Medical Journal
BNatSchG	Bundesnaturschutzgesetz
Br J Radiol	The British Journal of Radiology
BR-Drs.	Bundesrat-Drucksache
bspw.	beispielsweise
BT-Drs.	Bundestag-Drucksache

BtMG	Betäubungsmittelgesetz
BVerfG	Bundesverfassungsgericht
BVerfGE	Entscheidungen des Bundesverfassungsgerichts
BVerwG	Bundesverwaltungsgericht
BVerwGE	Entscheidungen des Bundesverwaltungsgerichts
bzgl.	bezüglich
bzw.	beziehungsweise
ca.	circa
CT	Computertomographie
DÄ	Deutsches Ärzteblatt
ders.	derselbe
dies.	dieselbe
d. h.	das heißt
Diss.	Dissertation
DMW	Deutsche Medizinische Wochenschrift
DNA	Desoxyribonukleinsäure
DÖV	Die öffentliche Verwaltung
DRZE	Deutsches Referenzzentrum für Ethik und Biowissenschaften
DuD	Zeitschrift Datenschutz und Datensicherheit
DVBl	Deutsches Verwaltungsblatt
ed.	edition
engl.	englisch
et al.	und andere
Ethik Med	Ethik in der Medizin (Zeitschrift)
EURAT	Ethische und Rechtliche Aspekte der Totalsequenzierung des menschlichen Genoms
Eur J Hum Genet	European Journal of Human Genetics
e.V.	eingetragener Verein
f./ff.	folgend/folgende
FamRZ	Zeitschrift für das gesamte Familienrecht
fMRI	functional magnetic resonance imaging
fMRT	funktionelle Magnetresonanztomographie
Fn.	Fußnote
Fortschr Neurol Psychiat	Fortschritte der Neurologie Psychiatrie
FPR	Zeitschrift Familie Partnerschaft Recht
FS	Festschrift
GenDG	Gendiagnostikgesetz
GenTG	Gentechnikgesetz

Gent Med	Genetics in Medicine
GesR	Gesundheitsrecht (Zeitschrift)
GG	Grundgesetz
ggf.	gegebenenfalls
GKV	Gesetzliche Krankenversicherung
GoÄ	Gebührenordnung der Ärzte
GÜG	Grundstoffüberwachungsgesetz
GWB	Gesetz gegen Wettbewerbsbeschränkungen
Habil.-Schr.	Habilitationsschrift
HKG-Nds.	Heilkammergesetz-Niedersachsen
Hrsg.	Herausgeber
Hum Genet	Human Genetics
HWG	Heilmittelwerbegesetz
I.E.	Im Ergebnis
IMEW	Institut Mensch, Ethik und Wissenschaft
InfSG	Infektionsschutzgesetz
Int J Law Psychiatry	International Journal of Law and Psychiatry
i. V. m.	in Verbindung mit
JGG	Jugendgerichtsgesetz
J Law Med Ethics	Journal of Law, Medicine & Ethics
J Magn Reson Imaging	Journal of Magnetic Resonance Imaging
J Neurol Sci	Journal of Neurological Sciences
JuS	Juristische Schulung
JZ	Juristenzeitung
Kap.	Kapitel
KHG	Krankenhausfinanzierungsgesetz
krit.	kritisch
m. Anm.	mit Anmerkung(en)
MBO	Musterberufsordnung
MedR	Zeitschrift für Medizinrecht
MPG	Medizinproduktegesetz
MRI	Magnetic Resonance Imaging
MRT	Magnetresonanztomographie
m. w	mit weiteren
m. w. Argumenten	mit weiteren Argumenten
m. w. Nachw.	mit weiteren Nachweisen
Nachdr.	Nachdruck
Nat Neurosci	Nature Neuroscience
N Engl J Med	The New England Journal of Medicine

n. F.	neue Fassung
NJOZ	Neue Juristische Online-Zeitschrift
NJW	Neue Juristische Wochenschrift
Nr.	Nummer
NVwZ	Neue Zeitschrift für Verwaltungsrecht
NZA	Neue Zeitschrift für Arbeitsrecht
NZS	Neue Zeitschrift für Sozialrecht
OLG	Oberlandesgericht
PatRG	Patientenrechtegesetz
PEI	Paul-Ehrlich-Institut, deutsches Institut für Impfstoffe und biomedizinische Arzneimittel
PET	Positronen–Emissions-Tomographie
PharmR	Zeitschrift für Pharmarecht
ProdHG	Produkthaftungsgesetz
RDG	Rechtsdepesche für das Gesundheitswesen
RGSt	Entscheidungen des Reichsgerichts in Strafsachen
Rn.	Randnummer
RNA	Ribonukleinsäure
RÖV	Röntgenschutzverordnung
Rspr.	Rechtsprechung
S.	Satz
s. a.	siehe auch
Schweiz Med Forum	Schweizerisches Medizin-Forum
SGB V, XI	Sozialgesetzbuch V, XI
Soc Sci Med	Social Science & Medicine
SPECT	Single-photon emission computed tomography
Stellv.	Stellvertretend
StGB	Strafgesetzbuch
StPO	Strafprozessordnung
StrlSchV	Strahlenschutzverordnung
Surg Neurol	Surgical Neurology
Techn Hochsch	Technische Hochschule
TierschG	Tierschutzgesetz
TFG	Transfusionsgesetz
Trends Biotechnol	Trends in Biotechnology
TPG	Transplantationsgesetz
u.	und
u. a.	und andere
UmweltHG	Umwelthaftungsgesetz

Uni.	Universität
Urt.	Urteil
v.	vom/von
VereinsG	Vereinsgesetz
VersammlG	Versammlungsgesetz
VersR	Versicherungsrecht (Zeitschrift)
VerwArch	Verwaltungsarchiv (Zeitschrift für Verwaltungslehre, Verwaltungsrecht und Verwaltungspolitik)
vgl.	vergleiche
Vol	Volume
VuR	Verbraucher und Recht (Zeitschrift)
z. B.	zum Beispiel
zit.	zitiert
ZPO	Zivilprozessordnung
ZRph	Zeitschrift für Rechtsphilosophie
zugl.	zugleich

Einleitung

„Clearly, knowing you have a brain tumor is better than not knowing, right?“[1] Mit dieser zynischen und zugleich zweifelnden Frage des anonymen Verfassers eines Leserbriefes sollten sich idealerweise alle Patienten in therapeutischer Behandlung und alle Teilnehmer wissenschaftlicher Studien befassen. Hintergrund dieser Fragestellung ist das mögliche Auftreten eines unerwarteten pathologischen Befundes, einem sogenannten „Zufallsbefund“, infolge einer diagnostischen Maßnahme oder im Rahmen eines Forschungsprojektes. Bei dem vorerwähnten anonymen Verfasser wurde nach eigenen Angaben während der Teilnahme an einer freiwilligen Studie mit gesunden Probanden ein Hirntumor in der „Größe eines Golfballes“[2] festgestellt, dessen weitere Untersuchung für ihn und seine Familie zu nicht erwarteten finanziellen Konsequenzen geführt habe. Bei der Einwilligung in die Studienteilnahme sei er über solche Gefahren nicht aufgeklärt worden, sodass ihn sämtliche Folgen unvorbereitet getroffen hätten.[3]

Die zitierte Fragestellung verdeutlicht exemplarisch die in der Gesellschaft bestehenden Zweifel an dem Nutzen des Nichtwissens von medizinischen Befunden mit Krankheitswert für das Individuum. Denn oftmals wird Nichtwissen als eine Form von Ignoranz und fehlender Information angesehen,[4] die letztendlich eine Ausgrenzung gegenüber den Wissenden bewirke. So wird vielen Kindern bereits im frühen Alter durch die Titelmusik der Fernsehsendung „Die Sesamstraße“ beigebracht: „Wer nichts fragt, bleibt dumm!“[5] Und auch wenn durch diese Aussage sicherlich nur die kindliche Neugierde angeregt werden soll, manifestiert sie, dass die Nichtkenntnis der Antworten unweigerlich zu Stillstand und letztendlich auch „Dummheit“ führen kann. Dieser „Dummheit“ wird im Alltag durch die Medien mit einer Flut von aufgedrängten Nachrichten entgegnet, die die Bevölkerung informieren und gleichsam zu wissenden Bürgern formen soll.

---

1 *Anonym*, Nature Publishing Group 2005, S. 17 (17).

2 *Anonym*, Nature Publishing Group 2005, S. 17 (17).

3 *Anonym*, Nature Publishing Group 2005, S. 17 (17); *Schleim/Spranger/Urbach/Walter*, Nervenheilkunde 2007, S. 1041 (1043).

4 Vgl. ausführliche Darstellung bei *Taupitz* in Wiese-FS, S. 583 (586); *Wehling* in Wehling (Hrsg.), Vom Nutzen des Nichtwissens, S. 9 (9 ff.).

5 Intro der Kinderfernsehserie „Sesamstraße“: „Wer wie was? Der die das! Wieso weshalb warum? Wer nicht fragt bleibt dumm!“.

Dabei wird nicht erwogen, dass möglicherweise auch Nichtwissen einen Nutzen bringen kann.

Eindeutig von dieser vorgriffigen Entscheidung über den Nutzen des Nichtwissens ist die Entscheidung über die Kenntnisnahme individueller Gesundheitsinformationen abzugrenzen: Die Entscheidung, einen die eigene Gesundheit betreffenden pathologischen Befund nicht wissen zu wollen, sollte nicht unweigerlich mit Ignoranz gleichgesetzt werden.[6] Zwar ist gegenwärtig wohl herrschende Ansicht, dass eine Mündigkeit des Individuums nur bei umfangreicher Information und der daraus resultierenden Kenntnis über den eigenen Gesundheitsstand entstehen kann.[7] Folglich wird die Entscheidung gegen eine Kenntnisnahme im Umkehrschluss vielfach als lediglich beschränkte Mündigkeit aufgefasst. Dies zeigt beispielhaft der aus dem Wunsch nach Mündigkeit resultierende, gleichsam perfektionistische Versuch, die Selbstbestimmung der Patienten und Probanden in Form von exakten Aufklärungen und Dokumentationen der Behandlungsmaßnahmen zu fördern. Das hat zur Folge, dass das Wissen dem Betroffenen ohne dessen aktive Einwilligung gleichsam „aufgedrängt" wird.[8] Angesichts der Bedeutung der gesundheitsrelevanten Informationen für den Einzelnen ist allerdings zu überlegen, ob es nicht die angestrebte gesellschaftliche Zielsetzung sein muss, den bewussten Verzicht auf die Kenntnis von Gesundheitsinformationen als Ausdruck der Selbstbestimmung des Einzelnen anzuerkennen.

Die Diskussionen um den Nutzen des Wissens und des Nichtwissens polarisieren speziell im Zusammenhang mit der Kenntnisnahme von Zufallsbefunden mit gesundheitlicher Relevanz für den Betroffenen selbst oder für verwandte Personen. Für den medizinischen Laien entstehen zunächst begriffliche Auslegungsschwierigkeiten, da unklar ist, was sich unter der Diagnose eines „Zufallsbefundes" verbirgt.[9] Darüber hinaus ergeben sich auch für Ärzte, Forscher, Probanden und Patienten im Zusammenhang mit Zufallsbefunden eine Vielzahl von Fragen: In welcher Situation kann ein solcher Befund überhaupt generiert werden? Oder vielleicht heutzutage vielmehr: Wann kann ein Zufallsbefund

---

6 So auch *Taupitz* in Wiese-FS, S. 583 (586); im Ergebnis ähnlich *Duttge*, DuD 2010, S. 34 (34 f.).

7 Ähnlich *Duttge* in Wehling (Hrsg.), Vom Nutzen des Nichtwissens, S. 75 (76); zur gesellschaftlich-kulturellen Vorherrschaft des Wissens auch *Duttge* in Duttge/Lenk (Hrsg.), Das sogenannte Recht auf Nichtwissen, S. 9 (9 f.).

8 Ausführlich zu dieser „imperfekten Patientenautonomie": *Duttge* in Wehling (Hrsg.), Vom Nutzen des Nichtwissens, S. 75 (76).

9 Zur ausführlichen Bestimmung des Begriffs „Zufallsbefund" vgl. 1. Kapitel A I 1.

ausgeschlossen werden? Werden durch genetische Analysen zwangsläufig Zufallsbefunde generiert? Stellt ein Zufallsbefund für Probanden und Patienten ein Risiko oder einen Nutzen dar? Müssen Ärzte wie auch Forscher, die einen solchen Befund erkannt oder auch nur glauben erkannt zu haben, den Patienten aufgrund ihrer ärztlichen Fürsorge davon in Kenntnis setzen und Therapiemaßnahmen einleiten? Welche Rolle spielt in diesem Zusammenhang das Selbstbestimmungsrecht der Patienten und Probanden? Und die allem zugrundeliegende Frage: Sind Rechte und Pflichten der Beteiligten verbindlich gesetzlich geregelt?

Zufallsbefunde werden in der Literatur bisher am Häufigsten im Rahmen der bildgebenden[10] und genetischen[11] Forschung diskutiert. Spätestens seit der Ratifizierung des Gendiagnostikgesetzes sind jedoch auch „Überschussinformationen“[12] im therapeutischen Bereich geläufig. Es verwundert, dass sich die Literatur insbesondere im deutschsprachigen Raum erst seit kurzer Zeit verstärkt mit diesem Thema auseinandersetzt,[13] obwohl doch gerade in den letzten Jahren

10 Stellv. für viele *Booth/Jackson/Wardlaw/Taylor/Waldman*, Br J Radiol 2010, S. 456 (456 ff.); *Heinemann/Hoppe/Listl/Spickhoff/Elger*, DÄ 2007, A 1982 (1982 ff.); *Hentschel/Klix*, Fortschr Neurol Psychiat 2006, S. 651 (651 ff.); *Hoffmann/Schmücker* in Puls/Hosten (Hrsg.), Ganzkörper-MRT-Screening. Befunde und Zufallsbefunde, S. 1 (1 ff.); *Illes/Kirschen/Karetsky et al.*, J Magn Reson Imaging 2004, S. 743 (743 ff.); *Kirschen/Jaworska/Illes*, J Magn Reson Imaging 2006, S. 205 (205 ff.); *Schleim/Spranger/Urbach/Walter*, Nervenheilkunde 2007, S. 1041 (1041 ff.).

11 *BMBF-Projektgruppe „Recht auf Nichtwissen“*, MedR 2016, S. 399 (399 ff.); *Deutsche Gesellschaft für Humangenetik*, Stellungnahme zu genetischen Zusatzbefunden in Diagnostik und Forschung, S. 1 (1 ff.); *Rudnik-Schöneborn/Langanke/Erdmann/Robienski*, Ethik Med 2014, S. 105 (105 ff.).

12 *Stockter* in Prütting (Hrsg.), MedR-Komm, GenDG § 9 Rn. 14; inzwischen ist der Begriff der „Überschussinformationen“ auch in der neuen Fassung des schweizerischen Bundesgesetzes für genetische Untersuchungen am Menschen (GUMG) vom 15. Juni 2018 aufgenommen worden.

13 In rechtlicher Hinsicht beschäftigen sich nur wenige Autoren nicht nur nebensächlich, sondern in der Hauptsache mit rechtlichen Regelungen von Zufallsbefunden, wie z. B. *Rudnik-Schöneborn/Langanke/Erdmann/Robienski*, Ethik Med 2014, S. 105 (105 ff.); vgl. auch *Fisher/Achilles/Tönnies/Schmidtke*, Bundesgesundheitsbl. 2015, S. 166 (166 ff.); *Fündling* in Langanke/Erdmann/Robienski/Rudnik-Schöneborn (Hrsg.), Zufallsbefunde bei molekulargenetischen Untersuchungen, S. 37 (37 ff.); *Heinemann/Hoppe/Listl/Spickhoff/Elger*, DÄ 2007, A 1982 (1982 ff.); *Hoffmann/Schmücker* in Puls/Hosten (Hrsg.), Ganzkörper-MRT-Screening. Befunde und Zufallsbefunde, S. 1 (1 ff.); *Robienski* in Langanke/Erdmann/Robienski/Rudnik-Schöneborn (Hrsg.), Zufallsbefunde bei molekulargenetischen Untersuchungen, S. 49 (49 ff.); zu Zufallsbefunden und Recht auf Nichtwissen: *Duttge*, MedR 2016, S. 664 (664 ff.).

gehäuft Zufallsbefunde als Ergebnisse medizinischer Untersuchungen gewonnen wurden. Die steigende Anzahl der zufälligen Befunde ist überwiegend nicht auf neue Krankheitsbilder, sondern vielmehr auf die technischen Entwicklungen in der Medizin in den letzten Jahren zurückzuführen: Neben der Weiterentwicklung und dem damit verbundenen häufigeren Einsatz verbesserter bildgebender Verfahren wie der Röntgendiagnostik, Computertomographie (CT), Ganzkörper-CT, Magnetresonanztomografie (MRT) und Ganzkörper-MRT sowie der PET, die es ermöglichen, exakte Bilder z. B. des Gehirns, der Lunge und der Gefäße für diagnostische und wissenschaftliche Zwecke anzufertigen, haben sich auch die Möglichkeiten genetischer Untersuchungen stark verändert. Noch vor zwei Jahrzehnten war es nicht vorstellbar, bestimmten Regionen eines Genes klinische Bedeutsamkeit zuzuordnen oder sogar das gesamte Genom auf klinische Anomalitäten zu untersuchen. Dieser Fortschritt ermöglicht heutzutage Rückschlüsse auf Krankheiten sowie Prognosen für Tendenzen zu Krankheitsbildungen und ist damit „anfällig", nicht nur erwartete Erkrankungen zu diagnostizieren, sondern eben darüber hinausgehende zufällige Befunde zu generieren. Diese Neigung wird bei Einsatz der genomweiten Sequenzierungstechnologie zur Identifizierung von Mutationen bei Krebs- und Erbkrankheiten noch verstärkt.

Ein weiterer wichtiger Aspekt, der die in Deutschland steigende Anzahl der Zufallsbefunde begründen könnte, ist die stetige Zunahme von Forschungsprojekten und folglich der Einschluss mehrerer Tausenden von Probanden und Patienten in unterschiedlichen Studien.[14] Zwar könnte angesichts der strengeren Kontrollen durch medizinische Ethikkommissionen, deren zustimmende Bewertung des Forschungsvorhabens zumindest im arzneimittelrechtlichen Bereich seit der 12. AMG-Novelle[15] zwingend für den Forscher ist, eine geringe Bereitschaft zur Durchführung wissenschaftlicher Studien vermutet werden – Gegenteiliges ist jedoch der Fall. Durch das Vorliegen einer größeren potentiellen „Population" ist eine beträchtlichere Anzahl der Zufallsbefunde erklärbar. Zudem werden verstärkt genetische Begleitstudien zur Pharmakogenetik oder Bestätigung von Kandidatengenen durchgeführt, in deren Rahmen Zufallsbefunde generiert werden. Exakte Angaben über die Höhe des Prozentsatzes der zufälligen Befunde im Forschungsbereich gibt es nicht, denn die Häufigkeit der

---

14 *Schleim/Spranger/Urbach/Walter*, Nervenheilkunde 2007, S. 1041 (1041).

15 Zwölftes Gesetz zur Änderung des Arzneimittelgesetzes vom 30.07.2004, BGBl. 2004 I S. 2031; vgl. zur viel diskutierten AMG-Novelle *Deutsch*, MedR 2006, S. 411 (412 ff.); *Schlette*, NVwZ 2006, S. 785 (785); *Vogeler*, Ethik-Kommissionen – Grundlagen, Haftung und Standards, S. 99 f.

Befunde hängt auch von der Art der Probanden, der Untersuchungsmethodik und der Definition der relevanten Diagnosen ab.[16] Die Zahlen beschränken sich zwar auf einzelne Studien, können jedoch richtungsweisende Werte darstellen: So ergab eine 2010 durchgeführte Meta-Analyse von 16 Studien mit 19559 gesunden Probanden in Forschungsprojekten, dass im MRT bei 2,7 % der Beteiligten eine unerwartete Auffälligkeit,[17] im Ganzkörper-MRT sogar bei 12,8 % der Probanden Zufallsbefunde entdeckt wurden.[18] Diese Werte verlangen durchaus nach Beachtung, da sich als Folge der Diagnose eines Zufallsbefundes ethische, organisatorische und rechtliche Problematiken ergeben.

Insbesondere in rechtlicher Hinsicht drängt sich die Frage auf, ob gesetzliche Regelungen zur Aufklärung und Mitteilung eines Zufallsbefundes wie auch zur weiteren medizinischen Behandlung existieren. Für den Bereich der genetischen Untersuchung zu medizinischen Zwecken oder zur Klärung der Abstammung ist am 01. Februar 2010 das Gendiagnostikgesetz (GenDG) in Kraft getreten[19] – ob es jedoch auch einen befriedigenden Lösungsvorschlag für den Umgang mit zufälligen Befunden gibt, gilt es zu prüfen. Da Zufallsbefunde zudem auch bei Untersuchungen mittels bildgebender Verfahren auftreten, müssen ergänzende Regelungen für den therapeutischen Bereich beispielweise im Patientenrechtegesetz (PatRG) gefunden oder eine Analogie zum Gendiagnostikgesetz geschlossen werden. Fragwürdiger gestaltet sich die rechtliche Lage bei einem Auftreten von Zufallsbefunden in wissenschaftlichen Studien: Weder die Deklaration von Helsinki in ihrer aktuellen Fassung aus Fortaleza 2013 noch einschlägige forschungsbezogene Gesetze wie das Arzneimittelgesetz (AMG) oder das Medizinproduktegesetz (MPG) erwähnen den zufälligen Befund wörtlich,[20] sodass zu befürchten ist, dass sich der Gesetzgeber keinerlei Gedanken über ein Auftreten dieser Befunde gemacht hat.

Ungeachtet bestehender oder nicht bestehender einfachgesetzlicher Regelungen ist der Schutzbereich des Selbstbestimmungsrechtes aus Art. 2 Abs. 1 i. V. m. Art. 1 Abs. 1 GG sowohl für Patienten als auch Probanden eröffnet. Eine Ausübung ihres Rechts auf Nichtwissen[21] könnte im Einzelfall mit der fürsorglichen

16 *Hentschel/Klix*, Fortschr Neurol Psychiat 2006, S. 651 (652).

17 *Booth/Jackson/Wardlaw/Taylor/Waldman*, Br J Radiol 2010, S. 456 (456); *Morris/Whiteley/Longstreth/et al.*, BMJ 2009, S. 1 (1).

18 *Booth/Jackson/Wardlaw/Taylor/Waldman*, Br J Radiol 2010, S. 456.

19 BR-Drs. 633/08, S. 34.

20 Ausführlich hierzu in 2. Kapitel C II 1., 2.

21 Stellvertretend für viele *Duttge*, DuD 2010, S. 34 (34 ff.); *Hildt* in *Hirschberg/Grießler/Littig/Frewer* (Hrsg.), Ethische Fragen genetischer Beratung, S. 225; *Stockter* in Duttge/Engel/Zoll (Hrsg.), Das Gendiagnostikgesetz im Spannungsfeld von Humangenetik und Recht, S. 27 (27 ff.); *Taupitz* in Wiese-FS, S. 583 (583 ff.).

Handlung des Arztes kollidieren, sodass ein entsprechendes Spannungsfeld entsteht, für dessen Lösung Abwägungskriterien gefunden werden müssen. In der Praxis wird aufgrund dieses Spannungsfeldes zumindest in Forschungsvorhaben der klug intendierte Weg gewählt, Probanden, die ihr Recht auf Nichtwissen ausüben, aus einem Forschungsprojekt auszuschließen.[22] Diese Lösung erscheint vor dem Hintergrund der Ausübung eines (Grund-)rechts jedoch zweifelhaft.

Diese Arbeit soll einen Überblick über existierende rechtliche Regelungen geben, denen Zufallsbefunde unterliegen. Zudem soll sie klarstellen, ob neue gesetzliche Regelungen notwendig oder nur Ausdruck „juristischer Regelungswut" wären, da bestehende allgemeinmedizinrechtliche Grundlagen in Verbindung mit der gewohnheitsrechtlichen Praxis und dem individuellen Ausnutzen einer „Grauzone" ausreichen.

Die Analyse erfolgt exemplarisch für Zufallsbefunde als Ergebnisse genetischer und bildgebender Untersuchungen, wobei die Ergebnisse dieser Arbeit für sämtliche medizinische Zufallsbefunde Geltung beanspruchen sollen. Die Thematik wird an dem Beispiel einwilligungsfähiger Patienten und einwilligungsfähiger gesunder und kranker Probanden untersucht, da gerade diese Gruppen im Rahmen ihres Selbstbestimmungsrechts ein Recht auf Wissen und Nichtwissen ausüben können und somit den Grundfall für das Entstehen eines Spannungsfeldes zwischen Selbstbestimmungsrecht und Fürsorgeprinzip und der Frage nach dem Umgang mit Zufallsbefunden darstellen. Eine Ausweitung der Fragestellungen auf Personen, die in der Ausübung ihres Selbstbestimmungsrechts eingeschränkt sind, wie beispielsweise einwilligungsunfähige Personen, würde über die grundlegenden Fragen hinausgehen und damit zu neuen medizinrechtlichen Problemen führen, die nicht Gegenstand dieser Arbeit sein sollen.

Den Ausgangspunkt der Ausführungen bildet im ersten Kapitel eine allgemeine Darstellung des Begriffes, der Abgrenzung zu anderen Befunden und eine Beschreibung der Bereiche, in denen Zufallsbefunde generiert werden können. Anschließend wird im Rahmen der Grundlagen zum Selbstbestimmungsrechts insbesondere die Reichweite des verfassungsrechtlich gewährten Rechts auf Nichtwissen sowie anschließend der Umfang einer ärztlichen Fürsorgeverpflichtung untersucht. In einem zweiten Kapitel werden ethische Empfehlungen sowie mögliche rechtliche Regelungen aufgezeigt, bevor in einem weiteren Abschnitt die Notwendigkeit neuer Rechtssätze verdeutlicht wird.

---

22 Vgl. Vorschlag von *Heinemann/Hoppe/Listl/Spickhoff/Elger*, DÄ 2007, Intersupplement 1 S. 1; für die Teilnahme an einer Biobank auch *Elger* in Langanke/Erdmann/Robienski/Rudnik-Schöneborn (Hrsg.), Zufallsbefunde bei molekulargenetischen Untersuchungen, S. 97 (103 f.).

1. Kapitel Grundlagen

A. Terminologische und medizinische Grundlagen

In diesem ersten Teil der Arbeit erfolgt zunächst eine kurze Einführung in die Terminologie und in mögliche Klassifizierungen von Zufallsbefunden im Kontext der Diagnostik und der Forschung. Anschließend werden die konkreten Anwendungsfelder von Zufallsbefunden und entsprechende naturwissenschaftliche Grundlagen der bildgebenden Verfahren und genetischen Untersuchungen knapp und allgemein dargestellt, um einen Einblick in die Aktualität der Thematik zu geben.

I. Terminologie

1. Definition

In Deutschland existiert weder in der Literatur noch durch die Rechtsprechung eine einheitlich geprägte Definition des für den medizinischen Laien schwer verständlichen Begriffes „Zufallsbefund" (engl. „incidental finding"). Gründe hierfür sind in der uneinheitlichen Interpretation der Reichweite des Befundes sowie in ihrer vergleichsweise neuen Bedeutung zu vermuten.

a) Zufallsbefunde im weiteren Sinne

Im weiteren Sinne ist ein Zufallsbefund ein „unerwartet erhobener Befund, für den zuvor keine erkennbaren Hinweise bestanden und der nicht im Rahmen einer gezielten Suche festgestellt wurde"[23]. Auch die *Deutsche Gesellschaft für Humangenetik* verweist darauf, dass Zufallsbefunde nicht mit der ursprünglichen Fragestellung in Verbindung stehen. Darüber hinaus bedarf es ihrer Ansicht nach jedoch noch eines Kriteriums der Relevanz für die Gesundheit des Betroffenen oder der Verwandten.[24] Damit erfolgt eine Abgrenzung zu nicht krankheitsrelevanten, zufälligen Assoziationen.

---

23 *Heinemann/Hoppe/Listl/Spickhoff/Elger*, DÄ 2007, A 1982 (1982).

24 *Deutsche Gesellschaft für Humangenetik*, Stellungnahme zu genetischen Zusatzbefunden in Diagnostik und Forschung, S. 1 (1).

Nach anderer Auffassung ist die Bezugnahme auf den Aspekt der Relevanz in praktischer Hinsicht unzureichend. Demnach sei gerade keine faktische Relevanz, sondern bereits eine potentielle Bedeutung für die individuelle Gesundheit notwendig. Eine Anknüpfung an die klinische Relevanz würde insbesondere bei diagnostischen Untersuchungen identifizierte Artefakte ausschließen, die sich erst bei weiterer Untersuchung als letztendlich falsch-positive Befunde darstellen. Da im Zeitpunkt der Befundung eine mögliche Bedeutung noch nicht ausgeschlossen werden könne, sei eine Einordnung als Zufallsbefund zunächst jedoch sinnvoll.[25]

b) Zufallsbefunde im engeren Sinne

Darüber hinaus werden inzwischen auch Definitionen von Zufallsbefunden im engeren Sinne verwendet, nach denen diese (1.) nur im Rahmen von wissenschaftlichen Studien an Probanden, (2.) mit potentieller Bedeutung für die Gesundheit des Probanden und (3.) ohne Intention der Zielsetzung der Studie erscheinen.[26]

Teilweise liegt der Verwendung dieser Definition die Annahme zugrunde, dass Zufallsbefunde nur Erscheinungsformen von Befunden in wissenschaftlicher Forschung, nicht jedoch der Diagnostik seien. Dies vertreten insbesondere *Hoffmann* und *Schmücker*[27], indem sie auf die von *Wolf et al.* vertretene Definition[28] hinweisen, nach der die Erhebung von Zufallsbefunden im Rahmen der Ziele einer Studie nicht intendiert sei und somit nur in Forschungssituationen auftauche. Diese Terminologie ist Ausdruck einer einzelnen Literaturmeinung und erfährt keinen weiteren Zuspruch in der Wissenschaft oder in Form einer verbindlichen Regelung durch den Gesetzgeber, sodass ihr nicht zu folgen ist.

---

25 *Hoffmann/Schmücker* in Puls/Hosten (Hrsg.), Ganzkörper-MRT-Screening. Befunde und Zufallsbefunde, S. 1 (3); *Schmücker* in Joerden/Hilgendorf/Thiele (Hrsg.), Menschenwürde und Medizin, S. 949 (950 Fn. 4).

26 *Schmücker* in Joerden/Hilgendorf/Thiele (Hrsg.), Menschenwürde und Medizin, S. 949 (953); näher auch *Hoffmann/Schmücker* in Puls/Hosten (Hrsg.), Ganzkörper-MRT-Screening. Befunde und Zufallsbefunde, S. 1 (2); *Thomas*, Zufallsfunde und Zufallsbefunde, S. 28 ff.; *Wolf et al.*, J Law Med Ethics 2008, S. 219 (219).

27 *Hoffmann/Schmücker* in Puls/Hosten (Hrsg.), Ganzkörper-MRT-Screening. Befunde und Zufallsbefunde, S. 1 (2).

28 *Wolf et al.*, J Law Med Ethics 2008, S. 219 (219): [An incidental finding is] „a finding concerning an individual research participant that has potential health or reproductive importance and is discovered in the course of conducting research but is beyond the aims of the study".

Darüber hinaus weisen *Wolf et al.* im Anschluss an die Definition ausdrücklich darauf hin, dass sie sich in ihrem betreffenden Beitrag nur auf Zufallsbefunde in der Forschung bezögen, da es schon ausführliche Artikel zu Zufallsbefunden in der klinischen Diagnostik gebe. Die Erfahrungen mit Zufallsbefunden in der Forschung seien hingegen noch in einem frühen Stadium, sodass kein Konsens bestehe, wie diese zu behandeln seien.[29] Die Schlussfolgerung hieraus, dass Zufallsbefunde nur im Forschungskontext gewonnen werden können, ist daher nicht plausibel.[30]

Auch weitere Ausführungen von *Schmücker*[31], nach denen diagnostische Feststellungen im Arzt-Patienten-Verhältnis keinen Zufallsbefund zutage bringen können, sind teilweise schwer nachzuvollziehen.[32] Demnach würden diagnostische Untersuchungen durch den Arzt bei seinem Patienten niemals primär mit dem Ziel der Abklärung einer Symptomatik ergriffen, sondern vielmehr mit der Intention, sämtliche therapeutische Maßnahmen für den Patienten aufzufinden. Es solle nicht die Vermutung des Arztes durch die diagnostische Untersuchung bestätigt, sondern ein allumfassender therapeutischer Nutzen erzielt werden. Diese Ansicht ist vor dem Hintergrund der Reichweite eines zwischen Arzt und Patienten geschlossenen Behandlungsvertrages mehr als kritisch zu betrachten.[33] Sie wird nicht von der überwiegenden Literatur und in allen medizinischen Bereichen vertreten, denn die *Deutsche Gesellschaft für Humangenetik* empfiehlt

---

29 *Wolf et al.*, J Law Med Ethics 2008, S. 219 (219).

30 So im Ergebnis auch *Erdmann*, Zufallsbefunde aus bildgebenden Verfahren in populationsbasierter Forschung, S. 12.

31 *Schmücker* in Joerden/Hilgendorf/Thiele (Hrsg.), Menschenwürde und Medizin, S. 949 (950 f.).

32 In diesem Zusammenhang ist darauf hinzuweisen, dass *Schmücker* in Joerden/Hilgendorf/Thiele (Hrsg.), Menschenwürde und Medizin, S. 949 (950) darlegt, dass Zufallsbefunde sich ergeben, „wenn MRT-Bilder für einen anatomischen Atlas aufgenommen werden oder wenn eine Kontrolluntersuchung, die einer tatsächlich ausgeheilten Erkrankung galt, potentielle Hinweise auf eine andere Erkrankung erbringt". Neben der Tatsache, dass letzteres ebenfalls im Rahmen eines Arzt-Patienten-Verhältnisses erfolgt, ist fraglich, warum *Schmücker* in gemeinsamer Autorenschaft mit *Hoffmann* in Puls/Hosten (Hrsg.), Ganzkörper-MRT-Screening. Befunde und Zufallsbefunde, S. 1 (3) dann einen Gewinn von Zufallsbefunden außerhalb von Foschungskontexten und explizit bei der Auswertung von MRT-Bildern zum Erstellen von Atlanten ausschließt. Die beiden Publikationen widersprechen sich in der Definition des Begriffes folglich.

33 Weitere Ausführungen dazu s. a. 2. Kapitel B II 1; a.A. *Thomas*, Zufallsfunde und Zufallsbefunde, S. 29, nach dem es im Arzt-Patienten-Verhältnis keine „konkrete und beschränkte Fragestellung" gibt.

für gendiagnostische Untersuchungen die Verwendung weniger zufallsbefundträchtiger Untersuchungsverfahren.[34] Dies steht im Widerspruch zu dem von *Schmücker* dargelegten Auftrag des Arztes.

Unterstützen lassen sich hingegen die angebrachten Zweifel, ob im Rahmen von genetischen Screenings, präventiven medizinischen Check-Ups wie auch in Direct-to-Consumer-Genanalysen aufgefundene Befunde als Zufallsbefunde bezeichnet werden können.[35] Denn diese Untersuchungen haben das unmittelbare Ziel, sämtliche medizinische Auffälligkeiten bei dem Untersuchten aufzufinden. Der Vertragsgegenstand in diesen Fällen ist demnach weiter als im traditionellen Behandlungsverhältnis zwischen Arzt und Patient und umfasst auch die Erhebung und Befundung aller Anomalien mit Krankheits- oder ohne Krankheitswert. Arzt und Untersuchter erwarten bei einem genetischen Screening, einem medizinischen Check-Up oder einem Direct-to-Consumer-Test die Generierung weiterer Ergebnisse. Es kann daher nicht von einem „zufälligen" Befund ausgegangen werden.[36] Diese Überlegungen sind jedoch unabhängig davon zu bewerten, dass Zufallsbefunde Ergebnisse medizinischer Diagnostik und medizinischer Forschung sein können und werden daher nicht weiter vertieft.

2. *Überschussinformationen*

Nach neueren Entwicklungen wird in der Literatur und der Praxis weder der Begriff *Zufalls-* noch *Zusatz*befund verwendet, sondern generell von „Überschussinformationen" ausgegangen. Dabei erfolgt die Definition dieses Begriffes jedoch nicht einheitlich. *Stockter* grenzt Überschussinformationen von unerwarteten Untersuchungsergebnissen ab, da sie „weitere als die mit der genetischen Untersuchung abzuklärende [...] genetische Eigenschaften" seien, die infolge des Einsatzes von NGS-Technologien („next generation sequencing") und WES („whole exome sequencing") entständen.[37] Unerwartete Untersuchungsergebnisse würden hingegen diagnostiziert, wenn nach dem allgemeinen Stand der

---

34 *Deutsche Gesellschaft für Humangenetik*, Stellungnahme zu genetischen Zusatzbefunden in Diagnostik und Forschung, S. 1 (5).

35 *Schmücker* in Joerden/Hilgendorf/Thiele (Hrsg.), Menschenwürde und Medizin, S. 949 (950 f.); *Thomas*, Zufallsfunde und Zufallsbefunde, S. 17; vgl. zu Zufallsbefunden in der Genomsequenzierung im 1. Kapitel A IV 1. c) bb) ddd).

36 So auch *Thomas*, Zufallsfunde und Zufallsbefunde, S. 17.

37 *Stockter* in Prütting (Hrsg.), MedR-Komm, GenDG § 9 Rn. 14; Gendiagnostik-Kommission (GEKO), Tätigkeitsbericht 2012, S. 32 ff.

Wissenschaft bestimmte genetische Eigenschaften mit verschiedenen Manifestationen in Verbindung gebracht werden könnten.[38] Auch in den Regelungen des schweizerischen GUMG wird auf den selbstbestimmten Umgang mit Überschussinformationen eingegangen. Nach der Definition in Art. 3 Buchst. n werden sie „als Oberbegriff für alle nicht anvisierten, aber dennoch anfallenden Ergebnisse, unabhängig von ihrer Qualität und Aussagekraft" charakterisiert.[39] Diese Begründung nimmt jedoch keinen ausreichenden Bezug zu der unerwarteten Diagnose eines Befundes und wird somit der Gesamtheit eines zufälligen Befundes nicht gerecht. Indem der Begriff „Überschussinformation" verwendet wird, versuchen die Betreffenden der Fülle an bildgebenden und genetischen Verfahren gerecht zu werden, mittels derer weitere Befunde generiert werden können. Die Bezeichnung eines Befundes als überschüssige Information vermittelt je nach Interpretation und damit subjektiv jedoch, dass sie überflüssig bzw. „zu viel" ist und damit keinerlei Wert hat. Daher ist diese Terminologie nicht zu übernehmen.

3. Zufalls*befunde oder* Zusatz*befunde?*

In der deutschen Literatur wurde der Begriff „*Zufalls*befund" als Übersetzung des englischen „incidental finding" geprägt.[40] Inzwischen wird dieser Terminus jedoch aufgrund seiner Fokussierung auf den Zufall kritisiert und stattdessen die Verwendung des Begriffs „*Zusatz*befund"[41] gefordert.

Diese terminologische Entwicklung ist Folge der technischen Fortschritte der bildgebenden und genetischen Untersuchungsmethoden, die aufgrund besserer Bildsequenzen und genetischer Analysen vermehrt zu einem Gewinn von überraschenden Befunden führen. Die Wörterbücher verbinden mit dem Adjektiv „zufällig" etwas „Unbeabsichtigtes" und „Ungeplantes".[42] Ein „Zufall"

---

38 *Stockter* in Prütting (Hrsg.), MedR-Komm, GenDG § 9 Rn. 15.

39 *Schweizerischer Bundesrat*, Botschaft zum Bundesgesetz über genetische Untersuchungen beim Menschen vom 5. Juli 2017, S. 60.

40 *Heinemann/Hoppe/Listl/Spickhoff/Elger*, DÄ 2007, A 1982 (1982); *Hoffmann/Schmücker* in Puls/Hosten (Hrsg.), Ganzkörper-MRT-Screening. Befunde und Zufallsbefunde, S. 1 (1); *Rudnik-Schöneborn/Langanke/Erdmann/Robienski*, Ethik Med 2014, S. 105 (105 ff.): „zufällig erhobene Nebenbefunde"; *Schmücker* in Joerden/Hilgendorf/Thiele (Hrsg.), Menschenwürde und Medizin, S. 949 (949 ff.); *Spranger* in Schleim/Spranger/Walter (Hrsg.), Von der Neuroethik zum Neurorecht?, S. 193 (194).

41 *Deutsche Gesellschaft für Humangenetik*, Stellungnahme zu genetischen Zusatzbefunden in Diagnostik und Forschung, S. 1 (1); auch *Schillhorn/Heidemann*, Gendiagnostikgesetz, § 3 Rn. 4 verwenden den Begriff „Zusatzbefund".

42 Exemplarisch *Duden*, Das Wörterbuch der Synonyme, S. 328 Stichwort „zufällig".

ist demnach ein Ereignis, das objektiv ohne Ursache geschieht und nicht vorhersehbar ist oder mit einem anderen Ereignis in keinem kausalen Zusammenhang steht. Im Zusammenhang mit der Generierung von Zufallsbefunden kann allerdings zumindest von ärztlicher Seite aufgrund überlegenen Fachwissens von einem Auftreten von Zufallsbefunden in Diagnostik und verstärkt in wissenschaftlicher Forschung ausgegangen werden. So besteht eine Inzidenz von 1 % bis 8 % von Zufallsbefunden bei Einsatz einer MRT bei der Hirnforschung. Bei dem Ganz-Körper-MRT-Einsatz wird eine noch deutlich höhere Auffälligkeit erwartet.[43] Dementsprechend kann aus ärztlicher Sicht in Beziehung auf die gesamte Population weder von zufälligen noch unerwarteten Befunden ausgegangen werden. Vielmehr ließe sich eine gewisse Erwartungshaltung gegenüber Zufallsbefunden identifizieren,[44] die auch durch die Forderung durch Ethikkommissionen an Forscher, bereits im Studienprotokoll Angaben über das Management von Zufallsbefunden zu machen, bestätigt wird. Davon zu differenzieren ist, dass bzgl. des einzelnen Patienten und Probanden ein solcher Befund tatsächlich zumeist weder von ärztlicher Seite[45] noch seitens des medizinisch ungebildeten Patienten oder Probanden erwartet wird.

Zum Teil findet eine terminologische Differenzierung auch dahingehend statt, dass *Zufalls*befunde nicht intendierte und unerwartete Ergebnisse medizinischer Untersuchungen, *Zusatz*befunde hingegen medizinische Ergebnisse einer Totalsequenzierung oder infolge eines aktiven Hinterfragens anhand von Gen-Listen[46] seien, die unabhängig von der ursprünglichen Fragestellung stünden.[47] Insbesondere genetische *Zusatz*befunde seien im Rahmen von genetischen Screenings oder diagnostischer Ganzgenomsequenzierung nicht intendiert,

43 Weitere Ausführungen zu den Häufigkeiten von Zufallsbefunden in 1. Kapitel A IV 2. b) cc) und c) bb); näher dazu auch *Schleim/Spranger/Urbach/Walter*, Nervenheilkunde 2007, S. 1041 (1041 f.); *Schmücker* in Joerden/Hilgendorf/Thiele (Hrsg.), Menschenwürde und Medizin, S. 949 (952).

44 *Hoffmann/Schmücker* in Puls/Hosten (Hrsg.), Ganzkörper-MRT-Screening. Befunde und Zufallsbefunde, S. 1 (3); ähnlich *Heinrichs*, DRZE 2011, S. 1 (2).

45 *Hoffmann/Schmücker* in Puls/Hosten (Hrsg.), Ganzkörper-MRT-Screening. Befunde und Zufallsbefunde, S. 1 (3); ähnlich auch *Robienski* in Langanke/Erdmann/Robienski/Rudnik-Schöneborn (Hrsg.), Zufallsbefunde bei molekulargenetischen Untersuchungen, S. 49 (50).

46 Siehe Positivlisten des ACMG, vgl. *Green et al.*, Genet Med2013, S. 565 (570 f.).

47 *Fisher/Achilles/Tönnies/Schmidtke*, Bundesgesundheitsbl 2015, S. 166 (166); ähnlich *Deutsche Gesellschaft für Humangenetik*, Stellungnahme zu genetischen Zusatzbefunden in Diagnostik und Forschung, S. 1 (1).

sondern zwangsläufig zu erwarten.[48] Durch diese terminologische Trennung wird versucht, den Begriff „Zufallsbefund" in sämtlichen Anwendungsbereichen in der Praxis verwenden zu können.

Infolge der dargelegten Erwartungshaltung, dass mittels der neuartigen medizinischen Untersuchungsmethoden eine große Anzahl zusätzlicher Befunde diagnostiziert werden können, ist es rein terminologisch widersprüchlich, den Terminus *Zufalls*befund aufrecht zu erhalten. Insofern ist die Ansicht der *Deutschen Gesellschaft für Humangenetik*[49] nachvollziehbar, nach der solche Befunde zu dem eigentlichen Untersuchungsziel zusätzliche medizinische Feststellungen sind. Allerdings ist vor dem Hintergrund, dass es sich bei Ergebnissen vieler Untersuchungsmethoden in der Diagnostik und Forschung ausdrücklich um einen nicht intendierten Befund handelt, der Begriff „*Zufalls*befund" prägnanter und zutreffender. Lediglich für diagnostische Ganzgenomsequenzierungen, bei denen regelmäßig zusätzliche Informationen mit medizinischem Wert generiert werden, sollte der Begriff *Zusatz*befund verwendet werden.[50] Für die Abgrenzung von Normal- und Zufallsbefund bei konventionellen Diagnosemethoden scheint der Streit um die Terminologie nur akademischer Natur zu sein,[51] ohne dass sich an die Entscheidung für eine bestimmte Begrifflichkeit unterschiedliche rechtliche Folgen anknüpfen.[52] Zur Angleichung an die aktuelle juristische und medizinische Literatur aus dem deutschen Rechtskreis wird daher in der hiesigen Arbeit weiterhin der Begriff „Zufallsbefund" verwendet.

---

48 *Fisher/Achilles/Tönnies/Schmidtke*, Bundesgesundheitsbl 2015, S. 166 (166); *Gantner* in Langanke/Erdmann/Robienski/Rudnik-Schöneborn (Hrsg.), Zufallsbefunde bei molekulargenetischen Untersuchungen, S. 107 (110); *Gendiagnostik-Kommission*, Zweiter Tätigkeitsbericht, S. 1 (39); *Molnàr-Gábor/Gantner/Lichter*, ZfMR 2014, S. 81 (84).

49 *Deutsche Gesellschaft für Humangenetik*, Stellungnahme zu genetischen Zusatzbefunden in Diagnostik und Forschung, S. 1 (1); ähnlich *Winkler/Ose/Glimm/Tanner/von Kalle*, Ethik Med 2013, S. 195 (198).

50 *Gantner* in Langanke/Erdmann/Robienski/Rudnik-Schöneborn (Hrsg.), Zufallsbefunde bei molekulargenetischen Untersuchungen, S. 107 (110 f.); *Molnàr-Gábor/Gantner/Lichter*, ZfMR 2014, S. 81 (82); so auch *Projektgruppe EURAT*, Stellungnahme Eckpunkte für eine Heidelberger Praxis der Ganzgenomsequenzierung 2013, S. 66; ähnlich *Gendiagnostik-Kommission*, Zweiter Tätigkeitsbericht, S. 1 (39).

51 So auch *Robienski* in Langanke/Erdmann/Robienski/Rudnik-Schöneborn (Hrsg.), Zufallsbefunde bei molekulargenetischen Untersuchungen, S. 49 (51).

52 Anders nur hinsichtlich unterschiedlicher Aufklärungspflichten bei gängigen Untersuchungen im Vergleich zur Ganzgenomsequenzierung: *Molnàr-Gábor/Gantner/Lichter*, ZfMR 2014, S. 81 (82).

4. *Zufalls*befunde *oder Zufalls*funde?

In der deutschen Literatur werden die Begriffe „Zufallsbefund“[53] und „Zufallsfund“[54] synonym verwendet, obwohl die Bezeichnung auf eine unterschiedliche Interpretation der diagnostischen Feststellungen zurückzuführen ist. Denn während ein Fund etwas neu Gewonnenes ist, stellt ein Befund bereits die Interpretation der pathologischen Auffälligkeit dar.[55] Demzufolge ist der Begriff „Fund“ in der klinischen Praxis kaum gebräuchlich. Die Verwendung des Begriffes „Zufallsfund“ würde sämtliche Auffälligkeiten einer medizinischen Maßnahme umfassen. Tatsächlich sind jedoch Zufallsbefunde meist bereits Ergebnisse einer „rudimentären Befundung“, da sie aus ärztlicher Sicht bereits mit medizinischen Daten und Erwartungen abgeglichen wurden.[56] Die Verwendung des Begriffes „Befund“ verdeutlicht folglich den medizinischen Kontext, wohingegen der Terminus „Zufalls*fund*“ auch in vollständig anderen Rechtsbereichen verwendet wird.[57]

5. *Zwischenergebnis*

Zufallsbefunde stellen medizinische Auffälligkeiten mit potentiellem Krankheitswert im Kontext der Diagnostik wie auch der Forschung dar. Im Sinne der einheitlichen Verwendung des Begriffes, auch vor dem Hintergrund möglicher

---

53 *Heinemann/Hoppe/Listl/Spickhoff/Elger*, DÄ 2007, A 1982 (1982); *Hoffmann/Schmücker* in Puls/Hosten (Hrsg.), Ganzkörper-MRT-Screening. Befunde und Zufallsbefunde, S. 1 (1 ff.); *Rudnik-Schöneborn/Langanke/Erdmann/Robienski*, Ethik Med 2014, S. 105 (105 ff.); *Schmücker* in Joerden/Hilgendorf/Thiele (Hrsg.), Menschenwürde und Medizin, S. 949 (949 ff.); *Spranger* in Schleim (Hrsg.), Von der Neuroethik zum Neurorecht?, S. 193 (194).

54 *Duttge*, DuD 2010, S. 34 (38); *Schleim/Spranger/Urbach/Walter*, Nervenheilkunde 2007, S. 1041 (1041 f.).

55 Ähnlich *Schmücker* in Joerden/Hilgendorf/Thiele (Hrsg.), Menschenwürde und Medizin, S. 949 (953 f.), s.a. *Kolvenbach*, MedR 2018, S. 950 (957), nach dem Befunde „die im Verlauf des diagnostischen Prozesses gewonnenen Ergebnisse von Untersuchungen, die in ihrer Gesamtheit die für die Diagnosefindung notwendige Informationsbasis der Diagnose bilden“ sind.

56 *Schmücker* in Joerden/Hilgendorf/Thiele (Hrsg.), Menschenwürde und Medizin, S. 949 (954); s. a. *Thomas*, Zufallsfunde und Zufallsbefunde, S. 28, der aus der fehlenden Pflicht zur Befundung im Kontext der Forschung folgert, dass dort nur Zufallsfunde generiert werden.

57 So beispielsweise im Strafverfahren, vgl. dazu statt vieler *Park*, Handbuch Durchsuchung und Beschlagnahme, Kapitel 2 Rn. 207 ff.

rechtlicher Regelungen, ist eine allgemeingültige – bestenfalls auch europaweite – Definition notwendig. Verbindlich kann dies letztendlich nur dem europäischen Gesetzgeber gelingen, indem dieser eine konkrete Terminologie in eine Richtlinie zu Forschung oder der Diagnostik integriert. Alternativ kann auch eine – dann nicht verbindliche – Begriffsdarlegung in einer neuen Fassung der Deklaration von Helsinki als Handlungsempfehlung angeraten sein. Dies wurde jedoch in der neusten Fassung aus Fortaleza 2013 versäumt.[58] Als Konsequenz des bisher Gesagten lassen sich Zufallsbefunde folgendermaßen definieren:

> „Zufallsbefunde sind Ergebnisse medizinischer Untersuchungen im Kontext der Diagnostik und der Forschung, die mit der ursprünglichen Fragestellung nicht in Verbindung stehen und potentielle Relevanz für die Gesundheit des Betroffenen oder ihre Verwandten haben".

II. Abgrenzung von Haupt- und Nebenbefunden

Ein nicht intendierter „Zufallsbefund" muss von dem erwarteten medizinischen Haupt- sowie dem Nebenbefund abgegrenzt werden.

Der Hauptbefund wird durch einen Arzt mittels körperlicher und psychischer Untersuchung unter Berücksichtigung der persönlichen Daten erhoben.[59] Die Befunderhebung ist eine im Rahmen des Behandlungsvertrages notwendige Maßnahme, um eine Diagnose erstellen und die vorliegende Krankheit behandeln zu können. In Kombination mit der Erfragung der Krankengeschichte, der Anamnese, die subjektive Empfindungen des Patienten einschließt (Eigenanamnese) oder Befragungen der Angehörigen beinhaltet (Fremdanamnese),[60] und den medizinischen Untersuchungen mittels gerätegestützter Verfahren dient die Erhebung einzelner (Teil-)Befunde als „Basisuntersuchung" zur Therapiewahl.[61] Erhebt der verantwortliche Arzt erforderliche und wesentliche Befunde wie z. B. Laboruntersuchungen oder Röntgenaufnahmen nicht, obwohl diese zur Abklärung der Symptomatik zweifelsfrei angezeigt sind, kann dies eine fehlerhafte Diagnosestellung und damit unter Umständen einen Behandlungsfehler

58 Vgl. Deklaration von Helsinki in der Fassung von Fortaleza 2013; abrufbar unter https://www.wma.net/policies-post/wma-declaration-of-helsinki-ethical-principles-for-medical-research-involving-human-subjects/, zuletzt abgerufen am 12. November 2017.

59 *Sundmacher*, Die unterlassene Befunderhebung des Arztes, S. 1.

60 *Pschyrembel*, Klinisches Wörterbuch, S. 92 Stichwort „Anamnese".

61 *Schölmerich* in Deutsch/Kleinsorge/Scheler (Hrsg.), Verbindlichkeit der medizinisch-diagnostischen und therapeutischen Aussage, S. 71.

begründen.[62] Der Befund ist mithin das angestrebte Ergebnis einer aktiven Suche, die beispielsweise methodisch mittels bildgebender Verfahren oder genetischer Analysen erfolgt.[63]

Da der klinische Befund ein Instrument der Diagnosestellung und damit Voraussetzung für eine Therapie ist, hat er im Rahmen der Forschung keine Bedeutung. Dies lässt sich beispielhaft auch an dem Ziel der Forschung im Arzneimittelgesetz erahnen, nach dem es gemäß § 1 AMG Zweck des Gesetzes ist, „im Interesse einer ordnungsgemäßen Arzneimittelversorgung von Mensch und Tier für die Sicherheit im Verkehr mit Arzneimitteln, insbesondere für die Qualität, Wirksamkeit und Unbedenklichkeit der Arzneimittel nach Maßgabe der folgenden Vorschriften zu sorgen". Dies steht in keinerlei Zusammenhang zu der Erhebung eines klinischen Befundes.

Abzugrenzen von einem Hauptbefund ist der Nebenbefund, der nicht durch die diagnostizierte Erkrankung erklärbar ist und dessen Symptome solche einer weiteren Krankheit darstellen. Die Begriffsbestimmung verdeutlicht die schwierige Differenzierung zwischen Nebenbefund und Zufallsbefund, denn beide Befunde stellen klinische Auffälligkeiten einer weiteren Erkrankung dar. Dementsprechend wird ein Zufallsbefund auch teilweise „als ein zufällig erhobener Nebenbefund" definiert.[64] Nach der *Presidental Commission for the Study of Bioethical Issues*[65] sind „secondary findings" Ergebnisse einer aktiven Suche von Erkrankungen oder Krankheitsdispositionen, die nicht den Hauptbefund darstellen. Die aktive Suche weiterer Krankheitsdispositionen parallel zu der hauptsächlichen Befundung geschehe meist im Auftrag von Experten aufgrund bestehender Empfehlungen.[66] Der Begriff „secondary finding" müsste richtigerweise in der deutschen Sprache mit der Bezeichnung „Nebenbefund" übersetzt werden. Tatsächlich differenziert die amerikanische Bioethikkommission durch diesen Begriff jedoch zwischen Zusatz- und Zufallsbefunden,[67] ohne darauf einzugehen, ob ein Zusatzbefund ein Nebenbefund sein soll. Eine einheitliche

---

62 BGHZ 99, 391 (398 f.); BGH NJW 1987, S. 1482 (1482 f.).

63 *Presidental Comission for the Study of Bioethical Issues*, S. 27.

64 *Rudnik-Schöneborn/Langanke/Erdmann/Robienski*, Ethik Med 2014, S. 105 (105).

65 Die amerikanische „Presidental Commission for the Study of Bioethical Issues (Bioethics Commission)" war in den Jahren 2009 bis 2017 ein Beratungsgremium, das durch Präsident Barack Obama eingesetzt wurde. Weitere Informationen siehe https://bioethicsarchive.georgetown.edu/pcsbi/index.html, zuletzt abgerufen am 03. Oktober 2019.

66 *Presidental Comission for the Study of Bioethical Issues*, S. 28.

67 *Presidental Comission for the Study of Bioethical Issues*, S. 28; vgl. auch *Fisher/Achilles/Tönnies/Schmidtke*, Bundesgesundheitsbl 2015, S. 166 (166).

Differenzierung zwischen Zufalls-, Zusatz- und Nebenbefund erfolgt demnach nicht.

Um die Patienten über die Art der gewonnenen Befunde aufklären zu können, bedarf es einer scharfen Abgrenzung zwischen Haupt-, Neben- und Zufallsbefund. Eine ungenaue Differenzierung wie sie teilweise in der Literatur vorgenommen wird, reicht nicht aus. Zufallsbefunde sind daher ausschließlich nicht intendierte und nicht erwartete Befunde einer Untersuchung. Nebenbefunde sind hingegeben Ergebnisse einer Untersuchung, die generiert werden sollten, jedoch nach der spezifischen Art des Befundes keine Rückschlüsse für den Hauptbefund zulassen. Sie sind Erkenntnisse, die nicht durch die diagnostizierte Haupterkrankung abgeklärt werden können, sondern einer weiteren Diagnostik benötigen.

III. Einordnung von Zufallsbefunden

Unklar ist, ob medizinische Zufallsbefunde aus Diagnostik und Forschung verschiedenen Krankheitsbildern oder Kategorien zugeordnet werden können, sodass die Fülle der pathologischen medizinischen Befunde durch eine Organisationsstruktur systematisiert werden kann. Es ist bekannt, dass Zufallsbefunde am Häufigsten im Rahmen des Einsatzes bildgebender Verfahren, bei genetischen Untersuchungen und im Fachbereich der Onkologie durch die Stadienbestimmung (engl. Staging) auftauchen.[68] Infolgedessen werden Zufallsbefunde in der Literatur zumeist auch im Rahmen der Neurowissenschaften oder der Humangenetik behandelt.

Diese Erkenntnis stellt jedoch noch keine Strukturierung des umfassenden wissenschaftlichen Bereiches „Zufallsbefund“ dar. Es wurden bisher unterschiedliche Vorgehensweisen gewählt, um sich dieser Problematik zu nähern. Während zu Beginn des Jahres 2013 in den USA eine Arbeitsgruppe des American College of Medical Genetics and Genomics (ACMG) einen Positivkatalog genetischer Risikogene erstellt hat,[69] wurden schon zuvor in Deutschland und den USA verschiedene Kategorienbildungen vorgestellt.[70]

---

68 *Christenhusz/Devriendt/Dierickx*, Eur J Hum Genet 2012, S. 248 (248).

69 *Green et al.*, Genet Med 2013, S. 565 (565 ff.).

70 *Berg/Khoury/Evans*, Genet Med 2011, S. 499 (501 f.); *Mayer et al.*, Genet Med 2011, S. 195 (196); *Wolf et al.*, J Law Med Ethics 2008, S. 219 (235 f.); nach dem Jahr 2013 auch *Deutsche Gesellschaft für Humangenetik*, Stellungnahme zu genetischen Zusatzbefunden in Diagnostik und Forschung, S. 1 (2); *Rudnik-Schöneborn/Langanke/Erdmann/Robienski*, Ethik Med 2014, S. 105 (116); *Schmücker* in Joerden/Hilgendorf/Thiele (Hrsg.), Menschenwürde und Medizin, S. 949 (955).

1. Positivlisten

Eine Arbeitsgruppe des „American College of Medical Genetics and Genomics (ACMG)“[71] hat im Juli 2013 eine Liste mit Genvarianten veröffentlicht, die als Zufalls- bzw. Zusatzbefunde während eines aktiven Hinterfragens genetischer Informationen bei genetischen Untersuchungen oder Genomsequenzierungen entdeckt werden können.[72] Diese Genvarianten stellen Risikogene dar, die das Risiko für bestimmte Krankheitsbilder stark erhöhen und bei denen Vorsorgemaßnahmen zu empfehlen sind. Die Liste wurde in einem Evaluationsprozess mittels Telefonkonferenzen und Expertengruppen von 16 Experten der Genmedizin bestimmt.[73] Dabei handelt es sich überwiegend um Risikogene für Krebs- und Herz-Kreislauf-Erkrankungen.[74] Mithin wurden erstmalig für den Bereich der Genetik konkrete Genmutationen bestimmt, die im Kontext einer umfassenden Genuntersuchung als zufällige Befunde gewonnen werden können. Darüber hinaus wurden in diesem Zusammenhang Empfehlungen zur Mitteilung der Zufallsbefunde an die Patienten präsentiert.[75]

Die Liste der Arbeitsgruppe des ACMG und insbesondere die Vorgehensweise bei der Identifizierung der Risikogene, aber auch die damit verbundenen Empfehlungen haben bereits nach kurzer Zeit insbesondere in den USA und in Kanada sowohl zu Kritik als auch Befürwortung geführt: So wird der Evaluationsprozess vor dem Hintergrund in Frage gestellt, dass 16 Gutachter aus dem Bereich der Genetik eine Liste mit Genvarianten erstellen sollten, unter der – widerlegten – Vorstellung, dass die Gensequenzierung ein akkurates Verfahren darstelle.[76] Zudem seien sich die Wissenschaftler bei der Entscheidung über die

---

71 Weitere Nachweise siehe www.acmg.net, zuletzt abgerufen am 04. Mai 2019.

72 *Green et al.*, Genet Med 2013, S. 565 (565 ff.); krit. zum Begriff des Zufallsbefundes in diesem Zusammenhang: *Shaw* in Langanke/Erdmann/Robienski/Rudnik-Schöneborn (Hrsg.), Zufallsbefunde bei molekulargenetischen Untersuchungen, S. 165 (169).

73 *Green et al.*, Genet Med 2013, S. 565 (566).

74 *Green et al.*, Genet Med 2013, S. 565 (570 f.); *Wolf/Annas/Elias*, Science 2013, S. 1049 (1050): „[…] risks for developing cancer and noncancerous tumors (24 genes), cardiovascular risks (31 genes), and adverse reactions to commonly used anesthetics (2 genes).“; *Stallmach*, Neue Zürcher Zeitung vom 21. Mai 2013, S. 1 (1).

75 *Green et al.*, Genet Med 2013, S. 565 (567 ff.); kritisch hierzu *Wolf/Annas/Elias*, Science 2013, S. 1049 (1049); *Holtzman*, Genet Med 2013, S. 750 (750); *Townsend/Adam/Birch/Friedman*, Genet Med 2013, S. 751 (751).

76 *Holtzman*, Genet Med 2013, S. 750 (750).

Empfehlung der Mitteilung der Befunde an Kinder nicht einig gewesen.[77] Diese einzelnen Kritikpunkte stellen die angestrebte verbindliche Empfehlung der Liste und ihre praktische Anwendbarkeit in Frage.

Prinzipiell ist es zu begrüßen, dass die Problematik der Unbestimmbarkeit von Zufallsbefunden und das Vorgehen bei Gewinn thematisiert und entsprechende Empfehlungen erarbeitet werden. Jedoch erscheint das Erstellen einer Positivliste mit stets aktualisierten Risikogenen[78] nicht die praktikable und erfolgsversprechende Methode, Zufallsbefunde zu systematisieren und infolgedessen entsprechende Empfehlungen zu erarbeiten. Denn durch die Verpflichtung der Labore (wie auch in den Empfehlungen des ACMG dargelegt) zur Untersuchung sämtlicher Proben bei einer Genomuntersuchung auf die bestimmten 57 Gene[79] wird zwar eine Haftungsfreistellung der Labore bewirkt,[80] doch wird dadurch die ursprüngliche Indikation der Untersuchung vernachlässigt und dem Patienten ein darüber hinausgehender Nutzen suggeriert.[81] Neben der Frage der Vollständigkeit einer 57-Gene-Liste[82] ist zudem ist auch die Zuverlässigkeit solcher Risikogene einerseits und der Genomsequenzierung andererseits nicht gegeben,[83] sodass das Risiko der Entdeckung belastender falsch-positiver Befunde besteht.[84] Da in der Liste ausschließlich genetische Zufallsbefunde aufgeführt sind, fehlen zudem Anhaltspunkt für den Umgang mit nicht-genetischen Zufallsbefunden.

2. *Kategorisierung*

Bereits vor der Erarbeitung einer Liste durch die Arbeitsgruppe des ACMG wurde in Deutschland und den USA versucht, Zufallsbefunde zu klassifizieren. Dies erfolgte durch eine Einordnung von Zufallsbefunden im Bereich der

---

77 *Holtzman*, Genet Med 2013, S. 750 (750); *Shaw* in Langanke/Erdmann/Robienski/Rudnik-Schöneborn (Hrsg.), Zufallsbefunde bei molekulargenetischen Untersuchungen, S. 165 (172).

78 *Green et al.*, Genet Med 2013, S. 565 (569).

79 *Green et al.*, Genet Med 2013, S. 565 (569); *Allyse/Michie*, Trends Biotechnol 2013, S. 439 (439).

80 *Rosenblatt*, Molecular Genetics and Metabolism 2013, S. 1 (2).

81 Ähnlich *Rosenblatt*, Molecular Genetics and Metabolism 2013, S. 1 (1).

82 So legen auch *Wolf/Annas/Elias*, Science 2013, S. 1049 (1050) dar, dass bei Verwendung stringenterer Kriterien die Liste deutlich ausführlicher ausfallen würde; zu den ausgewählten Kriterien für die medizinische Relevanz siehe *Fisher/Achilles/Tönnies/Schmidtke*, Bundesgesundheitsbl 2015, S. 166 (170).

83 *Holtzman*, Genet Med 2013, S. 750 (750).

84 *Holtzman*, Genet Med 2013, S. 750 (750).

Genetik, allerdings nicht durch Evaluierung von Risikogenen, sondern durch Bildung von Kategorien. Ziel dieser Kategorisierung ist eine Einordnung mitteilungsbedürftiger Zufallsbefunde nach ihrer Bedeutung für die untersuchte Person. Dadurch kann eine transparente Aufklärung oder genetische Beratung durchgeführt und die Rückmeldung von bestimmten Zufallsbefunden oder Kategorien vereinbart werden.[85] Die Kategorienbildung dient daher im Arzt-Patienten-Verhältnis dazu, eine Organisationsstruktur zu bilden, anhand derer der Arzt bei der Aufklärung vorgehen und der Patient sich bei seinem Wunsch nach Rückmeldung orientieren kann. Dadurch werden eine größere Transparenz und eine verbindliche Einordnung nach „krankheitsindikatorischer Dignität" von Zufallsbefunden angestrebt.[86]

In der Literatur gibt es unterschiedliche Versuche der Kategorisierung. Nach *Wolf et al.*[87] soll die Gliederung der Zufallsbefunde in drei verschiedene Kategorien erfolgen: In Gruppe 1 werden ausschließlich Zufallsbefunde mit hohem Nutzen für den Betroffenen oder einen Nachkommen, das heißt bedrohliche aber therapierbare Störungen gefasst. Hingegen haben Zufallsbefunde der Gruppe 2 nur einen möglichen Nutzen, das heißt es sind Störungen, die möglicherweise nicht behandelbar sind. Befunde der Gruppe 3 haben lediglich fraglichen oder mangels Datenlage überhaupt keinen Nutzen. Als Anknüpfungspunkt wird bei dieser Art der Kategorisierung der Nutzen für den Betroffenen oder seine Verwandten gewählt.

Eine ähnliche Systematik liegt auch dem Vorschlag von *Rudnik-Schöneborn/Langanke/Erdmann/Robienski* zugrunde. Ergänzend gliedern sie jedoch die von *Wolf et al.* genannte 3. Gruppe erneut in zwei Kategorien. Infolgedessen ergibt sich eine Gruppe mit fraglichem Nutzen und eine mit geringem Nutzen.[88]

Im Gegensatz zu diesen Kategorisierungsansätzen wählt die *Deutsche Gesellschaft für Humangenetik* einen anderen Anknüpfungspunkt, infolge dessen nicht nach dem Nutzen für den Betroffenen aufgrund Therapiemöglichkeiten, sondern dem Risiko für eine Erkrankung unter Berücksichtigung entsprechender Behandlungsmöglichkeiten differenziert wird. Gruppe 1 beinhaltet „genetische

---

85 *Deutsche Gesellschaft für Humangenetik*, Stellungnahme zu genetischen Zusatzbefunden in Diagnostik und Forschung, S. 1 (2); *Rudnik-Schöneborn/Langanke/Erdmann/Robienski,* Ethik Med 2014, S. 105 (116 f.).

86 *Schmücker* in Joerden/Hilgendorf/Thiele (Hrsg.), Menschenwürde und Medizin, S. 949 (955); ähnlich *Rudnik-Schöneborn/Langanke/Erdmann/Robienski,* Ethik Med 2014, S. 105 (115).

87 *Wolf et al.*, J Law Med Ethics 2008, S. 219 (235 f.).

88 *Rudnik-Schöneborn/Langanke/Erdmann/Robienski,* Ethik Med 2014, S. 105 (116).

Eigenschaften, aus denen sich ein relevantes Risiko für eine Erkrankung ergibt, für die eine effektive Therapie […] zur Verfügung"[89] steht. Hingegen umfasst die 2. Gruppe genetische Auffälligkeiten mit relevantem Risiko für eine nicht therapierbare Erkrankung und die 3. Gruppe Eigenschaften, die „das Risiko für das Auftreten einer Erkrankung nur gering modifizieren"[90]. Im Gegensatz zu den Vorschlägen von *Wolf et al.* und *Rudnik-Schöneborn/Langanke/Erdmann/Robienski* wird das potentielle Risiko einer Erkrankung für Familienangehörige in einer eigenen 4. Gruppe aufgenommen.[91] Neben weiteren Einordnungen in der Literatur[92] unterscheidet *Schmücker*[93] nach der „krankheitsindikatiorischen Dignität", indem evidente klinische Relevanz (Gruppe 1), höchstwahrscheinliche klinische Bedeutung (Gruppe 2) und unklare Bedeutung (Gruppe 3) unterschiedlich behandelt werden. Infolge der stark variierenden Kategorisierungen empfehlen die jeweiligen Autoren zwangsläufig auch ein unterschiedliches Vorgehen bei Aufklärung, Mitteilung und Behandlung der Zufallsbefunde.[94]

Grundsätzlich ist eine Klassifizierung von Zufallsbefunden zu befürworten, denn sie ermöglicht nachvollziehbar eine Zuordnung der eindeutig relevanten ebenso wie der häufig unbestimmbaren und nur teilweise validen genetischen Eigenschaften mit Krankheitspotential. Zu kritisieren ist jedoch die Ausführung dieses Vorhabens vor dem Hintergrund der Entwicklung uneinheitlicher Kategorien. Dieser augenscheinlich bestehende Dissens zwischen einzelnen Wissenschaftlern und medizinischen Gesellschaften über Anknüpfungspunkte der Kategorien, Anzahl der Gruppen und einzubeziehende Personen verhindert in Folge uneinheitlicher Empfehlungen die gewünschte Transparenz. Die

---

89 *Deutsche Gesellschaft für Humangenetik*, Stellungnahme zu genetischen Zusatzbefunden in Diagnostik und Forschung, S. 1 (2); so auch *Rudnik-Schöneborn* in Langanke/Erdmann/Robienski/Rudnik-Schöneborn (Hrsg.), Zufallsbefunde bei molekulargenetischen Untersuchungen, S. 9 (13).

90 *Deutsche Gesellschaft für Humangenetik*, Stellungnahme zu genetischen Zusatzbefunden in Diagnostik und Forschung, S. 1 (3); so auch *Rudnik-Schöneborn* in Langanke/Erdmann/Robienski/Rudnik-Schöneborn (Hrsg.), Zufallsbefunde bei molekulargenetischen Untersuchungen, S. 9 (15).

91 *Deutsche Gesellschaft für Humangenetik*, Stellungnahme zu genetischen Zusatzbefunden in Diagnostik und Forschung, S. 1 (2).

92 Exemplarisch siehe *Berg/Khoury/Evans*, Genet Med 2011, S. 499 (501 f.); *Mayer et al.*, Genet Med 2011, S. 195 (196).

93 *Schmücker* in Joerden/Hilgendorf/Thiele (Hrsg.), Menschenwürde und Medizin, S. 949 (955).

94 Weitere Ausführungen zu der Aufklärung und Mitteilung an den Betroffenen bei entsprechender Klassifizierung siehe in 2. Kapitel A III 3 a) aa) aaa), bbb).

Verwendung medizinischer Begriffe ohne laienverständliche Erklärungen, wie beispielsweise „relevantes Risiko“ oder „Therapierbarkeit“, mindert die Transparenz zusätzlich. Zudem sind diese Begriffe je nach individueller Sichtweise unterschiedlich interpretierbar. Beispielsweise ist der von *Wolf et al.*[95] gewählte notwendige „hohe Nutzen für den Betroffenen“ für einen Erkrankten bereits durch eine Lebensverlängerung von einem Jahr erfüllt, während er für einen Anderen nur bei vollständiger Therapierbarkeit gegeben ist. Im Rahmen der Kategorien bleibt zudem der mögliche Nutzen einer Rückmeldung über keinerlei aufgefundene Zufallsbefunde gänzlich unberücksichtigt. Dabei kann das Wissen, dass kein pathologischer Befund gewonnen wurde, für den Betroffenen einen größeren Nutzen darstellen als die Mitteilung eines unklaren Befundes.

Die Ausführungen belegen, dass eine Kategorisierung der potentiellen genetischen Eigenschaften mit Krankheitswert für ein einheitliches Vorgehen bei der Aufklärung, genetischen Beratung und Mitteilung vor und nach Generierung eines Zufallsbefundes notwendig ist. Jedoch genügen die bestehenden Empfehlungen nicht, um ein solch geschlossenes Vorgehen zu ermöglichen.[96]

3. *Zwischenergebnis*

Die Vorschläge des ACMG für eine Positivliste von Genen wie auch der Literatur zur Kategorienbildung verdeutlichen das Bemühen, im Umgang mit Zufallsbefunden transparente Lösungsansätze zur Verfügung zu stellen. Die Empfehlungen des ACMG müssen jedoch bereits aufgrund des Auswahlverfahrens der Gene und einer entsprechenden fehlenden Vollständigkeit der Listen kritisch betrachtet werden. Hingegen erscheint die Zuordnung genetischer Eigenschaften in verschiedene Gruppen und die entsprechenden Empfehlungen zur Aufklärung und Mitteilung ein nachvollziehbarer Lösungsansatz. Ausschließlich die tatsächliche Umsetzung begrenzt derzeit noch die angestrebte Transparenz. Sobald jedoch eine einheitliche Empfehlung abgegeben wird,[97] sollte diese zur Vereinfachung der Konfrontation des Patienten oder Probanden mit Zufallsbefunden zumindest als medizinische Leitlinie angesehen werden bis sie letztendlich in verbindliche (gesetzliche) Form überführt werden kann.

---

95 *Wolf et al.*, J Law Med Ethics 2008, S. 219 (235 f.).

96 Weitere Kritik hierzu in 2. Kapitel A V und in der Schlussbetrachtung im 3. Kapitel B.

97 Vgl. Überlegungen zur Kompetenzzuweisung an die Bundesärztekammer oder die Gendiagnostikkommission im Rahmen der Schlussbetrachtung im 3. Kapitel B.

IV. Anwendungsfelder

Die rechtsethische Analyse von Zufallsbefunden soll im Rahmen dieser Arbeit für die Kontexte der Diagnostik[98] und der Forschung erfolgen. Sowohl während diagnostischer als auch wissenschaftlicher Untersuchungen können Zufallsbefunde insbesondere infolge des Einsatzes bildgebender Verfahren oder genetischer Analysen zu medizinischen Zwecken gewonnen werden.[99]

1. Diagnostik

a) Terminologie

Begrifflich wird unter einer medizinischen Diagnose das Erkennen einer Krankheit gefasst.[100] Dem griechischen Ursprung nach bedeutet der Begriff „διάγνωσις" (diagnosis) „Entscheidung" oder „Urteil". Die Diagnose ist eine ärztliche Folgerung aus der Symptomatik des Patienten nach entsprechenden medizinischen Untersuchungen, unabhängig davon, ob sie erst eine Verdachts- oder bereits eine endgültige Diagnose[101] darstellt.[102] Der BGH hat die Diagnose als eine „auf medizinischer Begutachtung beruhende Wertung" bezeichnet.[103] Während die Prognose einen möglichen zukünftigen Krankheitsverlauf erfasst, umfasst die Diagnose eine ärztliche Bewertung zum Zeitpunkt der Untersuchung bestehender Symptome.[104] Da sich sowohl die Erkrankung des Betroffenen als auch die medizinisch-technischen Möglichkeiten zur Untersuchung laufend wandeln, ist eine Diagnose veränderlich.

---

98 Der Kontext der Diagnostik bezieht sich auf Untersuchungen im Rahmen eines Behandlungsverhältnisses zwischen Arzt und Patient. Die Diskussion um den Umgang mit Zufallsbefunden erfolgt in der Literatur grundsätzlich im Rahmen der Gegenüberstellung von Diagnostik und Forschung. Daher werden diese Begrifflichkeiten in der vorliegenden Arbeit verwendet, auch wenn den Gegenbegriff zu „Forschung" ansonsten die „Behandlung" bildet.

99 Darüber hinaus werden mittels genetischer Untersuchungen gehäuft Zufallsbefunde bzgl. Abstammungserfragungen gewonnen. Diese werden jedoch im Rahmen dieser Arbeit nicht weiter betrachtet. Weitere Nachweise zu genetischen Untersuchungen zur Klärung der Abstammung in *Fenger* in Spickhoff (Hrsg.), Medizinrecht, GenDG § 17 Rn. 1 ff.

100 *Kern* in Laufs/Kern (Hrsg.), Handbuch des Arztrechts, § 48 Rn. 6.

101 Weitere Diagnosearten siehe *Kern* in Laufs/Kern (Hrsg.), Handbuch des Arztrechts, § 38 Rn. 10 f.

102 *Weidenkaff* in Palandt (Hrsg.), Bürgerliches Gesetzbuch, BGB § 630a Rn. 16.

103 BGH NJW 1989, S. 2941 (2941).

104 *Kern* in Laufs/Kern (Hrsg.), Handbuch des Arztrechts, § 48 Rn. 6.

Die Diagnostik erfolgt mittels verschiedener ärztlicher[105] Untersuchungen wie beispielsweise der Anamneseerhebung[106], körperlicher und Laboruntersuchungen. Abhängig von der Symptomatik bedient sich der Arzt dabei unterschiedlicher Abklärungsmöglichkeiten, wie z. B. der Verwendung bildgebender Geräte und genetischer Untersuchungen.[107] Die Diagnoseerhebung ist ebenso wie die Diagnosemitteilung vertragliche Pflicht des Arztes gegenüber dem Patienten aus dem Behandlungsvertrag nach § 630a BGB.[108]

b) *Zufallsbefunde in der bildgebenden Diagnostik*

Bildgebungen sind Standarduntersuchungsverfahren in der Diagnostik zur Darstellung der Strukturen des menschlichen Körpers wie des knöchernen Skeletts, der Weichteilorgane und der Organfunktionen.[109] Da diagnostische Untersuchungsmethoden wie die Eigenanamnese und die Befragung durch Dritte häufig ausschließlich bedingte Validität aufweisen, ist die bildgebende Diagnostik ein unabhängiges Verfahren zur Abklärung von Erkrankungen.[110] Die Bildgebung ist keine explizite Entwicklung der Medizin, sondern vielmehr Ergebnis des interdisziplinären Zusammenwirkens zwischen naturwissenschaftlichen und technischen Fachdisziplinen. Die einzelnen bildgebenden Verfahren können entsprechend ihrer individuellen Indikation und der abzuklärenden Symptomatik verwendet werden.[111] Weil die Untersuchungsverfahren jedoch nicht

---

105 Nach *Kern* ist zudem eine persönliche Untersuchung notwendig, vgl. *Kern* in Laufs/Kern (Hrsg.), Handbuch des Arztrechts, § 48 Rn. 3, § 45 Rn 6: „Die Diagnostik setzt ärztliches Fachwissen voraus und ist daher nicht an nicht-ärztliches Personal delegierbar. Im Rahmen des Behandlungsvertrages kann jedoch der Chefarzt bei stationärer Aufnahme einzelne Aufgaben wie auch die Diagnostik an Oberärzte und Assistenzärzte delegieren, ohne dass dadurch eine Änderung der Verantwortung gegenüber dem Patienten bewirkt wird (vgl. § 46 Rn. 9)".

106 *Kern* in Laufs/Kern (Hrsg.), Handbuch des Arztrecht, § 46 Rn. 1 ff.

107 *Kern* in Laufs/Kern (Hrsg.), Handbuch des Arztrechts, § 48 Rn. 4; *Pschyrembel*, Klinisches Wörterbuch, S. 478 Stichwort „Diagnostik"; im Ergebnis auch *Helm* in Lenk/Duttge/Fangerau (Hrsg.), Handbuch Ethik und Recht der Forschung am Menschen, S. 25 (25).

108 BT-Drs 17/10488, S. 5; zur Diagnosemitteilung als Pflicht beispielsweise *Thole/Schanz*, RDG 2013, S. 64 (65); *Weidenkaff* in Palandt (Hrsg.), Bürgerliches Gesetzbuch, BGB § 630a Rn. 16; noch ohne Bezugnahme auf das Patientenrechtegesetz *Kern* in Laufs/Kern (Hrsg.), Handbuch des Arztrechts, § 48 Rn. 1, 13.

109 Vgl. *Pschyrembel*, Klinisches Wörterbuch, S. 2250 Stichwort „Verfahren, bildgebende".

110 *Völzke* in Puls/Hosten (Hrsg.), Ganzkörper-MRT-Screening. Befunde und Zufallsbefunde, S. 17 (17).

111 *Schneider*, Der Einsatz bildgebender Verfahren im Strafprozess, S. 31.

hinsichtlich einer Fragestellung spezifiziert sind, besteht bei ihrer Verwendung die Möglichkeit, auch unerwünschte, nicht intendierte Befunde aufzufinden.

In der Folge werden die einzelnen Verfahren zur bildgebenden Diagnostik überblicksartig dargestellt, bevor auf den Zweck des Einsatzes und die Häufigkeit der Generierung von Zufallsbefunden in der Diagnostik eingegangen wird.

aa) Bildgebende Verfahren

Die für die Diagnostik bedeutendsten bildgebenden Verfahren sind die Röntgendiagnostik, meist als digitale Bildgebung, und die sogenannten Schnittbildmethoden, zu denen die Computertomographie (CT) und die Magnetresonanztomographie (MRT) gezählt werden. Darüber hinaus können nuklearmedizinische Methoden wie die Single Photon Emission Computed Tomography (SPECT) und die Positronenemissionstomographie (PET) eingesetzt werden. Letztere wird häufig mit einer CT kombiniert (PET-CT).

aaa) Röntgendiagnostik

Die Röntgendiagnostik ist ein bildgebendes Verfahren, bei dem mittels einer durch eine Röntgenröhre generierte Strahlung Organe oder Teile von Organen dargestellt werden können.[112] Infolge der Durchleuchtung bzw. Radioskopie des Körpers eines Patienten entsteht aufgrund der unterschiedlichen Absorption des durchstrahlten Gewebes ein inhomogenes räumliches Schattenbild, das auf einen strahlungsempfindlichen Schirm oder einen Röntgenfilm aufgetragen wird. Heutzutage werden vermehrt digitale Röntgenbildsysteme verwendet, die in mehreren Teilschritten Röntgenstrahlen erfassen und in ein elektronisches Bild wandeln.[113] Die Darstellung erfolgt in den Farben schwarz und weiß, je nachdem, wie die Röntgenstrahlen im Gewebe absorbiert und durch Dichte, Dicke oder Ordnungszahl abgeschwächt werden.[114]

Da Röntgenstrahlen sowohl mit niedriger Spannung kontrastreiche Bilder von Gewebe unterschiedlicher Dichte (wie z. B. bei der Mammographie) als auch bei hoher Spannung ähnliche Dichten darstellen können,[115] ist der Anwendungsbereich der Diagnostik vergleichsweise umfangreich. Dies zeigt sich auch

---

112 Zur Gerätetechnik der konventionellen Röntgenuntersuchung näher *Reiser/Kuhn/Debus*, Radiologie, S. 63 ff.

113 *Wetzke/Happle*, Bildgebende Verfahren, S. 6; ausführlich *Reiser/Kuhn/Debus*, Radiologie, S. 70 ff.

114 *Pschyrembel*, Klinisches Wörterbuch, S. 1861 Stichwort „Röntgendiagnostik"; *Wetzke/Happle*, Bildgebende Verfahren, S. 7; *Reiser/Kuhn/Debus*, Radiologie, S. 67.

115 *Wetzke/Happle*, Bildgebende Verfahren, S. 6.

in dem Indikationsbereich, denn eine Diagnostik mittels Röntgenaufnahmen kann insbesondere im Rahmen der Traumatologie, der Erkrankung der Atemwege oder des Herz-Kreislauf-Systems sowie im Rahmen der Brustvorsorge bei der Mammographie und als Basisdiagnostik bei Abdomenübersichtsaufnahmen erfolgen.[116] Weniger bedeutsam ist die Röntgendiagnostik im Bereich der Weichteile und bei komplexen dreidimensionalen Lagebeziehungen.[117] Nachteilig wirkt sich insbesondere die Unschärfe der Bilder durch Bewegung, aber auch durch eine hohe Empfindlichkeit der Film-Folien-Kombinationen aus.[118] Infolgedessen wird anstelle der Röntgendiagnostik inzwischen bei den meisten Indikationen vorzugsweise eine CT oder MRT durchgeführt.[119]

bbb) Computertomographie

Die Computertomographie (CT) wurde in den 1960er Jahren von *Allan McLeod Cormack* und *Godfrey Hounsfield* entwickelt, die für diese Leistung im Jahre 1979 den Medizinnobelpreis erhielten.[120] Sie ist ein durch den Einsatz von Computern auf Röntgenbildern bestehendes Verfahren zur Erzeugung von zweidimensionalen Schnittbildern (Tomographen) des menschlichen Körpers.[121] Bei den heutigen Geräten der 3. und 4. Generation[122] bewegt sich eine Röntgenröhre in einer 360° – Rotation um den Patienten und sendet Röntgenstrahlen aus, die von einem Detektor aufgefangen werden. Der Detektor registriert die Schwächung der Strahlung in den einzelnen Körperschichten und wandelt diese durch Prozessierung in ein analoges Graustufenbild um.[123] Aus den so gewonnenen Daten kann die Struktur des Körpers bzw. einzelner Organe abgebildet werden. Durch eine kontinuierliche Rotation der Röntgenröhre bei gleichzeitiger Bewegung des Patiententisches können durch das Einzeilen-Spiral-CT bis zu 320 Schichten gleichzeitig erstellt werden.[124] Im Vergleich sind es bei der sogenannten

---

116 *Wetzke/Happle*, Bildgebende Verfahren, S. 8.

117 *Reiser/Kuhn/Debus*, Radiologie, S. 70.

118 *Reiser/Kuhn/Debus*, Radiologie, S. 67; *Wetzke/Happle*, Bildgebende Verfahren, S. 6.

119 *Wetzke/Happle*, Bildgebende Verfahren, S. 7; *Reiser/Kuhn/Debus*, Radiologie, S. 70.

120 Statt vieler *Loewenhardt*, Bildgebende Diagnostik, S. 96.

121 *Loewenhardt*, Bildgebende Diagnostik, S. 98; so auch *Jackson/Thomas*, CT, MRT, Ultraschall - auf einen Blick, 1.1 (1.1).

122 Zu den Entwicklungen der einzelnen Generationen siehe *Loewenhardt*, Bildgebende Diagnostik. Technik, Anatomie, Pathologie, S. 96.

123 *Loewenhardt*, Bildgebende Diagnostik, S. 99; *Reiser/Kuhn/Debus*, Radiologie, S. 77.

124 *Loewenhardt*, Bildgebende Diagnostik, S. 106; zu den einzelnen Indikationen der Spinal-CT *Dillo et al.*, Klinische Neuroradiologie, S. 53 (54 ff.).

Multi-Slice-CT (MSCT) nur 64.[125] Zur Verstärkung der Kontraste und mithin der besseren bildlichen Darstellung werden Kontrastmittel eingesetzt, bei denen es sich meist um jodhaltige Substanzen handelt, die die Gefäße in verschiedenen Phasen strahlendurchlässig werden lassen.[126]

Vorteile der CT sind die vergleichsweise hohen Untersuchungsgeschwindigkeiten, eine hohe Bildauflösung sowie die Möglichkeit einer schnellen und präziseren Diagnostik bei unterschiedlichen Indikationen.[127] Demgegenüber ist die Verwendung ionisierender Strahlen nachteilig, durch die der Patient und die gesamte Umwelt einer vermehrten Strahlenbelastung ausgesetzt werden,[128] sodass eine CT-Diagnostik nur nach ausreichender Überprüfung der Indikation erfolgen sollte. Da mittels der neueren Technologien der CT Artefakte, die durch Bewegung oder unterschiedliche Gewebedichte entstehen, nahezu nicht mehr auftreten, wird die CT als Nativdiagnostik bei der Bildgebung des Schädels zur primären Routinediagnostik eingesetzt.[129] Durch die CT lassen sich insbesondere knöcherne Strukturen wie Wirbelkörper und Knochenfrakturen darstellen.[130] Aufgrund einer verkürzten Scanzeit ist sie bei Intensivpatienten und wegen der Reduktion von Bewegungsartefakten bei der Thorax- und Abdomendiagnostik sowie Darstellungen an Gefäßen und Skelett und insbesondere bei Erkrankungen und Verletzungen im Kopf- und Halsbereich einsetzbar.[131]

ccc) Magnetresonanztomographie

Die Magnetresonanztomographie (MRT) ist ein „Verfahren zur Erzeugung von Schnittbildern in einer frei wählbaren Raumebene ohne Verwendung von Röntgenstrahlung“[132]. Physikalisch betrachtet beruht dieses Verfahren auf dem

---

125 *Mahnken/Mühlenbruch/Dohmen/Kelm/Wildberger/Günther*, DÄ 2007, A 2201 (2201).

126 *Jackson/Thomas*, CT, MRT, Ultraschall – auf einen Blick, 1.1 (1.2); *Wetzke/Happle*, Bildgebende Verfahren, S. 10.

127 *Jackson/Thomas*, CT, MRT, Ultraschall – auf einen Blick, 1.1 (1.4); ähnlich *Loewenhardt*, Bildgebende Diagnostik, S. 97.

128 Vgl. *Jackson/Thomas*, CT, MRT, Ultraschall – auf einen Blick, 1.1 (1.4); *Loewenhardt*, Bildgebende Diagnostik, S. 97; *Wetzke/Happle*, Bildgebende Verfahren S. 11: Die effektive Dosis einer Thorax-CT ist im Vergleich zu einer Thoraxübersichtsaufnahme bis zu Faktor 400 höher; nach *Reiser/Kuhn/Debus*, Radiologie, S. 78 ist die effektive Dosis für eine Thorax-CT ca. 100-mal höher.

129 Ähnlich *Jackson/Thomas*, CT, MRT, Ultraschall – auf einen Blick, 1.1 (1.4); *Wetzke/Happle*, Bildgebende Verfahren, S. 10 f.

130 *Loewenhardt*, Bildgebende Diagnostik, S. 97.

131 *Reiser/Kuhn/Debus*, Radiologie, S. 79; näher auch *Lassere/Blohm*, Kurzlehrbuch Radiologie, S. 28.

132 *Reiser/Kuhn/Debus*, Radiologie, S. 79.

Eigendrehimpuls („Kernspin“[133]) von Wasserstoffatomen, die in großer Anzahl im menschlichen Körper vorhanden sind.[134] Mittels eines auswärtigen Magneten in einer Röhre, in die sich der Patient legen muss, wird ein Magnetfeld erstellt, dessen Energie die Atome absorbieren und so im Magnetfeld die Richtung des Spins ändern.[135] Abhängig von der Gewebeart kann die Beeinflussung der Atome unterschiedlich lang erfolgen. Sobald die Teilchen durch Änderung der Magnetfeldstärke in den ursprünglichen Zustand zurückfallen, geben sie je nach Körperschicht variierende Energie ab, die in vom Computer auswertbare Daten umgewandelt werden kann und anschließend in Schnittbildern dargestellt wird.[136] Die Aussagekraft der Bilderzeugung variiert durch technische Maßnahmen wie z. B. dem Einsatz bestimmter Spulen, insbesondere aber durch die Verwendung unterschiedlicher Magnetfeldstärken. Früher lagen die Feldstärken bei 0,5 bis 1,0 Tesla. Heute werden meistens in der Diagnostik 1,5 Tesla-Geräte verwendet, wobei jedoch vermehrt Geräte mit 3 Tesla mit einer bis Faktor 10^5 erhöhten Stärke als Erdmagnetfeld genutzt werden.[137] Geräte in experimentellen Verfahren weisen bis zu 7 Tesla auf.[138]

Die Vorteile einer strukturellen MRT gegenüber konkurrierenden Verfahren bestehen insbesondere in einer aussagekräftigen Weichteildarstellung wie auch dem Verzicht auf ionisierende Strahlung.[139] Nachteilig wirken sich neben einer vergleichsweise langen Aufnahmezeit und den hohen Kosten auch die Anfälligkeit für Bewegungsartefakte und die Kontraindiziertheit bei Metallimplantaten aus.[140] Dies gilt auch für Patienten mit älteren Schrittmachergeräten, wohingegen heutige Gelenkimplantate MRT-fähig sind. Aufgrund der Nutzung der Aktivität der Wasserstoffatome bestehen die Hauptindikationsgebiete der MRT in

---

133 Aufgrund dieser Eigenschaft wird die Magnetresonanztomographie auch vermehrt als Kernspintomographie bezeichnet.

134 *Wetzke/Happle*, Bildgebende Verfahren S. 12; so auch *Loewenhardt*, Bildgebende Diagnostik, S. 116.

135 *Jackson/Thomas*, CT, MRT, Ultraschall – auf einen Blick, 3.1.; *Loewenhardt*, Bildgebende Diagnostik, S. 115.

136 *Loewenhardt*, Bildgebende Diagnostik, S. 115; *Wetzke/Happle*, Bildgebende Verfahren S. 12.

137 *Wetzke/Happle*, Bildgebende Verfahren, S. 12.

138 Vgl. beispielsweise eine Studie zur Multiplen Sklerose, bei der ein 7 Tesla zur besseren Darstellung der Läsionen eingesetzt wird: *Sinnecker/Mittelstaedt/Dörr et al.*, Arch Neurol 2012, S. 739 (739 ff.).

139 *Loewenhardt*, Bildgebende Diagnostik, S. 116; *Jackson/Thomas*, CT, MRT, Ultraschall – auf einen Blick, 3.5.

140 *Loewenhardt*, Bildgebende Diagnostik, S. 116.

Bereichen mit einem entsprechend hohen Gehalt dieser Atome. So erzielt eine MRT eine präzise Darstellung bei Untersuchungen an Weichteilen des Körpers wie dem Gehirn oder inneren Organen. Auch Entzündungen und Tumore lassen sich aufgrund eines anderen Gehalts von Wasserstoffatomen im Vergleich zu Normalgewebe abbilden. Hingegen sind insbesondere Knochen sehr schlecht darstellbar, da ihr Wasserstoffatomgehalt im Vergleich zu anderen Strukturen niedrig ist.[141]

Neben der bereits im Jahre 1946 erstmals beschriebenen strukturellen MRT gibt es eine Anzahl spezieller MRT-Verfahren, mit denen nicht nur die Lage und Struktur des Gewebes oder der Organe bestimmt werden sollen, sondern darüber hinausgehend Mikrostruktur, Durchblutung und Funktion bestimmbar sind.[142] Bedeutendes Beispiel hierfür ist die funktionelle MRT (fMRT), die als wichtigstes Bildgebungsverfahren seit der Einführung des Röntgen beschrieben wird.[143] Mit Hilfe der fMRT sollen physiologische Funktionen im Körper, insbesondere aktivierte Hirnareale mit hoher Auflösung dargestellt werden. Auch die fMRT verwendet die Reaktion des Körpers auf magnetische Felder, indem die magnetische Eigenschaft von oxygenierten (sauerstoffgesättigtem) oder desoxygenierten Blutes genutzt und ein Vergleich zwischen stimuliertem Gewebe und Gewebe im Ruhestand gezogen wird, um Rückschlüsse auf den Ort einer neuronalen Aktivität zu ziehen.[144] Eine weitere Methode ist die MRT-Spektroskopie, die Rückschlüsse auf die Gewebezusammensetzung erlaubt.[145]

Durch die Etablierung größerer Spulen und Gradienten wurde die Untersuchungsmethode mittels Ganz-Körper-MRT (GK-MRT) entwickelt.[146] Dieser Ganzkörper-Scanner mit freier automatischer Tischbewegung ermöglicht eine Untersuchung des gesamten menschlichen Körpers ohne Umlagerung

---

141 *Loewenhardt*, Bildgebende Diagnostik, S. 116; ähnlich *Jackson/Thomas*, CT, MRT, Ultraschall – auf einen Blick, 3.5; *Reiser/Kuhn/Debus*, Radiologie, S. 83.

142 Insbesondere die Kardio-MRT und die MR-Angiographie haben in der bildgebenden Diagnostik Bedeutung erlangt. Da diese Varianten der MRT jedoch überwiegend zu spezifischen Fragestellungen eingesetzt werden und damit weniger zufallsbefundsträchtig erscheinen, werden sie in dieser Arbeit nicht ausführlicher dargestellt. Weitere Ausführungen zu diesen Verfahren siehe *Pschyrembel*, Klinisches Wörterbuch, S. 1385 f. Stichwort „MRT".

143 *Logothetis*, Nature Reviews 2008, S. 869 (869).

144 *Schneider*, Der Einsatz bildgebender Verfahren im Strafprozess, S. 36 f.

145 *Urbach/Solymosi et al.* in Schlegel (Hrsg.), Neuroonkologie, S. 55 (55).

146 *Kreisler*, Der Radiologe 2004, S. 820 (825); zur ausführlichen Darstellung des Aufbaus einer Ganzkörper-MRT siehe *Quick* in Puls/Hosten (Hrsg.), Ganzkörper-MRT-Screening. Befunde und Zufallsbefunde, S. 25 (25 ff.).

des Patienten innerhalb einer Stunde. Das Verfahren ist derzeit einerseits noch sehr teuer und hat zudem bisher keine Beweise einer diagnostischen Überlegenheit erbracht.[147] Jedoch wird der derzeitige Anwendungsbereich von der Klärung symptomatischer Erkrankungen wie kardiovaskulären Erkrankungen und Tumorstaging bis hin zu reinen Vorsorgeuntersuchungen gesehen.[148] Infolgedessen erfolgt ein zunehmender Einsatz dieses Verfahrens in der klinischen Routine. Die GK-MRT wird insbesondere als vielversprechende zukünftige Alternative zur strahlenverwendenden CT angesehen.[149]

ddd) Sonografie

Die Sonografie ist wie die CT und MRT ein radiologisches Schnittbildverfahren. Zur Darstellung von unterschiedlichen Körperstrukturen verschiedenster Dichten wird ein Impulsechoverfahren verwendet, bei dem Ultraschallwellen in das Gewebe gesendet und anschließend eine Messung der Stärke und der Rückkehrzeit des Echos durchgeführt wird.[150] Die Schallwellen werden im Gewebe absorbiert und je nach Stärke des Gewebes zurückgeworfen. Die dadurch entstehenden Echos werden als elektrische Signale bzw. als Bild digital dargestellt.[151] Im Rahmen der Bildverarbeitung gibt es verschiedene Methoden wie z. B. den A-Mode, bei der die Darstellung des Echos als Amplitude auf einer Zeitachse erfolgt. Dabei sind Höhe der Amplitude als Echointensität und Breite der Kurve als Tiefe des Entstehungsorts zu werten. Das heutige Standardverfahren, der B-Mode, stellt zweidimensionale, bewegte Bilder dar, indem gleich einem Film die Echointensität in Graustufen zwischen weiß (hohes Echo) und schwarz (kein Echo) abgebildet werden. Aus diesem B-Mode kann anschließend der M-Mode entwickelt werden, bei dem das Echo einzelner Bildzeilen des B-Modes auf einer Zeitachse aufgetragen und genauer beobachtet werden kann.[152] Die Sonographie ist bei Patienten mit sogenannten Schallfenstern und insbesondere wenig schallabsorbierendem Fettgewebe ein kostengünstiges und aussagekräftiges Bildgebungsverfahren zur Darstellung von weichem Gewebe. Schwierigkeiten ergeben sich jedoch bei der Darstellung verschiedener Flüssigkeiten, die sich

147 *Schmidt/Dinter/Reiser/Schoenberg*, DÄ 2010, S. 383 (383).

148 *Kreisler*, Der Radiologe 2004, S. 820 (825).

149 *Schmidt/Dinter/Reiser/Schoenberg*, DÄ 2010, S. 383 (383 f.).

150 *Reiser/Kuhn/Debus*, Radiologie, S. 84.

151 *Reiser/Kuhn/Debus*, Radiologie, S. 84; weitere Ausführungen zur Gerätetechnik bei der Sonographie siehe *Reiser/Kuhn/Debus*, Radiologie, S. 87 ff.

152 *Pschyrembel*, Klinisches Wörterbuch, S. 2199 Stichwort „Ultraschalldiagnostik"; *Reiser/Kuhn/Debus*, Radiologie, S. 88; *Wetzke/Happle*, Bildgebende Verfahren, S. 14 f.

sonografisch nicht unterscheiden lassen und daher einer zusätzlichen CT oder MRT bedürfen.[153]

eee) Single Photon Emission Computed Tomography (SPECT)

Die Single Photon Emission Computed Tomography (SPECT) ist eine Untergruppe der Emissionscomputertomographien (ECT), die Schichtaufnahmen der Verteilung von Radioaktivität im Körper darstellt. Als nuklearmedizinische Diagnostik wird sie insbesondere zur Funktions-, Stoffwechsel- und Lokalisationsdiagnostik eingesetzt.[154] Schwerpunktmäßig findet sie Anwendung bei der Diagnostik an der Schilddrüse, dem Herz, der Leber, Lunge und dem Gehirn.[155]

Die SPECT basiert auf dem Einsatz γ-strahlender Nukleotide, die bei Zerfall Photonen ausstrahlen. Ähnlich wie bei der CT rotieren Gamma-Kameraköpfe um den menschlichen Körper, die diese Photonen aufnehmen und Schnittbilder in jeglicher Ebene, sogenannte Szintigramme, erstellen.[156] Nachteil dieses Verfahrens ist neben der geringen räumlichen Auflösung,[157] dass aufgrund der längeren Dauer zwischen erster und letzter Aufnahme keine schnell ablaufenden Stoffwechselvorgänge erfasst werden können.[158] Heutzutage werden in der Diagnostik häufig Kombinationen aus SPECT und CT, die sogenannte SPECT-CT, eingesetzt, um sämtliche Vorteile der einzelnen Verfahren auszunutzen und somit eine optimale Darstellung zu ermöglichen.[159]

fff) Positronen-Emissions-Tomographie (PET)

Auch die Positronen-Emissions-Tomographie (PET) ist wie die SPECT ein Verfahren zur Darstellung von Schichtaufnahmen, um Nachweise der Radioaktivitätsverteilung im Körper zu erbringen. Jedoch werden hier anders als bei der SPECT inkorporierte Positronen computertomographisch erfasst. Dies basiert auf der Erzeugung von Strahlung beim β+-Zerfall, wodurch zwei Protonen entstehen, die sich in entgegengesetzte Richtungen bewegen. Sobald zwei Detektoren zeitgleich ein solches Proton ermitteln, können Vernichtungsstrahlen vermutet werden. Treten solche Ereignisse gehäuft auf, lassen sich Schichtbilder

153 *Reiser/Kuhn/Debus*, Radiologie, S. 89.

154 *Lassere/Blohm*, Radiologie Kurzlehrbuch, S. 35; ähnlich auch *Reiser/Kuhn/Debus*, Radiologie, S. 139.

155 *Lassere/Blohm*, Radiologie Kurzlehrbuch, S. 42.

156 *Pschyrembel*, Klinisches Wörterbuch, S. 1992 Stichwort „SPECT"; *Reiser/Kuhn/Debus*, Radiologie, S. 142.

157 *Reiser/Kuhn/Debus*, Radiologie, S. 142.

158 *Lassere/Blohm*, Radiologie Kurzlehrbuch, S. 42.

159 *Reiser/Kuhn/Debus*, Radiologie, S. 142.

über die Aktivitätsverteilung erstellen.[160] Es gibt eine Vielzahl von positronenemittierenden Substanzen, sogenannte Radiopharmaka, die in der klinischen Anwendung zur Darstellung von Stoffwechselaktivität über den Glukoseverbrauch und der Durchblutung eingesetzt werden.[161] Das hat eine besondere Bedeutung bei der Erfassung von Tumoren und degenerativen Erkrankungen des Gehirns wie der Alzheimererkrankung. Mit der Darstellung des Amyloidstoffwechsels im Amyloid-PET lässt sich dabei eine prognostische Aussage zu einer möglichen Alzheimerdisposition machen.[162] Die Methode ist in den USA, derzeit jedoch noch nicht in Deutschland für GKV-Patienten verfügbar. Insbesondere in der Kombination mit der CT ist eine hohe Auflösung anatomischer Strukturen möglich, sodass die PET gerade nicht als alternatives bildgebendes Verfahren zu CT und MRT, sondern als Ergänzung dessen angesehen wird.[163]

bb) Diagnostische Kontexte

Bildgebende Verfahren werden als zentrale Untersuchungsmethoden in verschiedenen diagnostischen Kontexten eingesetzt. Neben der Primärdiagnostik im Sinne einer Abklärung konkreter Symptome des Patienten können bildgebende Verfahren insbesondere bei der Verlaufskontrolle, bei Routineuntersuchungen, aber auch bei präventiven Gesundheitschecks verwendet werden.

Bei der Primärdiagnostik wird eine Differenzierung zwischen den einzelnen Verfahren nach der medizinischen Indikation unter Beachtung des Patientenschutzes getroffen. Dabei sollte bei gleicher Erfolgsmöglichkeit das am wenigsten invasive Verfahren verwendet werden, sodass beispielsweise eine CT nur bei entsprechender Abwägung mit dem Patientenschutz zum Nachweis morphologischer Veränderungen wie einer Fraktur eingesetzt werden kann.[164]

Zeitlich nach der Primärdiagnostik schließt sich die Verlaufskontrolle an, mittels derer ein gesundheitsgefährdender Verlauf von Erkrankungen überprüft wird, wobei sich die Diagnostik überwiegend auf die Beobachtung der Entwicklung beschränkt.[165] Auch bei dieser Art von Behandlung werden CT, MRT, Sonographie und Röntgendiagnostik entsprechend dem Krankheitsbild eingesetzt. Gerade bei den strahlenbedingten bildgebenden Verfahren muss

---

160 *Lassere/Blohm*, Radiologie Kurzlehrbuch, S. 42.

161 Ähnlich *Reiser/Kuhn/Debus*, Radiologie, S. 143 f.

162 *Drzezga/Sabri/Fellgiebel*, DÄ 2014, A 1206 (1207 f.).

163 *Reiser/Kuhn/Debius*, Radiologie, S. 143 ff.

164 *Reiser/Kuhn/Debus*, Radiologie, S. 79.

165 *Pschyrembel*, Klinisches Wörterbuch, S. 250 Stichwort „Behandlung, exspektative".

allerdings die Indikation eines Einsatzes aufgrund des Patientenschutzes streng überprüft werden.[166]

Neben dem Einsatz zur Abklärung von Symptomen oder Befunden sind bildgebende Verfahren auch apparative Hilfsmittel des Arztes bei Routineuntersuchungen ohne Symptomatik. Insbesondere werden dabei die Mammographie zur routinemäßigen Brustkrebsprävention sowie nicht strahlenbedingte Verfahren wie Ultraschall zur Überprüfung der Gesundheit verschiedener Organe verwendet. Zunehmend erlangt in diesem Kontext der Einsatz der Ganzkörper-Diagnostik in Form der Ganz-Körper-MRT Bedeutung, um z. B. eventuelle Tumorerkrankungen zu erfassen.[167] Auch bei präventiven Gesundheitschecks können grundsätzlich sämtliche Verfahren angewendet werden. Der Kontext derartiger Vorsorgeuntersuchungen erfordert die Beachtung des Schutzes der Patienten, sodass die Sonographie primäres Bildgebungsverfahren bei der Weichteilbetrachtung ist.[168] Doch auch im Bereich der präventiven Diagnostik stellt die Ganz-Körper-MRT bereits jetzt und voraussichtlich zukünftig noch verstärkt eine Alternative zu strahlungsintensiven Verfahren wie der CT dar.[169]

cc) Häufigkeit von Zufallsbefunden bei diagnostischer Bildgebung

Aus den beschriebenen Eigenschaften bildgebender Verfahren und deren Einsatz zur Abbildung menschlicher Körperstrukturen ergibt sich zwangsläufig ihr Potential zur Generierung von Zufallsbefunden. Aus ärztlicher Sicht lässt sich mithin für das gesamte Patientenkollektiv ein Prozentsatz von inzidenten Befunden bei bildgebender Diagnostik abschätzen.[170] Eine valide Aufstellung der Zufallsbefundsträchtigkeit einzelner bildgebender Verfahren existiert bislang aber nicht.[171]

Anhand exemplarischer Darstellungen in der Literatur lässt sich jedoch das Potential der CT und MRT zur Generierung von zufälligen Befunden erahnen: In einer Analyse von 3000 Patienten, die nach einem Schädel-Hirn-Trauma

---

166 *Reiser/Kuhn/Debus*, Radiologie, S. 78.

167 *Schmidt/Dinter/Reiser/Schoenberg*, DÄ 2010, S. 383 (384 f.).

168 *Reiser/Kuhn/Debus*, Radiologie, S. 89.

169 *Schmidt/Dinter/Reiser/Schoenberg*, DÄ 2010, S. 383 (384).

170 Für den Kontext der Forschung vertritt dies *Schmücker* in Puls/Hosten (Hrsg.), Ganzkörper-MRT-Screening. Befunde und Zufallsbefunde, S. 1 (3).

171 Dies mag einerseits in organisatorischen Gründen, aber auch in mangelnder Vergleichbarkeit aufgrund verschiedener Definitionen und Kategorisierungen der Zufallsbefunde sowie der Vielzahl der Diagnosekontexte, Indikationen und bildgebenden Verfahren selbst begründet sein.

mit einem CT im Bahonar University Hospital in Kerman untersucht wurden, entdeckten die Ärzte 30 zufällige Befunde, davon 8 Tumore.[172] Im Gegensatz dazu wurde im Rahmen von 340 MRT-Analysen von Kontrollen bzw. Patienten mit unbehandelter Ersterkrankung und chronischer Schizophrenie bei 4 Patienten ein inzidenter, klinisch abzuklärender Befund bemerkt.[173] Eine vorschnelle Schlussfolgerung, nach der ein Verfahren zur Entdeckung von Zufallsbefunden geeigneter als das Andere erscheint, ist dennoch vor dem Hintergrund unterschiedlicher Patientenkollektive, Fall- und Altersgruppen abzulehnen.[174] So legen beispielsweise *Eskandary et al.* bei ihrer Analyse männliche Patienten mit einem durchschnittlichen Alter von 32 Jahren zugrunde. Demgegenüber könnte die Anzahl der Zufallsbefunde bei einer Gruppe älterer Patienten divergieren. Ebenso können bei Einsatz technisch weiterentwickelter CT-Scans weitere Zufallsbefunde in Form von kleineren vaskulären Läsionen generiert werden.[175] Auch wenn einzelne theoretische Darstellungen in der Literatur keine verallgemeinernde Aussagekraft haben, bestätigen die einzelnen aufgeführten Prozentsätze der Zufallsbefunde zumindest das beschriebene Potential für die Praxis.

c) Zufallsbefunde bei genetischer Diagnostik

Humangenetische Untersuchungen sind Verfahren, die „unmittelbaren Aufschluss über die genetische Ausstattung eines Organismus geben können“[176]. Mittels der genetischen Analysen kann der „Nachweis krankheitsverursachender (pathogener) Veränderungen (Mutationen) oder mitverursachender Varianten (Polymorphismen) der Erbsubstanz“[177] erbracht werden. Nach der Legaldefinition in § 3 Nr. 1a und Nr. 1b des im Jahre 2010 in Kraft getretenen Gendiagnostikgesetzes ist eine genetische Untersuchung einerseits auf den Zweck der „genetischen Analyse zur Feststellung genetischer Eigenschaften“ oder andererseits auf die „vorgeburtliche Risikoabklärung“ gerichtet.

172 *Eskandary/Sabba/Khajehpour/Eskandari,* Surg Neurol 2005, S. 550 (551).

173 *Lubman/Velakoulis/McGorry et al.*, Acta Psychiatr Scand 2002, S. 331 (335).

174 Zur Abhängigkeit der Häufigkeit von Zufallsbefunden von anderen Faktoren siehe auch *Hentschel/Klix,* Fortschr Neurol Psychiat 2006, S. 651 (652).

175 *Eskandary/Sabba/Khajehpour/Eskandari,* Surg Neurol 2005, S. 550 (552).

176 *Fenger* in Spickhoff (Hrsg.), Medizinrecht, GenDG § 3 Rn. 1.

177 *Propping/Aretz/Schumacher/Taupitz/Guttmann/Heinrichs*, Prädiktive genetische Testverfahren, S. 29.

aa) Techniken genetischer Analysen

Bei der Diagnosestellung können verschiedene Analyseverfahren zur Feststellung genetischer Eigenschaften verwendet werden. Durch neue Erkenntnisse über das menschliche Genom und den molekularbiologischen Prozessen im Organismus in den letzten Jahrzehnten wurden genetische Analysen sowohl in ihrer Methodik als auch der Aussagekraft außerordentlich weiterentwickelt.

Bis vor drei Jahrzehnten erfolgten genetische Tests noch ausschließlich auf der Ebene des Phänotyps und unter Anwendung der Mendelschen Gesetze, wonach genetische Merkmale einer Person wie erbliche Blutkrankheiten und Farbenblindheit in Folge bloßer Betrachtung oder einfacher Untersuchungsmethoden entdeckt werden konnten. Diese Form der Analyse von Produkten von Genen wird auch heute noch an Blutzucker, Bestandteilen des Urins, Blutdruck und Cholesterin als Indikatoren von Erkrankungen vorgenommen.[178] Davon zu differenzieren ist die reine Genproduktanalyse, die eine Struktur-, Aktivitäts- oder funktionelle Proteinuntersuchung darstellt und ebenfalls zur Feststellung genetischer Eigenschaften geeignet ist.[179]

Heutzutage werden aufgrund steigender Validität zytogenetische sowie molekular-genetische Untersuchungsverfahren eingesetzt. Insbesondere die Chromosomen- wie auch die Fluoreszenz-In-situ-Hybridisierung (FISH) Analyse werden im Rahmen der Indikation einer zytogenetischen Analyse verwendet. Die Chromosomenanalyse basiert auf der Betrachtung der Zahl und Struktur der Chromosomen. Mittels lichtmikroskopischer Feststellungen können Chromosomen in der kondensierten Form während der Metaphase dargestellt werden. Durch eine Einfärbung der Chromosomen vor der Untersuchung lassen sich Anzahl und Abweichungen bzw. Veränderungen in der Chromosomenstruktur bestimmen.[180] Chromosomenanalysen werden bei Verdacht auf ein Syndrom der chromosomalen Fehlverteilung wie Trisomie 21 oder auch zur Abklärung mentaler Retadierung, dem Vorliegen von Fehlbildungen oder weiterer Diagnostik bei Leukämie eingesetzt.[181]

Die Fluoreszenz-In-situ-Hybridisierung (FISH) Analyse hat das Potential, das Fehlen kleinerer Stücke der Chromosomen, sogenannter Mikrodeletionen,

---

178 *Schmidtke* in Winter/Fenger/Schreiber (Hrsg.), Genmedizin und Recht, Rn. 1033 f.

179 *Hahn/Schwarz* in Kern (Hrsg.), GenDG Kommentar, § 3 Rn. 13 f.; näher auch *Fenger* in Spickhoff (Hrsg.), Medizinrecht, GenDG § 3 Rn. 2; BT-Drs. 16/10532, S. 21.

180 *Teufel*, Humangenetik, S. 35; ähnlich *Schmidtke* in Winter/Fenger/Schreiber (Hrsg.), Genmedizin und Recht, Rn. 1035 f.

181 *Teufel*, Humangenetik, S. 34.

zu diagnostizieren, sofern bereits der Verdacht einer Deletion eines konkreten Bereiches des Genoms besteht. Methodisch erfolgt eine Überprüfung einer Erhellung des Genomabschnitts. Neben Deletionen können auch Vertauschungen von Chromosomenabschnitten dargestellt werden.[182]

Herausragende Bedeutung hat in der Humangenetik zudem die molekulargenetische Analyse erlangt, die auf einer Strukturanalyse der Desoxyribonukleinsäure (DNA) und der Ribonukleinsäure (RNA) beruht. Methoden wie die DNA-Sequenzierung und die Polymerase-Kettenreaktion (PCR) sind heutzutage weitgehend automatisiert. Sie ermöglichen die Feststellung von Veränderungen an der RNA und der DNA in Form von Deletionen (Stückverlusten) oder Insertionen (Einschübe) sowie Punktmutationen (Austausch einzelner Bausteine).

Mittels der DNA-Sequenzierung können verschlüsselte Basenabfolgen auf dem DNA-Strang „gelesen" werden. Dies erfolgt durch eine Sequenziertechnologie, durch die der Doppelhelix aufgebrochen und mit Hilfe eines Primers die Synthese der DNA-Stränge vorgenommen wird. Die aufgetrennten radioaktiv oder fluoreszierend markierten Synthesen werden auf ein Polyacrylamidgel aufgetragen, um eine vergleichende Analyse der Abschnitte zu ermöglichen. Durch stetige Entwicklung können mit Hilfe von Hochsatz-Sequenziertechniken viele verschiedene Ansätze gleichzeitig in einer Ölemulsion untersucht und das gesamte Genom innerhalb weniger Tage überprüft werden. Daher nützt dieses Verfahren insbesondere für Erkenntnisse über Entstehung von Erkrankungen sowie genetisch determinierte Varianten des Ansprechens von Medikamenten (Pharmakogenomik).[183]

Durch die Polymerase-Kettenreaktion wird eine Vervielfältigung der Abschnitte des menschlichen Genoms durch das Enzym DNA-Polymerase vorgenommen. Ziel dieser Methodik ist es, eine Vielzahl von „Kopien" des Erbgutes herzustellen, die für weitere genetische Analysen verwendet werden können.[184] Beispielsweise kann eine solche Vervielfältigung für die Analyse eines Restriktionslängenpolymorphismus' genutzt werden. Dies ist ein Verfahren, in dem die DNA mittels kommerziell verfügbarer Restriktionsenzyme an bestimmten Basenfolgen geschnitten wird. Durch Mutationen in einzelnen Genen können

---

182 BT-Drs. 16/10532 S. 21; *Hahn/Schwarz* in Kern (Hrsg.), GenDG Kommentar, § 3 Rn. 10; ähnlich *Schmidtke* in Winter/Fenger/Schreiber (Hrsg.), Genmedizin und Recht, Rn. 1044; *Fenger* in Spickhoff (Hrsg.), Medizinrecht, GenDG § 3 Rn. 2; *Teufel*, Humangenetik, S. 33 f.

183 *Teufel*, Humangenetik, S. 40; ähnlich *Schmidtke* in Winter/Fenger/Schreiber (Hrsg.), Genmedizin und Recht, Rn. 1040 f.

184 *Teufel*, Humangenetik, S. 38.

Basenfolgen nicht mehr erkannt und geschnitten oder aber an falschen Positionen fragmentiert werden. Mittels Gelelektrophorese ist es möglich, eine derartige Mutation darzustellen.[185]

„Microarrays", oft auch „DNA-Chips" genannt, ermöglichen es, Aktivitätszustände der Gene des menschlichen Genoms zu sichten. Sie erlauben eine parallele Analyse einer Vielzahl von Signalen, ohne dafür eine große Menge Proben zu benötigen. Die herkömmliche Methode des „Spottens" erfolgt durch das Auftragen von sehr kleinen DNA-Abschnitten auf eine Membran oder einen Glasobjektträger. Zur Messung der Aktivität der Gene wird die Transkriptionsrate der mRNA analysiert. Dies erfolgt, indem die RNA aus dem Objekt extrahiert, in cDNA oder cRNA umgeschrieben und fluoreszierend markiert wird. Durch Auftragen auf die gespottete DNA binden sich die markierten RNA-Moleküle an die komplementären DNA-Moleküle, wodurch die gebundene Menge einen Anhaltspunkt auf die Transkriptionsrate gibt.[186] Besonders gut anwendbar ist diese Methodik zum Screening auf Genaktivität der Gewebeproben.[187] Infolgedessen wird eine Identifizierung diagnostischer Parameter oder therapeutischer Ansätze ermöglicht.[188]

Der Gesetzgeber hat durch die Begriffsbestimmung in § 3 Nr. 2a GenDG sowohl zytogenetische als auch nach § 3 Nr. 2b GenDG molekular-genetische Analysen zur Feststellung genetischer Eigenschaften in den Anwendungsbereich des § 2 Abs. 1 GenDG aufgenommen. Im Gegensatz zu anderen phänotypischen Untersuchungen sind auch reine Genproduktanalysen von dem Anwendungsbereich umfasst. Dies begründet sich in dem von dem Gesetzgeber angenommenen deutlich höheren Missbrauchspotential einer molekular-genetischen Untersuchung gegenüber einer Phänotypuntersuchung, da das Potential der Datengewinnung ohne das Wissen des Betroffenen größer eingeschätzt wird.[189] Streng unterschieden werden muss allerdings zur vorgeburtlichen Risikoabklärung nach § 3 Nr. 3 GenDG, zu deren Zweck der prädiktiven Untersuchung auch phänotypische Untersuchungen zugelassen werden. Denn sofern der Gesetzgeber verdeutlicht, dass „sowohl durch eine Laboruntersuchung [...] als auch durch Untersuchung des Embryos oder Fötus mittels bildgebender Verfahren"[190]

---

185 *Teufel*, Humangenetik, S. 36 f.

186 *Joussen/Huang*, Der Ophtalmologe 2001, S. 568 (569); siehe auch *Buselmaier/Tariverdian*, Humangenetik, S. 48; *Teufel*, Humangenetik, S. 36 f.; zur Entwicklung der DNA-Arrays auch *Klein/Rost*, Bundesgesundheitsbl 2015, S. 113 (113 f.).

187 *Buselmaier/Tariverdian*, Humangenetik, S. 48; *Teufel*, Humangenetik, S. 42 f.

188 *Joussen/Huang*, Der Ophtalmologe 2001, S. 568 (568).

189 Vgl. BT-Drs. 16/10532, S. 17.

190 BT-Drs. 16/10532, S. 21.

vorgeburtliche Risikoabklärungen stattfinden können, weitet er den Anwendungsbereich nicht nur auf Untersuchungen am Fötus selbst, sondern auch an der Schwangeren aus.[191] Diese Erweiterung des Anwendungsbereiches soll dem ausgeprägten Schutz des Ungeborenen als auch dem einheitlichen Vorgehen bei Untersuchungen an Schwangeren und Ungeborenen dienen.[192] Trotz dieses subjektorientierten Schutzes gibt es kritische Stimmen, die eine gleiche Behandlung der genetischen Untersuchung nach § 3 Nr. 1a und § 3 Nr. 1b GenDG vor dem Hintergrund fordern, dass genetische Untersuchungen ohne das Wissen der Betroffenen hauptsächlich nur bei Abstammungstests erfolgen.[193] Die unterschiedlichen Ansichten sind damit Ausdruck der Signifikanz der genetischen Untersuchungen und des Spannungsverhältnisses zwischen angestrebtem Diskriminierungsschutz und Wertschätzung der genetischen Untersuchungen für das Individuum.[194]

bb) Intention der genetischen Untersuchungen

Die Durchführung einer genetischen Laboruntersuchung erfordert aufgrund ihrer Invasivität ebenso wie allgemeine diagnostische Untersuchungen eine medizinische Indikation, die den medizinischen Eingriff legitimiert. Bei genetischen Untersuchungen beschränkt sich ein solcher Eingriff zumeist auf vergleichsweise risikoarme Blut- oder Gewebeentnahmen, die in einem klinischen Labor mittels genetischer Analysen untersucht werden. Nach der gesetzgeberischen Zielsetzung des § 3 Nr. 6 GenDG sind „genetische Untersuchung zu medizinischen Zwecken [...] diagnostische oder [...|] prädiktive genetische Untersuchung[en]“. Abhängig von dem Umfang der Zwecksetzung der genetischen Untersuchungen können Zufallsbefunde in unterschiedlicher Häufigkeit gewonnen werden.

aaa) Diagnostische Untersuchungen

In medizinischer Hinsicht können diagnostische Untersuchungen eine Vielzahl von Zielen verfolgen. Nachfolgend werden die von dem Anwendungsbereich des Gendiagnostikgesetzes umfassten genetischen Zielsetzungen exemplarisch dargestellt.

---

191 So auch *Hahn/Schwarz* in Kern (Hrsg.), GenDG Kommentar, § 3 Rn. 20.

192 BT-Drs. 16/10532, S. 17.

193 Stellungnahme der Bundesärztekammer zum Regierungsentwurf eines Gesetzes über genetische Untersuchungen bei Menschen (Gendiagnostikgesetz – GenDG), BT-Drs. 16/10532 S. 3.

194 BT-Drs. 16/10532, S. 1; *Hahn/Schwarz* in Kern (Hrsg.), GenDG Kommentar, § 3 Rn. 3.

(1) Abklärung einer bestehenden Erkrankung oder gesundheitlichen Störung

Eine genetische Untersuchung ist angezeigt, wenn sie „der Abklärung einer bereits bestehenden Erkrankung oder gesundheitlichen Störung dient" (§ 3 Nr. 7a GenDG). Die Untersuchung kann zum einen bei einer bereits diagnostizierten Erkrankung oder zeitlich vorstehend bei Vorliegen bestimmter Symptome einer Krankheit oder einer gesundheitlichen Störung durch Bestimmung genetischer Veränderungen im Rahmen einer Differenzialdiagnostik durchgeführt werden. Insbesondere Verdachtsdiagnosen wie erbliche Tumorsyndrome können erst molekulargenetisch gesichert oder wie bei phänotypisch nicht näher differenzierbaren, frühkindlich auftretenden geistigen Behinderungen in bestimmte Krankheitsbilder eingeordnet werden.[195] Folglich soll der Zusammenhang zwischen diesen Symptomen und der genetischen Disposition begutachtet werden. Zusätzlich sind vom Umfang dieser Zielsetzung auch Analysen von Risikofaktoren, Prädispositionen und Überempfindlichkeiten erfasst.[196]

(2) Wechselwirkungen mit äußeren Faktoren

Unter Wechselwirkungen werden Interaktionen zwischen Einflussfaktoren verstanden, mit denen erwünschte oder unerwünschte Wirkungen erzielt werden, wobei sowohl eine Verstärkung als auch eine Abschwächung der Wirkung eintreten kann.[197] Diagnostische Untersuchungen dienen insbesondere der Feststellung genetischer Eigenschaften, die durch die Kombination eines körperlichen Merkmals, dem sogenannten „Suszeptibilitätsgen", und äußeren Faktoren oder Stoffen zu einer Erkrankung führen. Exemplarisch sind Untersuchungen in der Arbeitsmedizin von genetisch bedingten Erhöhungen der Sensibilität gegenüber Schadstoffen oder Allergien zu nennen.[198] Auch Analysen von „Risikofaktoren, Prädispositionen und Überempfindlichkeiten [...], die erst durch Einwirkung äußerer Faktoren manifest werden", sind umfasst.[199] *Stockter* interpretiert die Ausgestaltung der Wechselwirkungen mit äußeren Faktoren oder Fremdstoffen

---

195 *Propping/Aretz/Schumacher/Taupitz/Guttmann/Heinrichs*, Prädiktive genetische Testverfahren, S. 34.

196 BT-Drs. 16/10532, S. 21 f.; *Hahn/Schwarz* in Kern (Hrsg.), GenDG Kommentar, § 3 Rn. 32.

197 *Estler/Schmidt*, Pharmakologie und Toxikologie, S. 51.

198 Ein Beispiel hierfür ist der Acetyliererstatus, vgl. BT-Drs. 16/10532, S. 22; *Hahn/Schwarz* in Kern (Hrsg.), GenDG Kommentar, § 3 Rn. 33.

199 BT-Drs. 16/10532, S. 22.

aufgrund des Wortsinns von § 3 Nr. 7b GenDG weiter, sodass auch Spenderorgane und Medizinprodukte erfasst sind.[200]

(3) Pharmakogenetische Untersuchungen

Durch pharmakogenetische Untersuchungen wird die Medikamentenverträglichkeit oder -wirksamkeit in Abhängigkeit genetischer Faktoren eines Individuums überprüft.[201] In der therapeutischen Praxis werden derartige genetische Untersuchungen nur im Einzelfall retrospektiv zur Abklärung von Nebenwirkungen und Resistenzen durchgeführt. Dies ermöglicht eine individuelle „Optimierung der Arzneimitteltherapie“[202]. Es besteht die Hoffnung, zukünftig pharmakologische Untersuchungen im Sinne einer „patientenindividualisierten Therapie“[203] einzusetzen: Dafür soll das Wissen um den enzymatischen Zustand des Patienten genutzt werden, um bereits bei Therapiebeginn die Dosierung bestimmter Arzneimittel einschätzen und damit Nebenwirkungen und Therapieversagen vorbeugen zu können.[204] Pharmakologische Untersuchungen werden insbesondere bei dem Einsatz von Medikamenten, die einem polymorphen Stoffwechsel unterliegen, bei Patienten, die im therapeutischen Drug Monitoring auffallende Befunde zeigten, und bei Patienten, bei denen ein Therapieversagen oder Nebenwirkungen trotz der üblichen Dosis auftraten, angewendet.[205]

(4) Genetische Resistenzen

Nach § 3 Nr. 7d GenDG können diagnostische genetische Untersuchungen auch zur Bestimmung genetischer Resistenzen dienen. Dies sind Untersuchungen nach Eigenschaften, aufgrund derer eine Erkrankung oder

---

200 *Stockter* in Prütting (Hrsg.), MedR-Komm, GenDG § 3 Rn. 55, der jedoch darauf hinweist, dass nach den gesetzgeberischen Erläuterungen in der BR-Drs. 633/08, S. 39 Untersuchungen auf Abstoßreaktion nach Implantation eines Spenderorgans nicht umfasst sind.

201 *Hahn/Schwarz* in Kern (Hrsg.), GenDG Kommentar, § 3 Rn. 35; *Schmidtke* in Winter/Fenger/Schreiber (Hrsg.), Genmedizin und Recht, Rn. 1052; Kritiker betonen, dass pharmakogenetische Untersuchungen eine Subgruppe der Wechselwirkungen mit Fremdstoffen entsprechend § 3 Nr. 7b GenDG darstellen, vgl. *Stockter* in Prütting (Hrsg,), MedR-Komm, GenDG § 3 Rn. 59.

202 BT-Drs. 16/10532, S. 22.

203 *Frölich/Kirch*, Praktische Arzneitherapie, S. 107.

204 *Frölich/Kirch*, Praktische Arzneitherapie, S. 107; ähnlich *Propping/Aretz/Schumacher/Taupitz/Guttmann/Heinrichs*, Prädiktive genetische Testverfahren, S. 49.

205 Siehe *Frölich/Kirch*, Praktische Arzneitherapie, S. 108.

gesundheitliche Störung nicht auftritt, wie beispielsweise bei einer Resistenz gegen das HI-Virus.[206]

bbb) Prädiktive genetische Untersuchungen

Mittels prädiktiver genetischer Analysen ist es möglich, genetische Eigenschaften zu untersuchen, die bei einem Individuum ursächlich für die zukünftige Entstehung einer Erkrankung sein können. Dementsprechend haben prädiktive Tests das Potential, Mutationen für die Disposition einer Erkrankung zu erkennen.[207] Sie werden bevorzugt bei im Familienkreis vorliegenden schweren, spätmanifestierenden Erkrankungen durchgeführt, wie beispielsweise der Huntingtonschen Erkrankung, deren klinische Manifestation erst im Alter zwischen 40 und 50 Jahren beginnt, oder aber bei Muskelerkrankungen wie der myotonen Dystrophie, die sich im Alter zwischen 10 und 30 Jahren ausprägt.[208] Das Wissen um eine genetische Disposition ermöglicht in manchem Fall die frühzeitige therapeutische Intervention oder aber Prävention durch Änderung des Lebensstils und kann so zu einer Beeinflussung des Krankheitsverlaufs führen. Neben therapeutischen Interventionen kann das Wissen um das Vorliegen einer mit einer Erkrankung assoziierten Genvariante auch zu einer autonomen Lebens- und Familienplanung führen.[209]

In § 3 Nr. 6 GenDG werden prädiktive genetische Untersuchungen ebenso wie diagnostische genetische Untersuchungen als ein Fall einer „genetischen Untersuchung zu medizinischen Zwecken" subsumiert. Eine prädiktive genetische Analyse erfolgt dabei nicht mit der Intention der Abklärung bestehender Symptome,[210] sondern zumeist aus der Sorge, ob der Patient von einer in der Familie vererbten Erkrankung betroffen ist.[211] So besteht für einen asymptomatischen Verwandten eine Indikation für eine prädiktive genetische Untersuchung,

---

206 BT-Drs. 16/10532, S. 22; *Fenger* in Spickhoff (Hrsg.), Medizinrecht, GenDG § 3 Rn. 7; *Stockter* in Prütting (Hrsg.), MedR-Komm, GenDG § 3 Rn. 61; näher auch *Hahn/Schwarz* in Kern (Hrsg.), GenDG Kommentar, § 3 Rn. 37.

207 *Hahn/Schwarz* in Kern (Hrsg.), GenDG Kommentar, § 3 Rn. 38; vgl. *Bundesärztekammer*, DÄ 2003, A 1297 (1299).

208 *Propping/Aretz/Schumacher/Taupitz/Gutmann/Heinrichs*, Prädiktive genetische Testverfahren, S. 36, S. 32.

209 *Javaher/Schmidtke* in Schmidtke (Hrsg.), Gendiagnostik in Deutschland. Status quo und Problemerkundung, S. 107 (112); ähnlich *Propping/Aretz/Schumacher/Taupitz/Guttmann/Heinrichs*, Prädiktive genetische Testverfahren, S. 40.

210 *Schmidtke* in Winter/Fenger/Schmidtke (Hrsg.), Genmedizin und Recht, Rn. 1060.

211 *Javaher/Schmidtke* in Schmidtke (Hrsg.), Gendiagnostik in Deutschland. Status quo und Problemerkundung, S. 107 (112).

wenn bei Familienangehörigen eine pathogene Mutation zu einer vererbbaren Erkrankung diagnostiziert wurde.[212] Weitere Indikationen sind bei bestimmten Risikogruppen in Form einer Reihenuntersuchung sowie zur Differentialdiagnostik gegeben.[213]

Eine strukturelle Trennung der diagnostischen genetischen und prädiktiven genetischen Untersuchungen in § 3 Nr. 6 bzw. Nr. 7 und Nr. 8 GenDG wurde aufgrund der unterschiedlichen Schutzbedürftigkeit und der verschiedenen rechtlichen Folgen[214] vorgenommen. Insbesondere der ausschließlich individuell zu bestimmende Nutzwert des Wissens einer genetisch bedingten Disposition aufgrund einer unsicheren Prognose, des Schweregrads der Erkrankung und Therapieoptionen kann zu einer höheren Schutzbedürftigkeit des Betroffenen als bei einer bereits manifestierten Erkrankung führen.[215]

(1) Zur Abklärung einer erst zukünftig auftretenden Erkrankung oder gesundheitlichen Störung

Prädiktive Untersuchungen können zur Abklärung erst zukünftig auftretender Erkrankungen erfolgen. Vergleichbar mit der Zielsetzung der diagnostischen genetischen Untersuchungen umfasst dieses Ziel auch pharmakogenetische Untersuchungen sowie Erforschungen von Krankheitsresistenzen, die prädiktiven Charakter offenbaren.[216]

(2) Zur Abklärung einer Anlageträgerschaft für Erkrankungen oder gesundheitlichen Störungen bei Nachkommen

Ziel einer prädiktiven Untersuchung kann ebenfalls die Analyse einer Anlageträgerschaft für Erkrankungen beim Ungeborenen darstellen. Diese Untersuchungen sind in ihrer Aussagekraft aufgrund fehlender Unmittelbarkeit unsicherer.[217]

ccc) Genetische Reihenuntersuchung

Bei genetischen Reihenuntersuchungen nach § 16 GenDG werden genetische Analysen an einer bestimmten Bevölkerungsgruppe oder der gesamten Bevölkerung durchgeführt, um eine bestimmte Erkrankung oder Krankheitsprädisposition

---

212 *Bundesärztekammer*, DÄ 2003, A 1297 (1301).

213 *Bundesärztekammer*, DÄ 2003, A 1297 (1301).

214 Siehe § 7 Abs. 1 und § 10 Abs. 2 GenDG; vgl. *Hahn/Schwarz* in Kern (Hrsg.), GenDG Kommentar, § 3 Rn. 39.

215 *Hahn/Schwarz* in Kern (Hrsg.), GenDG Kommentar, § 3 Rn. 39.

216 *Bundesärztekammer*, DÄ 2003, A 1297 (1299); *Hahn/Schwarz* in Kern (Hrsg.), GenDG Kommentar, § 3 Rn. 38; *Stockter* in Prütting (Hrsg.), MedR-Komm, GenDG § 3 Rn. 65.

217 *Hahn/Schwarz* in Kern (Hrsg.), GenDG Kommentar, § 3 Rn. 43; *Stockter* in Prütting (Hrsg.), MedR-Komm, GenDG § 3 Rn. 67.

frühzeitig zu entdecken.[218] Bei dem einzelnen Betroffenen ist zumeist zum Zeitpunkt des sogenannten genetischen Screenings keine Symptomatik ersichtlich. Da im Gegensatz zu genetischen Untersuchungen nach §§ 7 ff. GenDG bei der Mehrzahl der Untersuchten keine „Indikation im engeren Sinne" besteht,[219] muss eine andere Rechtfertigung des medizinischen Eingriffes vorliegen. Dies ergibt sich bei Reihenuntersuchungen aus dem Erfordernis einer öffentlichen Motivation, die in der Für- und Vorsorge gegenüber den Betroffenen liegt.[220] Diese „Überordnung" des öffentlichen Interesses wird kritisch gesehen, da nach den Regelungen des Gendiagnostikgesetzes das Selbstbestimmungsrecht und die dies konkretisierenden allgemeinen Regelungen der Aufklärung, Beratung und Einwilligung in den §§ 8 ff. GenDG auch bei der Reihenuntersuchung erfolgen müssen[221] und dies in der Praxis problematisch durchzuführen ist.

Schwierigkeiten birgt insbesondere auch die Abgrenzung zwischen Reihenuntersuchungen in ihrem aktuell im Gendiagnostikgesetz manifestierten Gehalt und genetischen Untersuchungen zu Vorsorgezwecken.[222] Denn für genetische Untersuchungen zu Vorsorgezwecken werden ein individueller Nutzen und eine individuelle Indikation verlangt, während für Reihenuntersuchungen nur ein öffentliches Interesse gefordert wird. Diese Differenzierung ist jedoch beispielsweise für das pränatale Screening für Frauen ab 35 Jahre ungenau und führt zu Zuordnungsschwierigkeiten.[223]

Nach § 23 Abs. 2 Nr. 6 GenDG hat die Gendiagnostik-Kommission (GEKO) in ihrer „Richtlinie für die Anforderungen an die Durchführung genetischer Reihenuntersuchungen"[224] Anforderungen definiert, die Kriterien für neue Zielkrankheiten und Zielgruppen festlegen. Dazu gehören insbesondere Regelungen zur Notwendigkeit einer möglichen therapeutischen Intervention und eines

---

218 *Gendiagnostik-Kommission*, Bundesgesundheitsbl 2013, S. 321 (321); *Rogowski/Langer* in Schmidtke, Gendiagnostik in Deutschland. Status quo und Problemerkundung, S. 87 (89).

219 *Kern* in Kern (Hrsg.), GenDG Kommentar, § 16 Rn. 3.

220 *Gendiagnostik-Kommission*, Bundesgesundheitsbl 2013, S. 321 (321 f.).

221 *Duttge* in Duttge/Engel/Zoll (Hrsg.), Das Gendiagnostikgesetz im Spannungsfeld von Humangenetik und Recht, S. 1 (9).

222 *Rosenau* in Duttge/Engel/Zoll (Hrsg.), Das Gendiagnostikgesetz im Spannungsfeld von Humangenetik und Recht, S. 69 (81).

223 *Rosenau* in Duttge/Engel/Zoll (Hrsg.), Das Gendiagnostikgesetz im Spannungsfeld von Humangenetik und Recht, S. 69 (81).

224 *Gendiagnostik-Kommission*, Bundesgesundheitsbl 2013, S. 321 (321 ff.); zur Richtlinienkompetenz nach § 23 GenDG ausführlich *Hübner/Pühler* in Dahm-FS, S. 243 (248 ff.).

standardisierten Diagnostikverfahrens. Darüber hinaus werden auch Ansprüche an den organisatorischen Ablauf der Reihenuntersuchungen konkretisiert. Nach der Richtlinie dürfen Reihenuntersuchungen nur bzgl. einer bestimmten „Zielkrankheit" durchgeführt werden,[225] ohne dass ein vollständiges genetisches Screening erfolgt, bei dem vermehrt inzidentielle Befunde erwartet werden könnten. Auch im Rahmen von Reihenuntersuchungen können Zufallsbefunde generiert werden, sofern die Fragestellung, die der genetischen Untersuchung zugrunde liegt, nicht derart eng gefasst ist, dass naturwissenschaftlich kein weiterer auffälliger Informationsgewinn möglich erscheint.

Von den Bevölkerungsscreenings abzugrenzen sind Screenings aus rein wissenschaftlichem oder familiärem Interesse, wie das Heterozygoten-Screening. Letzteres ermöglicht die Feststellung über die Weitergabe einer genetischen Anlage. Es kann mittels dieser Analysemethode jedoch keine Erkrankung beim Betroffenen diagnostiziert werden. Da nach § 16 GenDG nur genetische Reihenuntersuchungen als Bestandteil der Krankheitsfrüherkennung umfasst sind wie z. B. Untersuchungen auf Anlageträgerschaft zu medizinischen Zwecken, werden Untersuchungen zu rein wissenschaftlichen oder familiären Zwecken nicht durch das Gendiagnostikgesetz legitimiert.[226]

ddd) Genomsequenzierung

Die Genomsequenzierung dient der Entschlüsselung sämtlicher Gene des Menschen, bei denen Mutationen zu monogenen Erkrankungen führen könnten.[227] Sie erfolgt im Gegensatz zu der Reihenuntersuchung ausschließlich aufgrund einer individuellen Indikation und explizit nicht wegen eines überwiegenden öffentlichen Interesses. Eine Indikation kann beispielsweise in dem Verdacht auf eine monogene Erkrankung, dem Vorliegen einer Entwicklungsstörung oder dem Hinweis auf Vorliegen eines Syndroms bestehen.[228] Auch pharmakogenomische Untersuchungen erfolgen im diagnostischen Kontext mittels Genomsequenzierungen. Sequenzierungen des gesamten Genomes sind sinnvoll, wenn eine einzelne genetische Untersuchung eines Genes auf Mutationen nicht

---

225 *Gendiagnostik-Kommission*, Bundesgesundheitsbl 2013, S. 321 (322).

226 Vgl. *Stockter* zitiert in *Dochow* in Duttge/Engel/Zoll (Hrsg.), Das Gendiagnostikgesetz im Spannungsfeld von Humangenetik und Recht, S. 113 (116); näher auch *Kern* in Kern (Hrsg.), GenDG Kommentar, § 16 Rn. 5.

227 *Molnár-Gábor* in Langanke/Erdmann/Robienski/Rudnik-Schöneborn (Hrsg.), Zufallsbefunde bei molekulargenetischen Untersuchungen, S. 23 (24 f.); *Pfeufer/Krawzac*, DÄ 2013, A 2016 (2016).

228 *Pfeufer/Krawzac*, DÄ 2013, A 2016 (2016).

erfolgsversprechend und zielführend erscheint, da nicht dezidiert bekannt ist, welches Gen mutiert ist.[229]

Bisher werden Genomsequenzierungen vergleichsweise selten in die medizinische Routineversorgung eingebunden. Aufgrund rapide sinkender Kosten wird jedoch erwartet, dass diese Möglichkeit der genetischen Analyse in Zukunft häufiger genutzt werden wird.[230] Die Notwendigkeit einer biomedizinischen Analyse der genetischen Daten und einer anschließenden zeit- und kostenintensiven medizinischen Befundung erfordert jedoch weitere technische Entwicklungsfortschritte. Zudem werden zur medizinischen Befundung umfangreiche Datenbanken benötigt, die sämtliche krankheitsverursachende Genvarianten für die Diagnostik systematisch erfassen.[231] Solange diese Voraussetzungen noch nicht erfüllt sind, kann eine Eingliederung als verlässliche Diagnosemethode im klinischen Kontext nicht erfolgen.

Aufgrund des Charakters als Screening des gesamten Genoms ist unklar, ob mittels dieses Verfahrens überhaupt ein Zufallsbefund gewonnen werden kann, oder ob vielmehr sämtliche Auffälligkeiten medizinische Befunde sind, die im Rahmen einer aktiven Suche nach Mutationen erwartet werden mussten.[232] Grundsätzlich hat das Verfahren der Genomsequenzierung wegen der großen Anzahl an analysierbaren Basenpaaren eine starke Neigung zur Generierung von weiteren, nicht ausschließlich erwarteten Befunden. Daher ließe sich annehmen, dass diese Neigung bereits eine Erwartung eines Zufallsbefundes seitens der Beteiligten bedingt. Jedoch führt das generelle Wissen der möglichen Detektion von Zufallsbefunden in der gesamten Population nicht unmittelbar zu einer Erwartung bei der untersuchten Person selbst. Auch die *Presidental Comission for the Study of Bioethical Issues* nimmt an, dass nicht lediglich erwartete Befunde in Folge der Anwendung der Genomsequenzierung generiert werden.[233] Allerdings differenzieren sie ebenso wie das ACMG zwischen Zufalls- und Zusatzbefunden und betonen, dass hauptsächlich zusätzliche Befunde durch eine

229 *Rauch*, Schweiz Med Forum 2012, S. 44 (44).

230 Statt vieler *Ormond et al.*, Lancet 2010, S. 1749 (1749).

231 *Pfeufer/Krawzac*, DÄ 2013, A 2016 (A 2017).

232 *Rauch*, Schweiz Med Forum 2012, 12 (3), S. 44 (45) verlangt auch im Rahmen der Sequenzierung eine Aufklärung über Zufallsbefunde. Dementsprechend vertritt sie konkludent, dass auch bei der Genomsequenzierung zufällige Befunde generiert und nicht alle Befunde erwartet werden können; a. A. wohl *Fisher/Achilles/Tönnies/Schmidtke*, Bundesgesundheitsbl 2015, S. 166 (166 f.).

233 *Presidental Comission for the Study of Bioethical Issues*, S. 35.

Genomsequenzierung gewonnen werden können.[234] Jedoch schließt die *Presidental Comission for the Study of Bioethical Issues* wiederum auch nicht vollständig aus, dass nicht doch Zufallsbefunde generiert werden können und führt als Beispiel die Diagnose einer nicht zusammenpassenden Kombination von chromosomalen und biologischem Geschlecht an.[235] Aufgrund dieser theoretischen Möglichkeit wird auch keine rechtliche Differenzierung bzgl. der Empfehlungen zur Aufklärung und Mitteilung vorgenommen,[236] sodass die Diskussion, ob Zusatz- oder Zufallsbefunde im Rahmen einer Genomsequenzierung gewonnen werden, derzeit nur rein begrifflicher Natur ist.[237]

2. *Forschung*

Nicht nur im Kontext der Diagnostik, sondern auch während wissenschaftlicher Untersuchungen können Zufallsbefunde generiert werden. In klinischen Studien werden sowohl bildgebende Verfahren als auch genetische Studien vermehrt eingesetzt. Insbesondere letztere erlangen gegenwärtig eine immer stärker werdende Bedeutung und werden mit unterschiedlicher Zielsetzung in die Studien eingebunden.

a) Terminologie und Typen

Nach überwiegender Ansicht gibt es keine allgemein anerkannte und verbindliche Definition für „Forschung".[238] Dem BVerfG zufolge muss unter Forschung im Allgemeinen ein ernsthafter Versuch „mit dem Ziel, in methodischer, systematischer und nachprüfbarer Weise neue Erkenntnisse zu gewinnen", verstanden werden.[239] Diese Beschreibung verdeutlicht die Vielfalt der Forschungsanliegen, die sich auch in der Verwendung verschiedener Bezeichnungen

---

234 Vgl. Übersicht bei *Fisher/Achilles/Tönnies/Schmidtke*, Bundesgesundheitsbl 2015, S. 166 (166); *Green et al.*, Genet Med 2013, S. 565 (566).

235 *Presidental Comission for the Study of Bioethical Issues*, S. 37.

236 Vgl. *Presidental Comission for the Study of Bioethical Issues*, S. 1 (1 ff.), die im Rahmen ihrer Empfehlungen nicht zwischen „incidental finding" und „secondary finding" unterscheiden.

237 Vgl. hierzu bereits 1. Kapitel A I 3.

238 Ausführlich zum Gehalt wissenschaftlicher Forschung *Stark/Paulus* in v. Mangoldt/Klein/Starck (Hrsg.), GG Bd. 1, Art. 5 Abs. 3 Rn. 473 f.; *Zuck* in Quaas/Zuck/Clemens (Hrsg.), Medizinrecht, § 68 Rn. 15.

239 BVerfGE 35, 79 (113); BVerfGE 47, 327 (367); *Scholz* in Spickhoff (Hrsg.), Medizinrecht, MBO § 15 Rn. 3.

wie z. B. medizinische (teilweise auch biomedizinische[240]) Forschung, klinische Forschung, experimentelle Forschung, Grundlagenforschung, genetische Forschung oder Humanforschung widerspiegelt. Es handelt sich letztendlich um eine angewandte Wissenschaft mit verschiedenen Individuen und dem übergeordneten Ziel, eine Hypothese zu widerlegen oder zu bestätigen.[241] Sowohl Untersuchungen an menschlichen Körpermaterialien, Untersuchungen mit zusätzlichen invasiven Maßnahmen wie die einer Entnahme von Körpersubstanzen als auch verbale Interventionen können medizinische Forschung darstellen.[242] Folglich ist Forschung die Durchführung eines Projektes an oder mit Menschen mit dem Ziel, Erkenntnisse für die Medizin und andere interdisziplinäre Bereiche zu gewinnen.

Grundsätzlich müssen sämtliche Forschungsprojekte therapeutischer und nicht therapeutischer Art den Anforderungen der Deklaration von Helsinki in ihrer jeweils aktuellen Fassung entsprechen.[243] Mangels völkerrechtlich verbindlichen Rechtsakts hat sie als solche grundsätzlich keine unmittelbare rechtliche Bindungswirkung. Allerdings wurde sie durch die Einbeziehung in die Berufsordnungen der Länder,[244] auf die wiederum in den Landeskammergesetzen verwiesen wird,[245] in das deutsche Recht inkorporiert und ist damit als Teil der Rechtsordnung verbindlich zu beachten. Auch in der Deklaration von Helsinki wird das Verständnis des Begriffes „medizinische Forschung" und mithin der entsprechende Anwendungsbereich der Deklaration vorausgesetzt. Lediglich die in Nr. 7 dargelegte Zielsetzung, nach der angestrebt wird, „die Ursachen, die Entwicklung und die Auswirkungen von Krankheiten zu verstehen und die

---

240 So lautet die Überschrift in *Deutsch/Spickhoff*, Medizinrecht, in Kapitel XXIII „Biomedizinische Forschung: Versuche an Menschen, Tierversuche", wobei im Folgenden nur von medizinischer Forschung gesprochen wird. Eine ausführliche Darlegung der Problematik der unterschiedlichen Verwendung der Begriffe „medizinische Forschung" und biomedizinische Forschung in *Sprecher*, Medizinische Forschung mit Kindern und Jugendlichen, S. 26 ff.; zu den Inhalten der biomedizinischen Forschung auch *Lippert*, GesR 2018, S. 613 (613).

241 *Lipp* in Laufs/Katzenmeier/Lipp (Hrsg.), Arztrecht, Kap. XIII Rn. 1.

242 *Zuck*, MedR 2008, S. 57 (60).

243 *Westhofen* in Brudermüller/Hauck/Lücker/Seelmann/Westhofen (Hrsg.), Forschung am Menschen, S. 175 (177).

244 Exemplarisch § 15 Abs. 3 Berufsordnung der Ärztekammer Nds: „Ärzte beachten bei der Forschung nach Absatz 1 die in der Deklaration von Helsinki des Weltärztebundes in der Fassung der 64. Generalversammlung 2013 in Fortaleza niedergelegten ethischen Grundsätze für die medizinische Forschung am Menschen."

245 Exemplarisch § 33 Abs. 1 S. 3 HKG-Nds: „Das Nähere regelt die Berufsordnung."

präventiven, diagnostischen und therapeutischen Maßnahmen (...) zu verbessern", gewährt einen Einblick, was unter medizinischer Forschung nach der Deklaration von Helsinki erwartet wird.

In verfassungsrechtlicher Hinsicht wird die Freiheit der Forschung gemäß Art. 5 Abs. 3 GG garantiert. Da dieses Grundrecht jedoch vorbehaltslos besteht, müssen Kollisionen mit anderen verfassungsrechtlich geschützten Rechtsgütern im Rahmen einer Abwägung am Maßstab des Verhältnismäßigkeitsgrundsatzes erfolgen.[246] Insbesondere das Selbstbestimmungsrecht des Probanden aus Art. 2 Abs. 1 i. V. m. Art. 1 Abs. 1 GG und die körperliche Unversehrtheit aus Art. 2 Abs. 2 S. 1 GG müssen mit dem Interesse des Forschers aus Art. 5 Abs. 3 GG im Wege der praktischen Konkordanz abgewogen werden.

Nachfolgend werden einzelne Zielsetzungen für Forschungsanliegen mit Patienten und Probanden knapp dargestellt, die im Zusammenhang mit der potentiellen Generierung von Zufallsbefunden mittels Bildgebung oder genetischer Testung bedeutsam sind.

aa) Therapeutischer und wissenschaftlicher Versuch

Traditionell wird in der medizinischen Forschung zwischen dem therapeutischen und dem (rein) wissenschaftlichen Versuch unterschieden.[247] Auf dieser Unterscheidung basieren sowohl Regelungen der Deklaration von Helsinki als auch des Arzneimittel- und Medizinprodukterechts. Schon der BGH sprach im Thorotrast-Urteil[248] einem Soldaten einen Anspruch aus Aufopferung zu, da bei ihm studienbedingte und nicht therapeutische Maßnahmen zu einer Leberzirrhose als Nebenwirkung geführt hätten. Eine eindeutige „Grenzziehung" zwischen therapeutischem oder wissenschaftlichem Erproben bereitet bei vielen Forschungsanliegen jedoch häufig Schwierigkeiten.[249] Von beiden Vorgehen zu

---

246 Statt vieler *Britz* in Dreier (Hrsg.), Grundgesetz Kommentar Bd. 1, Art. 5 III Rn. 42; *Müller-Terpitz* in Spickhoff (Hrsg.), Medizinrecht, GG Art. 5 Rn. 22 f.

247 Die traditionelle Trennung zwischen therapeutischem und wissenschaftlichen Versuch lässt sich auf die „Richtlinie für neuartige Heilbehandlung und für die Vornahme wissenschaftlicher Versuche am Menschen", abgedruckt in DMW 1931, S. 509 (509 f.), zurückführen; zitiert nach *Rosenau* in Deutsch/Taupitz (Hrsg.), Forschungsfreiheit und Forschungskontrolle in der Medizin, S. 63 (70); krit. zu dem Begriff „therapeutischer Versuch" siehe *Duttge* in Deutsch-FS, S. 119 (131), der sich für die Verwendung der Begrifflichkeit „Therapiestudie" ausspricht.

248 BGHZ 20, 61 (61 ff.).

249 *Rosenau* in Deutsch/Taupitz (Hrsg.) Forschungsfreiheit und Forschungskontrolle in der Medizin, S. 63 (71 f.).

trennen ist der individuelle Heilversuch, der bisher unerprobtes medizinisches Vorgehen zur Therapie des Patienten umfasst, bei dem die Risiken und Erfolge noch nicht eingeschätzt werden können.[250] Er richtet sich grundsätzlich in rechtlicher Hinsicht nach dem Behandlungsverhältnis und ist keine Forschung im definierten Sinne.

Beim (rein) wissenschaftlichen Versuch hat der Nutzen der studienbedingten Maßnahmen für den Probanden nur untergeordnete bis keinerlei Bedeutung.[251] Vielmehr verfolgt dieses medizinische Erprobungshandeln zumeist im Rahmen von Grundlagenforschung ausschließlich einen wissenschaftlichen Erkenntnisgewinn wie beispielsweise die Klärung physiologischer Funktionen ohne therapeutisches Ziel. Dabei sind entsprechende probandenschutzbezogene Forschungsstandards zu beachten, wie das Erfordernis der Aufklärung durch den Arzt über potentielle Risiken und der freiwilligen Einwilligung durch den Probanden.[252]

Hingegen erfolgt ein therapeutischer Versuch am Patienten zum Erkenntnisgewinn über die Krankheit, Diagnose oder Therapie mit potentiellem individuellem Nutzen. Nach *Duttge* sollten medizinische Forschungsvorhaben mit therapeutischer Wirkung besser „Therapie*studien*" als „therapeutischer Versuch" bezeichnet werden.[253] Die Verbindung von Forschung und Therapie erfordert die Beachtung des Grundsatzes, dass die Behandlung des Patienten vorrangig vor dem Forschungsinteresse zu erfolgen hat.[254] Da eine Trennung zwischen Behandlungsverhältnis und Forschungsvorhaben und damit auch zwischen dem Betroffenen als Patient und Proband in rechtlicher Hinsicht zwar nachvollziehbar,[255] in der Praxis jedoch häufig nicht ausreichend konsequent durchgeführt wird, steht diese Art der Forschung stetig in der Kritik.[256]

---

250 *Lipp* in Laufs/Katzenmeier/Lipp (Hrsg.), Arztrecht, Kap. XIII Rn. 28 ff.; *Westhofen* in Brudermüller/Hauck/Lücker/Seelmann/Westhofen (Hrsg.), Forschung am Menschen, S. 175 (181).

251 *Rosenau* in Deutsch/Taupitz (Hrsg.), Forschungsfreiheit und Forschungskontrolle in der Medizin, S. 63 (69 ff.); ähnlich *Deutsch/Spickhoff*, Medizinrecht, Rn. 1336, die den „Nutzen für die medizinische Wissenschaft und die Forschung" hervorheben.

252 *Laufs* in Laufs/Kern (Hrsg.), Handbuch des Arztrecht, § 61 Rn. 5, 10.

253 *Duttge* in Deutsch-FS, S. 119 (131).

254 *Lipp* in Laufs/Katzenmeier/Lipp (Hrsg.), Arztrecht, Kap. XIII Rn. 24.

255 In rechtlicher Hinsicht werden auch im Rahmen eines therapeutischen Versuches Behandlungs- und Probandenvertrag getrennt. In dem Probandenvertrag sind sämtliche über die Behandlung hinausgehenden Rechte und Pflichten geregelt. Vgl. *Lipp* in Laufs/Katzenmeier/Lipp (Hrsg.), Arztrecht, Kap. XIII Rn. 56.

256 *Lipp* in Laufs/Katzenmeier/Lipp (Hrsg.), Arztrecht, Kap. XIII Rn. 55; Überblick bei *Laufs* in Laufs/Kern, Handbuch des Arztrechts, § 130 Rn. 8 ff., 25 ff.

Zum Schutz der Patienten und Probanden, aber auch zum Schutz des Forschers und der Institution müssen sich Forscher bei Forschungsanträgen gemäß § 15 MBO-Ä bzw. den entsprechenden Vorschriften der Länderärztekammern durch eine öffentlich-rechtliche Ethikkommission beraten lassen. Die Beratung umfasst die Klärung berufsethischer und berufsrechtlicher Fragestellungen.[257]

bb) Klinische Prüfung von Arzneimitteln

Klinische Prüfungen von Arzneimitteln an Patienten und Probanden sind spezialgesetzlich in den §§ 40 ff. des Arzneimittelgesetzes (AMG) geregelt. Gemäß § 4 Abs. 23 S. 1 AMG ist eine „klinische Prüfung bei Menschen [...] jede am Menschen durchgeführte Untersuchung, die dazu bestimmt ist, klinische oder pharmakologische Wirkungen von Arzneimitteln zu erforschen oder nachzuweisen [...], mit dem Ziel, sich von der Unbedenklichkeit oder Wirksamkeit der Arzneimittel zu überzeugen". In Abhängigkeit von der Erkrankung und der Einwilligungsfähigkeit des Studienteilnehmers sind entsprechende spezialgesetzliche Anforderungen an die Forschungsstandards im AMG gefordert. So ist die klinische Prüfung bei gesunden einwilligungsfähigen Probanden nach § 40 Abs. 1 S. 3 Nr. 3a und b AMG nur unter Einbeziehung strenger Vorschriften des informed consents[258] und der ärztlichen Vertretbarkeit[259] zulässig. Letztere besteht insbesondere aus einer Abwägung zwischen den Risiken für den Studienteilnehmer und dem zu erwartenden wissenschaftlichen Nutzen der Studienteilnahme.[260] Ähnliche Anforderungen gelten nach § 41 Abs. 3 i. V. m. § 40 Abs. 1 bis 3 AMG bei der klinischen Prüfung mit einwilligungsunfähigen erkrankten Probanden, wobei aufgrund der Schutzbedürftigkeit dieses Patientenkollektives darüber hinaus als zusätzliche Bedingung ein individueller Nutzen durch die Studienteilnahme gefordert wird (§ 41 Abs. 3 Nr. 1 S. 2 AMG). Hingegen kann eine klinische Prüfung an einwilligungsfähigen erkrankten Probanden nach § 41

---

257 *Vogeler*, Ethik-Kommissionen – Grundlagen, Haftung und Standards, S. 556 ff.; *Laufs* in Laufs/Kern (Hrsg.), Handbuch des Arztrecht, § 61 Rn. 6.

258 Weitere Ausführungen zur Aufklärung und Einwilligung siehe *Wachenhausen* in Klügel/Müller/Hofmann (Hrsg.), Arzneimittelgesetz, § 40 Rn. 48 ff.; näher auch *Deutsch* in Deutsch/Lippert (Hrsg.), Kommentar zum Arzneimittelgesetz (AMG), § 40 Rn. 16 ff.

259 *Deutsch* in Deutsch/Lippert (Hrsg.), Kommentar zum Arzneimittelrecht (AMG), § 30 Rn. 13 f.; *Wachenhausen* in Klügel/Müller/Hofmann (Hrsg.), Arzneimittelgesetz, § 40 Rn. 43.

260 *Lipp* in Laufs/Katzenmeier/Lipp, Arztrecht, Kap. XIII Rn. 87; *Wachenhausen* in Klügel/Müller/Hofmann (Hrsg.), Arzneimittelgesetz, § 40 Rn. 44.

Abs. 1 S. 1 AMG i.V.m § 40 Abs. 1 bis 3 AMG sowohl bei erwartetem individuellen[261] (Eigennutzen) als auch einem Nutzen für an dieser Erkrankung leidenden Patienten[262] (Gruppennutzen) erfolgen. In den Anwendungsbereich des AMG werden unabhängig von der Art des eingeschlossenen Probandenkollektivs sowohl placebo-[263] als auch verumkontrollierte Studien mit aktiver Vergleichssubstanz und Pilotstudien[264] eingeschlossen.

Dem Patientenschutz dient seit Einführung der 12. AMG-Novelle gemäß § 42 Abs. 1 i. V. m. § 40 Abs. 1 S. 2 AMG das Erfordernis einer Genehmigung des Forschungsanliegens in ethischer und rechtlicher Hinsicht durch die zuständige öffentlich-rechtliche Ethikkommission sowie die zuständige Bundesoberbehörde (BfArM, PEI).[265] Insbesondere werden die Qualifikationen der Prüfer und die Geeignetheit der Prüfstelle durch die lokalen Ethikkommissionen gemäß § 8 Abs. 5 GCP-V überprüft.[266]

cc) Biobanken für Forschungszwecke

Humanbiobanken sind Sammlungen von biologischem Material wie Gewebe, Serum, Blut und DNA, die mit personenbezogenen Daten des Spenders verknüpft werden.[267] Sie haben den Charakter einer Forschungsbiomaterialbank, in der zur wissenschaftlichen Erforschung von Erkrankungen Biomaterial gesammelt und teilweise zukünftig für andere Forscher verfügbar gemacht wird.[268] Vor dem Hintergrund „gentechnischer, medizinischer und informationstechnischer

---

261 *Wachenhausen* in Klügel/Müller/Hofmann (Hrsg.), Arzneimittelgesetz, § 41 Rn. 5; vgl. auch *Lipp* in Laufs/Katzenmeier/Lipp (Hrsg.), Kap. XIII Rn. 85.

262 *Wachenhausen* in Klügel/Müller/Hofmann (Hrsg.), Arzneimittelgesetz, § 41 Rn. 6; näher *Lipp* in Laufs/Katzenmeier/Lipp (Hrsg.), Arztrecht, Kap. XIII Rn. 85; *von Kielmannsegg*, PharmR 2008, S. 517 (518).

263 *Deutsch* in Deutsch/Lippert (Hrsg.), Kommentar zum Arzneimittelgesetz (AMG), § 41 Rn. 4; zur Diskussion um die Vertretbarkeit von Placebostudien bei einwilligungsunfähigen Patienten siehe *Wachenhausen* in Klügel/Müller/Hofmann (Hrsg.), Arzneimittelgesetz, § 41 Rn. 25 f.

264 *Lipp* in Laufs/Katzenmeier/Lipp (Hrsg.), Arztrecht, Kap. XIII Rn. 74.

265 *Wachenhausen* in Klügel/Müller/Hofmann (Hrsg.), Arzneimittelgesetz, § 40 Rn. 31 ff.; vgl. *Lipp* in Laufs/Katzenmeier/Lipp (Hrsg.), Arztrecht, Kap. XIII Rn. 110 ff.

266 *Wachenhausen* in Klügel/Müller/Hofmann (Hrsg.), Arzneimittelgesetz, § 40 Rn. 32.

267 *Albers*, MedR 2013, S. 483 (483); *Nationaler Ethikrat,* Biobanken für die Forschung, S. 24; vgl. auch *Lenk* in Lenk/Duttge/Fangerau (Hrsg.), Handbuch Ethik und Recht der Forschung am Menschen, S. 419 (419).

268 *Deutscher Ethikrat*, Humanbiobanken für die Forschung, S. 7.

Entwicklungen“[269] gewinnen diese Sammlungen eine große Bedeutung. Differenziert wird zwischen Biobanken, die ausschließlich für eigene Forschungsanliegen des Wissenschaftlers genutzt werden und solchen, die auch zur Forschung durch Dritte zur Verfügung stehen.[270] Insbesondere erstere werden zumeist zur Grundlagenforschung[271] und im Rahmen von Begleitprojekten von Arzneimittelstudien[272] angelegt. Für großflächigere Genomforschungen und pharmakogenetische Untersuchungen zur Arzneimittelentwicklung sowie als Sammlungen für noch nicht konkretisierte Forschungsprojekte[273] werden hingegen Probensammlungen errichtet, auf die auch Dritte Zugriff haben können.[274]

In rechtlicher Hinsicht stellt das Konzept einer Forschungsbiobank insbesondere Herausforderungen an den Ausgleich zwischen dem zu wahrenden Selbstbestimmungsrecht des Probanden aus Art. 2 Abs. 1 i. V. m. Art. 1 Abs. 1 GG sowie dem Recht auf Eigentum aus Art. 14 Abs. 1 GG[275] und der Forschungsfreiheit des Forschers aus Art. 5 Abs. 3 GG.[276] Denn während die Biobanken für den Forscher ein großes Potential zum medizinischen Erkenntnisgewinn bieten, bedarf es seitens des Probanden der ausdrücklichen Einwilligung in die Sammlung und wissenschaftliche Verwendung der Proben zur Wahrung seiner informationellen Selbstbestimmung.[277] Aufgrund fehlender spezialgesetzlicher Regelungen[278] orientiert sich die Errichtung einer Biobank derzeit nach den bestehenden grundrechtlichen Determinanten,[279] den Datenschutzgesetzen[280] und allgemeinen medizinrechtlichen Grundsätzen.

---

269 *Albers*, MedR 2013, S. 483 (483); *Mand*, MedR 2005, S. 565 (565); *Nationaler Ethikrat*, Biobanken für die Forschung, S. 27.

270 Weitere Ausführung zu den einzelnen Konzepten der Biobanken *Wellbrock*, MedR 2003, S. 77 (78 ff.); *Revermann/Sauter*, Biobanken als Ressource der Humanmedizin, S. 37 ff.

271 *Deutscher Ethikrat*, Humanbiobanken für die Forschung, S. 27.

272 *Albers*, MedR 2013, S. 483 (484).

273 *Wellbrock*, MedR 2003, S. 77 (80).

274 Ähnlich *Deutscher Ethikrat*, Humanbiobanken für die Forschung, S. 15.

275 Näher dazu *Berdin*, Biobank-Governance, S. 50 f.

276 *Berdin*, Biobank-Governance, S. 53 f.

277 *Deutscher Ethikrat*, Humanbiobanken für die Forschung. S. 16 ff.; krit. zur informierten Einwilligung *Wellbrock*, MedR 2003, S. 77 (81); zu ethischen Lösungsmöglichkeiten der Mitteilung an Spender auch *Elger* in Langanke/Erdmann/Robienski/Rudnik-Schöneborn (Hrsg.), Zufallsbefunde bei molekular-genetischen Untersuchungen, S. 97 (101 ff.).

278 Spezialgesetzliche Regelungen sind bisher nur in den verschiedenen Landeskrankenhausgesetzen vorhanden; vgl. z. B. § 12a HbKHG und §§ 24, 25 LKG Berlin.

279 Dazu ausführlich *Albers*, MedR 2013, S. 483 (485 f.).

280 *Albers*, MedR 2013, S. 483 (489).

Hinsichtlich datenschutzrechtlicher Fragestellungen müssen insbesondere die Grundsätze der Zweckbindung nach Art. 5 Abs. 1b DS-GVO und der Verarbeitung besonderer Kategorien personenbezogener Daten nach Art. 9 Abs. 2 lit. j DS-GVO und § 27 Abs. 1 BDSG beachtet werden.[281] Nach Art. 5 Abs. 1b DS-GVO dürfen personenbezogene Daten nur für einen bestimmten Zweck erhoben und verwendet werden. Unklar ist, wie konkret in diesem Zusammenhang die Einwilligung des Spenders in ein entsprechendes Forschungsprojekt erfolgen muss oder ob dementsprechend auch eine „Generaleinwilligung“[282] abgegeben werden kann.[283] Damit einher gehen Entscheidungen über die Speicherungs- und Nutzungsdauer der Biomaterialproben in den jeweiligen Datenbanken[284] sowie Bestimmungen zur Pseudonymisierung oder Anonymisierung.[285] Insbesondere bei der Nutzung der Biomaterialproben im Rahmen genetischer Untersuchungen bergen Biobanken ein großes Potential zur Generierung von Zufallsbefunden.[286]

b) Verwendung bildgebender Verfahren zu Forschungszwecken

Heutzutage erfolgt die Generierung von Zufallsbefunden zunehmend nicht primär im diagnostischen Kontext, sondern im Rahmen der Forschungstätigkeit. Bildgebende Verfahren werden aufgrund der technischen Entwicklungen und der damit verbundenen neuen Forschungsmöglichkeiten vermehrt zu verschiedenen Zwecken bei Forschungsanliegen eingesetzt. Dies verdeutlichen die Anzahl der Studien insbesondere im Bereich der Hirnforschung sowie eine entsprechende Fülle von Publikationen.[287] Besondere Bedeutung hat die

281 *Lippert*, GesR 2019, S. 613 (620).

282 Bei einer Generaleinwilligung handelt es sich um eine pauschale Einwilligung zur Weiternutzung des Materials, siehe auch *Söns*, Biobanken im Spannungsfeld von Persönlichkeitsrecht und Forschungsfreiheit, S. 224 f.

283 *Deutscher Ethikrat*, Humanbiobanken für die Forschung, S. 19 ff.; krit. *Duttge* in Haksay/Deryal (Hrsg.) Patientenrechte, S. 128.

284 *Wellbrock*, MedR 2003, S. 77 (78 f.); *Deutscher Ethikrat*, Humanbiobanken für die Forschung, S. 20 f.

285 *Mand*, MedR 2005, S. 565 (566 ff.); *Deutscher Ethikrat*, Humanbiobanken für die Forschung, S. 21 f.; zur Möglichkeit der Anonymisierung von Blut- und Gewebeproben näher *Wellbrock*, MedR 2003, S. 77 (79).

286 Ausführlich *Elger* in Langanke/Erdmann/Robienski/Rudnik-Schöneborn (Hrsg.), Zufallsbefunde bei molekular-genetischen Untersuchungen, S. 97; *Wolf et al.*, Genet Med 2012, S. 361 (363 ff.).

287 *Heinrichs*, DRZE 2011, S. 1.

funktionelle Magnetresonanztomographie (fMRT) in diesem Kontext erlangt, zu der in den Jahren 1991 bis 2001 3.426 Publikationen in 498 verschiedenen Zeitschriften veröffentlicht wurden.[288]

aa) Bildgebende Verfahren

Aus technisch-naturwissenschaftlicher Perspektive können sämtliche in der Diagnostik verwendeten bildgebenden Verfahren wie die Sonographie, das Röntgenverfahren, die CT, MRT, PET und SPECT[289] auch im Rahmen von Forschungsanliegen eingesetzt werden. Die einzelnen Verfahren sind zwar in ihrem Indikationsbereich begrenzt, aber nicht in dem zu verwendenden Kontext. Allerdings müssen in rechtlicher Hinsicht gesetzliche Regelungen beachtet werden, aufgrund derer nicht sämtliche bildgebenden Verfahren ohne weitere Begründung im Forschungskontext verwendet werden dürfen.

Das Strahlenschutzgesetz[290] (StrSchG) und die Strahlenschutzverordnung[291] (StrSchV) stellen besondere Anforderungen an den studienbedingten Einsatz von strahlenverwendenden Verfahren, wozu das Röntgenverfahren, die CT und die PET-CT wie auch das SPECT gehören. Nach § 32 StrSchG ist das Forschungsvorhaben der zuständigen Behörde anzuzeigen, wenn es die Prüfung von Sicherheit oder Wirksamkeit eines Verfahrens zur Behandlung volljähriger, kranker Menschen zum Gegenstand hat und die Anwendung radioaktiver Stoffe oder ionisierender Strahlung selbst nicht Gegenstand des Forschungsvorhabens ist.[292] Abweichend davon bedarf es nach § 31 Abs. 1 StrSchG zum Schutz des Probanden einer Genehmigung der zuständigen Behörde, wenn das Forschungsvorhaben nicht anzeigebedürftig ist und die Voraussetzungen nach § 31 Abs. 4 StrSchG erfüllt sind. Zu den wichtigsten Erfordernissen für eine Genehmigung gehört nach Nr. 1 eine ärztliche Rechtfertigung der strahlenbedingten Risiken gemessen an der voraussichtlichen Bedeutung der Ergebnisse für die Fortentwicklung medizinischer Untersuchungsmethoden, Behandlungsverfahren oder der medizinischen Wissenschaft. Dabei kann auch der medizinische Individualnutzen

---

288 *Illes/Kirschen/Gabrieli*, Nat Neurosci 2003, S. 205 (205).

289 Zur Beschreibung der einzelnen bildgebenden Verfahren siehe in 1. Kapitel A IV 1. b) aa).

290 Gesetz zum Schutz vor der schädlichen Wirkung ionisierender Strahlung – Strahlenschutzgesetz v. 27. Juni 2017, BGBl I S. 1966, in Kraft getreten zum 1. Oktober 2017.

291 Verordnung zum Schutz vor der schädlichen Wirkung ionisierender Strahlung – Strahlenschutzverordnung v. 29. November 2018, BGBl I 2034, 2036.

292 Das Anzeigeverfahren löst das bisherige vereinfachte Genehmigungsverfahren nach § 24 Abs. 2 StrSchV a. F. und § 28 Abs. 2 RÖV ab; vgl. BT-Drs. 18/11241, S. 277.

für den Probanden in die Ermessensentscheidung der Behörde einbezogen werden.[293] Nach Nr. 2 kann eine Genehmigung zudem nur erteilt werden, wenn „die für die medizinische Forschung vorgesehenen radioaktiven Stoffe oder Anwendungsarten ionisierender Strahlung dem Zweck des Forschungsvorhabens entsprechen und nicht durch andere Untersuchungs- und Behandlungsarten ersetzt werden können, die zu keiner oder einer geringeren Exposition für die Person führen". Diese rechtlichen Vorgaben verdeutlichen, dass eine unbedachte Erprobung strahlenbasierter Verfahren nicht zulässig ist. Folge dessen ist zwangsläufig, dass eine Verwendung einer CT oder einer PET-CT zu wissenschaftlichen Zwecken abhängig von dem Probandenkollektiv einer Abwägung der Risiken und Nutzen bedarf.

Infolgedessen ist es beispielsweise bei Studien im Bereich der Hirnforschung, insbesondere bei gesunden Probanden, üblich, die strukturelle Magnetresonanztomographie (MRT) einzusetzen.[294] Darüber hinaus ist das funktionelle MRT (fMRT) von großer Bedeutung, da diese es ermöglicht, neben strukturellen Darstellungen klinische neurophysiologische Phänomene zu verstehen.[295] *Heinemann/Hoppe/Listl/Spickhoff/Eger* sehen in der MRT und fMRT einen entscheidenden Beitrag zum Fortschritt in der Hirnforschung.[296] Diese Ansicht wird nicht nur durch einzelne Meinungen in der Literatur verbreitet, sondern ist vielmehr Ausdruck einer Publikationsfülle und Vielzahl klinischer Studien mit MRT und MRI.[297] Neuere Studien mit CT bei gesunden oder kranken Probanden gibt es nur vereinzelt und zu speziellen Fragestellungen, um den Probanden nicht zu schädigen.

bb) Relevante Studientypen

Bildgebende Verfahren werden vermehrt zu unterschiedlichen Zwecken in verschiedenen Forschungsbereichen eingesetzt wie z. B. in lebenswissenschaftlicher bzw. medizinischer Grundlagenforschung oder als sogenannte Begleitstudie

---

293 BT-Drs. 18/11241, S. 276.

294 *Nelson*, J Law Med Ethics 2008, S. 315 (315); *Reneman/de Win/van den Brink/den Heeten/Freling/Majoie*, Am J Neuroradiol 2012, S. 1971 (1971).

295 Ähnlich *Rangel*, J Law Med Ethics 2010, S. 117 (117); siehe auch *Illes/Kirschen/Gabrieli*, Nat Neurosci 2003, S. 205 (205); *Nelson*, J Law Med Ethics 2008, S. 315 (315).

296 *Heinemann/Hoppe/Listl/Spickhoff/Eger*, DÄ 2007, A 1982 (1982).

297 Exemplarisch *Illes/Kirschen et al.*, Neurology 2008, S. 384 (384 ff.); *Illes/Kirschen/Karetsky et al.*, J Magn Reson Imaging 2004, S. 743 (743 f.); *Morris/Whiteley/Longstreth et al.*, BMJ 2009, S. 1 (1); *Rangel*, J Law Med Ethics 2010, S. 117 (117); *Vernooij et al.*, N Engl J Med 2007, S. 1821 (1821 ff.).

bei klinischen Studien nach AMG oder MPG. Im Rahmen dieser variierenden wissenschaftlichen Fragestellungen können Zufallsbefunde als nicht intendierte medizinische Befunde mit diagnostischem Wert generiert werden.

aaa) Lebenswissenschaftliche Grundlagenforschung

Bildgebende Verfahren werden zunehmend als Untersuchungsmethoden in der Grundlagenforschung eingesetzt. In diesem Rahmen erfolgen ausschließlich risikoarme medizinische Interventionen, sodass diese Forschungsanliegen häufig mit gesunden Probanden oder aber kranken Probanden ohne therapeutische Zielsetzung durchgeführt werden. Die lebenswissenschaftliche Grundlagenforschung bezieht sich dezidiert auf die Untersuchung des wissenschaftlichen Verständnisses des menschlichen Organismus bzw. auf die Interaktion mit äußeren Einflüssen. Dies beinhaltet beispielsweise die Erforschung neurowissenschaftlicher Lokalisationen spezifischer Funktionen im menschlichen Gehirn.[298] Zur Ermittlung einzelner Funktionen des Gehirns im Bereich der systemischen und kognitiven Neurowissenschaften wird in der Grundlagenforschung die fMRT verwendet.[299] Mittels struktureller MRT bedarf es zuvor einer Lokalisation der Areale mit möglicher Aktivität.[300] Vergleichbare Grundlagenforschungen haben mittels der MRT die Entwicklung des menschlichen Gehirns in den ersten zwei Jahrzehnten des Lebens analysiert. Am National Institute of Health (NIH) wird aktuell eine Datenerhebung von 0 bis 18-jährigen vorgenommen, um einen Atlas zur Entwicklung des Gehirns zu erstellen.[301]

bbb) Medizinische Grundlagenforschung

Der Einsatz der Magnetresonanztomographien in der medizinischen Grundlagenforschung bedingt aufgrund der Sensitivität ein hohes Potential zum Gewinn von Zufallsbefunden. Diese Art des Forschungsanliegens zielt auf die Erforschung eines Nutzens für die Gesundheitsversorgung zukünftiger Patienten ab, indem mittels nichtinvasivem Vorgehen im Rahmen von epidemiologischen Kohortenstudien ein Erkenntnisgewinn über die bestehende Erkrankung erzielt werden soll.[302]

---

298 *Schmücker* in Joerden/Hilgendorf/Thiele (Hrsg.), Menschenwürde und Medizin, S. 949 (956).

299 *Illes/Kirschen/Gabrieli*, Nat Neurosci 2003, S. 205 (205).

300 *Nelson*, J Law Med Ethics 2008, S. 315 (315 f.).

301 *Nelson*, J Law Med Ethics 2008, S. 315 (315); vgl. *Almli/Rivkin/McKinstry*, Neuroimage 2007, S. 308 (308).

302 *Schmücker* in Joerden/Hilgendorf/Thiele (Hrsg.), Menschenwürde und Medizin, S. 949 (956); weitere Ausführungen zur medizinischen Grundlagenforschung bei *Röhrig/du Prel/Wachtlin/Blettner*, DÄ 2009, S. 262 (263).

Ebenfalls zur medizinischen Grundlagenforschung gehört die analytische Verbesserung der bildgebenden Verfahren selbst.[303] Zuweilen wird im Rahmen einer ergänzenden Forschungsfrage zu einer klinischen Studie, einer sogenannten „Begleitstudie", eine zusätzliche studienspezifische Aufnahme durchgeführt, die ausschließlich zur Evaluierung der Qualität der Bilder dient. Dies beinhaltet beispielsweise die Überprüfung der Auflösung der Bilder mit der Intention, durch weitere Entwicklung verbesserte Darstellungen zu erzeugen.[304] Derartige Untersuchungen dienen nicht dem Nutzen des Probanden, sondern sind Auswertungen zur Weiterentwicklung der Methodik der bildgebenden Verfahren.

ccc) Klinische Studien

Auch im Rahmen von klinischen Prüfungen zur Erforschung der Wirksamkeit und Sicherheit von Arzneimitteln (§§ 40 ff. AMG)[305] oder Medizinprodukten (§§ 20 ff. MPG) werden bildgebende Verfahren häufig als studienbedingte Untersuchungen eingesetzt. Bei einem entsprechenden Krankheitsbild können mittels CT oder MRT die Organe und Strukturen des Körpers dargestellt werden, um sowohl die Wirksamkeit als auch die Nebenwirkungen der Arzneimittel und Medizinprodukte zu überprüfen.[306] Beispielsweise kann mittels Magnetresonanztomographie bei Studien zum Therapieansprechen bei Multipler Sklerose ein Nachweis der Krankheitsaktivität erbracht werden.

cc) Häufigkeit von Zufallsbefunden bei wissenschaftlicher Bildgebung

Es gibt keine verlässlichen allgemeinen Angaben zur Häufigkeit von Zufallsbefunden im Forschungskontext. Zwar wird in der Literatur ein Richtwert von 3 – 6 %, teilweise sogar von 8 % bei bildgebenden Studien angenommen,[307] doch ist die Zuverlässlichkeit dieser Angaben unter Berücksichtigung unterschiedlicher Studien mit verschiedenen Populationsgrößen, Altersgruppen und Gesundheitsgraden unklar.[308] Da den Angaben zudem überwiegend eine unterschiedliche

---

303 *Röhrig/du Prel/Wachtlin/Blettner*, DÄ 2009, S. 262 (263).

304 *Nelson*, J Law Med Ethics 2008, S. 315 (315).

305 Weitere Ausführungen dazu im 1. Kapitel A IV 2. a) bb) und 2. Kapitel C II 1.

306 *Schmücker* in Joerden/Hilgendorf/Thiele (Hrsg.), Menschenwürde und Medizin, S. 949 (956).

307 Exemplarisch *Schleim/Spranger/Urbach/Walter*, Nervenheilkunde 2007, S. 1041 (1042); *Heinrichs*, DRZE 2011, S. 1 (2).

308 Ähnlich *Weckbach/Schlett/Bertheau/Kauczor*, Der Internist 2014, S. 1019 (1921), nach denen die Häufigkeit von Zufallsbefunden sogar zwischen 3 und 34 % schwankt.

terminologische Bestimmung von „Zufallsbefunden“ zugrunde liegt,[309] sind Schwankungen in den Häufigkeitsangaben zu erwarten. Grundsätzlich stellen Zufallsbefunde jedoch keine Einzelfälle oder Ausnahmen mehr dar.[310] Richtungsweisende Rückschlüsse können sich möglicherweise auf der Basis einzelner Studien ergeben, die das unterschiedliche Potential verschiedener bildgebender Verfahren zum Gewinn von zufälligen Befunden verdeutlichen.

Da Zufallsbefunde gehäuft in Studien generiert werden, in denen die MRT oder fMRT eingesetzt wird, könnte eine Vermutung bestehen, dass gerade die MRT ein zufallsbefundsträchtiges Verfahren ist. Im Umkehrschluss kann diese vergleichsweise hohe Zufallsbefundrate in Studien mit MRTs aber auch einerseits eine Folge der technischen Entwicklung und dementsprechend präzisen Bilddarstellung und andererseits eine Konsequenz des häufigen Einsatzes von vergleichsweise „probandenfreundlichen“ MRTs in Studien sein,[311] da eine Strahlenbelastung wie z. B. beim CT vermieden wird.

Im Rahmen einer Studie mittels struktureller MRT aus dem Jahre 2007 in Rotterdam mit 2000 Probanden im Alter von 45,7 bis 96,7 Jahren wurden bei 7,2 % Studienteilnehmern Hirninfarkte, bei 1,8 % Aneurysmen und bei 1,6 % gutartige Tumore festgestellt. Auffällig erscheint, dass die Häufigkeit der zufällig entdeckten Hirninfarkte und Tumore mit dem Alter anstieg, während Aneurysmen kein altersbedingtes Auftreten aufwiesen.[312] Das Studienziel war darauf angelegt, Erkenntnisse über die Häufigkeit von Zufallsbefunden und die entsprechende Prävalenz des Verfahrens zu gewinnen. Tatsächliche richtungsweisende Ergebnisse können durch diese Studie jedoch nur begrenzt erzielt werden, da sie nur auf einer Altersgruppe und einer sozial homogenen Population basierte. Dementsprechend verbleiben Unklarheiten hinsichtlich der Vergleichbarkeit mit anderen soziologischen und ethnischen Gruppen.[313]

Umfangreiche Ergebnisse von Zufallsbefunden wurden in einer Studie im Bereich der Hirnforschung erzielt, die im Zeitraum von 2000 bis 2004 bei 2536 jungen Männern im Alter von 17 bis 35 Jahren durchgeführt wurde, die sich für

---

309 *Heinrichs*, DRZE 2011, S. 1 (2); vgl. zu den verschiedenen Begriffen auch 1. Kapitel A I 1. und 2.

310 *Schleim/Spranger/Urbach/Walter*, Nervenheilkunde 2007, S. 1041 (1041 f.); ähnlich auch *Weckbach/Schlett/Bertheau/Kauczor*, Der Internist 2014, S. 1019 (1019).

311 Ähnlich *Schleim/Spranger/Urbach/Walter*, Nervenheilkunde 2007, S. 1041 (1041); *Illes/Kirschen/Gabrieli*, Nat Neurosci 2003, S. 205 (205).

312 *Vernooij et al.*, N Engl J Med 2007, S. 1821 (1823); zur Rotterdam-Studie auch *Weckbach/Schlett/Bertheau/Kauczor*, Der Internist 2014, S. 1019 (1019).

313 *Vernooij et al.*, N Engl J Med 2007, S. 1821 (1825).

einen militärischen Flugdienst beworben hatten. Ziel war der Ausschluss von Hirnerkrankungen, um die Luftsicherheit nicht zu gefährden. Bei 75,2 % der Teilnehmer wurden keine auffälligen Befunde entdeckt, 18,3 % wichen von der Norm ab und 6,5 % der Probanden hatten auffällige oder abnormale Befunde. Von diesen wiederum bedurften jedoch nur 0,6 % der dringenden Abklärung. Anders als bei der Studie in Rotterdam waren dies nicht Tumore oder Aneurysmen, sondern Arachnoidalzysten und Missbildungen im Kleinhirnbereich.[314]

Im Zeitraum von April 2011 bis Januar 2014 wurde in Dänemark eine Studie durchgeführt, in der die Häufigkeit von Zufallsbefunden bei Einsatz der Ganz-Körper-CTs bei Traumapatienten untersucht wurde. In dieser Studie wurden bei 42,9 % Probanden Erkenntnisse über Zufallsbefunde unterschiedlichster Art gewonnen. Diese Studie belegte, dass die Ganz-Körper-CT eine höhere Prävalenz für das Auffinden von Zufallsbefunden aufweist als der Einsatz einer selektiven CT.[315]

Aus den zitierten Daten wird deutlich, dass es derzeit nicht möglich ist, generalisierende Angaben zur Häufigkeit der generierten Zufallsbefunde oder zur Abwägung der Verfahren hinsichtlich ihres Potentials zur Generierung von Zufallsbefunden zu treffen. Eine Vergleichbarkeit wäre nur gegeben, sofern eine qualitative Überprüfung hinsichtlich der „Zufallsbefundträchtigkeit" von CT, fMRT oder MRT bei dem gleichen Probandenkollektiv durchgeführt werden würde. Es ist lediglich nachgewiesen, dass Methoden wie die Ganz-Körper-CT und die Ganz-Körper-MRT im Vergleich mit dem Einsatz selektiver Bildgebungsverfahren aufgrund ihrer umfangreicheren Anwendung eine größere Anzahl von zufälligen Befunden generieren.[316]

c) *Zufallsbefunde bei genetischen Untersuchungen in der Forschung*

In den letzten Jahren sind Zufallsbefunde nicht nur in den bereits genannten Kontexten, sondern verstärkt bei genetischen Untersuchungen zu wissenschaftlichen Zwecken erhoben worden. Obwohl im Jahre 2003 die vollständige Sequenzierung des menschlichen Genoms gelungen ist,[317] verbleiben noch zahlreiche nicht geklärte Abschnitte genetischer Karten auf molekularer Ebene. Dies bedingt – und ermöglicht gleichzeitig – eine Vielzahl verschiedener genetischer

---

314 *Schleim/Spranger/Urbach/Walter*, Nervenheilkunde 2007, S. 1041 (1041); *Weber/Knopf*, J Neurol Sci 2006, S. 81 (81).

315 *Treskes et al.*, Eur Radiol (2017) 27: 2451 (2453).

316 *Treskes et al.*, Eur Radiol (2017) 27: 2451 (2454).

317 *Strachan/Read*, Molekulare Humangenetik, S. 238 ff.

Forschungsanliegen, bei denen genetische Zufallsbefunde gewonnen werden können. In diesem Zusammenhang ist es gleichwohl problematisch, dass insbesondere in noch nicht bekannten molekularbiologischen Bereichen genetische Auffälligkeiten bzw. Mutationen möglicherweise noch gar nicht einem konkreten Krankheitsbild zugewiesen werden können, sodass die Relevanz dieses Befundes nicht eingeschätzt werden kann. Dies veranlasst beispielsweise *Schmücker* dazu, im Rahmen der Kategorisierungen der Zufallsbefunde eine eigene Gruppe für Befunde mit noch nicht bekannter Relevanz zu fordern.[318] Neben derartigen als Zufallsbefunde zu interpretierenden Ergebnissen werden auch solche mit bekannter klinischer Relevanz für den Betroffenen generiert. Die genetischen Untersuchungen zu Forschungszwecken werden mittels der gleichen Analyseverfahren wie der zu diagnostischen Zwecken vorgenommen.[319]

aa) Zweck

Genetische Untersuchungen werden zu verschiedenen wissenschaftlichen Zwecken im Forschungskontext durchgeführt. Besondere Bedeutung erlangen genetische Assoziationsstudien, Untersuchungen zur Bestätigung von Kandidatengenen, pharmakogenetische Untersuchungen sowie Bestimmungen von Biomarkern für Erkrankungen.

aaa) Genetische Assoziationsstudien

Genetische oder genomweite Assoziationsstudien dienen der Identifizierung von Zusammenhängen zwischen Phänotyp und veränderten Allelen mittels epidemiologischer Untersuchung der genetischen Varianten.[320] Dafür werden Untersuchungen an der DNA einer Gruppe, die eine bestimmte Erkrankung aufweist, mit denen einer gesunden Kontrollgruppe verglichen. Typischerweise erfolgen Assoziationsstudien an einer großen Anzahl von nicht verwandten Personen[321] mit einer großen Anzahl von Markern auf eine Krankheit. Eine Assoziation kann

---

318 *Schmücker* in Joerden/Hilgendorf/Thiele (Hrsg.), Menschenwürde und Medizin, S. 949 (955).

319 Weitere Ausführungen siehe im 1. Kapitel A IV 1. c) aa).

320 *Strachan/Read*, Molekulare Humangenetik, S. 517; näher auch *Deutscher Ethikrat*, Big Data und Gesundheit, S. 61; *Erdmann/Linsel-Nitschke/Schunkert*, DÄ 2010, S. 694 (695).

321 Im Gegensatz zu Assoziationsstudien werden bei Kopplungsstudien Verwandte nur mit dem Ziel untersucht, die Vererbung von Krankheiten festzustellen. Unter Kopplungsstudie wird dabei die genetische Beziehung von Phänotyp und genetischem Marker verstanden, die zur Assoziation innerhalb von Verwandten führt. Vgl. *Strachan/Read*, Molekulare Humangenetik, S. 517 f.; *Ziegler*, DÄ 2002, A 2342 (2344).

angenommen werden, wenn anders als bei den Gesunden in der Gruppe der Erkrankten eine Häufung eines bestimmten Allels eines Markers auftritt.[322] Es wird jedoch befürchtet, dass Assoziationsstudien keine hinreichende Aussagekraft haben, da die zahlreichen kleinen Veränderungen bei der Expression der Gene, die zu Mutationen führen, übersehen werden können. Zudem besteht eine weitere Restriktion dieser Studienart darin, dass nur die Positionen im Genom ermittelt werden können, nicht hingegen weitere konkrete Hinweise zum exakten Zusammenhang zwischen Krankheit und Allel.[323]

Da Assoziationsstudien darauf angelegt sind, Mutationen aufzufinden und diese entsprechenden Erkrankungen zuzuordnen, ist es fraglich, ob überhaupt zufällige und unerwartete Befunde gewonnen werden können. Das Studienziel und der intendierte Befund beziehen sich auf das Auffinden des mit dem phänotypischen Erkrankungsbild im Zusammenhang stehenden Mutationsallels. Sämtliche darüber hinausgehende Mutationen, die einer anderen, möglicherweise auch symptomfreien Erkrankung zugeordnet werden können, stellen demzufolge einen unerwarteten Befund dar. Für die phänotypisch unauffällige Kontrollgruppe verkörpern alle Mutationen einen Zufallsbefund. Assoziationsstudien sind besonders anfällig, mutierte Gene aufzufinden, deren Veränderung noch in keinem bekannten Zusammenhang mit einem Krankheitsbild steht und deren Gesundheitsrelevanz für den Probanden noch nicht bekannt ist.

bbb) Bestätigung von Kandidatengenen

Zur Konkretisierung der mittels Assoziations- oder Kopplungsstudie identifizierten mutierten Allele kann als weitere genetische Untersuchung die Bestätigung sogenannter Kandidatengene durchgeführt werden. Diese Überprüfung erfolgt an einzelnen Genen mittels einfachem Mutationstest[324] mit dem Ziel der Bestätigung bestimmter für die Erkrankung kandidierender Gene und einer langfristigen Verbesserung der Diagnose der Erkrankung. Sollte ein Gen als „Kandidatengen“ bestimmt worden sein, muss in einem weiteren Schritt die Funktion des Genprodukts ermittelt und die Aufgabe des Gens ohne Mutation (Wild Typ) geklärt werden.[325] Da im Rahmen dieses Vorgehens ausschließlich

---

322 *Ziegler*, DÄ 2002, A 2342 (2344).

323 Vgl. zur Darstellung der Regionen des Genoms, die mit Multipler Sklerose in Zusammenhang stehen *International Multiple Sclerosis Genetics Consortium*, Nature 2011, S. 214 (215).

324 *Strachan/Read*, Molekulare Humangenetik, S. 498 f.

325 *Strachan/Read*, Molekulare Humangenetik, S. 500.

einzelne Allele auf Mutationen überprüft werden, ist die Wahrscheinlichkeit des Gewinns eines Zufallsbefundes gering bis sehr unwahrscheinlich.

ccc) Pharmakogenetik

Ebenso wie im diagnostischen Kontext werden auch zu wissenschaftlichen Zwecken pharmakogenetische Untersuchungen durchgeführt. Da der pharmakogenetischen Analyse zwar eine konkrete Fragestellung zugrunde liegt, dabei jedoch zwangsläufig eine Mehrzahl von Genen untersucht werden muss, können in diesem Prozess auch Zufallsbefunde generiert werden.[326] Dabei werden genetische Varianten metabolisierender Enzyme oder Ionenkanäle untersucht, die für unerwünschte Wirkungen von Medikamenten oder für individuelle Arzneimittelwirkungen auslösend sein können.[327] Im Rahmen der Pharmakogenetik werden pharmakodynamische Einflüsse, die Auskunft über Art und Ort der Wirkung des Medikaments geben, und pharmakokinetische Wirkungen bzgl. der Aufnahme und Wirkung der Arzneimittel[328] auf die Genetik analysiert. Die Signifikanz der pharmakogenetischen Forschung ist in den letzten Jahren insbesondere durch die Einführung neuer molekulargenetischer Technologien sowie durch die Sequenzierung des menschlichen Genoms stark gestiegen.[329] Infolge dieser Entwicklung werden verstärkt Forschungsprojekte zur Identifizierung spezifischer Krankheitsgene und Genprodukte verfolgt, um langfristig die Entwicklung neuer Arzneimittel mit größerer Wirksamkeit zu fokussieren. Darüber hinaus können auch polymorphe Gene und deren Ausprägungen untersucht werden, um Beeinflussungen von Arzneimittelwirksamkeiten zu erforschen.[330] Beide Forschungsziele stehen in einem engen Zusammenhang zu anderen primär genetischen Datenerhebungen wie der Evaluierung von Biomarkern und zu genomweiten Assoziationsstudien. Zukünftig soll die pharmakogenetische

---

326 Hierzu auch *Brockmöller/Sehrt* in Lenk/Duttge/Fangerau (Hrsg.), Handbuch Ethik und Recht der Forschung am Menschen, S. 61 (68), die hinsichtlich der Wahrscheinlichkeit von Zufallsbefunden zwischen Forschung an ausgewählten Genvarianten und hypothesenfreier Forschung am ganzen Genom unterscheiden.

327 *Estler/Schmidt*, Pharmakologie und Toxikologie, S. 47; *Schwab/Marx/Zanger/Eichelbaum*, DÄ 2002, A 497 (497); vgl. auch *Brockmöller/Sehrt* in Lenk/Duttge/Fangerau (Hrsg.), Handbuch Ethik und Recht der Forschung am Menschen, S. 61 (61 f.).

328 Zu Pharmakokinetik und Pharmakodynamik *Pschyrembel*, Klinisches Wörterbuch, S. 1651 Stichwort „Pharmakodynamik“ und „Pharmakokinetik“.

329 *Wehling*, Klinische Pharmakologie, S. 30.

330 *Wehling*, Klinische Pharmakologie, S. 30; *Frölich/Kirch*, Praktische Arzneitherapie, S. 104 f.

Forschung eine individualisierende Arzneimitteltherapie ermöglichen, also den individuellen Genotyp des Patienten in die Medikation einbeziehen.[331]

ddd) Biomarker

Häufige genetische Begleitprojekte von klinischen Studien im Bereich der Humanmedizin sind sogenannte Validierungen von Biomarkern. Der Begriff „Biomarker“ wurde im Jahre 2001 von dem National Institute of Health (NIH) entwickelt und als „objektiv messbarer Parameter [definiert], der einen normalen biologischen Prozess, einen pathogenetischen Prozess oder die pharmakologische Antwort auf eine therapeutische Intervention widerspiegelt“[332]. Biomarker schließen demnach Gene, Proteine, genetische Veränderungen und Veränderungen in der Expression des Metabolismus ein. Die Forschungssignifikanz der Biomarker entsteht gerade durch ihren diagnostischen Wert. So gibt es sogenannte „screening marker“, die einen gesunden Zustand von dem einer Erkrankung unterscheiden, „diagnostic marker“, die in Bezug auf eine Erkrankung diagnostische Aussagekraft haben, „prediciton markers“, die eine Einschätzung des Ansprechens einer bestimmten Medikation erlauben[333] und „monitoring marker“, die die Effektivität eines Medikamentes belegen.[334] Vereinfacht ließe sich auch eine Einordnung in „krankheitsspezifische Marker, die zur Diagnose und Prognose herangezogen werden, und therapiespezifische Marker, die eine Arzneimittelwirkung widerspiegeln“[335], vornehmen.

Aufgrund komplexer biologischer Ursachen der Erkrankungen und der Heterogenität der Krankheitsbilder ist die Entwicklung validierter Biomarker ein zeit- und methodenaufwendiges Prozedere. Über den schlichten Nachweis einer Assoziation zwischen Krankheit und Biomarker im Rahmen einer Beobachtungsstudie hinaus ist die Durchführung einer Interventionsstudie notwendig, mittels derer die Kausalität der Beziehung manifestiert und eine standardisierte

---

331 *Frölich/Kirch*, Praktische Arzneitherapie, S. 107; ähnlich *Wehling*, Klinische Pharmakologie, S. 36.

332 Zitiert nach *Broich/Rems* in Schmitz (Hrsg.), Biomarker, S. 38 (41); *Kroll* in Schmitz (Hrsg.), Biomarker, S. 1 (2): „a characteristic that ist objectively measured and evaluated as an indicator of normal biological processes, pathogenic processes, or pharmological responses to a therapeutic intervention“; Definition nach den Empfehlungen der Biomarkers Definitions Working Group (2001), einer Initiative des National Institute of Health.

333 Die Patienten werden demzufolge in „responder“ und „nonresponder“ klassifiziert; vgl. *Kroll* in Schmitz (Hrsg.), Biomarker, S. 1 (2).

334 *Kroll* in Schmitz (Hrsg.), Biomarker, S. 1 (2).

335 *Scharnagl/Stojakovic/März* in Schmitz (Hrsg.), Biomarker, S. 15 (17).

und reproduzierbare Methode zur Messung dieser evaluiert wird.[336] Da der Biomarkeranalyse zwar eine konkrete, aber dennoch weit gefasste Forschungsfrage zugrunde liegt, können im Rahmen dieser Studien Zufallsbefunde generiert werden.

bb) Häufigkeit von Zufallsbefunden bei genetischer Forschung

Während für die Bildgebung in der Hirnforschung richtungsweisende prozentuale Häufigkeitsangaben von Zufallsbefunden bekannt sind, gibt es für genetische Forschungsfragen keine vergleichbaren Daten. Ausschließlich für zufällig erkannte falsche Vaterschaften werden Zahlen von 10 % berichtet.[337] Obwohl das Wissen über die mögliche Erhebung eines Zufallsbefundes infolge verbesserter technischer Möglichkeiten und Verständnisses vorliegt,[338] gibt es keine Angaben zu dem Ausmaß des vermuteten Anstiegs. Begründungen dafür könnten in der Vielzahl der Studien liegen, die möglicherweise organisatorisch keine verlässliche prozentuale Bestimmung zulassen. Zudem ist die Vergleichbarkeit aufgrund unterschiedlicher Studiendesigne und -populationen in Kombination mit verschiedenen Zwecksetzungen der genetischen Untersuchungen ungeklärt. Auch richtungsweisende Angaben aus klinischen Studien, bei denen genetische Zufallsbefunde aufgefunden wurden, gibt es derzeit nicht.

V. Ergebnis

Die Darstellungen belegen, dass Zufallsbefunde als Ergebnisse verschiedener Untersuchungen im diagnostischen und wissenschaftlichen Kontext generiert werden und zumeist Folge der fortschreitenden Entwicklungen in der Bildgebung und Genetik sind. Die Häufigkeitsangaben für zufällige Befunde bei der Bildgebung zu Forschungszwecken belegen, dass diese kein seltenes Phänomen darstellen. Gleichzeitig zeigen die verschiedenen Erscheinungsbereiche der Zufallsbefunde aber auch den aktuellen Bedarf einer einheitlichen Definition und einer einheitlichen Klassifikation auf. Die derzeit bestehenden Kategorien stellen ausschließlich Empfehlungen aus der Literatur dar. Sie können weder unmittelbare rechtliche Verbindlichkeit beanspruchen, da sie keine formellen Rechtsquellen sind, noch kann eine Verbindlichkeit durch normergänzende Verweisung entstehen, da ein solch konkreter Verweis auf eine Empfehlung

---

336 *Scharnagl/Stojakovic/März* in Schmitz (Hrsg.), Biomarker, S. 15 (20).

337 *Van Ness*, J Law Med Ethics 2008, S. 292 (293).

338 Exemplarisch *Lanzerath* in Lanzerath/Rietschel/Heinrichs/Schmäl (Hrsg.), Incidental Findings. Scientific, Legal and Ethical Issues, S. 73 (74).

bisher nicht in eine Rechtsnorm aufgenommen wurde. Insbesondere für Bereiche wie die Genomsequenzierung bestehen daher Unklarheiten, ob überhaupt die Bedingungen für die Erhebung eines „echten“ Zufallsbefundes gegeben sind. Dementsprechend stellt sich konsequenterweise auch die Frage, ob und wann der selbstbestimmte Patient über eine solche Möglichkeit informiert werden muss.[339]

B. Grundlagen zum Selbstbestimmungsrecht

Da die vorhandenen ethischen Empfehlungen und möglichen einfachgesetzlichen Regelungen zu Zufallsbefunden wie beispielsweise aus dem Gendiagnostikgesetz oder dem Patientenrechtegesetz im Spannungsfeld zwischen dem Selbstbestimmungsrecht der Patienten und Probanden und der ärztlichen Fürsorge zu betrachten sind, bedarf es zuvor einer Bestimmung der Grundlagen des Selbstbestimmungsrechts.

Das Selbstbestimmungsrecht des Einzelnen ist unstreitig verfassungsrechtlich geschützt. Nach Ansicht von Teilen der Literatur wird es verfassungsrechtlich auf das allgemeine Persönlichkeitsrecht nach Art. 2 Abs. 1 i. V. m. Art. 1 GG gestützt,[340] denn nach Art. 2 Abs. 1 GG hat „jeder [...] das Recht auf die freie Entfaltung seiner Persönlichkeit [...]“. Danach seien von dem Schutzbereich dieses Freiheitsrechts die Abwehr von Eingriffen in den persönlichen Lebensbereich, die Selbstbestimmung und Persönlichkeitsentfaltungen umfasst.[341] Nach anderer Ansicht wird das Selbstbestimmungsrecht hingegen an das Grundrecht auf körperliche Unversehrtheit aus Art. 2 Abs. 2 GG geknüpft, da der Einzelne gerade über seine „leiblich-seelische Integrität“ selbst bestimmen könne.[342] Im medizinrechtlichen Kontext wird als Folge dieses dogmatischen Streits über die verfassungsrechtliche Grundlage und des weiten und offenen Schutzbereiches auch von einem Verfügungsrecht über den eigenen Körper oder vom „Grundrecht auf bioethische Selbstbestimmung“[343]

339 Dazu näher im 2. Kapitel B und C.

340 *Di Fabio* in Maunz/Dürig (Hrsg.), GG Bd. 1 Art. 2 Abs. 1 Rn. 204; *Hufen* in Wiesemann/Simon (Hrsg.), Patientenautonomie, S. 431 (433); *Laufs* in Laufs/Kern (Hrsg.), Handbuch des Arztrechts, § 57 Rn. 15; a. A. BVerfGE 89, 120 (130).

341 *Di Fabio* in Maunz/Dürig (Hrsg.), GG Bd. 1 Art. 2 Abs. 1 Rn. 147.

342 BVerfGE 52, 171 (174 f.); ähnlich *Duttge* in Wiesemann/Simon (Hrsg.), Patientenautonomie, S. 77 (78); *Steiner* in Spickhoff (Hrsg.), Medizinrecht, GG Art. 2 Rn. 14; *Zuck* in Quaas/Zuck/Clemens (Hrsg.), Medizinrecht, § 2 Rn. 36.

343 *Koppernock*, Das Grundrecht auf bioethische Selbstbestimmung, S.

ausgegangen.[344] Das Selbstbestimmungsrecht im medizinischen Kontext ermöglicht dem Patienten insbesondere die Letztentscheidungsbefugnis im Rahmen der Einwilligung, die Einsichtnahme in Patientenakten sowie auch das Bestimmungsrecht zum Sterben.[345]

In Folge der zahlreichen Ausprägungen des Selbstbestimmungsrechts wird in der Literatur teilweise die Möglichkeit bezweifelt, das Selbstbestimmungsrecht des Menschen im medizinischen Kontext prägnant und komprimiert darstellen zu können.[346] Bestätigt wird diese Annahme durch den Wortsinn, aus dem der Gehalt des Selbstbestimmungsrechts nicht eindeutig abgeleitet werden kann. So ist insbesondere unklar, ob die Intention des „Selbstbestimmens" nur eingeschränkt auf das eigene Individuum oder darüber hinaus auch in Bezug auf Dritte gerichtet ist. Nach *Hollerbach* ist der Begriff „Selbstbestimmung" eine Beschreibung der „Prägung der individuellen Persönlichkeit als Vernunftwesen"[347]. Diese Prägung sei auf den eigenen Körper sowie auf die individuelle Persönlichkeit und den Umgang mit beiden bezogen. Folglich soll der Patient selbstbestimmt eine eigene Entscheidung bezüglich seiner „leiblich-seelische[n] Integrität"[348] treffen und „über Interventionen in die eigene körperliche Integrität selbst [...] entscheiden"[349] können.

In der juristischen Wissenschaft wird der Begriff „Selbstbestimmungsrecht" nahezu synonym zu der in der Philosophie und Medizinethik angenommenen „Autonomie" verwendet, da abhängig von dem jeweiligen Autonomiekonzept auch das Prinzip der Autonomie auf die eigene Entscheidungsfreiheit und die Akzeptanz der Freiheit des Menschen verweist. So soll beispielsweise nach dem Vier-Prinzipien-Paradigma von *Beauchamp/Childress* durch das Autonomieprinzip die Achtung vor selbstbestimmtem Handeln geschützt werden.[350] Infolge

344 *Di Fabio* in Maunz/Dürig (Hrsg.), GG Bd. 1 Art. 2 Abs. 1 Rn. 204; *Zuck* in Quaas/Zuck/Clemens (Hrsg.), Medizinrecht, § 2 Rn. 36.

345 Ausführlich dazu *Di Fabio* in Maunz/Dürig (Hrsg.), GG Bd. 1 Art. 2 Abs. 1 Rn. 204 f.; siehe auch *Duttge* in Wiesemann/Simon (Hrsg.), Patientenautonomie, S. 77 (78); *Katzenmeier* in Wiesemann/Simon (Hrsg.), Patientenautonomie, S. 91 (92).

346 Vgl. *Zuck* in Quaas/Zuck (Hrsg.), Medizinrecht, § 2 Rn. 36; *Wiesemann* in Wiesemann/Simon (Hrsg.), Patientenautonomie, S. 13 (15): Was heißt „sich selbst zu bestimmen"?.

347 *Hollerbach*, Selbstbestimmung im Recht, S. 6, S. 15 ff.; *Katzenmeier* in Laufs/Katzenmeier/Lipp (Hrsg.), Arztrecht, Kap. V Rn. 6.

348 BVerfGE 52, 131 (174); *Laufs* in Laufs/Kern (Hrsg.), Handbuch des Arztrechts, § 57 Rn. 16.

349 *Waldschmidt* in Feuerstein/Kuhlmann (Hrsg.), Neo-paternalistische Medizin. Der Mythos der Selbstbestimmung im Arzt-Patienten-Verhältnis, S. 115 (115).

350 *Beauchamp/Childress*, Priniciples of Biomedical Ethics, S. 102.

einer derartigen Auslegung des Selbstbestimmungsrechts ist ein medizinischer Eingriff nur durch vorherige Legitimation im Rahmen einer Einwilligung nach Aufklärung erlaubt.[351] Auch wenn das Selbstbestimmungsrecht und die Autonomie gleiche Ziele verfolgen und demnach dem Grunde nach kompatibel sind, hat die „Autonomie" ihren Ursprung in der griechischen Philosophie und ist ein ethisches Prinzip,[352] während das Recht auf Selbstbestimmung ein Rechtsbegriff ist, der dem Patienten eine bestimmte Rechtsposition zuweist. Inhaltlich lässt sich das Selbstbestimmungsrecht aus dem Grundprinzip der Autonomie begründen, formell bestehen jedoch Unterschiede.[353] Im Folgenden wird daher im rechtlichen Kontext der Begriff „Selbstbestimmung" und im Zusammenhang mit ethischen Empfehlungen der Begriff „Autonomie" genutzt.

Zur Wahrung der Selbstbestimmung bestehen in medizinrechtlicher Hinsicht unterschiedliche Pflichten des Arztes und Rechte des Patienten. Dazu gehört insbesondere die ärztliche Aufklärung vor Einwilligung des Patienten wie auch ein Recht, Informationen nicht mitgeteilt zu bekommen. In der Folge wird daher ein Überblick über die Selbstbestimmungsaufklärung und das Recht auf Nichtwissen gegeben.

I. Selbstbestimmungsaufklärung

Voraussetzung für eine bestmögliche Wahrung des Selbstbestimmungsrechts ist die ärztliche Information des Patienten über die Eingriffe, Risiken und Therapiemöglichkeiten, damit dieser in die konkrete Behandlungsmaßnahme einwilligen kann.[354] Die Selbstbestimmungsaufklärung ist eine seit der Einführung des Patientenrechtegesetzes in § 630e Abs. 1 S. 1 BGB gesetzlich geregelte ärztliche Vertragspflicht,[355] die notwendigerweise zeitlich vor Einwilligung in den

---

351 Ähnlich *Maio*, Ethik in der Medizin, S. 123.

352 Weitere Ausführungen zu dem Prinzip der Autonomie siehe 2. Kapitel A II 1. a); näher auch *Maio*, Ethik in der Medizin, S. 120; *Steinfath* in Steinfath/Wiesemann (Hrsg.), Autonomie und Vertrauen, S. 11 (17 ff.).

353 Zur ausführlichen Darstellung der Unterschiede von Patientenautonomie und Selbstbestimmungsrecht sowie ihrer Funktionen vgl. *Schwill*, Aufklärungsverzicht und Patientenautonomie, S. 24 ff.

354 BVerfG NJW 1979, S. 1925 (1931); *Giesen*, Arzthaftungsrecht, Rn. 208 f.; *Katzenmeier* in Laufs/Katzenmeier/Lipp (Hrsg.), Arztrecht, Kap. V Rn. 5; *Katzenmeier* in Wiesemann/Simon (Hrsg.), Patientenautonomie, S. 91 (92).

355 *Mansel* in Jauernig (Hrsg.), Bürgerliches Gesetzbuch, § 630e Rn. 1; *Weidenkaff* in Palandt (Hrsg.), Bürgerliches Gesetzbuch, BGB § 630e Rn. 1; vgl. auch *Franzki*, Der Behandlungsvertrag, S. 125.

medizinischen Eingriff erfolgen muss.[356] Damit erfüllt sie die Zwecksetzung der „sinnvollen Wahrnehmung des Selbstbestimmungsrechts“[357].

1. *Verfassungsrechtliche Grundlage*

Die Selbstbestimmungsaufklärung dient dem Schutz eines in der Verfassung verankerten Rechtsguts, wobei Rechtsprechung und Teile der Literatur hinsichtlich des konkreten Rechtsgutbezugs unterschiedliche Ansichten vertreten. Nach der ständigen Rechtsprechung ist die Aufklärung zwingende Voraussetzung für eine Einwilligung in einen Heileingriff[358] und erfolgt dementsprechend körperbezogen mit der Intention des Schutzes der körperlichen Unversehrtheit aus Art. 2 Abs. 2 S. 1 GG.[359] Hingegen beziehen Teile der Literatur die Aufklärung auf die Entschlussfreiheit, sodass eine Verletzung der Aufklärungspflicht zu einer Verletzung des Persönlichkeitsrechts aus Art. 2 Abs. 1 i. V. m. Art. 1 Abs. 1 GG führt.

a) Körperverletzungsdoktrin der Rechtsprechung

Ausgangspunkt der Rechtsprechung der Zivil- und Strafgerichte ist die sogenannte „Körperverletzungsdoktrin“, nach der auch bei lege artis durchgeführten medizinischen Eingriffen der Tatbestand einer Körperverletzung entsprechend § 223 ff. StGB erfüllt sein[360] und nur die Rechtswidrigkeit entfallen soll.[361] So betont der VI. Zivilsenat des BGH, „die Einwilligung in den ärztlichen Heileingriff bedeute […] einen Verzicht auf den absoluten Schutz des Körpers vor Verletzungen, die mit dem Eingriff verbunden sind […]“[362]. Dabei werde „[…] die Entscheidungsfreiheit des Patienten über seine körperliche Integrität [geschützt], über die der Arzt sich nicht selbstherrlich hinwegsetzen [dürfe]“[363]. Als das Selbstbestimmungsrecht stützende Entscheidungshilfe ist die Aufklärung die zwingende Voraussetzung für die den medizinischen Eingriff legitimierende

---

356 Statt vieler *Deutsch/Spickhoff*, Medizinrecht, Rn. 488; *Spickhoff* in Spickhoff (Hrsg.), Medizinrecht, BGB § 630e Rn. 5.

357 BVerfGE NJW 1979, S. 1925 (1932); *Giesen*, Arzthaftungsrecht, Rn. 208 f.; *Laufs* in Laufs/Kern (Hrsg.), Handbuch des Arztrecht, § 59 Rn. 11.

358 BGHZ 106, 391 (397 ff.); vgl. *Katzenmeier* in Laufs/Katzenmeier/Lipp (Hrsg.), Arztrecht, Kap. V Rn. 8 ff.

359 BGHZ 106, 391 (397 ff.).

360 RGSt 25, 375; BGHSt 4, 306 (308); BGHSt 11, 111 (112).

361 *Dölling* in Dölling/Duttge/König/Rössner (Hrsg.), Gesamtes Strafrecht, § 223 Rn. 9; *Fischer*, StGB, § 228 Rn. 12, 12a; § 223 Rn. 22, 23, 30.

362 BGHZ 106, 391 (397 f.); grundlegend hierzu auch BGHZ 29, 46 (49 ff.).

363 BGHZ 106, 391 (397 f.).

Einwilligung.[364] Unterstützt wird diese Auffassung von *Lorenz*, nach dem durch Art. 2 Abs. 2 S. 1 GG nicht nur die Körperlichkeit im „biologisch-naturalistischen Sinne", sondern auch die sich darauf beziehende Selbstbestimmung geschützt sei.[365]

b) „Entkoppelungstheorie" der Literatur

Hingegen vertritt die gegenteilige Literaturansicht eine „Entkoppelung" von Aufklärung und Einwilligung.[366] Gewichtigstes Argument ist die Aufgabe der Aufklärung im Arzt-Patienten-Verhältnis als kommunikatives Element. Der alleinige „Körperbezug" weise der Aufklärung die Aufgabe einer Wahrnehmung der Fürsorgepflicht des Arztes zu und sei demnach Ausdruck des ehemals paternalistischen Gedankens. Hingegen sei die Aufklärung als Kommunikation im Arzt-Patienten-Verhältnis Ausdruck der Förderung des Patientenwillens und damit der Selbstbestimmung.[367] Gerade auch im Hinblick auf neue medizinische Gebiete wie Gentechnologie und Reproduktionsmedizin stehe im Informationsgespräch zwischen Arzt und Patient nicht mehr zwangsläufig nur noch die Information über den Eingriff mit dem Ziel der Einwilligung, sondern vielmehr auch über Möglichkeiten und Grenzen der ärztlichen Maßnahmen im Rahmen einer „Kommunikationsverfassung"[368] im Vordergrund. Der Schutz gegen die Einschränkung der freien Selbstbestimmung wird durch das allgemeine Persönlichkeitsrecht aus Art. 2 Abs. 1 GG i. V. m. Art. 1 Abs. 1 GG gewährleistet.

c) Diskussion

Sowohl für die Ansichten der Rechtsprechung als auch der gegenteiligen Literatur lassen sich Argumente anführen. Trotz unterschiedlicher verfassungsrechtlicher Begründungen der Aufklärungspflicht wird aus den Argumentationen beider Ansichten deutlich, dass eine Verpflichtung zur Aufklärung jeweils dem Schutz des Patienten dienen soll. Nach Ansicht der Literatur stellt die Entscheidung „über sich selbst", folglich über die psychische und physische Integrität, ein eigenes grundsätzliches Ermessen dar, für das die Aufklärung des Arztes geboten ist. Auch nach Auffassung des BVerfG schützt das allgemeine Persönlichkeitsrecht

---

364 BGHZ 106, 391 (397 f.).

365 *Lorenz* in Isensee/Kirchhof (Hrsg.), Handbuch des Staatsrechts, Bd. VII, 1989, § 128 Rn. 3, 16, 64 f.; vgl. *Francke*, Ärztliche Berufsfreiheit und Patientenrechte, S. 103.

366 *Hart* in Heinrichs-FS, S. 291 (291 ff.).

367 *Hart* in Heinrichs-FS, S. 291 (310).

368 *Hart* in Heinrichs-FS, S. 291 (311).

„Elemente der Persönlichkeit, die nicht schon Gegenstand der besonderen Freiheitsgarantien des Grundgesetzes sind, diesen aber in ihrer konstituierenden Bedeutung für die Persönlichkeit nicht nachstehen“[369]. Allgemein wird damit der engere persönliche Lebensbereich geschützt, konkret haben sich verschiedene Untergruppen des Schutzbereiches herausgebildet wie z. B. das Recht auf informationelle Selbstbestimmung, der Schutz der Privatsphäre und der Schutz von Darstellungen der eigenen Person.[370] Während einzelne Beschränkungen der Privatautonomie als Verstöße gegen die allgemeine Handlungsfreiheit anzusehen sind, wird von dem allgemeinen Persönlichkeitsrecht der Grundsatz der Selbstbestimmung umfasst.[371]

Der Bezug zum Rechtsgut der Selbstbestimmung wird durch § 630e BGB bestätigt, durch den der Gesetzgeber die Aufklärung als eine eigenständige vertragliche Pflicht normiert hat. Da eine Verletzung dieser nach überwiegender Ansicht einen eigenen Haftungstatbestand nach sich zieht,[372] muss zwangsläufig eine Entkoppelung von Aufklärung und Einwilligung erfolgen. Im Rahmen des Patientenrechtegesetzes wurden Aufklärung und Einwilligung zum Schutz des Persönlichkeitsrechtes aus Art. 2 Abs. 1 i. V. m. Art. 1 Abs. 1 GG angesehen.[373]

Katzenmeier weist darauf hin, dass die Ansicht der Literatur sachlogisch nachvollziehbar, insbesondere in zivilrechtlicher Hinsicht die Körperverletzungsdoktrin jedoch hinnehmbar sei, da sie dem Patientenschutz diene.[374] Eine Begründung der Aufklärungspflicht aus Art. 2 Abs. 2 GG ist auch insofern zugänglich, weil der Bezugspunkt der Aufklärung fortwährend die Gesundheit des Patienten ist. Da der Schutzbereich des Art. 2 Abs. 1 GG auch nach Ansicht des BVerfG nur für Elemente der Persönlichkeit, die nicht bereits durch andere Grundrechte geschützt sind,[375] gelten soll, sind sämtliche mit der körperlichen

369 BVerfGE 54, 148 (153); BVerfGE 118, 168 (183); 99, 185 (193); 106, 28 (39); *Jarass* in Jarass/Pieroth (Hrsg.), GG, Art. 2 Rn. 36.

370 Weitere Ausführungen hierzu z. B. in *Jarass* in Jarass/Pieroth (Hrsg.), GG, Art. 2 Rn. 39 ff.

371 *Jarass* in Jarass/Pieroth (Hrsg.), GG, Art. 2 Rn. 50; *Kube* in Isensee/Kirchhof (Hrsg.), Handbuch des Staatsrechts, Bd. VII, § 148 Rn. 47 ff.; *Kingreen/Poscher*, Grundrechte Staatsrecht II Rn. 441 ff.

372 *Wagner* in Müko Bd. 4, BGB § 630e Rn. 63; so bereits auch früher *Hart* in Heinrichs-FS, S. 291 (314 ff.).

373 Vgl. BT-Drs. 17/10488, S. 23; *Mansel* in Jauernig (Hrsg.), Bürgerliches Gesetzbuch, § 630d Rn. 1.

374 *Katzenmeier* in Laufs/Katzenmeier/Lipp (Hrsg.), Arztrecht, Kap. V Rn. 12 f.

375 BVerfGE 118, 168 (183); 99, 185 (193); 106, 28 (39).

Unversehrtheit und der Gesundheit zusammenhängende Institute von Art. 2 Abs. 2 S. 1 GG umfasst.

2. *Arten der Selbstbestimmungsaufklärung im Arzt-Patienten-Verhältnis*

Die Selbstbestimmungsaufklärung ist seit dem Jahre 2013 durch das Patientenrechtegesetz in § 630e BGB geregelt, wobei es sich entsprechend den Ausführungen des Gesetzgebers ausschließlich um eine Kodifizierung der bestehenden Rechtsprechung handelt.[376] Nach § 630e Abs. 1 S. 1 BGB ist der „Behandelnde [...] verpflichtet, den Patienten über sämtliche für die Einwilligung wesentlichen Umstände aufzuklären". Zur Vereinfachung der umfassenden Aufklärungspflichten wird überwiegend eine Einordnung in die Bereiche der Diagnose-, Verlaufs- und Risikoaufklärung[377] vorgenommen. Derartige Gliederungen erfolgen jedoch nicht einheitlich[378] und werden zudem aufgrund ihrer verwirrenden Terminologie kritisiert.[379]

a) Diagnoseaufklärung

Im Rahmen der Diagnoseaufklärung erfolgt gemäß §§ 630c Abs. 2, 630e Abs. 1 BGB eine Information des Patienten über den ärztlichen Befund.[380] Teilweise wird angenommen, dass die Information über den Befund nur beim reinen

---

376 BT-Drs. 17/10488, S. 17; *Mansel* in Jauernig (Hrsg.), Bürgerliches Gesetzbuch, § 630e Rn. 1.

377 *Laufs* in Laufs/Kern (Hrsg.), Handbuch des Arztrechts, § 59 Rn. 11 ff.; *Quaas* in Quaas/Zuck/Clemens (Hrsg.), Medizinrecht, § 14 Rn. 88 ff., wobei noch zusätzlich eine Kategorie der Behandlungsaufklärung eingefügt wird.

378 Exemplarisch *Hart*, Jura 2000, S. 64 (66), der nur in Verlaufs- und Risikoaufklärung unterteilt.

379 So beispielsweise *Deutsch/Spickhoff*, Medizinrecht, Rn. 435: „Die Aufklärung, von der Rechtsprechung zu einem Rechtsinstitut geprägt, hat zur Entwicklung einer in ihrer Vielfalt verwirrenden Terminologie geführt."

380 *Katzenmeier* in Wiesemann/Simon (Hrsg.), Patientenautonomie, S. 91 (94); *Terbille* in Terbille/Clausen/Schroeder-Printzen (Hrsg.), Münchener Anwaltshandbuch Medizinrecht, § 1 Rn. 293; insbesondere der Wortsinn des § 630c Abs. 2 S. 1 BGB wird jedoch kritisiert, da die therapeutische Aufklärung gerade nicht die Information über die Diagnose und Therapie enthalten solle. Vielmehr sei dies im Rahmen der Selbstbestimmungsaufklärung nach § 630e Abs. 1 BGB darzulegen, damit der Patient über die Einwilligung selbstbestimmt entscheiden könne. Näher dazu *Franzki*, Der Behandlungsvertrag, S. 89 f.; bereits während des Gesetzgebungsverfahrens krit. *Katzenmeier*, MedR 2012, S. 576 (580).

Diagnosevertrag vertragliche Pflicht sei,[381] wohingegen im Rahmen eines allgemeinen Behandlungsvertrages eine explizite Aufklärung nur erfolgen müsse, sofern die Information für den Patienten für die Einwilligung in die Therapie entscheidungserheblich sei.[382] Diese Einschränkungen stellen jedoch Grenzen der Aufklärungspflicht[383] und nicht den Grundfall der Diagnoseaufklärung dar. Die Diagnoseaufklärung bezieht sich ausdrücklich nur auf bereits festgestellte Befunde, da unsichere Verdachtsdiagnosen zu Gefährdungen des Patienten wie z. B. zu Überreaktionen in psychischer Hinsicht führen können.[384]

b) Verlaufsaufklärung

Die Verlaufsaufklärung ist auf Art, Umfang und Durchführung des Eingriffs ausgerichtet. Mithin umfasst diese Aufklärung sämtliche Maßnahmen während eines Heileingriffes sowie Informationen über Eingriffsfolgen, den postoperativen Zustand und die Gefahren des Misserfolges.[385] Neben der Aufklärung über potentielle Erfolgschancen des Eingriffs und der dementsprechenden Entwicklung des Gesundheitszustandes des Patienten nach dem Eingriff ist auch die prognostische Entwicklung des gesundheitlichen Befindens bei Verweigerung der Einwilligung in den medizinischen Eingriff Aufklärungsinhalt.[386] Nach Ausführungen von *Greiner* nimmt die Rechtsprechung zudem eine Aufklärung hinsichtlich der Schmerzhaftigkeit eines medizinischen Eingriffs an.[387] Die Zuordnung der möglichen Schmerzen einer Behandlung in die Aufklärung über

---

381 *Deutsch/Spickhoff*, Medizinrecht, Rn. 436; *Quaas* in Quaas/Zuck/Clemens (Hrsg.), Medizinrecht, § 14 Rn. 89.

382 *Quaas* in Quaas/Zuck/Clemens (Hrsg.), Medizinrecht, § 14 Rn. 89; siehe auch *Spickhoff* in Soergel (Hrsg.), BGB, § 823 Anh I Rn. 120.

383 Vgl. hierzu das therapeutische Privileg als Grenze der Aufklärungspflicht im 1. Kapitel B I 3. b).

384 OLG Köln, MedR 1988, S. 184 (185); *Laufs* in Laufs/Kern (Hrsg.), Handbuch des Arztrechts, § 59 Rn. 15; nach *Quaas* in Quaas/Zuck/Clemens (Hrsg.), Medizinrecht, § 14 Rn. 89 besteht bei Verdachtsdiagnosen sogar eine Pflicht zum Schweigen; vgl. auch OLG Stuttgart, VersR 1988, S. 695 (695 f.); OLG Frankfurt, VersR 1996, S. 101 (101 f.).

385 BGH NJW 1981, S. 1319 (1320); *Laufs* in Laufs/Kern (Hrsg.), Handbuch des Arztrechts, § 59 Rn. 20.

386 *Katzenmeier* in Laufs/Katzenmeier/Lipp (Hrsg.), Kap. V Rn. 14; näher auch *Deutsch/Spickhoff*, Medizinrecht, Rn. 437; *Hart*, Jura 2000, S. 64 (66); *Katzenmeier*, Arzthaftung, S. 326.

387 BGH NJW 1984, S. 1395 (1395 f.); *Geiß/Greiner* (Hrsg.), Arzthaftpflichtrecht, C Rn. 84.

den potentiellen Verlauf eines Eingriffs oder einer Therapie und nicht in die Risikoaufklärung verdeutlicht die schwierige Trennung der einzelnen aufklärungsbedürftigen Umstände. Möglicherweise hat der Gesetzgeber daher in § 630e Abs. 1 S. 2 BGB die Aufklärung nicht in bestimmte Gruppen eingeteilt, sondern den Inhalt der Informationspflicht beispielhaft hinsichtlich „Art, Umfang, Durchführung, zu erwartende Folgen und Risiken der Maßnahme sowie ihrer Notwendigkeit, Dringlichkeit, Eignung und Erfolgsaussichten im Hinblick auf die Diagnose oder die Therapie" benannt.

c) Risikoaufklärung

Im Rahmen der Selbstbestimmungsaufklärung wird der Risikoaufklärung eine zentrale Bedeutung zugewiesen. Durch sie ist der Arzt verpflichtet, einzelfallabhängig über Gefahren im Zusammenhang mit dem ärztlichen Eingriff, über Art und Intensität der Risiken und die Dringlichkeit der Maßnahme zu informieren. Obwohl sich diese Risiken nicht zwangsläufig verwirklichen müssen, ist es unabhängig von der Komplikationsrate notwendig, den Patienten darüber aufzuklären. Für die Aufklärung über eine mögliche Misserfolgsquote hingegen besteht nur eine Verpflichtung des Arztes, sofern durch einen Misserfolg der Gesundheitszustand deutlich verschlechtert werden kann. Ziel der Einweisung in die Risiken ist es, den Patienten in die Situation zu versetzen, selbstverantwortlich mit Hilfe der Informationen eine Risiko-Nutzen-Abwägung zu treffen.[388]

Die Informationspflicht erschöpft sich jedoch nicht in den typischen Risiken des Eingriffs, sondern verlangt darüber hinaus eine Belehrung über alternative Behandlungsmethoden, sofern diese eine echte Alternative für den Patienten darstellen.[389] Nach der Rechtsprechung ist die Therapiewahl zwar Pflicht des Arztes, doch dient die Aufklärung über gleich wirksame Behandlungsalternativen mit unterschiedlichen Risiken dem Selbstbestimmungsrecht des Patienten.[390] Theoretische Behandlungsmöglichkeiten, die aufgrund höherer Risiken oder weniger erfolgsversprechender Methodik nicht für den Patienten in Frage kommen, müssen im Rahmen des Aufklärungsgespräches nicht thematisiert

388 BGH NJW 1988, S. 1514 (1515); *Laufs* in Laufs/Kern (Hrsg.), Handbuch des Arztrechts, § 60 Rn. 3; vgl. auch *Cramer* in Dahm-FS, S. 119 (125 ff.); *Hart*, Jura 2000, S. 64 (66); *Pauge* in Bergmann-FS, S. 169 (172).

389 BGH NJW 2005, S. 1718 (1718); *Knauer/Brose* in Spickhoff (Hrsg.), Medizinrecht, StGB § 223 Rn. 46; nach a. A. muss dies im Rahmen einer eigenen Behandlungsaufklärung erfolgen, vgl. *Quaas* in Quaas/Zuck/Clemens (Hrsg.), Medizinrecht, § 13 Rn. 90 ff.

390 BGH NJW 2005, S. 1718 (1718); BGHZ 102, 17 (22).

werden. Der Umfang der Aufklärung muss demnach einzelfallabhängig anhand der Erkrankung, der Vorgeschichte, der Therapie und den Erwartungen des Patienten ermessen werden.[391]

d) Abgrenzung von den Informationspflichten aus § 630c BGB

Die Selbstbestimmungsaufklärung ist von den in § 630c BGB geregelten Informationspflichten des Behandelnden abzugrenzen, die bisher als Sicherungsaufklärung bzw. therapeutische Aufklärung und wirtschaftliche Aufklärung bekannt waren.[392] Die Sicherungsaufklärung wurde im Patientenrechtegesetz im Rahmen der Informationspflichten nach § 630c Abs. 2 S. 1 BGB geregelt und soll Informationen über „die Diagnose, die voraussichtliche gesundheitliche Entwicklung, die Therapie und die zu und nach der Therapie zu ergreifenden Maßnahmen" umfassen.[393] Dabei muss die Information des Patienten über Schutz- und Warnhinweise zur Befolgung der ärztlichen Unterweisungen dienen und die Mitwirkung an der Therapie und das Erscheinen bei Kontrolluntersuchungen erzielen. Dies kann exemplarisch Auskünfte über die Medikation,[394] Verbandswechsel und Nachuntersuchungen[395] beinhalten,[396] soweit diese Aufklärung dem gesundheitlichen Wohl, insbesondere nach Entlassung aus der Therapie dient.[397] Sie ist demnach jedoch kein den Eingriff legitimierendes Rechtsinstitut, sondern begleitet und sichert diesen ab.

Ebenfalls von der Selbstbestimmungsaufklärung zu unterscheiden ist die wirtschaftliche Aufklärung durch den Arzt, zu der er entsprechend § 630c Abs. 3

---

391 *Hart*, Jura 2000, S. 64 (66); ausführliche und weitergehende Betrachtung der Aufklärungspflicht über Behandlungsalternativen bei *Laufs* in Laufs/Kern (Hrsg.), Handbuch des Arztrechts, § 60 Rn. 4 f.

392 BT-Drs. 17/10488, S. 21; *Mansel* in Jauernig (Hrsg.), Bürgerliches Gesetzbuch, § 630c Rn. 3 ff.; *Weidenkaff* in Palandt (Hrsg.), Bürgerliches Gesetzbuch, BGB § 630c Rn. 1; zur Begriffsbestimmung vor dem Patientenrechtegesetz vgl. *Deutsch/Spickhoff*, Medizinrecht, Rn. 548; 550 ff.

393 *Weidenkaff* in Palandt (Hrsg.), Bürgerliches Gesetzbuch, BGB § 630c Rn. 4; vgl. auch *Franzki*, Der Behandlungsvertrag, S. 89 f.

394 BGH NJW 2005, S. 1716 (1716 f.).

395 OLG Stuttgart, VersR 1995, S. 1353 (1353 f.).

396 BT-Drs. 17/10488, S. 21; BGH VersR 2005, S. 228 (229); *Mansel* in Jauernig (Hrsg.), Bürgerliches Recht, § 630c Rn. 4; *Weidenkaff* in Palandt (Hrsg.), Bürgerliches Gesetzbuch, BGB § 630c Rn. 4.

397 *Katzenmeier* in Laufs/Katzenmeier/Lipp (Hrsg.), Arztrecht, Kap. V Rn. 16; *Laufs* in Laufs/Kern (Hrsg.), Handbuch des Arztrechts, § 58 Rn. 1 ff.; *Geiß/Greiner*, Arzhaftpflichtrecht, B Rn. 95.

S. 1 BGB verpflichtet ist, sofern er weiß, „dass eine vollständige Übernahme der Behandlungskosten durch einen Dritten nicht gesichert ist oder [...] sich andere Anhaltspunkte [dafür ergeben]". Sie umfasst die Information über die Nichterstattung von Kosten durch den Krankenversicherer.[398] Diese Verpflichtung begründet sich damit, dass die Entscheidung des Patienten für oder gegen eine Einwilligung in einen medizinischen Eingriff auch von finanziellen Aspekten abhängen kann.[399]

3. Einschränkung der Aufklärungspflicht

Die Pflicht zur Selbstbestimmungsaufklärung des Patienten und des Probanden kann in Ausnahmefällen eingeschränkt werden. Nach § 630e Abs. 3 BGB bedarf es einer Selbstbestimmungsaufklärung nicht, „soweit diese ausnahmsweise aufgrund besonderer Umstände entbehrlich ist, insbesondere wenn [...] der Patient auf die Aufklärung verzichtet hat". Diese Vorschrift ist nicht abschließend zu verstehen,[400] sodass über die Dringlichkeit der Maßnahme und den Verzicht hinweg weitere Umstände eine Aufklärung entbehrlich erscheinen lassen wie beispielsweise teilweise vertreten die Vollinformiertheit.[401] Therapeutische Gründen können nur restriktiv und unter engen Voraussetzungen der ernsten und nicht behebbaren Gesundheitsbeschädigung zum Wegfall der Aufklärungspflicht führen, da sie letztendlich das Selbstbestimmungsrecht des Betroffenen einschränken.[402]

a) Informierter Patient

Sofern der Patient über Diagnose, Verlauf und Risiken bereits vollständig instruiert ist und mithin seine Einwilligung selbstbestimmt erklären oder verweigern kann, ist eine zusätzliche Aufklärung keine notwendige Voraussetzung für die Legitimation des Eingriffs. Ein solches, bereits bestehendes Wissen kann sich aus Büchern und Broschüren, aus berufsbedingtem Wissen, aber auch bereits

---

398 AG Köln NJW 1980, S. 2756 (2756); OLG Stuttgart VersR 2003, S. 462 (463); OLG Köln VersR 2005, S. 1589 (1589); *Katzenmeier*, NJW 2013, S. 817 (819).

399 BGH NJW 1983, S. 2630 (2630 f.); AG Pforzheim MedR 2003, S. 234 (234).

400 So auch BT-Drs. 17/10488, S. 25.

401 *Mansel* in Jauernig (Hrsg.), Bürgerliches Recht, § 630e Rn. 10: „Vorwissen"; *Weidenkaff* in Palandt (Hrsg.), Bürgerliches Gesetzbuch, BGB § 630e Rn. 12; zurückhaltend BGH NJW 1994, S. 2414 (2414).

402 BT-Drs. 17/10488, S. 25; *Mansel* in Jauernig (Hrsg.), Bürgerliches Recht, § 630e Rn. 10; *Weidenkaff* in Palandt (Hrsg.), Bürgerliches Gesetzbuch, BGB § 630e Rn. 12.

vorangegangen Erkrankungen bzw. Behandlungen ergeben. Es obliegt dabei dem Arzt, sich unmissverständlich zu vergewissern, dass das Wissen des Patienten ausreicht, um sein Selbstbestimmungsrecht auszuüben. Irrtümer über die Aufklärungsbedürfnisse des Patienten gehen zu Lasten des Arztes.[403]

Gegenüber der Behandlungssituation ist im Forschungskontext noch restriktiver von einer Vorinformiertheit bzw. auch Vollinformiertheit auszugehen. Dem teilnehmenden gesunden oder kranken Probanden mögen bestimmte Studienverfahren aufgrund von Vorerfahrungen aus Beruf, Studium oder vorheriger Studienteilnahme bekannt sein, doch ist vor dem Hintergrund der Erprobung neuartiger Verfahren oder Medikamente eine Vorinformiertheit gleichsam nicht möglich.[404]

b) Therapeutisches Privileg

Der Gesetzgeber hat in der aktuellen Fassung des § 630e Abs. 3 BGB erhebliche therapeutische Gründe nicht explizit als Durchbrechung des Informationsanspruchs aufgenommen.[405] Gleichwohl ist die Aufzählung der Durchbrechungsgründe nicht abschließend, sodass das therapeutische Privileg als ungeschriebener Fall in den Gesetzestext hineingelesen werden kann.[406] Zwar wird die gesetzliche Formulierung als „rätselhaft" beschrieben, da einerseits die

---

403 BGH NJW 1984, S. 1807 (1808); *Laufs* in Laufs/Kern (Hrsg.), Handbuch des Arztrechts, § 60 Rn. 15 f.; vgl. auch *Giesen*, Arzthaftungsrecht, Rn. 275.

404 *Fröhlich*, Forschung wider Willen?, S. 142; ähnlich auch *Osieka*, Das Recht der Humanforschung, S. 177, wobei die Aussage, dass bei Teilnahme des prüfenden Arztes von einem Verzicht der Aufklärung aufgrund Informiertheit ausgegangen werden könne, in praktischer Hinsicht wohl wenig Relevanz hat. Die Einbeziehung des prüfenden Arztes ist aufgrund eines Bias der Studie bedenklich und bedarf zudem gemäß § 7 Abs. 3 Nr. 4 GCP-V einer „Erklärung zur Einbeziehung möglicherweise vom Sponsor oder Prüfer abhängiger Personen".

405 Siehe auch *Duttge* in Frewer/Schmidt/Bergemann (Hrsg.), Fehler und Ethik in der Medizin, S. 135 (143); im ursprünglichen Referentenentwurf des Bundesministeriums der Justiz und des Bundesministeriums für Gesundheit war das therapeutische Privileg in § 630e Abs. 3 Nr. 2 BGB noch ausdrücklich geregelt, bevor es herausgestrichen wurde.

406 So auch *Duttge* in Frewer/Schmidt/Bergemann (Hrsg.), Fehler und Ethik in der Medizin, S. 135 (143), der die Aufnahme der therapeutischen Gründe „durch die Hintertüre" im Rahmen des Gesetzgebungsprozesses kritisiert; *Duttge* in Yamanaka/Schorkopf/Jehle (Hrsg.), Präventive Tendenzen in Staat und Gesellschaft, S. 143 (157); *Duttge/Er/Fischer* in Steinfath/Wiesemann (Hrsg.), Autonomie und Vertrauen, S. 239 (273); *Rützenhoff*, Das Patientenrechtegesetz, S. 167.

nicht abschließende Aufzählung („insbesondere") die Berücksichtigung therapeutischer Gründe zuließe, andererseits sich dies aus dem Verweis auf den unbestimmten Begriff „besondere Umstände" nicht ergebe.[407] Allerdings verdeutlicht der Gesetzgeber in der Gesetzesbegründung, dass die therapeutischen Gründe zwingend als Ausnahme der Aufklärungspflicht angenommen werden.[408] Dies ist vermutlich auch Folge dessen, dass die Vorschriften der §§ 630a ff. BGB eine Kodifizierung höchstrichterlicher Rechtsprechung sind und der BGH bereits früh entschieden hat, dass das therapeutische Privileg als Befreiung von der Aufklärungspflicht ausnahmsweise gerechtfertigt sein könne. Er hat zudem festgestellt, dass nicht immer eine schonungslose Offenlegung verlangt werden dürfe.[409] Für die Annahme eines therapeutischen Privilegs müssen jedoch unstrittig strikte Voraussetzungen erfüllt sein.[410] Durch die Forderung einer „ernsten und nicht behebbaren Gesundheitsbeschädigung des Patienten" hat der BGH zumindest einen hohen Vorbehalt bei der Einschränkung des Aufklärungsanspruchs festgelegt.[411] Dieser ist beispielsweise noch nicht erfüllt, wenn ausschließlich die theoretische Gefahr einer Selbstgefährdung oder einer psychischen Belastung des Patienten besteht.[412] Allerdings ist auch die Forderung nach einer ernsten und nicht behebbaren Gesundheitsbeschädigung in seinem inhaltlichen Gehalt unklar, da der Begriff mehr oder minder unbestimmt ist und dem mit dem Patientenrechtegesetz angestrebten Ziel der Transparenz widerläuft.

Wie in der Rechtsprechung wird auch in der Literatur versucht, restriktive Maßstäbe für die Einschränkung einer Aufklärung aus der Sorge um das Wohl des Patienten zu definieren:[413] Neben drohenden physischen und psychischen Schäden des Patienten sollen insbesondere Reaktionen erfasst werden, die den Erfolg der Therapie gefährden. Als weitere die Aufklärungspflicht einschränkende

---

407 *Duttge* in Yamanaka/Schorkopf/Jehle (Hrsg.), Präventive Tendenzen in Staat und Gesellschaft, S. 143 (157).

408 BT-Drs. 17/10488, S. 23; *Duttge* in Yamanaka/Schorkopf/Jehle (Hrsg.), Präventive Tendenzen in Staat und Gesellschaft, S. 143 (157); *Rützenhoff*, Das Patientenrechtegesetz, S. 167 Fn. 576.

409 BGHZ 90, 103 (108 f.).

410 Zu den Reaktionen in der Literatur auf die Entscheidung des BGH zum therapeutischen Privileg ausführlich *Duttge* in Yamanaka/Schorkopf/Jehle (Hrsg.), Präventive Tendenzen in Staat und Gesellschaft, S. 143 (153).

411 BGHZ 29, 176 (182, 185); ähnlich im Rahmen des Patientenrechtegesetzes BT-Drs. 17/10488, S. 25.

412 BT-Drs. 17/10488, S. 25.

413 *Deutsch*, NJW 1980, S. 1305 (1306); *Katzenmeier* in Laufs/Katzenmeier/Lipp (Hrsg.), Arztrecht, Kap. V Rn. 43 f.

Gruppe wird teilweise auch eine vom Arzt befürchtete Ablehnung einer Therapie durch den Patienten aus „unvernünftigen Gründen“ diskutiert.[414] Insbesondere im Zusammenhang mit letzterer wird jedoch Zurückhaltung angemahnt, da der Patient aus ihm obliegenden Gründen das Verlaufsrisiko der Krankheit akzeptieren dürfen muss.[415] Nach *Duttge* wird man in Anbetracht der Missbrauchsanfälligkeit des therapeutischen Privilegs „wenigstens die Gefahr einer erheblichen und dauerhaften Gesundheitsschädigung verlangen müssen, die sich nach Aufklärung aller Umstände auf hinreichender Tatsachengrundlage nachweislich als sehr wahrscheinlich darstellt“[416]. Grundsätzlich wird die Einschränkung der Aufklärungsverpflichtung mit der Fürsorgepflicht des Arztes gegenüber dem Patienten begründet. Diese verpflichte ihn festzustellen, wann die therapeutische Aufklärung an ihre Grenzen stoße und ihn infolgedessen von Belastungen zu verschonen habe.[417]

Die Auffassung, dass eine Aufklärung insgesamt entbehrlich sein kann, wenn ihr therapeutische Gründe entgegenstehen, ist zu kritisieren. Insbesondere die Regelung des Gesetzgebers in § 630e Abs. 3 BGB ist unbestimmt und daher in der Praxis nicht nutzbar. Der dem Patientenrechtegesetz vorangestellte Gedanke der Transparenz ist in den Regelungen zur Aufklärung nicht stringent berücksichtigt worden. Es muss daher weiterhin von dem Grundsatz ausgegangen werden, dass die Entscheidung des Patienten, eine Therapie nicht in Anspruch nehmen zu wollen, von seiner Selbstbestimmung umfasst und daher auch von dem behandelnden Arzt zu akzeptieren ist.[418] Gleichwohl ist zu berücksichtigen, dass es in Ausnahmefällen sinnvoll erscheinen kann, eine „schonende Aufklärung“ vorzunehmen, um dem Patienten eine seiner Situation entsprechende Entscheidungsmöglichkeit zu eröffnen. Diese Ausnahmefälle müssen jedoch dezidiert medizinisch indiziert sein wie z. B. bei einer durch Aufklärung entstehenden medizinischen Kontraindikation infolge physischer oder psychischer Reaktionen. Sie dürfen jedoch nicht lediglich angenommen werden, da der Patient nach

---

414 Vgl. *Katzenmeier* in Laufs/Katzenmeier/Lipp (Hrsg.), Arztrecht, Kap. V Rn. 44; a. A. *Bockelmann*, NJW 1961, S. 945 (951); *Deutsch*, NJW 1980, S. 1305 (1306 f.).

415 *Katzenmeier* in Laufs/Katzenmeier/Lipp (Hrsg.), Arztrecht, Kap V Rn. 44; ähnlich auch *Francke/Hart*, Ärztliche Verantwortung und Patienteninformation, S. 96; *Roßner*, Begrenzung der Aufklärungspflicht des Arztes, S. 203 ff.

416 *Duttge* in Yamanaka/Schorkopf/Jehle (Hrsg.), Präventive Tendenzen in Staat und Gesellschaft, S. 143 (154).

417 *Deutsch*, NJW 1980, 1305 (1306); *Katzenmeier* in Laufs/Katzenmeier/Lipp (Hrsg.), Arztrecht, Kap V Rn. 43.

418 So auch: *Katzenmeier* in Laufs/Katzenmeier/Lipp (Hrsg.), Arztrecht, Kap. V Rn. 44.

Aufklärung eine nach Ansicht des Arztes unvernünftige Entscheidung treffen könnte.[419] Der von *Duttge* geforderten „nachgewiesenen Tatsachengrundlage" für die Gefahr einer erheblichen und dauerhaften Gesundheitsschädigung ist zuzustimmen. Dem Arzt obliegt die Pflicht, beim Patienten potentielle Reaktionen auf eine Aufklärung ausführlich zu erforschen, bevor von entgegenstehenden therapeutischen Gründen ausgegangen werden darf.

c) Aufklärungsverzicht

Dogmatischer Ansatzpunkt des Aufklärungsverzichts ist die vollständige Achtung des Selbstbestimmungsrechts des Patienten, in Folge derer er die Einwilligung auch ohne vorherige Aufklärung erklären können muss. Dem liegt der Kerngedanke zugrunde, dass das Selbstbestimmungsrecht nicht aufgrund der Wahrung seiner selbst eingeschränkt werden darf. Die formellen Grundlagen sowie die Reichweite des Aufklärungsverzichts sind jedoch nicht einheitlich bestimmt. Minimaler Konsens besteht dahingehend, dass inhaltlich unter einem Verzicht die Erklärung gegenüber dem Arzt zu verstehen ist, nicht über sämtliche aufklärungsbedürftige Umstände informiert werden zu wollen.[420]

aa) Aufklärungsverzicht in der Diagnostik

Der Aufklärungsverzicht ist als Einschränkung der ärztlichen Pflicht zur Aufklärung in dem Kontext der Diagnostik inzwischen von Rechtsprechung[421] und Literatur[422] weitgehend anerkannt und in § 630e Abs. 3 BGB kodifiziert. Die verfassungsrechtliche Grundlage des Aufklärungsverzichts ergibt sich nach Ansicht der Rechtsprechung und Teilen der Literatur gleichsam als Kehrseite zu der Begründung der Aufklärung ebenfalls aus Art. 2 Abs. 2 S. 1 GG.[423]

---

419 Ähnlich BT-Drs. 17/10488, S. 25; ausführlich: *Katzenmeier*, in Laufs/Katzenmeier/Lipp, Arztrecht, Kap V Rn. 44.

420 *Duttge*, DuD 2010, S. 34 (37); *Harmann,* NJOZ 2010 S. 819 (820); *Wagner* in MüKo Bd. 4, BGB § 630c Rn. 67; vgl. auch *Roßner,* NJW 1990, S. 2291 (2291); *Schwill*, Aufklärungsverzicht und Patientenautonomie, S. 330 ff.

421 BGHZ 29, 46 (54); BGH NJW 1973, S. 556 (558); 1976, S. 363 (364); OLG Stuttgart NJW 1958, S. 262 (263); OLG Frankfurt, NJW 1973, S. 1415 (1416); OLG Bremen, MedR 1983, S. 111 (112).

422 *Katzenmeier* in Laufs/Katzenmeier/Lipp (Hrsg.), Arztrecht, Kap. V Rn. 42; *Wagner* in MüKo Bd. 4, § 630c Rn. 67; näher *Duttge*, DuD 2010, S. 34 (37); *Harmann*, NJOZ 2010, S. 819; *Schwill*, Aufklärungsverzicht und Patientenautonomie, S. 330 ff.

423 Ähnlich *Schwill,* Aufklärungsverzicht und Patientenautonomie, S. 104 f., der jedoch die Grundlage in Art. 2 Abs. 2 S. 1 GG sieht.

In formeller Hinsicht war lange umstritten, ob die verzichtsberechtigte Person ihren Willen nur ausdrücklich oder auch konkludent bekunden kann. Zweifellos wird spätestens seit Einführung des § 630e Abs. 3 BGB anerkannt, dass die Aufklärung entbehrlich ist, „wenn der Patient auf die Aufklärung ausdrücklich verzichtet hat“[424]. Da der Verzicht eine der Einwilligung vergleichbare geschäftsähnliche Handlung und keine rechtsgeschäftliche Willenserklärung ist, bedarf es ausschließlich der Erklärung des Patienten und keiner korrespondierenden Willenserklärung des Arztes. Es genügt eine Manifestation des Verzichts nach außen.[425]

Der Aufklärungsverzicht wurde auch bereits vor Normierung der §§ 630a ff. BGB teilweise entweder ausdrücklich[426] oder konkludent[427] gestattet. Zu dieser Zeit war umstritten, ob ein derartiger Verzicht durch eine interpretierbare Handlung erfolgen musste oder ob auch ein Schweigen ausreichen konnte. Sofern ein konkludentes Verhalten durch aktives Tun einen eindeutigen Verzichtswillen des Patienten verdeutlichte, musste dieses Verhalten im Sinne des Selbstbestimmungsrechtes des Patienten dem ausdrücklichen Verzicht gleichgestellt werden.[428] Hingegen war ein Schweigen als Ausdruck des Verzichtsrechts abzulehnen, da im Sinne des Patientenschutzes kein Verzicht auf einen Teil der Selbstbestimmung um ihrer selbst unterstellt werden durfte.[429] Seit Normierung des Verzichtsrechts in § 630e Abs. 3 BGB ist ein konkludenter Verzicht nicht mehr ausreichend, denn nach dem Wortsinn ist eine „ausdrückliche Aufklärung“ erforderlich.[430] Von dieser Formulierung hat der Gesetzgeber trotz entsprechender Hinweise während des Gesetzgebungsprozesses keinen Abstand

---

424 BT-Drs. 17/10488, S. 25; bereits vor Verabschiedung des § 630e Abs. 3 BGB: *Harmann*, NJOZ 2010, S. 819 (820); ähnlich *Deutsch* NJW 1983, S. 1351 (1354); *Katzenmeier* in Laufs/Katzenmeier/Lipp (Hrsg.), Arztrecht, Kap. V Rn. 42.

425 BGH NJW 1956, S. 1106 (1107); *Sternberg-Lieben* in Schönke/Schröder (Hrsg.), StGB, § 223 Rn. 42c; *Schwill*, Aufklärungsverzicht und Patientenautonomie, S. 121.

426 BGH NJW 1971, S. 1887; OLG Frankfurt a.M. NJW 1973, S. 1415 (1416); vgl. auch die Nachweise bei *Roßner* NJW 1990, S. 2291 (2294).

427 OLG Bremen MedR 1983, S. 111 (112); *Roßner*, NJW 1990, S. 2291 (2294); *Spickhoff* in Soergel (Hrsg.), BGB, Anh. I § 823 Rn. 148; s. a. *Francke*, Ärztliche Berufsfreiheit und Patientenrechte, S. 182; *Schmid*, NJW 1984, S. 2601 (2606); *Schwill*, Aufklärungsverzicht und Patientenautonomie, S. 124 f.

428 *Roßner*, NJW 1990, S. 2291 (2294); so auch *Kern/Laufs*, Die ärztliche Aufklärungspflicht, S. 120.

429 Ausführliche Darlegung m. w. Nachw. *Schwill*, Aufklärungsverzicht und Patientenautonomie, S. 125 ff.

430 BT-Drs. 17/10488, S. 22, S. 25; *Franzki*, Der Behandlungsvertrag, S. 139.

genommen,[431] sodass von einem Willen zur Klarstellung des Gesetzgebers auszugehen ist, dass der Patient seinen Verzichtswillen ausdrücklich äußern muss.

Auch in Bezug auf die Reichweite des Verzichtsrechts haben sich kontroverse Ansichten gebildet. Unklar ist, ob ein vollständiger Aufklärungsverzicht möglich ist oder es sich vielmehr um einen partiellen Verzicht handelt, der einen bestimmten Grad an Wissen des Verzichtsgegenstandes zur Ausübung dieses Rechts voraussetzt.[432] Überwiegend wird ein sogenannter Blankoverzicht, bei dem keinerlei Aufklärung über Risiken und Verlauf der medizinischen Maßnahmen stattfindet, unter Berufung auf den Patientenschutz abgelehnt.[433] Denn dieser müsse dort eine Grenze erfahren, wo der medizinische Laie die Tragweite eines Eingriffes ohne ärztliche Aufklärung nicht mehr erfassen und sein Selbstbestimmungsrecht daher nicht ausüben könne.[434] Folge dieser Annahme ist die Notwendigkeit eines „groben Wissens" von dem Gegenstand des Verzichts, denn nur mit einem bestimmten Grad der Vorinformation könne ein Verzicht als Kehrseite des Selbstbestimmungsrechts ausgeübt werden.[435] Dies verhindere zudem, dass der Patient sich durch den Aufklärungsverzicht durch ein „Informationsdefizit zum Objekt Dritter"[436] mache. Nach *Duttge* führt diese Metaaufklärung dazu, dass das Selbstbestimmungsrecht des Patienten und damit sein Verzichtsrecht „weitgehend leerlaufen".[437]

Der Gesetzgeber hat es versäumt, durch § 630e Abs. 3 BGB die Anforderungen an die Reichweite des Informationsverzichts festzulegen.[438] Als Konsequenz dessen wird weiterhin durch zahlreiche Ansätze versucht, mittels Bestimmung aufklärungsbedürftiger Informationen konkrete Maßstäbe der Begrenzung der

---

431 *Spickhoff*, Stellungnahme zum Patientenrechtegesetz im Recht- und Gesundheitsausschuss vom 22.10.2012, Ausschussdrucksache 17(14)0326(4), S. 5; näher *Franzki*, Der Behandlungsvertrag, S. 139.

432 *Roßner*, NJW 1990, S. 2291 (2294).

433 *Schwill*, Aufklärungsverzicht und Patientenautonomie, S. 137; *Roßner*, NJW 1990, S. 2291 (2294); a. A. *Hagedorn*, Die Entbehrlichkeit der Einwilligung und Aufklärung, S. 103.

434 *Roßner*, NJW 1990, S. 2291 (2294 f.).

435 *Harmann*, NJOZ 2010, S. 819 (824); *Laufs* in Laufs/Kern (Hrsg.), Handbuch des Arztrechts, § 60 Rn. 18; *Roßner*, NJW 1990, S. 2291 (2294).

436 *Tag*, Der Körperverletzungstatbestand im Spannungsfeld zwischen Patientenautonomie und Lex artis, S. 363.

437 *Duttge* in Frewer/Schmidt/Bergemann (Hrsg.), Fehler und Ethik in der Medizin, S. 135 (143).

438 So auch *Duttge* in Frewer/Schmidt/Bergemann (Hrsg.), Fehler und Ethik in der Medizin, S. 135 (143).

Reichweite des Verzichts zu ziehen.[439] Beispielsweise wird vertreten, dass die Risikoaufklärung[440] oder aber die therapeutische Aufklärung[441] nicht vom Verzichtsrecht des Patienten umfasst sein dürfen. Dies ergebe sich aus der Verantwortung des Arztes in therapeutischen Entscheidungen gegenüber dem Patienten. Der Patient könne die Therapie zwar ablehnen, nicht jedoch die Aufklärung darüber verweigern.[442] Ebenfalls vertreten wird ein Erfordernis einer Basisinformation, nach der grundsätzlich zwar auf Einzelheiten des Verlaufs der Therapie verzichtet werden könne, aber über unverzichtbare Informationen wie Art, Erforderlichkeit und Risikobehaftetheit des Eingriffs aufgeklärt werden müsse. Nur durch die Kenntnis der zentralen Aspekte eines Eingriffs wie z. B. spezieller Risiken könne der Patient die Gefahren des Eingriffs erfassen.[443] Durch diese sogenannte „Metaaufklärung" wird dem Patienten faktisch lediglich ein partieller Aufklärungsverzicht gewährt, da vorausgesetzt wird, dass er die Erforderlichkeit der Behandlung, Chancen und Risiken erkannt haben muss.[444] Schwierigkeiten bestehen hinsichtlich der Abgrenzung zwischen notwendigen und nicht aufklärungsbedürftigen Aspekten.[445] Trotzdem werden durch dieses Verständnis des Aufklärungsverzichts die Verfassungsrechte des Patienten auf Selbstbestimmung und Menschenwürde am Besten gewahrt.

Zusätzlich zu einer grundsätzlichen Information über aufklärungsbedürftige Umstände ist eine Metaaufklärung notwendig, die eine Belehrung über das Recht auf Aufklärung darstellt. Da von einer selbstbestimmten Entscheidung nur ausgegangen werden kann, wenn der Patient auch tatsächlich von diesem Recht Kenntnis hat, muss der Arzt diesen über sein Aufklärungs- und Verzichtsrecht informieren.[446]

---

439 Ausführlich *Schwill*, Aufklärungsverzicht und Patientenautonomie, S. 140 ff.

440 *Schmid*, NJW 1984, S. 2601 (2604 f.); ähnlich *Roßner*, NJW 1990, 2291 (2294 f.).

441 *Kern/Laufs*, Die ärztliche Aufklärungspflicht, S. 187; *Kim*, Aufklärungspflicht im Arztrecht, S. 62.

442 *Schwill*, Aufklärungsverzicht und Patientenautonomie, S. 143.

443 *Roßner*, NJW 1990, S. 2291 (2295); *Schwill*, Aufklärungsverzicht und Patientenautonomie, S. 142.

444 So auch BT-Drs. 312/12, S. 32; ablehnend *Duttge* in Frewer/Schmidt/Bergemann (Hrsg.), Fehler und Ethik in der Medizin, S. 135 (143).

445 Ähnlich *Schwill*, Aufklärungsverzicht und Patientenautonomie, S. 143.

446 *Duttge*, DuD 2010, S. 34 (37); *Schwill*, Aufklärungsverzicht und Patientenautonomie, S. 132.

Im Kontext der Diagnostik kann mithin auf die Aufklärung verzichtet werden, wobei die Reichweite des Verzichtsrechts begrenzt wird. Es bedarf einer Information über Basisinformationen wie auch über das Recht zur Aufklärung.[447]

bb) Aufklärungsverzicht in der Forschung

Ebenso wie im Kontext der Diagnostik muss die Zulässigkeit eines Aufklärungsverzichts eines Probanden im Kontext der Forschung an den Verfassungsrechten der Selbstbestimmung aus Art. 2 Abs. 1 S. 1 i. V. m. Art. 1 Abs. 1 S. 1 GG und der Menschenwürde aus Art. 1 Abs. 1 S. 1 GG unter Beachtung der Durchführbarkeit der Forschung entsprechend Art. 5 Abs. 3 GG gemessen werden. Nach Abwägung dieser verfassungsrechtlichen Grundsätze wird die Möglichkeit eines Verzichts der Aufklärung über das Forschungsprojekt unter Verweis auf den notwendigen Schutz des Probanden und den unterschiedlichen Voraussetzungen bei Behandlungsverhältnis und Forschungseingriff teilweise entschieden verneint.[448] Doch ist es unter Berücksichtigung verfassungsrechtlicher Grundsätze fraglich, ob die Sorge um den Schutz des Probanden die Restriktion des Selbstbestimmungsrechts des Probanden rechtfertigt. Der Aufklärungsverzicht ist eine verfassungsrechtliche Ausprägung des Art. 2 Abs. 2 S. 1 GG im Rahmen der Aufklärung, die dem Probanden nicht unbegründet im Gegensatz zum Patienten vorenthalten werden darf. Grundsätzlich muss der Schutz des Probanden streng gegen die bestehenden Risiken abgewogen werden.[449] Ein vollständiges Versagen des Verzichtrechts im Kontext der Forschung würde im Umkehrschluss die Ansicht vermitteln, dass ein umfassendes Wissen per se einen Nutzen darstelle und der Proband nur durch eine vollständige Aufklärung vor forschungsbedingten Gefahren geschützt werde.[450] Derartige Gefahren werden insbesondere in einer Verobjektivierung des Probanden[451] zu Forschungszwecken und der

---

447 a. A. *Duttge* in Frewer/Schmidt/Bergemann (Hrsg.), Fehler und Ethik in der Medizin, S. 135 (143).

448 *Katzenmeier* in Laufs/Katzenmeier/Lipp (Hrsg.), Arztrecht, 6. Auflage, Kap. XIII Rn. 49; *Kratz*, VersR 2007, S. 1448 (1450); a. A. wohl *Lippert*, MedR 2013, S. 714 (716 ff.), der eine Anwendbarkeit des Patientenrechtegesetzes in dem Kontext der therapeutischen Forschung befürwortet und infolgedessen auch den Aufklärungsverzicht aus § 630e Abs. 3 BGB bejahen muss.

449 Vgl. Deklaration von Helsinki in der Fassung von Fortaleza 2013, 16.–19.

450 Zu der Entwicklung hin zum Wissen als etwas Positivem siehe *Duttge*, DuD 2010, S. 34 (34).

451 *Eberbach*, Die zivilrechtliche Beurteilung der Humanforschung, S. 108: „[…]„Einbruchstelle“ zulässiger Fremdbestimmung durch den Forscher“.

Missachtung der Menschenwürde und des Selbstbestimmungsrechts befürchtet. Da der Proband einerseits häufig weder Kenntnis über die Möglichkeit einer Studienteilnahme noch über konkrete Abläufe oder die Erprobung der Medikamente hat,[452] sind diese Sorgen nachvollziehbar. Eine ärztliche Information kann in diesem Zusammenhang bei der Einschätzung der Gefahren unterstützen.

Als Konsequenz dieses Spannungsfeldes ist die Reichweite des Aufklärungsverzichts unter Beachtung des Probandenschutzes festzulegen, ohne dass der Verzicht zu einer Aufgabe der Selbstbestimmung führt.[453] Eine Aufgabe der Selbstbestimmung entsteht sowohl durch eine aufgedrängte Pflicht zum Wissen als auch bei einem Blankoverzicht, in Folge dessen der Proband keinerlei Aufklärung erhält. Denn die vollständige Aufklärung dient zwar dem Probandenschutz, verletzt aber bei entgegenstehenden Interessen das Selbstbestimmungsrecht des Einzelnen. Der Blankoverzicht ist aus den gleichen Gründen wie im Kontext der Diagnostik abzulehnen. Infolgedessen bedarf es auch im Rahmen einer Studienaufklärung einer Metainformation, in der Basisinformationen wie eine Anleitung zum organisatorischen Ablauf der Studie und Risiken von Arzneimitteln ohne Zulassung in Grundzügen erklärt werden.[454] Anderenfalls ist die Studienteilnahme auch in praktischer Hinsicht nicht möglich.[455] Diesen Ansatz legt auch *Eberbach*[456] seiner Theorie zugrunde. Denn er fordert eine als „Grundaufklärung" bezeichnete Information des Probanden, die in der Literatur teilweise hinsichtlich der Kenntnis über Risiken und Gefahren aus der mangelnden Erprobung und dem Forschungszweck,[457] Art des Versuchs und mögliche

---

452 *Osieka*, Das Recht der Humanforschung, S. 178 vertritt, dass der Aufklärungsverzicht in der Forschung keine Relevanz habe, da zumindest der gesunde Proband ein „vitales Interesse" an den Risiken der Studie habe.

453 *Osieka*, Das Recht der Humanforschung, S. 178; vgl. *Eberbach*, Die zivilrechtliche Beurteilung der Humanforschung, S. 109; nach *Fischer*, Medizinische Versuche am Menschen, S. 13 ist im Kernbereich der Studie kein Aufklärungsverzicht zulässig.

454 Nach *Osieka*, Das Recht der Humanforschung, S. 178 darf der Vertreter einwilligungsunfähiger Patienten nicht auf die Aufklärung verzichten, da er ansonsten keine Kenntnis über den Maßstab zur Ermittlung des mutmaßlichen Willens des Patienten erlangt; vgl. auch *Fröhlich*, Forschung wider Willen?, S. 142 f.

455 Nach *Osieka*, Das Recht der Humanforschung, S. 178, ist die anwendungspraktische Bedeutung dieses dogmatischen Streits unklar, da es fraglich sei, ob sich ein gesunder nicht-informierter Proband ohne Kenntnis über Risiken und studienbedingte Maßnahmen als Teilnehmer zur Verfügung stellen würde. Diese Schlussfolgerung verkennt jedoch gerade das Recht auf Nichtwissen und impliziert fälschlicherweise den zwingenden Nutzen des Wissens.

456 *Eberbach*, Die zivilrechtliche Beurteilung der Humanforschung, S. 110.

457 *Fischer*, Medizinische Versuche am Menschen, S. 13.

Gefahren[458] oder in Anlehnung an das AMG einer Aufklärung über Wesen, Bedeutung und Tragweite konkretisiert wird.[459] Diese Konkretisierungen bereiten jedoch Schwierigkeiten, denn die Trennlinie zwischen vollständiger Aufklärung und Grundaufklärung ist nicht bestimmbar und der Umfang der von der Literatur als notwendig erachteten Aufklärungsinhalte geht über den einer „Metaaufklärung“ hinaus. Um die selbstbestimmte Entscheidung des Probanden, auf die Aufklärung zu verzichten, zu gewähren, bedarf es einer sorgsamen Abwägung durch den Forscher im Einzelfall.

cc) Zwischenergebnis

Sowohl im Kontext der Diagnostik als auch der Forschung steht den Patienten und Probanden ein Recht auf Verzicht der Aufklärung zu, das ausdrücklich kenntlich gemacht werden muss. Die Reichweite des Verzichtsrechts wird durch die Aufklärung über Basisinformationen des medizinischen Eingriffs oder der studienbedingten Maßnahmen begrenzt, die zur selbstbestimmten Einwilligung in die Maßnahme notwendig sind. Der Aufklärungsverzicht ist mithin kein Recht auf Blankoverzicht, sondern ein Anspruch auf partielle Informationsabwehr. Darüber hinaus ist der Arzt verpflichtet, sich durch Belehrung des Patienten über das Recht auf Aufklärung zu versichern, dass dieser hinsichtlich seines Aufklärungs- und Verzichtsrechts Kenntnis hat.

II. Recht auf Nichtwissen

Neben der Selbstbestimmungsaufklärung dient auch das Recht auf Nichtwissen der Wahrung der Selbstbestimmung des Patienten. Bereits über Jahrzehnte gab es Diskussionen um die grundsätzliche Anerkennung eines Rechts auf Nichtwissen im grundrechtlichen Kontext. Exemplarisch hat *Wiese* diese Diskussionen in einem grundlegenden Beitrag zusammengefasst, der die Frage aufwirft: „Gibt es ein Recht auf Nichtwissen?“[460] Das inzwischen anerkannte Recht auf Nichtwissen gibt dem Betroffenen die Möglichkeit, die Kenntnisnahme einer bestimmten Information abzulehnen.[461] Die ersten Entwicklungen und Überlegungen zur

---

458 *Giesen*, Arzthaftungsrecht 1981, S. 70.

459 *Eberbach*, Die zivilrechtliche Beurteilung der Humanforschung, S. 110 f.; *Fischer*, Medizinische Versuche am Menschen, S. 13.

460 *Wiese* in Niederländer-FS, S. 475 (475).

461 *Taupitz* in Wiese-FS, S. 583 (583, 585); Zweifelnd bzgl. der Anerkennung eines solchen Rechts *Harris*, Der Wert des Lebens, S. 287 f.; ähnlich auch BVerfGE 117, S. 202 (230) für ein Recht auf Nichtwissen bei der Abstammung: „[…] ob ein solches Recht überhaupt als negative Kehrseite des Rechts auf Kenntnis der Abstammung vom Recht

Notwendigkeit eines geschützten Nichtwissens begannen mit der Entwicklung genetischer Tests und der Möglichkeit der Entschlüsselung individueller Daten, insbesondere Gesundheitsdaten.[462] Diese Entwicklung ist beachtenswert, da unter Nichtwissen seit jeher bis in die Gegenwart grundsätzlich eine untrügliche Ignoranz, Dummheit oder Unvernunft verstanden wurde,[463] entsprechend des prägenden Grundsatzes „Wissen ist Macht"[464].

Mit der Anerkennung des Rechts auf Nichtwissen wurde gleichsam eine Wende dieses Grundsatzes eingeführt und die Unwissenheit nicht als defizitäres Wissen, sondern als eine Chance betrachtet.[465] Grundlage dieser gedanklichen Kehrtwende war die Feststellung, dass insbesondere durch die Mitteilung genetischer Daten nicht zwingend die individuelle Entscheidungsbefugnis erweitert wurde, sondern vielmehr individuelle Einschränkungen kognitiver und psychischer Art eintreten konnten.[466] Infolge dieser Entwicklung wird dem Patienten inzwischen eine Art „persönliche Unvernunft"[467] zugestanden. Allerdings birgt

---

auf freie Persönlichkeitsentfaltung [...] mit umfasst wird. Denn die Nichtkenntnis eröffnet anders als die positive Kenntnis der Abstammung dem Einzelnen mit der Information nicht die Möglichkeit, sich zu konkreten Personen in Beziehung zu setzen und den persönlichen familiären Zusammenhang zu erfahren, an dem sich die eigene Identität ausrichten kann."

462 Bericht der Benda-Kommission: Bundesministerium für Forschung und Technologie (Hrsg.): In-vitro-Fertilisation, Genomanalyse und Gentherapie, Bericht der gemeinsamen Arbeitsgruppe des Bundesministers für Forschung und Technologie und des Bundesministers der Justiz, S. 38; siehe auch *Donner/Simon*, DÖV 1990, S. 907 (912); *Stockter*, Das Verbot genetischer Diskriminierung und das Recht auf Achtung der Individualität, S. 486.

463 Siehe ausführlich hierzu *Duttge* in Wehling, Vom Nutzen des Nichtwissens, S. 75 (76 f.); *Hanika,* MedR 1999, S. 149 (160): „Das Recht auf Autonomie und Selbstbestimmung des mündigen Gesundheitsbürgers schließt im Einzelfall ein Recht auf Unwissenheit, ja Unvernunft ein."; *Lenk/Frommeld* in Duttge/Lenk (Hrsg.), Das sogenannte Recht auf Nichtwissen, S. 49 (54 ff.).

464 Dieser Grundsatz ist auf *Francis Bacon (1561–1626)* zurückzuführen: „Scientia et potentia humana in idem coincidunt, quia ignoratio causae destituit effectum"; s.a. *Duttge*, DuD 2010, S. 34 (34 Fn. 1); *Wehling* in Duttge/Lenk (Hrsg.), Das sogenannte Recht auf Nichtwissen, S. 233 (238 ff.).

465 *Retzko*, Prädiktive Medizin versus ein (Grund-)Recht auf Nichtwissen, S. 132.

466 *Retzko*, Prädiktive Medizin versus ein (Grund-)Recht auf Nichtwissen, S. 132; näher auch *Duttge*, DuD 2010, S. 34 (35); *Duttge* in Duttge/Lenk (Hrsg.), Das sogenannte Recht auf Nichtwissen, S. 9 (11 f.); *Wehling* in Wehling (Hrsg.), Vom Nutzen des Nichtwissens, S. 9 (21).

467 Ähnlich *Stockter* in Duttge/Engel/Zoll (Hrsg.), Das Gendiagnostikgesetz im Spannungsfeld zwischen Humangenetik und Recht, S. 28 (39).

dies neben den – meist dogmatischen und praktisch weniger relevanten – Streitigkeiten um die verfassungsrechtliche Grundlage insbesondere anwendungspraktische Fragen, aber auch Unklarheiten bzgl. der Durchschlagskraft, der Bedeutung und der Kollision des Rechts auf Nichtwissen mit Interessen Dritter.

1. Verfassungsrechtliche Grundlage

Die verfassungsrechtliche Grundlage des Rechts auf Nichtwissen wird in Gesetzgebung, Rechtsprechung und Literatur derzeit uneinheitlich bestimmt. Der Gesetzgeber hat in § 9 Abs. 2 Nr. 5 GenDG im Jahre 2009 erstmals eine Pflicht zur Aufklärung über „das Recht der betroffenen Person auf Nichtwissen einschließlich des Rechts, das Untersuchungsergebnis oder Teile davon nicht zur Kenntnis zu nehmen, sondern vernichten zu lassen“ aufgenommen. In der Gesetzesbegründung zum Gendiagnostikgesetz findet sich keine explizite Auseinandersetzung mit der verfassungsrechtlichen Grundlage des Rechts auf Nichtwissen. Es wird lediglich darauf hingewiesen, dass „der Gesetzgeber [...] angesichts der Entwicklungen der Humangenomforschung die Notwendigkeit [sieht], die Bürgerinnen und Bürger in die Lage zu versetzen, ihr Recht auf informationelle Selbstbestimmung auszuüben“.[468]

In der Rechtsprechung hat die verfassungsrechtliche Grundlage bisher keinen hauptsächlichen Entscheidungsgrund dargestellt, sodass eine Zuordnung zumeist vorgenommen, aber dogmatisch nicht näher erläutert wurde.[469] Der BGH hat durch seine Entscheidung vom 20.05.2014 zur Haftung des Arztes wegen Information über eine Erbkrankheit des geschiedenen Ehepartners[470] eigens festgelegt, dass ein Recht auf Nichtwissen existiert. In der Literatur finden zahlreiche kontroverse Diskussionen über die exakte verfassungsrechtliche Grundlage statt.[471] Die verschiedenen Ansichten stimmen jedoch insofern

468 BT-Drs. 16/10532, S. 1.

469 OLG Koblenz MedR 2014, S. 168 (171): „Zugespitzt stellt sich die Frage nach dem „Recht auf Nichtwissen“ als Teil des informationellen Selbstbestimmungsrechtes.“; OLG Celle NJW 2004, S. 449 (450): „[...] wie auch aus dem Recht auf Nichtwissen als negative Variante des Rechts auf informationelle Selbstbestimmung [...].“

470 BGH NJW 2014, S. 2190 (2190 ff.).

471 Exemplarisch *Damm*, MedR 2014, S. 139 (140); *Di Fabio* in Maunz/Dürig (Hrsg.), GG Bd. 1, Art. 2 Abs. 1 Rn. 192; *Duttge*, DuD 2010, S. 34 (34); *Kern* in Dierks u. a. (Hrsg.), Genetische Untersuchungen und Persönlichkeitsrecht, S. 55 (63 f.); *Koppernock*, Das Grundrecht auf bioethische Selbstbestimmung, S. 89 ff.; *Molnár-Gábor* in Duttge/Lenk (Hrsg.), Das sogenannte Recht auf Nichtwissen, S. 83 (93 ff.); *Retzko*, Prädiktive Medizin versus ein (Grund-)Recht auf Nichtwissen, S. 149; *Stockter*, Das

überein, dass ein grundrechtlicher Schutz des Rechts auf Nichtwissen gewährleistet sein muss,[472] auch wenn die Reichweite des Rechts zumeist wieder unterschiedlich erfasst wird. Nachfolgend werden die diskutierten verfassungsrechtlichen Grundlagen des Rechts auf Nichtwissen erläutert.

a) Negative Informationsfreiheit

Es wird übereinstimmend abgelehnt, das Recht auf Nichtwissen als Ausprägung der negativen Informationsfreiheit aus Art. 5 Abs. 1 S. 1 Alt. 2 GG zu verstehen.[473] Dieses Freiheitsrecht schützt sachlich den Anspruch, sich aus allgemeinen Quellen ungehindert zu informieren, wobei sowohl die Entgegennahme von Informationen als auch das aktive Handeln zur Informationsbeschaffung von dem Schutzbereich umfasst sind.[474] Damit stellt die Informationsfreiheit ein Abwehrrecht gegen staatliche Begrenzungen des Zugangs zu Informationsquellen dar.[475] Ebenfalls gewährleistet wird die negative Informationsfreiheit, in die die Freiheit vor aufgedrängter Information eingeschlossen wird, sodass ein Abwehrrecht gegen staatliche Zwangsinformationen geschaffen wurde.[476]

Es ist zutreffend anerkannt, dass das Recht auf Nichtwissen keine Beziehung zu der Meinungsbildung oder Kommunikation aus Art. 5 GG aufweist, sondern vielmehr die Ablehnung der Mitteilung von Informationen schützt.[477] Es bleibt jeder Person unbenommen, sich im Sinne der negativen Informationsfreiheit nicht aus allgemein zugänglichen Quellen zu informieren. Jedoch schützt das Recht auf Nichtwissen nicht vor Wissen im Allgemeinen, sondern vor der

---

Verbot genetischer Diskriminierung und das Recht auf Achtung der Individualität, S. 511 ff.; *Stumper*, Informationelle Selbstbestimmung und DNA-Analysen, S. 133.

472 *Wollenschläger*, AöR 2013, S. 161 (171).

473 Statt vieler ablehnend: *Duttge* in Wehling (Hrsg.), Vom Nutzen des Nichtwissens, S. 75 (82); *Fündling*, Recht auf Wissen vs. Recht auf Nichtwissen in der Gendiagnostik, S. 181; *Hahn*, MedR 2019, S. 197 (199); *Moeller-Herrmann*, Die Regelung prädiktiver Gentests, S. 94; befürwortend: *Koppernock*, Das Grundrecht auf bioethische Selbstbestimmung, S. 90; *Retzko*, Prädiktive Medizin versus ein (Grund-) Recht auf Nichtwissen, S. 137 ff.

474 *Bethge* in Sachs (Hrsg.), Grundgesetz Kommentar, Art. 5 Rn. 53 ff.; *Schmidt* in Erfurter Kommentar zum Arbeitsrecht, GG Art. 5 Rn. 13.

475 *Bethge* in Sachs (Hrsg.), Grundgesetz Kommentar, Art. 5 Rn. 59a; *Schmidt* in Erfurter Kommentar zum Arbeitsrecht, GG Art. 5 Rn. 13.

476 *Jarass* in Jarass/Pieroth (Hrsg.), GG, Art. 5 Rn. 25; s. a. *Bethge* in Sachs (Hrsg.), Grundgesetz Kommentar, Art. 5 Rn. 57a.

477 *Koppernock*, Das Grundrecht auf bioethische Selbstbestimmung, S. 90 f.; *Moeller-Herrmann*, Die Regelung prädiktiver Gentests, S. 94.

aufgedrängten Information persönlichkeitsrelevanter Daten. Dies impliziert einen anderen Schutzumfang als den Verzicht auf die Ausübung von Informationsrechten.[478] Dementsprechend wird das Recht auf Nichtwissen nicht in den Schutzbereich des Art. 5 Abs. 1 S. 1 Alt. 2 GG einbezogen.

b) Allgemeines Persönlichkeitsrecht

Überwiegend wird eine Einordnung des Rechts auf Nichtwissen in das allgemeine Persönlichkeitsrecht aus Art. 2 Abs. 1 i. V. m. Art. 1 Abs. 1 GG befürwortet.[479] Ob dies mit der Konsequenz der Zuordnung als Dimension des informationellen Selbstbestimmungsrechts oder als eigenständige Ausprägung des allgemeinen Persönlichkeitsrechts (und damit als Quellrecht des informationellen Selbstbestimmungsrechts) geschieht, ist jedoch noch nicht einheitlich entschieden. Der BGH hat es versäumt, eine klarstellende Differenzierung vorzunehmen, sondern ausschließlich betont, dass „das allgemeine Persönlichkeitsrecht [...] ein Recht auf Nichtwissen der eigenen genetischen Veranlagung“ umfasse.[480]

Übereinstimmend wird angenommen, dass der Menschenwürdebezug aus Art. 2 Abs. 1 i. V. m. Art. 1 GG im Rahmen des Rechts auf Nichtwissen dem Einzelnen die Entscheidung über die Persönlichkeitsrelevanz bestimmter Daten selbst ermöglichen soll.[481] Sie ist mithin subjektiv-individuell bestimmbar. Der Verweis auf die Menschenwürde darf insbesondere nicht so verstanden werden, dass eine Ignoranz des Rechts auf Nichtwissen einer Person eine Menschenwürdeverletzung bedeuten würde. Diese Annahme müsste zu einer Zuordnung des Rechts auf Nichtwissen zu Art. 1 Abs. 1 GG führen. Das Recht auf Nichtwissen ist jedoch nicht Kernbereich der Menschenwürde.

aa) Informationelle Selbstbestimmung

Nach zahlreicher Ansicht wird das Recht auf Nichtwissen in den Schutzbereich der informationellen Selbstbestimmung aus Art. 2 Abs. 1 GG i. V. m. Art. 1 Abs. 1

---

478 So auch *Retzko*, Prädiktive Medizin versus ein (Grund-)Recht auf Nichtwissen, S. 137 f.

479 Siehe auch BGH NJW 2014, S. 2190 (2191); *Damm* in Heinrich-FS, S. 130 ff.; ausführlich auch *Fündling*, Recht auf Wissen vs. Recht auf Nichtwissen in der Gendiagnostik, S. 145 ff., 170 f.; *Schwill*, Aufklärungsverzicht und Patientenautonomie, S. 316 ff.

480 BGH NJW 2014, S. 2190 (2191).

481 So auch *Schwill*, Aufklärungsverzicht und Patientenautonomie, S. 317 ff.; a. A. *Taupitz* in Wiese-FS, S. 592 Fn. 51.

GG eingeschlossen.[482] Seit dem Volkszählungsurteil[483] des BVerfG ist das Recht auf informationelle Selbstbestimmung anerkannte Fallgruppe des allgemeinen Persönlichkeitsrechts aus Art. 2 Abs. 1 i. V. m. Art. 1 Abs. 1 GG und damit gleichbedeutend zu den aus dem allgemeinen Persönlichkeitsrecht entwickelten Rechten auf Privatsphäre und Gegendarstellung. Geschützt wird die „Erhebung, Speicherung, Verwendung und Weitergabe" der persönlichen Daten einer Person.[484] Vor dem Hintergrund der heutigen und künftigen Entwicklung der automatischen Datenverarbeitung soll jeder Person die Befugnis gewährt werden, selbstbestimmt über die Weitergabe und Preisgabe von persönlichen Daten zu entscheiden und insbesondere staatlicher Erhebung personenbezogener Daten und Ausforschung, aber auch der Verwendung bereits erhobener Daten vorzubeugen. Die Ausübung der Selbstbestimmung und Entfaltung der Persönlichkeit führt unweigerlich aufgrund der aktuellen Informationstechnologien zu einer starken Schutzbedürftigkeit, die durch das informationelle Selbstbestimmungsrecht gewährt werden soll.[485]

Von dem Schutzbereich umfasst sind sämtliche personenbezogenen Daten, insbesondere Dokumentationen wie z. B. auch Unterlagen über den Gesundheitszustand, die in Krankenakten niedergelegt sind,[486] Befunde über seelische Verfassung und Charakter[487] sowie Angaben über den Schwerbehindertenstatus. Daten, die durch genetische Analysen gewonnen wurden, werden partiell

---

482 *Damm*, MedR 2014, S. 139 (140); *Di Fabio* in Maunz/Dürig (Hrsg.), GG Bd. 1, Art. 2 Abs. 1 Rn. 192: „(…) eine negative Variante des Rechts auf informationelle Selbstbestimmung im Sinne eines Rechts auf Nichtwissen."; *Duttge,* DuD 2010, S. 34 (34); *Fenger* in Spickhoff (Hrsg.), Medizinrecht, GenDG § 18 Rn. 3; *Hebecker/Lutzi*, MedR 2015, S. 189 (191); *Hofmann*, Rechtsfragen der Genomanalyse, S. 48; *Kern* in Dierks u. a. (Hrsg.), Genetische Untersuchungen und Persönlichkeitsrecht, S. 55 (63 f.); *Kienle,* Die prädiktive Medizin und gentechnische Methoden, S. 68 f.; *Menzel*, NJW 1989, S. 2041 (2042); *Stumper*, Informationelle Selbstbestimmung und DNA-Analysen, S. 133; *Molnár-Gábor* in Duttge/Lenk (Hrsg.), Das sogenannte Recht auf Nichtwissen, S. 83 (98); s. a. *Heyers*, MedR 2009, S. 507 (509), wobei seine Begründung mit dem „Sozialbezug" fraglich erscheint.

483 BVerfGE 65, 1 (1 ff.); seither ständige Rspr. BVerfGE 100, 313 (358 f.).

484 BVerfGE 65, 1 (1 ff.); *Murswiek* in Sachs (Hrsg.), Grundgesetz Kommentar, Art. 2 Rn. 72.

485 BVerfGE 65, 1 (42 f.).

486 BVerfGE 32, 373 (379 f.).

487 BVerfGE 89, 69 (82).

als besonders sensibel angesehen[488] und sind daher durch das Grundrecht auf informationelle Selbstbestimmung eindringlich zu schützen.[489]

Das BVerfG hat in seiner Entscheidung zum informationellen Selbstbestimmungsrecht eine Ausweitung des Schutzbereiches auf das Recht auf Nichtwissen offengelassen.[490] Für eine entsprechende Zuordnung in den Schutzumfang muss demnach eine inhaltliche Übereinstimmung gegeben sein. Diese Übereinstimmung wird in der Literatur dahingehend begründet, dass durch das Verbot der Offenbarung persönlicher Daten implizit auch die Bestimmung, diese selbst nicht zur Kenntnis nehmen zu wollen, erfasst werde[491] Darüber hinausgehend argumentiert *Duttge*, dass es sich bei dem Recht auf Nichtwissen um eine „letztlich (...) nur andere, noch nicht hinreichend aufgehellte Seite des Rechts auf informationelle Selbstbestimmung" handele.[492] Die Selbstbestimmung bezüglich eigener Daten wird demnach nicht nur auf den „Ausgang", sondern auch auf den „Eingang" dieser bezogen.[493] Nach *Stockter* besteht eine solche Gleichheit der Schutzbereiche hingegen gerade nicht: Während das Recht auf Nichtwissen die Selbstwahrnehmung persönlicher Daten betreffe, sei das informationelle Selbstbestimmungsrecht auf die Abwehr der Preisgabe von Daten an Dritte gerichtet.[494] Demzufolge erfolge durch die Betrachtung des Rechts auf Nichtwissen als Teil des informationellen Selbstbestimmungsrechts eine Erweiterung des Schutzbereiches vom „Schutz für Daten" hin zum „Schutz vor Daten".[495]

---

488 Zur besonderen Sensibilität genetischer Daten nach dem „genetischen Exzeptionalismus" siehe 1. Kapitel B II 4. a) bb).

489 *Retzko*, Prädiktive Medizin versus ein (Grund-)Recht auf Nichtwissen, S. 141; *Schmidt* in Erfurter Kommentar zum Arbeitsrecht, GG Art. 2 Rn. 42.

490 BVerfGE 65, 1 (1 ff.).

491 *Kern* in Dierks u. a. (Hrsg.), Genetische Untersuchungen und Persönlichkeitsrecht, S. 54 (63).

492 *Duttge*, DuD 2010, S. 34 (38).

493 *Duttge* in Wehling (Hrsg.), Vom Nutzen des Nichtwissens, S. 75 (83); ähnlich *Damm*, MedR 2014, S. 139 (140): „[...] unterschiedliche Stoßrichtung des informationellen Selbstbestimmungsrechts".

494 *Stockter*, Das Verbot genetischer Diskriminierung und das Recht auf Achtung der Individualität, S. 512 f.; s. a. *Cremer*, Berücksichtigung prädiktiver Gesundheitsinformationen beim Abschluss privater Versicherungsverträge, S. 223; *Koppernock*, Das Grundrecht auf bioethische Selbstbestimmung, S. 92 f.

495 *Stockter*, Das Verbot genetischer Diskriminierung und das Recht auf Achtung der Individualität, S. 512 f.; ähnlich *Schmidt*, Rechtliche Aspekte der Genomanalyse, S. 120 f.

bb) Eigenständige Variante des allgemeinen Persönlichkeitsrechts

Nach vielerlei Überzeugung ist das Recht auf Nichtwissen hingegen kein Teil einer anerkannten Fallgruppe, sondern eine eigenständige Variante des allgemeinen Persönlichkeitsrechts.[496] Das allgemeine Persönlichkeitsrecht schützt die Integrität der Persönlichkeit durch die in der Rechtsprechung entwickelten Fallgruppen, die nicht bereits durch spezielle Grundrechte umfasst sind, sodass es damit als „Auffanggrundrecht" für „konstituierende Elemente der Persönlichkeit" fungiert.[497] Das Recht auf Nichtwissen wird teilweise dem allgemeinen Persönlichkeitsrecht zugeordnet, da die Nichtkenntnis einer eigenen genetischen Disposition oder auch anderer persönlicher Daten als Faktor der eigenen Persönlichkeit angesehen wird.[498] Hintergrund ist, dass der Lebensentwurf des Betroffenen durch das aufgedrängte Wissen einer bestehenden, teils bereits erkennbaren und teils noch nicht ausgebrochenen Erkrankung stark beeinflusst werden kann, sodass hierin ein Eingriff in die enge persönliche Lebenssphäre anzunehmen ist.[499] Insbesondere die Irreversibilität einmal erhobener und dem Betroffenen preisgegebener Daten verstärkt dabei den bedeutenden Charakter dieser und rechtfertigt die Zuordnung in den schützenswerten Bereich der Privatsphäre.[500] Allerdings weist *Taupitz* darauf hin, dass auch das aufgedrängte Wissen bestimmter – aber nicht persönlicher – Informationen als Persönlichkeitsverletzung angesehen werden kann.[501]

Als zwingende Folge der eigenständigen Variante des allgemeinen Persönlichkeitsrechts wird eine Gleichstellung von dem die Selbstwahrnehmung betreffenden Recht auf Nichtwissen und dem die vor Drittwahrnehmung schützenden Recht auf informationelle Selbstbestimmung befürwortet, da eine gleiche

---

496 *Fündling*, Recht auf Wissen vs. Recht auf Nichtwissen in der Gendiagnostik, S. 171; *Koppernock*, Das Grundrecht auf bioethische Selbstbestimmung, S. 89 ff.; *Moeller-Herrmann*, Die Regelung prädiktiver Gentests, S. 99; *Retzko*, Prädiktive Medizin versus ein (Grund-)Recht auf Nichtwissen, S. 149; *Stockter*, Das Verbot genetischer Diskriminierung und das Recht auf Achtung der Individualität, S. 511 ff.; *Vossenkuhl*, Der Schutz genetischer Daten, S. 32; *Wollenschläger*, AöR 2013, S. 161 (169 ff.).

497 BVerfGE 54, 148 (153); *Murswiek* in Sachs (Hrsg.), Grundgesetz Kommentar, Art. 2 Rn. 66.

498 *Moeller-Herrmann*, Die Regelung prädiktiver Gentests, S. 99.

499 *Moeller-Herrmann*, Die Regelung prädiktiver Gentests, S. 99; *Retzko*, Prädiktive Medizin versus ein (Grund-)Recht auf Nichtwissen, S. 144 ff.

500 *Stockter* in Duttge/Engel/Zoll (Hrsg.), Das Gendiagnostikgesetz im Spannungsfeld zwischen Humangenetik und Recht, S. 27 (39).

501 *Taupitz* in Wiese-FS, S. 582 (595).

Schutzbedürftigkeit hinsichtlich der Daten vorliege und der Schutzbereich des informationellen Selbstbestimmungsrechts gerade nicht betroffen sei.[502] Allerdings wird dagegen wiederum angebracht, dass nicht jede neue Grundrechtsverletzung zu einer neuen Bildung eines Grundrechts führen könne.[503] Demnach müsste eine Schutzbereichserweiterung des informationellen Selbstbestimmungsrechts[504] oder des Rechts auf Privatsphäre angestrebt werden.

c) Stellungnahme

Insbesondere aufgrund der allgemeinen Struktur der Grundrechte und dem Zweck einer informationellen Selbstbestimmung ist das Recht auf Nichtwissen in die Fallgruppe des informationellen Selbstbestimmungsrechts aus Art. 2 Abs. 1 i. V. m. Art. 1 Abs. 1 GG einzuordnen. Die abstrakte Fassung der Verfassungsnormen ermöglicht eine rechtsfortbildende Auslegung der Schutzbereiche der Grundrechte im Gegensatz zu einfachgesetzlichen Vorschriften. Dementsprechend umfasst der Schutzbereich zumeist auch die negative Form des Verhaltens, ohne dass der Wortsinn dies ausdrücklich vermittelt. Dies belegt die Intention des umfassenden Schutzes mittels einheitlicher Grundrechte und nicht verschiedener, konkret ausformulierter Untergruppen. Es erscheint mithin notwendige Konsequenz, den Schutzbereich der informationellen Selbstbestimmung auf den Schutz vor der eigenen Wahrnehmung persönlicher und bestimmter Daten auszuweiten, auch wenn das BVerfG in dem „Volkszählungsurteil“[505] nur einen Schutz vor Fremdwahrnehmung zugesprochen hat. Doch wird eine ausschließliche Auslegung des Wortsinns des Urteils, nach dem der Schutzbereich der informationellen Selbstbestimmung nur „die Erhebung, Speicherung, Verwendung und Weitergabe“ der persönlichen Daten sichert, der Komplexität von Grundrechten nicht gerecht. Es ist zu berücksichtigen, dass Gegenstand der Verfassungsbeschwerden[506] und dem anschließenden Volkszählungsurteil

---

502 *Retzko,* Prädiktive Medizin versus ein (Grund-)Recht auf Nichtwissen, S. 144 ff.; ähnlich *Meyer*, ArztRecht 7/2001, S. 172 (174), die in Erhebung von Daten und Erkenntnis bereits erhobener Daten unterteilt, und nur bei letzterer Bedarf für die Zuordnung zum allgemeinen Persönlichkeitsrecht sieht.

503 *Stumper*, Informationelle Selbstbestimmung und DNA-Analyse, S. 123; s. a. *Kubiak,* Gendiagnostik bei Abschluss von Privatversicherungen, S. 142.

504 Siehe auch *Duttge*, DuD 2010, S. 34 (34): „noch nicht aufgehellte Seite des informationellen Selbstbestimmungsrechts“.

505 BVerfG 65, 1 (1).

506 BVerfGE 65, 1 (3 ff.): Gegenstand der Verfassungsbeschwerden war das Gesetz über eine Volks-, Berufs-, Wohnungs- und Arbeitsstättenzählung (Volkszählungsgesetz) vom 25. März 1982, durch das eine Datenerhebung stattfand, dessen Umfang und

gerade nicht der Schutz vor der eigenen Wahrnehmung von Daten war. Dementsprechend konnte auch keine Entscheidung über das Recht auf Nichtwissen im Zusammenhang mit der Selbstwahrnehmung von Daten getroffen werden. Zudem bestand auch kein Anlass zu einer Klarstellung im Rahmen eines „obiter dictum", da die Diskussionen um persönliche Daten und die rechtlichen Folgen noch nicht weit fortgeschritten waren.

Da die informationelle Selbstbestimmung eine Ausprägung des allgemeinen Persönlichkeitsrechts ist, muss ihrem Schutzbereich zudem eine dem allgemeinen Persönlichkeitsrecht vergleichbare „Entwicklungsoffenheit"[507] zugesprochen werden. Der Schutz vor der Wahrnehmung von Daten darf nicht auf persönliche Daten, die die intime Lebenssphäre oder Privatsphäre des Grundrechtsträgers beeinträchtigen, begrenzt werden. Vielmehr müssen auch darüber hinausgehende bestimmte Daten zu einer Informationsabwehr berechtigen.[508] Durch eine Zuordnung des Rechts auf Nichtwissen in das Recht auf informationelle Selbstbestimmung wird mithin vorgesorgt, dass der Schutzbereich nicht hinsichtlich einer objektiv bestimmten Beeinträchtigung von vornherein begrenzt wird. Dies wird auch durch den historisch geprägten Zweck des Rechts auf informationelle Selbstbestimmung verdeutlicht: Das Grundrecht soll die Datenhoheit jedes Individuums gewährleisten. Ein umfangreicher Schutz der Datenhoheit umfasst insbesondere vor dem Hintergrund der Entwicklungen der Informationstechnologien der letzten Jahre neben dem Schutz vor fremder Wahrnehmung der Daten auch den Schutz vor eigener Wahrnehmung. Zwangsläufig stellt das Recht auf Nichtwissen bestimmter Daten mithin einen Fall der informationellen Selbstbestimmung dar.

d) Verhältnis zum Recht auf Wissen

Das Recht auf Nichtwissen wird häufig im Kontext mit dem Recht auf Wissen von bestimmten Informationen thematisiert. Das Recht auf Wissen umfasst im medizinischen Kontext den Anspruch, seine eigene genetische oder medizinische Konstitution zu kennen.[509] Es gewährt dem Einzelnen eine individuelle

---

Verwendungszweck weitgehend ungeklärt war. Mit Erhebung der Verfassungsbeschwerde wurde auf das Gebot der Anonymität des Grundgesetzes hingewiesen und darum ersucht, die verfassungsmäßige Grundlage des Datenschutzes zu prüfen.

507 BVerfG NJW 2008, S. 39 (41).

508 *Taupitz* in Wiese-FS, S. 582 (595).

509 *Bundesärztekammer*, DÄ 2003, A 1297 (1302): „Recht, seine eigene genetische Konstitution zu kennen"; *Donner/Simon*, DÖV 1990, S. 907 (912); *Lindner*, MedR 2007, S. 286 (289); *Wollenschläger*, AöR 2013, S. 161 (167).

Entscheidungsmöglichkeit über die Wahrnehmung dargebotener Informationen. Hingegen soll das Recht auf Nichtwissen den Schutz vor aufgedrängter Information über persönlichkeitsrelevante Informationen garantieren.[510] Auch wenn das Recht auf Nichtwissen zumeist in Bereichen vorkommt, in denen ein schutzbedürftiger Anspruch auf Wissen besteht, kann nicht von einer Spiegelbildlichkeit beider Rechte gesprochen werden. Das Recht auf Nichtwissen kann beispielsweise in Bereichen ausgeübt werden, in denen kein unmittelbarer Wissensanspruch besteht.[511] Auch lässt sich nicht vertreten, dass das Recht auf Wissen die Wahrnehmung und das Recht auf Nichtwissen der Verzicht eines Informationsrechtes sei. Vielmehr stellen beide Aktivrechte aus dem informationellen Selbstbestimmungsrecht nach Art. 2 Abs. 1 i. V. m. Art. 1 Abs. 1 GG dar,[512] die dem Betroffenen einen Anspruch zur selbstbestimmten Kenntnisnahme ermöglichen sollen.[513]

e) Verhältnis zum Recht auf Geheimhaltung

Ebenfalls abzugrenzen von dem Recht auf Nichtwissen ist das Recht auf Geheimhaltung. Dem BVerfG nach beinhaltet das Recht der Geheimhaltung einen Schutzumfang „gegen unbegrenzte Erhebung, Speicherung, Verwendung oder Weitergabe der auf sie bezogenen individualisierten oder individualisierbaren Daten"[514]. Geschützt ist primär das Individualinteresse an der Geheimhaltung gegenüber Dritten.[515] Aufgrund der Schutzrichtung, nämlich dem Schutz der Daten vor dem Wissen anderer, ist das Recht auf Geheimhaltung ein Fall der informationellen Selbstbestimmung aus Art. 2 Abs. 1 i.V.m Art. 1 Abs. 1 GG.[516]

Auf einfachgesetzlicher Ebene ist dieses Recht als Strafgesetz durch die Verpflichtung zur Schweigepflicht bestimmter Berufsgruppen in § 203 StGB

---

510 *Schwill*, Aufklärungsverzicht und Patientenautonomie, S. 314; s. a. *Retzko*, Prädiktive Medizin versus ein (Grund-)Recht auf Nichtwissen, S. 134.

511 *Taupitz* in Wiese-FS, S. 583 (599): „Man kann beispielsweise sehr wohl einem bestimmten Unternehmen untersagen, werbende Informationen zu übersenden, auch wenn man keinen Anspruch gegen das Unternehmen auf Erteilung der Informationen hat."

512 *Retzko*, Prädiktive Medizin versus ein (Grund-)Recht auf Nichtwissen, S. 160; a. A. *Wollenschläger*, AöR 2013, S. 161 (168 f.).

513 *Retzko*, Prädiktive Medizin versus ein (Grund-)Recht auf Nichtwissen, S. 160.

514 BVerfGE 103, 21 (33); vgl. auch § 1 Abs. 1 BDSG.

515 BGHZ 122, 115 (117 f.).

516 BVerfGE 103, 21 (33); *Wollenschläger*, AöR 2013, S. 161 (172).

manifestiert worden.[517] So dient die dort auch begründete ärztliche Schweigepflicht dem Vertrauensverhältnis zwischen Arzt und Patient vor der Indiskretion gesundheitsrelevanter Informationen.[518] Zivilrechtlich stellt die Verpflichtung zur Geheimhaltung eine vertragliche Nebenpflicht des Behandlungsvertrages dar.[519] Dem Betroffenen wird ein Recht gewährt, bei gesundheitsrelevanten Daten zu entscheiden, wem gegenüber diese offenbart werden sowie an wen und zu welchem Zweck sie weitergegeben werden dürfen.[520] Damit ist das Recht auf Geheimhaltung ein Schutz vor Fremdwahrnehmung von Daten, während das Recht auf Nichtwissen vor Selbstwahrnehmung schützen soll. Die beiden Rechte stimmen mithin in Schutzzweck und verfassungsrechtlicher Grundlage überein, divergieren jedoch in ihrer Schutzrichtung.

2. *Schutzbereich*

a) *Personaler Schutzbereich*

Art. 2 Abs. 1 i. V. m. Art. 1 Abs. 1 GG stellt ein Grundrecht dar, dass für „Jedermann" Geltung beansprucht. Mithin steht nicht nur Deutschen, sondern jeder natürlichen Person ein Recht auf Nichtwissen im Rahmen der informationellen Selbstbestimmung zu.

b) *Sachlicher Schutzbereich*

Der Schutzbereich des Rechts auf Nichtwissen[521] umfasst den Schutz vor aufgedrängter Mitteilung bestimmter persönlichkeitsrelevanter Informationen.[522]

---

517 Weitere Ausführungen dazu *Heger* in Lackner/Kühl (Hrsg.), StGB, § 203 Rn. 1 ff.; *Eisele* in Schönke/Schröder (Hrsg.), Strafgesetzbuch, § 203 Rn. 3; *Knauer/Brose* in Spickhoff (Hrsg.), Medizinrecht, StGB §§ 203–205 Rn. 1 ff.

518 *Knauer/Brose* in Spickhoff (Hrsg.), Medizinrecht, StGB §§ 203–205 Rn. 1.

519 *Richardi* in Münchener Handbuch zum Arbeitsrecht, § 338 Rn. 29; *Klein*, RDG 2010, S. 172 (172).

520 *Lindner*, MedR 2007, S. 286 (290).

521 *Taupitz* in Wiese-FS, S. 583 (585) wählt eine andere Differenzierung zwischen einem Recht auf informationelle Abgeschiedenheit, nach dem bestimmte Dinge nicht zu Kenntnis genommen werden können und dem Recht auf geistige Untätigkeit, das die Entscheidung schützt, logische Schlussfolgerungen nicht ziehen oder nicht denken zu wollen. Hierzu ablehnend *Hebecker/Lutzi*, MedR 2015, S. 189 (192).

522 *Cremer*, Berücksichtigung prädiktiver Gesundheitsinformationen beim Abschluss privater Versicherungsverträge, S. 224; *Kern* in Dierks u. a. (Hrsg.), Genetische Untersuchungen und Persönlichkeitsrecht, S. 55 (62); *Retzko*, Prädiktive Medizin versus ein (Grund-)Recht auf Nichtwissen, S. 134; *Schwill*, Aufklärungsverzicht und Patientenautonomie, S. 314; *Söns*, Biobanken im Spannungsfeld von Persönlichkeitsrecht

Primär wird das Recht auf Nichtwissen auf Daten über die gesundheitliche Situation, insbesondere genetische Dispositionen, bezogen.[523] Die Persönlichkeitsrelevanz bestimmt sich nach dem subjektiv-individuellen Willen des Betroffen, sodass im Rahmen eines Entscheidungsfindungsprozesses jeder persönlich Betroffene das Ausmaß der Relevanz selbst bestimmen muss.[524]

Der Schutzgrund besteht in der Verhinderung möglicher Belastungen durch die Kenntnis der Informationen.[525] Aus Sorge, dass der Betroffene durch die Information psychische Folgen erleidet und in seiner bisher offenen Lebensplanung eingeschränkt wird, soll ihm eine autonome Entscheidung über das Wissen-Wollen oder das Nicht-Wissen-Wollen zugebilligt werden. Durch die verfassungsrechtliche Anerkennung des Rechts auf Nichtwissen wird demnach das konstitutive Nichtwissen als „unumgängliche Bedingung der Freiheit des Handelns"[526] verstanden, vor deren Hintergrund es als vernünftig erscheinen kann, belastende Informationen nicht zu erfahren.[527] Das Recht auf Nichtwissen wird demnach nicht als „fremdbestimmte Schadensvorsorge", sondern als individuelle Entscheidung über das Wissen-Wollen von potentiell freiheitslimitierenden Informationen verstanden.[528]

Die Schutzrichtung des Rechts auf Nichtwissen ist auf den Rechtsinhaber selbst gerichtet: Das Recht auf Nichtwissen schützt die Selbstwahrnehmung,[529] also die eigene Ablehnung der Informationsgewinnung und -wahrnehmung. Mithin ist ein unmittelbarer Drittbezug in Form eines Verbots der Mitteilung der Informationen an Dritte durch die Schutzrichtung ausgeschlossen. Dieser

---

und Forschungsfreiheit, S. 104; *Stumper*, Informationelle Selbstbestimmung und DNA-Analysen, S. 133; *von Bar*, Gesetzlich nicht normierte ärztliche Auskunfts- und Offenbarungspflichten, S. 192; *Wiese* in Niederländer-FS, S. 475 (484).

523 *Söns*, Biobanken im Spannungsfeld von Persönlichkeitsrecht und Forschungsfreiheit, S. 104; zur sachgebietsbezogenen Reichweite vgl. *Duttge*, MedR 2016, S. 664 (666).

524 *Taupitz* in Wiese-FS, S. 583 (592); ähnlich *Schwill*, Aufklärungsverzicht und Patientenautonomie, S. 315 (318).

525 *Söns*, Biobanken im Spannungsfeld von Persönlichkeitsrecht und Forschungsfreiheit, S. 106; *Duttge* in Wehling (Hrsg.), Vom Nutzen des Nichtwissens, S. 75 (82 f.).

526 *Seel* in Gugerli/Hagner/Sarasin/Tanner (Hrsg.), Nach Feierabend. Nicht-Wissen, S. 37 (37 ff.).

527 *Duttge* in Wehling (Hrsg.), Vom Nutzen des Nichtwissens, S. 75 (82).

528 *Duttge* in Wehling (Hrsg.), Vom Nutzen des Nichtwissens, S. 75 (78).

529 *Stockter* Das Verbot genetischer Diskriminierung und das Recht auf Achtung der Individualität, S. 511; *Stockter* in Duttge/Engel/Zoll (Hrsg.), Das Gendiagnostikgesetz im Spannungsfeld zwischen Humangenetik und Recht, S. 27 (39); ähnlich *Duttge* in Wehling (Hrsg.), Vom Nutzen des Nichtwissens, S. 75 (78).

Schutz vor Interessen Dritter wird vielmehr durch das Recht auf Geheimhaltung gewahrt, das durch ärztliche Schweigepflichten und Datenschutzgesetze ausgestaltet wurde.[530] Mittelbar werden somit auch Dritte vor der Kenntnis von unerwarteten Informationen geschützt.

Das Recht auf Nichtwissen wird durch zwei verschiedene Alternativen gewährt: Zum einen kann die Informationsgewinnung von vornherein abgelehnt werden, indem auf die Durchführung diagnostischer Untersuchungen und therapeutischer Interventionen umfassend verzichtet wird. Darüber hinaus besteht aber auch ein Recht auf Ablehnung der Kenntnisnahme und Vernichtung der Informationen nach erfolgter Untersuchung.[531] Es findet mithin ein Verzicht individuellen Wissens von bereits allgemein vorhandenem Wissen statt. Dies verdeutlicht, dass die begriffliche Verwendung eines „Rechts auf Nichtwissen" die eigentliche Schutzrichtung nur unzureichend darstellt. Vielmehr handelt es sich um ein „Recht auf Nicht-informiert-werden-wollen"[532] oder um ein „Recht auf informationelle Abgeschiedenheit"[533], durch das die Informationsablehnung ausgedrückt wird.

Das verfassungsrechtlich gesicherte Recht auf Nichtwissen wurde erstmalig auf einfachgesetzlicher Ebene für den Bereich der genetischen Diagnostik in § 9 Abs. 2 Nr. 5 GenDG verankert.[534]

3. *Selbstbestimmungsfähigkeit*

Unklarheiten bestehen im Zusammenhang mit dem Recht auf Nichtwissen bezüglich der Selbstbestimmungsfähigkeit des Betroffenen. So ist beispielsweise nach dem Autonomieprinzip des Vier-Prinzipien-Paradigmas von *Beauchamp/Childress* eine selbstbestimmte Entscheidung nur nach vorheriger Information möglich, wobei eine vollständige Kenntnis der Informationen wiederum dem Recht auf Nichtwissen widerspricht, das bei Vollinformiertheit nicht mehr ausgeübt werden kann.[535] Noch diffiziler und weniger geklärt ist die Möglichkeit der Selbstbestimmung bei Teilinformiertheit. In der Folge ist daher zu bestimmen,

---

530 *Stockter*, Das Verbot genetischer Diskriminierung und das Recht auf Achtung der Individualität, S. 513 f.; s. a. *Meyer*, ArztRecht 7/2001, S. 172 (174).

531 BT-Drs. 16/10532, S. 26; OLG Koblenz MedR 2014, S. 168 (172); *Retzko*, Prädiktive Medizin versus ein (Grund-)Recht auf Nichtwissen, S. 135; *Söns*, Biobanken im Spannungsfeld von Persönlichkeitsrecht und Forschungsfreiheit, S. 105.

532 *Duttge* in Wehling (Hrsg.), Vom Nutzen des Nichtwissens, S. 75 (82).

533 *Taupitz* in Wiese-FS, S. 583 (587).

534 Weitere Ausführungen im 2. Kapitel B II 2. a) bb).

535 *Taupitz* in Wiese-FS, S. 583 (598).

inwiefern eine Teilinformiertheit eine Inanspruchnahme des Rechts auf Nichtwissen noch ermöglicht, wobei zwischen bestimmten und unbestimmten Informationen zu differenzieren ist.

a) Wissen für das Recht auf Nichtwissen

Die Notwendigkeit des Wissens um die Möglichkeit des Wissens zur autonomen Entscheidung über das Nicht-Wissen-Wollen setzt im Grunde voraus, dass nur eine informierte Ablehnung der Mitteilung von Informationen möglich ist.[536] Jedoch ist das Recht auf Nichtwissen weder begrifflich noch faktisch eine „vollinformierte Verweigerung“[537], denn die Informationsabwehr dient gerade dem Verschont-bleiben vor belastendem Wissen, das durch eine Vollinformiertheit wiederum nicht gewährleistet werden kann. Allerdings kann auch bei vollständiger Uninformiertheit nicht mehr von einem „informed consent“ ausgegangen und demzufolge keine selbstbestimmte Handlung ermöglicht werden.[538] Es besteht folglich ein spannungsgeladenes Dilemma, denn der Betroffene muss einerseits sein Recht auf Nichtwissen und die potentiellen Untersuchungsergebnisse kennen, um aufgeklärt entscheiden zu können und andererseits aber selbst entscheiden dürfen, was er wissen will.

Zur Lösung der Zwangslage wird daher beispielsweise empfohlen, den Betroffenen in einer schonenden abstrakten Weise über den abzulehnenden Inhalt zu informieren.[539] Die Verwendung des Begriffes „schonend abstrakt“ ist allerdings unbestimmt und uneinheitlich auslegbar. Nach *Wiese* soll es sich um eine „mehr oder weniger weitreichende Grundinformation“ handeln, die dem Betroffenen die Einschätzung der Risiken ermöglicht. Diese Empfehlung geht allerdings davon aus, dass nur in Ausnahmefällen ein ausgeübtes Recht auf Nichtwissen angenommen werden kann.[540] Dieser Annahme ist nicht zu folgen, da aufgrund der zunehmenden Zahl gendiagnostischer Untersuchungen von einer steigenden

---

536 BGH NJW 2014, S. 2190 (2192); *Taupitz* in Wiese-FS, S. 583 (597); vgl. auch *Retzko*, Prädiktive Medizin versus ein (Grund-)Recht auf Nichtwissen, S. 175; differenzierend *Hebecker/Lutzi*, MedR 2015, S. 189 (193), nach denen allenfalls bei minderjährigen genetisch Betroffenen ein Schweigen als Respekt des Nichtwissens angemessen wäre.

537 *Taupitz* in Wiese-FS, S. 583 (598).

538 *Duttge* in Wehling (Hrsg.), Vom Nutzen des Nichtwissens, S. 75 (87).

539 *Taupitz* in Wiese-FS, S. 583 (597).

540 *Taupitz* in Wiese-FS, S. 583 (598); ebenfalls für eine „behutsame“ Vorbereitung der Mitteilung mittels „Grundinformationen“ plädierend: *von Bar*, Gesetzlich nicht normierte ärztliche Auskunfts- und Offenbarungspflichten, S. 192.

Relevanz des Nichtwissen-Wollens und der informationellen Selbstbestimmung auszugehen ist.[541]

In Übereinstimmung zu den Überlegungen zum Aufklärungsverzicht[542] wird daher teilweise angeregt, den Betroffenen mittels einer abstrakten Metaaufklärung zu informieren.[543] Die Metaaufklärung soll wie beim Aufklärungsverzicht den Hinweis auf die Möglichkeit des Rechts auf Nichtwissen und die damit einhergehende uninformierte Entscheidung des Betroffenen umfassen. Welcher Anspruch allerdings darüber hinaus an eine abstrakte Aufklärung zu richten bzw. welcher Grad der Abstraktheit zulässig ist, damit der Patient trotz defizitärem Wissen selbstbestimmt handeln kann, ist ungeklärt.[544] Einigkeit besteht letztlich nur dahingehend, dass grundsätzlich das Wissen um die Möglichkeit des Wissens nicht konkret vorliegen muss. Zwar wird vertreten, dass „das Wissen um die Möglichkeit des Wissens" kein unbelastetes, unbedarftes Nichtwissen zulasse,[545] doch führt eine vollständige Arglosigkeit des Patienten ebenso dazu, dass er keinerlei Entscheidungsmöglichkeiten über sein Wissen oder Nichtwissen zu entwickeln vermag.[546]

Es ist klarzustellen, dass ein alleiniger Hinweis auf die Möglichkeit des Rechts auf Nichtwissen, wie es beim Aufklärungsverzicht bei der Metaaufklärung vertreten wird,[547] nicht ausreicht, da dem Betroffenen in dieser Situation eine Grundinformation fehlt, die zur selbstbestimmten Entscheidung notwendig ist. Ein derartiges Verständnis hat auch der Gesetzgeber ausdrücklich in § 9 Abs. 2 Nr. 5 GenDG und inzident der Regelung des § 10 Abs. 2 und 3 GenDG zugrunde gelegt, nach denen einerseits eine Aufklärung über das Recht auf Nichtwissen notwendig ist und andererseits dem Patienten durch die genetische Beratung die Möglichkeit des Nicht-Wissen-Wollens erneut verdeutlicht werden soll.

In welchem Ausmaß der Patient über das abzuwehrende Wissen darüber hinaus informiert werden muss, ist bisher allerdings nicht einheitlich bestimmt. Vielmehr begründet jeder Versuch einer konkreten Grenzziehung den Vorwurf

---

541 Ähnlich OLG Koblenz MedR 2014, S. 174 (RZ. 75)

542 Siehe weitere Ausführungen im 1. Kapitel B I 3. c).

543 *Duttge* in Wehling (Hrsg.), Vom Nutzen des Nichtwissens, S. 75 (88); *Schwill*, Aufklärungsverzicht und Patientenautonomie, S. 319.

544 Ähnlich *Duttge* in Wehling (Hrsg.), Vom Nutzen des Nichtwissens, S. 75 (88).

545 *Retzko*, Prädiktive Medizin versus ein (Grund-)Recht auf Nichtwissen, S. 175 f.

546 *Retzko*, Prädiktive Medizin versus ein (Grund-)Recht auf Nichtwissen, S. 175.

547 Weitere Ausführungen zum Aufklärungsverzicht bereits im 1. Kapitel B I 3. c); vgl. auch *Duttge*, DuD 2010, S. 34 (37); *Schwill*, Aufklärungsverzicht und Patientenautonomie, S. 132.

der Willkürlichkeit oder Unbestimmtheit.[548] Jedoch scheint ein Konsens zu bestehen, dass ein „mehr oder weniger konkret vorhandenes Wissen" über die potentiellen Untersuchungsergebnisse bestehen müsse, das den Betroffenen befähigt, Risiken des Nichtwissens einschätzen zu können.[549] *Duttge* führt aus, dass es sich bei dem informed consent grundsätzlich um einen individuellen Prozess handele und daher schon zu Beginn des Aufklärungs- und Beratungsgespräches der auf den Betroffenen bezogene „Möglichkeitsraum an diagnostizier- und künftig erwartbaren Erkrankungen" thematisiert werden müsse. Dies gestatte dem Betroffenen, seinen Behandlungsauftrag zu überdenken oder abzuändern.[550] In Anlehnung an die beim Aufklärungsverzicht geforderten Basisinformationen wie Risiken und Ablauf der diagnostischen Untersuchungen[551] ermöglicht diese Interpretation des „uninformed dissent"[552] eine auf das individuelle Kommunikationsverhältnis zugeschnittene Aufklärung über potentielle Untersuchungsergebnisse und die Berücksichtigung der möglichen ablehnenden Haltung des Betroffenen, ohne durch konkrete zwingende Vorgaben der Aufklärungsinhalte das Selbstbestimmungsrecht des Einzelnen zu beeinträchtigen.

b) Unbestimmte Informationen

Noch größere Schwierigkeiten bereitet das Recht auf Nichtwissen im Zusammenhang mit „unbestimmten Informationen", wie sie durch prädiktive diagnostische genetische Untersuchungen generiert werden können. Es handelt sich dabei überwiegend um potentielle Informationen, die aufgrund des derzeitigen wissenschaftlichen Standes noch nicht vorhergesehen werden können oder Befunde, deren Interpretation aufgrund der Entwicklungen der Genetik noch nicht gesichert ist. In diesem Zusammenhang ist unklar, ob eine selbstbestimmte Ablehnung der Mitteilung eines Befundes überhaupt möglich erscheint, denn für den Betroffenen sind die Risiken einer Ablehnung der Mitteilung eines Befundes hinsichtlich der Therapierbarkeit noch nicht abzuschätzen.

Bei restriktiver Annahme eines Rechts auf Nichtwissen in diesem Kontext rechtfertigt der Schutz des Patienten den Eingriff in dieses, um den Betroffenen aufgrund fehlenden Bewusstseins über potentielle mögliche Befunde vor

548 *Schwill*, Aufklärungsverzicht und Patientenautonomie, S. 318.

549 *Taupitz* in Wiese-FS, S. 583 (597 f.); näher *Schwill*, Aufklärungsverzicht und Patientenautonomie, S. 318 ff.

550 *Duttge*, MedR 2016, S. 664 (668).

551 *Harmann*, NJOZ 2010, S. 819 (824); *Roßner*, NJW 1990, S. 2291 (2294).

552 *Duttge*, MedR 2016, S. 664 (668).

übereilter Entscheidung zu bewahren. Diese Restriktivität selbst stellt jedoch erneut eine Einschränkung des Selbstbestimmungsrechts dar. Die Achtung der Selbstbestimmung des Betroffenen erfordert, dass der einwilligungsfähige Patient selbstverantwortlich entscheiden darf, ob er auch bei vollständiger Unkenntnis über die Entwicklungsmöglichkeiten sein Nichtwissen ausüben möchte.

Stärker als im Rahmen einer Information bzgl. des Nichtwissens bei bestimmbaren Informationen muss dem Patienten die Unsicherheit über die zu gewinnenden Informationen und ihre unvorhersehbaren Risiken oder Chancen im Rahmen der abstrakten Grundinformation dargestellt werden, damit dieser die Risiken einer Ablehnung abwägen kann. Der Arzt muss hier zur Wahrung der Selbstbestimmungsfähigkeit des Betroffenen äußerst sorgsam vorgehen. Auf einfachgesetzlicher Ebene ist im Zusammenhang mit diesem Grundproblem der Gesetzgeber zu einer einheitlichen Regelung verpflichtet.

4. *Anwendungsbereich*

Aufgrund der zustimmenden Beantwortung der von *Wiese* aufgeworfenen Frage „Gibt es ein Recht auf Nichtwissen?“[553] müssen sich Überlegungen zum Anwendungsbereich bzw. zur Reichweite dieses Rechts anschließen.[554] Vornehmlich wurde eine Diskussion um ein Abwehrrecht gegen die Kenntnisnahme aufgedrängter, potentiell belastender Informationen im Kontext genetischer Untersuchungen geführt.[555] Auch der BGH erkennt ein von der Verfassung geschütztes

553 *Wiese* in Niederländer-FS, S. 475 (475).

554 Zur ausführlichen Darlegung der Reichweite des Rechts auf Nichtwissen vgl. *Duttge*, DuD 2010, S. 34 (34 ff.).

555 Vgl. *Wiese* in Niederländer-FS, S. 475 (475 ff.); s. a. *Cremer*, Berücksichtigung prädiktiver Gesundheitsinformationen beim Abschluss privater Versicherungsverträge, S. 220 ff.; *Donner/Simon*, DÖV 1990, S. 907 (912 f.); *Kern* in Dierks u. a. (Hrsg.), Genetische Untersuchungen und Persönlichkeitsrecht, S. 55 (62 f.); *Kienle*, Die prädiktive Medizin und gentechnische Methoden, S. 67 f.; *Hofmann*, Rechtsfragen der Genomanalyse, S. 47 f.; *Meyer*, ArztRecht 7/2001, S. 172 (172 ff.); *Moeller-Herrmann*, Die Regelung prädiktiver Gentests, S. 92 ff.; *Retzko*, Prädiktive Medizin versus ein (Grund-)Recht auf Nichtwissen, S. 125 ff.; *Stockter*, Das Verbot genetischer Diskriminierung und das Recht auf Achtung der Individualität, S. 597 ff.; *Stumper*, Informationelle Selbstbestimmung und DNA-Analysen, S. 121 ff.; *van den Daele* in Steger (Hrsg.) Die Herstellung der Natur, S. 135 (137 f.); anders *Duttge*, DuD 2010, S. 34 (34 f.); *Hahn*, MedR 2019, S. 197 (199 ff.); *Roßner*, NJW 1990, S. 2291 (2295) m. w. Nachw.; *Taupitz* in Wiese-FS, S. 583 (583 f.), der auch den HIV-Test, die ärztliche Verlaufs- und Risikoaufklärung und den Eingriff in den Körper einen Verstorbenen als Anwendungsfälle erwähnt.

„Recht auf Nichtwissen der eigenen genetischen Veranlagung“ an.[556] Durch die erstmalige Verankerung des Rechts auf Nichtwissen im Gendiagnostikgesetz[557] wird ein besonderer Schutz aufgrund eines „Sonderstatus“ für den Kontext der Genetik angestrebt. Begründungen beschränken sich dabei überwiegend auf das höhere Schädigungspotential genetischer Untersuchungen. Dabei fehlt es insbesondere an einer Klarstellung, ob die Annahme einer Sonderstellung genetischer Daten eine Anerkennung eines Rechts auf Nichtwissen ausschließlich für den Kontext der Genetik rechtfertigen kann und soll oder beispielsweise auch auf Befunde, die mittels bildgebender Verfahren gewonnen wurden, auszuweiten ist.

a) Sonderstellung der genetischen Daten

Der verfassungsrechtlich gebotene Gleichheitssatz verlangt primär, dass wesentlich Gleiches grundsätzlich gleich zu behandeln ist und erzwingt mithin im Umkehrschluss eine Ungleichbehandlung von wesentlich Ungleichem. Eine Abkehr von diesem Grundsatz bedingt noch keine Verfassungswidrigkeit,[558] sondern bedarf vielmehr eines rechtfertigenden sachlichen Grundes für die Ungleichbehandlung. Entsprechend der Entscheidung des BVerfG[559] bedarf es im Rahmen der „Neuen Formel“ einer sachbezogenen Differenzierung, ob „sachlich einleuchtende Gründe“ für eine derartige Unterscheidung sprechen.

Sowohl genetische Daten als auch sonstige medizinische Daten weisen einen Persönlichkeitsbezug auf, dessen Relevanz grundsätzlich die Ablehnung der Kenntnisnahme durch den Betroffenen rechtfertigt. In der Folge ist daher darzustellen, ob aus medizinischer und rechtlicher Hinsicht eine Sonderstellung genetischer Daten sachlich begründet werden kann.

aa) Gründe für eine Sonderstellung aus medizinischer Hinsicht

Im Rahmen der Begründung zum Gendiagnostikgesetz wurden genetische Daten von dem Gesetzgeber als „persönliche identitätsrelevante Gesundheitsdaten mit hohem prädiktiven Potential“ bezeichnet, die „gegebenenfalls auch Informationen über Dritte (Verwandte) offenbaren“[560]. Eine Sonderstellung

556 BGH NJW 2014, S. 2190 (2191); krit. hierzu *John*, VersR 2014, S. 1139 (1139).

557 Gesetz über genetische Untersuchungen beim Menschen v. 31.7.2009, BGBl. I 2529; vgl. *Stockter* in Duttge/Engel/Zoll (Hrsg.), Das Gendiagnostikgesetz im Spannungsfeld von Humangenetik und Recht, S. 27 (28).

558 *Jarass*, NJW 1997, S. 2545 (2546).

559 BVerfGE 52, 277 (280 f.); 55, 72 (90).

560 BT-Drs. 16/10532, S. 1.

genetischer Daten kann folglich in medizinischer Hinsicht insbesondere aus ihrer Prädiktivität, der Vorhersagegenauigkeit und ihrem Aussagepotential über Erkrankungen verwandter Dritter gerechtfertigt sein.[561] Die Sensibilität der prädiktiven Daten ergibt sich dadurch, dass Dispositionen für bisher symptomlose Erkrankungen offengelegt werden, die sich mit einer bestimmten Wahrscheinlichkeit in Zukunft zu einer Krankheit manifestieren.[562] Gegen diese Annahme wird eingewendet, dass diese Daten aufgrund der variablen Expressivität und der unvollständigen Penetranz eine nur unsichere Aussagekraft hätten. Zudem sei es auch möglich, durch andere medizinische Untersuchungen zukünftige Erkrankungen in einem Frühstadium, wie den HIV-Status oder auch eine Hepatitis-B-Erkrankung,[563] aber auch durch Röntgenmethoden prädiktiv die zukünftige Körpergröße eines Kindes, oder durch konventionelle Medizin Hypertonie als prädiktives Merkmal zu erkennen.[564] Für die Zukunft wird verstärkt der Einsatz der prädiktiven Untersuchung mittels funktioneller Bildgebung für die Entwicklung von Demenzerkrankungen erwartet,[565] wie er mittels Amyloid-PET bereits in den USA zur Alzheimer-Diagnostik durchgeführt wird.[566] Zudem wird entgegnet, dass sich die Vorhersagegenauigkeit nicht bei allen Gentests bewahrheite, da zum einen sehr lange Vorhersagezeiträume[567] und zum anderen die variierende Expressivität eine exakte Vorhersage unmöglich mache.[568]

Neben der Prädiktivität ist insbesondere die Bedeutung von Gentests für Dritte hervorzuheben, die auf der Vererbbarkeit genetischer Erkrankungen basiert. Durch genetische Analysen können Rückschlüsse auf Krankheitsrisiken

---

561 Vgl. BT-Drs. 16/10532, S. 1: „Die mittels genetischer Untersuchungen gewonnenen genetischen Informationen zeichnen sich unter anderem dadurch aus, dass sie ihre Bedeutung über lange Zeiträume behalten. Sie können daher als persönliche identitätsrelevante Gesundheitsdaten mit hohem prädiktivem Potential verbunden sein und gegebenenfalls auch Informationen über Dritte (Verwandte) offenbaren."

562 *Moeller-Herrmann*, Die Regelung prädiktiver Gentests, S. 50 f.

563 *Lemke*, Soziale Welt 2005, S. 53 (59 f.).

564 *Moeller-Herrmann*, Die Regelung prädiktiver Gentests, S. 50; ähnlich *Lorenz*, VersR 1999, S. 1309 (1311); näher *Kiehntopf/Pagel*, MedR 2008, S. 344 (347).

565 *Heinemann/Hoppe* in Lanzerath/Rietschel/Heinrichs/Schmäl (Hrsg.), Incidental Findings. Scientific, Legal and Ethical Issues, S. 59 (59).

566 *Drzezga/Sabri/Fellgiebel*, DÄ 2014, A 1206 (1207 f.).

567 *Stockter*, Das Verbot genetischer Diskriminierung und das Recht auf Achtung der Individualität, S. 128 f.; *Stockter* in Prütting (Hrsg.), MedR-Komm, GenDG § 4 Rn. 8: „prognostische Aussagen auf unsicherer Tatsachengrundlage".

568 *Moeller-Herrmann*, Die Regelung prädiktiver Gentests, S. 51; *Regenbogen/Henn*, MedR 2003, S. 152 (153).

von Verwandten und Gefährdungen von Nachkommen bestimmt werden.[569] Dies kann insbesondere für die Lebensplanung der Familienangehörigen beträchtliche Folgen haben. So befürchtet *Duttge* insbesondere die Gefahr „interfamiliärer Konflikte […], sowohl im Hinblick auf allgemeine Schuldzuweisungen über „das Vererbte“ als auch wegen Nichtbeachtung des „Rechts auf Nichtwissen“ […]“[570]. Jedoch wird angeführt, dass auch bei infektiösen Erkrankungen wie Tuberkulose und HIV (sowohl in vertikaler als auch horizontaler Linie) ein Drittbezug zu erkennen sei.[571] Die Möglichkeit eines Rückschlusses mit Relevanz für Verwandte wird allerdings hinsichtlich der „hinreichenden Anhaltspunkte“ für eine tatsächliche Vererbung bezweifelt.[572] Jedoch ist ein vergleichbarer Rückgriff auf Familienanamnesen zur Analyse der Übertragung bestimmter Erkrankungen von Eltern auf Kinder in der Praxis schon in der Vergangenheit erfolgt.[573] Die unterschiedlichen Argumente belegen, dass aus medizinischer Hinsicht sowohl Begründungen für als auch gegen eine Sonderstellung angeführt werden können.

bb) Gründe für eine Sonderstellung aus rechtlicher Hinsicht

Auch in rechtlicher Hinsicht kann eine Sonderstellung genetischer Daten sowohl begründet als auch abgelehnt werden. Am Eingängigsten könnte sie durch ein im Vergleich zu übrigen Gesundheitsdaten höheres Stigmatisierungs- und Diskriminierungspotenzial gerechtfertigt werden. Dabei ist die Unzulässigkeit einer Diskriminierung sowohl im Rahmen der Beweisführung der Fürsprecher als auch der Gegner des Exzeptionalismus zentrales Argument.[574]

---

569 *Damm*, MedR 2008, S. 535 (536); *BMBF-Projektgruppe „Recht auf Nichtwissen“*, MedR 2016, S. 399 (402).

570 *Duttge*, TIP Hukuku Dergisi 2013, S. 161 (S. 161 ff.).

571 *Schröder*, Bundesgesundheitsbl. 2006, S. 1219 (1220); *Schröder*, Gendiagnostische Gerechtigkeit, S. 212 f.; s. a. *König*, Prädiktive Gesundheitsinformationen im Arbeits- und Beamtenrecht und genetischer „Exzeptionalismus“, S. 47.

572 Abwägend *Hildt* in Hildt/Kovacs (Hrsg.), Was bedeutet genetische Information?, S. 7 (13 f.).

573 *Moeller-Herrmann*, Die Regelung prädiktiver Gentests, S. 53; ähnlich auch *Kiehntopf/Pagel*, MedR 2008, S. 344 (347).

574 M. w. Argumenten *Cremer*, Berücksichtigung prädiktiver Gesundheitsinformationen beim Abschluss privater Versicherungsverträge, S. 46 f.; *Marx-Stölting*, Pharmakogenetik und Pharmakogentests, S. 232 ff.; *Taupitz*, Genetische Diagnostik und Versicherungsrecht, S. 27 ff.

Die Gefahr einer Diskriminierung durch genetische Daten wird insbesondere im Rahmen von Arbeitsverhältnissen, Versicherungsverträgen wie auch in zwischenmenschlichen Beziehungen befürchtet. Dabei entsteht das Diskriminierungspotential infolge der individuellen Aussagekraft und der Eingriffstiefe der Untersuchungen, die durch die Offenbarung der Krankheitsdisposition eine Folge für die Lebensplanung sowie eine Gefährdung des Rechts auf Nichtwissen darstellen.[575] So belegt eine Entscheidung des VG Darmstadt,[576] in der eine Lehrerin aufgrund einer prädiktiven Diagnose der Chorea Huntington-Erkrankung nicht eingestellt wurde, das Missbrauchspotential genetischer Daten im Arbeitsverhältnis. Jedoch erscheint es im Sinne des Gleichheitssatzes fragwürdig, eine Diskriminierungsgefahr nur in genetischer Typisierung zu sehen, denn auch eine Typisierung aufgrund anderer, nicht-genetischer Indikatoren, wie eine HIV-Infektion, verfügt über großes Benachteiligungspotential.[577]

Die Stigmatisierung besteht insbesondere in der Selbstwahrnehmung, die ebenso wie die Wahrnehmung im sozialen Umfeld zu einer Reduzierung auf die Erkrankung und mithin einer Verschlechterung der Lebensqualität führen kann. So führt *Duttge* als Beispiel die Schwierigkeiten von Behinderten an, sich in der Gesellschaft barrierefrei zu bewegen und nach ihren Möglichkeiten am sozialen Leben teilzuhaben.[578] Jedoch ist dabei zu beachten, dass diese Schwierigkeiten im sozialen Umfeld insbesondere bei visuell bemerkbaren Behinderungen auftreten, die nicht notwendigerweise genetischen Ursprungs sein müssen. Vielmehr beinhalten auch andere medizinische Krankheitsdaten, die zu einer sichtbaren Unterscheidung im Alltag führen, vergleichbare Stigmatisierungsgefahr.

cc) Zwischenergebnis

Diese Überlegungen zeigen auf, dass sich zwar in bestimmten Aspekten gesteigerte Besonderheiten der genetischen Daten nicht bestreiten lassen. Jedoch ist in der Summe keine qualitative Differenzierung in solchem Maße gegeben, dass für genetische Daten eine Sonderstellung anzunehmen ist und folglich in Fällen nicht-genetischer Untersuchungen den Betroffenen ein Wissenszwang auferlegt

---

575 *König*, Prädiktive Gesundheitsinformationen im Arbeits- und Beamtenrecht und genetischer „Exzeptionalismus", S. 52; ähnlich *Deutsch*, VersR 1991, S. 1205 (1205, 1209).

576 VG Darmstadt, NVwZ-RR 2006, S. 566 (566 ff.).

577 *Kiehntopf/Pagel*, MedR 2008, S. 344 (347); *Schröder*, Bundesgesundheitsbl 2006, S. 1219 (1221); ähnlich im Rahmen des Anwendungsbereiches des Diskriminierungsverbotes nach § 4 GenDG auch *Stockter* in Prütting (Hrsg.), MedR-Komm, GenDG § 4 Rn. 15.

578 *Duttge*, TIP Hukuku Dergisi 2013, S. 161 (161 ff.).

werden kann.[579] Zwar wird betont, dass die rechtliche Einschätzung des Störungspotentials gegenüber dem gesellschaftlichen Frieden den Gesetzgeber zu regelnden Maßnahmen ermächtigt.[580] Jedoch belegt insbesondere der Schutzzweck des Rechts auf Nichtwissen vor Belastungen der Betroffenen durch Informationsmitteilung, dass der Umfang dieses Rechts auch den Personen gewährt werden muss, die durch nicht-genetische medizinische Ergebnisse in eine erhebliche psychische Belastungssituation geraten.

Bestätigen lässt sich dies durch die Auslegung des Begriffs des Rechts auf Nichtwissen, nach dem Schutz vor aufgedrängten „persönlichkeitsrelevanten" Informationen gewährt werden soll. Da diese Persönlichkeitsrelevanz gerade subjektiv-individuell bestimmt wird,[581] kann keine objektive Wertung durch Dritte aufgestellt werden, dass genetische Daten übermäßig belastender für den Betroffenen wären, sodass ihm nur in diesem Fall ein Recht auf Nichtwissen gewährt werden kann. Als Konsequenz dessen muss im Sinne eines „besonderen Schutzstandards" ein über genetische Daten hinausgehendes Recht auf Nichtwissen gewährt werden.[582]

b) Weitere Fallgruppen

Die Notwendigkeit eines gleich ausgeprägten Schutzstandards für genetische und sonstige medizinische Daten wird durch Diskussionen um ein Recht auf Nichtwissen in anderen medizinischen Bereichen bestätigt. Nachfolgend werden die relevanten medizinischen, (nicht-genetischen) Untersuchungen überblicksartig dargestellt, in denen die Schutzbedürftigkeit der Betroffenen vor der zwangsweisen Kenntnisnahme medizinischer Daten zu einer Befürwortung eines Rechts auf Nichtwissen geführt hat.

---

579 I. E. so auch *Wehling* in Duttge/Lenk (Hrsg.), Das sogenannte Recht auf Nichtwissen, S. 233 (234): „[…] noch das genetisches Wissen etwas „Exzeptionelles" an sich hätte."

580 *Duttge*, TIP Hukuku Dergisi 2013, S. 161 (161 ff.).

581 *Taupitz* in Wiese-FS, S. 583 (591 f.).

582 Ähnlich *Duttge*, MedR 2016, S. 664 (666): „in seiner sachgebietsspezifischen Dimension entgrenzt"; *Hahn*, MedR 2019, S. 197 (200); gegen ein allg. Recht auf Nichtwissen *Schwill*, Aufklärungsverzicht und Patientenautonomie, S. 315: „[…] nur bestimmte Informationen Gegenstand des Rechts auf Nichtwissen sind. Damit wird deutlich, dass es kein allgemeines Recht auf Nichtwissen gibt."; anders wohl auch *Fündling*, Recht auf Wissen vs. Recht auf Nichtwissen in der Gendiagnostik, S. 396: „Besonderheiten genetischer Zufallsbefunde gegenüber nicht-genetischen Zufallsbefunden".

aa) HIV-Fälle

Bereits Ende der 1980er Jahre wurde durch verschiedene Instanzgerichte die Mitteilung eines HIV-Befundes gegen den Willen des Betroffenen als Persönlichkeitsverletzung anerkannt,[583] sodass bereits zu dieser Zeit Diskussionen um ein Recht auf Nichtwissen außerhalb des genetischen Kontextes erfolgten. Der prädiktive HIV-Test stellt eine nicht-genetische Untersuchung dar, die auf der Analyse einer Antikörperbildung im Blut basiert.[584] Während damals bei Verdacht auf HIV noch eine Zwangsuntersuchung im Sinne des Gefahrenschutzes vorgenommen werden durfte,[585] unterliegt eine solche Untersuchung inzwischen auch dem informed consent.[586] Diese richtungsweisende Entscheidung der Enquete-Kommission des 11. Deutschen Bundestages zum Thema AIDS wurde mit der Autonomie des Einzelnen zur Entscheidung für oder gegen einen Test begründet.[587] Aufgrund des Wissens um die mangelnde Therapierbarkeit der HIV-Infektion[588] konnte bereits ein HIV-Test mit prognostischem Charakter eine große Belastung mit psychischen Folgen für den Betroffenen darstellen.[589] Folge dieser Erkenntnis war die Anerkennung der Verweigerung eines HIV-Testes des Patienten, die im Rahmen des Selbstbestimmungsrechts einem Recht auf Nichtwissen zum Schutz des Betroffenen gleichsteht.[590]

---

583 LG Köln NJW 1995, S. 1621 (1622); offenlassend AG Göttingen, NJW 1989, S. 776 (776 f.); AG Mölln NJW 1989, S. 775 (775); anders *Duttge* in Wehling (Hrsg.), Vom Nutzen des Nichtwissens, S. 75 (78 f.), der dazu ausführt, dass es durch den „stigmatisierenden Charakter“ einer Aids-Erkrankung hauptsächlich um das Geheimhaltungsinteresse ginge, wobei allein dies noch zu keinem persönlichkeitsrelevanten Eingriff führen könne.

584 *Cremer*, Berücksichtigung prädiktiver Gesundheitsinformationen beim Abschluss privater Versicherungsverträge, S. 86.

585 Weitere Ausführungen zur Gefahrenerforschung bei HIV-Verdacht siehe *Gallwas*, NJW 1989, S. 1516 (1516 ff.).

586 OLG Düsseldorf VersR 1995, 339 (340); *Koppernock*, Das Grundrecht auf bioethische Selbstbestimmung, S. 60; *Laufs*, NJW 1987, S. 2257 (2263).

587 BT-Drs. 11/7200, S. 77; Kritik bzgl. dieser Entscheidung *Dennin/Lafrenz/Sinn*, MedR 2009, S. 457 (461), die in der HIV-Sonderstellung ein Schlupfloch sehen, um sich strafprozesstaktisch als „unwissend“ bzgl. ihrer HIV-Infektion positionieren können.

588 *Laufs*, NJW 1987, S. 2257 (2259).

589 *Stockter*, Das Verbot genetischer Diskriminierung und das Recht auf Achtung der Individualität, S. 485; *Schünemann*, Die Rechtsprobleme von AIDS, S. 103 (145 f.); *Frankenberg* in Prittwitz (Hrsg.), AIDS, Recht und Gesundheitspolitik, S. 93 (110).

590 *Koppernock*, Das Grundrecht auf bioethische Selbstbestimmung, S. 60; *Duttge*, DuD 2010, S. 34 (37); *Stockter*, Das Verbot genetischer Diskriminierung und das Recht auf Achtung der Individualität, S. 485; *Taupitz* in Wiese-FS, S. 583 (584); ähnlich

bb) Pränataldiagnostik

Auch im Rahmen von Untersuchungen von schwangeren Frauen entwickelt das Recht auf Nichtwissen steigende Bedeutung: So verlangt § 2a des Schwangerschaftskonfliktgesetzes[591] eine Aufklärung und Beratung der Schwangeren durch die Ärzte im Falle einer Annahme, dass die körperliche oder geistige Gesundheit des Kindes geschädigt sei. Dabei muss der Arzt „die medizinischen und psychosozialen Aspekte, die sich aus dem Befund ergeben" in die Beratung einbeziehen.[592] Aufgrund dieser Beratung kann die Schwangere über weitere Untersuchungen oder die Ablehnung der Befunderhebung entscheiden. Auch nach der PND-Richtlinie[593] soll aufgrund dieser Belastungssituation bereits im Vorfeld einer Untersuchung eine Aufklärung über psychologischen und medizinischen theoretischen Folgen erfolgen. Da die dem Gespräch folgenden Untersuchungen nur mit Einwilligung der Schwangeren stattfinden, besteht auch die Möglichkeit der Ablehnung der Untersuchung und mithin des Nicht-Wissen-Wollens bestimmter Befunde bei dem Kind. Dabei sind die der Beratung folgenden pränataldiagnostischen Untersuchungen nicht nur genetischer Natur, sondern bestehen auch aus Ultraschalluntersuchungen[594] und Bestimmung biochemischer (und nicht-genetischer) Marker[595] sowie bei erhöhtem Risiko aus Sonographien und Röntgendiagnostik[596]. Die Entscheidung zur Ablehnung der Untersuchung und damit die Entscheidung für das Nicht-Wissen-Wollen von möglichen Fehlbildungen des Kindes bezieht sich folglich nicht nur auf genetische Maßnahmen.[597] Vielmehr ist darin ein generelles Recht auf Nichtwissen der Schwangeren zu sehen.

Frankenberg in Prittwitz (Hrsg.), AIDS, Recht und Gesundheitspolitik, S. 93 (110); kritisch bzgl. des Rechts auf Nichtwissen bei vermuteter HIV-Infektion in Anbetracht des faktischen Vorrangs vor dem Lebensschutz Dritter *Dennin/Lafrenz/Sinn*, MedR 2009, S. 457 (461).

591 Gesetz v. 27.07.1992 (BGBl. I S. 1398) zuletzt durch Artikel 14 Nummer 1 des Gesetzes vom 20. Oktober 2015 geändert (BGBl I S. 1722).

592 *Duttge*, DuD 2010, S. 34 (37).

593 *Bundesärztekammer*, DÄ 1998, A 3236 (3236 ff.).

594 *Bundesärztekammer*, DÄ 1998, A 3236 (3239).

595 *Bundesärztekammer*, DÄ 1998, A 3236 (3239).

596 *Bundesärztekammer*, DÄ 1998, A 3236 (3240).

597 *Woopen/Rummer*, MedR 2009, S. 130 (134, 135) verwenden in diesem Zusammenhang ebenfalls den Begriff „Recht auf Nichtwissen", auch wenn er selbst in der Richtlinie so nicht verwendet wird; siehe auch *Duttge*, DuD 2010, S. 34 (37).

cc) Bildgebung

Der Einsatz verschiedener bildgebender Verfahren hat in der Literatur zunächst ebenfalls zu Debatten um ein Recht zur Abwehr aufgedrängter Informationen unter Berücksichtigung des Spannungsfeldes zwischen Selbstbestimmungsrecht und ärztlicher Fürsorge geführt.[598] So wurde das Recht auf Nichtwissen insbesondere im Rahmen der Überlegungen zur Einführung des flächendeckenden Mammographie-Screenings für Frauen von 50 bis 69 Jahren[599] hervorgehoben. Die durch die Untersuchung möglicherweise gewonnenen positiven Diagnosen haben das Potential, die Lebenssituation der Betroffenen grundlegend zu ändern und psychische Belastungen herbeizuführen. Durch einen Zwang zu einer solchen Untersuchung wird neben der Freiwilligkeit der Teilnahme auch das Recht auf Nichtwissen missachtet.[600] Insbesondere weil die mittels bildgebender Verfahren gewonnenen Krebsdiagnosen genetischen Ursprungs sind, ist es zwingend, dass das Recht auf Nichtwissen auch in diesem bereichsspezifischen Kontext Beachtung findet. Sowohl der (Zufalls-)Befund eines genetisch bedingten Karzinoms mittels CT als auch eine nicht-genetische Gefäßverengung oder eine chronisch-entzündliche Multiple Sklerose mag von dem Patienten als belastend eingestuft werden, sodass er zuvor über die Kenntnisnahme potentiell belastender Untersuchungsergebnisse entscheiden muss. Es entstehen vor Vornahme dieser Untersuchungen folglich die Fragen des „uninformed consent" und des Umfangs des Nichtwissens.

dd) Aufklärungsverzicht

Neben den dargelegten exemplarischen medizinischen Bereichen, in denen das Recht auf Nichtwissen bereits Geltung beansprucht, wird auch der Aufklärungsverzicht teilweise als Ausprägung des Rechts auf Nichtwissen anerkannt.[601] Literatur[602] und Rechtsprechung[603] thematisieren den Aufklärungsverzicht und das Recht auf Nichtwissen zumeist getrennt und in verschiedenen Zusammenhängen. Während zwischen Recht auf Nichtwissen und dem Recht auf Wissen eine

---

598 Vgl. *Duttge*, DuD 2010, S. 34 (38).

599 *Katzenmeier*, DÄ 2006, A 1054 (1054).

600 *Katzenmeier*, DÄ 2006, A 1054 (1054).

601 Ausführlich *Schwill*, Aufklärungsverzicht und Patientenautonomie, S. 313; s. a. *Taupitz* in Wiese-FS. S. 583 (584) m. w. Nachw.; *Hahn*, MedR 2019, S. 197 (199).

602 *Katzenmeier* in Laufs/Katzenmeier/Lipp (Hrsg.), Arztrecht, Kap. V Rn. 42 ff.; *Roßner*, NJW 1990, S. 2291 (2291 f.).; *Schneider*, Neue Behandlungsmethoden im Arzthaftungsrecht, S. 195; s. a. *Fenger/Klotz/Hoffmeier*, DMW 2005, S. 2910 (2910 f.).

603 BGH NJW 1959, S. 811 (813); BGH NJW 1973, S. 556 (558).

Abgrenzung erfolgt, wird der Aufklärungsverzicht als Einschränkung der Selbstbestimmungsaufklärung angesehen. *Schwill* geht dementsprechend von den Begriffspaaren Recht auf Nichtwissen/Recht auf Wissen und Aufklärungsverzicht/Aufklärung aus.[604] Teilweise ist der Aufklärungsverzicht inzwischen jedoch als eine Ausprägung des Rechts auf Nichtwissen anerkannt, da beide Institute die Informationsabwehr des Betroffenen gewähren und damit den gleichen Schutzzweck verfolgen:[605] Der Patient soll über die Persönlichkeitsrelevanz bestimmter Informationen und die sich anschließende Kenntnisnahme eigens entscheiden. Sowohl Informationen der Aufklärung über möglicherweise entstehende Risiken oder Eingriffsfolgen als auch die Kenntnis eines konkreten pathologischen Befundes können bei dem Patienten zu psychischen Belastungen und Veränderungen der Lebenssituation führen.[606] Da die Belastung einer Information nicht objektiv, sondern individuell-subjektiv bestimmt werden muss, kann keine verallgemeinernde Aussage in Bezug auf unterschiedliche Eingriffstiefen getroffen werden.

Gegen eine Ausprägung des Aufklärungsverzichts aus dem Recht auf Nichtwissen wird deren verfassungsrechtliche Grundlage angeführt. Während das Recht auf Nichtwissen seine geschützte Grundlage im informationellen Selbstbestimmungsrecht aus Art. 2 Abs. 1 i. V. m. Art. 1 Abs. 1 GG findet,[607] ist der Aufklärungsverzicht ebenso wie das Aufklärungsrecht ein Teil des allgemeinen Persönlichkeitsrechts.[608] Dieses Argument kann nicht überzeugen, da beide verfassungsrechtlichen Zuordnungen stark umstritten sind, sodass sie nicht als Ausschlusskriterium für das hier Untersuchte angeführt werden können. Letztendlich stellen sowohl das Recht auf Nichtwissen als auch der Aufklärungsverzicht Rechte des Patienten in Bezug auf sämtliche medizinische Daten dar, sodass der Aufklärungsverzicht als Ausprägung des Rechts auf Nichtwissen angesehen werden kann.

---

604 *Schwill*, Aufklärungsverzicht und Patientenautonomie, S. 313.

605 *Schwill*, Aufklärungsverzicht und Patientenautonomie, S. 310 ff.; ähnlich *Harmann*, NJOZ 2009, S. 819 (822).

606 *Schwill*, Aufklärungsverzicht und Patientenautonomie, S. 313 f.

607 Exemplarisch *Damm*, MedR 2014, S. 139 (140); *Duttge*, DuD 2010, S. 34 (34); *Kern* in Dierks u. a. (Hrsg.), Genetische Untersuchungen und Persönlichkeitsrecht, S. 55 (63 f.); *Stumper*, Informationelle Selbstbestimmung und DNA-Analysen, S. 133; a. A. *Schwill*, Aufklärungsverzicht und Patientenautonomie, S. 312; weitere Ausführungen im 1. Kapitel B II 1. b) aa) und 2.

608 Weitere Ausführungen hierzu im 1. Kapitel B I 3.

ee) Abgrenzung zum nicht umfassten Transplantationsrecht

Darüber hinaus wird das Recht auf Nichtwissen heutzutage auch in weiteren Bereichen als selbstverständlich bestehendes Recht für den Patienten angesehen. Beispielsweise wird im Rahmen des Transplantationsrechts beraten, ob die Widerspruchslösung als verfassungswidrig angesehen werden könnte, da sie die Person gleichsam dazu nötige, sich mit der Organspende nach dem Tod zu befassen. Dies widerspräche dem Recht auf Nichtwissen, denn der Betroffene habe das Recht, auf diese Überlegungen zu verzichten.[609] In diesem Zusammenhang erscheint es jedoch fraglich, von einem Nicht-Wissen-Wollen in oben genanntem Sinne auszugehen, denn es handelt sich vielmehr um ein Nicht-Handeln-Wollen. Dem Betroffenen wird kein Befund offenbart, der ihn belasten könnte, sondern ihm wird eine Entscheidung über ein Verfahren nach dem Tode abverlangt. Sollte das Wissen um Eingriffe in den Körper nach dem Tode belastend für ihn sein, hat er die Möglichkeit, dieses zu verhindern.

ff) Zwischenergebnis

Die Darstellung der spezifischen Bereiche, in denen eine hohe Schutzbedürftigkeit der Betroffenen gegeben ist, verdeutlicht einen besonderen Schutzstandard bereits auf verfassungsrechtlicher Ebene. Dieser wird in Teilen durch die Anerkennung des Rechts auf Nichtwissen auch außerhalb des Kontextes genetischer Daten gewährleistet. Durch die Ausübung seines Rechts auf Nichtwissen kann der Betroffene die Selbstwahrnehmung medizinischer Daten ablehnen und sich selbstbestimmt vor dem Wissen um persönlichkeitsbezogene Gesundheitsdaten schützen. Damit ist verfassungsrechtlich (noch) kein allgemeines Recht auf Nichtwissen, aber ein gesundheitsbezogenes Individualrecht auf Nichtwissen geschützt.

5. Grenzen des Rechts auf Nichtwissen

Als Konsequenz der Anerkennung eines gesundheitsbezogenen Rechts auf Nichtwissen ist die Durchsetzbarkeit dieses Anspruches insbesondere in Beziehung zu möglichem kollidierenden Verfassungsrecht zu bestimmen. Die in Art. 2 Abs. 1 i. V. m. Art. 1 Abs. 1 GG festgelegte „Schranke" des grundrechtlichen Schutzbereiches belegt, dass das Recht auf Nichtwissen kein „absolutes Recht" darstellt, das gegenüber jedermann wirkt und nicht durch Interessen Dritter einschränkbar ist.[610] Vielmehr handelt es sich um ein relatives Recht,

---

609 *Tag* in MüKo Bd. 6, TPG § 4 Rn. 4.

610 So auch *Duttge* in Wehling (Hrsg.), Vom Nutzen des Nichtwissens, S. 75 (83).

denn trotz der normativen Bedeutung ist das Recht auf Nichtwissen kein Teil des unantastbaren Kernbereichs menschlicher Persönlichkeit.[611] Auch aus der Schlussfolgerung, dass das Recht auf Nichtwissen aufgrund Interessen Dritter eingrenzbar ist, ergibt sich jedoch nicht, in welchem Verhältnis die jeweiligen Rechte der Betroffenen tatsächlich stehen. Eine generelle Bestimmung des Verhältnisses zwischen Recht auf Nichtwissen und anderen Verfassungsgütern liefe möglicherweise auch dem „individualrechtlichen Verständnis“[612] des Rechts auf Nichtwissen zuwider. Dieses unterschiedliche Verständnis verdeutlicht beispielsweise eine Befragungsstudie der *Göttinger BMBF-Projektgruppe „Recht auf Nichtwissen“*, nach der 9 von 10 Personen die eigene Befindlichkeit als nachrangig bewerteten, wenn durch eine Diagnose das Wohl der Kinder betroffen sei.[613]

Trotz der inzwischen anerkannten Geltung eines Rechts auf Nichtwissen besteht die Gefahr, dass der Anspruch auf Unwissenheit in seiner Bedeutung geringer geachtet wird, vor dem Hintergrund, dass „Mündigkeit“ des Betroffenen immer noch im Sinne einer erhöhten Informiertheit definiert wird. Insbesondere das BVerfG hat in seiner Entscheidung bzgl. des Anspruchs auf Nichtkenntnis der familiären Abstammung dargelegt, dass „ein Recht aber, das eine möglicherweise fehlerhafte Annahme schützt, [...] grundsätzlich ein geringeres Gewicht gegenüber dem Recht auf Kenntnis der Abstammung [habe], weil allein dieses letztendlich einen dauerhaften Beitrag zur eigenen Identitätsfindung sowohl des Mannes als auch des Kindes leisten kann“[614]. Dies verdeutlicht den Drang, die objektive Sichtweise gegenüber der subjektiven Entscheidung als die Vorrangige anzusehen,[615] und ist damit Ausdruck eines paternalistischen Fürsorgegedankens. Tatsächlich ist eine Abwägung der widerstreitenden Interessen einzelfallabhängig zu treffen.[616] Dabei sind die Achtung der Persönlichkeitsrelevanz der Daten und Ansprüche Dritter in einen schonenden Ausgleich

---

611 Ähnlich für das Allgemeine Persönlichkeitsrecht *Ehmann*, Archiv für die civilistische Praxis 1988, S. 230 (376 f.).

612 *Duttge*, MedR 2016, S. 664 (667).

613 *Duttge*, MedR 2016, S. 664 (667).

614 BVerfGE 117, 202 (230); krit. hierzu *John*, VersR 2014, S. 1139 (1139).

615 *Duttge* in Wehling (Hrsg.), Vom Nutzen des Nichtwissens, S. 75 (84).

616 Für die Abwägung zwischen Recht auf Wissen und Nichtwissen auch *Duttge* in Wehling (Hrsg.), Vom Nutzen des Nichtwissens. Interdisziplinäre Perspektiven und Deutungen, S. 75 (84): „Stünden sich daher allein die beiden konfligierenden Rechtspositionen auf Wissen bzw. Nichtwissen gegenüber, so ließe sich jedenfalls ein genereller Vorrang des Informationsinteresses nicht so einfach begründen.“

zu bringen, ohne das Recht auf Nichtwissen als Resultat einer „Dummheit“[617] zu verstehen und verallgemeinernd Wissensansprüche vorzuziehen.[618]

Kollisionspotential mit dem Recht auf Nichtwissen des Betroffenen kann insbesondere bei einem Interesse des Versicherers oder Arbeitgebers bzgl. der Kenntnis der Erkrankung, dem Recht auf Wissen Verwandter und der ärztlichen Verpflichtung zu fürsorglichem Handeln entstehen.

a) Versicherer

Die Entscheidung des Versicherungsnehmers, einen aus einer medizinischen Untersuchung in Diagnostik oder Forschung resultierenden Befund nicht wissen zu wollen, kollidiert mit Interessen der Versicherungsunternehmen. Die gesetzliche Sozialversicherung, bestehend aus Kranken-, Pflege-, Unfall- und Rentenversicherung, bezweckt die Sicherung des Lebensstandards des Einzelnen.[619] Im Gegensatz zu der Privatversicherung findet jedoch vor Eintritt in das Versicherungsverhältnis keine Risikoprüfung[620] statt. Letztere ist im Rahmen der Privatversicherung für die Bemessung der Versicherungsprämie und des Beitrages in der Sozialversicherung maßgeblich.[621] Infolgedessen wird im Rahmen der Privatversicherung eine Anpassung der Versicherungssumme nach dem vom Versicherer zu übernehmenden wirtschaftlichen Risiko vorgenommen, während die Sozialversicherung entsprechend der wirtschaftlichen Leistungsfähigkeit berechnet wird. Insbesondere im Rahmen von privatversicherungsrechtlichen Vertragsverhältnissen ist die Kenntnis über manifestierte Krankheiten sowie Krankheitsdispositionen bei der Prämienkalkulation von Bedeutung. Hingegen sind Erkenntnisse über medizinische Befunde bei der Begründung eines Sozialversicherungsverhältnisses ohne Relevanz.[622]

Für den Privatversicherer resultiert der Anspruch auf Wissen um eine Erkrankung zur Bemessung der Risikoanalyse aus Art. 12 Abs. 1 GG. Dieses

---

617 *Taupitz* in Wiese-FS, S. 583 (586): „Recht auf Dummheit“.

618 Ähnlich *John*, VersR 2014, S. 1139 (1139); *Wollenschläger*, AöR 2013, S. 161 (171).

619 *Cremer*, Berücksichtigung prädiktiver Gesundheitsinformationen beim Abschluss privater Versicherungsverträge, S. 91.

620 Zur Risikoanalyse des Versicherers bei Privatversicherungen ausführlich *Cremer*, Berücksichtigung prädiktiver Gesundheitsinformationen beim Abschluss privater Versicherungsverträge, S. 88 ff.

621 Schlussbericht der Enquete-Kommission „Recht und Ethik der modernen Medizin“, BT-Drs. 14/9020, S. 143; *Lorenz*, VersR 1999, 1309 (1309).

622 *Cremer*, Berücksichtigung prädiktiver Gesundheitsinformationen beim Abschluss privater Versicherungsverträge, S. 92.

Verfassungsrecht schützt die Unternehmensfreiheit und damit sämtliche wirtschaftliche Tätigkeiten, die dem Unternehmenszweck dienen. Für den Versicherer besteht dieser Zweck in der Übernahme eines vertraglich vereinbarten wirtschaftlichen Risikos.[623] Die durch Art. 12 Abs. 1 GG geschützte Unternehmenstätigkeit ist nur rentabel, sofern vor Übernahme eines Risikos dieses auch in medizinischer Hinsicht überprüft werden kann.

Diesem Wissensinteresse tritt jedoch im konkreten Einzelfall das Recht auf Nichtwissen des Versicherten entgegen.[624] Auch das Recht des Versicherers aus Art. 12 Abs. 1 GG ist verfassungsrechtlich kein unbegrenztes Recht. Vielmehr wird ein Eingriff in dieses Grundrecht durch Gesetz oder aufgrund Gesetzes sowie aufgrund kollidierender verfassungsrechtlicher Interessen Dritter erlaubt. Ob eine verallgemeinernde Abwägung der Grundrechte auf Nichtwissen des Betroffenen, der sich keiner Untersuchung unterziehen oder das Ergebnis nicht mitgeteilt bekommen möchte, und dem Wissensinteresse aufgrund der unternehmerischen Sovalibität aus Art. 12 Abs. 1 GG möglich ist, ist anzuzweifeln. Während eine Begrenzung des Nichtwissens einen ausgeprägten Persönlichkeitsbezug vorweist und möglicherweise schwere Belastungen des Betroffenen durch die medizinisch relevanten (teilweise genetischen) Befunde entstehen können, besteht die Gefahr, dass Beschränkungen der unternehmerischen Tätigkeit aus Art. 12 Abs. 1 GG zu einer finanziellen Belastung führen. Die mit den genetischen Daten verbundene Persönlichkeitsrelevanz rechtfertigt infolge der Abwägung ein Überwiegen gegenüber finanziellen Aspekten. Aufgrund der Schutzpflicht des Staates gegenüber dem Recht auf Nichtwissen des Betroffenen muss demnach ein Eingriff in die Versicherungsgeberrechte gewährt werden.[625] Auch die daraus folgenden möglichen höheren finanziellen Belastungen der Versichertengemeinschaft lassen keinen finalen Eingriff in das Recht auf Nichtwissen des Untersuchten zu.[626]

---

623 *Cremer*, Berücksichtigung prädiktiver Gesundheitsinformationen beim Abschluss privater Versicherungsverträge, S. 231 f.

624 *Lindner*, MedR 2007, S. 286 (295); Schlussbericht der Enquete-Kommission „Recht und Ethik der modernen Medizin", BT-Drs. 14/9020, S. 147.

625 *Lindner*, MedR 2007, S. 286 (295); a. A. *Lorenz*, VersR 1999, 1309 (1313): „[...] nicht begründet [...]; denn es bedeutet einen ersten erheblichen Schritt zur Angleichung der privaten Personenversicherung an die [...] ganz anders strukturierte Sozialversicherung, weil feststellbare Risikounterschiede zwischen den Versicherungsinteressenten nicht berücksichtigt werden dürften."

626 *Retzko*, Prädiktive Medizin versus ein (Grund-)Recht auf Nichtwissen, S. 164.

Exemplarisch ist für eine solche Abwägung die Regelung in § 18 GenDG anzuführen. Im Rahmen der genetischen Diagnostik hat der Gesetzgeber in dieser Vorschrift für den Kontext der Privatversicherung einen einfachgesetzlichen Ausgleich der widerstreitenden Interessen getroffen und die abstrakte Abwägung zugunsten des Rechts auf Nichtwissen vorgenommen. Demnach darf nach § 18 Abs. 1 Nr. 1 GenDG „der Versicherer [...] von Versicherten weder vor noch nach Abschluss des Versicherungsvertrages die Vornahme genetischer Untersuchungen oder Analysen verlangen". Dieses Verbot des Untersuchungsverlangens[627] schützt das Recht auf Nichtwissen des Versicherungsnehmers umfassend.[628] Die in § 18 Abs. 2 GenDG geregelte Anzeigepflicht kollidiert nicht mit Versicherungsnehmerinteressen, da bereits bekannte Informationen nicht dem Schutz des Nichtwissens unterliegen können.[629] Im Rahmen des Gendiagnostikgesetzes ist mithin – ebenso wie bei der abstrakten Abwägung der Grundrechte – der Schutz vor aufgedrängtem Wissen persönlichkeitsrelevanter genetischer Daten höher als das Interesse des Versicherers an der Durchführung von Risikoprüfungen gewichtet worden.

b) Arbeitgeber

Auch das Interesse des Arbeitgebers an der Kenntnis der Gesundheitsdaten des Arbeitnehmers kann mit dem Nicht-Wissen-Wollen des Betroffenen kollidieren. Ein solches Interesse kann sich aus der allgemeinen Handlungsfreiheit nach Art. 2 Abs. 1 GG ergeben, nach der dem Arbeitgeber im Sinne der freien Marktwirtschaft eine Vertragsfreiheit zugestanden wird.[630] Diese Freiheit befugt grundsätzlich dazu, den Abschluss eines Vertrages von Informationen über den Vertragspartner abhängig zu machen. Daneben ergibt sich aus Art. 12 Abs. 1 GG ein Interesse an der Eignungsfeststellung, um die Tauglichkeit ergründen und krankheitsbedingte Ausfallzeiten einschätzen zu können. Neben der durch Art. 12 Abs. 1 GG geschützten Gewinnmaximierung des Unternehmens[631]

---

627 *Stockter* in Prütting (Hrsg.), MedR-Komm, GenDG § 18 Rn. 14 ff.; ausführlich auch *Hahn* in Kern (Hrsg.), GenDG Kommentar, § 18 Rn. 17 ff.

628 *Hahn* in Kern (Hrsg.), GenDG Kommentar, § 18 Rn. 6; *Stockter* in Prütting (Hrsg.), MedR-Komm, GenDG § 18 Rn. 2.

629 *Hahn* in Kern (Hrsg.), GenDG Kommentar, § 18 Rn. 44; *Looschelders*, VersR 2011, S. 697 (700); *Präve,* VersR 2009, S. 857 (861).

630 BVerfGE 8, 274 (328); *König*, Prädiktive Gesundheitsinformationen im Arbeits- und Beamtenrecht und genetischer „Exzeptionalismus", S. 100.

631 *König*, Prädiktive Gesundheitsinformationen im Arbeits- und Beamtenrecht und genetischer „Exzeptionalismus", S. 101.

unterstützen Einstellungsuntersuchungen auch das durch Art. 14 GG geschützte Interesse an der Vermeidung hoher Personalkosten, Vergütungen und Lohnfortzahlungen ohne entsprechenden Gegenwert.[632] Durch den Willen des arbeitnehmenden Vertragspartners, seine genetischen Daten nicht zur Kenntnis zu nehmen, wird gleichsam in die dargelegten Rechte des Arbeitgebers eingegriffen. Im Umkehrschluss würde jedoch auch die verpflichtende Erhebung medizinischer Daten für die Personalauswahl eine belastende Beschränkung des Rechts auf Nichtwissen des Bewerbers bedeuten.[633]

Da weder das Recht auf Nichtwissen des Arbeitnehmers noch die grundrechtlich geschützten Positionen des Arbeitgebers schrankenlos gewährt werden, ist eine Abwägung der beiden Rechtsgüter einzelfallbezogen vorzunehmen.[634] Eine Abwägung der beiden grundrechtlichen Positionen muss grundsätzlich hinsichtlich der Intensität des Eingriffes erfolgen. Vor dem Hintergrund der Sorge und Gefahr einer „verdeckten" Arbeitnehmerauslese sind medizinische Untersuchungen zu Einstellungszwecken kritisch zu betrachten. Speziell eine prognostische Datengenerierung kann aufgrund der Persönlichkeitsrelevanz und der daraus folgenden Diskriminierungsgefahr[635] belastend sein. Denn insbesondere prädiktive Untersuchungen stellen einschneidende persönlichkeitsrelevante Beeinträchtigungen dar, indem sie möglicherweise belastende aber teilweise ausschließlich prognostische Gesundheitsbeeinträchtigungen offenbaren können. Dieses Wissen kann einerseits die Lebenssituation des Betroffenen ändern und andererseits an einer Einstellung hindern. Der *Nationale Ethikrat* empfiehlt daher, zwischen „Informationen über den Gesundheitszustand des Bewerbers zum Zeitpunkt der Einstellung" und „Informationen über den zukünftigen Gesundheitszustand" zu unterscheiden. Erstere seien unabhängig von der Ursache der Krankheit zulässig, da der Arbeitgeber ein berechtigtes Interesse an der gesundheitlichen Tauglichkeit des Arbeitnehmers habe. Hingegen seien

632 *König*, Prädiktive Gesundheitsinformationen im Arbeits- und Beamtenrecht und genetischer „Exzeptionalismus", S. 101.

633 Ähnlich *König*, Prädiktive Gesundheitsinformationen im Arbeits- und Beamtenrecht und genetischer „Exzeptionalismus", S. 115 f.

634 *Schwarz* in Kern (Hrsg.), GenDG Kommentar, Vor §§ 19–22 Rn. 20; ähnlich auch *Genenger*, AuR 2009, S. 285 (285).

635 Bisher liegen zum Einsatz prädiktiver (genetischer) Untersuchungen keine Ergebnisse vor; vgl. *Nationaler Ethikrat*, Prädiktive Gesundheitsinformationen bei Einstellungsuntersuchungen, S. 35, S. 47.

prädiktive Untersuchungen genetischer und nicht-genetischer Art kritischer zu betrachten, da die Vorhersagekraft häufig begrenzt valide sei.[636]

Allerdings ist zu beachten, dass auch bei weniger persönlichkeitsrelevanten Eingriffen die Zweckgebundenheit der Untersuchung[637] sowie der objektive Wert der erlangten Gesundheitsdaten für die Einstellung in dem konkreten Beruf zu berücksichtigen sind. Infolgedessen können Eingriffe in das Recht auf Nichtwissen durch die Verpflichtung des Arbeitnehmers zur medizinischen Untersuchung gerechtfertigt erscheinen, sofern sie ausschließlich zum Schutz der Gesundheit des Bewerbers oder Angestellten durchgeführt werden. Als zusätzliche Anforderung muss eine solche Untersuchung im Zusammenhang mit der auszuübenden Tätigkeit stehen. Eine Abwägung der grundrechtlichen Positionen muss dementsprechend einzelfallbezogen anhand der Eingriffsintensität und der Schutzrichtung der medizinischen Untersuchung stattfinden. Während Untersuchungen zur Eignungsfeststellung überwiegend nicht zu Lasten des Rechts auf Nichtwissen durchgeführt werden dürfen, kann der Schutz des Arbeitnehmers einen solchen Eingriff rechtfertigen.

Exemplarisch sind in diesem Zusammenhang die einfachgesetzlichen Regelungen der §§ 19 ff. GenDG für den Kontext der genetischen Diagnostik im Arbeitsleben anzuführen. Nach § 19 Nr. 1 GenDG ist die Vornahme einer genetischen Untersuchung oder Analyse vor und nach Begründung des Beschäftigungsverhältnisses unzulässig. Der umfassende Schutz des Rechts auf Nichtwissen des Arbeitnehmers wird dabei sowohl auf vorvertragliche Handlungen als auch auf die Einbeziehung bereits gewonnener Befunde ausgeweitet (§ 19 Nr. 2 GenDG).[638] Schutzgut des § 19 GenDG ist das Recht auf Nichtwissen. Davon abzugrenzen sind die Regelungen zum Arbeitsschutz in § 20 GenDG, die für den Kontext der „arbeitsmedizinischen Vorsorgeuntersuchungen" Geltung entfalten. So ist in § 20 Abs. 1 GenDG der Grundsatz eines Verbotes genetischer arbeitsmedizinischer Untersuchungen formuliert, von dem jedoch in den speziellen Fällen der § 20 Abs. 2 und 3 GenDG abgewichen werden kann. Diese liegen insbesondere für Genproduktanalysen vor, „soweit sie zur Feststellung genetischer Eigenschaften erforderlich sind, die für schwerwiegende Erkrankungen oder schwerwiegende gesundheitliche Störungen, die bei einer Beschäftigung an

636 *Nationaler Ethikrat*, Prädiktive Gesundheitsinformationen bei Einstellungsuntersuchungen, S. 51 f.

637 BAG NZA 2010, S. 383 (386); *Schwarz* in Kern (Hrsg.), GenDG Kommentar, Vor §§ 19–22 Rn. 21.

638 *Schwarz* in Kern (Hrsg.), GenDG Kommentar, § 19 Rn. 6.

einem bestimmten Arbeitsplatz oder mit einer bestimmten Tätigkeit entstehen können, ursächlich oder mitursächlich“ sind (§ 20 Abs. 2 GenDG).[639] Ein Eingriff in das Recht auf Nichtwissen des Arbeitnehmers wird hier zum Arbeitsschutz und der Verhütung weiterer Erkrankungen gerechtfertigt.[640] Ähnliches gilt nach § 20 Abs. 3 GenDG für die durch Rechtsverordnung der Bundesregierung angeordneten diagnostischen zytogenetischen und molekulargenetischen Analysen zu arbeitsmedizinischen Vorsorgeuntersuchungen.[641]

c) *Recht auf Wissen der Verwandten*

Das Recht auf Nichtwissen bzgl. bestimmter Gesundheitsinformationen kann im Familienverbund insbesondere mit dem Recht auf Wissen der Verwandten kollidieren.[642] Dies ist ein ebenfalls aus der informationellen Selbstbestimmung aus Art. 2 Abs. 1 i. V. m. Art. 1 Abs. 1 GG abgeleitetes Recht,[643] das die Kenntnis der eigenen gesundheitlichen Verfassung und genetischen Disposition schützt.[644]

aa) Durchsetzbarkeit der Grundrechte

Ein Widerstreit beider Interessen kann durch Untersuchungen entstehen, bei denen potentiell Befunde mit Drittbezogenheit generiert werden können. So werden exemplarisch bei der genetischen Untersuchung eines Enkels, dessen Großvater an Chorea Huntington erkrankt war, unvermeidlich auch Ergebnisse

---

639 Ausführlich *Schwarz* in Kern (Hrsg.), GenDG Kommentar, § 20 Rn. 10 ff.; *Stockter* in Prütting (Hrsg.), MedR-Komm, GenDG § 20 Rn. 7 ff.

640 Ähnlich *Schwarz* in Kern (Hrsg.), GenDG Kommentar, § 20 Rn. 4.

641 Ausführlich *Schwarz* in Kern (Hrsg.), GenDG Kommentar, § 20 Rn. 29 ff; *Stockter* in Prütting (Hrsg.), MedR-Komm, GenDG § 20 Rn. 11 ff.

642 Näher *Duttge* in Wehling (Hrsg.), Vom Nutzen des Nichtwissens, S. 75 (86); *Fündling*, Recht auf Wissen vs. Recht auf Nichtwissen in der Gendiagnostik, S. 318 f.; *Retzko*, Prädiktive Medizin versus ein (Grund-)Recht auf Nichtwissen, S. 165.

643 *Retzko*, Prädiktive Medizin versus ein (Grund-)Recht auf Nichtwissen, S. 160; a. A. *Wollenschläger*, AöR 2013, S. 161 (167 f.), der das Recht auf Wissen im allgemeinen Persönlichkeitsrecht aus Art. 2 Abs. 1 i. V. m. Art. 1 Abs. 1 GG sowie der körperlichen Unversehrtheit aus Art. 2 Abs. 2 S. 1 GG veranlagt sieht.

644 *Lindner*, MedR 2007, S. 286 (289); *Moeller-Herrmann*, Die Regelung prädiktiver Gentests S. 113; *Retzko*, Prädiktive Medizin versus ein (Grund-)Recht auf Nichtwissen, S. 161; *Scherrer*, Das Gendiagnostikgesetz, S. 246 ff.; Schlussbericht der Enquete-Kommission „Recht und Ethik der modernen Medizin“, BT-Drs. 14/9020, S. 132.

über den genetischen Zustand des Vaters gewonnen.[645] Aber auch eine nichtgenetische Untersuchung bei Verdacht einer HIV-Infektion kann für den Lebenspartner ein Interesse zur Kenntnis des Befundes begründen. Lehnt der Untersuchte in vergleichbaren Fällen die Mitteilung und dementsprechende Kenntnisnahme der gesundheitlichen Daten ab, kann dies im Widerstreit zu dem Verlangen des Verwandten stehen. Da es sich sowohl bei dem Recht auf Nichtwissen als auch bei dem Recht auf Wissen um relative Grundrechte des Einzelnen handelt, ergibt sich demnach eine prinzipielle Gleichrangigkeit der Interessen,[646] aufgrund derer eine faktische Durchsetzbarkeit der einzelnen Rechte unklar ist.[647]

Für das Verständnis der Höherrangigkeit des Rechts auf Wissen der Verwandten kann die Relevanz der gesundheitsbezogenen Daten angeführt werden: So können Gesundheitsdaten des Betroffenen Rückschlüsse auf Krankheitsveranlagungen der Angehörigen wie bzgl. der Fortpflanzung oder Gesundheit der Nachkommen zulassen. Eine Schutzbedürftigkeit kann dahingehend angenommen werden, dass die Kenntnis um vermeid- und behandelbare Erkrankungen und genetische Dispositionen zur Anpassung der Lebensplanung an die gegebenen Umstände befähigt. Darüber hinaus können routinemäßige Untersuchungen durchgeführt bzw. frühe Therapieansätze gewählt werden.[648]

Ergänzend ist zu überlegen, ob das Wissen des Verwandten nicht auch deshalb als schutzbedürftiger als das Nicht-Wissen-Wollen des Betroffenen anzusehen ist, weil der Untersuchte infolge von Krankheitsprogression möglicherweise auf Pflege durch Familienangehörige angewiesen ist. Das Wissensinteresse begründet sich mithin nicht in einer Sorge um die eigene Gesundheit oder die der Nachfahren, sondern in der Anpassung der Lebensplanung an eine Pflegesituation. Eine derart weite Auslegung eines Wissensanspruchs ist jedoch vor dem Hintergrund einer vergleichsweise geringen Betroffenheit fragwürdig.

Gleichwohl sind auch eine Vielzahl von Gründen für die Annahme einer Höherrangigkeit des Rechts auf Nichtwissens des Untersuchten zu bedenken.

---

645 Schlussbericht der Enquete-Kommission „Recht und Ethik der modernen Medizin“, BT-Drs. 14/9020, S. 133; *Retzko*, Prädiktive Medizin versus ein (Grund-)Recht auf Nichtwissen, S. 166; *Wollenschläger*, AöR 2013, S. 161 (184).

646 *Wollenschläger*, AöR 2013, S. 161 (170 f.); s. a. *Duttge* in Wehling (Hrsg.), Vom Nutzen des Nichtwissens, S. 75 (83), der in dem Recht auf Nichtwissen kein absolutes Recht sieht.

647 *Damm*, MedR 2002, S. 375 (380); *Retzko*, Prädiktive Medizin versus ein (Grund-) Recht auf Nichtwissen, S. 164 f.

648 *Wollenschläger*, AöR 2013, S. 161 (194).

Ausgangspunkt der Überlegungen muss sein, dass der Betroffene selbst in die Untersuchung eingewilligt hat und dementsprechend über die Kenntnisnahme persönlichkeitsrelevanter Daten auch selbst entscheiden können muss. Dafür spricht in diesem Zusammenhang, dass dem Wissensinteresse des Verwandten auch die Möglichkeit einer eigenen Untersuchung entgegengehalten werden kann.

Die Persönlichkeitsrelevanz der gesundheitsbezogenen Daten rechtfertigt eine selbstbestimmte Entscheidung hinsichtlich der Wahrnehmung dieser, denn das Wissen um eine Erkrankung kann zu einer starken Beeinträchtigung der Lebenssituation mit psychischen Schäden führen. Eine Verstärkung dieser Schäden vermag zum einen bei prädiktiven Untersuchungen durch die prognostische Unsicherheit der zeitlichen Manifestierung der Erkrankung eintreten. Zudem ist es möglich, dass das einmal erlangte irreversible Wissen um eine fehlende Therapierbarkeit die gesundheitliche Konstitution des Betroffenen schwächt und zu psychischen Problemen wie Ängsten und Depressionen führt.[649] Exemplarisch ist für vergleichbare Belastungen das Wissen um die genetische Disposition einer Chorea Huntington Erkrankung anzuführen, die nicht therapierbar ist und zwischen dem 36 und 55 Lebensjahr eintritt.[650] Ähnliches gilt für die Entfernung von erblich bedingtem Brustkrebs, dessen definitive Heilung nicht zugesagt werden kann.[651] Durch Ablehnung der Mitteilung gesundheitlicher Daten kann der Betroffene sich selbstbestimmt vor Folgeschäden bewahren.

Die dargelegten Argumente belegen, dass eine generalisierende Entscheidung über die Durchsetzbarkeit der einzelnen Grundrechte nicht getroffen werden kann. Insbesondere kann der Untersuchte aufgrund der Belastungen nicht allgemein-abstrakt zu einer Kenntnisnahme seiner medizinischen Daten gezwungen werden. Doch auch ein genereller Vorrang des Wissens durch die Befugnis des Arztes zur Information der Angehörigen widerspricht insbesondere in engen Familienverbunden dem Nichtwissen.

Trotz des beginnenden Zuspruchs zum Anspruch auf Unkenntnis in der Gesellschaft bezweifelt insbesondere *Damm* in Bezug auf den Einsatz prädiktiver genetischer Untersuchungen die Chance der gleichwertigen Akzeptanz des Rechts auf Nichtwissen. Daher mahnt er vor der Gefahr, dass aus dem Recht

---

649 *Wollenschläger*, AöR 2013, S. 161 (196); s. a. *Moeller-Herrmann*, Die Regelung prädiktiver Gentests S. 92 f.; *König*, Prädiktive Gesundheitsinformationen in Arbeits- und Beamtenrecht und genetischer „Exzeptionalismus“, S. 113 f.

650 *Regenbogen/Henn*, MedR 2003, S. 152 (153); *Wollenschläger*, AöR 2013, S. 161 (195).

651 *Wollenschläger*, AöR 2013, S. 161 (195).

auf Wissen ein „Selbstläufer in Konformität mit dem Entwicklungsprozess der Technik" und aus dem Recht auf Nichtwissen eher ein „defensiv antizyklischer Irrläufer" mutiere.[652] Ähnliches hebt auch das BVerfG hervor, wenn es in seinem Urteil zur Abstammung darlegt, dass „ein Recht aber, das eine möglicherweise fehlerhafte Annahme schützt und das Kind vor einer Klärung der tatsächlichen Abstammung bewahrt, [...] selbst wenn es vom Schutzbereich des Persönlichkeitsrechts umfasst wäre, grundsätzlich ein geringeres Gewicht gegenüber dem Recht auf Kenntnis der Abstammung [hätte], [...]"[653]. Diese verallgemeinernde Unterordnung des Rechts auf Nichtwissen ist jedoch dogmatisch haltlos, denn beide Ansprüche sind Ausdruck einer selbstbestimmten Entscheidung.[654] Würde man dem Verwandten ein uneingeschränktes Recht auf Wissen zugestehen, würde dies gleichsam ein Vetorecht zum Nichtwissen des Untersuchten darstellen.[655] Dies impliziert eine Umkehrung der Selbstbestimmung des Untersuchten in eine Fremdbestimmung in Kernbereichen seines Lebens, die verfassungsrechtlich so nicht getroffen wurde. Vielmehr ist ausschließlich eine einzelfallabhängige Abwägung der widerstreitenden Interessen vertretbar.[656]

bb) Abwägungskriterien

In Konsequenz dessen bedarf es zur Vermeidung willkürlicher Entscheidungen zumindest bestimmter Abwägungskriterien für eine einzelfallabhängige Gewichtung der Grundrechtspositionen. Diese können insbesondere in Überlegungen um die (1) Bedeutung des Nichtwissens für den Betroffenen, (2) die Relevanz der Erkrankung für den Dritten und (3) in dem Nutzen des Wissens für den Verwandten gesehen werden. Zudem ist zu überlegen, ob als weiteres Kriterium objektive Aspekte wie der Grad der Verwandtschaft oder auch das Alter herangezogen werden können.

---

652 *Damm* in Laufs-FS, S. 725 (732); zustimmend *Arntz* in Duttge/Lenk (Hrsg.), Das sogenannte Recht auf Nichtwissen, S. 117 (121).

653 BVerfGE 117, 202 (230).

654 So auch *Wollenschläger*, AöR 2013, S. 161 (171); *John*, VersR 2014, S. 1139 (1139).

655 Für den umgekehrten Fall der Vetoposition des Angehörigen aufgrund von Nicht-Wissen-Wollen gegenüber dem Recht auf Wissen des Untersuchungswilligen *Wollenschläger*, AöR 2013, S. 161 (186); ähnlich *Lindner*, MedR 2007, S. 286 (294); s. a. *Duttge*, Kurzstellungnahme zum Entwurf eines Gesetzes über genetische Untersuchungen bei Menschen (Gendiagnostikgesetz – GenDG, BT-Drs 16/3233), S. 2.

656 Im Ergebnis so auch ausschließlich für genetische Daten *Retzko*, Prädiktive Medizin versus ein (Grund-) Recht auf Nichtwissen, S. 166.

aaa) Bedeutung des Nichtwissens für den Betroffenen
Bei der Abwägung sollte die individuelle Bedeutung des Nichtwissens für den Betroffenen einbezogen werden. Dieses Kriterium ist sehr weit und wenig konkret und setzt dementsprechend eine Auseinandersetzung des Arztes mit den psychischen und finanziellen Folgen für den Betroffenen voraus. Dabei sollte beispielsweise berücksichtigt werden, ob familiengeschichtliche oder bereits bestehende Erkrankungen und traumatische Erfahrungen zu dieser Entscheidung des Nichtwissen-Wollens geführt haben.

bbb) Relevanz der Erkrankung
Unter Relevanz ist die „Bedeutsamkeit" oder „Wichtigkeit in einem bestimmten Zusammenhang" zu verstehen. In dem vorliegenden Kontext umfasst die Relevanz die Bedeutung der Kenntnis einer Erkrankung oder Krankheitsanlage bei direkter Betroffenheit. Enthält ein medizinischer Befund Aussagen über eine Krankheitsanlage oder über die Fortpflanzungsmöglichkeit eines Dritten, lässt sich unbestritten eine Betroffenheit annehmen. Eine derartige Bedeutung ist hingegen bei einem Interesse aufgrund finanzieller Nachteile und organisatorischer Veränderungen aufgrund einer Pflegesituation des Untersuchten abzulehnen. Im Hinblick auf die Relevanz sollte zudem bei genetischen Erkrankungen die Wahrscheinlichkeit unter Berücksichtigung verschiedener Erbgänge[657] und unterschiedlicher Vererbungs-, Wiederholungs- und Erkrankungswahrscheinlichkeiten zur Bewertung der Bedeutung herangezogen werden.

ccc) Nutzen des Wissens
Der Nutzen des Wissens einer Erkrankung als Abwägungskriterium ist eine Folge der Relevanz der Kenntnis der Information. Hauptsächlich wird unter dem Nutzen die Möglichkeit der Vermeidbarkeit und Therapierbarkeit einer Erkrankung gefasst. Unklar erscheint in diesem Zusammenhang der Umfang der Vermeidbarkeit und Therapierbarkeit, wie sie bereits in gesetzlichen Regelungen wie beispielsweise in § 10 Abs. 3 S. 4 GenDG verwendet werden. Denn abhängig von dem individuell-subjektiven Empfinden können nicht nur die definitive Prävention und kausale Heilung, sondern auch Verzögerungen des Krankheitseintritts und symptomatische Therapien für den Betroffenen einen Nutzen darstellen. So ist beispielsweise die Huntington-Erkrankung noch nicht kausal heilbar, wohl

---

657 Weitere Ausführungen zu den Erbgängen *Propping/Aretz/Schumacher* in Propping/Aretz/Schumacher/Taupitz/Guttmann/Heinrichs, Prädiktive genetische Testverfahren, S. 16 (21 ff.); näher auch *Nationaler Ethikrat*, Prädiktive Gesundheitsinformationen bei Einstellungsuntersuchungen, S. 18 f.

sind die Symptome jedoch teilweise therapierbar. Im Rahmen der Begründung zum Gendiagnostikgesetz hat der Gesetzgeber verdeutlicht, dass bei einer Behandelbarkeit auch von einer symptomatischen Therapie mit der Folge der Abschwächung „der Intensität des Krankheitsausbruches" ausgegangen wird.[658] Ob diese prinzipielle und objektive Festlegung des Verständnisses von Therapierbarkeit im Sinne eines Nutzens nicht zu weit gehen würde, ist ungewiss. Daher sind im optimalen Falle bei der Abwägung des Wissen-Wollens des Verwandten und des Nicht-Wissen-Wollens des Untersuchten Anhaltspunkte für die Auslegung eines Nutzens für den Verwandten zu finden. Beispielsweise kann das Wissen einer in der Familie ausgeprägten genetischen Disposition für Eierstock- bzw. Brustkrebs dem Betroffenen ermöglichen, präventive Maßnahmen wie die Entfernung der Eierstöcke vorzunehmen.[659] Neben medizinischen Eingriffen sind jedoch auch therapeutische Maßnahmen, routinemäßige Kontrollen oder aber Anpassungen an den Lebenswandel nützliche Folge einer Kenntnis der genetischen Disposition oder gesundheitlichen Konstitution.[660]

ddd) Allgemeintypisch bestimmbare Kriterien

Auch allgemeintypische Kriterien wie der Grad der Verwandtschaft oder das Alter der Verwandten könnten bei der Gewichtung des Rechts auf Wissen Beachtung finden. Dabei ist jedoch eine Altersgrenze ohne weiteren Bezug zu Entwicklungsstufen, ab der das Nichtwissen gegenüber dem Wissen Geltung erlangt, abzulehnen. Vielmehr kann das Alter in Zusammenhängen eine Rolle spielen, in denen durch das Wissen um eine Disposition weiteren Schäden vorgebeugt werden kann. Wichtigstes Beispiel kann in die Fortpflanzung betreffenden genetischen Dispositionen gesehen werden, deren Wissen für eine Frau im gebärfähigen Alter bedeutsamer als für eine postmenopausale Frau ist. Auch der Grad der Verwandtschaft kann für Fälle berücksichtigt werden, in denen Krankheiten nur in direkter Linie vererbt werden. Aufgrund einer Diskriminierungsgefahr darf bei einer Abwägung auf die Kriterien der Verwandtschaft und Alter nur inzident im Rahmen der Relevanz bzw. der Betroffenheit eingegangen werden. Als alleiniges Kriterium sind diese allgemeintypischen Merkmale nicht zu verwenden.

---

658 Ähnlich *Hahn* in Kern (Hrsg.), GenDG Kommentar, § 1 Rn. 14; *Heyers*, MedR 2009, S. 507 (509 f.).

659 Kritisch zu diesen „angstgeleiteten" Interventionen vgl. *Wollenschläger*, AöR 2013, S. 161 (195).

660 *Wollenschläger*, AöR 2013, S. 161 (194).

cc) Zwischenergebnis

Das Recht auf Nichtwissen des Untersuchten und das Recht auf Wissen der Verwandten im Familienverbund müssen einzelfallabhängig unter Berücksichtigung der Kriterien der Bedeutung des Nichtwissens, der persönlichen Relevanz und des Nutzens des Wissens gegeneinander abgewogen werden.[661] Dabei muss zugunsten des Rechts auf Nichtwissen berücksichtigt werden, dass „je nach Persönlichkeitsrelevanz durchaus von einem nicht bloß unerheblichen Schutzinteresse ausgegangen werden muss“[662].

6. *Ergebnis*

Das Recht auf Nichtwissen stellt ein Grundrecht zur Informationsabwehr im Rahmen der Selbstbestimmung dar, das entgegen vieler Annahmen nicht auf den Anwendungsbereich genetischer Untersuchungen beschränkt ist. Vielmehr ist es ein gesundheitsbezogenes Recht, das dem Grundrechtsberechtigten den Anspruch verleiht, medizinische Daten nicht zur Kenntnis nehmen zu müssen und infolgedessen entweder die Untersuchung oder die darauf folgende Informationswahrnehmung abzulehnen.

Als Folge seiner Natur als relativem Grundrecht ist das Recht auf Nichtwissen durch Grundrechte Dritter einschränkbar, wobei das Recht auf Wissen potentiell betroffener Verwandter besondere Bedeutung erlangt. Eine Abwägung zwischen diesen beiden Grundrechten muss einzelfallabhängig anhand der genannten Abwägungskriterien erfolgen. Eine konkrete und allgemeingültige Gewichtung der Grundrechtspositionen kann das Verfassungsrecht nicht vorgeben, sodass Spielraum für eigenes gesetzgeberisches Ermessen verbleiben muss. Im Rahmen der Abwägung im Einzelfall sind die genannten Kriterien nicht zwingend abschließend, sondern es erscheinen abhängig von dem Kontext und der Art der konkurrierenden Grundrechte weitere Abwägungsaspekte denkbar. So birgt beispielweise auch eine Abwägung des Rechts auf Nichtwissen des Betroffenen mit den Interessen des Arztes Konfliktpotential, wenn dieser die Mitteilung medizinischer Daten im Rahmen seiner Pflicht zur Fürsorge in Gesundheitsangelegenheiten aus Art. 12 Abs. 1 GG sowie aus

---

661 Zu dem durch den Gesetzgeber im Rahmen des Gendiagnostikgesetzes gewählten Ausgleich zwischen Recht auf Nichtwissen und Recht auf Wissen siehe 2. Kapitel B I 2 c) aa) bbb) und II 2. a) cc) bbb) sowie dd).

662 *Duttge* in Wehling (Hrsg.), Vom Nutzen des Nichtwissens, S. 75 (84).

der Schutzpflicht aus Art. 2 Abs. 2 GG[663] für erforderlich hält. Dies geschieht häufig in Situationen, in denen der Patient die Mitteilung einer therapierbaren oder vermeidbaren Erkrankung ablehnt, denn der Arzt steht dadurch in einem Konflikt zwischen seiner ethischen Pflicht zu helfen und der Pflicht, die Selbstbestimmung des Patienten zu achten. Da dieser Konflikt weniger eine Kollision zwischen eigenen Interessen, sondern vielmehr zwischen einem eigenem und einem Schutzinteresse für eine andere, dritte Person darstellt, erscheint es denkbar, dass darüber hinausgehende einzelfallabhängige Abwägungskriterien berücksichtigt werden müssen.[664]

C. Grundlagen zur ärztlichen Fürsorgepflicht

Die ärztliche Fürsorge ist nach § 1 MBO-Ä Kern der Verpflichtung im Arzt-Patienten-Verhältnis, die der Arzt bei der therapeutischen Entscheidung einhalten muss. Fürsorgliche Entscheidungen können im Spannungsfeld mit dem selbstbestimmten Willen des Patienten stehen, insbesondere wenn dieser medizinische Befunde nicht mitgeteilt bekommen möchte, obwohl Therapieoptionen zur Verfügung stehen und indiziert sind. Zur weiteren Betrachtung dieses Spannungsfeldes in Bezug auf den Gewinn von Zufallsbefunden bedarf es zunächst einer genaueren Bestimmung der Grundlagen der Verpflichtung zur ärztlichen Fürsorge. In der Folge wird mithin zunächst der Umfang der Fürsorgeverpflichtung aus medizinethischer Hinsicht kurz dargestellt bevor auf die verfassungsrechtlichen Grundlagen eingegangen wird.

I. Ethischer Gehalt der ärztlichen Fürsorgepflicht

Das „Prinzip der Fürsorge" ist eines von vier medizinethischen Prinzipien, die nach *Beauchamp* und *Childress* als richtungsweisende Grundsätze in einem Arzt-Patienten-Verhältnis beachtet werden sollen.[665] Als Abgrenzung zur Nicht-Schadens-Pflicht (nonmaleficience)[666] wird das Fürsorgeprinzip als eine positive

663 Detaillierte Ausführungen zu den Grundlagen der ärztlichen Fürsorgepflicht siehe 1. Kapitel C.

664 Weitere Ausführungen zu der Kollision zwischen Recht auf Nichtwissen und ärztlicher Fürsorge im 1. Kapitel C III.

665 *Beauchamp/Childress*, Principles of Biomedical Ethics, S. 13; vgl. auch *Maio*, Ethik in der Medizin, S. 125; weitere Ausführungen zu den Prinzipien des Vier-Prinzipien-Paradigmas siehe 2. Kapitel A.

666 *Maio*, Ethik in der Medizin, S. 125; näher auch *Beauchamp/Childress*, Principles of Biomedical Ethics, S. 150 ff.

Pflicht der Sorge[667] für eine andere Person häufig auch als Prinzip der Benefizienz bezeichnet. In seiner zentralen „Form der personalen Beziehungen und Zuwendung zum Anderen" wird damit eine bestimmte Erwartungshaltung zwischen zwei Personen zur selbstverständlichen Übernahme einer Hilfeleistung ausgedrückt.[668] Grundsätzlich umfasst die Benefizienz Akte der Wohltätigkeit, Freundlichkeit und Menschlichkeit. Das Prinzip der Fürsorge soll jedoch noch über diesen Umfang hinausgehen und eine moralische Verpflichtung zum Handeln zum Wohle anderer umfassen.[669] Infolgedessen wird auch die deutsche Übersetzung des Wortes „Beneficence" mit „Fürsorge" als zu eng kritisiert, denn wohltätiges Handeln sei nicht mit fürsorglichem Handeln gleichzusetzen.[670]

Ein Handeln nach moralischen Grundsätzen und insbesondere ein Handeln zum Wohle anderer kann nur begrenzt als Verpflichtung vorgegeben werden. Denn letztendlich ist die positive Handlung eine Form der individuellen Menschlichkeit und damit abhängig von dem individuellen Werteverständnis und der entsprechenden Auslebung. *Beauchamp/Childress* betonen daher, dass das Prinzip nicht nur Möglichkeiten, sondern bestimmte Handlungsmaßstäbe zum Schutz gegenüber anderen vorgeben solle. Dazu gehöre exemplarisch die Verpflichtung, andere durch aktives Vorgehen vor Schaden zu bewahren.[671]

Im Rahmen eines Arzt-Patienten-Verhältnisses beschreibt die ärztliche Fürsorge die Sorge um das Wohlergehen des zu behandelnden oder bereits therapierten Patienten.[672] Während die ärztliche Fürsorge früher häufig als direkter Unterfall des medizinischen Paternalismus angenommen wurde, nach dem Entscheidungen zum Wohl des Patienten ohne Beachtung seines Willens getroffen wurden,[673] wird heutzutage überwiegend eine übereinstimmende Ausübung der Fürsorge mit dem Willen des Betroffenen für angemessen gehalten. Dabei soll die Würde und Autonomie des Patienten geachtet werden, indem

667 *Rehbock*, Ethik Med 2002, S. 131 (140) beschreibt Sorge als „Kummer, Besorgnis um etwas".

668 *Rehbock*, Ethik Med 2002, S. 131 (142).

669 *Beauchamp/Childress*, Principles of Biomedical Ethics, S. 202.

670 *Rauprich* in Rauprich/Steger (Hrsg.), Prinzipienethik in der Biomedizin, S. 11 (18); ähnlich *Hildt*, Autonomie in der biomedizinischen Ethik, S. 158.

671 *Beauchamp/Childress*, Principles of Biomedical Ethics, S. 202; 206 ff.; *Hildt*, Autonomie in der biomedizinischen Ethik, S. 159.

672 Statt vieler *Magnus*, DÄ 2012, A 918 (919).

673 Zum Paternalismus vgl. *Beauchamp/Childress*, Principles of Biomedical Ethics, S. 214 f.; *Vossenkuhl* in Fateh-Moghadam/Sellmaier/Vossenkuhl (Hrsg.), Grenzen des Paternalismus, S. 163 (167).

die Erwartungshaltung durch einen Dialog zwischen den Beteiligten erforscht wird.[674] Mithin wurde das Arzt-Patienten-Verhältnis zu früherer Zeit durch einen paternalistischen Charakter beeinflusst, während heutzutage ein partnerschaftliches Verhältnis im Sinne eines „shared-decision-making" angenommen wird. Folge dieser Entwicklung sind immer noch bestehende unterschiedliche Konzepte des Paternalismus,[675] nach denen grundlegend zwischen dem paternalistischen Handeln ohne jedwede Beachtung des Willens des Patienten (harter Paternalismus)[676] oder geringere Beachtung (weicher Paternalismus) differenziert wird.[677] Ausgangspunkt der Entwicklungen zum Paternalismus war vermutlich die Annahme, dass der Arzt kraft seines überlegenen Fachwissens das Wohl des Patienten besser einschätzen könne. Allerdings ist diese Definition des Patientenwohls Ausdruck der objektiven Ansicht eines medizinisch gebildeten Dritten, nicht jedoch des individuell subjektiven Willens des Patienten.

Heutzutage wird grundsätzlich die individuelle Entscheidung des Patienten als maßgebend erachtet. Da aber der selbstbestimmte Patient nicht zwangsläufig die Kompetenz für derart autonome Entscheidungen besitzt, wird zum Teil eine „Rückbesinnung auf eine Ethik der Fürsorge"[678] gefordert.[679] Dabei soll durch diese Forderungen nicht die Reaktivierung des paternalistischen Handelns erzielt, sondern vielmehr ein Ausgleich zwischen beiden Interessen gefunden werden.[680] So wird insbesondere eine nicht-paternalistische Fürsorge gefordert, deren Ziel es sein soll, dem Patienten eine „autonome Selbstsorge bereits im Umgang mit seiner Krankheit" zu ermöglichen. Ein solches Ergebnis könne nach *Rehbock* erzielt werden, wenn die Wünsche und Nöte des Anderen

---

674 *Rehbock*, Ethik Med 2002, S. 131 (142).

675 Vgl. Ausführungen bei *Peintinger*, Therapeutische Partnerschaft, S. 50 f.

676 Die Verfasser gebrauchen die Begriffe für unterschiedliche Kontexte. So verwendet *Fateh-Moghadam* in Fateh-Moghadam/Sellmaier/Vossenkuhl (Hrsg.), Grenzen des Paternalismus, S. 21 (21 f.) in Anlehnung an *Feinberg* eine Unterscheidung zwischen dem weichen (autonomie-orientierten) und dem harten (ohne Möglichkeit der Entscheidung) Paternalismus. Im Gegensatz dazu differenziert *Vossenkuhl* in Fateh-Moghadam/Sellmaier/Vossenkuhl (Hrsg.), Grenzen des Paternalismus, S. 163 (167) zwischen dem starken und dem schwachen Paternalismus.

677 *Vossenkuhl* in Fateh-Moghadam/Sellmaier/Vossenkuhl (Hrsg.), Grenzen des Paternalismus, S. 163 (167).

678 *Eibach/Schaefer*, MedR 2001, S. 21 (26, 28).

679 *Damm*, MedR 2010, S. 451 (453).

680 Die Diskussionen um die Möglichkeiten eines Ausgleichs sind noch nicht beendet. So fordert bspw. *Rehbock*, Ethik Med 2002, S. 131 (131), eine „Praxis nicht-paternalistischer Fürsorge, die den Willen auch nichtkompetenter Patienten achtet".

wahrgenommen und dementsprechend fürsorglich gehandelt werden würde. In einer Arzt-Patienten-Beziehung dürfte dementsprechend keine Entscheidungshoheit, sondern eine therapeutische Partnerschaft bestehen, um eine nichtpaternalistische Fürsorge zu gewähren.[681]

II. Verfassungsrechtliche Grundlage

In rechtlicher Hinsicht stellt sich die Frage, inwiefern eine Verpflichtung zu fürsorglichem Handeln in den verfassungsrechtlichen Normen eine Grundlage findet. Einerseits kann das Handeln des Arztes unter Beachtung des Fürsorgemaßstabes selbst durch ein Grundrecht in seiner abwehrrechtlichen Funktion gegen staatliche Eingriffe geschützt sein. Zudem kann die Fürsorgepflicht auch im Rahmen des Schutzes für die körperliche Unversehrtheit des Patienten umfasst sein, da sich in den grundrechtlich gesicherten Ansprüchen ethische Überzeugungen als „Bindeglied" zwischen Ethik und Recht wiederfinden.[682]

In der Folge wird daher der Schutzumfang des Grundrechts auf Berufsfreiheit aus Art. 12 Abs. 1 GG und des Grundrechts auf Leben und körperlicher Unversehrtheit aus Art. 2 Abs. 2 S. 1 GG im Hinblick auf die Verpflichtung zur ärztlichen Fürsorge näher bestimmt.

1. Art. 12 Abs. 1 GG

Zunächst erscheint es naheliegend, eine verfassungsrechtliche Grundlage der Fürsorgeverpflichtung als Ausgestaltung der ärztlichen Berufsausübung in der durch Art. 12 Abs. 1 GG gewährleisteten Berufsfreiheit anzunehmen. Art. 12 Abs. 1 GG schützt neben der Wahl des Berufes, des Arbeitsplatzes und der Ausbildungsstätte auch die Berufsausübung vor staatlichen berufsbezogenen Beeinträchtigungen.[683] Da als Beruf grundsätzlich jede Tätigkeit angesehen wird, die auf eine Dauer angelegt ist und zur Schaffung und Erhaltung einer Lebensgrundlage dient,[684] sind auch freie Berufe wie die Arzttätigkeit in den

---

681 *Rehbock*, Ethik Med 2002, S. 131 (143 f.), die jedoch auch eine Gefahr für die Existenz einer paternalistischen Fürsorge sieht, sofern diese durch institutionelle Rahmenbedingungen begünstigt würde.

682 Weitere Ausführungen zum Verhältnis zwischen Recht und Ethik siehe 2. Kapitel A I.

683 BVerfGE 7, 377 (400 f.); *Jarass* in Jarass/Pieroth (Hrsg.), GG, Art. 12 Rn. 10; *Schmidt* in Erfurter Kommentar zum Arbeitsrecht, GG Art. 12 Rn. 9; *Wieland* in Dreier (Hrsg.), Grundgesetz Kommentar Bd. 1, Art. 12 Rn. 48 ff.

684 BVerfGE 7, 377 (400 f.); *Jarass* in Jarass/Pieroth (Hrsg.), GG, Art. 12 Rn. 5; *Mann* in Sachs (Hrsg.), Grundgesetz Kommentar, Art. 12 Rn. 45; *Wieland* in Dreier (Hrsg.), Grundgesetz Kommentar Bd. 1, Art. 12 Rn. 41.

verfassungsrechtlichen Schutz einbegriffen. Die Garantie der freien Berufsausübung umfasst „die Gesamtheit der mit der Berufstätigkeit, ihrem Ort, ihren Inhalten, ihrem Umfang, ihrer Dauer [...] zusammenhängenden Modalitäten der beruflichen Tätigkeit [...]“[685].

Das Berufsethos des Arztes begründet die Absicht, bei der Ausübung der ärztlichen Tätigkeit zum Wohle des Patienten zu handeln.[686] Denn nach dem Hippokratischen Eid, der zwar keine rechtsverbindliche Geltung entfaltet, wohl jedoch eine Deklaration des ärztlichen Leitgedankens darstellt,[687] heißt es: „Ich werde Entscheidungen treffen zu Nutz und Frommen der Kranken nach meinem besten Vermögen und Urteil [...].“[688] Dieser Leitgedanke wird in den Berufsordnungen aufgenommen, die die Berufsausübung der Ärzte regeln[689] und mithin eine normative Manifestierung des Berufsethos' darstellen.[690] Die Beschreibung der ärztlichen Tätigkeit in den Berufsordnungen,[691] auch als Umschreibung der „medizinischen Säulen“[692] bezeichnet, ist eine Deklaration des dem Arztberuf bereits immanenten Grundgedankens. Dieser Grundsatz zur Berücksichtigung des Patientenwohls ist im Rahmen der Berufsausübung geschützt. Die Aufzählung in § 1 Abs. 2 MBO-Ä konkretisiert den Kernbereich ärztlichen Handelns als „das Leben zu erhalten, die Gesundheit zu schützen und wiederherzustellen, Leiden zu lindern, Sterbenden Beistand zu leisten [...]“, an die sich die anschließenden Pflichten gegenüber dem Patienten anschließen. § 1 Abs. 2 MBO-Ä kann als Konkretisierung der vom Schutzbereich des Art. 12 Abs. 1 GG umfassten ärztlichen Berufspflicht herangezogen werden.

Aufgrund seiner Funktion als Abwehrrecht kann sich der Arzt durch Art. 12 Abs. 1 GG in erster Linie gegen Eingriffe durch den Staat wehren.[693] Im Kontext eines Spannungsfeldes zwischen Selbstbestimmungsrecht des Patienten und

---

685 *Mann* in Sachs (Hrsg.), Grundgesetz Kommentar, Art. 12 Rn. 79.

686 Siehe auch *Rehbock*, Personsein in Grenzsituationen, S. 107.

687 *Duttge* in Duttge (Hrsg.), Perspektiven des Medizinrechts im 21. Jahrhundert, S. 1; *Laufs* in Laufs/Katzenmeier/Lipp (Hrsg.), Arztrecht, Kap. I Rn. 6.

688 *Deutsch/Spickhoff*, Medizinrecht, Rn. 1730; *Laufs* in Laufs/Kern (Hrsg.), Handbuch des Arztrechts, § 4 Rn. 13; Zur Kritik an der fehlenden Zeitgemäßheit des hippokratischen Eids *Eigler*, DÄ 2003, A 2203 (2203 f.).

689 *Scholz* in Spickhoff (Hrsg.), Medizinrecht, MBO § 1 Rn. 1.

690 *Rehbock*, Personsein in Grenzsituationen, S. 106.

691 Exemplarisch siehe §§ 1, 2 MBO-Ä; vgl. *Wollersheim* in Terbille (Hrsg.), Münchener Anwaltshandbuch Medizinrecht, § 6 Rn. 84.

692 *Scholz* in Spickhoff (Hrsg.), Medizinrecht, MBO § 1 Rn. 2.

693 *Sachs* in Sachs (Hrsg.), Grundgesetz Kommentar, Vor Art. 1 Rn. 42 ff.; näher *Dreier* in Dreier (Hrsg.), Grundgesetz Kommentar Bd. I, Vorb. vor Art. 1 Rn. 84 ff.

von Fürsorge geleitetem Handeln des Arztes erfolgt ein Eingriff in die ärztliche Berufsausübung jedoch vielmehr durch autonome Entscheidungen des Patienten. Diese Konstellation stellt keinen staatlichen Eingriff dar, sondern einen privaten, sodass Art. 12 GG nur unter Anwendung der mittelbaren Drittwirkung[694] als verfassungsrechtliche Grundlage in Betracht kommt.

2. Objektiv-rechtliche Schutzpflichtdimension aus Art. 2 Abs. 2 S. 1 GG

Der ethische Charakter der Fürsorgepflicht findet durch den grundrechtlichen Schutz im Rahmen der in Art. 12 Abs. 1 S. 1 GG geschützten Berufsausübung jedoch noch keine vollständige Befriedigung. Denn mehr noch als eine Berufsregelung für den Arzt muss in dieser Konkretisierung der Berufsausübung der Schutz vor unvorsichtigen Eingriffen sowie vor Leiden oder Nichtbehandlung des Patienten verstanden werden. Mithin könnte das fürsorgliche Handeln auch als eine Erfüllung einer staatlichen Schutzpflicht begriffen werden, sodass der Arzt durch fürsorgliches Handeln mithin als „Erfüllungsgehilfe“ des Staates vorginge. Zu schützende Grundrechtsposition könnte das Grundrecht auf Leben und körperliche Unversehrtheit aus Art. 2 Abs. 2 S. 1 GG sein. Danach sollen das Leben[695] als die biologisch-physische Existenz[696] wie auch die körperliche Unversehrtheit des Betroffenen geschützt werden.[697]

In der Folge wird dabei ein Überblick über die verschiedenen Ansätze zur Herleitung grundrechtlicher Schutzpflichten des Staates sowie deren Anwendbarkeit im Arzt-Patienten-Verhältnis gegeben. Im Anschluss werden Überlegungen angestellt, inwiefern die Verpflichtung des Staates zum Schutz der körperlichen Unversehrtheit und der Gesundheit der Grundrechtsberechtigten im Arzt-Patienten-Verhältnis auf einfachgesetzlicher Ebene durch den Arzt erfüllt wird.

---

694 Statt vieler *Dreier* in Dreier (Hrsg.), Grundgesetz Kommentar Bd. 1, Vorb. vor Art. 1 Rn. 98.

695 Zum personellen Schutzbereich des Rechts auf Leben *Steiner* in Spickhoff (Hrsg.), Medizinrecht, GG Art. 2 Rn. 19 ff.; s. a. *Schulze-Fielitz* in Dreier (Hrsg.), Grundgesetz Kommentar Bd. 1, Art. 2 II Rn. 26 ff.

696 BVerfGE 115, 118 (139); *Jarass* in Jarass/Pieroth (Hrsg.), GG, Art. 2 Rn. 81; *Schulze-Fielitz* in Dreier (Hrsg.), Grundgesetz Kommentar Bd. I, Art. 2 II Rn. 25.

697 *Schmidt* in Erfurter Kommentar zum Arbeitsrecht, GG Art. 2 Rn. 101 f.; *Schulze-Fielitz* in Dreier (Hrsg.), Grundgesetz Kommentar Bd. 1, Art. 2 II Rn. 33 ff.; vgl. auch *Murswiek* in Sachs (Hrsg.), Grundgesetz Kommentar, Art. 2 Rn. 148.

a) *Herleitung grundrechtlicher Schutzpflichten*

Obwohl die objektiv-rechtliche Schutzpflichtdimension als weitere Funktion der Grundrechte inzwischen anerkannt ist, erfolgt die Begründung der staatlichen Schutzpflichten aus dem Grundgesetz nicht einheitlich. Zum einen existieren ausdrücklich im Grundgesetz genannte Schutzpflichten wie z. B. in der Menschenwürdegarantie aus Art. 1 Abs. 1 GG und dem Schutz der Ehe und Familie in Art. 6 GG. Nach Art. 1 Abs. 1 S. 2 GG ist es Pflicht des Staates, die Menschenwürde zu achten und zu *schützen*. Der Gestaltungsfreiraum des Staates zum Schutz der Menschenwürde ist aufgrund des Wortsinns des Art. 1 Abs. 1 S. 2 GG als auch der historischen Entwicklung sehr eng.[698] Grundsätzlich ist Art. 1 Abs. 1 GG als absolutes Grundrecht anerkannt, sodass die Menschenwürde nicht in Abwägung mit anderen Rechten zurücktreten kann.[699] Diese Vorgaben sind auch durch den Gesetzgeber bei der Gestaltung einfachgesetzlicher Regelungen zu berücksichtigen. Ebenfalls der staatlichen Schutzpflicht unterliegen nach Art. 6 GG die unter „besonderem Schutz stehende Ehe und Familie",[700] auch wenn dieser Schutz nicht ebenso absolut wie der aus Art. 1 Abs. 1 GG gewährt werden muss.

Zum anderen gibt es in den Grundrechten nicht ausdrücklich benannte Schutzpflichten. Denn für die Art. 2 ff. GG weisen jedoch weder der Verfassungstext noch die Systematik der Grundrechte explizit auf die Existenz staatlicher Schutzpflichten als Ergänzung der abwehrrechtlichen Funktion zur umfassenden Schutzgewährung hin.[701] Um die Schutzpflichten jedoch auch auf diese Grundrechte ausweiten zu können, existieren in der Literatur und in der Rechtsprechung unterschiedliche dogmatische Herleitungen.

aa) Abwehrrechtliche Lösung

Nach der von Teilen der Literatur vertretenen sogenannten „abwehrrechtlichen Lösung" erfolgt die Herleitung grundrechtlicher Schutzpflichten ebenso wie die klassische Funktion der Grundrechte aus ihrer Abwehrfunktion.[702] Der

---

698 *Ruffert*, Vorrang der Verfassung und Eigenständigkeit des Privatrechts, S. 152.

699 BVerfGE 88, 203 (255 f.).

700 *Ruffert*, Vorrang der Verfassung und Eigenständigkeit des Privatrechts, S. 153.

701 *Stern*, Staatsrecht, Bd. III/1, § 69 IV 2; a. A. *Bleckmann*, DVBl 1988, S. 938 (941); weitere Ausführungen in *Hollenbach*, Grundrechtsschutz im Arzt-Patienten-Verhältnis, S. 28.

702 *Dietlein*, Die Lehre von den grundrechtlichen Schutzpflichten, S. 36; *Murswiek*, NVwZ 1986, S. 611 (611 f.); *Schwabe*, Probleme der Grundrechtsdogmatik, S. 213 ff.; *Unruh*, Zur Dogmatik der grundrechtlichen Schutzpflichten, S. 44.

Bürger wird verpflichtet, nicht in Rechtsgüter Dritter einzugreifen und beeinträchtigende Handlungen Dritter zu dulden. Der Staat muss eine Rechtsordnung gestalten, infolge derer der Bürger zwischen verbotenem und nicht verbotenem Handeln unterscheiden kann. Bei einem fehlenden Verbot ergibt sich gleichsam eine Verpflichtung zur Duldung der beeinträchtigenden Maßnahme.[703] Die Verpflichtung, diese Eingriffe zu dulden, wird dem Staat zugerechnet, da dieser entweder das Verhalten gestatte oder gerade dem Beeinträchtigten die Duldungspflicht auferlegt habe.[704] Mithin wird dem Staat durch diese Theorie Friedenspflicht und Gewaltmonopol auferlegt.[705]

Dieser Theorie wird entgegengehalten, dass eine Pflicht zur Duldung beeinträchtigender Maßnahmen keine Herleitung einer Schutzpflicht begründen könne, sondern vielmehr eine bestehende Schutzpflicht voraussetze. Der Einzelne bedürfe gerade staatlichen Schutzes, damit seine Rechtsgüter nicht wehrlos preisgegeben werden.[706] Zudem verhindert auch die Zurechnung sämtlicher privater Handlungen an den Staat eine scharfe Trennung zwischen einem Grundrechtseingriff, einer Schutzpflichtenerfüllung und einer Nichteingriffspflicht.[707] Denn selbst bei Annahme einer Duldungspflicht des Bürgers und einer entsprechenden staatlichen Zurechnung werden die Rechtsgüter durch einen Eingriff des Dritten und damit gerade nicht des Staates beeinträchtigt.[708] Hierin eine abwehrrechtliche Handlung anzunehmen, schwächt die ursprüngliche Funktion abzuwehrender Grundrechtseingriffe ab.

bb) Objektive Wertlehre

Das BVerfG hat die grundrechtliche Schutzpflicht aus dem objektiv-rechtlichen Gehalt der Grundrechte entnommen.[709] Demnach haben Grundrechte einen

703 Ausführlich *Dietlein*, Die Lehre von den grundrechtlichen Schutzpflichten, S. 36; *Unruh*, Zur Dogmatik der grundrechtlichen Schutzpflichten, S. 45; s. a. *Hollenbach*, Grundrechtsschutz im Arzt-Patienten-Verhältnis, S. 30.

704 *Hollenbach*, Grundrechtsschutz im Arzt-Patienten-Verhältnis, S. 30.

705 *Hollenbach*, Grundrechtsschutz im Arzt-Patienten-Verhältnis, S. 30.

706 *Dietlein*, Die Lehre von den grundrechtlichen Schutzpflichten, S. 42.

707 *Unruh*, Zur Dogmatik der grundrechtlichen Schutzpflichten, S. 46; ähnlich *Schmidt-Aßmann*, AöR 1981, S. 205 (215); s. a. *Hermes*, Das Grundrecht auf Schutz von Leben und Gesundheit, S. 95.

708 *Alexy*, Theorie der Grundrechte, S. 417; *Unruh*, Zur Dogmatik der grundrechtlichen Schutzpflichten, S. 46.

709 BVerfGE 39, 1 (41): „objektive Werteordnung“; BVerfGE 7, 198 (215): „Wertrangordnung“; BVerfGE 10, 302 (322): „Wertentscheidung“; Vgl. Auflistung der Entwicklung

„Doppelcharakter", indem ihnen neben der Abwehrfunktion auch ein Ausdruck einer objektiven Werteordnung zugesprochen wird.[710] Durch die Abstraktion der Grundrechte von einzelnen Rechtsträgern hin zu einem grundsätzlichen Verbot der Rechtsgutsverletzung und einer Verpflichtung zum Schutz durch den Staat wird die Geltungskraft der einzelnen Grundrechte verstärkt.

Kritik an dieser Theorie wird seitens der Literatur insbesondere bzgl. der mangelnden Begründung der Herleitung angebracht, denn die objektive Wertordnung sei nur durch einen Rückgriff auf die Rechtsprechung zu erklären.[711] Dem ist insofern zuzustimmen, als der Wortsinn und die Systematik der Grundrechte wenig Rückschluss auf einen objektiven Gehalt zulassen. Jedoch sind die Grundrechte grundsätzlich sehr restriktiv gefasst und benötigen in zahlreichen Situationen einer Interpretation.[712] Exemplarisch ist die negative Ausprägung der Grundrechte anzuführen, die sich nicht aus dem Wortsinn, sondern aus der Notwendigkeit eines umfassenden Schutzes durch die Grundrechte ergibt. Durch die Anerkennung eines objektiven Gehaltes wird dieser umfassende Schutz noch verstärkt, denn während nach der abwehrrechtlichen Funktion Rechte des Bürgers gegenüber dem Staat entstehen, kann eine staatliche Schutzpflichtgewährung Schutz im Drei-Personen-Verhältnis zwischen Opfer, Störer und Staat gewähren.[713] Die staatlichen Organe werden als Adressaten der Schutzpflicht verpflichtet, „sich schützend und fördernd vor die […] Rechtsgüter zu stellen und sie insbesondere vor rechtswidrigen Eingriffen von Seiten anderer zu bewahren"[714].

cc) Herleitung aus der Menschenwürde

Das BVerfG stützt die Herleitung verfassungsrechtlicher Schutzpflichten jedoch nicht ausschließlich auf die Lehre der objektiven Werteordnung, sondern zudem auf das in Art. 1 Abs. 1 GG enthaltene Würderecht des Menschen.[715]

---

der Entscheidungen des BVerfGE in *Dreier* in Dreier (Hrsg.), Grundgesetz Kommentar Bd. 1, Vorb. vor Art. 1 Rn. 102 (Fn. 497).

710 BVerfGE 7, 198 (205); BVerfGE 39, 1 (41 ff.); *Unruh*, Zur Dogmatik der grundrechtlichen Schutzpflichten, S. 32.

711 *Dietlein*, Die Lehre von den grundrechtlichen Schutzpflichten, S. 64; *Stern*, Staatsrecht III/1, § 69 II 2.

712 So auch *Dietlein*, Die Lehre von den grundrechtlichen Schutzpflichten, S. 64.

713 *Isensee* in Isensee/Kirchhof (Hrsg.) Handbuch des Staatsrecht Band IX, § 191 Rn. 2 f.; näher *Hollenbach*, Grundrechtsschutz im Arzt-Patienten-Verhältnis, S. 67.

714 BVerfGE 56, 54 (73); ähnlich BVerfGE 39, 1 (41).

715 BVerfGE 39, 1 (41); 88, 203 (251).

Die Grundrechte gelten danach „um der Menschenwürde willen“ mit eigenem Schutzgehalt.[716] Gemäß Art. 1 Abs. 3 GG werden alle drei Gewalten durch die Grundrechte verpflichtet, sodass eine umfassende, aus der Menschenwürde folgende subjektiv-rechtlich wirkende Schutzverpflichtung gegeben sei.[717] Gegen diese Herleitung des BVerfG wird hervorgebracht, dass die Übertragung des Schutzbereiches aus Art. 1 Abs. 1 S. 2 GG auf alle anderen Grundrechte vor dem Hintergrund der anwendbaren Lehre der objektiven Werteordnung nicht notwendig sei. Allerdings wird wiederum auch die Herleitung dieser Theorie kritisiert,[718] sodass dieses Argument nicht überzeugend ist.

Daher wird als Folge der exponierten Stellung des Art. 1 Abs. 3 GG abgeleitet, dass subjektive Schutzansprüche auf den Würdekern des einzelnen Grundrechts zu reduzieren seien.[719] Danach bestehe nur dann eine staatliche Verpflichtung zum Schutz, wenn der Würdekern des Grundrechts verletzt werde. Die ausdrückliche Erwähnung eines Schutzes der Menschenwürde in Art. 1 Abs. 1 GG verpflichte dazu, diese auch für alle übrigen Grundrechte fruchtbar zu machen.[720] Diese Theorie wird vor dem Hintergrund der Unbestimmtheit des „Würdekerns“ kritisch hinterfragt. Denn für den Begriff der Würde aus Art. 1 Abs. 1 GG bestehen Definitionsschwierigkeiten in Abgrenzung zu anderen Grundrechtsschutzbereichen, sodass der eigenständige Anwendungsbereich des Art. 1 Abs. 1 GG ungeklärt ist.[721] Ebenso unklar erscheint, inwiefern die Reduzierung der Schutzbereiche auf einen „Würdekern“ einen umfassend konkreten Schutz bieten kann, denn die Bestimmung der Schutzpflicht erfolgt gerade in Bezug auf den Schutzbereich der einzelnen Grundrechte.[722] Unabhängig davon kann eine subjektiv-rechtlich wirkende Schutzverpflichtung gegenüber dem Grundrechtsträger nur bestehen, wenn die Grundrechte überhaupt einen eigenen identifizierbaren Würdekern enthalten. Dieser Ansatz ermöglicht die Anerkennung

---

716 *Ruffert*, Vorrang der Verfassung und Eigenständigkeit des Privatrechts, S. 160.

717 Siehe Ausführungen bei *Hollenbach*, Grundrechtsschutz im Arzt-Patienten-Verhältnis, S. 29.

718 *Dietlein*, Die Lehre von den grundrechtlichen Schutzpflichten, S. 64; *Stern*, Staatsrecht III/1, § 69 II 2.

719 *Ruffert*, Vorrang der Verfassung und Eigenständigkeit des Privatrechts, S. 161; *Starck*, Praxis der Verfassungsauslegung, S. 71: „[...] der Würdekern dieser anderen Grundrechte herausisoliert werden.“

720 *Ruffert*, Vorrang der Verfassung und Eigenständigkeit des Privatrechts, S. 161.

721 Ähnlich *Unruh*, Zur Dogmatik der grundrechtlichen Schutzpflichten, S. 43.

722 Ähnlich *Unruh*, Zur Dogmatik der grundrechtlichen Schutzpflichten, S. 43.

dessen, was bereits aus der ausdrücklichen Nennung in Art. 1 Abs. 1 S. 2 GG folgt: Die Menschenwürde des Einzelnen ist zu achten und zu schützen.

Insbesondere das allgemeine Persönlichkeitsrecht aus Art. 2 Abs. 1 i. V. m. Art. 1 Abs. 1 GG hat einen engen Bezug zur Menschenwürde und enthält damit einen „Würdekern". Nach der Herleitung einer Schutzpflicht aus Art. 1 Abs. 1 S. 2 GG erstreckt sich der in Art. 1 Abs. 1 S. 2 GG ausdrücklich erwähnte staatliche Schutz daher auch auf das Grundrecht des allgemeinen Persönlichkeitsrechts.

b) Konstellationen der Schutzpflichtdimension im Arzt-Patienten-Verhältnis

In medizinischen Kontexten gewährt der Staat insbesondere in noch nicht spezialgesetzlich geregelten Bereichen eine Fürsorge für gesundheitliche Risiken.[723] Das BVerfG hat erstmalig eine Entscheidung zu dem objektiv-rechtlichen Gehalt der Grundrechte in seinem Urteil „Schwangerschaftsabbruch I" und damit zum Rechtsgüterschutz im Medizin- und Gesundheitsrecht getroffen.[724] Demnach gebiete die umfassende Schutzpflicht des Staates, das Leben des Ungeborenen nicht nur vor Eingriffen von staatlicher Seite, sondern auch „vor Eingreifen von Seiten anderer zu bewahren".[725] Da vergleichbare Eingriffe durch Dritte, wie z. B. therapeutische Entscheidungen des Arztes, medizinische Eingriffe und autonome Entscheidungen des Patienten im Behandlungsverhältnis zu einer Gefährdung verfassungsrechtlich geschützter Rechtsgüter führen, bedarf es im Arzt-Patienten-Verhältnis eines Schutzes durch den Staat. Die Notwendigkeit einer staatlichen Schutzpflicht entfällt nicht bereits durch Einwilligung des Patienten in den Eingriff, da ein Heilerfolg häufig nicht ohne dazwischenliegende Rechtsgutverletzungen erzielt werden kann.[726] Vielmehr bedarf es einer Integration des staatlichen Schutzes auch im Rahmen vertraglicher Verhältnisse. Generell existieren grundrechtliche Schutzpflichten im Arzt-Patienten-Verhältnis.[727] Derartige Konstellationen, in denen ein staatlicher Schutz aufgrund medizinischer Intervention erforderlich sein kann, kommen bei Eingriffen durch den Arzt selbst, bei Selbstgefährdung durch den Patienten oder bei Gefährdungen Dritter in Betracht.

---

723 *Steiner* in Spickhoff (Hrsg.), Medizinrecht, GG Art. 2 Rn. 15; vgl. auch *Hollenbach*, Grundrechtsschutz im Arzt-Patienten-Verhältnis, S. 25.

724 BVerfGE 39, 1 (1 ff.).

725 BVerfGE 39, 1 (42).

726 *Hollenbach*, Grundrechtsschutz im Arzt-Patienten-Verhältnis, S. 25.

727 *Francke*, Ärztliche Berufsfreiheit und Patientenrechte, S. 91; *Hermes*, Das Grundrecht auf Schutz von Leben und Gesundheit, S. 11; *Hollenbach*, Grundrechtsschutz im Arzt-Patienten-Verhältnis, S. 25.

aa) Medizinische Eingriffe durch den Arzt

Nach der Rechtsprechung stellen ärztliche Heilbehandlungen Eingriffe in die körperliche Unversehrtheit aus Art. 2 Abs. 2 S. 1 GG dar.[728] Ärztliche Maßnahmen erfüllen dadurch den Tatbestand des § 223 Abs. 1 StGB.[729] Eine Rechtfertigung dieses Eingriffs erfährt die Heilbehandlung durch im Arztrecht inzwischen anerkannte Voraussetzungen zur Konkretisierung der grundrechtlichen Verhältnismäßigkeitsprüfung:[730] Demnach erfordert eine Rechtfertigung (1.) eine medizinische Indikation,[731] (2.) eine umfassende Aufklärung des Arztes[732] und eine Einwilligung des Patienten[733] sowie eine (3.) lege artis durchgeführte Behandlung.[734] Insbesondere die Einwilligung des Patienten nach umfassender Aufklärung als Element seiner Selbstbestimmung hat legitimierenden Charakter. So hat der BGH entschieden, dass die Behandlungspflicht des Arztes „in dem grundsätzlich freien Selbstbestimmungsrecht des Kranken über seinen Körper ihre unübersteigbare Grenze“ findet.[735] Um seine Selbstbestimmung auszudrücken, bedarf es der Einsichts- und Urteilsfähigkeit des Betroffenen.[736]

In Folge der Entwicklungen und der Anerkennung des Selbstbestimmungsrechts ist der Eindruck entstanden, dass die Letztentscheidung über die Durchführung oder Ablehnung der Therapie im Ermessen des Patienten stehe. Dem mündigen, selbstbestimmt handelnden Kranken wird scheinbar ein Selbstbestimmungsrecht zugebilligt, das in einer absoluten Form erscheint. Konsequenz dessen wäre die Annahme, dass staatliche Schutzpflichten im Arztrecht überflüssig seien, da der Patient letztbefugt bezüglich seiner Grundrechtsbeeinträchtigung bestimmen kann.

---

728 BVerfGE 56, 54 (74); *Schulze-Fielitz* in Dreier (Hrsg.), Grundgesetz Kommentar Bd. 1, Art. 2 II Rn. 47.

729 RGSt 25, 375 (377 ff.); BGHSt 11, 111 (112); a. A. *Tag*, Der Körperverletzungstatbestand im Spannungsfeld zwischen Patientenautonomie und Lex artis, S. 441; weitere Ausführungen in *Dölling* in Dölling/Duttge/König/Rössner (Hrsg.), Gesamtes Strafrecht, § 223 Rn. 9.

730 *Kirchhof*, MedR 2007, S. 147 (148).

731 *Kern* in Laufs/Kern (Hrsg.), Handbuch des Arztrecht, § 49 Rn. 1 ff.; *Laufs* in Laufs/Kern (Hrsg.), Handbuch des Arztrecht, § 6 Rn. 2.

732 *Deutsch/Spickhoff*, Medizinrecht, Rn. 434; *Katzenmeier* in Laufs/Katzenmeier/Lipp (Hrsg.), Arztrecht, Kap. V Rn. 14 ff.

733 *Deutsch/Spickhoff*, Medizinrecht, Rn. 413 ff.

734 *Laufs* in Laufs/Kern (Hrsg.), Handbuch des Arztrecht, § 6 Rn. 2.

735 BGHSt 11, 111, 114; BGH NJW 1958, S. 267 (268).

736 Ausführlich *Duttge* in Wiesemann/Simon (Hrsg.), Patientenautonomie. Theoretische Grundlagen – Praktische Anwendungen, S. 77 (78).

Es ist allerdings zu beachten, dass das Selbstbestimmungsrecht unabhängig davon, ob es „entkoppelt“ aus Art. 2 Abs. 1 GG oder nach der Körperverletzungsdoktrin aus Art. 2 Abs. 2[737] abgeleitet wird, kein dem Grundgesetz nach absolut gewährtes Recht ist. Vielmehr kann in Art. 2 Abs. 2 GG nach S. 3 „aufgrund eines Gesetzes“[738] und in Art. 2 Abs. 1 GG bei Gefährdung der verfassungsmäßigen Ordnung, des Sittengesetzes oder Rechte anderer[739] eingegriffen werden. Dogmatisch stellt das Selbstbestimmungsrecht des Patienten mithin ein relatives Grundrecht dar. Es bedarf somit einer Schutzpflicht des Staates gegenüber der Gesundheit des Patienten.

bb) Selbstgefährdung des Patienten

Unklar ist, ob dem Staat eine Verpflichtung zum „Schutz des Menschen vor sich selbst“ auferlegt werden kann. Eine solche Pflicht staatlichen Schutzhandelns wird im Zusammenhang mit den Rechtsgütern der körperlichen Unversehrtheit aus Art. 2 Abs. 2 S. 1 GG diskutiert.[740] Zwar ist der Grundrechtsträger in der Disponibilität seiner Grundrechte frei, sodass die Möglichkeit einer freiverantwortlichen Selbstgefährdung in Betracht gezogen werden muss. Allerdings erscheint unklar, ob der Betroffene nicht im Einzelfall vor eigenen Entscheidungen geschützt werden sollte. Die Rechtsprechung hat sich im Rahmen der Helmpflicht für Motorradfahrer mit dem „Grundrechtsschutz gegen sich selbst“ beschäftigt und diesen für zulässig angesehen.[741] Diese Entscheidung basiert nicht ausschließlich auf dem Schutz der Rechtsgüter des Motorradfahrers, sondern berücksichtigt die entstehenden Risiken und Belastungen für die Allgemeinheit im öffentlichen Bereich. Als Beispiele für die durch einen Unfall mit schwerer Kopfverletzung entstehenden Belastungen werden Folgen durch ärztliche Versorgung, Rehabilitationsverfahren, Versorgung von Invaliden und Einsatz der Rettungskräfte angeführt.[742] Für den für die Allgemeinheit relevanten öffentlichen Bereich hat der Gesetzgeber eine Verantwortung, die er durch Statuierung der Helmpflicht für Motorradfahrer in § 49 Abs. 1 Nr. 40a StVO wahrgenommen hat.[743] Ähnliches hat das OLG Schleswig entschieden, indem es dem Fahrradfahrer ohne Fahrradhelm eine Mitschuld an einer durch einen

---

737 Weitere Ausführungen zu diesem dogmatischen Streit siehe 1. Kapitel B I 1.

738 *Schulze-Fielitz* in Dreier (Hrsg.) Grundgesetz Kommentar Bd. 1, Art. 2 II Rn. 52 ff.

739 *Dreier* in Dreier (Hrsg.), Grundgesetz Kommentar Bd. 1, Art. 2 I Rn. 51 ff.

740 Zu staatlichen Schutzpflichten bei anderen Grundrechten *Schwabe*, JZ 1998, S. 66 (68).

741 BVerfG NJW 1982, S. 1276 (1276).

742 BVerfG NJW 1982, S. 1276 (1276).

743 BVerfG NJW 1982, S. 1276 (1276).

Unfall entstandenen Kopfverletzung eingeräumt und eine Zumutbarkeit zum Tragen eines Helmes angenommen hat.[744] Ein Schutz des Betroffenen wird ebenfalls durch Eingriff in die Handlungsfreiheit aus Art. 2 Abs. 1 GG durch die Gurtpflicht vorgenommen.[745] Auch das Rauchen als selbstschädigendes Verhalten zwingt den Gesetzgeber zu Handlungen, um seiner Schutzpflicht aus Art. 2 Abs. 2 S. 1 GG gerecht zu werden. Nach überwiegender Ansicht erfüllt er diese Schutzpflicht bereits durch Warnungen auf den Verpackungen im Sinne einer psychologischen Maßnahme.[746]

Im Arzt-Patienten-Verhältnis stellt sich die Frage nach einem Schutz im Rahmen der Fürsorge insbesondere in Fällen, bei denen der Patient eine Mitteilung eines Befundes oder eine Behandlung trotz Indikation und Therapiemöglichkeit ablehnt. Durch dieses Verhalten schädigt er sich in seiner körperlichen Integrität, seiner Gesundheit und möglicherweise seinem Leben aus Art. 2 Abs. 2 S. 1 GG selbst. Fraglich ist, woraus sich eine Verpflichtung für den Staat ergeben könnte, den Grundrechtsträger entgegen dessen Willen vor sich selbst zu schützen.

aaa) Legitimation durch die guten Sitten

Bei selbstgefährdenden Handlungen aus dem Schutzbereich des Art. 2 Abs. 1 GG könnte sich eine Legitimation aufgrund der Beachtung der Schranke „gute Sitten" des Grundrechts ergeben.[747] Insbesondere das Einschreiten bei Selbsttötung wurde häufig auf das Sittengesetz als verfassungsrechtliche Grundlage gestützt, da dieses einen Suizid stark missbilligte.[748] Jedoch stellt der Begriff „Sitte" eine weite, statistisch schwer bestimmbare Größe dar. Sitten sind grundsätzlich von den durch die Allgemeinheit definierten moralischen und ethischen Vorstellungen von Gut und Böse geprägt, sodass sie zum einen einem ständigen Wandel unterliegen und darüber hinaus niemals einen allgemeinen gemeinschaftlichen Konsens finden.[749] Aufgrund dessen ist die Schranke aus Art. 2 Abs. 1 GG zum jetzigen Zeitpunkt nicht mehr von großer Bedeutung.[750] Die „guten Sitten"

744 OLG Schleswig NJOZ 2013, S. 1494 (1494); a. A. BGH NJW 2014, S. 2493 (2493).

745 BGH NJW 1979, S. 1363 (1364 f.); BVerfG NJW 1987, S. 180 (180); *Di Fabio* in Maunz/Dürig (Hrsg.), GG Bd. 1, Art. 2 Abs. 2 S. 1 Rn. 85.

746 BVerfGE 95, 173 (185); *Di Fabio* in Maunz/Dürig (Hrsg.), GG Bd. 1, Art. 2 Abs. 2 S. 1 Rn. 82.

747 *Dietlein*, Die Lehre von den grundrechtlichen Schutzpflichten, S. 228.

748 BGHSt 6, 147 (153); weitere Ausführungen bei *Bockelmann*, NJW 1961, S. 945 (950).

749 *Dietlein*, Die Lehre von den grundrechtlichen Schutzpflichten, S. 228.

750 *Kingreen/Poscher*, Grundrechte Staatsrecht II, Rn. 465; *Sodan/Ziekow*, Grundkurs Öffentliches Recht, § 27 Rn. 16.

können nicht als alleinige Legitimation für einen staatlichen Eingriff entgegen dem Handeln des Betroffenen angeführt werden.

bbb) Legitimation durch die verfassungsmäßige Ordnung

Ebenfalls für selbstgefährdende Handlungen aus Art. 2 Abs. 1 GG wird die Grenze der verfassungsmäßigen Ordnung zur Legitimation der staatlichen Schutzverpflichtung angesehen.[751] Diese verfassungsrechtliche Schranke setzt einen Sozialbezug des Handelns, mithin einen Bezug zu den Rechtsgütern Dritter oder der Allgemeinheit, voraus.[752] Ein solcher ist gegeben, sofern die Selbstgefährdung ebenfalls zu einer Gefährdung oder Beeinträchtigung bspw. der körperlichen Integrität eines Dritten führt. So hat das BVerfG in seinem Urteil zur Helmpflicht bei Motorradfahrern eine Beeinträchtigung von Interessen Dritter angenommen und mithin einen Sozialbezug erkannt.[753] Werden hingegen Selbstgefährdungen vorgenommen, die allein den Grundrechtsberechtigten betreffen, so liegt kein Bezug zu Rechtsgütern der Allgemeinheit vor, sodass eine Legitimation der staatlichen Schutzpflicht in solchen Fällen nicht aus der verfassungsmäßigen Ordnung aus Art. 2 Abs. 1 S. 1 GG entnommen werden kann. Dies ist gerade in Fällen des Arzt-Patienten-Verhältnisses der Fall, sodass ein Schutz vor Selbstgefährdung in diesem Kontext nicht durch die verfassungsmäßige Ordnung legitimiert werden kann.

ccc) Legitimation durch die Werteordnung

Darüber hinaus wird in der Anerkennung der Werteordnung der Grundrechte eine Legitimation staatlicher Eingriffe gegen den Willen des Betroffenen angenommen.[754] In Folge dieser Ansicht wird dem Grundrechtsträger auferlegt, die Grundrechte in seiner Werteordnung zu respektieren und demnach zu handeln. Eine solche Annahme und Verpflichtung des Bürgers würde jedoch das Selbstbestimmungsrecht des Betroffenen in seinen Grundsätzen missachten, sodass diese Ansicht einen Schutz vor Selbstgefährdung nicht legitimieren kann und schon im Grundsatz abzulehnen ist.[755]

ddd) Legitimation durch die Menschenwürde

Nach anderer Ansicht legitimiert die Menschenwürde des Einzelnen staatliches Eingreifen zum Schutz „gegen sich selbst". Im medizinrechtlichen Kontext ergab

751 *Dietlein*, Die Lehre von den grundrechtlichen Schutzpflichten, S. 228.
752 BVerfGE 6, 389 (433); BVerfGE 35, 202 (220).
753 BVerfG, NJW 1982, S. 1276 (1276); *Schwabe*, JZ 1998, S. 66 (70).
754 *Dietlein*, Die Lehre von den grundrechtlichen Schutzpflichten, S. 229.
755 *Dietlein*, Die Lehre von den grundrechtlichen Schutzpflichten, S. 229.

sich die Frage zum Schutz des Menschen vor sich selbst insbesondere im Rahmen der freiverantwortlichen Suizidversuche. Diese sind grundsätzlich Folge der individuellen Selbstbestimmung, sofern in Abgrenzung zu der aktiven Sterbehilfe keine Dritten Personen in eigenen Rechten beeinträchtigt werden.[756]

Nach dieser Ansicht ergebe sich eine Verpflichtung zum Schutz auch gegen sich selbst aus dem Wortsinn „zu schützen" des Art. 1 Abs. 1 GG. So wurde im Rahmen des ersten „Peep-Show-Urteils" durch das BVerwG[757] ausgeführt, dass derartige Darbietungen dem subjektiven Willen und dem Selbstverständnis der Teilnehmenden nicht entsprächen und zu einer Verobjektivierung führen würde. Infolgedessen sei ein Schutz der Menschenwürde des Betroffenen verpflichtend.

Dieses Urteil wurde kritisch bewertet,[758] da gerade die Würde des Menschen nicht durch objektive Ansichten Dritter erzwungen werden dürfe. Vielmehr resultiere die vollständige Freiwilligkeit in der Bildung einer eigenen Würde. Durch die Intention, eine Verobjektivierung des Grundrechtsträgers zu vermeiden, entstehe eine staatliche fürsorgliche Objektivierung „im Namen vermeintlich herrschender Vorstellungen von würdigem Verhalten".[759]

eee) Stellungnahme

Auch in Fällen der eigenverantwortlichen Selbstgefährdung bedarf es einer staatlichen Schutzpflicht, denn die Selbstbestimmung des Grundrechtsträgers wird nicht uneingeschränkt gewährt. Bei Abwägung der Rechte auf Leben und Selbstbestimmung muss der Staat zum Schutz des Grundrechts aus Art. 2 Abs. 2 S. 1 GG sichernd und schützend eingreifen.

Die Legitimation der staatlichen Schutzpflicht für Art. 2 Abs. 2 GG durch die Menschenwürde ist zunächst schlüssig. Danach sollen eigene Entscheidungen nicht durch Handeln des Staates begrenzt werden, sofern sie mit dem Würdegehalt des Grundrechts in Einklang stehen. Der Gesetzgeber hat die eigenverantwortliche Selbstgefährdung beispielsweise durch § 228 StGB aus Gründen der

756 *Dreier* in Dreier (Hrsg.), Grundgesetz Kommentar Bd. 1, Art. 1 I Rn. 154.

757 BVerwGE 64, 274 (275 ff.); näher *Hillgruber*, Der Schutz des Menschen vor sich selbst, S. 104 ff.

758 *Hoerster*, JuS 1983, S. 93 (95 f.); *Höfling*, NJW 1983, S. 1582 ff.; *von Olshausen*, NJW 1982, S. 2221 (2221 ff.).

759 *Dreier* in Dreier (Hrsg.), Grundgesetz Kommentar Bd. 1, Art. 1 I Rn. 149; unter Berufung auf die Autonomie des Bürgers und den tatsächlichen Gehalt der Menschenwürdegarantie wurden ähnliche TV-Sendungen wie Big-Brother und das „Dschungelcamp" im Anschluss überwiegend nicht mehr wegen dem Problem der Menschenwürde, sondern wegen der fraglichen Freiwilligkeit der Teilnahme kritisiert.

Menschenwürde und der guten Sitten eingegrenzt. Nach § 228 StGB legitimiert die Einwilligung den medizinischen Eingriff nur, wenn die Tat nicht „gegen die guten Sitten" verstößt.[760] Dieser Begriff muss restriktiv ausgelegt und die guten Sitten somit auf ihren „rechtlichen Kern" beschränkt werden. Einheitlich wird ein Verstoß gegen die guten Sitten bei „evidenten, schlechthin inakzeptablen Eingriffen in die körperliche Unversehrtheit" angenommen.[761] Allerdings wird der normative Kern der guten Sitten nicht berücksichtigt, wenn man auf das Gewicht der Rechtsgutsverletzung abstellt.[762] Vielmehr muss eine Gesamtbewertung der Situation erfolgen, im Rahmen derer kompensatorisch auch weitergehende Zwecke der Körperverletzung berücksichtigt werden. Unter Berücksichtigung dieser Kompensation müssen demnach auch Taten mit hohem Gefährlichkeitsrang nicht zwingend oder können weniger schwerwiegende Tagen bei entsprechenden begleitenden Tatumständen gegen die guten Sitten verstoßen.[763] Der BGH hat beispielsweise gruppendynamische Effekte bei tätlichen Auseinandersetzungen rivalisierender Gruppen als die Sittenwidrigkeit bestärkende Tatumstände erachtet.[764] Nach diesen Kriterien kann eine Einwilligung bei generellen ärztlichen Eingriffen nicht unwirksam sein, denn der kompensatorische Zweck der Heilung bzw. Linderung der Beschwerden rechtfertigt den Grundrechtseingriff.[765] Anders muss die Abwägung hingegen bei fehlerhaftem, gleichsam arztfremdem Handeln wie auch bei Enhancement und der kosmetischen Chirurgie ausfallen.[766]

Auch wenn folglich ein schützendes Handeln bei selbstgefährdendem Handeln notwendig ist, bereitet die Abgrenzung zu erlaubtem selbstgefährdenden Handeln Schwierigkeiten. Exemplarisch lässt sich dies am Beispiel des eigenverantwortlichen Suizides verdeutlichen. Denn die Begehung und der Versuch der Selbsttötung sind zwar für den Suizidenten selbst wie auch die nicht

---

760 Der Verweis auf den unbestimmten Begriff „gute Sitten" wird teilweise als verfassungswidrig angesehen; vgl. *Paeffgen/Zabel* in Kindhäuser/Neumann/Paeffgen, StGB Band 2, § 228 Rn. 44, 52; *Mitsch*, NJW 2015, S. 1545 (1545 f.).

761 BGHSt 49, 166 (169); *Duttge* in Prütting (Hrsg.), MedR-Komm, StGB § 228 Rn. 19.

762 *Duttge* in Prütting (Hrsg.), MedR-Komm, StGB § 228 Rn. 19; a. A. z. B. *Dölling* in Gössel-FS, S. 209 (211).

763 *Duttge* in Prütting (Hrsg.), MedR-Komm, StGB § 228 Rn. 19.

764 BGHSt 58, 140 (140 ff.); OLG München NStZ 2014, 706 (708), mit der Einschränkung, dass Rechtsgüter Dritter konkret gefährdet werden müssen.

765 Ähnlich BGHSt 19, 201 (203 f.); 49, 166 (171).

766 *Duttge* in Prütting (Hrsg.), MedR-Komm, StGB § 228 Rn. 20; zum Enhancement bereits: *Eberbach*, MedR 2008, S. 325 ff.

geschäftsmäßig erbrachte Suizidhilfe straflos.[767] Doch mit Inkrafttreten des Gesetzes zur Strafbarkeit der geschäftsmäßigen Förderung der Selbsttötung hat der Gesetzgeber in dem § 217 StGB ein abstraktes Gefährdungsdelikt geschaffen, infolgedessen die Förderung der Selbsttötung durch geschäftsmäßige Gewährung der Gelegenheit, Verschaffung oder Vermittlung für einen Dritten strafbar ist.[768] Nach der Gesetzesbegründung werde durch diese Regelung ein Einklang zwischen den Rechtsgütern der Selbstbestimmung und des Lebens herbeigeführt. § 217 StGB ermögliche mithin ein Konzept zum Schutz der Autonomie und Integrität, um „Manipulation und Beeinflussungen der freien Verantwortlichkeit entgegen zu steuern“[769]. Tatsächlich weckt diese Regelung jedoch Bedenken, denn die Strafbarkeit kollidiert mit dem Selbstbestimmungsrecht aus Art. 2 Abs. 1 i. V. m. Art. 1 Abs. 1 GG, das dem Suizidenten ermöglicht, sich gegen das Leben zu entscheiden.[770]

Der Gesetzgeber hat dem potentiellen Suizidenten durch § 217 StGB die Mündigkeit abgesprochen, selbstbestimmt und legitimiert zu entscheiden, ob er bei Ausübung der Tat die geschäftsmäßige Hilfe Dritter in Anspruch nehmen möchte. Er hat der selbstbestimmten Selbsttötung unter geschäftsmäßiger Hilfe Dritter folglich die Würde abgesprochen und dies mit Autonomie- und Integritätsschutz begründet. Tatsächlich ist dieser gesetzgeberischen Entscheidung zuzustimmen, wenn bei Bewertung der Selbstgefährdung ausschließlich auf Art. 1 Abs. 1 GG abgestellt wird, denn diese Abwägung wird aufgrund des zu schützenden „Würdekerns“ zu Lasten des Selbstbestimmungsrechts entschieden. Bei Legitimation einer staatlichen Schutzpflicht aus der Werteordnung oder der verfassungsmäßigen Ordnung muss hingegen eine Abwägung der Rechte auf Leben und Selbstbestimmung vorgenommen werden. § 217 StGB begrenzt in diesem Zusammenhang die Disponibilität des Einzelnen zugunsten seines Lebens, obwohl keine allgemeine Rechtspflicht zum Leben besteht.

---

767 *Duttge* in Prütting (Hrsg.), MedR-Komm, StGB § 217 Rn. 1; *Duttge*, NJW 2016, S. 120 (121).

768 *Duttge*, NJW 2016, S. 120 (121 f.); ausführlich zu den einzelnen Tatbestandsvoraussetzungen: *Duttge* in Prütting (Hrsg.), MedR-Komm, StGB § 217 Rn. 6 ff.

769 BT-Drs. 18/5373, S. 10.

770 *Duttge* in Prütting (Hrsg.), MedR-Komm, StGB § 217 Rn. 2, der ausführt, dass es keine plausible Wahrscheinlichkeit dafür gebe, dass die „Freiverantwortlichkeit des Suizidenten gerade durch eine geschäftsmäßige (kommerzielle, organisierte) Suizidassistenz beseitigt würde“.

cc) Potentielle Drittbetroffenheit

Im Gegensatz zu der Unklarheit um den aufgedrängten Grundrechtsschutz bei ausschließlicher Selbstgefährdung kann sich eine Schutzpflicht des Staates unbestritten und ungeachtet des Selbstbestimmungsrechts des Betroffenen bei einer Beeinträchtigung der Rechtsgüter Dritter ergeben.[771] Neben tatsächlichen Beeinträchtigungen verpflichten auch bereits bloße Gefährdungen von Rechtsgütern Dritter den Staat zum Eingreifen. Aus rechtlicher Perspektive erfolgt in einer solchen Situation eine Grundrechtskollision, die in einzelfallabhängiger Abwägung gelöst werden muss. Beispielsweise stellte der durch das Impfgesetz vom 8. April 1874 angeordnete Impfzwang eine solche Erfüllung der Schutzpflicht des Staates dar. Zwar war die medizinische Impfung eine Körperverletzung, doch waren Beeinträchtigungen infolge der Anwendung des Impfgesetzes mit dem Gesetzesvorbehalt des Art. 2 Abs. 2 S. 3 GG vereinbar.[772] Da der Gesundheit des der Zwangsimpfung Unterworfenen nur die Gesundheit der Dritten gegenübergestellt wurde, war eine Unverhältnismäßigkeit aufgrund von Gleichbehandlung nicht gegeben.[773] Das heutige Infektionsschutzgesetz enthält in § 25 Abs. 3 IfSG eine zwangsweise angeordnete Untersuchung zur Überprüfung der „Art, Ursache, Ansteckungsquelle und Ausbreitung der Krankheit“[774] des Betroffenen. Diese Intention rückt den Schutz Dritter vor Infektion in den Vordergrund[775] und ist damit ebenfalls als eine Schutzpflichterfüllung gegenüber der Allgemeinheit zu werten.

Weitere zu duldende medizinische Eingriffe aufgrund von Drittinteressen lassen sich in § 372a ZPO finden, nach dem Blutentnahmen zur Feststellung von Unterhaltsverpflichtungen als Vorfrage zu Verfahren nach der ZPO entgegen dem Willen des Grundrechtsträger durchgeführt werden dürfen.[776]

---

771 *Dietlein*, Die Lehre von den grundrechtlichen Schutzpflichten, S. 227; ähnlich *Brauer*, Autonomie und Familie, S. 13 m. w. Nachw.

772 BVerwGE 9, 78 (79); BGHSt 4, 375 (375 ff.); *Schulze-Fielitz* in Dreier (Hrsg.), Grundgesetz Kommentar Bd. 1, Art. 2 II Rn. 73; *Starck* in v. Mangoldt/Klein/Starck (Hrsg.), GG Bd. I, Art. 2 Rn. 222.

773 *Seewald*, Zum Verfassungsrecht auf Gesundheit, S. 124.

774 Vgl. § 25 Abs. 1 IfSG.

775 Ähnlich *Helmrich*, NVwZ 2008, S. 162 (164) m. w. Ausführungen auch zur Verfassungsmäßigkeit des § 25 IfSG.

776 *Huber* in Musielak/Voit (Hrsg.), ZPO, § 372a Rn. 2; *Musielak/Borth*, Familiengerichtliches Verfahren Kommentar, § 178 Rn. 3; *Schulze-Fielitz* in Dreier (Hrsg.), Grundgesetz Kommentar Bd. 1, Art. 2 II Rn. 75.

Das fürsorgliche Handeln des Arztes erfährt bei Fällen mit Drittbetroffenheit eine noch über das bilaterale Verhältnis von Arzt und Patient hinausgehende Bedeutung. Denn auch wenn der Angehörige oder andere Dritte nicht selbst Patienten des Arztes sind, umfasst die Fürsorge eine generelle Sorge um die Gesundheit anderer Menschen. Dies impliziert einerseits den Schutz Dritter im Sinne einer Behandlung eines Erkrankten, wie z. B. durch Impfungen, oder aber den Willen nach Information und Diagnostik bei einem potentiell selbst Erkrankten. Letzterer Fall gewinnt seine Bedeutung insbesondere im Rahmen von genetischen Untersuchungen und der Konsequenzen für Verwandte.

c) Erfüllung der Schutzpflicht

Da für Maßnahmen im Rahmen eines Arzt-Patienten-Verhältnis eine staatliche Schutzpflicht zur Gesundheitsfürsorge aus Art. 2 Abs. 2 S. 1 GG besteht, ist fraglich, wer dieser Verpflichtung gerecht wird. Art. 1 Abs. 3 GG bindet die „Gesetzgebung, vollziehende Gewalt und Rechtsprechung", sodass die gesamte öffentliche Gewalt durch die Grundrechte verpflichtet wird. Infolgedessen wird die Erfüllung der staatlichen Schutzpflicht für die Rechtsgüter der Bürger nicht nur der Legislative, sondern auch der Exekutive durch die Einbeziehung von Verwaltungseinheiten und Privatsubjekten auferlegt.[777] Dabei erfolgt die Erfüllung der staatlichen Schutzpflicht im Rahmen eines „weiten Einschätzungs-, Wertungs- und Gestaltungsraums"[778], ohne dass konkrete Handlungen vorgegeben sind.[779] Die Legislative kann durch Erlass von Rechtsnormen der Schutzpflicht nachkommen, aufgrund derer zum Schutz der körperlichen Unversehrtheit von Personen Abwägungen mit anderen Grundrechten nach dem Maßstab der Verhältnismäßigkeit vorgenommen werden müssen.[780] Als Beispiel ist das Gewaltschutzgesetz[781] anzuführen, in dem verschiedene Regelungen zum Schutz der körperlichen Unversehrtheit und der Gesundheit einer Person festgelegt worden sind. Auch Aufklärungen und Warnhinweisen kann sich der Gesetzgeber zur

---

777 *Hollenbach*, Grundrechtsschutz im Arzt-Patienten-Verhältnis, S. 101; *Starck* in v. Mangoldt/Klein/Starck (Hrsg.), GG Bd. 1, Art. 1 Abs. 3 Rn. 221.

778 BVerfGE 125, 39 (78 Rn. 135); *Dreier* in Dreier (Hrsg.), Grundgesetz Kommentar Bd. 1, Vorb. von Art. 1 Rn. 103; *Sodan/Ziekow*, Grundkurs Öffentliches Recht, § 22 Rn. 23.

779 *Dreier* in Dreier (Hrsg.), Grundgesetz Kommentar Bd. 1, Vorb. von Art. 1 Rn. 103; *Hollenbach*, Grundrechtsschutz im Arzt-Patienten-Verhältnis, S. 88 f.

780 *Di Fabio* in Maunz/Dürig (Hrsg.), GG Bd. 1, Art. 2 Abs. 2 S. 1 GG Rn. 86.

781 Gesetz zur Verbesserung des zivilgerichtlichen Schutzes bei Gewalttaten und Nachstellungen sowie zur Erleichterung der Überlassung der Ehewohnung bei Trennung vom 11. Dezember 2001, BGBl. I S. 3513.

Erfüllung einer staatlichen Schutzpflicht bedienen. Dieses Vorgehen wählte er beispielsweise zur Aufklärung vor Gesundheitsrisiken durch Rauchen, denn als psychologisches Abschreckungsmerkmal wurden Warnhinweise auf den Verpackungen angebracht.[782]

In der Folge ist zu klären, ob der Staat seiner Schutzpflicht bzgl. der körperlichen Unversehrtheit und der Gesundheit auch nachgekommen ist, indem er dem Arzt für Maßnahmen aus dem Behandlungsverhältnis eine besondere Art der Fürsorgeverpflichtung auferlegt hat. Diese ärztliche Fürsorge als Erfüllung der staatlichen Schutzpflicht könnte einerseits in den standesrechtlichen Regelungen, in den strafrechtlichen Hilfeleistungspflichten oder aber in den Regelungen des Patientenrechtegesetzes manifestiert worden sein.

aa) Delegation der staatlichen Schutzpflicht an die Standesvertretungen

Die Schutzpflicht der Rechtsgüter aus Art. 2 Abs. 2 S. 1 GG könnte von staatlicher Seite an die Standesvertretungen delegiert worden sein, sodass sämtliches Handeln der Berufsangehörigen in Erfüllung einer staatlichen Schutzpflicht erfolgt. Durch die landesrechtlichen Kammer- und Heilberufsgesetze[783] wird den Landesärztekammern[784] Satzungshoheit für bestimmte Inhalte gewährt. Diese einfachgesetzliche Ermächtigung befugt zum Erlass von Satzungen wie z. B. der Landesberufsordnung.[785] In der ärztlichen Berufsordnung sind die Berufspflichten bei der Ausübung der ärztlichen Tätigkeit im Gegensatz zu der Bundesärzteordnung, in der die Zulassungsvoraussetzungen zum Arztberuf geregelt sind, festgelegt.[786] Sie orientieren sich an den von einer Arbeitsgemeinschaft der Bundesärztekammer erstellten Grundsätzen in der Musterberufsordnung.

aaa) Standesrechtliche Berufspflicht zur Fürsorge

Laut der Präambel soll die Berufsordnung die Überzeugung der Ärzteschaft zu gutem Verhalten manifestieren und die Ziele darstellen, die insbesondere in der

---

782 *Di Fabio* in Maunz/Dürig (Hrsg.), GG Bd. 1, Art. 2 Abs. 2 S. 1 GG Rn. 89.

783 Vgl. §§ 1 ff. HKG-Nds; aktuelle Übersicht zu den Kammergesetzen siehe http://www.kammerrecht.de/kammergesetze/berufskammern.html#Heilberufskammern, zuletzt abgerufen am 03. Oktober 2019.

784 Die Landesärztekammern sind durch staatlichen Hoheitsakt als öffentlich-rechtliche Körperschaft errichtet; s. a. *Maurer/Waldhoff*, Allgemeines Verwaltungsrecht, § 23 Rn. 38, 44.

785 *Lipp* in Laufs/Katzenmeier/Lipp (Hrsg.), Arztrecht, Kap. II Rn. 6.

786 *Lipp* in Laufs/Katzenmeier/Lipp (Hrsg.), Arztrecht, Kap. II Rn. 5 ff.; zur Bundesärzteordnung siehe *Schelling* in Spickhoff (Hrsg.), Medizinrecht, BÄO § 1 ff.

Förderung des Vertrauens zwischen Arzt und Patienten sowie der Sicherstellung der ärztlichen Qualität im Interesse der Gesundheit der Bevölkerung liegen.[787] Nach § 1 Abs. 1 MBO-Ä[788] dienen Ärzte und Ärztinnen der Gesundheit des einzelnen Menschen und der Bevölkerung. Da § 1 Abs. 1 MBO-Ä dem Wortsinn von § 1 Abs. 1 BÄO entspricht, kann gefolgert werden, dass ausschließlich das Selbstverständnis des Berufes verdeutlicht wird,[789] nicht jedoch bereits durch diese Aufgabenbeschreibung Konkretisierungen der Berufsausübung erfolgen sollen. Gleichwohl verdeutlich § 1 Abs. 1 MBO-Ä auch, dass sich die Ärzte bei der Diagnose und Behandlung an dem Selbstbestimmungsrecht des Patienten auszurichten haben, denn sie „dienen der Gesundheit des einzelnen Menschen". Inhaltlich begrenze daher das Selbstbestimmungsrecht die Reichweite des ärztlichen Handelns.[790]

In § 1 Abs. 2 MBO-Ä erfolgt eine Aufzählung der Aufgaben der Ärzte. Danach obliegt ihnen die „Kuration, Prävention, Rehabilitation und Palliation"[791] im Rahmen ihres ärztlichen Handelns. Nun mag auch dieser Katalog eine Zusammenfassung des Wesens des Arztberufes darstellen, doch ist er bereits Indiz für die Schutzrichtung der ärztlichen Tätigkeit. Denn wer kurativ und präventiv, aber eben auch am Lebensende schmerzlindernd tätig werden soll, erfüllt seine Aufgabe zum Wohle des Patienten. Er hat damit eine das Wohlbefinden des Patienten unterstützende Stellung, woraus gleichsam eine ärztliche Fürsorge gegenüber dem Patienten abgleitet werden kann.

Dieser Gedanke wird durch § 2 Abs. 1 MBO-Ä unterstützt, indem nach S. 1 der Beruf nur „nach ihrem Gewissen" und darüber hinaus auch nur bei Beachtung „der ärztlichen Ethik und Menschlichkeit" ausgeübt werden darf. Nach dem BVerfG sind Gewissensentscheidungen „jede ernstliche, sittliche, d. h. an den Kategorien von „Gut" und „Böse" orientierte Entscheidung, die der Einzelne in einer bestimmten Lage als für ihn bindend und unbedingt verpflichtend

---

787 *Wollersheim* in Terbille (Hrsg.), Münchener Anwaltshandbuch Medizinrecht, § 6 Rn. 80; s. a. *Scholz* in Spickhoff (Hrsg.), Medizinrecht, MBO Präambel Rn. 1.

788 Die folgenden Ausführungen werden am Beispiel der ärztlichen Musterberufsordnung (MBO-Ä) getroffen, an der sich die einzelnen Berufsordnungen der Länder eng orientieren. So sind beispielsweise die Berufsordnung der Ärztekammer Niedersachen und die ärztliche Musterberufsordnung im Wortsinn gleich.

789 Ähnlich *Scholz* in Spickhoff (Hrsg.), Medizinrecht, MBO § 1 Rn. 1.

790 *Rehborn* in Prütting (Hrsg.), MedR-Komm, MBOÄ § 1 Rn. 3.

791 *Scholz* in Spickhoff (Hrsg.), Medizinrecht, MBO § 1 Rn. 2; ähnlich *Lippert* in Ratzel/Lippert (Hrsg.), Kommentar zur Musterberufsordnung der deutschen Ärzte (MBO), § 1 Rn. 14.

innerlich erfährt, sodass er gegen sie nicht ohne ernste Gewissensnot handeln könnte“[792]. Neben Pflichtenkollisionen wie bei der Triage im Katastrophenfall[793] umfassen Gewissensentscheidungen im Arzt-Patienten-Verhältnis auch einzelne Therapieentscheidung im Interesse und zum Wohl des Patienten.

Dass die Pflicht zur Fürsorge durch die ärztliche Berufsordnung gefestigt werden soll, ergibt sich aus dem Verweis auf die ärztliche Ethik in § 2 MBO-Ä. Denn nach *Beauchamp/Childress*[794] liegt diese neben der Achtung der Patientenautonomie und dem Nicht-Schädigungs-Grundsatz in dem Grundsatz „Salus aegroti suprema lex“, der Orientierung an dem Patientenwohl[795] und somit der Verpflichtung zu fürsorglichem Handeln. Der Gedanke, dass der Arzt zum Wohl des Patienten handelt, wird auch durch die in den allgemeinen Berufspflichten situierte Generalklausel nach § 2 Abs. 2 MBO-Ä unterstützt, die die §§ 7 MBO-Ä konkretisieren. So wird ein besonders gewissenhaftes Verhalten des Arztes im Sinne einer ausgeprägten Sorgfaltspflicht (§ 11 Abs. 1 MBO-Ä) gefordert.[796] Diese im Verkehr erforderliche Sorgfalt ist in der Forderung nach ärztlicher Fürsorge inbegriffen, füllt sie jedoch nicht vollständig aus. Die ärztliche Fürsorge beinhaltet über die Therapie im Sinne des ärztlichen Standards hinaus Entscheidungen zum Wohl des Patienten und ist standesrechtliche Berufspflicht.

bbb) Satzung als Ausdruck der grundrechtlichen Schutzpflicht

Es ist zweifelhaft, ob die im Standesrecht niedergelegte Fürsorgeverpflichtung als Erfüllung der Schutzpflicht angesehen werden darf. Denn zum einen wird in Frage gestellt, ob eine staatliche Pflicht zum Schutz von Grundrechten durch autonome Satzungsgewalt einzelner öffentlich-rechtlicher Körperschaften erfüllt werden kann. Satzungsautonomie wird in einzelnen Bereichen gewährt, in denen den Körperschaften die Regelung bestimmter, sie selbst betreffender Angelegenheiten anvertraut wird. Insbesondere da die Körperschaften zumeist eine höhere Sachkunde als der Gesetzgeber für notwendige Regelungen aufweisen, wird ihnen in bestimmten Bereichen eigenverantwortliches Handeln

---

792 BVerfGE 12, 45 (55); ausführlich *Rehborn* in Prütting (Hrsg.), MedR-Komm, MBOÄ § 2 Rn. 2.

793 *Scholz* in Spickhoff (Hrsg.), Medizinrecht, MBO § 2 Rn. 2.

794 *Beauchamp/Childress*, Principles of Biomedical Ethics, S. 202 ff.

795 *Lippert* in Ratzel/Lippert (Hrsg.), Kommentar zur Musterberufsordnung der deutschen Ärzte (MBO), § 2 Rn. 9; *Scholz* in Spickhoff (Hrsg.), Medizinrecht, MBO § 2 Rn. 4.

796 *Scholz* in Spickhoff (Hrsg.), Medizinrecht, MBO § 11 Rn. 2 m. w. Nachw. einzelner Sorgfaltspflichten; ähnlich *Ratzel* in Ratzel/Lippert (Hrsg.), Kommentar zur Musterberufsordnung der deutschen Ärzte (MBO), § 11 Rn. 7.

gestattet.[797] Zur Erfüllung einer verfassungsrechtlichen Schutzpflicht scheint es jedoch notwendig, dass der Gesetzgeber Einfluss auf die Art der Erfüllung hat. Dies ist durch eine Regelung durch einzelne Körperschaften nicht gewährleistet.

Zum anderen ist unklar, ob der ärztlichen Berufsordnung nicht die für eine Schutzpflichterfüllung erforderliche Regelungswirkung und Außenwirkung fehlt. Adressat der ärztlichen Berufsordnung sind die Pflichtmitglieder der Landesärztekammern selbst. Infolgedessen wird angenommen, dass die Berufsordnungen ausschließlich standesrechtlichen, mithin binnenrechtlichen Charakter haben und Dritten keine eigene Rechtsposition einräumen.[798] Der Wortsinn der Berufsordnungen schließt eine Regelung auch für Patienten jedoch nicht aus, da im Rahmen der Pflichten gegenüber Patienten in § 7 MBO-Ä auf die „Rechte der Patientinnen und Patienten, insbesondere des Selbstbestimmungsrechts“ abgestellt wird. Folglich lässt sich nicht gänzlich ausschließen, dass aus den Berufsordnungen auch ein Recht des Patienten abzuleiten ist.[799]

Ebenso wird hinterfragt, ob die mittelbare Außenwirkung der ärztlichen Berufsordnung eine zulässige Bindung Außenstehender bewirke. Die Berufsordnungen erlangen ihre Außenwirkung einerseits durch tatsächliche Berücksichtigung bei der Behandlung von Patienten und andererseits durch Inkorporierung in Rechtsordnungen. Zudem beanspruchen sie Geltung durch die Rechtsprechung und beinhalten berufsgerichtliche Maßnahmen bei Nichteinhaltung der Berufspflichten.[800] Die Außenwirkung erfolgt nur mittelbar, da Dritte ausschließlich durch konkretisiertes Verhalten des Arztes betroffen werden. Gerade diese mittelbare Bindung jedoch lässt Zweifel an einer Tauglichkeit als Schutzpflichterfüllung aufkommen. Denn wenn Musterberufsordnungen Dritte nur mittelbar schützen und vielmehr der unmittelbaren Organisation dienen, könnte der Zweck gerade nicht primär in dem Schutz der Art. 2 Abs. 2 GG angesehen werden. Dementsprechend vertritt *Hollenbach*, dass die ärztlichen Berufsordnungen

---

797 BVerfGE 33, 125 (156 ff.).

798 BVerfGE 10, 20 (49 f.); BVerfGE 33, 125 (156); *Hollenbach*, Grundrechtsschutz im Arzt-Patienten-Verhältnis, S. 103; für Standesordnungen allgemein *Taupitz*, Die Standesordnungen der freien Berufe, S. 677, 1253 ff.

799 Ebenso *Wollersheim* in Terbille (Hrsg.), Münchener Anwaltshandbuch, § 6 Rn. 109: „Diese Berufspflichten sind zugleich Rechte der Patienten gegenüber den Ärzten.“; siehe auch *Kalb*, GesR 2012, S. 143 (148): „berufsrechtliche Regelung wesentlicher Teil des Patientenschutzes“.

800 *Hollenbach*, Grundrechtsschutz im Arzt-Patienten-Verhältnis, S. 104; zur Geltung aufgrund von Rechtsprechung der Fachgerichtsbarkeiten *Taupitz*, Die Standesordnungen der freien Berufe, S. 1099 ff.

nicht zum Patientenschutz im Sinne der grundrechtlichen Schutzpflichterfüllung herangezogen werden können.[801] Dabei stützt er sich zum einen auf die Intention der Standesautonomie, nämlich die Regelung des Binnenverhältnisses zwischen Landesärztekammer und Arzt und nicht zwischen Arzt und Patient. Zum anderen kritisiert er die Unbestimmtheit der einzelnen Normen, die vielmehr durch andere Bundesnormen zu konkretisierende allgemeine Schutznormen seien. Die dargelegten ärztlichen Pflichten vermittelten zu weite Handlungsspielräume für Ärzte, die ausschließlich standesethischen Charakter verdeutlichten.[802]

Insbesondere die Tatsache, dass die Berufsordnungen nicht primär zum Schutz der Patienten, sondern vielmehr zur binnenrechtlichen Regelung der Berufsausübung der Ärzte durch die Landesärztekammern selbst errichtet wurden, spricht gegen eine Erfüllung einer verfassungsrechtlichen Schutzpflicht. Denn zum einen erscheint es für eine Erfüllung einer Schutzpflicht des Staates für die Gesundheit und Leib und Leben des Patienten notwendig, dass auch der Gesetzgeber als Teil der Legislative – und damit durch Art. 1 Abs. 3 GG verpflichtet – Einfluss auf die Art der Normierung der Erfüllungsnorm hat. Dies ist jedoch durch die Übertragung der Satzungshoheit an die Landesärztekammern für die Berufsordnungen nicht gegeben. Zudem wird aus den in der Berufsordnung statuierten Pflichten ohne weitere Konkretisierung durch andere Rechtsnormen nicht deutlich, ob es sich allein um organisatorische Gebote für den Arzt oder auch Regelungen zugunsten Dritter handeln soll. Autonome Satzungen können demnach nicht herangezogen werden, um grundrechtliche Schutzpflichten für Dritte zu erfüllen.

bb) Schutzpflichterfüllung durch strafrechtliche Normen

Möglicherweise können strafrechtliche Normen, mittels derer dem Arzt die Pflicht zu fürsorglichem Verhalten gegenüber dem Patienten auferlegt wird, zur Erfüllung einer grundrechtlichen Schutzpflicht herangezogen werden.

Grundsätzlich hat der Staat eine Entscheidung normativer oder rechtlicher Art zu treffen und ist bei der Schutzgewährung in seiner Art und seinem Umfang ausschließlich durch das Untermaßverbot begrenzt.[803] Diese Mindestanforderungen sollen einen angemessenen und wirksamen Schutz gewährleisten.[804]

---

801 *Hollenbach*, Grundrechtsschutz im Arzt-Patienten-Verhältnis, S. 107 f.

802 *Hollenbach*, Grundrechtsschutz im Arzt-Patienten-Verhältnis, S. 107 f.

803 BVerfG, NJW 1996, S. 651 (651) unter Verweis auf BVerfGE 88, 203 (254); *Jarass*, AöR 1985, S. 363 (395).

804 BVerfGE 88, 203 (254 f.).

Demzufolge können auch Vorschriften aus dem Strafrecht einen Rechtsgüterschutz bewirken, auch wenn sie aufgrund des Vorrangs der Prävention vor der Sanktion nur als ultima Ratio in Betracht kommen.[805] Dies begründet sich insbesondere darin, dass ein Rechtsgüterschutz bereits bei Gefährdung, teilweise sogar in Form einer Risikovorsorge gewährleistet werden soll, während die meisten Strafvorschriften als Anknüpfungspunkt nicht die Gefährdung, sondern die Verletzung eines Rechtsguts voraussetzen.[806]

Strafrechtliche Vorschriften stellen zudem besonders intensive Eingriffe in die Handlungsfreiheit oder das Persönlichkeitsrecht des Betroffenen dar. Aufgrund dieser Eingriffsintensität sollen strafrechtliche Vorschriften, die immer auch einen bestimmten Grad an Missbilligung und Unsittlichkeit ausdrücken, nur bei besonders sozialschädlichem Verhalten zur Erfüllung von Schutzpflichten zu Hilfe genommen werden.[807]

Aus den Vorschriften zur Körperverletzung (§§ 223 ff. StGB) des Strafgesetzbuchs ergibt sich durchaus der Drang des Gesetzgebers, seiner Schutzpflicht gegenüber den Rechtsgütern aus Art. 2 Abs. 2 S. 1 GG sowohl in repressiver als auch im Sinne der Abschreckung in präventiver Weise nachzukommen. Fraglich ist jedoch, ob das Strafgesetzbuch auch Vorschriften zur Sanktionierung der Missachtung ärztlicher Fürsorge im Arzt-Patienten-Verhältnis beinhaltet, die als Erfüllungsvorschriften anerkannt werden könnten.

aaa) Allgemeine Hilfeleistungspflicht aus § 323c StGB

In Betracht kommt zunächst eine Strafbarkeit wegen unterlassener Hilfeleistung nach § 323c StGB. Diese Strafvorschrift missbilligt die Verletzung der allgemeinen Hilfspflicht in Form eines Unterlassens der Vornahme helfender Maßnahmen bei einem Unglücksfall.[808] Sie dient damit der „Abwendung von Gefahren für Individualrechtsgüter in Not geratener Personen“[809]. § 323c StGB

---

805 BVerfGE 39, 1 (44, 52 f.); *Hollenbach*, Grundrechtsschutz im Arzt-Patienten-Verhältnis, S. 91.

806 BVerfGE 39, 1 (44, 52 f.); *Hollenbach*, Grundrechtsschutz im Arzt-Patienten-Verhältnis, S. 91.

807 Sondervotum 1 zu BVerfGE 90, 145 (201); *Hollenbach*, Grundrechtsschutz im Arzt-Patienten-Verhältnis, S. 92.

808 Weitere Ausführungen in *Freund* in MüKo Bd. 5, StGB § 323 c Rn. 1 ff.; *Kühl* in Lackner/Kühl (Hrsg.), StGB, § 323c Rn. 1 ff.; *Lipp* in Laufs/Katzenmeier/Lipp (Hrsg.), Arztrecht, Kap. IV Rn. 11 ff.; *Hecker* in Schönke/Schröder (Hrsg.), Strafgesetzbuch, § 323c Rn. 1 ff.

809 *Verrel* in Dölling/Duttge/König/Rössner (Hrsg.), Gesamtes Strafrecht, § 323 c Rn. 1; ähnlich *Kühl* in Lackner/Kühl (Hrsg.), StGB, § 323 c Rn. 1.

stellt demnach kein Sonderdelikt für eine ärztliche Hilfeleistungspflicht dar, sondern ist vielmehr Ausdruck einer allgemeinen, an jede Person gerichteten Hilfspflicht.[810] Nichtsdestotrotz kann diese Pflicht mithin einen Arzt treffen und ihn möglicherweise aufgrund seines überlegenen Fachwissens auch in höherem Maße zu helfenden Maßnahmen verpflichten.[811] Jedoch ist bereits zweifelhaft, ob mit der gesetzlich dargelegten Situation eines Unglücksfalls tatsächlich an Maßnahmen im Rahmen eines vertraglichen Arzt-Patienten-Verhältnisses angeknüpft werden sollte.[812] Den Arzt trifft bereits aus seiner beruflichen Verpflichtung eine Garantenpflicht gegenüber dem Patienten im Rahmen eines Arzt-Patienten-Verhältnisses, die von der durch § 323c StGB ausgedrückten allgemeinen Beistandspflicht zu unterscheiden ist. § 323c StGB ist aufgrund seiner allgemeinen Ausgestaltung zur Hilfeleistung damit nicht als gezielter Ausdruck der staatlichen Schutzverpflichtung im Sinne der ärztlichen Fürsorge anzusehen.

bbb) Hilfeleistungspflicht aus Garantenstellung

Jedoch könnte den Arzt eine solche Fürsorgepflicht aus den unechten Unterlassungsdelikten nach §§ 223, 13 Abs. 1 StGB oder §§ 212, 13 Abs. 1 StGB treffen. Denn die unechten Unterlassungsdelikte fordern für eine Strafbarkeit eine Garantenstellung, d. h. gleichsam eine Übernahmepflicht für das Wohl des Betroffenen. Diese können sich aus Gesetz,[813] aus freiwilliger Übernahme,[814] aus Familien-, Gefahren- oder Lebensgemeinschaften oder aus vorangegangenem Verhalten (Ingerenz) ergeben.[815] Im Rahmen eines Arzt-Patienten-Verhältnisses ist eine solche Garantenstellung in der freiwilligen Übernahme der Behandlung anzusehen.[816] Dabei kommt es nicht auf die zivilrechtliche Wirksamkeit des Behandlungsvertrages, sondern vielmehr auf den Zeitpunkt der tatsächlichen

---

810 RGSt 75, 68 (72); *Schuhr* in Spickhoff (Hrsg.), Medizinrecht, StGB § 323 c Rn. 4; *Verrel* in Dölling/Duttge/König/Rössner (Hrsg.), Gesamtes Strafrecht, § 323 c Rn. 9.

811 *Kühl* in Lackner/Kühl (Hrsg.), StGB, § 323 c Rn. 6; *Verrel* in Dölling/Duttge/König/Rössner (Hrsg.), Gesamtes Strafrecht, § 323 c Rn. 9.

812 Krankheiten werden wohl bei plötzlicher und bedrohlicher Verschlimmerung, nicht jedoch schon allein aufgrund ihrer Schwere als Unglücksfall im Sinne des § 323c StGB angenommen; siehe *Hecker* in Schönke/Schröder (Hrsg.), Strafgesetzbuch, § 323c Rn. 6; ähnlich *Uhlenbruck*, MedR 1993, S. 296 (299).

813 BGHSt 2, 150 (151); *Krey*, Deutsches Strafrecht AT 2, Rn. 335.

814 BGH NJW 1982, S. 1235 (1235); *Lackner* in Lackner/Kühl (Hrsg.), StGB § 13 Rn. 9.

815 Ausführliche Darstellung statt vieler *Kühl* in Lackner/Kühl (Hrsg.), StGB, § 13 Rn. 7 ff.

816 So auch *Tag* in Dölling/Duttge/König/Rössner (Hrsg.), Gesamtes Strafrecht, § 13 Rn. 20; vgl. *Lipp* in Laufs/Katzenmeier/Lipp (Hrsg.), Arztrecht, Kap IV Rn. 4.

Übernahme des Schutzes an.[817] Der Umfang der Garantenpflicht wird aus dem Vertragsverhältnis, sowie aus ärztlicher Indikation, Einwilligung des Patienten und den Anforderungen der lex artis Durchführung festgelegt.[818]

Ein Verhalten des Arztes in Ausübung seiner Garantenstellung ist folglich als besonders fürsorgliches Verhalten zu interpretieren. Trotzdem kann auch §§ 223, 13 StGB nicht als Erfüllung einer Schutzpflicht gegenüber den Rechtsgütern des Patienten angesehen werden, denn die Fürsorge des Arztes aus Garantenpflicht begründet sich nicht bereits durch das Bestehen der Normen, sondern erst durch die Übernahme einer faktischen Pflichtenstellung. Demnach würde die Annahme einer Schutzpflicht dem Entstehen dieser ärztlichen Fürsorge vorausgreifen. Die Existenz einer Garantenpflicht zwischen Arzt und Patient ist zwar ein Indiz für eine Fürsorge, jedoch kann sie nicht als Erfüllung grundrechtlicher Schutzpflichten herangezogen werden.

cc) Schutzpflichterfüllung durch zivilrechtliche Normen

Auch durch bürgerlich-rechtliche Vorschriften könnte der Gesetzgeber staatliche Schutzpflichten gegenüber Rechtsgütern Dritter erfüllt haben. Zwar kann im Rahmen des Zivilrechts bereits Schutz durch den Abschluss von Verträgen und der individuellen Bestimmung der entsprechenden Vertragsinhalte gewährt werden, doch ist es die Aufgabe des Gesetzgebers dieses Prinzip der Selbstbestimmung durch weitere Regelungen zu stärken.

aaa) Behandlungsvertrag nach § 630a BGB

Die ärztliche Fürsorgepflicht zur Erfüllung der staatlichen Schutzpflicht gegenüber dem Patienten ergibt sich nicht unmittelbar aus den Pflichten aus dem zivilrechtlichen Behandlungsvertrag nach § 630a BGB. In § 630a Abs. 1 BGB werden die sich aus dem Behandlungsverhältnis ergebenden Pflichten zur Leistung der versprochenen Behandlung für den Arzt und Leistung der Vergütung für den Patienten dargelegt.[819] Aus einer Leistungspflicht ist zunächst eine Pflicht zur Behandlung in Form von Diagnostik oder Therapie abzuleiten, ohne dass ein bestimmter Maßstab dieser Leistung festgelegt wird. Zudem ist nur diejenige Leistung zu erbringen, die gegenüber dem Vertragspartner „versprochen" war. In dieser Hinsicht scheint sich weder ein Maßstab der Behandlung noch eine

817 BGH NJW 1979, S. 1248 (129); *Lipp* in Laufs/Katzenmeier/Lipp (Hrsg.), Arztrecht, Kap. IV Rn. 4.

818 *Lipp* in Laufs/Katzenmeier/Lipp (Hrsg.), Arztrecht, Kap. IV Rn. 6.

819 Zu den Leistungspflichten im Behandlungsvertrag vgl. *Katzenmeier*, NJW 2013, S. 817 (817 f.).

Befugnis zu besonders fürsorglichem Handeln im Sinne eines paternalistischen Handelns zu ergeben. Vielmehr drückt eine „versprochene Behandlung“ einen Konsens zwischen Arzt und Patient in Form einer abgesprochenen ärztlichen Maßnahme aus.

§ 630a Abs. 2 BGB hingegen statuiert einen bestimmten Maßstab in Ergänzung zu § 276 Abs. 2 BGB, indem er den Arzt zur Beachtung des „zum Zeitpunkt der Behandlung bestehenden, allgemein anerkannten fachlichen Standards“ verpflichtet.[820] Jedoch erscheint eine Gleichstellung von Handeln nach anerkanntem Standard und fürsorglichem Handeln problematisch. Standard ist gerade Ausdruck einer Erprobung einer Therapie oder Diagnostik über einen längeren Zeitraum, der für sämtliche Ärzte in dem bestimmten Fachgebiet als objektiver Maßstab genommen wird.[821] Ein Verstoß gegen diesen Standard ist als Pflichtverletzung anzusehen, in dessen Folge haftungsrechtliche Konsequenzen entstehen können. Die Fürsorge hingegen ist vielmehr Ausdruck eines subjektiven Verfahrens im Sinne des ärztlichen Verständnisses. Dass dabei Sorgfaltsstandards beachtet werden ist selbstverständlich, doch geht die konkrete Fürsorgepflicht gegenüber dem einzelnen Patienten über den Begriff einer Beachtung eines fachlichen Standards hinaus.

bbb) Einfluss der Berufsordnung auf den Behandlungsvertrag aus § 630a BGB

Jedoch kann die ärztliche Berufsordnung auf das Arzt-Patienten-Verhältnis derart Einfluss nehmen, dass die dort festgelegte Pflicht zur ärztlichen Fürsorge bei Erfüllung der Leistungspflichten des Behandlungsvertrags einbezogen werden muss. Inwiefern das Standesrecht zivilrechtliche Vertragsverhältnisse tatsächlich beeinflusst, wird nicht einheitlich beantwortet.[822]

Insbesondere Kritiker befürchten, dass durch Einbeziehung der Berufsordnungen die Berufsangehörigen in ihren Interessen und Berufspflichten einseitig gestützt und die Interessen des Vertragspartners unterlaufen werden. Teilweise wird daher angenommen, dass eine Einbeziehung des Standesrechts nur derart erfolgen könne, dass keine dem Vertragspartner nachteiligen Folgen entstehen könnten.[823] Nach anderer Ansicht werden sie nur zum Schutz des

---

820 *Katzenmeier*, NJW 2013, S. 817 (818).

821 Zur Kritik an § 630 Abs. 2 BGB wegen der Einschränkung der freien Therapiewahl *Katzenmeier*, NJW 2013, S. 817 (818).

822 Befürwortend *Hönn*, Kompensation gestörter Vertragsparität, S. 171; *Brügmann*, NJW 1977, 1473 (1474); ähnlich BGH JZ 1963, 369 f.; ablehnend AG Ludwigsburg NJW 1974, 1431 (1431).

823 *Lilie*, Ärztliche Dokumentation und Informationsrechte des Patienten, S. 141.

Standesangehörigen herangezogen,[824] wobei der Vertragspartner keine eigenen Rechte aus der Berufsordnung ableiten können soll.[825] Diese Auffassung ist insofern zustimmungswürdig, da ansonsten eine Außenwirkung des Standesrechts konstruiert werden würde, die nur mittelbar besteht.[826] Aufgrund der Dogmatik der Berufsordnung ist insbesondere anzunehmen, dass die sich ergebenden Berufspflichten das Vertragsverhältnis nicht bestimmen dürfen,[827] denn der Vertragspartner ist gerade nicht durch die Berufsordnung berechtigt. Dieser Ansicht folgend erscheint eine Einbeziehung der durch das Standesrecht vorgegebenen Pflichten für den Berufsberechtigten im Vertrag gegen den Willen des Vertragspartners nicht möglich.

Taupitz verweist darauf, dass es sich bei dem Zivilrecht und dem Berufsordnungsrecht um „zwei verschiedene Rechtskreise" handele, die zunächst getrennt betrachtet werden müssten. Gleichwohl führt er aus, dass die Konkretisierung zivilrechtlicher Normen durch das Standesrecht durchaus bekannt sei.[828] Demnach könnten die Parteien ihre „Rechtsbeziehungen unter ausdrücklicher oder konkludenter Bezugnahme auf die in einer Standesordnung fixierten Pflichten" regeln. Diese Möglichkeit bestünde unabhängig von der Rechtsnatur der Standesordnung. Dabei betont er jedoch, dass die Kontrahierung mit einem Freiberufler an sich nicht automatisch eine Einbeziehung der Berufsordnungen zur Folge habe, sondern dass der konkrete Vertragswille vielmehr einzelfallabhängig ermittelt werden müsse.[829] Dabei bedürfe es häufig eines Konkretisierungs- und Ergänzungsmaßstabes, um den Inhalt von Verträgen, die durch schlüssige Handlungen geschlossen würden, zu erfassen.[830] Dies sei jedoch bei einer grundsätzlich „konkludent erfolgten Einigung über die Kardinalpflichten", wie es für die Behandlung des Patienten nach der ärztlichen Kunst zutreffe, gerade nicht erforderlich.[831]

---

824 *Späth*, Die zivilrechtliche Haftung des Steuerberaters, Rn. 123.

825 *Späth*, Die zivilrechtliche Haftung des Steuerberaters, Rn. 60 ff., 122, 706; siehe auch *Taupitz*, Die Standesordnung der freien Berufe, S. 1297.

826 Im Ergebnis so auch *Späth*, Die zivilrechtliche Haftung des Steuerberaters, Rn. 706.

827 *Taupitz*, Die Standesordnungen der freien Berufe, S. 1300.

828 In diesem Zusammenhang ist beispielsweise auch anzuführen, dass einige Normen der Berufsordnung Verbotsgesetze im Sinne von § 134 BGB darstellen und mithin dem zuwiderlaufenden Rechtsgeschäft als nichtig anerkannt werden müssen; so auch *Lippert* in Ratzel/Lippert (Hrsg.), Kommentar zur Musterberufsordnung der Deutschen Ärzte (MBO), § 2 Rn. 34.

829 *Taupitz*, Die Standesordnungen der freien Berufe, S. 1302.

830 *Taupitz*, Die Standesordnungen der freien Berufe, S. 1303 m. w. Ausführungen.

831 *Taupitz*, Die Standesordnungen der freien Berufe, S. 1303.

Im Kontext der ärztlichen Fürsorge ist daher klärungsbedürftig, ob die Verpflichtung zur Einhaltung des Fürsorgemaßstabes eine Kardinalpflicht ist, die im Rahmen eines Vertragsschlusses konkludent in diesen Vertrag einbezogen wird. Denn es erscheint nachvollziehbar, dass ein Patient bei Abschluss eines Behandlungsvertrages davon ausgehen muss, dass der Arzt als sein Vertragspartner entsprechend der ihm vorgegebenen ärztlichen Berufsordnung handelt. Schon *Brügmann* betonte, dass sich „die Pflichten des Arztes [...], da sie ausdrücklich selten vereinbart sind, aufgrund der Vorschriften der ärztlichen Berufsordnung“[832] bestimmen. Die sich aus den §§ 1, 2 MBO-Ä ergebenden Aufgaben und allgemeinen Berufspflichten entsprechen überwiegend den Grundsätzen des ärztlichen Berufsbildes, die einen zu beachtenden Maßstab im Rahmen des Arzt-Patienten-Verhältnisses festlegen. Gleichzeitig sind sie Ausdruck der ethischen Grundlagen der Berufsausübung, denn mehr noch als eine Berufsregelung stellt die ärztliche Fürsorge im Sinne des Handelns zum Wohle des Patienten das ethische Verständnis des Berufes dar. Sie stellen insbesondere keine den Patienten als Vertragspartner benachteiligenden Normen dar, die das Vertragsverhältnis einseitig beeinflussen könnten.[833] Dass auch der Arzt selbst vermutlich konkludent von einer Einbeziehung des Standesrechtes ausgeht, ergibt sich bereits aus der Möglichkeit berufsgerichtlicher Verfahren bei berufswidrigem Vorgehen in Form von Sanktionen wie Warnungen, Verweisen und Geldbußen.[834]

Für die ärztliche Aufgabe des fürsorglichen Handelns kann eine befürwortende Haltung beider Parteien zur Einbeziehung des Standesrechts in die vertragliche Beziehung angenommen werden. Denn der Patient gibt sich gerade in die Hände des Arztes mit der Erwartung und dem Wunsch nach fürsorglicher und sorgfältiger Behandlung. Inwiefern er dieser Fürsorge selbst eine Grenze durch eigene Entscheidungen setzen möchte oder ob er die Fürsorge autonom oder paternalistisch interpretiert, ist unabhängig von dem Wunsch nach fürsorglicher und sorgsamer Behandlung durch einen approbierten Arzt zu bewerten. Die vertragliche Absprache der dem Beruf immanenten Eigenschaften würde den Behandlungsvertrag zu einem ad absurdum machen und ihn gleichsam abwerten. Denn er ist zwar dazu bestimmt, konkrete Leistungen beider Parteien abzusprechen, nicht jedoch das Berufsbild des Vertragspartners

---

832 *Brügmann*, NJW 1977, S. 1473 (1474).

833 *Lilie*, Ärztliche Dokumentation und Informationsrechte des Patienten, S. 141; *Steindorf*, JZ 1963, S. 370 (317).

834 *Lippert* in Ratzel/Lippert (Hrsg.), Kommentar zur Musterberufsordnung der deutschen Ärzte (MBO), § 2 Rn. 29; zur Berufsaufsicht ausführlich auch *Lipp* in Laufs/Katzenmeier/Lipp (Hrsg.), Arztrecht, Kap. II Rn. 29 ff.

einzelfallabhängig zu definieren. Insofern ist bei sich aus der ärztlichen Berufsordnung ergebenden allgemeinen Berufspflichten, die konkreten Berufseigenschaften entsprechen, davon auszugehen, dass der Patient sie im Rahmen des Vertragsverhältnisses schlüssig einbezieht.

Infolgedessen kann angenommen werden, dass durch die Errichtung des zivilrechtlichen Behandlungsvertrages im Patientenrechtegesetz eine Norm geschaffen worden ist, die durch das Standesrecht beeinflusst wird, und mithin einen Schutz der Rechtsgüter des Patienten aus Art. 2 Abs. 2 S. 1 GG bewirken soll.

dd) Zwischenergebnis

Die ärztliche Fürsorgepflicht gegenüber Eingriffen durch den Staat selbst ist im Rahmen der Berufsausübung aus Art. 12 Abs. 1 S. 1 GG geschützt. Bei Eingriffen zwischen den Privatsubjekten Arzt und Patient ist die ärztliche Fürsorgepflicht hingegen durch Erfüllung der grundrechtlich festgesetzten staatlichen Schutzpflicht gegenüber der körperlichen Unversehrtheit des Patienten in § 630a BGB in Verbindung mit den Regelungen der ärztlichen Berufsordnung gewährleistet.

III. Grenzen der Fürsorgepflicht

Da sich die Fürsorgepflicht aus der Schutzpflicht aus Art. 2 Abs. 2 S. 1 GG ergibt und das Grundrecht auf Leben und körperliche Unversehrtheit nicht absolut gewährt wird, kann die Fürsorgepflicht durch Gesetz oder aufgrund eines Gesetzes oder durch kollidierendes Verfassungsrecht eingeschränkt werden.

Im Rahmen eines Behandlungsverhältnisses kollidieren Interessen der Patienten häufig mit dem Wissen des Arztes und dessen Überzeugung zur Behandlung und Fürsorge. Im Kontext von Zufallsbefunden in der Diagnostik und Forschung besteht erhöhtes Kollisionspotential insbesondere, wenn der Patient eine Mitteilung eines therapierbaren Befundes unter Berufung auf sein Recht auf Nichtwissen ablehnt.

In der Folge ist das verfassungsrechtliche Verhältnis zwischen ärztlicher Fürsorge zum Schutz der körperlichen Unversehrtheit aus Art. 2 Abs. 2 S. 1 GG mit dem Recht auf Nichtwissen des Patienten aus Art. 2 Abs. 1 S. 1 i. V. m. Art. 1 Abs. 1 GG zu bestimmen.

1. Durchsetzbarkeit der Grundrechte

Ein Widerstreit beider Interessen kann erfolgen, wenn der Betroffene eine Mitteilung eines Befundes ablehnt, obwohl die diagnostizierte Erkrankung durch den Arzt behandelbar ist.[835] Exemplarisch kann dies der Fall bei einem Gehirntumor sein, der im frühen Stadium noch entfernt und therapiert werden kann, aber mit zunehmendem Zeitablauf für den Untersuchten lebensbedrohlich wird. Lehnt der Untersuchte in vergleichbaren Fällen die Kenntnisnahme des Befundes ab, kann dies den ärztlichen Behandlungsinteressen zuwiderlaufen. Exemplarisch ist auch der Befund eines abdominalen Aortenaneurysmas anzuführen, für das es nach Empfehlungen eines Follow-Ups in einem 3–5 Jahres-Intervall bedarf,[836] das nur bei Kenntnisnahme des Befundes durchgeführt werden kann. Sowohl das Recht auf Nichtwissen als auch die Schutzpflicht zur körperlichen Unversehrtheit durch fürsorgliches Handeln sind relative Rechte, die durch grundrechtlich geschützte Interessen Dritter eingeschränkt werden können, sofern der Maßstab der Verhältnismäßigkeit einen Eingriff in die entsprechenden Rechte rechtfertigt. Aufgrund der Gleichrangigkeit der Interessen ist eine faktische Durchsetzbarkeit der Interessen unklar.

Für eine Höherrangigkeit des Rechts auf Nichtwissen gegenüber der ärztlichen Fürsorge ist die Herleitung aus dem Grundrecht der informationellen Selbstbestimmung nach Art. 2 Abs. 1 GG anzuführen. Die freie Entscheidung über die Kenntnisnahme oder Informationsabwehr medizinischer Daten betrifft den Umgang mit der eigenen Wahrnehmung von höchst persönlichkeitsrelevanten Daten. Dabei muss der Betroffene über diesen höchstpersönlichen Bereich insbesondere aufgrund der möglichen psychischen und physischen Belastungen einer Mitteilung selbstbestimmt entscheiden können. Zudem folgt die Relevanz eines Befundes der subjektiven und individuellen Empfindung, aufgrund derer die Risiken und Nutzen des Wissens medizinischer Daten unterschiedlich eingeschätzt werden.[837]

Eine Höherrangigkeit der ärztlichen Fürsorge als Schutzpflicht für die körperliche Unversehrtheit kann insbesondere durch den umfassenden Schutzauftrag des Arztes gerechtfertigt werden: Denn neben dem Schutz für die körperliche Unversehrtheit und Gesundheit umfasst Art. 2 Abs. 2 S. 1 GG auch den Schutz des Lebens als ein hochrangiges Rechtsgut. Insbesondere im Falle der Generierung medizinischer Daten, die eine Therapie einer Erkrankung oder aber eine selbstbestimmte Lebensführung ermöglichen würden, könnte das fachliche Wissen des Arztes zur Einschätzung der Relevanz eines Befundes stärker

835 Ähnlich *Duttge* in Wehling (Hrsg.), Vom Nutzen des Nichtwissens, S. 75 (85).

836 *Weckbach/Schlett/Bertheau/Kauczor*, Der Internist 2014, S. 1019 (1022).

837 Weitere Ausführungen zu den Belastungen durch einen Eingriff in das Recht auf Nichtwissen siehe 1. Kapitel B II 5. c) bb) aaa).

gewichtet werden als das subjektive Interesse des Patienten. Diese Gewichtung würde jedoch missachten, dass der ärztliche Auftrag neben der Pflicht zur Leidenslinderung als weitere Verpflichtung die Achtung der Autonomie des Patienten umfasst.[838] Die Ausführungen belegen, dass sich verschiedene Argumente für die Höherrangigkeit beider durch die Verfassung geschützten Rechte anführen lassen. Daher ist ein Ausgleich zwischen den Grundrechten einzelfallabhängig im Wege der praktischen Konkordanz unter Beachtung des Maßstabs der Verfassungsmäßigkeit zu finden.

2. Abwägungskriterien

Zur Abwägung der Grundrechtspositionen im Einzelfall bedarf es konkreter Abwägungskriterien. Diese können (1) in der Bedeutung des Nichtwissens für den Betroffenen, (2) dem Nutzen der Befunde für den Patienten und (3) dem Kontext der Untersuchung gegeben sein.

a) Bedeutung des Nichtwissens für den Betroffenen

Bei der Abwägung zwischen der Fürsorge und der Selbstbestimmung muss die individuelle Bedeutung des Nichtwissens für den Betroffenen berücksichtigt werden. Dies erfordert eine Einbeziehung der aktuellen sowie vergangenen Lebensumstände des Patienten, die die Entscheidung des Patienten beeinflussen, sowie die Einschätzung, ob ein Wissen um den Befund für den Betroffenen psychische und finanzielle Folgen hätte. Der Arzt hat mithin den Ursprung, auf dem der Wunsch des Patienten nach Nichtwissen basiert, im Rahmen seiner ärztlichen Möglichkeiten zu erforschen.

b) Nutzen für den Patienten

Der Nutzen des Wissens um den Befund ist primär in der Prävention oder Therapierbarkeit einer Erkrankung zu verstehen. Eine Abwägung hinsichtlich dieses Kriteriums – ohne Beachtung weiterer Kriterien – ließe bei Therapieoptionen Eingriffe in das Recht auf Nichtwissen zu, um die Gesundheit des Untersuchten zu schützen. Der Arzt könnte demnach seinem therapeutischen Auftrag fürsorglich gerecht werden, sofern der Patient anschließend in die medizinische Intervention einwilligt. Begründungen für eine Höherrangigkeit des Gesundheitsschutzes bestehen dahingehend, dass das Ablehnen der

838 Vgl. § 7 Abs. 1 MBO-Ä: „Jede medizinische Behandlung hat […] unter Achtung der Persönlichkeit, des Willens und der Rechte der Patientinnen und Patienten […] zu erfolgen."

Befundkenntnisnahme zumeist eine Folge der Sorge und Angst vor weiteren Belastungen und Beeinträchtigungen des Lebens ist, die dem Betroffenen durch die Mitteilung und Missachtung der Selbstbestimmung gerade genommen werden kann.

Unklar ist jedoch, ob ein Nutzen darüber hinaus auch in dem Wissen um die gesundheitliche Konstitution oder der genetischen Disposition gesehen werden kann. Denn so kann auch das Wissen um einen nicht therapierbaren Befund einen Nutzen bringen, indem eine autonome Lebensplanung ermöglicht wird.[839] Jedoch bedeutet dies im Umkehrschluss, dass die Selbstbestimmung des Betroffenen um seiner Selbstbestimmung selbst missachtet werden muss. Diese Folgerung ist nicht konsequent und kann nicht durch die Sorge um den Betroffenen gerechtfertigt werden. Vielmehr muss das individuelle Verständnis des Nutzens von dem Betroffenen bei der Abwägung zugrunde gelegt werden.

c) *Berücksichtigung des Kontexts der Informationsabwehr*

Als drittes Abwägungskriterium ist der jeweilige Kontext, in dem der Betroffene die Informationswahrnehmung ablehnt, zu berücksichtigen. So bestehen in Arzt-Patienten-Verhältnissen und Forscher-Probanden-Verhältnissen abhängig von der Art und Intention der Untersuchung unterschiedliche Grade des Vertrauens, die der Arzt bei seiner Abwägung berücksichtigen muss. Primär gehört dazu auch, dass der Arzt zunächst als Ansprechpartner und Verantwortlicher für die Gesundheit des Untersuchten und nur sekundär für Verwandte angesehen wird. Denn Verwandte des Patienten haben grundsätzlich ein eigenes Recht, durch Einwilligung in die Untersuchung ihrer Gesundheit ihre Konstitution zu erfahren. Damit schränkt das Kriterium „Berücksichtigung des Kontextes der Informationsabwehr" in der Abwägung gleichsam ein zusätzliches Kriterium der Relevanz für Dritte ein. Es soll damit verhindert werden, dass bei jeder Relevanz des Befundes auch für Dritte eine Verpflichtung zur ärztlichen Fürsorge angenommen und ein Eingriff in das Recht auf Nichtwissen gerechtfertigt wird.

Darüber hinaus umfasst das Kriterium aber auch Abwägungen hinsichtlich der Ernsthaftigkeit des Betroffenen, medizinische Daten nicht wissen zu wollen. Dabei muss der Arzt seine persönliche Kenntnis über die familiären Umstände und die Lebenssituation einfließen lassen. So scheint eine Missachtung seiner Selbstbestimmung für einen jungen Mann, der das Wissen um einen behandelbaren Tumor ablehnt, hinnehmbar, wenn der Arzt dafür das gemeinsame

---

839 Ähnlich in Bezug auf Zufallsbefunde *Schmücker* in Joerden/Hilgendorf/Thiele (Hrsg.), Menschenwürde und Medizin, S. 949 (964 f.).

Familienleben mit seiner schwangeren Ehefrau und das Aufwachsen seines Kindes ermöglicht. Dieses Kriterium ist jedoch auch problematisch, da es hinsichtlich seines Umfangs schwer greifbar und gleichzeitig sehr wandel- und auslegbar ist.

3. Zwischenergebnis

Eine Abwägung zwischen dem Recht auf Nichtwissen und der ärztlichen Fürsorge als Schutzpflicht der körperlichen Unversehrtheit und Gesundheit des Patienten muss im Einzelfall insbesondere anhand der Kriterien der Bedeutung des Rechts auf Nichtwissen, des Nutzens für den Patienten und dem Anvertrauen im konkreten Kontext stattfinden. Diese Abwägungskriterien sind jedoch nicht abschließend. Vielmehr lassen sich vermutlich im Einzelfall weitere beachtenswerte Faktoren aufdecken.

IV. Ergebnis

Die im Rahmen der Ethik anerkannte Verpflichtung zum ärztlichen Handeln zum Wohlergehen des Patienten[840] ist in verfassungsrechtlicher Hinsicht im Rahmen der Berufsausübung aus Art. 12 Abs. 1 GG und als Erfüllung einer staatlichen Schutzpflicht aus Art. 2 Abs. 2 S. 1 GG gewährt. Dabei verdeutlicht sie die dem Arztberuf immanente Pflicht, zum Gesundheitsschutz des Patienten zu handeln und drückt dadurch auch ein entsprechendes Recht des Patienten aus. Im Arzt-Patienten-Verhältnis kollidiert die fürsorgliche Haltung mit dem Selbstbestimmungsrecht des Patienten insbesondere im Falle von ärztlichen Maßnahmen gegen den Willen des Patienten, bei Grundrechtsschutz Dritter oder bei Selbstgefährdungen des Patienten. Da das Verfassungsrecht selbst keine Höherrangigkeit der einzelnen Grundrechtspositionen feststellen lässt, ist eine Abwägung der geschützten Positionen einzelfallabhängig anhand der entwickelten Kriterien[841] vorzunehmen. Der Gesetzgeber ist für konkrete Fälle gehalten, auf einfachgesetzlicher Ebene eine Gewichtung der Grundrechte festzulegen. Für den Bereich genetischer Untersuchungen in der Diagnostik hat er dies bereits durch das Gendiagnostikgesetz vorgenommen.[842] Für den Forschungskontext ist in der Folge noch zu klären, ob auch im Rahmen eines Forscher-Probanden-Verhältnisses eine Verpflichtung zur Fürsorge besteht, oder ob mangels therapeutischer

840 Vgl. 2. Kapitel A II 1. b).
841 Vgl. 1. Kapitel C III 2.
842 Weitere Ausführungen dazu siehe 2. Kapitel B II 2.

Zielsetzung wohlwollende Handlungen des Forschers nicht intendiert sind, sondern ausschließlich ein Verhalten im Rahmen der wissenschaftlichen Sorgfaltspflicht gefordert ist.[843] Grundsätzlich bestätigt die Bestimmung der Reichweite einer Fürsorgepflicht, dass Entscheidungen im Rahmen des Arzt-Patienten-Verhältnisses und möglicherweise auch des Forscher-Probanden-Verhältnisses im Gegensatz zu früheren Strömungen nicht mehr zwangsläufig kraft überlegenen Fachwissens durch den Arzt oder Forscher getroffen werden dürfen, sondern es vielmehr Ziel sein sollte, ein partnerschaftliches Verhältnis zu entwickeln.[844]

843 Die Bestimmung der Fürsorgeverpflichtung des Forschers erfolgt konkret am Beispiel der Zufallsbefunde, da diese als Befunde mit Relevanz für die Gesundheit der Betroffenen eine Besonderheit im Forscher-Probanden-Verhältnis darstellen und daher möglicherweise einer gesonderten Behandlung durch den Forscher bedürfen. Ausführlich hierzu im Rahmen der ethischen Diskussionen im 2. Kapitel A III 2. b) bb) und im Rahmen der rechtlichen Diskussionen im 2. Kapitel C I 2. d) cc).

844 So auch *Rehbock*, Ethik Med 2002, S. 131 (143 f.); vgl. bereits näher im 1. Kapitel C I.

2. Kapitel Ethische und rechtliche Bewertung von Zufallsbefunden

A. Medizinethische Empfehlungen zu Zufallsbefunden

Neben rechtlichen Diskussionen entwickeln sich insbesondere in der Biomedizinethik[845] Diskussionen um einheitliche Richtlinien bzw. Empfehlungen zur Aufklärung und Mitteilung eines Zufallsbefundes. Dabei werden entsprechende Vorschläge einerseits unter Berücksichtigung des Aspekts der Autonomie der Patienten und Probanden und andererseits der Vermeidung einer Belastung durch Konfrontation mit einem relevanten Befund unterbreitet.

Da medizinrechtliche Fragestellungen aufgrund ihrer Interdisziplinarität neben der rechtlichen Dimension auch maßgeblich durch ethische Maßstäbe und Überlegungen geprägt werden, könnten möglicherweise ethische Grundsätze Einfluss auf bestehende gesetzliche Regelungen haben oder sogar fehlende Vorschriften ersetzen. In der Biomedizinethik als angewandte Ethik haben sich verschiedene methodische Ansätze ausgeprägt, um medizinethische Fragestellungen einheitlich zu analysieren.[846] Besondere Bedeutung hat das prinzipienethische Paradigma von *Beauchamp* und *Childress*[847] erlangt, nach dem ethisches Handeln im Kontext der Biomedizin an vier verschiedenen „Prinzipien" gemessen werden kann. Dementsprechend wird nach einer überblickartigen Einleitung zum Verhältnis zwischen Medizinethik und Recht das prinzipienethische Paradigma von *Beauchamp* und *Childress* vorgestellt. Im Anschluss werden medizinethische Überlegungen zum Umgang mit Zufallsbefunden vor dem Hintergrund des Autonomie-, Fürsorge- und Nichtschadensprinzips thematisiert.

I. Verhältnis zwischen Medizinethik und Recht

Der Begriff der Ethik basiert auf dem griechischen Wort *ethos,* worunter Gewohnheiten oder Sitten zu verstehen sind. Der Ethik kann aufgrund ihrer

---

845 Zum Begriff der „Bioethik" und „Medizinethik" vgl. *Spranger*, Recht und Bioethik, S. 13 f., 15 ff.

846 Ausführliche Darstellung der einzelnen methodischen Ansätze bei *Spranger*, Recht und Bioethik, S. 19 ff.

847 *Beauchamp/Childress*, Principles of Biomedical Ethics.

anwendungspraktischen Offenheit keine abschließende Definition zugeordnet werden, vielmehr ist darunter menschliches Handeln und die Reflexion hierüber zu verstehen, das sich aus der Verantwortung gegenüber Dritten ergibt. Daher wird die Ethik auch als „philosophische Theorie der Moral“[848] umrissen. Unter Moral wird in diesem Kontext als Teil der sozialen Wirklichkeit das „vielschichtige System der Regeln, Normen und Wertmaßstäbe“[849] verstanden, das die Ethik prägt.

Die Beziehung zwischen Recht und Ethik[850] basiert auf der grundlegenden Feststellung, dass beide Fachrichtungen nicht als voneinander isolierbare Disziplinen angesehen werden dürfen.[851] Vielmehr findet häufig eine Überschneidung beider statt. So hat *Kaufmann*[852] im Jahre 1964 von einer „[…] Polarität, d. h. [einem] […] Verhältnis eines nur relativen Gegensatzes, der einen engen sachlichen Zusammenhang nicht aus-, sondern einschließt, eine Gegensätzlichkeit bei wesensmäßiger Zusammengehörigkeit“ gesprochen. Als bildliche Darstellung wählte er Schnittmengen, deren Mittelpunkt Pole sind und „von denen ein reiches Kraft- und Spannungsfeld gegenseitiger Beziehung, Ergänzung, aber auch Abstoßung ausgeht“[853]. Die Betonung der Gemeinsamkeit, gleich einer gegenseitigen Befruchtung, kann auch in dem Verständnis eines Dialogs zwischen Recht und Ethik ausgedrückt werden.

Der Versuch einer Konkretisierung eigener Zuständigkeitsbereiche von Recht und Ethik erfolgt teilweise anhand der zu beachtenden Handlungsgebiete: Denn während durch das Recht äußerliches Verhalten des Bürgers geahndet wird, beschäftigt sich die Ethik verstärkt mit der inneren sittlichen Haltung und der daraus folgenden äußeren Positionierung.[854] Diese Unterscheidung im Umfang der Inhalte darf jedoch nicht zu der pauschalisierenden Annahme führen, Recht

---

848 *Birnbacher*, Analytische Einführung in die Ethik, S. 1 ff.

849 *Birnbacher*, Analytische Einführung in die Ethik, S. 2; *Spranger*, Recht und Bioethik, S. 31.

850 Eine vollständige Befassung mit der Beziehung zwischen Recht und Ethik kann im Rahmen dieser Arbeit nicht erfolgen. Weitere Ausführungen hierzu finden sich bei *Duttge*, Ethik Med 2006, S. 331 (331 ff.); *Kaufmann*, Recht und Sittlichkeit, S. 7 ff.; *Spranger*, Recht und Bioethik, S. 31 ff.

851 *Duttge*, Ethik Med 2006, S. 331 (335); *Spranger*, Recht und Bioethik, S. 46 f.

852 *Kaufmann*, Recht und Sittlichkeit, S. 7 (9).

853 *Kaufmann*, Recht und Sittlichkeit, S. 7 (9).

854 *Thomasius*, Fundamenta juris naturae et gentium, I Kap IV § XC: „Honeftum dirigit actiones infipentium internas, decorum externas, ut aliorum benevolentiam aquirant, juftum externas, ne pacem turbent & ut turbatam reftituant.“; a. A. *Schreiber* in Dünnebier-FS, S. 633 (639).

befasse sich nur mit äußerem, Ethik hingegen mit innerem Verhalten.[855] Denn auch im Bereich der Ethik muss zwischen Individual- und gesellschaftsprägender Sozialethik unterschieden werden.

Der Ethik werden unterschiedliche Funktionen zugewiesen. Zuallererst prägt sie in ihrer rechtspolitischen Funktion[856] das Recht, indem sie Regelungsbedarf aufdeckt und Regelungen als Konsequenz ethischer Vorstellungen erschaffen werden. Ergänzend rechtfertigt die Medizinethik auch insbesondere in mit dem Verfassungsrecht konkurrierenden Bereichen ihre Existenz durch die Ausfüllungsfunktion, die unbestimmt geschaffenes Recht vor Hintergrund und Konturen der Rechtsordnung konkretisiert.[857] Denn die Ethik als „stellvertretende Gewissheit des Richtigen“ ist weitreichender als das im Rahmen der Rechtsordnung geschaffene Gesetz.[858] Daher hat sich der Grundsatz geprägt, dass das Recht ein „ethisches Minimum“[859] darstelle, das zunächst einmal den geringsten Standard des sittlichen Verständnisses festsetze und weiterer Auslegung bedürfe. Vor dem Hintergrund, dass eine umfassende gesetzliche Umsetzung des sittlichen Gespürs „totalitäre Züge“ trüge,[860] ist das ethische Minimum als rechtlicher Grundrahmen zu verstehen.

Neben der Prägung des Rechts durch die Ethik ist jedoch ebenso eine gegenteilige Einwirkung des Rechts auf die Ethik zu beobachten. Denn durch Zwang durchsetzbare gesetzliche Regelungen können gleichfalls zu einer „Objektivierung und Konkretisierung“[861] führen und mithin Veränderungen der ethischen Vorstellungen beschleunigen. Exemplarisch ist die ethische Toleranz des Schwangerschaftsabbruches anzuführen,[862] der unter den in §§ 218a, 219 StGB genannten Voraussetzungen straffrei ist, oder auch die Einflussnahme der Rechtsordnung auf das Standesethos bei Aufklärungs- und Dokumentationspflichten.[863]

---

855 *Schreiber* in Dünnebier-FS, S. 633 (638 f.); so auch *Taupitz*, Die Standesordnung der freien Berufe, S. 182.

856 *Duttge*, Ethik Med 2006, S. 331 (332); *Spranger*, Recht und Bioethik, S. 40.

857 *Duttge*, Ethik Med 2006, S. 331 (332); ähnlich *Spranger*, Recht und Bioethik, S. 41 f.

858 *Taupitz*, Die Standesordnungen der freien Berufe, S. 181.

859 *Jellinek*, Die Sozialethische Bedeutung von Recht, Unrecht und Strafe, S. 45; *Taupitz*, Die Standesordnung der freien Berufe, S. 181.

860 *Taupitz*, Die Standesordnung der freien Berufe, S. 181; ähnlich *Schreiber* in Dünnebier-FS, S. 633 (640); s. a. *Kaufmann*, Recht und Sittlichkeit, S. 7 (8).

861 *Taupitz*, Die Standesordnung der freien Berufe, S. 185; vgl. auch *Schreiber* in Dünnebier-FS, S. 633 (636): „[Die verrechtlichten ethischen Sachgedanken] […] sind nicht mehr nur konkurrierende moralische Ansichten einzelner, sondern für alle maßgeblich, vom Staat auch zwangsweise garantiert, *Recht.*“

862 *Taupitz*, Die Standesordnung der freien Berufe, S. 182.

863 *Taupitz*, Die Standesordnung der freien Berufe, S. 185.

Insbesondere zwischen dem Verfassungsrecht als höchstrangige deutsche Gesetzgebung und ethischen Maßstäben besteht ein enges und zudem spannungsgeladenes Verhältnis. Wenn *Duttge*[864] von Verfassungsrecht als Recht in „Form geronnener Rechtsphilosophie" spricht, wird dieser Bezug zueinander metaphorisch deutlich. Denn Grundrechte verbinden Recht und Ethik, indem sich in den grundrechtlich gesicherten Ansprüchen ethische Überzeugungen wiederfinden, deren notwendiges Minimum dann einfachgesetzlich konkretisiert werden muss.[865] Beispielhaft lässt sich das Zusammenspiel von Ethik und Verfassungsrecht an dem Recht auf körperliche Integrität aus Art. 2 Abs. 2 S. 1 GG verdeutlichen, dessen Aufnahme in den Katalog der Grundrechte eine Folge des ethischen Verständnisses zum Verbot der Folter war.[866]

Zusätzliches Spannungspotential zwischen Ethik und Recht entsteht, sofern zwischen der Notwendigkeit einer rechtlichen Regelung und dem gesellschaftlichen ethischen Verständnis ein Dissens entsteht und somit die Gesetzgebung nicht mehr Folge der ethischen Haltung ist.[867] Eine solche Unstimmigkeit kann durch die Regelung eines ethischen Minimums unter Berücksichtigung des Verfassungsrechts abgeschwächt werden, sodass keine der beiden Disziplinen „missachtet wird". Dieser Konflikt verdeutlich die Polarität – und gerade nicht Identität – beider Disziplinen, die sich wie „Geschwister, die von demselben Kuchen naschen"[868], verhalten.

II. Prinzipienethisches Modell

In dem Teilbereich der biomedizinischen Ethik hat die Bedeutung prinzipienethischer Modelle gegenüber den im 20. Jahrhundert bevorzugten metaethischen Ansätzen und den in der Folge entwickelten Anwendungsmodellen auffällig zugenommen. Entsprechende Ansätze basieren nicht auf einzelnen Theorien, sondern werden durch ein Paradigma von ethischen Prinzipien charakterisiert. Internationales Standardwerk der prinzipienethischen Ansätze ist das von *Beauchamp* und *Childress* etablierte Vier-Prinzipien-Modell,[869] das neben den bereits

---

864 *Duttge*, Ethik Med 2006, S. 331 (332).

865 So auch Ausführungen im Schlussbericht der Enquete-Kommission „Recht und Ethik der modernen Medizin" in BT-Drs. 14/9020, S. 25.

866 Weitere Ausführungen bei *Rixen*, IMEW konkret Nr. 6, Mai 2004.

867 Schlussbericht der Enquete-Kommission „Recht und Ethik der modernen Medizin", BT-Drs. 14/9020, S. 26.

868 *Duttge*, Ethik Med 2006, S. 331 (332).

869 Weitere Ausführungen dazu in *Beauchamp/Childress*, Principles of Biomedical Ethics; *Beauchamp* in Rauprich/Steger (Hrsg.), Prinzipienethik in der Biomedizin, S. 48 ff.

im *Belmont Report*[870] dargelegten Prinzipien der Autonomie, der Fürsorge und der Gerechtigkeit zusätzlich das Prinzip des Nichtschadens umfasst.[871]

1. Vier-Prinzipien-Paradigma

Ihren Ursprung finden die vier Kategorien der Autonomie, der Fürsorge, des Nichtschadens und der Gerechtigkeit in „gesellschaftlichen Konventionen“ und „historischen Traditionen“, die eine gemeinsame ethische Wertvorstellung prägen.[872] So ist eine Vielzahl der einzelnen Prinzipien der Kategorien aus dem Verständnis der jeweiligen Rollen, in der Biomedizin insbesondere aus dem Arzt-Patienten-Verhältnis, entstanden.

Diese Prinzipien haben den Charakter sogenannter „Prima-facie-Pflichten“, die moralische Grundsätze betonen und damit Richtlinien und Handlungsweisen ethisch richtigen Handelns darstellen, nicht jedoch als Verpflichtungen in rechtlicher Hinsicht anzusehen sind. Folglich kann ethisch richtiges Verhalten auch nicht aus einem Prinzip abgeleitet werden, sondern moralische Regeln ausschließlich unterstützen.[873]

Entsprechend ihrer Konzeption sind die „Prinzipien mittlerer Ebene“ nicht auf bestimmte Einzelfälle konkretisiert, sondern allgemeinverständlich in abstrakter Form gefasst und bedürfen einer Interpretation und Spezifizierung.[874] Letztere ist nach *Beauchamp* „die fortschreitende inhaltliche Darstellung von Prinzipien und Regeln, die sie von ihrer Abstraktheit befreit und ihnen einen spezifischeren sowie praktischeren Gehalt gibt“[875]. Infolgedessen erfordert die Spezifizierung abhängig von dem konkreten Anwendungsbereich eine notwendige Abwandlung und Konkretisierung der Prinzipien sowie das Hinzufügen weiterer Vorstellungen.[876] Diese Spezifizierung ist unvermeidlich und ermöglicht der Prinzipienlehre einen umfangreichen Anwendungsbereich in der Medizinethik wie z. B. dem Einsatz in diagnostischen und wissenschaftlichen

---

870 *National Commission for the Protection of Human Subjects of Research*, The Belmont Report; ausführlich hierzu auch *Michl/Paul* in Lenk/Duttge/Fangerau (Hrsg.), Handbuch Ethik und Recht der Forschung am Menschen, S. 495 (495 ff.).

871 Ausführungen zu den einzelnen Prinzipien in *Beauchamp/Childress*, Principles of Biomedical Ethics, S. 101 ff.; *Maio*, Ethik in der Medizin, S. 199 ff.

872 *Beauchamp* in Rauprich/Steger (Hrsg.), Prinzipienethik in der Biomedizin, S. 48 (52).

873 *Beauchamp* in Rauprich/Steger (Hrsg.), Prinzipienethik in der Biomedizin, S. 48 (49).

874 *Wiesing* in Rauprich/Steger (Hrsg.), Prinzipienethik in der Biomedizin, S. 74 (77).

875 *Beauchamp* in Rauprich/Steger (Hrsg.), Prinzipienethik in der Biomedizin, S. 48 (54).

876 *Beauchamp/Childress*, Principles of Biomedical Ethics, S. 17 f.; *Hildt*, Autonomie in der biomedizinischen Ethik, S. 34 f.

Kontexten. Gleichwohl stellt die Notwendigkeit einer solchen Spezifizierung auch eine Schwachstelle dar, da in Folge der einzelfallabhängigen – und mithin folglich auch intuitiven – Interpretation eine unterschiedliche Bewertung der Anwendungsfälle befürchtet werden kann.[877] Dieses Dilemma ist ein den Prinzipienlehren immanentes Problem.

Zusätzlich bietet das Vier-Prinzipien-Paradigma keine allgemeingültige Lösung im Kollisionsfall zweier oder mehrerer Prinzipien. Entsprechend einer „Prima-facie-Pflicht" beanspruchen alle vier Kategorien gleiche Geltungskraft und bedürfen im Fall eines Konflikts einer einzelfallabhängigen Gewichtung.[878] Im Gegensatz zu vergleichbaren Prinzipienansätzen benennen *Beauchamp/Childress* keine Rangfolge der Prinzipien, sondern geben ausschließlich Anweisungen zur Berücksichtigung im Kollisionsfall. Dies beinhaltet exemplarisch die Überprüfung, ob „das moralische Ziel, welches das Verletzen der Norm rechtfertigt, [...] realistische Aussicht darauf [besitzt], erreicht zu werden". Zudem sollen mögliche Alternativhandlungen und geringstmögliche Normverletzungen berücksichtigt sowie „negative Auswirkungen der Normverletzungen auf das Mindestmaß" beschränkt werden. Zuletzt betonen die Autoren die Notwendigkeit des unparteiischen Handelns des Betroffenen.[879] Jedoch vermag auch dieser unterstützende Leitfaden zur Abwägung die Gefahr eines Dissenses nur unzureichend zu verdecken, insbesondere da auch diese Abwägungskriterien von individuellen Bewertungen und Verhaltensweisen beeinflusst werden. Dessen ungeachtet kann die allgemeine Struktur dieser Prinzipien auch als Chance für eine mögliche Anwendung in den verschiedensten (medizin-)ethischen Bereichen angesehen werden.[880]

Das Vier-Prinzipien-Paradigma unterscheidet sich strukturell von alternativen Ansätzen wie z. B. dem Kasuistikmodell und dem deduktiven Anwendungsmodell. Es ist ein abstraktes ethisches Modell. Um es für eine konkrete Anwendung im Einzelfall operationalisierbar zu machen, bedürfen die Grundsätze einer Interpretation und Spezifizierung. Im Gegensatz dazu erfolgt die

---

877 *Wiesing* in Rauprich/Steger (Hrsg.), Prinzipienethik in der Biomedizin, S. 74 (77 f.).

878 *Beauchamp/Childress*, Principles of Biomedical Ethics, S. 19 ff; *Rauprich* in Rauprich/Steger (Hrsg.), Prinzipienethik in der Biomedizin, S. 11 (23); *Wiesing* in Rauprich/Steger (Hrsg.), Prinzipienethik in der Biomedizin, S. 74 (78); näher auch *Hildt*, Autonomie in der biomedizinischen Ethik, S. 36 f.

879 *Beauchamp/Childress*, Principles of Biomedical Ethics, S. 24; *Hildt*, Autonomie in der biomedizinischen Ethik, S. 37.

880 Ähnlich *Wiesing* in Rauprich/Steger (Hrsg.), Prinzipienethik in der Biomedizin, S. 74 (79).

ethische Analyse im Rahmen des Kasuistikmodells ausgehend von einer Einzelfallentscheidung. Aus der Einzelfallproblematik wird eine moralische Wertvorstellung gebildet, anhand derer in vergleichbaren Situationen Lösungen gefunden werden können.[881] Die Modelle unterscheiden sich daher in ihrem Ausgangspunkt. Während das Vier-Prinzipien-Paradigma von einer generalisierenden Ebene den Einzelfall konkretisiert, verallgemeinert das Kasuistikmodell den Einzelfall, um eine allgemeine moralische Wertvorstellung zu bilden. Im Rahmen des deduktiven Anwendungsmodells wiederum werden aus einer entscheidenden ethischen Theorie Verhaltensanforderungen für sämtliche Fälle abgeleitet.[882] Es erfolgt jedoch anders als im Vier-Prinzipien-Paradigma keine Konkretisierung und Spezifizierung mehr. Grundsätzlich sind alle drei ethischen Modelle im Kontext der Medizinethik anwendbar. Das Vier-Prinzipien-Paradigma ermöglicht jedoch wohl die variabelste und gleichzeitig exakteste Anwendung der ethischen Konzeptionen.

Wiesing[883] befürchtet, dass die Grenzen des prinzipienethischen Modells aufgrund der Herausforderungen der Medizin insbesondere im technologischen Bereich, wie bei der Präimplantationsdiagnostik, erreicht seien. Dem ist zu entgegnen, dass gerade in der Notwendigkeit der Spezifizierung der Prinzipien eine Chance zur Konfrontation mit neuen biotechnologischen Bereichen zu finden ist. Auch die Generierung von Zufallsbefunden ist eine Folge der sich stetig entwickelnden Bildgebungen und genetischen Analysen. Die Spezifizierung der Prinzipien ermöglicht für den Fall des Gewinns von Zufallsbefunden und den sich aus der Autonomie der Betroffenen und der Fürsorge des Arztes ergebenden Folgen eine Diskussion in medizinethischer Hinsicht. Eine ethische Analyse nach dem Kasuistikmodells würde hingegen voraussetzen, dass es bereits eine Einzelfallentscheidung gibt, die vergleichbar auf die Generierung von Zufallsbefunden übertragen werden könnte. Auch die Anwendbarkeit des deduktiven Modells ist nicht zu bevorzugen, da nicht davon auszugehen ist, dass für die Vielzahl unterschiedlicher Zufallsbefunde als Folge von genetischen oder radiologischen Untersuchungen Einzelfallentscheidungen aus einer Theorie abgeleitet werden können. Vielmehr ermöglicht das Konkretisieren und Abwandeln der

---

881 Siehe Ausführungen bei *Beauchamp* in Rauprich/Steger (Hrsg.), Prinzipienethik in der Biomedizin, S. 48 (58); *Spranger*, Recht und Bioethik, S. 20.

882 Vgl. *Rauprich* in Rauprich/Steger (Hrsg.), Prinzipienethik in der Biomedizin, S. 11 (14).

883 *Wiesing* in Rauprich/Steger (Hrsg.), Prinzipienethik in der Biomedizin, S. 74 (82).

Prinzipien hinsichtlich der Situation, dass Zufallsbefunde generiert und mitgeteilt werden, eine ethische Diskussion.

a) Autonomieprinzip

Den Ursprung hat der Begriff „Autonomie" (griechisch autos = selbst und nomos = Regelung, Gesetz) in der Selbstregulation und der politischen Selbstverwaltung griechischer Stadtstaaten. Die Verwendung dieses Begriffes im Zusammenhang mit dem menschlichen Individuum bezeichnet verallgemeinernd deren Recht auf Selbstbestimmung im Sinne eines freien Handelns und Urteilens ohne den Einfluss anderer Personen. Im Gegensatz dazu erfolgt die Entscheidungsfindung bei Personen, die durch Erkrankung etc. nicht autonom handeln können, durch andere, aber unter Berücksichtigung möglicher geäußerter Wünsche und Vorstellungen des Selbstbestimmungsunfähigen.[884]

Im Rahmen des Vier-Prinzipien-Paradigmas beinhaltet das Autonomieprinzip nach Ansicht von *Beauchamp/Childress* den Respekt vor der Autonomie anderer. Folglich soll nicht das autonome Handeln selbst geschützt werden, sondern vielmehr die Achtung anderer vor selbstbestimmten Entscheidungen. Dazu gehört einerseits, das Handeln anderer – auch wenn es nicht der eigenen Vorstellung entspricht – zu akzeptieren und andererseits den Handelnden zuvor in den Zustand der Selbstbestimmung zu versetzen. Letzteres nimmt deutlichen Bezug zu dem „informed consent", nach dem der Arzt den Patienten durch hinreichende Information zu autonomen Entscheidungen befähigen muss.[885]

Der Respekt vor der Autonomie anderer bereitet insbesondere in Konstellationen Schwierigkeiten, in denen aus Sicht Dritter die Entscheidung nicht „vernünftig" oder „richtig" ist und eine Selbstbestimmungsfähigkeit gerne abgesprochen werden würde.[886] Derartige Situationen ergeben sich in medizinischen Kontexten insbesondere bei Konfrontation mit dem Wunsch nach Therapieabbruch oder einem fehlenden Einverständnis zu therapeutischen Maßnahmen, die aus Sicht des Arztes als vielversprechend erscheinen.[887] Die Beispiele verdeutlichen, dass autonome Handlungen durch eigene Werte geprägt werden und dementsprechend gehäuft mit Werten Dritter kollidieren können. Da autonome

884 *Beauchamp/Childress*, Principles of Biomedical Ethics, S. 101 f.; vgl. auch *Hildt*, Autonomie in der biomedizinischen Ethik, S. 49.

885 *Beauchamp/Childress*, Principles of Biomedical Ethics, S. 106, 120 f.; weitere Ausführungen zur Patientenautonomie in der Medizin in *Hildt*, Autonomie in der biomedizinischen Ethik, S. 115 ff.

886 *Rauprich* in Rauprich/Steger (Hrsg.), Prinzipienethik in der Biomedizin, S. 11 (20 f.).

887 *Rauprich* in Rauprich/Steger (Hrsg.), Prinzipienethik in der Biomedizin, S. 11 (21).

Entscheidungen durch eigene Werte beeinflusst werden, wird die Autonomie auch verallgemeinernd mit den Schlagwörtern „Freiheit", „Selbstverwirklichung" und „Achtung des Privatlebens" umschrieben und mit „Würde, Individualität, Unabhängigkeit, Integrität, Verantwortlichkeit oder Selbstkenntnis" gleichgesetzt.[888]

Insbesondere aufgrund der Spezifizierung des Autonomieprinzips als Achtung der Autonomie anderer ließe sich eine besondere Stellung dieses Prinzips gegenüber den übrigen Kategorien erwägen. So vertrat beispielsweise *Engelhardt* im Jahre 1986 die herausragende Stellung des Autonomieprinzips als höchstes Prinzip einer säkulären Moral.[889] Speziell infolge der Entwicklungen des letzten Jahrzehntes vom reinen Paternalismus zu der Achtung des Selbstbestimmungsrechts könnte im Arzt-Patienten-Verhältnis der Eindruck entstehen, dass heutzutage der Respekt vor der Selbstbestimmung wieder eine vergleichbar beachtenswerte oder sogar überwiegende Stellung eingenommen hat. Jedoch betonen *Beauchamp/Childress* für das von ihnen etablierte Vier-Prinzipien-Paradigma unmissverständlich die Prima-Facie-Verpflichtung der Prinzipien, nach der auch dem Prinzip der Autonomie als solches, d. h. auf der Prinzipienebene, kein höheres Gewicht als anderen Prinzipien zukomme.[890]

b) Fürsorgeprinzip

Neben dem Respekt der Autonomie verpflichten moralische Grundsätze auch zu fürsorglichem Handeln gegenüber Personen. Dementsprechend haben *Beauchamp/Childress* im Rahmen ihres Vier-Prinzipien-Paradigmas eine Kategorie der „Beneficience" aufgenommen.[891] Das Prinzip der Fürsorge ist insbesondere in seinem Anwendungsbereich gegenüber dem Prinzip des Nichtschädigens schwer abgrenzbar. So intendieren beide Prinzipien durch ethische Vorgaben den Schutz von Rechtsgütern Dritter. Jedoch betonen die Autoren, dass das Fürsorgeprinzip eine positive Handlung fordere, die naturgemäß nicht immer unparteiisch erfolgen könne und keine Strafbarkeit nach sich zöge. Im Gegensatz dazu stelle Handeln im Sinne des Nichtschadensgebots ein Unterlassen dar,

888 *Hildt* in Rauprich/Steger (Hrsg.), Prinzipienethik in der Biomedizin, S. 320.

889 *Engelhardt*, The Foundations of Bioethics, S. 85 f.

890 *Beauchamp/Childress*, Principles of Biomedical Ethics, S. 106.

891 *Beauchamp/Childress*, Principles of Biomedical Ethics, S. 202 ff.; weitere Ausführungen zum ethischen Gehalt der ärztlichen Fürsorge bereits im 1. Kapitel C I.

das unparteiisch erfolgen müsse und bei fehlendem Einschreiten zur Sanktion führe.[892]

Eine moralische Verpflichtung zur Fürsorge kann nur bei Vorliegen einer speziellen Beziehung erfolgen. So kann die Konfrontation mit einem Unglücksfall nicht jede Person zwangsläufig zu positivem Einschreiten zwingen, sondern bestimmte Verantwortungen begründen eine Pflicht zum aktiven Handeln. Neben persönlichen und familiären Bindungen werden unter diesen Beziehungen insbesondere medizinische Kontexte gefasst, in denen der Arzt aufgrund seiner Profession zu fürsorglichem Verhalten verpflichtet wird.[893]

Während der Entwicklung der Gesundheitspolitik hat sich über einen erheblichen Zeitraum die antike Ansicht gehalten, dass die ärztliche Fürsorge in der Arzt-Patienten-Beziehung die primäre Verpflichtung darstelle.[894] Ausdruck findet dieser Gedanke bereits in dem unverbindlichen Hippokratischen Eid und setzt sich bis in die heutigen Berufsordnungen fort.[895] In den letzten Jahrzehnten hat sich jedoch der Respekt vor der individuellen Entscheidung des Patienten entwickelt, sodass eine automatische Akzeptanz rein fürsorglich paternalistischer Handlungen[896] nicht mehr priorisiert wird. Nichtsdestotrotz ist das Spannungsfeld zwischen Patientenautonomie und ärztlicher Fürsorge eines der zentralen biomedizinischen Problematiken – sowohl in der Medizinethik als auch dem Recht. Nach den zentralen Vorgaben des Vier-Prinzipien-Paradigmas darf die ärztliche Fürsorge keine gegenüber dem Autonomieprinzip priorisierte Kategorie darstellen. Vielmehr darf eine Gewichtung erst im Rahmen der Spezifizierung der Prinzipien im individuellen Fall stattfinden.

---

892 *Beauchamp/Childress*, Principles of Biomedical Ethics, S. 204; näher auch *Hildt*, Autonomie in der biomedizinischen Ethik, S. 160.

893 *Beauchamp/Childress*, Principles of Biomedical Ethics, S. 206 f.; so auch *Hildt*, Autonomie in der biomedizinischen Ethik, S. 160: „rollenspezifische Verpflichtung"; zur „professionellen Beziehung" im Forschungskontext bei Generierung von Zufallsbefunden vgl. *Miller/Mello/Joffe*, J Law Med Ethics 2008, S. 271 (274 ff.); ausführlich zu Prinzipien im Arzt-Patienten-Verhältnis im 2. Kapitel A III 2. b) bb) bbb).

894 *Beauchamp/Childress*, Principles of Biomedical Ethics, S. 214.

895 Vgl. § 1 Abs. 2 MBO-Ä: „Aufgabe der Ärztinnen und Ärzte ist es, das Leben zu erhalten, die Gesundheit zu schützen und wiederherzustellen, Leiden zu lindern […]."

896 Weitere Ausführungen zum Paternalismus *Beauchamp/Childress*, Principles of Biomedical Ethics, S. 215 ff.

c) Prinzip des Nichtschadens

Das Prinzip des Nichtschadens (Nonmaleficience) umfasst die ethische Verpflichtung, einer anderen Person nicht zu schaden.[897] Es wird häufig aus dem Grundsatz „Primum non nocere“ abgeleitet und als fundamentales Prinzip des Hippokratischen Eides dargestellt.[898]

Das Prinzip des Nichtschadens wird aufgrund seines mit dem Fürsorgeprinzip vergleichbaren Schutzgedankens in ähnlichen Prinzipienethiken zu einer Kategorie kombiniert.[899] *Beauchamp/Childress* betonen jedoch eine Trennung beider Grundsätze, denn während das Fürsorgeprinzip zur Hilfe verpflichte, sei im Rahmen des Nichtschadensprinzips der Aspekt des Unterlassens schädigender Handlungen hervorzuheben.[900] Dies bedeute nicht zwangsläufig, dass Verpflichtungen zum Unterlassen strenger als solche zum Hilfeleisten seien, oder dass eines der Prinzipien aus dem anderen resultiere. Vielmehr müsse eine Differenzierung zwischen der Pflicht, jemandem nicht zu schaden[901] und dem Handeln im Gedanken der Prävention oder mit dem Ziel, Gutes zu tun,[902] erfolgen. Zudem kann der Grundsatz, dass eine Fürsorge insbesondere gegenüber nahestehenden Personen bestehe, in Bezug auf eine Nichtschadenspflicht nicht bestätigt werden: Vielmehr verpflichtet ein solches Gebot gerade gegenüber jedermann.

Die dem Prinzip des Nichtschadens zugrunde liegende Definition des Begriffes „Schaden“ von *Beauchamp/Childress* wirft einige Fragen auf: So legen die Autoren dar, dass sie grundsätzlich anerkennen, dass neben physischen auch psychische Verletzungen und ähnliche Nachteile als Schaden angesehen werden können. Jedoch konzentrieren sie sich bei der Entwicklung des Prinzips des Nichtschadens auf physische Schäden. Dabei weiten sie diesen Begriff über den

---

897 *Beauchamp/Childress*, Principles of Biomedical Ethics, S. 150; *Rauprich* in Rauprich/Steger (Hrsg.), Prinzipienethik in der Biomedizin, S. 11 (20).

898 *Beauchamp/Childress*, Principles of Biomedical Ethics, S. 150.

899 So z. B. *Hildt*, Autonomie in der biomedizinischen Forschung, S. 157 ff., S. 161: „Auch im Rahmen dieser Studie wird eine entsprechende Zugangsweise gewählt, d. h. Überlegungen zu Benefizienz und Nonmalefizienz werden zusammengefasst im Kontext der ärztlichen Fürsorge.“

900 *Beauchamp/Childress*, Principles of Biomedical Ethics, S. 150 f.

901 *Beauchamp/Childress*, Principles of Biomedical Ethics, S. 152: „One ought not to inflict evil or harm.“

902 *Beauchamp/Childress*, Principles of Biomedical Ethics, S. 152: „Beneficence 2. One ought to prevent evil or harm. 3. One ought to remove evil or harm. 4. One ought to do or promote good.“

Schadenseintritt hinaus auch auf Risiken des Schädigens aus und betonen, insbesondere das Herbeiführen oder das Risiko des Todes als Schaden zu erfassen.[903] Als Folge der Entwicklungen der Biomedizin treten jedoch gehäuft Schäden auf, die nicht physischer Natur sind, sondern zunächst als psychische Belastungen auftreten und materielle Folgeschäden nach sich ziehen. Eine Begrenzung des Schadensbegriffes auf physische Faktoren ist im Rahmen eines ethischen Prinzipienmodells, das Anspruch erhebt, in weiten Teilen der Biomedizin Anwendung zu finden, zu restriktiv und dementsprechend zu kritisieren.[904]

Die Spezifizierung des Prinzips des Nichtschädigens im medizinethischen Bereich erfolgt hauptsächlich hinsichtlich der Fragestellung der Therapiemöglichkeiten bei Patienten unter Berücksichtigung verschiedener Aspekte wie beispielsweise der Aufrechterhaltung und dem Abbruch lebenserhaltender Maßnahmen und der künstlichen Ernährung und Medikation.[905] Dabei seien nach *Beauchamp/Childress* sämtliche Entscheidungen, die den Tod der betroffenen Person riskieren, zunächst ein Verstoß gegen die Verpflichtung zum Nichtschädigen. Gleichwohl bestünden Abwägungskriterien, nach denen eine solche Verpflichtung gelockert werden könne.[906] Exemplarisch sind die sinnlose, kontraindizierte oder bei irreversiblen Erkrankungen zwecklose Therapie eines Patienten sowie ein Überwiegen der Belastungen gegenüber dem individuellen Nutzen für den Patienten anzuführen.[907]

d) Prinzip der Gerechtigkeit

Das Prinzip der Gerechtigkeit ergänzt den Wirkungsbereich der Prinzipienethik über das Arzt-Patienten-Verhältnis hinaus in wirtschaftlicher Hinsicht.[908] Es

903 Vgl. *Beauchamp/Childress*, Principles of Biomedical Ethics, S. 154.

904 Ähnlich auch *Platzer*, Autonomie und Lebensende, S. 45.

905 Näher *Beauchamp/Childress*, Principles of Biomedical Ethics, S. 154 f.

906 *Beauchamp/Childress*, Principles of Biomedical Ethics, S. 169 ff.

907 *Beauchamp/Childress*, Principles of Biomedical Ethics, S. 169 f.; eine Abwägung zwischen dem Nutzen oder der Risiken einer Behandlung wird insbesondere an dem Kriterium der Lebensqualität gemessen, vgl. *Beauchamp/Childress*, Principles of Biomedical Ethics, S. 171 ff.; näher dazu auch *Platzer*, Autonomie und Lebensende, S. 46 f.

908 Auf eine genauere Darstellung des Prinzips der Gerechtigkeit wird im Rahmen dieser Arbeit verzichtet, da die Untersuchung zur Aufklärung und Mitteilung von Zufallsbefunden im Zwei-Personen-Verhältnis ohne Berücksichtigung der Ressourcen oder der wirtschaftlichen Verhältnisse erfolgt; ausführlich zu dem Prinzip der Gerechtigkeit in *Beauchamp/Childress*, Principles of Biomedical Ethics, S. 249 ff.

verpflichtet zur gerechten Verteilung der Ressourcen, insbesondere der Nutzen und Lasten. Als Abwägungskriterien nennen *Beauchamp/Childress* insbesondere inhaltliche Aspekte wie Bedürfnis, Leistung, Verdienst und Alter sowie prozedurale Aspekte der Warteliste oder Lotterie. Die Gerechtigkeit soll im Sinne der Chancengleichheit und der gesundheitsbezogenen Nutzenmaximierung erzielt werden.[909]

2. *Kritik an dem Vier-Prinzipien-Paradigma*

Auch wenn das Vier-Prinzipien-Paradigma von *Beauchamp* und *Childress* als eine Konzeption angesehen wird, „die das Selbstverständnis der Medizin ohne Rücksicht auf nationale Grenzen jedenfalls in den wesentlichen Zügen prägt“[910] und daher zur Begründung ethischer Konflikte vielmals verwendet wird, erfährt es ebenso viel Kritik.[911] Insbesondere wird vermehrt eine fehlende systematische Einheit beanstandet,[912] aus der sich beispielsweise Vorgaben zur Abwägung der Prinzipien im Kollisionsfall ergeben. Auch die derzeit notwendige Spezifizierung der Prinzipien führe zu einer „normativen Unbestimmtheit“[913], da zwar einzelne wohlüberlegte Urteile, jedoch kein einheitlicher Beurteilungsmaßstab entstünden.[914] Infolgedessen müssten Probleme ohne Rückgriff auf die Prinzipien gelöst werden.[915] Zudem sei das Instrument der Spezifizierung in sich widersprüchlich, da es einen Rückgriff auf Überzeugungen erfordere, die ihrerseits zur Konkretisierung der Prinzipien verwendet würden.[916] Es bestehe damit keine „kritische Instanz“ gegenüber der herrschenden Moralvorstellung, sondern vielmehr eine

---

909 *Rauprich* in Rauprich/Steger (Hrsg.), Prinzipienethik in der Biomedizin, S. 11 (21); näher *Beauchamp/Childress*, Principles of Biomedical Ethics, S. 249 ff.

910 *Duttge* in Duttge (Hrsg.), Perspektiven des Medizinrechts im 21. Jahrhundert, S. 1 (5).

911 Statt vieler *Clouser/Gert* in Rauprich/Steger (Hrsg.), Prinzipienethik in der Biomedizin, S. 88 (88 ff.); *Duttge* in Duttge (Hrsg.), Perspektiven des Medizinrechts im 21. Jahrhundert, S. 1 (6 ff.); *Strong* in Rauprich/Steger (Hrsg.), Prinzipienethik in der Biomedizin, S. 291 (295 ff.); *Wiesing* in Rauprich/Steger (Hrsg.), Prinzipienethik in der Biomedizin, S. 74 (82).

912 *Duttge* in Duttge (Hrsg.), Perspektiven des Medizinrechts im 21. Jahrhundert, S. 1 (10): „[…] Fehlen einer normativen Orientierung, die das Zusammenspiel der Prinzipien wie auch deren Sachgehalt systematisiert […]“; ähnlich *Clouser/Gert* in Rauprich/Steger (Hrsg.), Prinzipienethik in der Biomedizin, S. 88 (98).

913 *Duttge* in Duttge (Hrsg.), Perspektiven des Medizinrechts im 21. Jahrhundert, S. 1 (9).

914 *Duttge* in Duttge (Hrsg.), Perspektiven des Medizinrechts im 21. Jahrhundert, S. 1 (9).

915 *Duttge* in Duttge (Hrsg.), Perspektiven des Medizinrechts im 21. Jahrhundert, S. 1 (9); *Strong* in Rauprich/Steger, Prinzipienethik in der Biomedizin, S. 291 (295 ff.).

916 *Duttge* in Duttge (Hrsg.), Perspektiven des Medizinrechts im 21. Jahrhundert, S. 1 (9).

„rhetorische Rechtfertigung für vorhandene Vorurteile".[917] Infolge dieser Kritik wird ein „übergreifender Beurteilungsmaßstab" gefordert, nach dem eine Konkretisierung nicht mehr „willkürlich-irrational", sondern vielmehr einheitlich und verbindlich erfolge.[918]

Der Kritik ist insofern zuzustimmen, als die einzelnen Prinzipien ohne weitere Konkretisierung keinen Aufschluss über die Gewichtung geben und daher die Gefahr intuitiver Einzelfallentscheidungen besteht. Jedoch stellt gerade diese Gleichheit der Prinzipien wiederum den Grundsatz des Vier-Prinzipien-Paradigmas dar und bietet im Umkehrschluss die Möglichkeit, auf die Prinzipien in diversen unterschiedlichen Kontexten zurückgreifen zu können. Eine vollständig „willkürlich-irrationale" Konkretisierung ist dann nicht zu erwarten, wenn die von den Autoren selbst vorgegebenen Fragestellungen[919] im Prozess der Gewichtung berücksichtigt werden. Trotz nachvollziehbarer Kritik ist die Aufklärung und die Mitteilung von Zufallsbefunden folglich ethisch unter Berücksichtigung des Vier-Prinzipien-Paradigmas nach *Beauchamp/Childress*[920] zu betrachten und zu untersuchen, ob sich in der Literatur ein Konsens hinsichtlich der Gewichtung der Prinzipien herausstellt.

III. Medizinethik und Zufallsbefunde

Für die Aufklärung und Mitteilung von Zufallsbefunden existieren zahlreiche Empfehlungen und Stellungnahmen, die insbesondere die medizinethischen Verpflichtungen des Arztes und Forschers und die Rechte der Patienten und Probanden in den Vordergrund stellen. Da das ethisch gebotene Handeln jedoch von den eigenen Wertevorstellungen abhängt, birgt die Summe der unterschiedlichen Empfehlungen die Gefahr einer Konfusion und Unklarheit. In der Folge wird daher nach einer kurzen Darstellung der ethischen Problemstellungen erörtert, welche Prinzipien in Bezug auf die Generierung von Zufallsbefunden tatsächlich berücksichtigt werden müssen, bevor anschließend ein Überblick über die Empfehlungen in der deutschen und internationalen Literatur zur Aufklärung und Mitteilung zufälliger Befunde in der Diagnostik und Forschung gegeben wird.

917 *Duttge* in Duttge (Hrsg.), Perspektiven des Medizinrechts im 21. Jahrhundert, S. 1 (9).

918 Vgl. *Duttge* in Duttge (Hrsg.), Perspektiven des Medizinrechts im 21. Jahrhundert, S. 1 (15).

919 *Beauchamp/Childress*, Principles of Biomedical Ethics, S. 23.

920 *Beauchamp/Childress*, Principles of Biomedical Ethics.

1. Ethische Problemstellungen

Die Kombination aus der Vielzahl und Variabilität von Zufallsbefunden aus bildgebenden und genetischen Untersuchungen führt zu einer Fülle von ethischen Problemstellungen. Zufallsbefunde als Ergebnisse von Untersuchungen mittels bildgebender Verfahren und genetischer Analysen unterscheiden sich neben der Art der Generierung auch in ihrer Symptomatik und Häufigkeit.[921] Daher sind nicht alle Aspekte der Mitteilung von Zufallsbefunden unabhängig von ihrer jeweiligen Analysemethode zu diskutieren. Jedoch ist zentraler Aspekt der ethischen Debatten sowohl bei genetischen als auch sonstigen pathologischen Zufallsbefunden der mögliche Interessenskonflikt zwischen Betroffenem und Arzt oder Forscher. Dieser entsteht aus einem Spannungsverhältnis zwischen Recht auf Wissen oder Recht auf Nichtwissen des Betroffenen und dem Behandlungsinteresse des zuständigen Arztes oder dem Forschungsinteresse des Forschers, aus denen sich ein unterschiedliches Verständnis der Fürsorgepflichten ergibt.[922]

Eine Steigerung der Komplexität erfährt diese Debatte, wenn durch den Befund Verwandte oder aber auch Dritte potentiell betroffen sind und durch Mitteilung des Befundes an den Primär- oder Drittbetroffenen eine Gefährdung abgewendet werden könnte. Diese Problemstellung wird zumeist im Zusammenhang mit genetischen Zufallsbefunden thematisiert,[923] da aufgrund der Heredität vieler Befunde ein größeres Erkrankungsrisiko für Dritte angenommen wird, das bei bestimmten Erkrankungen infolge frühzeitiger Erkenntnisse über die Disposition therapiert werden könnte. Jedoch können auch nicht-genetische, relevante pathologische Befunde eine Bedeutung für Verwandte und Dritte entfalten.[924]

---

921 *Lanzerath* in Lanzerath/Rietschel/Heinrichs/Schmäl (Hrsg.), Incidental Findings. Scientific, Legal and Ethical Issues, S. 73 (74); weitere Ausführungen dazu bereits im 1. Kapitel A IV.

922 *Lanzerath* in Lanzerath/Rietschel/Heinrichs/Schmäl (Hrsg.), Incidental Findings. Scientific, Legal and Ethical Issues, S. 73 (74); ähnlich auch *Heinemann/Hoppe* in Lanzerath/Rietschel/Heinrichs/Schmäl (Hrsg.), Incidental Findings. Scientific, Legal and Ethical Issues, S. 59 (60).

923 *Deutsche Gesellschaft für Humangenetik*, Stellungnahme zu genetischen Zufallsbefunden in Diagnostik und Forschung, S. 1 (3); *Schickhardt* in Langanke/Erdmann/Robienski/Rudnik-Schöneborn (Hrsg.), Zufallsbefunde bei molekulargenetischen Untersuchungen, S. 149 (151 ff.).

924 *Heinemann/Hoppe* in Lanzerath/Rietschel/Heinrichs/Schmäl (Hrsg.), Incidental Findings. Scientific, Legal and Ethical Issues, S. 59 (60).

Nicht nur die Mitteilung einer therapierbaren Erkrankung bei entgegenstehendem Nichtwissen-Wollen des Betroffenen birgt Konfliktpotential, sondern auch der autonome Wissenswunsch bei nicht therapierbaren Befunden.[925] Denn nach Einschätzung des Arztes kann es bei Abwägung der Belastungen und Nutzen der Mitteilung im Sinne des Nichtschaden-Prinzips sinnvoll erscheinen, dem Betroffenen den Befund nicht mitzuteilen.

Bei der Analyse weiterer diskussionswürdiger Aspekte muss zwischen Zufallsbefunden, die durch genetische Untersuchung und mittels bildgebender Verfahren gewonnen wurden, unterschieden werden. Im Rahmen von Forschungsprojekten ist zudem unklar, ob bei Verwendung bildgebender Verfahren verpflichtend ein (radiologischer) Experte zur Evaluation der Scans eingeschlossen werden muss oder ob bereits die Aufklärung über den Unterschied zwischen wissenschaftlicher und diagnostischer Auswertung ausreicht.[926] Für den Bereich genetischer Untersuchungen häufen sich Diskussionen um die Mitteilung von Zufallsbefunden, die im Rahmen sekundärer Forschung wie beispielsweise der wissenschaftlichen Nutzung von Biobanken generiert wurden. Sowohl die Praktikabilität als auch die Abwägung zwischen Nutzen und Belastung der zeitlich womöglich unabsehbaren Rückmeldungen wird derzeit ausführlich diskutiert.[927] Insgesamt werden im Rahmen der ethischen Diskussionen über Zufallsbefunde überwiegend die Unterschiede von Zufallsbefunden aus Genetik und Bildgebung betont.[928] Anzumerken ist jedoch, dass die Erörterungen der Probleme in ihren Grundsätzen sich viel ähnlicher sind, als in den zahlreichen Publikationen angenommen wird, sodass nachfolgend Empfehlungen zu allen medizinischen

---

925 *Heinemann/Hoppe* in Lanzerath/Rietschel/Heinrichs/Schmäl (Hrsg.), Incidental Findings. Scientific, Legal and Ethical Issues, S. 59 (60).

926 *Heinemann/Hoppe* in Lanzerath/Rietschel/Heinrichs/Schmäl (Hrsg.), Incidental Findings. Scientific, Legal and Ethical Issues, S. 59 (60).

927 *Clayton*, J Law Med Ethics 2008, S. 286 (286 ff.); *Viberg/Hansson/Langenskiöld/Segerdahl*, Eur J Hum Genet 2014, S. 437 (437 ff.); *Winkler/Ose/Glimm/Tanner/von Kalle*, Ethik Med 2013, S. 195 (197); s. a. *Elger* in Langanke/Erdmann/Robienski/Rudnik-Schöneborn (Hrsg.), Zufallsbefunde bei molekulargenetischen Untersuchungen, S. 97 (101 ff.).

928 Dies wird daran ersichtlich, dass es keine deutschsprachige Literatur zu „medizinischen Zufallsbefunden" gibt, sondern ausschließlich zu „genetischen Zufallsbefunden" oder Zufallsbefunden als Resultat des Einsatzes bildgebender Verfahren. Vgl. exemplarisch für die Bildgebung *Heinemann/Hoppe* in Lanzerath/Rietschel/Heinrichs/Schmäl (Hrsg.), Incidental Findings. Scientific, Legal and Ethical Issues, S. 59; vgl. exemplarisch für die Genetik *Lanzerath* in Lanzerath/Rietschel/Heinrichs/Schmäl (Hrsg.), Incidental Findings. Scientific, Legal and Ethical Issues, S. 73.

Zufallsbefunden gemeinsam dargestellt und nur konkrete Unterschiede hervorgehoben werden.

2. *Prinzipien und Zufallsbefunde*

Die Prinzipien des Vier-Prinzipien-Paradigmas von *Beauchamp* und *Childress* sind sowohl im Kontext der Diagnostik als auch der Forschung zu beachten. Da die Pflichten der Beteiligten im Arzt-Patienten- und Forscher-Probanden-Verhältnis divergieren, müssen die Prinzipien, wie z. B. das Fürsorgeprinzip, unterschiedlich intensiv berücksichtigt werden.

a) Arzt-Patienten-Verhältnis

Die Beziehung zwischen Arzt und Patient stellt ein „therapeutisches Arbeitsbündnis“[929] dar, das eine Verbesserung der Gesundheit durch Behandlung oder eine Leidensminderung intendiert. Beide Parteien haben in diesem Verhältnis unterschiedliche Pflichten:[930] So ist es Aufgabe des Arztes, aufgrund seines überlegenen Fachwissens medizinische Entscheidungen zum Wohle des Patienten zu treffen.[931] Diese Aufgabe wurde über einen langen Zeitraum hinweg als einzige Verpflichtung des Arztes verstanden. Jedoch ist das Verständnis vom „guten, autoritätsvollen Entscheidungsträger […], der die volle Verantwortung für das Befinden seines Patienten trägt“[932], nicht mehr zeitgemäß. Vielmehr soll der Arzt nun zudem die Autonomie des Patienten respektieren und mithin nicht nur zum Wohle, sondern auch entsprechend dem Patientenwillen handeln. Infolgedessen ist der Patient berechtigt, die therapeutische Maßnahme durch den Arzt durch seine Einwilligung zu rechtfertigen oder sie abzulehnen. Gleichzeitig ist er zur optimalen Erreichung des therapeutischen Ziels gehalten, die von dem Arzt vorgegebenen Anweisungen wie z. B. Medikamenteneinnahme und Veränderungen des Lebensstils zu befolgen.[933] Das Verhältnis zwischen Arzt und Patient ist dementsprechend eine von Vertrauen geprägte Beziehung des Respekts und der

---

929 *Katzenmeier*, Arzthaftung, S. 57; *Seidler* in Häring (Hrsg.), Chirurgie und Recht, S. 8 (13); *Siegrist* in Jung/Schreiber (Hrsg.), Arzt und Patient zwischen Therapie und Recht, S. 54 (65).

930 Diese Pflichten sind nun erstmals gesetzlich im Behandlungsvertrag nach § 630a BGB festgelegt worden; vgl. statt vieler *Weidenkaff* in Palandt (Hrsg.), Bürgerliches Gesetzbuch, BGB § 630a Rn. 14 ff.

931 *Katzenmeier*, Arzthaftung, S. 58; ausführlich *Deutsch/Spickhoff*, Medizinrecht, Rn. 145 f.

932 *Katzenmeier*, Arzthaftung, S. 58.

933 *Katzenmeier*, Arzthaftung, S. 60.

Fürsorge. Dies gilt immer noch, auch wenn in Folge der mit der Autonomie des Patienten verbundenen umfangreicheren Aufklärungspflichten die Beziehung nicht mehr ausschließlich durch das „vertrauensvolle Aufschauen zur Person des Arztes geprägt“[934] ist. Im Rahmen eines Arzt-Patienten-Verhältnisses sind folglich primär das Autonomie- sowie das Fürsorgeprinzip des Vier-Prinzipien-Paradigmas zu beachten.[935]

b) Forscher-Probanden-Verhältnis

In einem Verhältnis zwischen Forscher und Proband, das im Rahmen eines Forschungsvorhabens entsteht, werden den Beteiligten unterschiedliche Pflichten auferlegt. Unklar ist in diesem Zusammenhang insbesondere, ob dem Forscher eine Fürsorgepflicht ähnlich der im Arzt-Patienten-Verhältnis bestehenden Verpflichtung auferlegt werden kann. Insbesondere im Zusammenhang mit Zufallsbefunden wird vielmals ausschließlich gefordert, dem Probanden bei Generierung eines Zufallsbefundes nicht zu schaden.[936] Dabei wird zumeist nicht thematisiert, ob nicht eine Mitteilung vielmehr dem Gedanken der Fürsorge entspricht, oder ob sich eine entsprechende Pflicht aus dem Forscher-Probanden-Verhältnis ergibt.

aa) Pflichten der Beteiligten

Das im Rahmen klinischer Studien oder ähnlicher Forschungsprojekte bestehende Forscher-Probanden-Verhältnis unterscheidet sich von einem Arzt-Patienten-Verhältnis hinsichtlich des Zieles, woraus zwangsläufig andere Pflichten der Beteiligten resultieren.[937] Generell besteht das Ziel bei der Durchführung einer wissenschaftlichen Studie in dem Erkenntnisgewinn über die Forschungsfrage[938] und damit im Gegensatz zum Arzt-Patienten-Verhältnis nicht primär in

---

934 *Hildt*, Autonomie in der biomedizinischen Ethik, S. 121.

935 *Heinemann/Hoppe* in Lanzerath/Rietschel/Heinrichs/Schmäl (Hrsg.), Incidental Findings. Scientific, Legal and Ethical Issues, S. 59 (61).

936 *Heinemann/Hoppe* in Lanzerath/Rietschel/Heinrichs/Schmäl (Hrsg.), Incidental Findings. Scientific, Legal and Ethical Issues, S. 59; *Heinemann/Hoppe/Listl/Spickhoff/Elger*, DÄ 2007, A 1982 (1985).

937 So exemplarisch *Heinrichs* in Lanzerath/Rietschel/Heinrichs/Schmäl (Hrsg.), Incidental Findings. Scientific, Legal and Ethical Issues, S. 83 (83).

938 Vgl. beispielsweise die Legaldefinition einer klinischen Prüfung nach § 4 Abs. 23 AMG, aus der sich das Ziel einer Arzneimittelstudie ergibt: „Klinische Prüfung bei Menschen ist jede am Menschen durchgeführte Untersuchung, die dazu bestimmt ist, klinische oder pharmakologische Wirkungen von Arzneimitteln zu erforschen […],

der Behandlung des Betroffenen. Sofern der Proband sich zur Erlangung dieses Ziels als Versuchsperson zur Verfügung stellt, ist er verpflichtet, die Vorgaben des Forschers nach dem Studienprotokoll zu befolgen. Infolgedessen wird oftmals die Gefahr einer Verobjektivierung angenommen.[939] Vor Studieneinschluss muss der Proband selbstbestimmt in die Teilnahme einwilligen und kann zu jeglichem Zeitpunkt der Studie diese Einwilligung widerrufen.[940] Im Sinne des Respekts vor der Autonomie des Probanden hat der Forscher diese Entscheidung zu akzeptieren.

Der Forscher ist aus dem Verhältnis verpflichtet, den Probanden nicht zu schädigen.[941] Mit Ausnahme von reinen Registerstudien kann das Studienziel dabei nur durch Interventionen am Menschen erfolgen, bei denen Beeinträchtigungen des Wohlbefindens des Probanden geduldet werden. Dies kann zu moralischen Konflikten zwischen dem Forschungsinteresse und der Verantwortlichkeit gegenüber dem schutzbedürften Probanden führen. Primär wird diese Verantwortung in der Nichtschädigung des Probanden gesehen. In rein wissenschaftlichen Versuchen ohne Eigennutzen für den Probanden ist der Maßstab des Nichtschadens vergleichsweise hoch angesetzt, da dieser im Rahmen einer Risiko-Nutzen-Abwägung ermittelt werden muss. Da der Proband als „Versuchsobjekt" durch die Studienteilnahme keinen Nutzen erfährt, darf ihn auch kein relevantes Risiko treffen.[942]

Neben der Beachtung des Nichtschadens und der Autonomie ist unklar, ob der Forscher auch eine Pflicht zu aktivem Handeln zum Wohlbefinden des Probanden hat. Der Einschluss eines Patienten in einen therapeutischen Versuch[943] oder eine klinische Prüfung kann zumindest primär nicht als ein solcher fürsorglicher Akt definiert werden,[944] denn er erfolgt mit der Hauptintention des wissenschaftlichen Erkenntnisgewinns. Auch die Interventionen sind

---

mit dem Ziel, sich von der Unbedenklichkeit oder Wirksamkeit der Arzneimittel zu überzeugen."

939 Zur Subjekt-Objekt-Beziehung in der Humanforschung vgl. *Eberbach*, Die zivilrechtliche Beurteilung der Humanforschung, S. 35.

940 *Eberbach*, Die zivilrechtliche Beurteilung der Humanforschung, S. 102.

941 *Heinemann/Hoppe* in Lanzerath/Rietschel/Heinrichs/Schmäl (Hrsg.), Incidental Findings. Scientific, Legal and Ethical Issues, S. 59 (61).

942 Zu Patienten- und Heilkundenutzen bei AMG-Studien siehe *Hart* in Deutsch-FS, S. 197 (204 ff.).

943 Krit. zu dem Begriff „Therapeutischer Versuch" siehe *Duttge*, in FS-Deutsch, S. 119 (131).

944 Ähnlich *Richardson/Belsky*, Hastings Center Report 2004, S. 25 (26).

überwiegend vom Studienprotokoll umfasste medizinische Maßnahmen, die damit studienbedingt erfolgen und nur sekundär therapeutischen Wert haben. Erfolgen medizinische Untersuchungen bei kranken Probanden außerhalb des Studienprotokolls, stellen sie zumeist therapeutische Interventionen aus dem Arzt-Patienten-Verhältnis dar, sodass ein begrenzter Anwendungsbereich für aktives fürsorgliches Einschreiten im Rahmen des Forscher-Probanden-Verhältnisses verbleibt. Jedoch sind insbesondere diese wenigen Fragen von großer Bedeutung: So ist unklar, ob sich für den Forscher aus dem Forscher-Probanden-Verhältnis Pflichten zur Reaktion auf Befunde zur weiteren Diagnostik oder sogar Behandlung ergeben.[945] Exemplarisch führt *Richardson*[946] eine festgestellte HIV-Infektion nach Teilnahme an einer HIV-Impfstudie[947] auf. Für diesen Fall sei nicht geklärt, ob sich für den Forscher oder den Sponsor eine Fürsorgeverpflichtung in Form einer medizinischen Hilfe für den Probanden ergebe.[948] Auch für Zufallsbefunde, die mittels bildgebender Diagnostik im wissenschaftlichen Kontext generiert wurden, sei unklar, ob eine Verpflichtung ausschließlich zu wissenschaftlicher oder aber diagnostischer Befundung bestünde.[949] Diese beiden Beispiele verdeutlichen die Relevanz einer möglichen Verpflichtung zu fürsorglichem Verhalten des Forschers für den Probanden.

bb) Modelle zur Integration der Fürsorge als Pflicht des Forschers

Nach einer traditionell strikten Ansicht soll der Forscher als reiner Wissenschaftler angesehen werden, der neben der Beachtung der Wissenschaftlichkeit, der Sicherheit und des Nichtschadens dem Probanden keine Fürsorge schuldet.[950] Die Position vertritt mithin eine zwingende Trennung zwischen den Pflichten aus dem Forscher-Probanden-Verhältnis und dem Arzt-Patienten-Verhältnis und lässt dementsprechend keinerlei vertrauliche und fürsorgebezogene Beziehung zu. Ein solches Vorgehen wird jedoch in ethischer Hinsicht angezweifelt, da der Proband demnach keinerlei medizinische Unterstützung bei nicht studienbedingten Belastungen durch den Forscher erfährt.[951] Infolgedessen mehren sich Ansichten, nach denen der Forscher auch in der Pflicht ist, zugunsten der

945 *Richardson*, J Law Med Ethics 2008, S. 256 (256 ff.); *Richardson/Belsky*, Hastings Center Report 2004, S. 25 (32).
946 *Richardson*, J Law Med Ethics 2008, S. 256 (257).
947 *Jassoy/Wagner*, DÄ 2002, S. 1962 (1962 ff.).
948 *Richardson*, J Law Med Ethics 2008, S. 256 (257).
949 *Richardson*, J Law Med Ethics 2008, S. 256 (256).
950 *Richardson/Belsky*, Hastings Center Report 2004, S. 25 (27).
951 Ähnlich *Richardson/Belsky*, Hastings Center Report 2004, S. 25 (27).

Gesundheit des Patienten Maßnahmen vorzunehmen. Die Ansätze zur Herleitung dieser Pflicht unterscheiden sich grundsätzlich, sodass im Folgenden drei Modelle aus der internationalen Literatur vorgestellt werden, nach denen der Forscher zum Wohlergehen des Probanden handeln muss.

aaa) Forscher als Arzt

Nach einer Ansicht überträgt sich die ärztliche Fürsorgepflicht aus dem Arzt-Patienten-Verhältnis auf das Forscher-Probanden-Verhältnis.[952] Dieses Modell beansprucht insbesondere für Studien Geltung, in denen der Forscher auch behandelnder Arzt ist. Grundlage dieser Annahme ist die Erwartung, dass der Forscher seine ärztliche Verantwortung nicht ablegt, sondern im Forschungskontext im Interesse des schutzbedürftigen kranken Patienten anpasst und gegebenenfalls erweitert. Zudem soll die Sorge vor den Erwartungen des Probanden, dass ein Einschluss in therapeutische Studien mit einer Verbesserung der gesundheitlichen Situation verbunden ist, eine Ausweitung der Pflichten des Forschers begründen.[953]

Kritisch angemerkt wird in diesem Zusammenhang, dass die fehlende Trennung von Forschungs- und Behandlungsverhältnis ein Missverständnis auf Seiten des Probanden bzgl. des Nutzens der Studienteilnahme nur verstärke.[954] Insbesondere da ein Studienprotokoll auch klinische Untersuchungsmethoden enthalte, werde deren therapeutischer und diagnostischer Nutzen überschätzt. Darüber hinaus würden die finanziellen Ressourcen der jeweiligen Studie für eine Verpflichtung zu medizinischer Fürsorge im Forschungskontext nicht ausreichen. Exemplarisch wird die Behandlung von AIDS im Rahmen einer AIDS-Studie angeführt, die eine Studie für den Forscher unerschwinglich machen könnte.[955]

In praktischer Hinsicht ist die Intention dieser Ansicht für therapeutische Versuche wie klinische Prüfungen nach dem Arzneimittelgesetz und dem Medizinproduktegesetz nachzuvollziehen. Denn auch wenn nach dem Studienprotokoll in rechtlicher Hinsicht eine strikte Trennung zwischen studienbedingten und routinemäßigen medizinischen Maßnahmen gefordert ist, kann der Arzt und Forscher in der Praxis oftmals die wissenschaftlichen und therapeutischen Folgen einer Intervention nicht separieren und sich dementsprechend auch nicht unterschiedlich gegenüber dem Probanden verhalten. Im wissenschaftlichen

952 Vgl. *Miller/Mello/Joffe*, J Law Med Ethics 2008, S. 271 (272 f.).
953 Vgl. *Miller/Mello/Joffe*, J Law Med Ethics 2008, S. 271 (272).
954 *Richardson/Belsky*, Hastings Center Report 2004, S. 25 (26).
955 Vgl. näher *Richardson/Belsky*, Hastings Center Report 2004, S. 25 (26).

Versuch ist die Forderung nach einer medizinischen Fürsorge in einem vergleichbaren Umfang wie in einem Arzt-Patienten-Verhältnis nicht vertretbar. Da der Forscher und der Proband nicht in einer über den Forschungskontext hinausgehenden Beziehung stehen, führt die Annahme einer vollständigen Fürsorgepflicht zu einer Ausweitung der organisatorischen und finanziellen Pflichten. Zudem würde der Charakter einer wissenschaftlichen Studie, in der sich ein Proband als freiwilliger Versuchsteilnehmer für den wissenschaftlichen Erkenntnisgewinn zur Verfügung stellt, falsch interpretiert.[956]

bbb) Fürsorge aus einer „professionellen Beziehung"

Ein zweites Modell leitet die Verpflichtung zu fürsorglichem Handeln aus dem Kontext einer „professionellen Beziehung" ab. Eine solche Beziehung sei geprägt durch ein spezielles Fachwissen einer Partei, die einem bestimmten Berufsfeld angehöre.[957] Der Ansatz ähnelt der von *Beauchamp/Childress* vertretenen Ansicht, dass eine Verpflichtung zu fürsorglichem Handeln nur bei „Parteilichkeit"[958], also bei Vorliegen eines Näheverhältnisses bestehe. Da der Forscher nicht aus einer generellen Hilfspflicht für die Allgemeinheit zu fürsorglichem Handeln verpflichtet ist[959] und kein dem Arzt-Patienten-Verhältnis vergleichbarer therapeutischer Kontext vorliegt, wird angestrebt, eine darüber hinausgehende „professionelle Beziehung" zu erreichen. Dazu gewährt die eine Partei der anderen im Rahmen dieser Beziehung nach dem Grundsatz der Diskretion Zugriff auf persönliche Daten nach eigenem Ermessen. Der Beziehung liegt mithin ein Vertrauensverhältnis zugrunde, auf dessen Basis Zugang zu privaten, die eigene Identität prägenden Informationen erlangt werden kann. Dazu können unterschiedlichste Rechtsgüter betroffen werden, wie beispielsweise das private Eigentum, aber eben auch die Gesundheit, dessen Anvertrauen eine Fürsorglichkeit begründen soll.[960]

Indem der Proband sich im Forschungskontext als Versuchsobjekt zur Verfügung stellt und Teile seiner Identität wie z. B. Daten über seine Gesundheit preisgibt, wird ein Vertrauensverhältnis geschaffen, das eine professionelle Beziehung im Sinne des dargelegten Modells begründen kann. Infolge dieser Beziehung soll den Forscher eine Pflicht zur Fürsorge treffen, wenn im Rahmen einer wissenschaftlichen Studie ein Zufallsbefund generiert wurde.[961] Jedoch vermittelt

956 Ähnlich *Miller/Mello/Joffe*, J Law Med Ethics 2008, S. 271 (273).
957 *Miller/Mello/Joffe*, J Law Med Ethics 2008, S. 271 (272).
958 *Beauchamp/Childress*, Principles of Biomedical Ethics, S. 201 f.
959 Vgl. *Miller/Mello/Joffe*, J Law Med Ethics 2008, S. 271 (273 f.).
960 Vgl. *Miller/Mello/Joffe*, J Law Med Ethics 2008, S. 271 (274 f.).
961 *Miller/Mello/Joffe*, J Law Med Ethics 2008, S. 271 (276).

diese Ansicht nicht, welchen zusätzlichen Umfang die Verpflichtung des Forschers neben der Pflicht zum Nichtschaden haben soll. Insbesondere wird nicht dargelegt, ob eine der Pflicht aus dem Behandlungsverhältnis vergleichbare oder eine abgeschwächte Verpflichtung zur Fürsorge gefordert wird. Sollte eine beschränkte Fürsorgepflicht angenommen werden, fehlen Abwägungskriterien zur Bestimmung des Maßstabes der Fürsorge. Aufgrund dieser bestehenden Unklarheiten wirkt dieses Modell sehr abstrakt, sodass es derzeit nicht zur Integration der Fürsorgepflichten in das Forscher-Probanden-Verhältnis empfohlen werden kann.

ccc) Ancillary Care Modell

Die amerikanischen Philosophen *Belsky* und *Richardson* vertreten in den USA durch die Entwicklung des „Ancillary Care Modells“[962] einen vermittelnden Ansatz zwischen den Extrempositionen der vollständigen Ablehnung einer Verpflichtung zur Fürsorge des Forschers sowie der Forderung nach einem kompletten Fürsorgestandard.[963] Unter dem Begriff „Ancillary Care“ wird ein Verhalten verstanden, das über die Wahrung der Validität, Sicherheit und Schadensvermeidung im Forscher-Probanden-Verhältnis hinausgeht. Daher sind weder der Einschluss der Probanden noch die studienbedingten Untersuchungen sowie bereits besprochene und im Studienprotokoll festgelegte Schutzstandards durch den Forscher als fürsorgliches Handeln zu verstehen.[964] Vielmehr beginnt die Fürsorgepflicht des Forschers entsprechend seiner „ancillary care“ in Situationen, in denen der Proband außerhalb des Studienprotokolls schutzbedürftig ist. Sie endet, wenn kein Zusammenhang zwischen der Studie und dem Schutzbedürfnis des Probanden mehr besteht.

Das „Ancillary Care Modell“ basiert auf einem sogenannten „partial Entrustment“, das ein Vertrauen darstellt, das eine Partei der anderen entgegen bringt.[965] Das Ausmaß des Vertrauens wird durch eine einzelfallabhängige Abwägung der Prinzipien der „Discretion“ und „Vulnerability“ bestimmt.[966] Indem der Proband in die Studienteilnahme und die damit verbundenen studienbedingten

962 *Richardson/Belsky*, Hastings Center Report 2004, S. 25 (25 ff.); *Belsky/Richardson*, BMJ 2004, S. 1494 (1494 ff.).
963 Vgl. Ausführungen bei *Belsky/Richardson*, BMJ 2004, S. 1494 (1494).
964 *Richardson/Belsky*, Hastings Center Report 2004, S. 25 (26); *Belsky/Richardson*, BMJ 2004, S. 1494 (1494).
965 *Richardson/Belsky*, Hastings Center Report 2004, S. 25 (27).
966 *Belsky/Richardson*, BMJ 2004, S. 1494 (1495); so auch Ausführungen bei *Rangel*, J Law Med Ethics 2010, S. 117 (119).

Interventionen einwilligt, ermöglicht er dem Forscher eine „discretionary power“, die ihn zu Entscheidungen über eventuelle diagnostische Folgen autorisiert. Nach Art der Studie müssen die Entscheidungen des Forschers mit Verantwortung getroffen werden, da sie zu Beeinträchtigungen des ihm anvertrauten Wohlbefindens des Probanden und dadurch zu einer geduldeten Vulnerabilität führen.[967]

Der Umfang der Fürsorge bestimmt sich durch die einzelfallbedingten Gesundheitsaspekte, die der Proband dem Forscher anvertraut und die dadurch entstehende Enge der Bindung. Dabei begründet sich dieses Anvertrauen nicht nur durch die Haltung des Probanden, sondern auch durch die Bestimmungen im Studienprotokoll.[968] Generalisierend führt die Einwilligung in die studienbedingte Beobachtung eines konkreten Krankheitsbildes zu einer Fürsorgeverpflichtung für diese Erkrankung, während bei Studien mit einer Vielzahl von Untersuchungen und Datenerhebungen der Umfang der Fürsorge entsprechend auf darüber hinausgehende Diagnosen zu erweitern ist.[969] Zentraler Maßstab der Abwägung ist die Beeinträchtigung des Wohlbefindens des Probanden einerseits durch das Vorgehen des Forschers, aber auch unter Berücksichtigung persönlicher Umstände wie Krankheit, Armut und der Belastungen, die der Patient in Kauf nimmt. Abhängig vom Studienprotokoll variieren auch Intensität und Dauer der Studie, sodass die daraus resultierende Tiefe der Beziehung und das entstehende Anvertrauen sich unterscheiden. Besondere Beachtung soll dabei das mögliche Verhältnis einer Abhängigkeit zwischen Proband und Forscher erlangen, das beispielsweise besonders eng sein kann, wenn die Erkrankung des Probanden nicht therapierbar ist und er daher in die Studienteilnahme aus letzter Hoffnung einwilligt.[970]

Im Rahmen einer Abwägung dieser Aspekte mit allgemeinen, für Studien relevanten Gesichtspunkten wie finanziellen Ressourcen und der Gefahr einer Verfälschung von Studienergebnissen muss einerseits die Notwendigkeit einer Verpflichtung zur Fürsorge festgelegt, aber auch eine Abstufung im Vergleich zu ärztlicher Fürsorge vorgenommen werden. Denn die Verpflichtung zur Fürsorge im Kontext der Forschung ist nicht grenzenlos. Sie muss vielmehr dort aufhören, wo das Anvertrauen des Probanden an den Forscher endet und kein

---

967 *Richardson/Belsky*, Hastings Center Report 2004, S. 25 (28 f.).
968 *Richardson/Belsky*, Hastings Center Report 2004, S. 25 (30).
969 *Richardson/Belsky*, BMJ 2004, S. 1494 (1495).
970 *Belsky/Richardson*, BMJ 2004, S. 1494 (1496).

Zusammenhang mehr zwischen dem Studienprotokoll und den medizinischen Bedürfnissen des Probanden besteht. Diese Grenze ist individuell zu bestimmen.

Vorteil dieses „Ancillary Care Modells" ist, dass es das primäre Ziel der Forschung nach wissenschaftlichem Erkenntnisinteresse respektiert[971] und davon ausgehend versucht, klinische Pflichten zu integrieren. Zudem ist es sowohl in therapeutischen als auch wissenschaftlichen Versuchen anwendbar, ohne jedoch Terminologien oder Konzepte aus dem Behandlungskontext zu verwenden.[972]

Allerdings ist dieser Ansatz auch kritisch zu hinterfragen, da als grundlegender Aspekt zur Abwägung des Fürsorgemaßstabes das Anvertrauen der Gesundheit des Probanden an den Forscher festgelegt wurde, obwohl die Gesundheit des Probanden im Rahmen der Zielsetzung einer Studie nur sekundäre Bedeutung erfährt.[973] Insbesondere in wissenschaftlichen Versuchen besteht folglich die Sorge, dass der Proband die Studie hinsichtlich seines therapeutischen Nutzens überschätzt. Darüber hinaus erscheint fragwürdig, wie in praktischer Hinsicht eine Beachtung der Lebensumstände wie die Armut des Einzelnen berücksichtigt werden soll. Gleichwohl würde die Anwendung dieses Modells im Kontext der Forschung für den Gewinn von Zufallsbefunden einen ansprechenden Lösungsansatz anbieten, da abhängig von der Art der Befunde, dem Verfahren des Befundgewinns und dem Vertrauen in den Forscher bzgl. der Mitteilung und der weiteren Diagnostik ein individueller Maßstab zur Fürsorgepflicht bestimmt werden könnte. Dementsprechend könnte eine Verpflichtung zu fürsorglichem Handeln angenommen werden, wenn lebensbedrohliche Erkrankungen durch studienbedingte Interventionen aufgedeckt werden. Wenn der Umgang mit Zufallsbefunden jedoch durch das Studienprotokoll geregelt und eine solche Verpflichtung dem Probanden gleichsam „versprochen" wurde, wäre ein weiteres fürsorgliches Handeln nicht notwendig.[974]

c) Zwischenergebnis

Während im Arzt-Patienten-Verhältnis unweigerlich neben dem Respekt vor der Autonomie des Patienten auch eine Verpflichtung zur Fürsorge des Arztes besteht, wird versucht, eine ähnliche Verpflichtung zu fürsorglichem Verhalten für den Forscher aus unterschiedlichen Ansätzen zu begründen. Diese ethischen Vorschläge belegen, dass der Forscher inzwischen nach herrschender Ansicht

---

971 *Rangel*, J Law Med Ethics 2010, S. 117 (120).
972 *Rangel*, J Law Med Ethics 2010, S. 117 (120).
973 *Miller/Mello/Joffe*, J Law Med Ethics 2008, S. 271 (276).
974 *Richardson*, J Law Med Ethics 2008, S. 256 (266).

nicht nur gehalten ist, dem Probanden nicht zu schaden, sondern darüber hinaus aktiv zum Wohlergehen beitragen muss.[975]

Die Annahme einer Übertragung der Pflichten des Arztes in den Kontext der Forschung mag zwar in ethischer Hinsicht nachvollziehbar sein, doch läuft sie den rechtlichen Gesichtspunkten der Trennung von Pflichten aus dem Forscher-Probanden- und Arzt-Patienten-Verhältnis zuwider. Sie ist daher ebenso wie der abstrakte Versuch der Konstruktion eines professionellen Verhältnisses für diese Kontexte abzulehnen. Vielmehr ist der Entwurf einer individuell abgestuften Verpflichtung im Sinne des Ancillary-Care-Modells zu begrüßen, da dieses Modell zwar für den wissenschaftlichen Kontext entwickelt,[976] aber sowohl im therapeutischen als auch wissenschaftlichen Versuch anwendbar ist.[977] Zudem legt es praxistauglich Abwägungskriterien dar, die insbesondere in der Schwere der Beeinträchtigung des Wohlbefindens des Probanden, der Berücksichtigung persönlicher Umstände sowie der Akzeptanz von Risiken und Belastungen durch den Probanden zu sehen sind.

In Deutschland existieren derzeit keine ethischen Empfehlungen oder Modelle zur Etablierung des Fürsorgeprinzips in der Forschung außer dem Ansatz der Spezifizierung des Prinzips im Einzelfall. Dies könnte Folge dessen sein, dass oftmals Fürsorge und Nichtschaden gleichgesetzt oder eine Trennung beider Prinzipien nicht thematisiert wird. In rechtlicher Hinsicht ist eine Übertragbarkeit der ethischen Vorschläge aus den USA derzeit nicht mit der Trennung der gesetzlichen Pflichten des Arztes und des Forschers vereinbar. Nur sofern vertraglich eine solche Erweiterung der Pflichten des Forschers vereinbart wird, kann fürsorgliches Handeln entsprechend des „Ancillary Care-Modells“ erwartet werden.[978]

---

975 Näher dazu im Rahmen der Vorschläge zur Integration der Fürsorge als Pflicht des Forschers im 2. Kapitel III 2. b) bb); siehe auch *Miller/Mello/Joffe*, J Law Med Ethics 2008, S. 271 (271 ff.); *Richardson/Belsky*, Hastings Center Report 2004, S. 25 (25 ff.); a. A. *Heinemann/Hoppe* in Lanzerath/Rietschel/Heinrichs/Schmäl (Hrsg.), Incidental Findings. Scientific, Legal and Ethical Issues, S. 59 (61).

976 *Richardson/Belsky*, Hastings Center Report 2004, S. 25 (27).

977 *Rangel*, J Law Med Ethics 2010, S. 117 (120).

978 Weitere Ausführungen zu einer vertraglichen Vereinbarung eines fürsorglichen Handelns bei Generierung eines Zufallsbefundes im Kontext der Forschung im 2. Kapitel C I 2. d) cc) bbb).

3. *Empfehlungen zur Aufklärung und Mitteilung nach dem Vier-Prinzipien-Paradigma*

In ethischer Hinsicht gibt es inzwischen eine Vielzahl von Empfehlungen zur Aufklärung und Mitteilung von Zufallsbefunden, wobei diese überwiegend Ausdruck einzelner Literaturansichten[979] und Stellungnahmen durch Fachgesellschaften[980], Kommissionen[981] oder Projektgruppen[982] sind. In der deutschsprachigen Literatur wurde die Signifikanz der Zufallsbefunde erst in den letzten Jahren erkannt, während insbesondere im britischen und amerikanischen Raum die Fülle der Publikationen auf ein früheres Bewusstsein der Bedeutsamkeit dieser Thematik hinweist. Gemündet sind sämtliche internationalen Überlegungen in eine umfangreiche Stellungnahme der *Presidental Commission for the Study of Bioethical Issues* in den USA im Dezember 2013 zu dem Management von Zufallsbefunden in der Diagnostik, Forschung und im Direct-to-Consumer-Kontext.[983] Da zwischen den amerikanischen und dem deutschen bzw. europäischen Werteverständnis im Kontext der Biomedizin beträchtliche Unterschiede

979 Exemplarisch *Elger* in Langanke/Erdmann/Robienski/Rudnik-Schöneborn (Hrsg.), Zufallsbefunde bei molekulargenetischen Untersuchungen, S. 97 (101 ff.); *Gantner* in Langanke/Erdmann/Robienski/Rudnik-Schöneborn (Hrsg.), Zufallsbefunde bei molekulargenetischen Untersuchungen, S. 107 (111 ff.); *Heinemann/Hoppe* in Lanzerath/Rietschel/Heinrichs/Schmäl (Hrsg.), Incidental Findings. Scientific, Legal and Ethical Issues, S. 59 (59 ff.); *Rudnik-Schöneborn* in Langanke/Erdmann/Robienski/Rudnik-Schöneborn (Hrsg.), Zufallsbefunde bei molekulargenetischen Untersuchungen, S. 9 (12 ff.); *Rudnik-Schöneborn/Langanke/Erdmann/Robienski*, Ethik Med 2014, S. 105 (105 ff.); *Schmücker* in Joerden/Hilgendorf/Thiele (Hrsg.), Menschenwürde und Medizin, S. 949 (949 ff.); siehe auch aus der internationalen Literatur *Wolf et al.*, J Law Med Ethics 2008, S. 219 (219 ff.); ausführliche Darstellung der Ansichten bei *Christenhusz/Devriendt/Dierickx*, Eur J Hum Genet 2013, S. 248 (250).

980 *Deutsche Gesellschaft für Humangenetik*, Stellungnahme zu genetischen Zufallsbefunden in Diagnostik und Forschung, S. 1 (1 ff.).

981 *Presidental Commission for the Study of Bioethical Issues*, Anticipate and Communicate. Ethical Management of Incidental and Secondary Findings in the Clinical, Research and Direct-to-Consumer Contexts.

982 *BMBF-Projektgruppe „Recht auf Nichtwissen"*, MedR 2016, S. 399 (399 ff.); *Projektgruppe EURAT*, Stellungnahme Eckpunkte für eine Heidelberger Praxis der Ganzgenomsequenzierung 2013, S. 65 f.

983 *Presidental Commission for the Study of Bioethical Issues*, Anticipate and Communicate. Ethical Management of Incidental and Secondary Findings in the Clinical, Research and Direct-to-Consumer Contexts.

bestehen,[984] ist bei der Darstellung und entsprechender Auswertung der einzelnen Empfehlungen die mögliche unterschiedliche ethische Basis zu berücksichtigen. Gemeinhin orientieren sich sämtliche Empfehlungen jedoch an den Grundsätzen der Autonomie, der Fürsorge und des Nichtschadens.[985]

In der Folge werden nationale und internationale Empfehlungen und Stellungnahmen zur Aufklärung und Mitteilung von Zufallsbefunden in der Diagnostik und anschließend im Kontext der Forschung vorgestellt. In letztgenanntem Kontext werden auch die Stellungnahme zur Aufklärung und Mitteilung von Ergebnissen archivierter Untersuchungsmaterialien überblicksartig dargestellt.

a) Diagnostik

Die bestehenden Empfehlungen zur Aufklärung und Mitteilung von Zufallsbefunden im Kontext der Diagnostik beziehen sich überwiegend auf den Gewinn genetischer Befunde. Ausschließlich die amerikanische Stellungnahme der *Presidental Commission for the Study of Bioethical Issues* weitet die Empfehlungen auch auf mittels Bildgebung gewonnene Zufallsbefunde aus.[986] Es ist unklar, ob diese Fokussierung auf Ergebnisse genetischer Analysen aufgrund eines fehlenden Problembewusstseins oder der Annahme erfolgt, dass ausreichende Regelungen für nicht-genetische Zufallsbefunde bestünden. In diesem Fall bedürfte es keiner ethischen Empfehlungen zum einheitlichen Handeln mehr, da bereits durch rechtliche Regelungen ein Handlungsmaßstab festgelegt würde. Nach *Rudnik-Schöneborn/Langanke/Erdmann/Robienski* lassen z.B. die bestehenden normativen Regelungen des Gendiagnostikgesetzes nur einen begrenzten Spielraum für ethische Ausgestaltung zu. Die ethischen Standpunkte seien überwiegend bereits berufsständisch etabliert, sodass ein ausreichender Rückgriff auf diese Normen erfolgen könne.[987] Diese Behauptung ist jedoch irrelevant. Unabhängig davon, ob rechtliche Regelungen existieren oder nicht, sind ethische Empfehlungen notwendig. Denn für den Fall bestehender rechtlicher Regelungen bietet die Medizinethik aufgrund ihrer Ausfüllungsfunktion wichtige Anhaltspunkte zur Interpretation der rechtlichen Vorgaben. Dies betrifft beispielsweise den Umfang der Aufklärung über potentiell mögliche Zufallsbefunde. Existieren

---

984 Beispielhaft ist die Problematik der Leihmutterschaft anzuführen, die in Deutschland rechtlich verboten und ethisch umfassend und bisher ohne einheitliches Ergebnis diskutiert wird, während sie in den USA kommerziell betrieben wird. Vgl. zur Leihmutterschaft statt vieler *Kreß*, FPR 2013, S. 240 (240 f.).

985 Vgl. *Presidental Commission for the Study of Bioethical Issues*, S. 59 ff., S. 101 ff.

986 *Presidental Commission for the Study of Bioethical Issues*, S. 39 ff.

987 *Rudnik-Schöneborn/Langanke/Erdmann/Robienski*, Ethik Med 2014, S. 105 (107 f.).

keine rechtlichen Regelungen, erzwingt die Ethik in ihrer rechtspolitischen Funktion neue Vorschriften, indem bestehender Regelungsbedarf aufgedeckt wird.[988]

aa) Aufklärung und Mitteilung von Zufallsbefunden

Es existiert eine Vielzahl von Empfehlungen zur Aufklärung und Mitteilung von Zufallsbefunden. Aufgrund der unterschiedlichen ethischen Grundlage in Deutschland und insbesondere den USA werden die nationalen und internationalen Empfehlungen für Zufallsbefunde in der Diagnostik nachfolgend separat dargestellt.

aaa) Deutsche Empfehlungen

In deutschen Empfehlungen wird ausgeführt, dass aus ethischer Perspektive im Sinne der Autonomie eine Aufklärung über die Möglichkeit von Zufallsbefunden vor Vornahme der Untersuchung erfolgen solle,[989] wobei in der Folge der Untersuchung das weniger zufallsbefundträchtige Verfahren bevorzugt werden oder der Untersuchungsauftrag eingeschränkt werden müsse.[990] Dabei wird die Aufklärung in Form von Kategorien empfohlen, die an die in der Forschung angeregten Gruppenbildungen angelehnt sind.[991]

Nach Empfehlung der *Deutschen Gesellschaft für Humangenetik* erfolgt in letzter Konsequenz ein Entschluss über die Mitteilung von Zufallsbefunden jedoch nicht durch den Patienten, sondern entsprechend dem humangenetischen Selbstverständnis durch den Arzt. Bei der Entscheidungsfindung soll insbesondere die Relevanz dieser Befunde unter „Berücksichtigung der persönlichen und familiären Situation der untersuchten Person" bewertet werden.[992]

---

988 Weitere Ausführungen im 2. Kapitel B I 2. c) bb) aaa) (2) (b) sowie 2. Kapitel B II 1. c), d).

989 *Deutsche Gesellschaft für Humangenetik*, Stellungnahme zu genetischen Zufallsbefunden in Diagnostik und Forschung, S. 1 (1); *Rudnik-Schöneborn/Langanke/Erdmann/Robienski*, Ethik Med 2014, S. 105 (112).

990 *Deutsche Gesellschaft für Humangenetik*, Stellungnahme zu genetischen Zufallsbefunden in Diagnostik und Forschung, S. 1 (5); *Rudnik-Schöneborn/Langanke/Erdmann/Robienski*, Ethik Med 2014, S. 105 (111); *BMBF-Projektgruppe „Recht auf Nichtwissen"*, MedR 2016, S. 399 (402).

991 *Deutsche Gesellschaft für Humangenetik*, Stellungnahme zu genetischen Zufallsbefunden in Diagnostik und Forschung, S. 1 (2); *Rudnik-Schöneborn/Langanke/Erdmann/Robienski*, Ethik Med 2014, S. 105 (111).

992 *Deutsche Gesellschaft für Humangenetik*, Stellungnahme zu genetischen Zufallsbefunden in Diagnostik und Forschung, S. 1 (4).

Eine solche Empfehlung verdeutlicht die Wertschätzung der ärztlichen Entscheidung aus seinem „Wissen und seiner ärztlichen Fürsorge“[993] hinaus. In einem Abwägungsprozess sollen zwar persönliche Belange des Patienten berücksichtigt werden, jedoch hat das Ermessen des Arztes einen höheren Stellenwert als die aus seiner Autonomie getroffene Entscheidung des Patienten. Unklar bleibt im Zusammenhang mit den Ausführungen zu genetischen Zufallsbefunden, was unter Relevanz der Zufallsbefunde im klinischen Kontext zu verstehen ist.[994] Denn auch die Berücksichtigung von persönlichen Belangen ersetzt nicht das subjektive Empfinden bzgl. einer Erkrankung.

Die *BMBF-Projektgruppe „Recht auf Nichtwissen“* differenziert bei der Rückmeldung einer Auffälligkeit an den Betroffenen zwischen therapierbaren Erkrankungen, bei denen durch rechtzeitige therapeutische Intervention „schweres Leid“ bei dem Patienten oder Gefahren für andere oder die Allgemeinheit verhindert werden können, und den übrigen nicht therapierbaren aber auch therapierbaren Befunden. So soll grundsätzlich bei Auffälligkeiten gegenüber dem Patienten so vorgegangen werden, wie es vor der Untersuchung zwischen Patient und Arzt vereinbart wurde und somit die Autonomie des Patienten gewahrt werden. Die *Projektgruppe „Recht auf Nichtwissen“* befürwortet allerdings im Sinne eines gestuften Systems eine Ausnahmeregelung für den Fall, dass der Patient bei therapeutischer Intervention vor schwerem Leid bewahrt bleibt. Diese Ausnahme beschränkt sich jedoch auf manifestierte Erkrankungen und ist nicht auf Krankheitsrisiken auszuweiten.[995] Dabei wird für schweres Leid beispielhaft ein frühzeitiger Tod, der Verlust der Fortpflanzungsfähigkeit oder eines wichtigen Körperglieds, der Verlust der Seh-, Hör- oder Sprechvermögens, eine erhebliche und dauerhafte Entstellung, Siechtum, Lähmung, geistige Krankheit oder Behinderung aufgeführt.[996] Ein ebenfalls abgestuftes System empfiehlt die *Projektgruppe „Recht auf Nichtwissen“* für den Fall, dass auch Angehörige von der durch die Untersuchung festgestellten Tatsache betroffen sein könnten. Danach ist zwar grundsätzlich dem Willen des Untersuchten zu entsprechen und den

---

993 *Deutsche Gesellschaft für Humangenetik*, Stellungnahme zu genetischen Zufallsbefunden in Diagnostik und Forschung, S. 1 (4).

994 Für den Bereich der bildgebenden Forschung haben *Heinemann/Hoppe* relevante Befunde definiert als Ergebnisse, die eine diagnostische Unsicherheit aufweisen oder therapeutische Konsequenzen fordern; siehe *Heinemann/Hoppe* in Lanzerath/Rietschel/Heinrichs/Schmäl (Hrsg.), Incidental Finding. Scientific, Legal and Ethical Issues, S. 59 (60).

995 *BMBF-Projektgruppe „Recht auf Nichtwissen“*, MedR 2016, S. 399 (404).

996 *BMBF-Projektgruppe „Recht auf Nichtwissen“*, MedR 2016, S. 399 (402).

Angehörigen kein Untersuchungs- und Informationsangebot mittzuteilen. Es kommt insofern lediglich auf die Information über ein Beratungs- und Untersuchungsangebot und nicht die Mitteilung des auffälligen Befundes an.

Über diesen grundsätzlichen Willen des Untersuchten kann sich jedoch bei Vorliegen einer von drei Voraussetzungen hinweggesetzt werden. Diese Missachtung des Vetos des Untersuchten soll (1.) bei therapierbarer Erkrankung des Angehörigen und Abwendung schweren Leids, (2.) „bei hohem Risiko einer schwerwiegenden genetischen Erkrankung bei zukünftigen Kindern", sofern die betreffende Angehörige sich im fortpflanzungsfähigen Alter befindet, und (3.) bei Fürsorgepflicht des Patienten gegenüber dem jeweiligen Angehörigen und potentieller Erkrankung oder genetischem Erkrankungsrisiko möglich sein.[997] Ein Beratungs- und Untersuchungsangebot lasse sich hinreichend verlässlich nur durch den verantwortlichen Arzt und nicht den Patienten gewährleisten.

Die Möglichkeit, auch bei entgegenstehendem Veto des Untersuchten im Familienkontext bei Vorliegen bestimmter Voraussetzung eine Beratung und Untersuchung anzubieten, wirkt in erster Hinsicht paternalistisch. Die Autoren begründen dies jedoch damit, dass dem Untersuchten insbesondere bei potentieller Erkrankung zukünftiger Kinder aus ärztlicher Fürsorge nicht eine „vollständige Überverantwortung" durch die individuelle Entscheidungsmacht zugemutet werden solle. Gleichzeitig dürfe das Veto jedoch nur missachtet werden, wenn ein hohes Risiko für eine schwerwiegende genetische Erkrankung bestehe.[998] Diese Empfehlung verdeutlicht den grundsätzlichen Willen zur Berücksichtigung und zum Schutz der Autonomie des Untersuchten. Gleichzeitig ermöglicht sie es jedoch auch dem Arzt, aus seiner Fürsorge heraus bei Vorliegen bestimmter Voraussetzungen eigene Entscheidungen zu treffen.

Für den Kontext der diagnostischen Ganzgenomsequenzierung wird zunächst eine adäquate Aufklärung des Patienten empfohlen. Diese umfasst nach Ansicht von *Molnár-Gábor/Gantner/Lichter* die Information über das Gefahrenmaß des diagnostischen Verfahrens, zu dem zwingend die generierbaren Zufallsbefunde gehören.[999] Im Rahmen der Ganzgenomsequenzierung wird eine Verschärfung der ärztlichen Aufklärungspflichten angenommen, die auch im Kontext der Mitteilung von Zufallsbefunden zu einer steigenden Verantwortung im Arzt-Patienten-Verhältnis führt. Der Arzt hat im Rahmen seiner Fürsorgepflicht insbesondere die Mitteilung therapierbarer Befunde zu verantworten. Nach

997 *BMBF-Projektgruppe „Recht auf Nichtwissen"*, MedR 2016, S. 399 (402).
998 *BMBF-Projektgruppe „Recht auf Nichtwissen"*, MedR 2016, S. 399 (404).
999 *Molnar-Gábor/Gantner/Lichter*, ZfMR 2014, S. 81 (85 f.).

Ansicht der *Heidelberger Projektgruppe EURAT* hat der Arzt bei Einwilligung des Patienten in die Mitteilung eines Zufallsbefundes aus der Ganzgenomsequenzierung gleichsam die übergeordnete Verantwortung über die Mitteilung eines Befundes. Der Patient könne zwar entscheiden, ob er Befunde mitgeteilt bekommen möchte oder nicht. Den Arzt treffe jedoch im Anschluss die Verpflichtung abschließend einzuschätzen, ob der Befund tatsächlich eine Rückmeldung rechtfertige.[1000] Demzufolge hat letztendlich der Arzt trotz vorheriger Entscheidung des Patienten für die Kenntnisnahme eines Befundes die Letztendscheidungsbefugnis über die Mitteilung des Befundes, indem er wertend beurteilt, welcher Befund rückgemeldet wird und welcher nicht.

bbb) Internationale Empfehlungen

In der internationalen Literatur variieren die Empfehlungen zu Aufklärungen und insbesondere zur Mitteilung der Zufallsbefunde stark.

Nach *Christenhusz et al.* soll die Entscheidung über die Mitteilung gemäß dem Ziel der Verbesserung der Gesundheit in einem therapeutischen Arbeitsbündnis zwischen Arzt und Patient einzelfallbezogen diskutiert werden müssen.[1001] Der Umgang mit genetischen Zufallsbefunden sei eine Folge individueller Absprache zwischen Arzt und Patient. Zudem gewähre das aus dem Arzt-Patienten-Verhältnis entstehende Vertrauen die Möglichkeit, den Patienten über die Möglichkeit des Gewinns von Zufallsbefunden zu informieren und gegebenenfalls mit einem solchen zu konfrontieren. Möglicherweise erlaube die entstandene Beziehung und Kommunikation im Arzt-Patienten-Verhältnis sogar die ärztliche Einschätzung, ob und was der Patient wissen wolle.[1002] Der letzte Aspekt verdeutlicht eine Rückbesinnung auf die ärztliche Fürsorge zum Wohlbefinden des Patienten.

Ob die vorgeschlagene Rückbesinnung auf die ärztliche Fürsorge jedoch zwingend mit der Autonomie des Patienten einhergeht, ist fraglich. Zweifellos gibt es Situationen, in denen der Patient dem Arzt die vollständige Entscheidungsmacht überlässt und sich vollumfänglich in „seine Hände begibt". Jedoch erstreckt sich der Umfang des Behandlungsverhältnisses nicht unweigerlich auf über die ursprüngliche Symptomatik hinausgehende Behandlungen. Vielmehr

1000 *Projektgruppe EURAT*, Stellungnahme 2015, S. 73; *Molnar-Gábor/Gantner/Lichter*, ZfMR 2014, S. 81 (93).

1001 *Christenhusz/Devriendt/Dierickx*, Eur J Hum Genet 2013, S. 248 (253).

1002 *Christenhusz/Devriendt/Dierickx*, Eur J Hum Genet 2013, S. 248 (253); ähnlich *Parker*, J Law Med Ethics 2008, S. 341 (342).

gebietet auch der Respekt vor der Autonomie des Patienten zumeist weitere Absprachen und dementsprechende Erweiterungen des Behandlungsauftrages.

Auch die *Presidental Commission for the Study of Bioethical Issues* erachtet eine Information der Patienten über die Möglichkeit bzw. die Wahrscheinlichkeit des Gewinns von Zufallsbefunden mit der verwendeten Untersuchungsmethode als notwendig für die Autonomie des Patienten.[1003] Dabei führt sie detailliert aus, dass diese Aufklärung vor Vornahme der Untersuchung erfolgen müsse, damit der Patient seine Vorstellungen bzgl. der Mitteilung der Zufallsbefunde ausdrücken könne.[1004] Dabei müsse insbesondere das absolute Risiko zur Erkrankung des Patienten effektiv vermittelt werden. Zur Unterstützung wird die Verwendung von Entscheidungshilfen und grafischen Präsentationen vorgeschlagen, die durch Gesundheitsbehörden erstellt werden sollen.[1005] Insbesondere der Rückgriff auf validierte numerische Beweise zur Darstellung des Risikos sei wichtig. In diesem Zusammenhang sollten Untersuchungen mit Potential zum Gewinn von Zufallsbefunden auch ausschließlich selektiv eingesetzt werden. Der Einsatz einer Reihe von Untersuchungsmethoden zugunsten der Gesundheit des Patienten sei zwar vorzugswürdig, aber vor dem Hintergrund der Generierung weiterer diagnostischer Tests und steigender Kosten derzeit nicht durchführbar.[1006]

Nach der Empfehlung 6 soll der Patient über die Kenntnisnahme zufälliger Befunde selbst entscheiden und die Ärzte die Präferenz des Patienten, einen zufälligen Befund nicht wissen zu wollen, respektieren. Jedoch wählen die Autoren anschließend die Formulierung „to the extend consistent with the clinician's fiduciary role"[1007]. So müsse sich der Arzt umsichtig verhalten, wenn der Patient die Mitteilung klinisch relevanter und für die Gesundheit wichtiger Befunde ablehne. In diesem Fall könne er selbst die Durchführung der Untersuchung verweigern bzw. den Patienten an einen anderen Arzt verweisen oder die Entscheidung des Patienten respektieren. Wünscht der Patient hingegen die Mitteilung und wird ein Zufallsbefund aufgefunden, sei der Arzt gehalten, das weitere Vorgehen und die weitere medizinische Unterstützung mit dem Patienten zu besprechen. Die Autoren sprechen dem Arzt ein eigenes Entscheidungsermessen bzgl. der weiteren diagnostischen Untersuchung von Befunden ohne oder mit lediglich geringer Relevanz zu.[1008] Dies stellt ein Vorgehen im Sinne der ärztlichen

---

1003 *Presidental Commission for the Study of Bioethical Issues*, S. 10, S. 64.
1004 *Presidental Commission for the Study of Bioethical Issues*, S. 10, S. 64.
1005 *Presidental Commission for the Study of Bioethical Issues*, S. 11, S. 66 f.
1006 *Presidental Commission for the Study of Bioethical Issues*, S. 68 f.
1007 *Presidental Commission for the Study of Bioethical Issues*, S. 10, S. 64.
1008 *Presidental Commission for the Study of Bioethical Issues*, S. 64 f.

Entscheidung aus Fürsorge dar, während aus Respekt vor der Entscheidung des Patienten nach ausführlicher Aufklärung im Rahmen eines „shared-decision-making“ die Autonomie des Patienten höher gewichtet wird. Unklar bleibt in diesem Zusammenhang erneut, nach welchen Kriterien die Relevanz bestimmt werden soll und ob entgegenstehende Interessen Dritter durch den Arzt Beachtung finden sollen.

Der alternative Vorschlag der *Arbeitsgruppe des American College of Medical Genetics and Genomics (ACMG)* aus den USA aus dem Jahre 2013 sah im Falle der Entdeckung eines positiven Zufallsbefundes eine Verpflichtung des Arztes zur Mitteilung des Ergebnisses vor.[1009] Der Patient sollte über die Möglichkeit von Zufallsbefunden informiert werden, ohne dass ihm im Anschluss jedoch eine Option ermöglicht wurde, über die Mitteilung von Zufallsbefunden zu entscheiden. Die Arbeitsgruppe erkannte dabei selbst, dass dies möglicherweise die Autonomie der Patienten, insbesondere ihr Recht auf Nichtwissen verletzten könnte. Jedoch betonten sie, in der fürsorglichen Rolle des Arztes im Arzt-Patienten-Verhältnis eine Verpflichtung zu verstehen, den Patienten zu schützen, indem ihm und seiner Familie zufällige Befunde mitgeteilt werden. Die Arbeitsgruppe empfahl somit als „standard of care“ eine grundsätzliche Mitteilung von Befunden nach Aufklärung des Patienten. Dieser hatte nur ein Recht auf Verweigerung der gesamten genetischen Untersuchung.[1010]

Diese Empfehlung des ACMG wurde vehement kritisiert und als Befürwortung paternalistischen Handelns bezeichnet, die die Autonomie des Patienten missachte. Das Arzt-Patienten-Verhältnis sei zwar eine auf Vertrauen basierende Beziehung, ohne jedoch ein ethisches Prinzip oder ein fixes Konzept darzustellen. Die autoritäre Rolle des Arztes sei in Zeiten von engagierten Patienten, Transparenz der Informationen und Patientenverantwortung kein vertretbares Modell der Medizin mehr.[1011] Aufgrund dieser Kritik sah sich das ACMG zu einer Revision der eigenen Grundsätze gezwungen und gab im Jahr 2014 eine veränderte Empfehlung heraus. In dieser Empfehlung wurde die Möglichkeit eines „Opt-Outs“ aufgenommen, infolgedessen der Patient nach umfangreicher Aufklärung die aktive Suche von Zusatzbefunden und ihre Mitteilung ablehnen

1009 *Green et al.*, Genet Med 2013, S. 565 (565 ff.).
1010 *Green et al.*, Genet Med 2013, S. 565 (568 f.); krit. *Rehmann-Sutter* in Duttge/Lenk (Hrsg.), Das sogenannte Recht auf Nichtwissen, S. 131 (134 f.).
1011 *Townsend/Adam/Birch/Friedman*, Genet Med 2013, S. 751 (751).

können soll.[1012] Nachdem die Fürsorge des Arztes in der Empfehlung aus dem Jahr 2013 zunächst ausnahmslos hoch gewichtet wurde, ohne auf die persönliche Situation des Patienten Rücksicht zu nehmen, wird nun die Autonomie des Patienten berücksichtigt. Folglich gleichen sich nun die Empfehlungen des ACMG und die Stellungnahmen der *Deutschen Gesellschaft für Humangenetik* und der *Presidental Commission for the Study of Bioethical Issues* in der Gewichtung der Prinzipien.

bb) Zwischenergebnis

Die Ausführungen im Rahmen von Zufallsbefunden in der Diagnostik beschränken sich überwiegend auf Notwendigkeit und Art der Aufklärung sowie die Mitteilung der Befunde. Jedoch umfassen diese begrenzten Darlegungen bei weitem nicht alle offenen Fragestellungen. Insbesondere verbleiben neben der fehlenden Bestimmung der Relevanz der Befunde auch überwiegend Empfehlungen zur Mitteilung von Zufallsbefunden mit Potential zur Drittbetroffenheit unter Beachtung der Autonomie des Betroffenen unklar.[1013] Die von der *Deutschen Gesellschaft für Humangenetik* geforderte „familienzentrierte Aufklärung und Befundmitteilung“[1014] wirft neben fehlenden Lösungsstrategien bei einem entgegenstehenden Recht auf Nichtwissen auch verfahrenstechnisch Fragen auf, gegenüber wem eine ethische Verpflichtung zur Mitteilung bestehen könnte. Die Forderung nach einer „umfassenden Beratungskompetenz und Erfahrung, große[r] Sachkenntnis […]“ mag zwar eine notwendige Voraussetzung für einen Arzt im Arzt-Patienten-Verhältnis sein, um Zufallsbefunde auswerten zu können, doch stellt dies keine ethische Empfehlung zum Umgang mit Zufallsbefunden dar.

Der Respekt vor der Autonomie des Patienten bedingt eine Aufklärung durch den Arzt über die Möglichkeit des Gewinns von Zufallsbefunden durch den Einsatz der Untersuchungsmethoden. Auch wenn Häufigkeit und Folgen von Zufallsbefunden den Patienten belasten können, muss die Aufklärung entsprechend sorgfältig erfolgen, sodass eine autonome Entscheidung ermöglicht wird.

1012 *American College of Medical Genetics and Genomics*, Genet Med 2015, S. 1 (2); vgl. Ausführungen bei *Fisher/Achilles/Tönnies/Schmidtke*, Bundesgesundheitsbl 2015, S. 166 (170).

1013 Lediglich die Projektgruppe „Recht auf Nichtwissen“ gibt eindeutige Empfehlungen auch für den Fall der „Schadensabwehr im familiären Kontext“, vgl. *BMBF-Projektgruppe „Recht auf Nichtwissen“*, MedR 2016, S. 399 (402).

1014 *Deutsche Gesellschaft für Humangenetik*, Stellungnahme zu genetischen Zufallsbefunden in Diagnostik und Forschung, S. 1 (4).

Demzufolge ist auch den Ausführungen der *Projektgruppe „Recht auf Nichtwissen“* zuzustimmen, nach denen bereits „sämtliche für den Untersuchten potentiell relevanten Informationslagen, die sich im konkreten Behandlungs- oder Beratungskontext nach Vornahme der Untersuchung einstellen können“, Gegenstand der Aufklärung sein müssen.[1015] Diese Empfehlung ist auch Folge der entsprechenden Erwartungen der Patienten. Denn nach den Ergebnissen des BMBF-Projekts *„Recht auf Nichtwissen“* erwarten 80 % der Teilnehmer eine Aufklärung über mögliche Befunde und eine Absprache mit dem Arzt, welche Ergebnisse der Untersuchungen mitgeteilt werden sollen und welche nicht.[1016] Die von der *Presidental Commission for the Study of Bioethical Issues* angeregte Unterstützung dieser Aufklärung durch graphische Darstellungen und Informationsmaterial[1017] ist zu befürworten. In diesem Zusammenhang muss jedoch angeregt werden, durch eine zentrale Kommission oder Behörde erstelltes Informationsmaterial zu verwenden, um Ungleichheiten für die Patienten zu vermeiden.

Nach ethischer Ansicht in großen Teilen der deutschen Literatur erfolgt die Entscheidung über die Mitteilung von Zufallsbefunden aus der Fürsorge des Arztes und nur sekundär, das heißt bei Übereinstimmung der Ansicht des Patienten mit der des Arztes, als Folge der Autonomie des Patienten. Dies bedeutet, dass konkretisiert auf den Bereich der Zufallsbefunde in der Diagnostik das Prinzip der Fürsorge eine höhere Gewichtung als das der Autonomie erfährt. Lediglich die *Projektgruppe „Recht auf Nichtwissen“* versucht das Prinzip der Autonomie vorrangig zu berücksichtigen und nur in Ausnahmefällen eine Durchbrechung einer Informationsabwehr zuzulassen.[1018] In den amerikanischen Stellungnahmen wird weder die Entscheidung des Patienten einheitlich umfassend anerkannt noch dem Arzt grundsätzlich eine Letztendscheidungsbefugnis zugestanden. Es lassen sich Tendenzen erkennen, dass vordergründig die Autonomie des Patienten gewahrt werden soll, letztendlich aber doch die Fürsorgepflicht des Arztes im Einzelfall höher gewichtet wird.[1019] Insgesamt ist zu schlussfolgern, dass für den Kontext der Diagnostik unterschiedliche ethische

---

1015 *BMBF-Projektgruppe „Recht auf Nichtwissen“*, MedR 2016, S. 399 (402).

1016 *Duttge/Zimmermann* in Duttge/Lenk (Hrsg.), Das sogenannte Recht auf Nichtwissen, S. 173 (176).

1017 *Presidental Commission for the Study of Bioethical Issues*, S. 11, S. 66 f.

1018 *BMBF-Projektgruppe „Recht auf Nichtwissen“*, MedR 2016, S. 399 (402, 404).

1019 *Christenhusz/Devriendt/Dierickx*, Eur J Hum Gent 2013, S. 248 (253); *Green et al.*, Genet Med 2013, S. 565 (565 ff.); *Presidental Commission for the Study of Bioethical Issues*, S. 64.

Empfehlungen hinsichtlich der Gewichtung der Prinzipien der Autonomie und der Fürsorge bestehen.

b) Forschung

Für den Kontext der Forschung mehren sich die Empfehlungen zu Zufallsbefunden in der internationalen wie auch der nationalen Literatur. Überwiegend werden für genetische oder mittels Bildgebung gewonnener Zufallsbefunde getrennte Stellungnahmen abgegeben.[1020] Im Jahre 2013 hat jedoch die *Presidental Commission for the Study of Bioethical Issues* in ihren Empfehlungen keine Unterschiede mehr zwischen genetischen und übrigen pathologischen Befunden gemacht.[1021] Im Allgemeinen verdeutlicht die Summe der Publikationen ein Bedürfnis nach Regelungen zum Umgang mit Zufallsbefunden, die dem Forscher als Richtlinie für den medizinisch-wissenschaftlichen Standard zur Verfügung gestellt werden können. Im Rahmen der nachfolgenden Ausführungen werden daher die ethischen Grundlagen zu Zufallsbefunden im Forschungskontext für den Bereich der Genetik und Bildgebung unter Beachtung der Prinzipien der Autonomie, Fürsorge und des Nichtschadens gemeinsam dargestellt und nur notwendige Unterschiede hervorgehoben.

aa) Aufklärung über die Möglichkeit der Generierung von Zufallsbefunden

Grundsätzlich besteht sowohl im Zusammenhang mit genetischen Zufallsbefunden als auch mittels Bildgebung gewonnener Zufallsbefunde Einigkeit darüber, dass eine Aufklärung über mögliche Zufallsbefunde notwendig ist.[1022]

1020 Für genetische Zufallsbefunde exemplarisch *Deutsche Gesellschaft für Humangenetik*, Stellungnahme zu genetischen Zusatzbefunden in Diagnostik und Forschung, S. 1 (1 ff.); *Lanzerath* in Lanzerath/Rietschel/Heinrichs/Schmäl (Hrsg.), Incidental Findings. Scientific, Legal and Ethical Issues, S. 73 (73 ff.); *Rudnik-Schöneborn/Langanke/Erdmann/Robienski*, Ethik Med 2014, S. 105 (105 ff.); für Zufallsbefunde aus bildgebender Forschung statt vieler *Heinemann/Hoppe* in Lanzerath/Rietschel/Heinrichs/Schmäl (Hrsg.), Incidental Findings. Scientific, Legal and Ethical Issues, S. 59 (59 ff.); anders *Wolf et al.*, J Law Med Ethics 2008, S. 219 (233 ff.), die genetische Zufallsbefunde und mittels bildgebender Verfahren gewonnene Zufallsbefunde in einer Publikation abhandeln, und sofern notwendig Unterschiede hervorheben.

1021 *Presidental Commission for the Study of Bioethical Issues*, S. 75 ff.

1022 *Deutsche Gesellschaft für Humangenetik*, Stellungnahme zu genetischen Zusatzbefunden in Diagnostik und Forschung, S. 1 (2); *Heinemann/Hoppe* in Lanzerath/Rietschel/Heinrichs/Schmäl (Hrsg.), Incidental Findings. Scientific, Legal and Ethical Issues, S. 59 (64); *Presidental Commission for the Study of Bioethical Issues*, S. 86 ff.; *Wolf et al.*, J Law Med Ethics 2008, S. 219 (233); *BMBF-Projektgruppe „Recht auf Nichtwissen“*, MedR 2016, S. 399 (403).

Der Umfang der Aufklärung wird unterschiedlich konkretisiert: Während zumeist ausschließlich unkonkret ausgeführt wird, dass eine Aufklärung erfolgen müsse, legen *Wolf et al.*[1023] explizit dar, dass die Probandeninformation die Wahrscheinlichkeit von Zufallsbefunden und deren Beispiele umfassen müsse. Zudem besteht ein Konsens, dass der Proband informiert werden muss, ob, in welchem Umfang und von wem er im Falle der Generierung eines Zufallsbefundes mit diesem konfrontiert wird.[1024] Dies beinhaltet neben der Aufklärung über verschiedene Arten von Zufallsbefunden auch die dezidierte Darlegung des Studienziels mit dem Hinweis, dass dieses gerade nicht in der therapeutischen Intervention und der Verbesserung der Gesundheit des Probanden, sondern im wissenschaftlichen Erkenntnisgewinn liege. Damit soll die Gefahr einer „therapeutic misconception" auf Seiten der Probanden vermieden und darüber hinaus informiert werden, dass generell keine Verpflichtung des Forschers zum expliziten Suchen von Zufallsbefunden bestehe.[1025] Die *Presidental Commission for the Study of Bioethical Issues* empfiehlt wie bereits im Kontext der Diagnostik die Verwendung evidenzbasierter Richtlinien, mittels derer die Häufigkeit einer Generierung von Zufallsbefunden und mithin das Risiko für den Probanden zuverlässig dargestellt werden kann.[1026] Auch Informationsmaterial zur effektiven Aufklärung der Probanden, der Forscher als auch der Ethikkommissionen sehen sie als notwendige Neuerung an.[1027]

Die Aufklärung muss zudem sowohl im Kontext genetischer als auch übriger pathologischer Zufallsbefunde weitere soziale und medizinische Folgen umfassen. Dies bezieht neben weiteren Behandlungsoptionen auch psychische Schäden und Folgen für Kranken- und Lebensversicherungsverhältnisse ein.[1028]

1023 *Wolf et al.*, J Law Med Ethics 2008, S. 219 (233).

1024 Exemplarisch *Deutsche Gesellschaft für Humangenetik*, Stellungnahme zu genetischen Zusatzbefunden in Diagnostik und Forschung, S. 1 (2).

1025 *Deutsche Gesellschaft für Humangenetik*, Stellungnahme zu genetischen Zusatzbefunden in Diagnostik und Forschung, S. 1 (2); *Heinemann/Hoppe/Listl/Spickhoff/Elger*, DÄ 2007, Intersupplement 1; *Presidental Commission for the Study of Bioethical Issues*, S. 91; *Wolf et al.*, J Law Med Ethics 2008, S. 219 (236).

1026 *Presidental Commission for the Study of Bioethical Issues*, S. 6.

1027 *Presidental Commission for the Study of Bioethical Issues*, S. 7 f.

1028 *Rudnik-Schöneborn/Langanke/Erdmann/Robienski*, Ethik Med 2014, S. 105 (112); *Heinemann/Hoppe* in Lanzerath/Rietschel/Heinrichs/Schmäl (Hrsg.), Incidental Findings. Scientific, Legal and Ethical Issues, S. 59 (65); *Heinemann/Hoppe/Listl/Spickhoff/Elger*, DÄ 2007, Intersupplement 1.

Besteht die Gefahr, dass der Proband aus der Studienteilnahme einen therapeutischen Nutzen erwartet, sollte die Aufklärung Informationen enthalten, ob zur Abklärung unsicherer Befunde ein Experte involviert wird. *Heinemann* und *Hoppe*[1029] befürworten eine Information, dass kein Experte konsultiert werde und abhängig von dem Beruf des Forschers eine ausreichende medizinische Expertise zu der diagnostischen Evaluation von Scans nicht vorliege. Dagegen legitimiert nach anderer Ansicht die Einwilligung in die Studienteilnahme die Weitergabe der Daten an Dritte, wenn die Aufklärung die mögliche Konsultation eines weiteren Arztes umfasst hat.[1030] Dies bedinge die auch in der Forschung bestehende Fürsorge des Forschers gegenüber dem Probanden, nachdem ein unklarer Befund entdeckt wurde.[1031] Auch die *Presidental Commission for the Study of Bioethical Issues* vertritt, dass der Forscher bei nicht-erwarteten Befunden Experten hinzuziehen solle, wobei insbesondere einem nicht ärztlichen Forscher durch einen Arzt bei der Information der Patienten und der Validierung der Ergebnisse geholfen werden solle.[1032]

Besondere Bedeutung muss zudem die Aufklärung über das Recht auf Nichtwissen des Probanden haben. Dieses gewährt ihm das Recht, aus seiner Autonomie heraus zu entscheiden, ob er über Zufallsbefunde informiert werden möchte.[1033]

bb) Mitteilung von Zufallsbefunden

Die ethischen Empfehlungen zur Mitteilung von Zufallsbefunden variieren bedeutend. Im Sinne eines „Minimalkonsenses" besteht grundlegende Einigkeit nur insofern, als ausschließlich analytisch gesicherte Zufallsbefunde dem Probanden mitgeteilt werden dürfen.[1034] Grundsätzlich besteht hingegen kein

---

1029 *Heinemann/Hoppe* in Lanzerath/Rietschel/Heinrichs/Schmäl (Hrsg.), Incidental Findings. Scientific, Legal and Ethical Issues, S. 59 (65).

1030 *Wolf et al.*, J Law Med Ethics 2008, S. 219 (233).

1031 *Wolf et al.*, J Law Med Ethics 2008, S. 219 (233).

1032 *Presidental Commission for the Study of Bioethical Issues*, S. 90.

1033 *Deutsche Gesellschaft für Humangenetik*, Stellungnahme zu genetischen Zusatzbefunden in Diagnostik und Forschung, S. 1 (2): „Der Studienteilnehmer kann eine breite Zustimmung zur unbegrenzten Erhebung von Befunden geben."; *Rudnik-Schöneborn/Langanke/Erdmann/Robienski*, Ethik Med 2014, S. 105 (117); *Wolf et al.*, J Law Med Ethics 2008, S. 219 (233); ähnlich *Presidental Commission for the Study of Bioethical Issues*, S. 87.

1034 *Deutsche Gesellschaft für Humangenetik*, Stellungnahme zu genetischen Zusatzbefunden in Diagnostik und Forschung, S. 1 (2); *Rudnik-Schöneborn/Langanke/Erdmann/Robienski*, Ethik Med 2014, S. 105 (115).

Einvernehmen, ob die Mitteilung eine Folge der Pflicht zum Nichtschaden ist oder vielmehr aus einer fürsorglichen Haltung resultiert. Dies ist Folge der Anerkennung unterschiedlicher Pflichten für den Forscher gegenüber dem Probanden aus dem Forscher-Probanden-Verhältnis. Diese divergierende Einordnung ist dabei nicht nur ein akademischer Streit in der Literatur, sondern gerade auch in der Praxis eine relevante und höchst umstrittene Fragestellung. Dort entstehen zwangsläufig eine Vielzahl von Folgeproblemen bei der Wahrnehmung der Pflichten gegenüber dem Probanden wie eine unterschiedliche Integration der Aufklärung und Mitteilung von Zufallsbefunden in das Studienprotokoll.

aaa) Mitteilung von Zufallsbefunden als Akt des Nichtschadens oder der Fürsorge?

Die Diskussionen um die Mitteilung eines inzidenten Befundes an den betroffenen Probanden werden in der Literatur teilweise im Kontext des Nichtschadensprinzips behandelt,[1035] da die Schadenspotentiale einer Rückmeldung an den Probanden berücksichtigt werden müssten.[1036] Dabei wird die Mitteilung des Befundes selbst als Verpflichtung zur Abwendung eines Schadens angesehen.[1037] Diese Zuordnung erscheint jedoch nicht konsequent, da das Nichtschadensprinzip eine Verpflichtung zum Unterlassen schädigender Handlungen[1038] fordert und die Mitteilung selbst im Schwerpunkt ein aktives Handeln darstellt. Die aktive Mitteilung kann nur als Akt des Nichtschadens angesehen werden, wenn die Verhinderung schädlicher Folgen durch die Mitteilung schwerpunktmäßig als Unterlassen charakterisiert wird. Allerdings erscheint es schlüssiger zu differenzieren, ob die Mitteilung selbst ein Unterlassen oder ein aktives Handeln darstellt. Die Konfrontation mit einem validen und für die individuelle Gesundheit relevanten Befund stellt eine aktive Handlung dar, die im Sinne der Ermöglichung weiterer Diagnostik und Therapie einen Fürsorgegedanken verdeutlicht und gerade nicht nur erfolgt, um dem Probanden keine weitergehenden Belastungen zuzufügen und daher nicht zu schaden. Die Verpflichtung zu fürsorglichem Handeln findet im Forscher-Probanden-Verhältnis nur in begrenzten Bereichen Anwendung, wie beispielsweise in der Entscheidung über

---

1035 So ausdrücklich *Heinemann/Hoppe* in Lanzerath/Rietschel/Heinrichs/Schmäl (Hrsg.), Incidental Findings. Scientific, Legal and Ethical Issues, S. 59 (59 ff.); *Heinemann/Hoppe/Listl/Spickhoff/Elger*, DÄ 2007, A 1982 (1985).

1036 Mit weiteren Ausführungen *Hoffmann* in Lenk/Duttge/Fangerau (Hrsg.), Handbuch Ethik und Recht der Forschung am Menschen, S. 305 (308).

1037 Ähnlich *Heinemann/Hoppe/Listl/Spickhoff/Elger*, DÄ 2007, A 1982 (1985).

1038 *Beauchamp/Childress*, Principles of Biomedical Ethics, S. 150 f.

die Mitteilung von Zufallsbefunden zum Wohle des Patienten. Entgegen vieler Ansichten in der deutschen Literatur muss die Befundmitteilung des Forschers an den Probanden daher als Ausprägung des Prinzips der Fürsorge charakterisiert werden.

Hingegen können die Umstände und die Art einer solchen Mitteilung zu einem materiellen und immateriellen Schaden bei dem Probanden führen, den es im Sinne des Nichtschadensgebotes zu vermeiden gilt. Zwar kann der Befund selbst nicht dem Forscher als Schaden zugerechnet werden,[1039] jedoch kann die unvorsichtige Kommunikation mit dem Probanden schädigen. Insbesondere wird als schädigende Handlung die Verletzung der wissenschaftlichen Sorgfalt angesehen,[1040] wenn der Zufallsbefund bei Einhaltung der Standards auch für einen Forscher erkennbar gewesen wäre. Auch Verzögerungen in der Mitteilung eines Befundes oder eine fehlende Beratung im Anschluss an die Konfrontation mit dem Befund werden als Verletzung des Prinzips des Nichtschadens bewertet.[1041] Derartiges Vorgehen zieht neben finanziellen, also materiellen Schäden durch weitere Behandlungsnotwendigkeit oder versicherungsrechtlichen Folgen insbesondere psychische und damit immaterielle Schäden nach sich.[1042] Verstöße gegen das Nichtschadens-Prinzip liegen allerdings nur dann vor, wenn man den Schadensbegriff von *Beauchamp* und *Childress*[1043] auch auf nicht physische Schäden ausweitet. Da der Befund selbst nicht als zu verantwortender Schaden im Forscher-Probanden-Verhältnis angesehen werden kann,[1044] sind im Zusammenhang mit der Mitteilung von Zufallsbefunden nur psychische Schäden umfasst. Insbesondere prognostisch unsichere oder aber diskriminierende und stigmatisierende Befunde können für den Probanden eine schwere

---

1039 *Heinemann/Hoppe* in Lanzerath/Rietschel/Heinrichs/Schmäl (Hrsg.), Incidental Findings. Scientific, Legal and Ethical Issues, S. 59 (62).

1040 *Heinemann/Hoppe* in Lanzerath/Rietschel/Heinrichs/Schmäl (Hrsg.), Incidental Findings. Scientific, Legal and Ethical Issues, S. 59 (62); *Heinemann/Hoppe/Listl/Spickhoff/Elger*, DÄ 2007, A 1982 (1985).

1041 *Heinemann/Hoppe* in Lanzerath/Rietschel/Heinrichs/Schmäl (Hrsg.), Incidental Findings. Scientific, Legal and Ethical Issues, S. 59 (63); *Heinemann/Hoppe/Listl/Spickhoff/Elger*, DÄ 2007, A 1982 (1985); wobei die Verpflichtung zur anschließenden Beratung auch im Sinne der Fürsorge des Forschers gegenüber dem Probanden als Anschlusshandlung an die Mitteilung erfolgen sollte.

1042 Ähnlich *Heinemann/Hoppe/Listl/Spickhoff/Elger,* DÄ 2007, A 1982 (1985).

1043 *Beauchamp/Childress*, Principles of Biomedical Ethics, S. 153 f.

1044 *Heinemann/Hoppe* in Lanzerath/Rietschel/Heinrichs/Schmäl (Hrsg.), Incidental Findings. Scientific, Legal and Ethical Issues, S. 59 (62).

Belastung darstellen. Aus ethischen Gesichtspunkten muss daher das Nichtschadensprinzip auch auf vergleichbare Schäden ausgeweitet werden dürfen.

Zusammengefasst erfolgt die Entscheidung über die Mitteilung eines Zufallsbefundes durch den Forscher an den Probanden aus seiner Fürsorge hinaus.[1045] Die zu beachtenden Umstände der Mitteilung müssen jedoch gleichfalls am Prinzip des Nichtschadens gemessen werden.[1046]

bbb) Empfehlungen zur Mitteilung unter Beachtung der Autonomie des Probanden

Unabhängig von der Einordnung der Entscheidung über die Mitteilung von Zufallsbefunden als nichtschädigender oder fürsorglicher Akt gibt es zahlreiche Empfehlungen, die den Respekt vor der Autonomie des Probanden fordern. Zur Sicherung dieser ethischen Verpflichtungen wurden durch unterschiedliche Gesellschaften und Autoren[1047] Kategorien von Zufallsbefunden gebildet, aus denen sich unterschiedliche Mitteilungsempfehlungen ergeben.

Hauptsächlich findet eine derartige Kategorisierung Anwendung für Zufallsbefunde im Kontext der genetischen Forschung. Die Vorschläge zur Kategorisierung unterscheiden sich hinsichtlich des Bezugspunkts, nach dem die Gruppen gebildet werden. So sollen die Zufallsbefunde nach der Empfehlung der *Deutschen Gesellschaft für Humangenetik*[1048] nach ihrem Risiko für die Gesundheit des Probanden sowie der Therapierbarkeit der Erkrankung eingeordnet werden. Infolgedessen haben genetische Zufallsbefunde der Kategorie 1 ein relevantes Risiko für den Betroffenen und sind therapierbar, während Kategorie 2 relevante Befunde ohne Therapiemöglichkeit umfasst. Zufallsbefunde der Gruppe 3 hingegen deuten nur auf ein modifizierbares Risiko hin und solche der Gruppe 4 haben Potential für Erkrankungen Verwandter. Andere Vorschläge knüpfen nicht an das Risiko, sondern an den Nutzen der Erkenntnis über die Befunde

---

1045 So auch *Presidental Commission for the Study of Bioethical Issues*, S. 84.

1046 *Heinemann/Hoppe* in Lanzerath/Rietschel/Heinrichs/Schmäl (Hrsg.), Incidental Findings. Scientific, Legal and Ethical Issues, S. 59 (62); a. A. *Presidental Commission for the Study of Bioethical Issues*, S. 84, nach der die Entscheidung über die Mitteilung sowohl aus der Fürsorge als auch des Nichtschadens erfolgen solle.

1047 Exemplarisch *Deutsche Gesellschaft für Humangenetik*, Stellungnahme zu genetischen Zusatzbefunden in Diagnostik und Forschung, S. 1; *Rudnik-Schöneborn/Langanke/Erdmann/Robienski*, Ethik Med 2014, S. 105 (116); *Wolf et al.*, J Law Med Ethics 2008, S. 219 (235, 238 ff.).

1048 *Deutsche Gesellschaft für Humangenetik*, Stellungnahme zu genetischen Zusatzbefunden in Diagnostik und Forschung, S. 1 (2); ausführlich bereits im 1. Kapitel A III 2.

für den Betroffenen an. *Rudnik-Schöneborn/Langanke/Erdmann/Robienski*[1049] bilden beispielsweise Kategorien mit hohem Nutzen (Gruppe 1), wahrscheinlichem Nutzen (Gruppe 2), fraglichem Nutzen (Gruppe 3) und geringem Nutzen (Gruppe 4).

Auch *Wolf et al.*[1050] bewerten die Zufallsbefunde nach ihrem Benefit für die Probanden vor dem Hintergrund, dass eine Mitteilung den Probanden nicht schaden solle. So werden nach ihrer Ansicht in Kategorie 1 lebensbedrohliche Befunde („strong net benefit"), in Kategorie 2 Befunde, die mehr Nutzen als Lasten bringen („Possible net benefit") und in Gruppe 3 Befunde mit geringem bis keinem Nutzen („Unlikely Net Benefit") eingeordnet. Die Besonderheit bei diesem Vorschlag ist jedoch, dass diese Gruppen nicht ausschließlich für genetische Zufallsbefunde, sondern ausdrücklich auch für mittels Bildgebung aufgefundene inzidente Befunde angewendet werden sollen. So werden unter lebensbedrohlichen Zufallsbefunden der Kategorie 1 beispielsweise Gehirntumoren, Aneurysmen oder arterio-venöse Malformationen gefasst, die eine therapeutische Intervention benötigen. Hingehen sind Zufallsbefunde der Kategorie 2 exemplarisch Anomalien der Arterien, die zu Schlaganfällen führen können.[1051] Die Einordnung bestimmter Befunde mit individuellem Krankheitswert aus bildgebenden Studien mit MRT belegen, dass eine Anwendung der Kategorien sowohl auf genetische als auch darüber hinausgehende pathologische Zufallsbefunde möglich, aber nur von Teilen der Literatur intendiert ist.[1052]

Folge der hier exemplarisch angeführten Empfehlungen[1053] zur Bildung von Kategorien ist eine ebenso divergierende Fülle an Stellungnahmen, welche kategorisierten Zufallsbefunde dem Probanden mitgeteilt werden sollen.[1054] Einigkeit besteht insofern, dass Zufallsbefunde mit unwahrscheinlichem oder nur

---

1049 *Rudnik-Schöneborn/Langanke/Erdmann/Robienski*, Ethik Med 2014, S. 105 (116).

1050 *Wolf et al.*, J Law Med Ethics 2008, S. 219 (235, 238 ff.).

1051 *Wolf et al.*, J Law Med Ethics 2008, S. 219 (239).

1052 Es ist daher unklar, warum beispielsweise *Heinemann/Hoppe* in Lanzerath/Rietschel/Heinrichs/Schmäl (Hrsg.), Incidental Findings. Scientific, Legal and Ethical Issues, S. 59 keinen Bezug zu Empfehlungen dieser Art vornehmen.

1053 Weitere Empfehlungen zur Kategorienbildung siehe *Berg/Khoury/Evans*, Genet Med 2011, S. 499 (501 f.); *Mayer et al.*, Genet Med 2011, S. 195 (196); ausführliche Zusammenfassung bei *Fisher/Achilles/Tönnies/Schmidtke*, Bundesgesundheitsbl 2015, S. 166 (171 f.).

1054 Weitere Nachweise zu Empfehlungen der Befundmitteilung bei *Wolf et al.*, J Law Med Ethics 2008, S. 219 (230).

geringem Nutzen für den Probanden nicht mitgeteilt werden sollen.[1055] Hingegen wird aus den Ausführungen auch der Wunsch deutlich, den Probanden grundsätzlich mit lebensbedrohlichen, jedoch therapierbaren Zufallsbefunden zu konfrontieren. Dies drückt sich in der Aussage der *Deutschen Gesellschaft für Humangenetik* aus, nach der eine Mitteilung von Befunden der Kategorie 1 „ärztlich geboten" sei.[1056] Unklar ist, ob dies im Sinne einer Empfehlung oder einer zwingenden Verpflichtung vorgeschlagen[1057] und wie eine Informationsablehnung durch den Probanden berücksichtigt wird. Bei Annahme einer bindenden Verpflichtung würde nach dieser Empfehlung die Entscheidung des Forschers gegenüber dem Willen des Probanden aus Fürsorgegesichtspunkten höher gewichtet. Dies wollen insbesondere *Wolf et al.* vermeiden, indem sie eine Empfehlung zur Mitteilung nur unter Berücksichtigung des Rechts auf Nichtwissen des Probanden aussprechen.[1058] Inwiefern allerdings Drittinteressen der Verwandten beachtet werden müssen, wird nicht klarstellend thematisiert. So ist die Forderung nach einer „familienzentrierten Aufklärung und Befundmitteilung" seitens der *Deutschen Gesellschaft für Humangenetik* nicht aussagekräftig.[1059] Vielmehr wird sogar der Eindruck erweckt, dass der individuelle Wille des Probanden letztlich nicht beachtet werden soll und im Zweifel im Entscheidungsprozess „untergeht".

Die *Presidental Commission for the Study of Bioethical Issues* vertritt, dass die Entscheidung über Mitteilung oder Nichtmitteilung der Forschergruppe überlassen werden müsse. Die Aufklärung müsse dementsprechend die Kategorien der Zufallsbefunde als auch den Modus der Mitteilung umfassen, sodass der Proband die Folgen seines Rechts auf Nichtwissen verstünde. Entscheide sich die Forschergruppe dafür, dass der Proband auch bei Ablehnung der Mitteilung von Befunden an der Studie teilnehmen könne, müssten Überlegungen angestellt

---

1055 *Deutsche Gesellschaft für Humangenetik*, Stellungnahme zu genetischen Zusatzbefunden in Diagnostik und Forschung, S. 1 (3): „Die Rückmeldung von genetischen Eigenschaften, die ein Erkrankungsrisiko nur geringgradig modifizieren (Kategorie 3) und für die keine sinnvolle Präventionsstrategie besteht, ist aus Sicht der GfH wenig sinnvoll."; *Rudnik-Schöneborn/Langanke/Erdmann/Robienski*, Ethik Med 2014, S. 105 (117); *Wolf et al.*, J Law Med Ethic 2008, S. 219 (235).

1056 *Deutsche Gesellschaft für Humangenetik*, Stellungnahme zu genetischen Zusatzbefunden in Diagnostik und Forschung, S. 1 (3).

1057 Ähnlich auch *Duttge* in Wehling (Hrsg.), Vom Nutzen des Nichtwissens, S. 75 (86).

1058 *Wolf et al.*, J Law Med Ethics 2008, S. 219 (235).

1059 *Deutsche Gesellschaft für Humangenetik*, Stellungnahme zu genetischen Zusatzbefunden in Diagnostik und Forschung, S. 1 (4).

werden, wie im Falle eines Befundes vorgegangen werde. So wird vorgeschlagen, dass die Forscher in diesem Fall mit einer Ethikkommission die Möglichkeit einer Mitteilung entgegen dem Willen des Probanden thematisieren.[1060]

Die *Projektgruppe „Recht auf Nichtwissen"* begründet ihre Empfehlungen zur Mitteilung von in Forschungsprojekten gewonnenen auffälligen Befunden, ohne auf Kategorien Bezug zu nehmen. Vielmehr berücksichtigt sie die Fremdnützigkeit des jeweiligen Forschungsvorhabens und befürwortet daher die Anerkennung der Autonomie des Probanden. Daher solle eine Offenbarung auffälliger Informationen nur stattfinden, wenn der Proband dem zugestimmt habe und über diese Art von Zufallsbefund zuvor aufgeklärt wurde. Anders als im Kontext der Diagnostik solle auch dann keine Ausnahme zugunsten des Probanden gewährt werden, wenn eine therapeutische Intervention schweres Leid verhindern könnte. Eine Ausnahme wird im Sinne der Fürsorge nur für Dritte ermöglicht, wenn durch die diagnostizierte Erkrankung Gefahren für die Allgemeinheit entstehen.[1061]

ccc) Zwischenergebnis

Die Ausführungen verdeutlichen, dass weder bei der Kategorienbildung noch der anschließenden Empfehlung zur Mitteilung bestimmter Kategorien nach einheitlichen Maßstäben verfahren wird. Zudem bleibt unklar, inwiefern der ablehnende Wille des Probanden, Zufallsbefunden nicht zur Kenntnis nehmen zu wollen, auch bei therapierbaren Erkrankungen berücksichtigt wird. Ebenso wenig wird thematisiert, ob der Proband eigens entscheiden darf, nur bestimmte Arten von Zufallsbefunden mitgeteilt zu bekommen, obwohl insbesondere diese Überlegung vor dem Hintergrund der Autonomie des Probanden befürwortend hervorzuheben wäre.

cc) Mitteilung von Zufallsbefunden aus Forschung in Biobanken

In der deutschen Literatur mangelt es an konkreten Empfehlungen zur Mitteilung von Zufallsbefunden aus wissenschaftlichen Untersuchungen an Biomaterial aus Biobanken. Dies begründet sich möglicherweise hauptsächlich darin, dass bereits die Rahmenbedingungen von Biobanken in Deutschland nicht gesetzlich geregelt sind und eine Summe an heterogenen Empfehlungen bzgl. des Datenschutzkonzeptes, der Zugriffsrechte, Aufklärungspflichten und Nutzungsrechten

1060 *Presidental Commission for the Study of Bioethical Issues*, S. 87 f.

1061 *BMBF-Projektgruppe „Recht auf Nichtwissen"*, MedR 2016, S. 399 (403).

bestehen.[1062] So hat der *Deutsche Ethikrat* in einer Stellungnahme zu „Humanbiobanken für die Forschung“ zwar ein Fünf-Säulen-Konzept als Vorschlag für ein Regelungskonzept ausgearbeitet,[1063] doch wird in diesem Zusammenhang nicht auf die Problematik der Rückmeldung individueller Ergebnisse an den Spender eingegangen. Hingegen hat der *Nationale Ethikrat* in einer früheren Stellungnahme aus dem Jahr 2002 zu „Biobanken für die Forschung“[1064] die Problematik der Mitteilung genetischer Ergebnisse an den Betroffenen erkannt und diese im Zusammenhang mit den Folgerungen für den Umgang mit Biobanken thematisiert.[1065] In dieser Stellungnahme wird angemerkt, dass eine Rückmeldung über „persönliche Befunde“ den „Rahmen der Forschung sprengen“ würde, da dies einerseits eine eingehende medizinische Beratung und bereits zuvor eine dezidierte Aufklärung über mögliche Ergebnisse und das Recht auf Nichtwissen erfordere.[1066] Dabei gebiete eine Lösung, dass sowohl das Selbstbestimmungsrecht des Spenders beachtet als auch die Möglichkeit eines Verzichts auf eine Rückmeldung als Voraussetzung für die Studienteilnahme festgesetzt werden dürfe. Gleichzeitig wird jedoch herausgestellt, dass bei lebenswichtigen Informationen eine Verpflichtung zur Rückmeldung bestehe und bei vorgenommener Mitteilung die Relevanz der Befunde beachtet und dementsprechend sorgsam durch eine Person mit Beratungskompetenz vorgegangen werden sollte.[1067]

Diese Ausführungen erscheinen zunächst in sich inkonsequent, da grundsätzlich eine Rückmeldung an den Spender für praktisch unmöglich erachtet wird, in der Folge jedoch Minimalstandards bei der Mitteilung gefordert werden. Jedoch verdeutlicht dies nur, dass konkrete Empfehlungen zur Mitteilung von Zufallsbefunden bei Forschung aus Biobanken komplex sind und derzeit noch nicht einheitlich abgegeben werden können.[1068] Denn eine Rückmeldung kann grundsätzlich nur in Abhängigkeit des Datenschutzkonzeptes bei Pseudonymisierung

---

1062 Weitere Ausführungen zu Biobanken auch im 2. Kapitel C II 7.; ausführlich *Nationaler Ethikrat*, Biobanken für die Forschung; *Deutscher Ethikrat*, Humanbiobanken für die Forschung.

1063 *Deutscher Ethikrat*, Humanbiobanken für die Forschung.

1064 *Nationaler Ethikrat*, Biobanken für die Forschung.

1065 *Nationaler Ethikrat*, Biobanken für die Forschung, S. 68 f.

1066 *Nationaler Ethikrat*, Biobanken für die Forschung, S. 68.

1067 *Nationaler Ethikrat*, Biobanken für die Forschung, S. 68 f.

1068 Ähnlich *Viberg/Hansson/Langenskiöld/Segerdahl*, Eur J Hum Genet 2014, S. 437 (440): „[…] we are not there yet.“.

der Proben erfolgen.[1069] Darüber hinaus muss die Entscheidung des Probanden im Rahmen des informed consent beachtet und Abwägungen mit dem Nichtschadensprinzip oder gegebenenfalls des Prinzips der Fürsorge vorgenommen werden.

So haben *Robienski* und *Hoppe* in einer Publikation herausgestellt, dass im Forschungskontext, in dem der Proband nur seine Einwilligung in die Sammlung und Verwendung von Biomaterial und Gesundheitsdaten erteilt, ausschließlich eine Berücksichtigung des Prinzips des Nichtschädigens stattfinden müsse. Daraus resultiere jedoch keine Befunderhebungs- oder Mitteilungspflicht. Etwas Anderes ergebe sich nur, sofern aus der Aufklärung der Rechtsschein einer individuellen Leistung in Form einer Rückmeldung abzuleiten sei.[1070] Diesen Ausführungen stimmen mit dem Ergebnis des Ancillary-Care-Modells überein, nach dem bei reinen Spenden von Biomaterial in Biomaterialbanken Pflichten für den Forscher aus einer Fürsorge gegenüber dem Probanden nicht vorhanden sind. Jedoch bleiben die Autoren weitere Ausführungen schuldig, ob dies auch tatsächlich bei einem zufällig generierten Befund zu einer Ignoranz dessen führen soll, oder ob in diesem Fall wiederum Verpflichtungen seitens des Forschers bestünden. Zudem übergehen die Autoren den möglichen Konflikt mit dem Wissen-Wollen des Probanden.

Auch *Viberg et al.* erachten eine Rückmeldung von Zufallsbefunden an den Probanden als kritisch. Dies begründen sie insbesondere mit einer falschen Schwerpunktsetzung bei den die Mitteilung befürwortenden Argumenten. So würde grundsätzlich dargestellt, dass bei einer Abwägung zwischen Nutzen und Belastungen des Wissens für den Probanden der Nutzen des Wissens der Erkrankung aufgrund frühzeitiger Therapiemöglichkeiten überwiege. Zudem könne sowohl bei therapierbaren als auch bei nicht therapierbaren Befunden das Wissen zu einer autonomen Entscheidung über die (verbliebene) Lebensdauer führen.[1071] Hingegen würden die Nachteile wie Belastungen durch die zeitlich unvorhersehbare Konfrontation mit einem Befund für den Betroffenen, der seine Einwilligung in eine Befundmitteilung möglicherweise bereits vergessen hat oder gar zum betreffenden Zeitpunkt anders entscheiden würde, übersehen. Insbesondere sei ein Nutzen auch fraglich, wenn keine Therapien für die

1069 Ausführlich *Deutscher Ethikrat*, Humanbiobanken für die Forschung, S. 11, 21; *Söns*, Biobanken im Spannungsfeld von Persönlichkeitsrecht und Forschungsfreiheit, S. 274 ff.

1070 *Robienski/Hoppe*, Der Pathologe 2013, S. 9 (13).

1071 *Wolf et al.*, J Law Med Ethics 2008, S. 219 (235); *Wolf et al.*, Genet Med 2012, S. 361 (375).

Erkrankungen oder die prognostizierte Krankheit bestünden.[1072] Vor dem Hintergrund der Komplexität der Natur der Genetik befürchten die Autoren keinen Nutzen, sondern eine Belastung für den Probanden und fordern eine andere Schwerpunktsetzung bei der Diskussion um die Mitteilung von Zufallsbefunden, ohne sich jedoch generell gegen eine Mitteilung von Zufallsbefunden an den Probanden auszusprechen.[1073]

Elger hat für die Schweiz zwei verschiedene mögliche Rückmeldungsmodi entwickelt und vorgeschlagen: Zum einen könne durch den Forscher eine Standardlösung vorgegeben werden. Danach werde der Spender informiert, dass ihm nützende Informationen an den therapierenden Arzt weitergegeben werden. Von der Rückmeldung seien ausdrücklich nur medizinische Ergebnisse umfasst, die relevant für Leben und Gesundheit seien. Ausgeschlossen seien Lifestyle-Informationen. Die Entscheidung der Rückmeldung erfolge im Einzelfall ad hoc durch eine Ethikkommission.[1074] Problematisch an diesem Lösungsvorschlag ist, dass das Recht auf Nichtwissen des Spenders nicht gewahrt wird. Er hat keinerlei Möglichkeit, selbst zu entscheiden, ob er medizinische Zufallsbefunde zur Kenntnis nehmen möchte oder nicht. Er ist in der Pflicht, die Vorgaben des Forschers zu akzeptieren. Zudem muss er die Entscheidung über die Relevanz des Befundes einem objektiven Dritten überlassen. Ein weiteres Problem besteht in der von Elger vorgeschlagenen Rückmeldung an den behandelnden Arzt. Denn heutzutage wechseln Patienten ihre Ärzte bedingt durch Umzüge etc. häufig. Demnach ist möglicherweise der zum Zeitpunkt der Spende angegebene behandelnde Arzt im Zeitpunkt der Benachrichtigung aufgrund eines Zufallsbefundes nicht mehr im Kontakt mit dem Patienten. Es müsste daher zumindest die Möglichkeit der unmittelbaren Meldung der Befunde an den Spender geben. *Elger* sieht eine weitere Möglichkeit darin, den Spender zu verpflichten, sämtliche Befunde ausnahmslos zur Kenntnis nehmen zu müssen. Die Teilnahme an der Biobank bedeute daher die Akzeptanz der Befundmitteilung.[1075] Auch durch diesen Lösungsvorschlag wird das Recht auf Nichtwissen eingeschränkt bzw. geradezu missachtet. Beide Vorschläge schränken die Autonomie des Spenders stark ein und legen dem Forscher eine Verantwortung zu fürsorglichem Vorgehen auf, obwohl er den Spender zumeist gar nicht kannte.

1072 *Viberg/Hansson/Langenskiöld/Segerdahl*, Eur J Hum Genet 2014, S. 437 (438).

1073 *Viberg/Hansson/Langenskiöld/Segerdahl*, Eur J Hum Genet 2014, S. 437 (440).

1074 *Elger* in Langanke/Erdmann/Robienski/Rudnik-Schöneborn (Hrsg.), Zufallsbefunde bei molekulargenetischen Untersuchungen, S. 97 (102 f.).

1075 *Elger* in Langanke/Erdmann/Robienski/Rudnik-Schöneborn (Hrsg.), Zufallsbefunde bei molekulargenetischen Untersuchungen, S. 97 (103 f.).

Mit der Problematik von Zufallsbefunden aus wissenschaftlichen Studien mit Biobanken haben sich in den USA bereits zuvor *Wolf et al.* ausführlich beschäftigt und zehn allgemeine Empfehlungen formuliert.[1076] Dabei betonen sie, dass zu einem verantwortlichen Vorgehen bei Zufallsbefunden nicht nur der behandelnde Arzt oder Forscher, sondern auch die Betreiber der Biobank sowie die auf die Proben zugreifenden Forscher verpflichtet seien. Diese Verantwortung umfasse zunächst die Festsetzung eines Konzeptes, ob Proben pseudonymisiert oder anonymisiert gesammelt und verwendet würden, denn daraus ergebe sich bereits eine prinzipielle Beschränkung zur Mitteilung von Zufallsbefunden. Ebenso sei Teil dieser Pflicht die Festsetzung, welche Zufallsbefunde mitgeteilt werden können, für die entsprechende Listen erstellt werden sollten.[1077] Dabei wird empfohlen, dass alle analytisch validen Zufallsbefunde mit sicherer oder potentieller Relevanz für die Gesundheit des Probanden mitgeteilt werden, sofern dieser in die Rückmeldung eingewilligt habe. Hingegen sollen Zufallsbefunde ohne oder mit unsicherer Relevanz nicht gemeldet werden. Darüber hinaus wird empfohlen, dass die Kontaktierung des Probanden oder des ersten Forschers durch den Betreiber der Biobank festgelegt werden müsse. Sofern ein Kontakt zwischen dem Forscher und dem Probanden bestünde, sollte eine Rückmeldung an den ersten Forscher stattfinden. Die Autoren schlagen im Zusammenhang mit der Mitteilung von Befunden die Verwendung von Informationsmaterialien in der gesamten Bevölkerung zur Meinungsbildung vor.[1078] Die Ausführungen sind hervorzuheben, da die autonome Entscheidung des Probanden über Wissen oder Nichtwissen relevanter Befunde priorisiert und entsprechend vorgegangen wird. Zudem thematisieren die Autoren in den Empfehlungen erstmalig die Probleme, die durch die Verwendung der Proben durch unterschiedliche Forschergruppen entstehen.

Die Darstellungen belegen, dass es derzeit keine einheitlichen Empfehlungen zur Mitteilung von Zufallsbefunden bei Forschung aus Biobanken gibt. Bereits die Tatsache, dass es derzeit für in Deutschland betriebene Biobanken keine Handlungsrichtlinien für das Vorgehen der Forscher gibt, ist zu kritisieren.[1079] Jedoch erscheint auch ein Vorgehen nach internationalen Empfehlungen

---

1076 *Wolf et al.*, Genet Med 2012, S. 361 (377 ff.).

1077 Einige der Autoren sind auch Mitglied des ACMG, die eine Bildung von Listen mit Zufallsbefunden befürwortet. In diesem Sinne erklärt sich das Plädoyer für eine Auflistung von zu erwartenden Zufallsbefunden bei Forschung an Biobanken; vgl. *Wolf et al.*, Genet Med 2012, S. 361 (378, Recommendation 4).

1078 *Wolf et al.*, Genet Med 2012, S. 361 (377 ff.).

1079 So hätte die Gesellschaft für Humangenetik ihre Stellungnahme zu genetischen Zusatzbefunden auch auf die Forschung aus Biobanken ausweiten können; vgl.

aufgrund eines fehlenden Konsenses in Form von Handlungsrichtlinien zweifelhaft. So wird nach einer Ansicht die Mitteilung eines Befundes aufgrund der ausschließlichen Berufung auf das Prinzip des Nichtschädigens abgelehnt, während nach anderer Ansicht trotzdem die Entscheidung des Patienten zu berücksichtigen ist. Positiv ist jedoch der Versuch von *Wolf et al.*[1080] hervorzuheben, über die Empfehlung zur Mitteilung oder Nichtmitteilung hinaus noch weitergehende Vorschläge zum Vorgehen einzubringen, wie z. B. durch Einbindung von Informationsmaterial in der Bevölkerung.

dd) Zwischenergebnis

Für den Kontext der Forschung besteht der Konsens, dass der Respekt vor der Autonomie des Probanden eine vorherige Aufklärung über die Möglichkeit der Generierung von Zufallsbefunden bedingt. In Einzelheiten werden die Anforderungen an die Aufklärung konkretisiert, wie beispielsweise einzelne Empfehlungen zur Information über die Einbeziehung von Experten zur Auswertung von Scans zeigen. Die *Presidental Commission for the Study of Bioethical Issues* schlägt wie bereits im Kontext der Diagnostik vor, in der Bevölkerung ein Bewusstsein und ein Interesse mittels Informationsmaterialien über Zufallsbefunde im Allgemeinen und dem entsprechenden Vorgehen im Forschungskontext zu wecken.[1081] Dieser Vorschlag wurde auch bereits zuvor von *Wolf et al.* im Kontext der Forschung an Biobanken präsentiert.[1082] Es besteht insofern Einigkeit, dass neben der individuellen Aufklärung zur Ermöglichung autonomer Entscheidungen des Probanden auch eine Informiertheit in der Bevölkerung nötig ist. Dieses Vorgehen ist insofern zu befürworten, da neben einer Prävention falscher Vorstellungen potentieller Studienteilnehmer auch ein Interesse an Forschung geweckt wird. Jedoch ist in diesem Zusammenhang zu fordern, dass die Informationsmaterialien zentral evaluiert und hergestellt werden, um eine validierte und evidenzbasierte Information der Bevölkerung zu erreichen.[1083]

Zur Erlangung dieses Zieles bedarf es prioritär einheitlicher Empfehlungen zur Mitteilung von Zufallsbefunden. Die Ausführungen belegen, dass bei der Mitteilung von Zufallsbefunden im Kontext der Forschung nicht dezidiert von

---

Deutsche Gesellschaft für Humangenetik, Stellungnahme zu genetischen Zusatzbefunden in Diagnostik und Forschung, S. 1 (1).

1080 *Wolf et al.*, Genet Med 2012, S. 361 (379 ff.).

1081 *Presidental Commission for the Study of Bioethical Issues*, S. 8.

1082 *Wolf et al.*, Genet Med 2012, S. 361 (379).

1083 Ausführlich zu dieser Forderung auch im 2. Kapitel D IV.

einer ethischen Empfehlung ausgegangen werden kann. Vielmehr bestehen bedeutende Unterschiede bzgl. des präferierten Vorgehens bei Generierung eines Zufallsbefundes,[1084] die teilweise auch auf verschiedenen ethischen Auffassungen basieren. So belegen bereits die aufgeführten Empfehlungen aus dem deutschen Raum für den Kontext der Forschung Unterschiede hinsichtlich der Entscheidung über die Mitteilung von Befunden. Für die Forschung aus Biobanken fehlen deutsche Empfehlungen gleichsam vollständig. Fatalerweise bestehen gegensätzliche Ansichten bereits bei der Grundfrage der Pflichten eines Forschers aus dem Forscher-Probanden-Verhältnis ebenso wie bei Überlegungen zur Gleichbehandlung von genetischen und pathologischen Zufallsbefunden. Zudem bedarf auch die Kategorisierung der Zufallsbefunde eines einheitlichen Vorgehens, um nachvollziehbare ethische Argumentationen führen zu können, die für rechtliche Regelungen zu Rate gezogen werden können.

Grundsätzlich werden die Empfehlungen im Spannungsfeld zwischen Prinzip der Autonomie, Prinzip des Nichtschädigens und Prinzip der Fürsorge vorgenommen, wobei aufgrund der bestehenden Unterschiede in den Empfehlungen nicht generalisierend von einer stärkeren Gewichtung eines Prinzips ausgegangen werden kann. Vielmehr wird entweder eine Befundmitteilung aus dem Prinzip des Nichtschädigens grundsätzlich abgelehnt[1085] oder entsprechend der Entscheidung des Patienten eine solche vorgenommen.[1086] Teilweise wird darüber hinaus aber bei lebensbedrohlichen Befunden trotz vorheriger Ablehnung einer Befundmitteilungspflicht eine Verpflichtung zur Mitteilung angenommen,[1087] ohne diese weitergehend zu begründen. Insgesamt bedarf es bei der Argumentation einer stärkeren Fokussierung auf Pflichten der Fürsorge im Forscher-Probanden-Verhältnis, denn durch das Anvertrauen seiner Gesundheit kann der Proband heutzutage nicht mehr ausschließlich als „Versuchsobjekt" angesehen werden. Vielmehr begründet dieses Anvertrauen und die daraus entstehende

---

1084 Ähnlich auch *Heinrichs* in Lanzerath/Rietschel/Heinrichs/Schmäl (Hrsg.), Incidental Findings. Scientific, Legal and Ethical Issues, S. 83 (83), der darlegt, dass noch keine generelle Strategie für den Umgang mit Zufallsbefunden etabliert wurde. Dabei weist er darauf hin, dass auch in der Version der Deklaration von Helsinki aus Seoul 2008 keine Empfehlungen betreffend Zufallsbefunde aufgenommen wurden.

1085 *Robienski/Hoppe*, Der Pathologe 2013, S. 9 (13).

1086 *Wolf et al.*, J Law Med Ethics 2008, S. 219 (233); *Wolf et al.*, Genet Med 2012, S. 361 (378).

1087 Ähnlich *Deutsche Gesellschaft für Humangenetik*, Stellungnahme zu genetischen Zusatzbefunden in Diagnostik und Forschung, S. 1 (3), nach der bei Befunden mit Risiko für eine behandelbare Erkrankung eine Mitteilung „geboten" ist.

Vulnerabilität des Probanden eine Verantwortung des Forschers.[1088] Es ist mithin dringend zu fordern, dass auch im Kontext der Forschung der Umgang mit aufgefundenen Zufallsbefunden vermehrt in einem Abwägungsverhältnis zwischen Autonomie und Fürsorge betrachtet wird.

IV. Ethische Vorschläge zur Lösung des Spannungsfeldes

Da sowohl Autonomie- als auch Fürsorgeprinzip Prima-facie-Pflichten sind, müssen sie im Kollisionsfall einzelfallabhängig spezifiziert und in der Folge miteinander abgewogen werden. Für den hier diskutierten Kontext der Generierung von Zufallsbefunden erfolgt die für die Spezifizierung notwendige „inhaltliche Anreicherung und interpretierende Umsetzung"[1089] bei der Überlegung, ob den Arzt und Forscher im konkreten Fall eine Pflicht zur Fürsorge trifft und ob die Entscheidung des Patienten und Probanden dabei angemessen respektiert wird. In den aufgeführten Empfehlungen zur Aufklärung und Mitteilung von Zufallsbefunden drückt sich immanent bereits die Gewichtung der Prinzipien aus. Allein die Einstufung eines Prinzips als höherrangig gegenüber einem anderen Prinzip stellt jedoch bei entgegenstehendem Interesse des anderen Prinzips noch keine Lösungsmöglichkeit eines Spannungsfeldes dar. In der Folge werden die wenigen bestehenden Vorschläge zur Umgehung oder Lösung einer Kollision überblicksartig vorgestellt.

1. Diagnostik

Aus den ethischen Ausführungen in der deutschen Literatur ergibt sich für das Vorgehen bei Generierung von Zufallsbefunden im Arzt-Patienten-Verhältnis teilweise ein Spannungsfeld zwischen der Fürsorgepflicht des Arztes und der Autonomie des Probanden. Hauptsächlich scheint die Mitteilung eines auffälligen Befundes grundsätzlich als ärztliche Pflicht angesehen zu werden,[1090] wobei sich etwas anderes in Folge individueller Absprache ergeben kann. Letztere wird als Prozess im Rahmen des zwischen den Parteien bestehenden Vertrauensverhältnisses anerkannt. Die „Projektgruppe Recht auf Nichtwissen" gewichtet

---

1088 Ähnlich *Kratz*, VersR 2014, S. 788 (791); vgl. rechtliche Ausführungen zur Fürsorge im Forscher-Probanden-Verhältnis im 2. Kapitel C I 2. d) cc).

1089 *Wiesing* in Rauprich/Steger (Hrsg.), Prinzipienethik in der Biomedizin, S. 74 (77).

1090 Vgl. *Deutsche Gesellschaft für Humangenetik*, Stellungnahme zu genetischen Zufallsbefunden in Diagnostik und Forschung, S. 1 (4); ausführlich bereits im 2. Kapitel A III 3. a) aa).

die Fürsorge des Arztes hingegen nur in eindeutig definierten Ausnahmefällen höher als die Autonomie des Patienten.

Auch die *Presidental Commission for the Study of Bioethical Issues* empfiehlt im Rahmen eines „shared decision making" ein gemeinsames Konzept zur Information des Patienten bei Gewinn eines Zufallsbefundes zu erarbeiten.[1091] Dazu gehört auch die Entscheidung des Arztes, den die Mitteilung ablehnenden Patienten an einen Kollegen zu überweisen. Kollisionen zwischen den Interessen zur Mitteilung eines relevanten Befundes durch den Arzt und einer möglichen die Mitteilung ablehnenden Ansicht sollen mithin im Rahmen einer gemeinsamen Entscheidung vermieden werden.

2. *Forschung*

Im Kontext der Forschung entsteht im Zusammenhang mit Zufallsbefunden ein Spannungsfeld zwischen Autonomie- und Fürsorge-, aber auch zwischen Autonomie und Nichtschadensprinzip. Insbesondere aus der ablehnenden Haltung des Probanden, Zufallsbefunde nicht zur Kenntnis nehmen zu wollen, folgt bei der Diagnose eines Befundes ein Gewissenskonflikt für den Forscher.

a) Recht auf Nichtwissen als Ausschlussgrund aus dem Forschungsprojekt

Nach den Handlungsempfehlungen einer Bonner Arbeitsgruppe soll eine Kollision zwischen den Interessen des Forschers und des Probanden bei Gewinn eines therapierbaren und relevanten Befundes durch den Ausschluss aus dem Forschungsprojekt bei Ablehnung der Befundmitteilung vermieden werden. Im Umkehrschluss bedingt dies, dass ein Proband bei der Studienteilnahme sein Einverständnis erklären muss, dass ihm sämtliche klinisch relevanten Zufallsbefunde mitgeteilt werden.[1092] Möchte der Proband hingegen Zufallsbefunde nicht zur Kenntnis nehmen, muss er sein Recht auf Nichtwissen ausüben und von der Studienteilnahme absehen. Der Forscher muss die Ablehnung der Einwilligung in die Studie als Entscheidung des Probanden respektieren.

Dieser Lösungsvorschlag soll den Forscher bei Gewinn eines (therapierbaren) Zufallsbefundes vor einem Gewissenskonflikt schützen, weil der Proband eine

---

1091 *Presidental Commission for the Study of Bioethical Issues*, S. 10, S. 64 f.

1092 *Heinemann/Hoppe/Listl/Spickhoff/Elger*, DÄ 2007, A 1982 (1986); so auch *Spranger* in Schleim/Spranger/Walter (Hrsg.), Von der Neuroethik zum Neurorecht?, S. 193 (196 f.); so auch die *Arbeitsgruppe Humane Genomsequenzierung*, Stellungnahme, S. 6.

Konfrontation abgelehnt hat[1093] und vor einer haftungsrechtlichen Risikoverlagerung auf den Forscher bewahren.[1094] Nach erfolgter Aufklärung über Zufallsbefunde und die Einwilligung im Wissen um diese wird infolgedessen während der Studienteilnahme der Mitteilungswille des Forschers höher gewichtet – unabhängig davon, ob dieser aus dem Fürsorge- oder Nichtschadensprinzip abgeleitet wird.[1095]

Obwohl aus der Forschungsperspektive Argumente für ein solches Vorgehen gefunden werden können,[1096] ist dieser Lösungsvorschlag in Deutschland umstritten.[1097] So wird betont, dass das Recht auf Nichtwissen permanent ausgeübt werden können muss, der Proband aus seiner verfassungsrechtlichen Position nicht gehindert werden könne, auch noch während der Studienteilnahme die Konfrontation mit Befunden abzulehnen. Infolgedessen sei der Forscher entsprechend des Studiendesigns verpflichtet, den Probanden aus der Studie auszuschließen. Lägen jedoch zu dem Zeitpunkt bereits Befunde vor, befinde sich der Forscher erneut in einem Gewissenskonflikt, den es doch eigentlich durch das Recht auf Nichtwissen als Ausschlusskriterium zu vermeiden galt.[1098] Zudem sei fraglich, ob die Aufnahme des Rechts auf Nichtwissen als Ausschlusskriterium

---

1093 *Heinemann/Hoppe* in Lanzerath/Rietschel/Heinrichs/Schmäl (Hrsg.), Incidental Findings. Scientific, Legal and Ethical Issues, S. 59 (69); so auch für die Teilnahme an Biomaterialbanken *Elger* in Langanke/Erdmann/Robienski/Rudnik-Schöneborn (Hrsg.), Zufallsbefunde bei molekulargenetischen Untersuchungen, S. 97 (103).

1094 *Arbeitsgruppe Humane Genomsequenzierung*, Stellungnahme, S. 6.

1095 Nach *Heinemann/Hoppe/Listl/Spickhoff/Elger*, DÄ 2007, A 1982 (1984 f.) folgt eine Mitteilungspflicht aus dem Prinzip des Nichtschadens. Sie verneinen die Existenz einer Fürsorgepflicht im Forscher-Probanden-Verhältnis; so auch *Heinemann/Hoppe* in Lanzerath/Rietschel/Heinrichs/Schmäl (Hrsg.), Incidental Findings. Scientific, Legal and Ethical Issues, S. 59 (67).

1096 *Presidental Commission for the Study of Bioethical Issues*, S. 87; *Robienski/Hoppe*, Der Pathologe 2013, S. 9 (13); Diskussionen zum Ausschluss von wissen-wollenden Probanden auch bei *Royal College of Radiologists*, Management of Incidental Findings Detectet During Research Imaging, S. 8.

1097 Vgl. *Arbeitskreis medizinischer Ethikkommissionen*, Protokoll der 25. Jahresversammlung des Arbeitskreises Medizinischer Ethikkommissionen, S. 15; *Heinrichs* in Lanzerath/Rietschel/Heinrichs/Schmäl (Hrsg.), Incidental Findings. Scientific, Legal and Ethical Issues, S. 83 (87).

1098 *Heinrichs* in Lanzerath/Rietschel/Heinrichs/Schmäl (Hrsg.), Incidental Findings. Scientific, Legal and Ethical Issues, S. 83 (87); daher muss nach *Erdmann*, Zufallsbefunde aus bildgebenden Verfahren in populationsbasierter Forschung, S. 165 als zweite Voraussetzung neben der Aufklärung gewährleistet sein, dass Befunde erst gar nicht erhoben werden.

für die Studienteilnahme nicht eine Diskriminierung darstelle.[1099] Ausschlusskriterien einer Studie sollen grundsätzlich nur Anforderungen sein, die für die Studie tatsächliche Relevanz besitzen. Diese Relevanz verneint *Heinrichs* für das Recht auf Nichtwissen des Probanden, da dieses weder zu einer Beeinträchtigung von Interessen Dritter noch des Nichtschadensprinzips des Forschers führe.[1100]

b) Entscheidung des Forschers

Einen weniger vermittelnden Ansatz wählen die Empfehlungen, nach denen eine Mitteilung klinisch relevanter Befunde bestimmter Kategorien „ärztlich geboten" sei.[1101] Diese Formulierung der *Gesellschaft für Humangenetik* für die Mitteilung genetischer Zufallsbefunde lässt einen Vorrang der Entscheidung des Forschers gegenüber dem Willen des Probanden vermuten. Ob diese Mitteilung jedoch nur als Empfehlung an den Arzt eingeschätzt werden muss oder vielmehr eine Verpflichtung darstellen soll,[1102] ist ebenso wie die Berücksichtigung des Rechts auf Nichtwissen unklar. So lassen sich die Ausführungen nicht dahingehend interpretieren, ob trotz der Inanspruchnahme eines Nicht-Wissen-Wollens eine Gebotenheit zur Mitteilung besteht, oder ob diese nur im Falle der vereinbarten Rückmeldung von Zufallsbefunden im Gegensatz zu klinisch nicht relevanten Befunden angenommen wird.[1103]

c) Optionale Wahrnehmung

In praktischer Hinsicht wird ein weiterer Lösungsvorschlag häufig in der „optionalen Wahrnehmung" des Rechts auf Nichtwissen gesehen.[1104] Nach umfassender

---

1099 *Heinrichs* in Lanzerath/Rietschel/Heinrichs/Schmäl (Hrsg.), Incidental Findings. Scientific, Legal and Ethical Issues, S. 83 (88 f.).

1100 *Heinrichs* in Lanzerath/Rietschel/Heinrichs/Schmäl (Hrsg.), Incidental Findings. Scientific, Legal and Ethical Issues, S. 83 (88 f.).

1101 *Deutsche Gesellschaft für Humangenetik*, Stellungnahme zu genetischen Zusatzbefunden in Diagnostik und Forschung, S. 1 (3); so auch für die Rückmeldung von Ergebnissen aus Biomaterialbanken *Elger* in Langanke/Erdmann/Robienski/Rudnik-Schöneborn (Hrsg.), Zufallsbefunde bei molekulargenetischen Untersuchungen, S. 97 (102).

1102 So auch *Duttge* in Wehling (Hrsg.), Vom Nutzen des Nichtwissens, S. 75 (86): „… freilich die Erwartung formuliert („soll"), dass dem Untersuchten im Rahmen der sich anschließenden humangenetischen Beratung „empfohlen" wird, […]".

1103 Vgl. *Deutsche Gesellschaft für Humangenetik*, Stellungnahme zu genetischen Zusatzbefunden in Diagnostik und Forschung, S. 1 (2 f.).

1104 Siehe beispielsweise *Arbeitskreis medizinischer Ethikkommissionen*, Klinische Prüfung eines Arzneimittels mit einer obligatorisch verbundenen pharmakogenetischen

Aufklärung durch den zuständigen Forscher über den möglichen Gewinn von Zufallsbefunden soll dieser über seinen Wunsch der Kenntnisnahme oder der Ablehnung der Information entscheiden. Dieser Lösungsvorschlag impliziert den umfassenden Respekt vor der Entscheidung des Probanden, ob dieser Zufallsbefunde mitgeteilt bekommen möchte oder eine Konfrontation ablehnt.[1105] Modifiziert werden kann das Vorgehen, indem der Proband beispielsweise einerseits über die Zustimmung zur Mitteilung nur bestimmter Kategorien und andererseits im Falle der Veränderung seiner Präferenzen zu einem späteren Zeitpunkt erneut über die Kenntnisnahme der Informationen entscheiden kann.[1106] Dieses Lösungsmodell gewichtet das Prinzip der Autonomie mithin als höchstes Prinzip. Gegen diesen Ansatz wird eingewendet, dass kein Nichtwissen ohne Argwohn oder Vorwarnung mehr möglich sei, wenn der Forscher bei Vorliegen eines Befundes den Probanden erneut nach seinem Willen zur Kenntnisnahme befrage.[1107] Es wird folglich befürchtet, dass eine solche Rückversicherung die Autonomie des Probanden verletzt. Tatsächlich soll jedoch durch eine erneute Befragung des Probanden nach der Untersuchung und vor Informationspreisgabe nur die Ernsthaftigkeit der Entscheidung des Probanden überprüft und nicht seine autonome Entscheidung in Frage gestellt werden. In diesen Fällen ist es Aufgabe des Forschers, die Intention hinter der wiederholten Befragung des Probanden eindeutig zu vermitteln und somit diesen nicht unnötig zu verunsichern.

d) Einbeziehung eines „Institutional Review Boards“

Für den Fall, dass der Patient ausgedrückt hat, keine Zufallsbefunde zur Kenntnis nehmen zu wollen und durch studienbedingte Untersuchungen ein solcher Befund jedoch gewonnen wird, empfiehlt die *Presidental Commission for the Study of Bioethical Issues* die Inanspruchnahme der Beratung durch ein „Institutional Review Board“ zur Entscheidungshilfe über die Mitteilung eines

Untersuchung, S. 10, S. 1 (6); *CCB Gerinnungszentrum*, Einwilligungserklärung zur Durchführung genetischer Analysen, abrufbar unter http://www.ccb.de/fileadmin/website/PDF/CCB_Gerinnungs_Centrum_Gerinnung_Einversta__ndnis_Aufkla__rung_Genanalyse_gross_sw_150129.pdf, zuletzt abgerufen am 02. Januar 2018.

1105 *Wolf et al.*, J Law Med Ethics 2008, S. 219 (233).

1106 *BMBF-Projektgruppe „Recht auf Nichtwissen“*, MedR 2016, S. 399 (402); *Wolf et al.*, J Law Med Ethics 2008, S. 219 (233).

1107 Ähnlich *Heinrichs* in Lanzerath/Rietschel/Heinrichs/Schmäl (Hrsg.), Incidental Findings. Scientific, Legal and Ethical Issues, S. 83 (86).

Befundes.[1108] Dieser Vorschlag ist in Deutschland nicht durchführbar, denn die Ethikkommissionen der Landesärztekammern und Hochschulen haben entsprechend der nationalen Regelungen im Arzneimittel- und Medizinproduktegesetz als auch nach der Berufsordnung ausschließlich die Aufgabe, das Forschungsvorhaben hinsichtlich der ethischen und rechtlichen Unbedenklichkeit zu überprüfen. Dies bedingt insbesondere die Überprüfung des Probandenschutzes als auch der Wissenschaftlichkeit vor der Zustimmung zur Durchführung des Forschungsvorhabens.[1109] Nicht davon umfasst ist jedoch die einzelfallabhängige Beratung bei der Entscheidung zur Mitteilung eines Befundes und Umgehung des Probandenwillens. Vielmehr könnte Expertengremien aus dem Gesundheitsbereich vergleichbar mit den sogenannten Ethikkomitees, die derzeit auf den therapeutischen Kontext beschränkt sind, eine Beratungsfunktion im Einzelfall übernehmen.[1110] Jedoch sollte die Einbeziehung Dritter zur Lösung eines Spannungsfeldes, das zudem bereits zuvor durch Festlegungen im Prüfplan des Forschungsvorhabens verhindert werden sollten, das letztmögliche Mittel darstellen. Denn einerseits ist unklar, auf welcher rechtlichen Grundlage sich ein solches Gremium über das Selbstbestimmungsrecht des Probanden hinwegsetzen dürfte. Und zum anderen bestünde insbesondere in rechtlicher Hinsicht durch derartiges Vorgehen die Gefahr, der Haftungserweiterung auf Dritte im Falle des Eintritts eines Schadens.

e) Zwischenergebnis

Alle vier Lösungsvorschläge ermöglichen die Vermeidung von Kollisionen zwischen den Interessen von Forschern und Probanden. Während bei dem Lösungsvorschlag der optionalen Wahrnehmung und der Entscheidung des Forschers jeweils ein Interesse höher gewichtet wird als das andere, gesteht die Lösungsmöglichkeit, bei der das Recht auf Nichtwissen als Ausschlussgrund aus der Forschung eingeordnet wird, beiden Parteien die Ausübung ihrer Interessen zu – jedoch wird dem Probanden dadurch die Möglichkeit der Teilnahme an einer Studie verwehrt. Durch Einbeziehung von beratenden Ethikgremien soll nach einem weiteren Vorschlag ein bestehendes Spannungsfeld gelöst werden.

1108 *Presidental Commission for the Study of Bioethical Issues*, S. 87 f.

1109 *Duttge* in Deutsch/Duttge/Schreiber/Spickhoff/Taupitz (Hrsg.), Die Implementierung der GCP-Richtlinie und ihre Ausstrahlungswirkung, S. 77 (103 f.); *Doppelfeld*, MedR 2008, 645 (647).

1110 Vgl. *Kettner* in Frewer/Fahr/Rascher (Hrsg.), Klinische Ethikkomitees, S. 15 (16 f.).

Vorzugswürdig muss die Abwägung der Interessen im Forscher-Probanden-Verhältnis zwischen den Beteiligten erfolgen, da hierdurch die Interessen der Probanden und der Einwände des Forschers berücksichtigt werden. Dabei sollte die Entwicklung eines allgemeinen und für alle Probanden geltenden Konzepts im Rahmen des Studienprotokolls priorisiert werden, nach dem bei Generierung eines Zufallsbefundes zwingend vorgegangen werden muss. Dieses Konzept sollte vorab von einer Ethikkommission im Rahmen ihrer Überprüfungskompetenz des Probandenschutzes mitbegutachtet werden.[1111]

V. Ergebnis

Für die Kontexte der Diagnostik und Forschung ergeben sich für die Mitteilung und Aufklärung über Zufallsbefunde und in Konsequenz daraus auch für Lösungsvorschläge unterschiedliche Konzepte. Während aus ethischer Sicht im Rahmen eines Arzt-Patienten-Verhältnisses eine Mitteilung des Befundes aus der ärztlichen Fürsorge geboten erscheint und dieses Ergebnis entsprechend dem Vertrauensverhältnis gemeinsam erarbeitet werden sollte, ist eine Gewichtung der konkurrierenden Prinzipien im Forschungskontext unklar.

Daraus ergibt sich im Umkehrschluss unter Umständen eine unterschiedliche Empfehlung zum Umgang mit Zufallsbefunden in Diagnostik und Forschung. Insbesondere für den Einschluss von Patienten als Probanden in klinische Studien ist eine solche Diskrepanz jedoch fraglich. Es scheint den Probanden in praktischer Hinsicht kaum vermittelbar zu sein, dass entsprechend der abgestuften Fürsorgepflicht Zufallsbefunde nur in bestimmten Fällen mitgeteilt werden.

Vor diesem Hintergrund ist daher fraglich, ob das Vier-Prinzipien-Paradigma als Maßstab im Kontext von Zufallsbefunden ein sinnvolles medizinethisches Modell darstellt. So betont *Hildt*, dass insbesondere die Trennung zwischen Nichtschaden und Fürsorge im medizinischen Kontext nicht schlüssig erfolgen könne, da die Auswirkungen dieses Vorgehens vergleichbar seien.[1112] Die Zweifel an einer Trennung der Prinzipien können unterstützt werden, denn es fällt auf, dass eine Fürsorge des Forschers kategorisch abgelehnt wird, jedoch in der Folge inkonsequent im Rahmen der Forderung nach Nichtschaden auch eine

---

1111 Ähnlich *Presidental Commission for the Study of Bioethical Issues*, S. 89, nach denen auch bereits im Rahmen des Prüfplanes ein Konzept bzgl. der Mitteilung von Zufallsbefunden festgesetzt werden sollte, das durch die zuständige Ethikkommission überprüft wird.

1112 *Hildt* in Rauprich/Steger (Hrsg.), Prinzipienethik in der Biomedizin, S. 315 (319).

Handlungspflicht umfasst wird.[1113] Dies vermittelt den Eindruck, dass die einzelnen Prinzipien inhaltlich ungenau interpretiert werden. Es erscheint jedoch nicht angemessen, daraus eine generelle Nichtanwendbarkeit sämtlicher Prinzipien für den biomedizinischen Kontext abzuleiten, da es ohne das System der Prinzipienlehre an einer Grundlage für die Abwägung der widerstreitenden Interessen fehlen würde.

Im Zusammenhang mit den umfassenden Empfehlungen zur Aufklärung und Mitteilung von Zufallsbefunden ist zu kritisieren, dass die Belange von Dritten und Verwandten nur rudimentär bis überhaupt nicht einbezogen werden. Insbesondere ein entgegenstehendes Recht auf Nichtwissen von Verwandten oder im Umkehrschluss eine Verpflichtung der Betroffenen zur Information über Befunde mit Drittbezug wird zu wenig in den Abwägungsprozess und dementsprechend in die Lösungsvorschläge aufgenommen.[1114]

Für das Vorgehen des Arztes bei diagnostischer Untersuchung und des Arztes bei Einschluss eines Probanden und entsprechendem Gewinn von Zufallsbefunden können die ethischen Vorschläge für die Erfüllung einer staatlichen Schutzpflicht derzeit eine Ausfüllungsfunktion übernehmen. In rechtspolitischer Hinsicht wurden die ethischen Diskussionen auf einfachgesetzlicher Ebene im Bereich der Diagnostik durch das Gendiagnostikgesetz bereits „rudimentär" etabliert.[1115] Jedoch ist beispielsweise die Stellungnahme der Deutschen Gesellschaft für Humangenetik durch das „komplizierte Gendiagnostikgesetz" beeinflusst worden,[1116] sodass weniger die rechtspolitische Funktion der Ethik als vielmehr die Beeinflussung der Ethik durch das Recht stattgefunden hat.

Insbesondere für den Kontext der Forschung bestehen derzeit Zweifel, ob die Ethik eine rechtspolitische Funktion ausüben kann, da kein ethischer Konsens im Sinne einheitlicher ethischer Werte besteht, wie mit Zufallsbefunden umgegangen werden soll. Gleichwohl darf dies nicht dazu führen, dass keine neuen rechtlichen Regelungen etabliert werden, da die Vielzahl der unterschiedlichen

---

1113 Siehe insbesondere *Heinemann/Hoppe* in Lanzerath/Rietschel/Heinrichs/Schmäl (Hrsg.), Incidental Findings. Scientific, Legal and Ethical Issues, S. 59 (62 f.).

1114 Zwar erkennt die *Deutsche Gesellschaft für Humangenetik* in ihrer Stellungnahme das Problem und fordert eine „familienzentrierte Aufklärung und Mitteilung", doch banalisiert diese Formulierung das Problem entgegenstehender Interessen der Verwandten. Vgl. *Deutsche Gesellschaft für Humangenetik*, Stellungnahme zu genetischen Zusatzbefunden in Diagnostik und Forschung, S. 1 (4).

1115 Vgl. im 2. Kapitel B II 2.

1116 *Zerres* in Lanzerath/Rietschel/Heinrichs/Schmäl (Hrsg.), Incidental Findings. Scientific, Legal and Ethical Issues, S. 111 (112).

ethischen Empfehlungen eine große Unsicherheit sowohl bei Probanden als auch Patienten schürt. Daher ist vielmehr im Sinne der Rechtssicherheit die Verabschiedung einer rechtlichen Regelung für die Mitteilung von Zufallsbefunden im Kontext der Forschung gefordert, die wiederum die ethische Moralvorstellung in der Gesellschaft beeinflussen wird.[1117]

B. Rechtliche Regelungen zu Zufallsbefunden in der Diagnostik

Bekanntermaßen bleiben rechtliche Regelungen zumeist hinter neuen Entwicklungen der biomedizinischen Forschung und den daraus resultierenden praktischen Anwendungen zurück.[1118] Die Diagnose eines Zufallsbefundes selbst stellt keine neuartige Entwicklung dar. Vielmehr hat die Entwicklung der bildgebenden Verfahren einerseits und der genetischen Analysen andererseits dazu geführt, dass Zufallsbefunde bei diagnostischen Untersuchungen gehäuft generiert werden und ein dementsprechendes Bewusstsein bei der Ärzteschaft geweckt wird. Beispielsweise ermöglicht die Verwendung einer 3-Tesla-MRT eine genauere Bildauflösung als noch eine 1-Tesla-MRT,[1119] sodass mit einer höheren Präzision pathologische Befunde dargestellt werden können. Noch größeres Potential bieten die zahlreichen mikrobiologischen und genetischen Verfahren mittels derer bereits kleinste Mutationen in der DNA eines Patienten aufgedeckt und anschließend ausgewertet werden können.[1120] Diese Entwicklungen bedingen einen notwendigen Regelungsbedarf zum Schutz aller Beteiligten, insbesondere der Patienten und Ärzte. Gleichzeitig dürfen Regelungen keine Begrenzungen der Tatkraft der Ärzteschaft und der praktischen Durchführbarkeit der ärztlichen Kunst bewirken. Insbesondere muss der Gefahr einer defensiven Medizin, die den Therapie- und Diagnoseumfang aus juristischer Vorsicht nicht ausreizt, vorgebeugt werden.[1121] So führt die Summe spezialgesetzlicher Regelungen in Kombination mit der höchstrichterlichen Spruchpraxis zu einer stärker werdenden Kontrolle des Arztes auch in Gebieten, in denen zuvor bestehende Rechtssätze stillschweigend als ausreichend gewertet wurden.[1122] Jedoch verlangen die

---

1117 Vgl. zum Gesetzesvorschlag auch 2. Kapitel D III 2.

1118 *Duttge*, ZRph 2004, S. 67 (81).

1119 *Quick* in Puls/Hosten (Hrsg.), Ganzkörper-MRT-Screening. Befunde und Zufallsbefunde, S. 25 (26).

1120 Weitere Ausführungen hierzu bereits 1. Kapitel A IV 1. c) aa).

1121 *Laufs* in Laufs/Katzenmeier/Lipp (Hrsg.), Arztrecht, Kap. I Rn. 26.

1122 *Laufs* in Laufs/Katzenmeier/Lipp (Hrsg.), Arztrecht, Kap. I Rn. 24.

vielschichtigen grundlegenden Probleme und Konflikte in der Medizin eine rechtliche Lösung, die die Medizin als alleinige Disziplin nicht zu erreichen vermag und damit bei der Festlegung der Grenzen und Legitimationen der Hilfe des Rechts bedarf.[1123] Ob die bestehenden Regelungen im Patientenrechtegesetz, dem Gendiagnostikgesetz oder in bestimmten Verordnungen das Vorgehen bei gewonnenen Zufallsbefunden durch diagnostische Untersuchungen umfassen oder möglicherweise auf diese Situation ausgeweitet werden können, ist ungeklärt.

Nachfolgend wird zunächst die Aufklärung über Zufallsbefunde sowie ein entsprechendes Recht auf Nichtwissen in verfassungsrechtlicher Hinsicht erläutert. Anschließend werden die Regelungen zu Zufallsbefunden im Kontext der Diagnostik in den bundesgesetzlichen Regelungen des Patientenrechtegesetzes, des Gendiagnostikgesetzes als auch der Strahlenschutzverordnung aufgezeigt.

I. Verfassungsrechtlicher Rahmen

Auch wenn Untersuchungen heutzutage gehäuft auffällige Befunde wie Zufallsbefunde ergeben und diese mittels der verbesserten technischen Möglichkeiten bezogen auf das gesamte Patientenkollektiv nicht mehr unerwartet sind,[1124] stellen sie für den einzelnen Patienten ein unerwartetes und darüber hinaus noch unbekanntes medizinisches Ergebnis dar. Dementsprechend bedarf es umfangreicher Schutzmechanismen für die Patienten, wie sie in der Selbstbestimmungsaufklärung über den möglichen Gewinn von Zufallsbefunden als auch in der Möglichkeit der Informationsablehnung zu finden sind. Sowohl die Selbstbestimmungsaufklärung als auch das Recht auf Nichtwissen des Patienten sind verfassungsrechtlich gesicherte Rechte des einzelnen Grundrechtsträgers.[1125] Das Verfassungsrecht als anerkannter höchster Normkomplex der deutschen Rechtsordnung ermöglicht dem einzelnen Grundrechtsträger die Abwehr von Eingriffen durch den Staat oder mittels mittelbarer Drittwirkung auch durch private Dritte. In der Folge wird mithin dargestellt, inwiefern die Selbstbestimmungsaufklärung und das Recht auf Nichtwissen bezogen auf Zufallsbefunde verfassungsrechtlich garantiert werden. Dabei verdienen insbesondere die umfangreichen Möglichkeiten der Grundrechtskollisionen zwischen dem Patienten und dem Arzt sowie betroffenen Verwandten Beachtung. Zudem

---

1123 *Laufs* in Weißauer-FS, S. 88 (90).

1124 So für den Kontext der Forschung *Hoffmann/Schmücker* in Puls/Hosten (Hrsg.), Ganzkörper-MRT-Screening. Befunde und Zufallsbefunde, S. 1 (3).

1125 Siehe dazu ausführlich bereits im 1. Kapitel B I und B II.

bedarf es einer Berücksichtigung der in das Verfassungsrecht einfließenden ethischen Grundlagen[1126] zum Vorgehen bei Generierung eines Zufallsbefundes.

1. Selbstbestimmungsaufklärung über Zufallsbefunde

Die Aufklärung über den möglichen Gewinn von Zufallsbefunden und das Recht der Informationsabwehr soll eine selbstbestimmte Einwilligung in die diagnostische Untersuchung ermöglichen. Dabei dient die Selbstbestimmungsaufklärung dem Schutz des Patienten unabhängig davon, ob ihre verfassungsrechtliche Grundlage in dem Schutz des Lebens und der körperlichen Unversehrtheit aus Art. 2 Abs. 2 S. 1 GG[1127] oder dem allgemeinen Persönlichkeitsrecht aus Art. 2 Abs. 1 S. 1 i. V. m. Art. 1 Abs. 1 GG[1128] gesehen wird.

a) Aufklärung über die Möglichkeit einer Generierung von Zufallsbefunden

Aus ethischer Sicht besteht ein Konsens darüber, dass eine Aufklärung über die Möglichkeit der Generierung eines Zufallsbefundes erfolgen muss.[1129] In rechtlicher Hinsicht ist sowohl die Notwendigkeit einer Aufklärung als auch ihr Umfang unklar.

aa) Notwendigkeit der Aufklärung über Zufallsbefunde

Die Aufklärung über Zufallsbefunde ist nur dann tatsächlich notwendig, wenn sie der Selbstbestimmung dient, mithin erforderliche Voraussetzung für die Einwilligung in die medizinische Maßnahme ist und nicht nur eine mögliche, aber nicht notwendige Information des Patienten darstellt. Bezugspunkt der Selbstbestimmungsaufklärung ist die medizinische Untersuchung, in Folge derer sich der auffällige Befund ergibt.

Gegen eine Pflicht zur Aufklärung des Patienten über die Möglichkeit der Generierung eines Zufallsbefundes könnte das prognostisch unsichere Auftreten von Zufallsbefunden angeführt werden. Durch die Entwicklung der genetischen Untersuchungsverfahren wie der Chromosomen- und Genomanalysen

---

1126 Vgl. *Duttge*, Ethik Med 2006, S. 331 (332); ähnlich auch Schlussbericht der Enquete-Kommission „Recht und Ethik der modernen Medizin“, BT-Drs. 14/9020, S. 25; weitere Ausführungen bereits im 2. Kapitel A I.

1127 BGHZ 106, 391 (397 ff.).

1128 *Hart* in Heinrichs-FS, S. 291 (310 f.).

1129 *Deutsche Gesellschaft für Humangenetik*, Stellungnahme zu genetischen Zufallsbefunden in Diagnostik und Forschung, S. 1 (1); *Rudnik-Schöneborn/Langanke/Erdmann/Robienski*, Ethik Med 2014, S. 105 (111); vgl. 2. Kapitel A III 3. a) aa).

und der bildgebenden Verfahren ist die Möglichkeit gestiegen, eine Vielzahl von Zufallsbefunden aufzufinden,[1130] ohne dass jedoch mit einer sichereren Wahrscheinlichkeit vor Durchführung der Untersuchung belegt werden kann, ob und welche Zufallsbefunde tatsächlich bei dem Patienten entdeckt werden. Demzufolge hat die Aufklärung über Zufallsbefunde einen „prophylaktischen Charakter“[1131]. Da eine Aufklärung nicht auf theoretisch verbleibende Möglichkeiten erstreckt werden muss, weil hierdurch „eine Überspannung und Ausuferung der Aufklärungspflicht“[1132] entsteht, muss eine Abwägung zwischen Förderung der Selbstbestimmung und Hervorrufen von Belastungen der Patienten am Maßstab der Eingriffe in die betroffenen Grundrechte erfolgen.

Die Verpflichtung zur Aufklärung wird inzwischen auch auf schwere und belastende Risiken der medizinischen Intervention[1133] als auch auf den erwarteten Verlauf während und nach dem medizinischen Eingriff[1134] erweitert, ohne dass eine verbindliche Aussage über den Wahrscheinlichkeitseintritt geleistet werden kann. Ebenso wie die Darstellung möglicher Risiken erfolgt die Aufklärung über Zufallsbefunde als Folge der vorzunehmenden medizinischen Untersuchung. Sie dient dazu, den Patienten über das technische Potential und dessen Folgen in Kenntnis zu setzen, sodass dieser umfassend informiert ist. Infolgedessen soll er selbstbestimmt in die Untersuchung einwilligen können, nachdem er die Folgen der diagnostischen Untersuchung im Rahmen einer Risiko-Nutzen-Abwägung bemessen hat. Auch wenn Zufallsbefunde nicht den Schwerpunkt der Aufklärung über Diagnose, Verlauf und Risiken ausmachen, sind sie doch eine mögliche Folge des Eingriffs, deren Auftreten sich der Patient bewusst sein muss. Insbesondere im Hinblick auf häufigeres Auftreten und ein verfassungsrechtlich zugestandenes Recht auf Nichtwissen ist die Aufklärung über einen möglichen Gewinn von Zufallsbefunden für die Selbstbestimmung notwendig.

1130 *Deutsche Gesellschaft für Humangenetik*, Stellungnahme zu genetischen Zusatzbefunden in Diagnostik und Forschung, S. 1; *Rudnik-Schöneborn/Langanke/Erdmann/Robienski*, Ethik Med 2014, S. 105 (107).

1131 In Bezug auf Zufallsbefunde im Rahmen präoperativer Aufklärung *Dettmeyer/Madea*, MedR 1998, S. 247 (248).

1132 OLG Frankfurt NJW 1981, S. 1322 (1323).

1133 BGH NJW 1984, S. 1395 (1395); BGH NJW 1990, S. 1528 (1528); BGHZ 166, 336 (343); weitere Nachweise bei *Pauge*, Arzthaftungsrecht, Rn. 385 ff.; *Pauge* in Bergmann-FS, S. 169 (171); s. a. *Katzenmeier* in Laufs/Katzenmeier/Lipp (Hrsg.), Arztrecht, Kap. V Rn. 14.

1134 BGH NJW 1981, S. 1319 (1320); *Laufs* in Laufs/Kern (Hrsg.), Handbuch des Arztrechts, § 59 Rn. 16 ff.

bb) Einordnung in Risiko- oder Verlaufsaufklärung

Zufallsbefunde sind entsprechend der dieser Arbeit zugrundeliegenden Definition „Ergebnisse medizinischer Untersuchungen […], die mit der ursprünglichen Fragstellung nicht in Verbindung stehen […]“[1135]. Eine Einordnung in die bestehenden Arten der Aufklärung bereitet Schwierigkeiten, da sich sowohl Risiko- als auch Verlaufsaufklärung auf Folgen der ursprünglichen medizinischen Untersuchung und nicht auf weitergehende Ergebnisse beziehen. Zudem bestehen zwischen den einzelnen Ausprägungen der Aufklärung fließende Übergänge,[1136] die eine eindeutige Zuordnung erschweren.

aaa) Risikoaufklärung

Zufallsbefunde müssten als Risiken charakterisiert werden, um einen Fall der Risikoaufklärung darzustellen. Risiken sind Folgeschäden einer medizinischen Intervention, die auch bei Anwendung der gebotenen ärztlichen Sorgfalt nicht sicher vermeidbar und mit der Eigenart der Maßnahme typischerweise verbunden sind.[1137] Zufallsbefunde werden in der Literatur pauschalisierend als „Risiken“ bezeichnet,[1138] obwohl sie letztendlich aus der Betrachtungsweise eines unabhängigen Dritten nicht generalisierend als Risiko oder als Benefit eingeschätzt werden können.[1139] Häufig wird mit dem Gewinn eines therapierbaren Zufallsbefundes die Erwartung verbunden, dass durch die Kenntnis der Erkrankung ein Nutzen oder Vorteil im Sinne einer möglichen frühzeitigen Behandlung mit besseren Heilungschancen besteht. Daher sieht *Kummer* in der Entwicklung dahin, dass die Entdeckung pathologischer Zufallsbefunde als Risiko bezeichnet wird, „eine Verschiebung der Perspektive“[1140]. Eine Charakterisierung als Risiko

1135 Vgl. Definition im 1. Kapitel A I 5.

1136 *Katzenmeier* in Laufs/Katzenmeier/Lipp (Hrsg.), Arztrecht, Kap. V Rn. 15.

1137 *Katzenmeier* in Laufs/Katzenmeier/Lipp (Hrsg.), Arztrecht, Kap. V Rn. 14; *Laufs* in Laufs/Kern (Hrsg.), Handbuch des Arztrechts, § 60 Rn. 1; *Schramm*, VersR 1991, S. 184 (184); nach *Cramer* in Dahm-FS, S. 119 (125) sind außergewöhnliche und nicht vorhersehbare Folgen nicht umfasst.

1138 Statt vieler *Rudnik-Schöneborn/Langanke/Erdmann/Robienski*, Ethik Med 2014, S. 105 (111): „Zu diesen Risiken gehören gerade bei der Anwendung gesamtgenomischer Untersuchungsverfahren auch die Zufallsbefunde.“; *Schleim/Spranger/Urbach/Walter*, Nervenheilkunde 2007, S. 1041 (1043): „Aufklärung über das Risiko von Zufallsbefunden“; ähnlich *Morris/Whiteley/Longstreth et al.*, BMJ 2009, S. 1 (1): „Knowing the chance of discovering incidental brain findings would help clinicans inform patients of their risks […]“.

1139 Ähnlich *Parker*, J Law Med Ethics 2008, S. 341 (341).

1140 *Kummer*, DÄ 2007, A 3186.

wiederum erfolgt zumeist aus einer Sorge um psychische und finanzielle Folgen, der Angst vor der Mitbetroffenheit von verwandten Angehörigen, als auch der Gefahr, dass die erste Diagnose eines Zufallsbefundes einen vielfach relevanteren Krankheitswert vortäuscht als tatsächlich besteht, sodass der Patienten durch die Mitteilung psychischen Belastungen ausgesetzt ist.[1141] Die subjektive Einschätzung eines Zufallsbefundes als Risiko oder Nutzen hängt insbesondere von der Art der Information, der Sicherheit des Krankheitswertes, der Behandlungsmöglichkeiten und den Konsequenzen für die jeweilige Lebensplanung ab.[1142]

Ersichtlich gegen eine objektive und allgemeingültige Klassifizierung des Zufallsbefundes als Risiko ist anzuführen, dass diese keine Folgeschäden der eingesetzten Maßnahme, sondern vielmehr bereits bestehende, nicht entdeckte Erkrankungen oder Krankheitsanlagen sind. Aufklärungsbedürftige Risiken sind hingehen neue Schadensereignisse der medizinischen Maßnahme. Das Auffinden eines bereits zuvor vorhandenen, aber unbekannten Zufallsbefundes ist die Folge der Verwendung der Diagnosemethode, ohne dass dieser Befund ein Folgeschaden des Eingriffs ist. Zufallsbefunde können mithin nicht als Risiken der medizinischen Intervention charakterisiert und dürfen dementsprechend auch nicht im Rahmen der Risikoaufklärung thematisiert werden.

bbb) Verlaufsaufklärung

Die Verlaufsaufklärung soll dazu dienen, den Patienten über seinen möglichen Gesundheitszustand nach der medizinischen Intervention zu informieren, wobei eine Begrenzung der Informationen auf „sichere Eingriffsfolgen"[1143] oder „voraussehbare Nebenfolgen"[1144] vorgesehen ist. Bezugspunkte der Verlaufsaufklärung sind die medizinische Untersuchung, der Eingriff sowie der Hauptbefund.

Es muss im Rahmen der Aufklärung zwischen „Zufallsbefunden" als Ergebnis bildgebender oder genetischer Diagnostik und „Zusatzbefunden" als Ergebnis einer Ganzgenomsequenzierung unterschieden werden. Zufallsbefunde sind weder für den Patienten noch den Arzt im individuellen Fall als Ergebnis der Untersuchung voraussehbar oder intendiert. Eine Aufklärung über den Verlauf der Untersuchung muss die Verwendung der Untersuchungsmethode

---

1141 *Parker*, J Law Med Ethics 2008, S. 342 (343).

1142 *Parker*, J Law Med Ethics 2008, S. 341 (344); so auch *Anonym*, Nature Publishing Group 2005, S. 17 (17), der verdeutlicht, dass ein unerwartet aufgefundener Tumor finanzielle und soziale Konsequenzen für die Lebensplanung bedeutet.

1143 *Laufs* in Laufs/Kern (Hrsg.), Handbuch des Arztrechts, § 59 Rn. 18.

1144 *Laufs* in Laufs/Kern (Hrsg.), Handbuch des Arztrechts, § 59 Rn. 19.

beinhalten. Eine Ausweitung der Verlaufsaufklärung auf zufällige Befunde und ihre Folgen ist jedoch nicht mit den Aufklärungspflichten vereinbar, unabhängig davon, dass jeder Patient Zufallsbefunde als zusätzlichen Faktor in die Überlegungen zur Einwilligung in die diagnostische Maßnahme einbeziehen muss.[1145]

Im Gegensatz dazu muss im Aufklärungsgespräch über eine Ganzgenomsequenzierung neben dem möglichen Normalbefund auch die Wahrscheinlichkeit eines generierten Zusatzbefundes erörtert werden. Dies ist Folge der umfangreichen Ganzgenomsequenzierung, denn durch dieses diagnostische Verfahren ist im Allgemeinen mit zusätzlichen Befunden zu rechnen.[1146] *Molnár-Gábor/Gantner/Lichter* betonen, dass der „Überraschungseffekt" bei einer Ganzgenomsequenzierung ausbleibe[1147] und daher eine Aufklärung des Patienten über den zu erwartenden Verlauf zur Wahrung der Selbstbestimmung zwingend notwendig sei.[1148] Infolge der divergierenden technischen Möglichkeiten der diagnostischen Verfahren ergeben sich daher unterschiedliche normative Konsequenzen bei der Aufklärung.[1149]

ccc) Zwischenergebnis

Die Aufklärung über Zufallsbefunde muss abhängig von der Diagnosemethode betrachtet werden. Ergebnisse einer Ganzgenomsequenzierung müssen im Rahmen der bekannten Verlaufsaufklärung berücksichtigt werden. Die übrigen Zufallsbefunde können in keine der bekannten Arten der Aufklärung eingeordnet werden. Dies impliziert jedoch nicht, dass eine Aufklärung über die mögliche Generierung von Zufallsbefunden nicht erfolgen muss. Zufallsbefunde werden immer häufiger durch den Einsatz bestimmter Diagnoseinstrumente aufgefunden, wobei sie selbst keine Folgeschäden der Anwendung der Methode und damit kein Risiko darstellen. Die bekannten Kategorien der Risiko-, Diagnose- und Verlaufsaufklärung knüpfen stark an den medizinischen Eingriff an, ohne darüber hinausgehende neuartige medizinische Entwicklungen zu berücksichtigen. Insbesondere unerwartete Folgen wie Zufallsbefunde, aber

---

1145 Vgl. *Anonym,* Nature Publishing Group 2005, S. 17 (17); siehe ebenfalls auf einfachgesetzlicher Ebene *Kern* in Kern (Hrsg.), GenDG Kommentar, § 9 Rn. 9, nach dem die Aufklärung über „erzielbare Ergebnisse" gemäß § 9 Abs. 2 Nr. 1 GenDG auch in der Verlaufsaufklärung erfolgt.

1146 Vgl. bereits 1. Kapitel A I 3.

1147 *Molnár-Gábor/Gantner/Lichter,* ZfMR 2014, S. 81 (82), die Zusatzbefunde als „Gefahrenausmaß" ansehen.

1148 *Molnár-Gábor/Gantner/Lichter,* ZfMR 2014, S. 81 (85).

1149 Ähnlich *Molnár-Gábor/Gantner/Lichter,* ZfMR 2014, S. 81 (89): „Steigerung der Verantwortung".

auch Aufklärungen über Befruchtungen etc. bedürfen einer weniger eingriffsbezogenen als vielmehr methodenbezogenen Aufklärung. Infolgedessen ist eine Aufklärung über Zufallsbefunde zu fordern, ohne dass sie einer der momentan bekannten, häufig kritisierten[1150] Kategorien zugeordnet werden kann.[1151]

cc) Umfang der Aufklärung

Die Überlegungen zum Umfang der Aufklärung über Zufallsbefunde konzentrieren sich auf die Frage, wie konkret über die Möglichkeit von Zufallsbefunden aufgeklärt werden muss, damit die Selbstbestimmungsfähigkeit des Patienten erhalten bleibt. In ethischer Hinsicht besteht keine Einigkeit über den Umfang der Aufklärung von Zufallsbefunden. Während nach den Forderungen einer Expertengruppe des ACMG eine Information entsprechend empfehlender, umfangreicher Listen erfolgen sollte,[1152] wird nach anderen Ansichten eine Information am Beispiel von Kategorisierungen der Zufallsbefunde vorgenommen.[1153] In praktischer Hinsicht ist der Vorschlag der Expertengruppe des ACMG kaum durchführbar, da dem Arzt eine Auflistung sämtlicher diagnostizierter Varianten im persönlichen Gespräch nicht zugemutet werden kann.[1154] Zudem ist fraglich, ob eine Aufklärung über eine Summe einzelner Krankheitsbilder, die als Zufallsbefunde gewonnen werden können, in rechtlicher Hinsicht tatsächlich die „freie, selbstverantwortliche Entscheidung des Patienten"[1155] ermöglicht oder diesen vielmehr durch ein Übermaß an Aufklärung überfordert und verschreckt. Aus diesen Gründen wird im Rahmen der Verlaufsaufklärung zwar auch über mit den diagnostischen Untersuchungen verbundene mögliche

1150 *Deutsch/Spickhoff*, Medizinrecht, Rn. 435; ähnlich *Katzenmeier* in Laufs/Katzenmeier/Lipp (Hrsg.), Arztrecht, Kap. V Rn. 15: „Die verschiedenen Arten der Aufklärung können fließend ineinander übergehen […]".

1151 Eine eindeutige Zuordnung zu einer der bekannten Gruppen ist jedoch für den Schutz der Selbstbestimmung auch nicht notwendig. Die Gruppen wurden vielmehr ausschließlich zur Erleichterung für Arzt und Patienten eingeführt.

1152 *Green et al.*, Genet Med 2013, S. 565 (565 ff.); s. a. *American College of Medical Genetics and Genomics*, Genet Med 2015, S. 68 (68 f.); ausführlich hierzu bereits im 1. Kapitel A III 1. und 2. Kapitel A III 3. b).

1153 Statt vieler *Deutsche Gesellschaft für Humangenetik*, Stellungnahme zu genetischen Zufallsbefunden in Diagnostik und Forschung, S. 1 (2 f.); *Wolf et al.*, J Law Med Ethics 2008, S. 219 (235 f.); weitere Ausführungen auch im 1. Kapitel A III 2. und 2. Kapitel A III 3. a).

1154 Ähnlich *Deutsche Gesellschaft für Humangenetik*, Stellungnahme zu genetischen Zufallsbefunden in Diagnostik und Forschung, S. 1 (5).

1155 *Laufs* in Laufs/Kern (Hrsg.), Handbuch des Arztrechts, § 59 Rn. 11.

Eingriffsfolgen informiert, ohne dass diese Information jedoch medizinisch exakt erfolgt.[1156] Eine Aufklärung anhand von Listen über einzelne Krankheitsbilder ist daher nicht angemessen.[1157]

Eine Aufklärung, in der jedoch lediglich abstrakt erwähnt wird, dass als Folge der Untersuchungen weitere zufällige Befunde gewonnen werden können, entspricht ebenfalls nicht den Anforderungen einer Grundaufklärung[1158] zur Selbstbestimmung. Eine derart begrenzte Information würde keine Unterrichtung über mögliche Folgen der medizinischen Intervention zulassen und dem medizinischen Laien keinen Meinungsbildungsprozess zu den Risiken und Nutzen der Kenntnis von Zufallsbefunden ermöglichen. Insbesondere da in der Gesellschaft noch nicht vorausgesetzt werden kann, dass der Begriff des Zufallsbefundes und die psychischen und finanziellen Konsequenzen eines Gewinns bekannt sind, ist eine abstrakte und knappe Aufklärung abzulehnen.

Hingegen kann eine Aufklärung über Zufallsbefunde anhand von Kategorien den Ansprüchen der Selbstbestimmungsaufklärung gerecht werden. Grundsätzlich liegt es im Ermessen des Arztes, auf welche Weise dem Patienten die aufklärungsbedürftigen Informationen zu der Untersuchung verdeutlicht werden.[1159] Durch die objektive Darstellung der Zufallsbefunde in Kategorien wird es dem Patienten subjektiv ermöglicht, potentielle Folgen der Untersuchung fundiert einschätzen zu können.[1160] Insbesondere das Wissen, dass beispielsweise Befunde der Kategorie 1 ein relevantes Risiko für eine therapierbare Erkrankung aufweisen, während in Kategorie 2 nicht behandelbare Erkrankungen und in Gruppe 3 genetische Eigenschaften eingeordnet werden, die das Erkrankungsrisiko nur „gering modifizieren"[1161], ermöglicht eine dezidierte Auseinandersetzung mit den potentiellen Folgen dieser Untersuchung. Darüber hinaus gestattet dies die

---

1156 Ähnlich für die Aufklärung über Risiken BGH NJW 1991, S. 2346 (2347); BGH NJW 2000, S. 1784 (1786); *Katzenmeier* in Laufs/Katzenmeier/Lipp (Hrsg.), Arztrecht, Kap. V Rn. 26; *Laufs* in Laufs/Kern (Hrsg.), Handbuch des Arztrechts, § 60 Rn. 3.

1157 Ähnlich auch *Molnár-Gábor/Gantner/Lichter*, ZfMR 2014, S. 81 (85), die eine exakte medizinische Beschreibung der in Betracht kommenden Risiken für nicht erforderlich halten.

1158 BGH VersR 1996, S. 195 (196).

1159 *Deutsch/Spickhoff*, Medizinrecht, Rn. 455.

1160 A. A. *Duttge*, MedR 2016, S. 664 (668), nach dem objektive Kategorisierungen keine adäquate Antwort auf individuelle Bedürfnisse und Lebenslagen sein können.

1161 Exemplarisch wurden hier die Kategorien der *Deutsche Gesellschaft für Humangenetik*, Stellungnahme zu genetischen Zufallsbefunden in Diagnostik und Forschung, S. 1 (2 f.) genannt; zur weiteren Darstellung der Kategorien vgl. 2. Kapitel A III 3. b) bbb).

selbstbestimmte Entscheidung über die Einwilligung in die diagnostische Untersuchung als auch über ein mögliches Nicht-Wissen-Wollen der Befunde. Eine Aufklärung anhand evaluierter Kategorien unterstützt damit grundsätzlich die Möglichkeit der selbstbestimmten Entscheidung über die Einwilligung in die diagnostische Maßnahme.

dd) Zwischenergebnis

Da die Selbstbestimmungsaufklärung eine freie und verantwortliche Entscheidung des Patienten ermöglichen soll, muss zwingend über die Möglichkeit zufälliger Befunde als Ergebnisse der diagnostischen Untersuchungen informiert werden. Dies sollte anhand von einheitlichen, validierten Kategorien erfolgen, damit der Patient die Risiken und Nutzen der Untersuchung einschätzen kann.

b) Aufklärung über das Recht auf Nichtwissen

Die Aufklärung zur selbstbestimmten Entscheidung über die Einwilligung in die diagnostische Untersuchung muss neben der Information über Zufallsbefunde auch das Recht auf Nichtwissen des Patienten umfassen. Da das Wissen um die Möglichkeit der Informationsablehnung eine Entscheidung bzgl. der Durchführung der Untersuchung beeinflussen kann, ist die Konsequenz des Rechts auf Nichtwissen dem Patienten darzulegen. Dies impliziert beispielsweise die Information, was eine Ablehnung der Kenntnisnahme für die individuelle Lebensgestaltung als auch möglicherweise für Angehörige bedeuten kann.[1162] Zudem muss sie auch aufzeigen, dass das Wissen um den Befund mit Krankheitswert für die individuelle Person schädlich sein kann.

Da die Aufklärung über den möglichen Gewinn von Zufallsbefunden anhand verschiedener Kategorien erfolgen soll, ist es notwendig, dass die Aufklärung über das Recht auf Nichtwissen eine Absprache bzgl. der Rückmeldung von Zufallsbefunden beinhaltet. Dabei könnte dem Patienten ermöglicht werden, nur bestimmte Kategorien der Zufallsbefunde mitgeteilt zu bekommen.[1163] Im Sinne der Selbstbestimmung muss eine abwägende Entscheidung hinsichtlich

---

1162 *Rudnik-Schöneborn/Langanke/Erdmann/Robienski*, Ethik Med 2014, S. 105 (112).

1163 *Deutsche Gesellschaft für Humangenetik*, Stellungnahme zu genetischen Zufallsbefunden in Diagnostik und Forschung, S. 1 (1): „[…] inwieweit Zufallsbefunde mitgeteilt werden […].“; *Molnár-Gábor/Gantner/Lichter*, ZfMR 2014, S. 81 (92): „Dabei erscheint es in vielen Anwendungskontexten geboten, ihm Auswahlmöglichkeiten über den Umgang mit unterschiedlichen Befundtypen einzuräumen.“

einer Ablehnung der Mitteilung aus einem Diskurs zwischen Arzt und Patient gewonnen werden.

Die *BMBF-Projektgruppe „Recht auf Nichtwissen"* berücksichtigt in ihren Empfehlungen darüber hinaus die Möglichkeit des Widerrufs, wenn zunächst die Kenntnisnahme der Befunde abgelehnt wurde. Danach soll der Arzt nach der Untersuchung des Patienten diesen erneut befragen, ob seine Entscheidung zur Befundkenntnisnahme oder Ablehnung bestätigt oder widerruft.[1164] Ein solches Vorgehen ermöglicht dem Patienten beispielsweise die vollständige Abkehr seiner vorherigen Entscheidung oder aber auch in abgeschwächter Form die Entscheidung für Befunde mit potentieller Drittwirkung. Durch diese Handlungsoption wird die Selbstbestimmung des Patienten umfassend gewahrt.

c) Einschränkungen der Aufklärung über Zufallsbefunde

Die Pflicht zur Selbstbestimmungsaufklärung kann in Ausnahmefällen eingeschränkt werden wie z. B. bei Vollinformiertheit und bei Verzicht durch den Patienten. Eine Einschränkung der Aufklärung aus therapeutischen Gründen wird durch den Gesetzgeber ebenfalls für möglich gehalten, wenn strikte Anforderungen erfüllt sind.[1165] Ob ähnliche Einschränkungen auch bei der Aufklärung über Zufallsbefunde bestehen, wurde bisher weder durch die Rechtsprechung noch die Literatur thematisiert.

aa) Vollinformiertheit

Eine Beschränkung der Aufklärungspflicht aufgrund einer bereits bestehenden Vollinformiertheit des Patienten setzt voraus, dass er bereits umfassend über die Art und den möglichen Gewinn von Zufallsbefunden unterrichtet ist. Zum jetzigen Zeitpunkt kann noch nicht davon ausgegangen werden, dass in der Bevölkerung umfassend und effektiv über Zufallsbefunde als Folge des Einsatzes bestimmter Untersuchungen informiert wurde und der Patient im Einzelfall dieses theoretische Szenario auf die bei ihm geplante Durchführung der Untersuchung bezieht. Nicht umsonst fordern unterschiedliche Kommissionen die Anfertigung von Informationsmaterialien zur Aufklärung der Bevölkerung.[1166] Eine Vollinformiertheit kann dementsprechend nur in dem absoluten Ausnahmefall angenommen werden, in welchem der Patient bereits zuvor über eine

---

1164 *BMBF-Projektgruppe „Recht auf Nichtwissen"*, MedR 2016, S. 399 (402); dies fordert auch *Duttge*, MedR 2016, S. 664 (668).

1165 Weitere Ausführungen hierzu im 1. Kapitel B I 3. a), b), c).

1166 Exemplarisch *Presidental Commission for the Study of Bioethical Issues*, S. 72 f.

vergleichbare Untersuchung aufgeklärt wurde und dementsprechend die Folgen einschätzen kann. Dies kann beispielsweise bei einem Patienten gegeben sein, bei dem im Rahmen einer Nachkontrolle einer Tumorerkrankung grundsätzlich diagnostische Untersuchungen mittels MRT oder CT durchgeführt werden. Ähnliches gilt für Patienten, die im Rahmen einer Therapie zu Leukämie wiederholt in diagnostische Blutanalysen einwilligen müssen und sich der Möglichkeit des Gewinns von Zufallsbefunden bewusst sind. In diesen Fällen ist der Arzt verpflichtet, einzuschätzen inwiefern eine erneute Aufklärung notwendig für den Patienten ist, um eine selbstbestimmte Entscheidung treffen zu können.

bb) Therapeutisches Privileg

Eine Einschränkung der Pflicht zur Aufklärung aus therapeutischen Gründen wurde von der Rechtsprechung nur im Falle einer „ernsten und nicht behebbaren Gesundheitsbeschädigung des Patienten“[1167] in Betracht gezogen und die Anforderungen daran streng definiert. Im Regelfall wird erst die Kenntnis eines Zufallsbefundes nach Mitteilung durch den Arzt zu einer Belastung und einer damit verbundenen möglichen psychischen Schädigung des Patienten führen. Die Aufklärung über die mögliche Generierung eines Zufallsbefundes selbst kann hingegen einen Therapieerfolg nur beeinträchtigen, wenn der Patient nach Einschätzung des Arztes in Folge der Aufklärung weitere diagnostische Untersuchungen ablehnen würde. Die Anforderungen an ein Absehen von der Aufklärung über Zufallsbefunde aufgrund der Sorge vor einer „unvernünftigen Entscheidung“[1168] des Patienten müssen jedoch hoch angesetzt werden. So ist es letztendlich Ausdruck einer selbstbestimmten Entscheidung, eine diagnostische Untersuchung und mithin auch eine Therapie abzulehnen, weil der Betroffene befürchtet, dass zusätzliche Befunde aufgedeckt werden. Im Rahmen einer Studie wurde ermittelt, dass das Warten auf einen Befund nur von sieben Probanden als belastend empfunden wurde, während 91 % keine Folgen durch das Warten verspürten.[1169] Unter Bezugnahme auf diese exemplarische Darstellung

1167 BGHZ 29, 176 (182, 185); ausführlich hierzu bereits im 1. Kapitel B I 3. b).

1168 Vgl. *Katzenmeier* in Laufs/Katzenmeier/Lipp (Hrsg.), Arztrecht, Kap. V Rn. 44; a. A. *Bockelmann*, NJW 1961, S. 945 (951); *Deutsch*, NJW 1980, S. 1305 (1306 f.).

1169 *Erdmann/Langanke/Assel* in Steger (Hrsg.), Medizin und Technik. Risiken und Folgen technologischen Fortschritts, S. 15 (22 f.); s. a. *Erdmann*, Zufallsbefunde aus bildgebenden Verfahren in populationsbasierter Forschung, S. 125 f.

ist die Annahme einer Belastung alleine aufgrund der Aufklärung über Zufallsbefunde abzulehnen.[1170]

cc) Aufklärungsverzicht

Im Behandlungsvertrag ist das Verzichtsrecht des Patienten bei der Aufklärung grundsätzlich anerkannt.[1171] Es ist fraglich, ob die Reichweite des Verzichtsrechts auch die Aufklärung über die mögliche Generierung von Zufallsbefunden umfasst. So könnte der Patient die Aufklärung über Zufallsbefunde ablehnen, da er durch die Information und das wissensbedingte Warten auf die Mitteilung eines möglichen Befundes psychische Belastungen befürchtet. Da ein Verzicht auf die Aufklärung nur hinsichtlich nicht aufklärungsbedürftiger Informationen angenommen und in Bezug auf notwendige Informationen abgelehnt wird,[1172] kann auf die Information über Zufallsbefunde nur verzichtet werden, wenn diese von einem Teilverzicht umfasst und gerade nicht Teil der grundsätzlich erforderlichen Basisinformation sind.[1173]

Der Inhalt einer Basisinformation ist nur schwer von verzichtbaren Informationen der geplanten Intervention abgrenzbar. Daher wird gehäuft ein „minimaler Gehalt der Diagnose-, Verlaufs- und Risikoaufklärung" gefordert, woraus insbesondere eine Notwendigkeit über Art, Erforderlichkeit und Risiken des Eingriffs abgeleitet wird. Da insbesondere auch Folgen wie zusätzliche Befunde und die Konsequenzen für das weitere Leben Auswirkungen auf eine Entscheidung des Patienten zur Durchführung der Untersuchung haben, ließe sich eine Einordnung als notwendige Basisinformation mit der Selbstbestimmung des Patienten begründen. Jedoch ist dagegen anzuführen, dass bereits von dem

---

1170 Vgl. hierzu die ausführliche Darstellung der Belastungen von Probanden im Umgang mit Zufallsbefunden bei *Erdmann*, Zufallsbefunde aus bildgebenden Verfahren in populationsbasierter Forschung, S. 121 ff.

1171 BGHZ 29, 46 (54); BGH NJW 1973, S. 556 (558); BGH NJW 1976, S. 363 (364); OLG Stuttgart NJW 1958, S. 262 (263); OLG Frankfurt NJW 1973, S. 1415 (1416); *Duttge*, DuD 2010, S. 34 (37); *Harmann*, NJOZ 2010, S. 819 (819); *Laufs* in Laufs/Katzenmeier/Lipp (Hrsg.), Arztrecht, Kap. V Rn. 42; *Schwill*, Aufklärungsverzicht und Patientenautonomie, S. 330 ff.; Ausführungen hierzu bereits im 1. Kapitel B I 3. c) aa).

1172 *Roßner*, NJW 1990, S. 2291 (2294); *Schwill*, Aufklärungsverzicht und Patientenautonomie, S. 137; a. A. *Hagedorn*, Die Entbehrlichkeit der Einwilligung und Aufklärung, S. 103.

1173 Weitere Ausführungen zu der Reichweite des Aufklärungsverzichts in der Diagnostik bereits im 1. Kapitel B I 3. c) aa).

Sinngehalt einer Basisinformation Begrenzungen auf den Ablauf und die Durchführung der medizinischen Maßnahme erfolgen und weniger wahrscheinliche oder sicher prognostizierbare Ereignisse wie zusätzliche Befunde daher nicht Teil der Basisinformation sind. Die Rechtsprechung ermöglicht einen Verzicht sogar so weit, dass der Patient nur die Inkaufnahme der Risiken begreifen muss.[1174] Da Zufallsbefunde aus der Perspektive eines Dritten gerade nicht nur als Risiken eingeordnet werden dürfen, kann der Aufklärungsverzicht sich auch nach den Anforderungen des BGH auf Zufallsbefunde erstrecken.

d) Zwischenergebnis

Im Rahmen der Selbstbestimmungsaufklärung muss über einen möglichen Gewinn von Zufallsbefunden und das entsprechende Recht auf Nichtwissen informiert werden. In Anlehnung an die für die Forschung konkretisierten Kategorien der Zufallsbefunde sollte eine solche kontextbezogene Aufklärung erfolgen. Die Aufklärungspflicht kann eingeschränkt werden, wenn der Patient aufgrund vorhergegangener medizinischer Interventionen vollinformiert ist oder auf die Aufklärung ausdrücklich verzichtet. Aus therapeutischen Gründen kann der Arzt nicht von einer Aufklärung über Zufallsbefunde absehen.

2. Ablehnung der Mitteilung als Ausübung des Rechts auf Nichtwissen

Das verfassungsrechtlich geschützte Recht auf Nichtwissen eines Patienten wird im Zusammenhang mit Zufallsbefunden insbesondere durch die Ablehnung der Kenntnisnahme von aufgefundenen Zufallsbefunden ausgedrückt. Der Schutzbereich des Rechts auf Nichtwissens vor aufgedrängter Information[1175] gewährt dem Patienten im Zusammenhang mit Zufallsbefunden die subjektiv-individuelle Entscheidungsbefugnis, den zufälligen Befund nicht wissen zu wollen.[1176] Nach entsprechender Aufklärung über den möglichen Gewinn und die verschiedenen Kategorien der Zufallsbefunde kann der Patient die Mitteilung

---

1174 BGH NJW 1973, S. 556 (557 f.).

1175 *Cremer*, Berücksichtigung prädiktiver Gesundheitsinformationen beim Abschluss privater Versicherungsverträge, S. 224; *Kern* in Dierks u. a. (Hrsg.), Genetische Untersuchungen und Persönlichkeitsrecht, S. 55 (62); *Retzko*, Prädiktive Medizin versus ein (Grund-)Recht auf Nichtwissen, S. 134; *Schwill*, Aufklärungsverzicht und Patientenautonomie, S. 314; *Söns*, Biobanken im Spannungsfeld von Persönlichkeitsrecht und Forschungsfreiheit, S. 104; *Stumper*, Informationelle Selbstbestimmung und DNA-Analysen, S. 133; *Wiese* in Niederländer-FS, S. 475 (484); weitere Ausführungen bereits im 1. Kapitel B II 2. b).

1176 *Rudnik-Schöneborn/Langanke/Erdmann/Robienski*, Ethik Med 2014, S. 105 (109).

des Befundes ablehnen. Nachfolgend werden die Gründe für die Entscheidung gegen eine Kenntnis der Zufallsbefunde und für das Nichtwissen-Wollen sowie der Zeitpunkt der Ablehnungsmöglichkeit der Kenntnisnahme und kollidierende Gesundheitsinteressen näher bestimmt.

a) Schutzgrund des Rechts auf Nichtwissen

Es gibt zahlreiche Gründe für und gegen die Entscheidung zur Kenntnisnahme von Zufallsbefunden. Der Prozess der individuellen Entscheidungsfindung ist Resultat der Verantwortung des Patienten, die sich aus dem Wesen eines Zufallsbefundes ergibt. Verantwortungen bestehen insbesondere gegenüber der eigenen Gesundheit, aber auch gegenüber der Gesundheit der Verwandten.[1177] Das verfassungsrechtlich geschützte Recht auf Nichtwissen vor aufgedrängter Information gewährt dem Patienten die Entscheidungsbefugnis, einen Zufallsbefund nicht zur Kenntnis zu nehmen.[1178]

Die Informationsabwehr ermöglicht die Verhinderung potentieller Belastungen durch Wahrnehmung für den Betroffenen relevanter Informationen.[1179] Der Patient kann sowohl durch den Gewinn eines Zufallsbefundes und den daraus resultierenden notwendigen diagnostischen Untersuchungen als auch der Konsequenzen für die Lebensplanung durch Angst, Überforderung und Resignation beeinträchtigt werden.[1180] So kann bereits das Wissen um eine therapierbare Erkrankung eine Furcht vor der Operation oder Behandlung hervorrufen. Diese Angst vermag eine Steigerung erfahren, sofern der Befund entweder nicht therapierbar ist oder ausschließlich Kenntnis einer bekannten Disposition bzw. Mutation für eine Erkrankung erlangt wurde. Das Wissen einer Disposition wie beispielsweise für die Krankheit Chorea Huntington kann schon weitaus früher belasten als sich die Krankheit tatsächlich manifestiert. Neben psychischen Belastungen können auch finanzielle Beeinträchtigungen durch Therapien, die

1177 Für die Genomsequenzierung so *Molnár-Gábor/Gantner/Lichter*, ZFMR 2016, S. 81 (90).

1178 *Cremer*, Berücksichtigung prädiktiver Gesundheitsinformationen beim Abschluss privater Versicherungsverträge, S. 224; *Kern* in Dierks u. a. (Hrsg.), Genetische Untersuchungen und Persönlichkeitsrecht, S. 55 (62); *Retzko*, Prädiktive Medizin versus ein (Grund-)Recht auf Nichtwissen, S. 134.

1179 *Söns*, Biobanken im Spannungsfeld von Persönlichkeitsrecht und Forschungsfreiheit, S. 106; ausführlich auch *Duttge* in Wehling (Hrsg.), Vom Nutzen des Nichtwissens, S. 75 (81).

1180 Statt vieler *Heinemann/Hoppe/Listl/Spickhoff/Elger*, DÄ 2007, A 1982 (1983)

nicht von dem Leistungsumfang der Krankenversicherung umfasst sind, und Einschränkungen bei (Lebens-)Versicherungen entstehen.[1181]

Da der Anwendungsbereich des Rechts auf Nichtwissen neben genetischen Daten auch auf sonstige medizinische Daten auszuweiten ist,[1182] besteht ein Recht auf Informationsabwehr nicht nur bei genetischen, sondern sämtlichen pathologischen Zufallsbefunden mit Persönlichkeitsrelevanz. Diese Ausweitung scheint bei Zufallsbefunden in besonderem Maße angemessen, denn nicht nur das Entdecken von erhöhten Entzündungswerten im Blut, die auf eine genetische Krebserkrankung hindeuten können, sondern auch durch CT festgestellte inzidente Lipome können eine subjektive Belastung für den Patienten darstellen, die nicht durch objektive Wertung begrenzt werden darf.

Eine besondere Belastung stellt auch das unweigerlich entstehende Wissen um die genetische Konstitution der Verwandten oder deren Reproduktionsfähigkeit dar. Im Umkehrschluss kann aber auch die Entscheidung gegen eine Kenntnisnahme und damit das Wissen, dass möglicherweise genetisch relevante Erkenntnisse für Nachfahren nicht erkannt werden, belastend sein.

b) Zeitpunkt der Ablehnung der Mitteilung

Der Patient kann seine Entscheidung über die Ablehnung der Mitteilung des Zufallsbefundes nach entsprechender Aufklärung[1183] zu verschiedenen Zeitpunkten erklären. Zum einen kann er die Entscheidung, einen Zufallsbefund nicht wissen zu wollen, durch eine Verweigerung der diagnostischen Untersuchung bekunden, womit jedoch möglicherweise der Verlust der Abklärung bestehender Symptome einhergeht. In praktischer Hinsicht wird über die Ablehnung der Kenntnisnahme zu diesem Zeitpunkt verstärkt bei prädiktiven Untersuchungen nach einer genetischen Beratung über die Folgen entschieden.[1184] Zum anderen kann der Patient die mögliche zukünftige Mitteilung eines Befundes bei Einwilligung in die diagnostische Untersuchung ablehnen[1185] und anschließend

1181 Statt vieler *Heinemann/Hoppe/Listl/Spickhoff/Elger*, DÄ 2007, A 1982 (1985 f.).

1182 Weitere Ausführungen zum Anwendungsbereich des Rechts auf Nichtwissen siehe 1. Kapitel B II 2.

1183 Ausführungen hierzu im 2. Kapitel B I 1. a) b).

1184 Nach *Hildt* in Hirschberg/Grießler/Littig/Frewer (Hrsg.), Ethische Fragen genetischer Beratung, S. 225 (231) hat das Recht auf Nichtwissen grundsätzlich im Kontext prädiktiver Diagnostik eine größere Relevanz als im therapeutischen Bereich.

1185 So auch *Duttge*, DuD 2010, S. 34 (38); diese Möglichkeit hat auch der Gesetzgeber in § 8 Abs. 1 S. 2 GenDG für die Kenntnisnahme genetischer Untersuchungsergebnisse ausgewählt.

gewonnene Ergebnisse vernichten lassen. Diese Entscheidung ist unabhängig von der Einwilligung in die medizinische Untersuchung zu akzeptieren. In beiden Zeitpunkten bezieht sich das Nicht-Wissen-Wollen bei Entschluss noch auf die *abstrakte* Mitteilung eines pathologischen Befundes.

Darüber hinaus ist auch eine Ausübung des Rechts auf Nichtwissen nach der Untersuchung des Patienten erfolgen. Dafür muss der Patient erneut befragt werden, ob in abgesprochener Art und Weise vorgegangen werden soll.[1186] Dies ermöglicht ihm die vorherige Einwilligung in die Mitteilung von Zufallsbefunden zu revidieren und sich doch unbeschwert gegen die Kenntnisnahme zu entscheiden.

c) Kollidierende Gesundheitsinteressen

Zufallsbefunde betreffen zuvörderst die Gesundheit des untersuchten Patienten, der infolgedessen über die Selbstwahrnehmung gesundheitsrelevanter Auffälligkeiten eigens entscheiden können muss. Wie bereits dargestellt können Zufallsbefunde aber auch für Verwandte oder Dritte eine Relevanz entwickeln. Der unerwartete Gewinn eines solchen Befundes mit Gesundheitsrelevanz für Angehörige, wie beispielweise die familiäre genetische Disposition für Fehlgeburten oder auch für familiären Brustkrebs, kann für Verwandte eine frühzeitige therapeutische Intervention ermöglichen. Dementsprechend könnte das Wissen von einer möglichen Trägerschaft für den Verwandten einen Nutzen für die eigene Gesundheit erbringen. Die Kenntnis der gesundheitlichen Situation des Patienten kann darüber hinaus eine Tragweite für (nicht-verwandte) Dritte haben, wenn beispielsweise im Rahmen eines Dienstleistungsverhältnisses eine potentielle Gefährdung der Dritten entsteht. Exemplarisch ist eine Gefährdung Dritter durch einen Lastwagenfahrer oder Lokführer mit einer Disposition zu Krampfanfällen anzuführen,[1187] die eine Einschränkung der Fahrtauglichkeit und Berufsausübung bedingen kann.[1188]

Indem im Rahmen einer Untersuchung auffällige Befunde gewonnen werden, entstehen Konflikte zwischen dem Recht auf Nichtwissen des Untersuchten

---

1186 *BMBF-Projektgruppe „Recht auf Nichtwissen"*, MedR 2016, S. 399 (402); ähnlich *John*, VersR 2014, S. 1139 (1140); *Wolf et al.*, J Law Med Ethics 2008, S. 219 (233); kritisch hierzu *Heinrichs* in Lanzerath/Rietschel/Heinrichs/Schmäl (Hrsg.), Incidental Findings. Scientific, Legal and Ethical Issues, S. 83 (86).

1187 Für den Kontext der Forschung siehe *Schmücker* in Joerden/Hilgendorf/Thiele (Hrsg.), Menschenwürde und Medizin, S. 949 (963).

1188 Für den Kontext der Forschung siehe *Heinemann/Hoppe/Listl/Spickhoff/Elger*, DÄ 2007, A 1982 (1983).

und dem Recht auf Wissen betroffener Dritter. Infolgedessen wird gehäuft eine Gefahr für das Recht auf Nichtwissen[1189] vermutet. Da das Recht auf Nichtwissen kein absolutes Recht darstellt, bestehen Abwägungsprobleme im Kollisionsfall. So erzeugt beispielsweise der Wunsch des Arztes, zum Schutz des Patienten oder der Verwandten den Zufallsbefund den Patienten entgegen deren Entscheidung mitzuteilen, ein Spannungsfeld. Davon zu unterscheiden sind mögliche Offenbarungspflichten und Offenbarungsbefugnisse an den Verwandten selbst, die vielmehr einen Konflikt zwischen Schutz der Verwandten und der ärztlichen Schweigepflicht bewirken.[1190]

In einem Urteil vom 31. Juli 2013 hat das OLG Koblenz dargelegt, dass die Information einer Chorea Huntington Erkrankung eines Patienten an die geschiedene Ehefrau eine Verletzung des Selbstbestimmungsrechts der Ehefrau darstelle, auch wenn diese in der Intention geschehen sei, über die mögliche Trägerschaft der gemeinsamen Kinder zu informieren. Der Arzt sei vielmehr verpflichtet, das Recht auf Nichtwissen der Ehefrau zu achten.[1191] Der BGH hat diese Entscheidung revidiert und entschieden, dass der Ehefrau kein Schadenersatzanspruch aus § 823 Abs. 1 BGB zustehe, da die Erkrankung der Ehefrau dem Ehemann haftungsrechtlich nicht zuzurechnen sei. § 823 Abs. 1 BGB bezwecke nicht den Schutz vor der Kenntnis über eine Erkrankung des Ehepartners oder der Kinder. Dies falle in das allgemeine Lebensrisiko. Der BGH hat darüber hinaus entscheiden, dass die Ehefrau nicht in ihrem „Recht auf Nichtwissen der eigenen genetischen Veranlagung“ beeinträchtigt gewesen sei. Vielmehr habe sie ihre Schadensersatzansprüche auf eine Verletzung des Persönlichkeitsrechtes durch die Mitteilung einer Erkrankung des geschiedenen Ehemannes und einer daraus resultierenden möglichen Veranlagung der Kinder gestützt. Aus der Verletzung des Persönlichkeitsrechts der Kinder könne die Ehefrau keinen Schadenersatzanspruch herleiten.[1192] Auch wenn sich diese Fallkonstellation von den Konflikten im Arzt-Patienten-Verhältnis unterscheidet, in denen der Patient die Kenntnisnahme des die eigene Gesundheit betreffenden Befundes ablehnt,

---

1189 Ähnlich *Duttge* in Wehling (Hrsg.), Vom Nutzen des Nichtwissens, S. 75 (83 ff.).

1190 Weitere Ausführungen hierzu *Corinth*, Ärztliche Schweigepflicht und Kollision der Gesundheitsinteressen Dritter, S. 67 ff.; *Ulsenheimer*, Arztstrafrecht in der Praxis, Teil 8 I Rn. 858 ff.

1191 OLG Koblenz, MedR 2014, S. 168 (168 ff.); weitere Ausführungen *Damm*, MedR 2014, S. 139 (139 ff.); a. A. im Rahmen der Revision BGH NJW 2014, S. 2190 (2191 ff.).

1192 BGH NJW 2014, S. 2190 (2192); weitere Anmerkungen hierzu *John*, VersR 2014, S. 1139 (1140); *Katzenmeier/Voigt*, JZ 2014, S. 900 (901 f.).

verdeutlichen die Entscheidungen die grundsätzliche Bedeutung des Nichtwissens im Vergleich zu anderen Grundrechtspositionen.

In der Folge werden die verfassungsrechtlichen Abwägungskriterien zur Lösung eines Spannungsfeldes zwischen Recht auf Nichtwissen des Patienten und Recht auf Wissen der Verwandten wie auch der ärztlichen Fürsorge durch den Arzt in Bezug auf die Mitteilung eines Zufallsbefundes untersucht. Des Weiteren werden einfachgesetzliche Regelungen zur Lösung dieses Dilemmas vorgestellt, aus denen sich eine Pflicht zur Mitteilung durch den Arzt ergibt oder kontradiktorisch verboten ist.

aa) Recht auf Wissen Angehöriger

In der Folge ist im Rahmen einer verfassungsrechtlichen Abwägung das Verhältnis zwischen Recht auf Nichtwissen des Patienten und dem Recht auf Wissen des Verwandten zu bestimmen. Dabei ist festzustellen, ob sich dementsprechend eine Pflicht zur Kenntnisnahme eines Zufallsbefundes durch den Betroffenen und eine anschließende Mitteilungspflicht an den Verwandten ergibt.

aaa) Verfassungsrechtliche Abwägung

Eine verfassungsrechtliche Abwägung muss unter Berücksichtigung des Grads der Gefahr für den Patienten bei Nichtbeachtung des Rechts auf Nichtwissen und der Kriterien der persönlichen Relevanz der Erkrankung für den Verwandten und einem entsprechenden Nutzen des Wissens erfolgen.[1193] Durch die Kenntnis eines Zufallsbefundes können Belastungen für den Betroffenen unabhängig davon entstehen, ob die Mitteilung mit Einwilligung oder gegen seinen Willen erfolgt ist. Diese Belastungen reichen von psychischen Schäden bis zu finanziellen Einbußen und existentiellen Ängsten.[1194] Durch die Mitteilung einer Erkrankung entgegen dem Willen des Patienten ist mithin der Eintritt einer Persönlichkeitsverletzung sehr wahrscheinlich.

Eine Betroffenheit des Verwandten durch einen Zufallsbefund des Untersuchten kann insbesondere angenommen werden, sofern dieser Zufallsbefund eine genetische Disposition erkennen lässt, die vererbbar ist. Schwerwiegendes Beispiel ist die Erkenntnis der Huntingtonschen Erkrankung bei dem Untersuchten, infolgedessen bereits vorhandene Nachkommen potentiell ebenfalls erkrankt sein können. Ebenfalls bedeutsam ist das Wissen einer familiären Disposition für Fehlgeburten, durch das Verwandte selbstbestimmt entscheiden könnten,

---

1193 Siehe Herleitung der Abwägungskriterien im 1. Kapitel B II 5. c) bb).

1194 Ausführlich *Heinemann/Hoppe* in Lanzerath/Rietschel/Heinrichs/Schmäl (Hrsg.), Incidental Findings. Scientific, Legal and Ethical Issues, S. 59 (62 f.).

ob sie Nachkommen planen. In besonderen partnerschaftlichen Näheverhältnissen ist auch die Kenntnis einer HIV-Erkrankung des Partners als nicht-genetische Erkrankung für den Verwandten relevant. Der Nutzen eines Wissens eines Zufallsbefundes in Form einer genetischen Disposition besteht beispielsweise in der Möglichkeit der Therapierbarkeit oder Vermeidbarkeit.[1195] Es ermöglicht die selbstbestimmte Entscheidung über weitere Nachkommen ebenso wie die Therapie eines familiären Brustkrebses'. Unabhängig von potentiellen Entscheidungen über Therapien und Fortpflanzung kann aber auch das alleinige Wissen um die Erkrankung oder das entsprechende Risiko einen Nutzen darstellen, denn es ermöglicht eine bewusste und vollinformierte Entscheidung über die Lebensgestaltung. Hingegen ist kein Nutzen gegeben, sofern eine genetische Mutation aufgefunden wurde, die noch keiner bestimmten Erkrankung zugeordnet werden kann.

Aufgrund der systematischen Gleichrangigkeit der Grundrechtspositionen aus Art. 2 Abs. 1 S. 1 i. V. m. Art. 1 Abs. 1 GG kann die Abwägung der Grundrechte nur einzelfallabhängig erfolgen und durch einfachgesetzliche Regelungen festgesetzt werden. Eine solche einfachgesetzliche Ausprägung hat der Gesetzgeber mit den Regelungen zum Nichtwissen im Gendiagnostikgesetz vorgenommen.

bbb) Einfachgesetzliche Ausprägung im Gendiagnostikgesetz

Der Gesetzgeber hat dem Recht auf Nichtwissen im Gendiagnostikgesetz einen hohen Stellenwert zugesprochen[1196] und diesen Anspruch auf Informationsabwehr auch auf genetische Zufallsbefunde ausgeweitet.[1197] Das Verhältnis zwischen den Rechten des Untersuchten und den Rechten betroffener Verwandter wird jedoch nicht wortwörtlich bestimmt. Es bedarf daher einer Auslegung der bestehenden Vorschriften. Nach § 10 Abs. 3 S. 4 GenDG umfasst die „genetische Beratung auch die Empfehlung, […] [den] Verwandten eine genetische Beratung zu empfehlen", sofern anzunehmen ist, dass genetisch Verwandte der betroffenen Person Träger der zu untersuchenden Eigenschaften für eine vermeidbare oder behandelbare Erkrankung sind. Eine solche Empfehlung darf wegen eines Zufallsbefundes nur erfolgen, wenn tatsächlich „anzunehmen" ist,

---

1195 So auch *Kern* in Kern (Hrsg.), GenDG Kommentar, § 1 Rn. 14; *Heyers*, MedR 2009, S. 507 (509).

1196 BT-Drs. 16/10532, S. 1; *Kern* in Kern (Hrsg.), GenDG Kommentar, § 1 Rn. 13.

1197 Vgl. § 8 Abs. 1 S. 2 GenDG; *Kern* in Kern (Hrsg.), GenDG Kommentar, § 8 Rn. 9; a. A. *Stockter* in Prütting (Hrsg.), MedR-Komm, GenDG § 11 Rn. 8a, nach dem noch keine einheitliche und gefestigte Praxis zur Mitteilung von Zufallsbefunden existiert.

dass ein Dritter Träger der Erkrankung ist. § 10 Abs. 3 GenDG intendiert mithin nicht expressis verbis den Schutz des Nichtwissens des Untersuchten, sondern vielmehr dessen informationelle Selbstbestimmung.[1198] Der Wortsinn („der zu untersuchenden genetischen Eigenschaft") des § 10 Abs. 3 S. 4 GenDG ist in der Hinsicht unklar, ob eine Empfehlung an den Untersuchten zum Anraten einer genetischen Beratung an den Verwandten wiederum nur erfolgen soll, wenn der Untersuchte einen Zufallsbefund bereits selbst zur Kenntnis genommen hat. Da das Gendiagnostikgesetz grundsätzlich einen Respekt vor dem Wunsch nach Nichtwissen des Untersuchten verdeutlicht,[1199] muss logische Konsequenz sein, dass eine Empfehlung nur erfolgen kann, wenn der Untersuchte von dem Befund Kenntnis nehmen wollte und genommen hat. Eine Empfehlung ist ausgeschlossen, wenn dadurch kein unbefangenes Nichtwissen mehr möglich ist. In Ermangelung von Ausnahmetatbeständen besteht durch das Gendiagnostikgesetz auch keine Verpflichtung zur Kenntnisnahme der Befunde durch den Untersuchten bei potentieller Trägerschaft Dritter. § 10 Abs. 3 S. 4 GenDG schützt folglich im Wesentlichen das Recht auf Wissen als Teil der individuellen Selbstbestimmung und gewährt inzident einen schwachen Schutz des Rechts auf Nichtwissen des Untersuchten.

Auch die Regelungen zur ärztlichen Mitteilung eines genetischen Befundes und gegebenenfalls auch eines Zufallsbefundes aus § 11 Abs. 1 bis 4 GenDG dienen dem Schutz des Selbstbestimmungsrechtes des Untersuchten. Während die §§ 11 Abs. 1 bis 3 GenDG die informationelle Selbstbestimmung des Untersuchten schützen,[1200] ist § 11 Abs. 4 GenDG ausschließlich zur Wahrung des Rechts auf Nichtwissen integriert.[1201] Da der Patient selbst über die Vernichtung des Ergebnisses der genetischen Untersuchung entscheiden kann,[1202] verdeutlicht dies auch in Ermangelung von Ausnahmeregelungen bei Betroffenheit Dritter

1198 Ähnlich *Schillhorn/Heidemann*, Gendiagnostikgesetz, § 10 Rn. 23; *Stockter* in Prütting (Hrsg.), MedR-Komm, GenDG § 10 Rn. 2: „[...] Patientenselbstbestimmung, dem Recht auf Wissen und Nichtwissen und dem Recht auf informationelle Selbstbestimmung".

1199 *Hahn* in Kern (Hrsg.), GenDG Kommentar, § 1 Rn. 15; *Stockter* in Prütting (Hrsg.), MedR-Komm, GenDG § 1 Rn. 7.

1200 *Kern* in Kern (Hrsg.), GenDG Kommentar, § 11 Rn. 1; *Schillhorn/Heidemann*, Gendiagnostikgesetz, § 11 Rn. 1; *Stockter* in Prütting (Hrsg.), MedR-Komm, GenDG § 11 Rn. 3.

1201 *Kern* in Kern (Hrsg.), GenDG Kommentar, § 11 Rn. 1; *Stockter* in Prütting (Hrsg.), MedR-Komm, GenDG § 11 R. 3.

1202 Vgl. § 8 Abs. 1 S. 2 GenDG; *Kern* in Kern (Hrsg.), GenDG Kommentar, § 8 Rn. 8 f.

den Vorrang des Rechts auf Nichtwissen gegenüber einem möglichen Wissensanspruch Verwandter. § 11 GenDG ist an den verantwortlichen Arzt bzw. die mit der genetischen Analyse beauftragte Einrichtung adressiert.[1203] Daher kann diese gesetzliche Regelung nur indirekt das Verhältnis zwischen Recht auf Wissen und Recht auf Nichtwissen Verwandter festsetzen.

ccc) Zwischenergebnis

Die abschließende Abwägung zwischen den Grundrechtspositionen des Nicht-Wissen-Wollens und des Wissen-Wollens zwischen dem Untersuchten und betroffenen Verwandten kann nur einzelfallbezogen erfolgen. Insbesondere kann nicht generalisierend eine Verpflichtung des Untersuchten angenommen werden, im Interesse Dritter sämtliche gesundheitsrelevante Befunde zur Kenntnis zu nehmen. Vielmehr muss im Einzelfall abgewogen werden, ob das Wissen des zufälligen Befundes für die Verwandten zwingend die Beschränkung des Rechts auf Nichtwissen des Untersuchten rechtfertigt.

Auf einfachgesetzlicher Ebene existieren im Gendiagnostikgesetz ausschließlich für genetische Zufallsbefunde, die durch genetische Untersuchungen gewonnen wurden, Regelungen, die einen Rückschluss auf das Verhältnis zwischen Recht auf Nichtwissen des Untersuchten und entgegenstehendem Interesse Verwandter zulassen. So wird in § 10 Abs. 3 S. 4 GenDG eine nicht verpflichtende Empfehlung des Untersuchten an potentielle Träger angeraten.[1204] Die Wahl des Begriffes „Empfehlung" verdeutlicht, dass in der Regel eine Mitteilung an die Verwandten erfolgen soll. Eine grundsätzliche höhere Wertung des Rechts auf Wissen der Verwandten vor dem Recht auf Nichtwissen des Untersuchten ergibt sich daraus aber nicht.

bb) Ärztliche Fürsorge in Erfüllung verfassungsrechtlicher Schutzpflichten

Es ist zu überlegen, ob dem Arzt aus seiner Fürsorge zum Schutz des Patienten selbst oder zum Schutz Verwandter wie auch übriger Dritter eine Befugnis zur Mitteilung eines Zufallsbefundes gewährt wird, auch wenn der Patient den Befund nicht zur Kenntnis nehmen möchte. Dies gebietet eine verfassungsrechtliche Abwägung des Rechts auf Nichtwissen des Untersuchten mit den Schutzpflichten des Arztes bei Generierung eines Zufallsbefundes. In einfachgesetzlicher Hinsicht ist zu überprüfen, ob sich aus bestehenden Vertragsverhältnissen wie

---

1203 *Stockter* in Prütting (Hrsg.), MedR-Komm, GenDG § 11 Rn. 7.

1204 Vgl. *Stockter* in Prütting (Hrsg.), MedR-Komm, GenDG § 10 Rn. 12; s. a. *Schillhorn/ Heidemann*, Gendiagnostikgesetz, § 10 Rn. 22 f.

dem Behandlungsvertrag nach § 630a BGB oder aus dem Gendiagnostikgesetz Mitteilungsbefugnisse oder -pflichten ergeben.

aaa) Schutz des Patienten

Der Gewinn von Zufallsbefunden kann insbesondere zu Konflikten zwischen dem Recht auf Nichtwissen des Patienten und der Fürsorgepflicht des Arztes führen. Denn während der Patient Gründe hat, eine Mitteilung prognostisch unsicherer genetischer Befunde oder aber nicht vorhersehbarer pathologischer Befunde abzulehnen, ist die Informationsweitergabe für den Arzt Basis weiterer therapeutischer Entscheidungen und dient mithin dem Schutz der Gesundheit. In rechtlicher Hinsicht soll die Therapie fürsorglich durch den Arzt gewählt und im Einverständnis mit dem Betroffenen und unter Achtung seiner Selbstbestimmung durchgeführt werden. Infolge des Selbstverständnisses des Arztberufes besteht allerdings häufig die Neigung, die Schutzpflicht durch aktives therapeutisches Einwirkens zu erfüllen und somit den Willen des Patienten nicht vollumfänglich zu berücksichtigen.

(1) Verfassungsrechtliche Abwägung

Das Recht auf Nichtwissen des Patienten ist kein absolutes Recht. Ein angemessener Ausgleich zwischen der Therapiefreiheit des Arztes und dem Selbstbestimmungsrecht des Patienten kann aus verfassungsrechtlicher Sicht nur im Wege der praktischen Konkordanz erfolgen. Das bedeutet, dass eine Abwägung der Grundrechtspositionen anhand des einzelnen Sachverhaltes erfolgen muss.[1205] Auch bei eigenverantwortlicher Selbstgefährdung wie beispielsweise gerade bei Ablehnung der Kenntnisnahme eines therapierbaren Befundes bedarf es eines Grundrechtsschutzes gegen sich selbst, für den der Staat die Fürsorge übernommen hat.[1206] Im Falle der Kollision des Rechts auf Nichtwissen des Untersuchten mit der Schutzpflicht des Arztes zur körperlichen Unversehrtheit des Untersuchten muss die Abwägung der Grundrechte im Einzelfall anhand festgelegter Kriterien erfolgen. Dabei müssen insbesondere (1) die Bedeutung des Nichtwissens und die Gefahr bei Eingriff in dieses Recht für den Untersuchten, (2) der Nutzen des Wissens für den Patienten und (3) der Kontext, in dem der Untersuchte die Informationswahrnehmung ablehnt, berücksichtigt werden.[1207]

1205 *Zuck* in Quaas/Zuck/Clemens (Hrsg.), Medizinrecht, § 2 Rn. 54.

1206 Vgl. zum Grundrechtsschutz gegen sich selbst bereits ausführlich 1. Kapitel C II 2. b) bb); s. a. BVerfG NJW 1982, S. 1276 (1276).

1207 Siehe Herleitung der Kriterien im 1. Kapitel C III 2.

Die Bedeutung des Nichtwissens kann nur unter Einbeziehung der Lebensumstände und der individuellen Einstellung des Untersuchten ermittelt werden, denn die Ablehnung einer Mitteilung eines Zufallsbefundes erfolgt zumeist aus der Sorge vor psychischen Belastungen oder finanziellen Folgen. Diese Besorgnis kann im Einzelfall beispielweise durch familiäre Erfahrungen in der Vergangenheit geschürt werden, insbesondere wenn eine bekannte Erkrankung die Lebensumstände einer verwandten Person verändert und dadurch das Familienleben beeinträchtigt wurde. Die Entscheidung, einen Befund nicht wissen zu wollen, kann demnach eine Abwehrreaktion und eine Entscheidung für ein Leben ohne mögliche erkrankungsbedingte Beeinträchtigungen bedeuten. Auch der Wille, Berufs- oder Lebensversicherungen abzuschließen, der durch die Kenntnis eines Zufallsbefundes erschwert wird, vermag einem Informationswunsch entgegenstehen.

Bei der Einbeziehung eines möglichen Nutzens der Kenntnis des Zufallsbefundes in die Abwägung muss zwischen therapierbaren und nicht therapierbaren zufälligen Befunden unterschieden werden. Bei therapierbaren Zufallsbefunden wird der Nutzen regelmäßig in der Möglichkeit der Behandlung und der potentiellen Vermeidbarkeit der Erkrankung gesehen, die ihm bei Erfolg der Therapie eine weitere Lebensplanung ermöglicht. Hingegen sind nicht therapierbare Zufallsbefunde in ihrem Nutzen umstritten. Denn das Wissen, dass ein Befund nicht therapierbar ist, kann einerseits zu großen psychischen Belastungen führen[1208] und andererseits ein selbstbestimmtes Lebensende sowie möglicherweise frühzeitige palliative Therapien ermöglichen.[1209] Da nicht generalisierend angenommen werden kann, dass das Wissen über nicht therapierbare Befunde daher nicht nutzen kann, muss dies im Einzelfall ermessen werden.

Im Kontext der Diagnostik muss zudem berücksichtigt werden welche Erwartungen der Patient an den Arzt stellt. So wird gegen das Recht auf Nichtwissen im Arzt-Patienten-Verhältnis angeführt, dass derjenige, der sich als Patient für die bestmögliche Therapie entscheidet, nicht darauf bestehen könne, dass ihm Informationen vorenthalten werden, die für eine Einwilligung in die Therapie notwendig sind.[1210] Diese Argumentation scheint jedoch den Wunsch nach

1208 Ähnlich *Wollenschläger*, AöR 2013, S. 161 (196); s. a. *König*, Prädiktive Gesundheitsinformationen in Arbeits- und Beamtenrecht und genetischer „Exzeptionalismus", S. 113 f.; *Moeller-Herrmann*, Die Regelung prädiktiver Gentests S. 92 f.

1209 *Schmücker* in Ach (Hrsg.), Grenzen der Selbstbestimmung in der Medizin, S. 209 (222).

1210 So argumentiert für den Bereich der Forschung *Schmücker* in Joerden/Hilgendorf/Thiele (Hrsg.), Menschenwürde und Medizin, S. 949 (959).

Therapie des Patienten bezogen auf die symptomatisch erkennbare Erkrankung mit der Therapie eines Zufallsbefundes zu verwechseln. Es kann nicht automatisch aus der Einwilligung in eine Behandlung auch auf die Einwilligung in eine weitere Therapie in Bezug auf einen anderen Befund geschlossen werden. Vielmehr ist exakt zu ergründen, inwiefern der Patient von der Reichweite der Ablehnung der Mitteilung des Zufallsbefundes überzeugt ist oder ob er tatsächlich bei lebensbedrohlichen therapierbaren Zufallsbefunden eine Rückmeldung erwartet. Dieses Abwägungskriterium bereitet Schwierigkeiten, da einerseits die Selbstbestimmung des Patienten geachtet, andererseits kein Therapieauftrag versäumt werden soll.

Insgesamt muss die Abwägung des Rechts auf Nichtwissens und der Schutzpflicht der Gesundheit einzelfallbezogen erfolgen. Rechtssicherheit kann nur bestehen, sofern dieser verfassungsrechtliche Abwägungsprozess einfachgesetzlich bereits zugunsten einer Grundrechtsposition entschieden worden und insofern konkretisiert worden ist. Nachfolgend sind daher einfachgesetzliche Ausprägungen der Offenbarungsrechte und -pflichten hinsichtlich ihrer Anwendbarkeit im Kontext der Diagnostik und Forschung bei Generierung von Zufallsbefunden zu überprüfen.

(2) Einfachgesetzliche Ausprägung

Mitteilungspflichten im Arzt-Patienten-Verhältnis sind sowohl im Patientenrechtegesetz als auch dem Gendiagnostikgesetz normiert worden. Zum Schutz des Patienten selbst könnte sich für den Arzt aus daher dem Behandlungsvertrag oder für genetische Zufallsbefunde aus dem Gendiagnostikgesetz eine Mitteilungspflicht des auffälligen Befundes ergeben.

(a) Mitteilungspflicht aus dem Behandlungsvertrag nach § 630a BGB?

Im Behandlungsvertrag nach § 630a BGB werden die Pflichten des Behandelnden und des Patienten für den Anwendungsbereich der medizinischen Behandlungen und Maßnahmen zusammengefasst.[1211] Als medizinische Behandlungen werden unter anderem alle Eingriffe in den Körper und die Gesundheit des Körpers umfasst,[1212] ohne dass eine weitere Einschränkung hinsichtlich des

1211 *Jaeger* in Prütting (Hrsg.), MedR-Komm, BGB § 630a Rn. 63 ff., Rn. 72; bereits vor Existenz des Patientenrechtegesetzes BGHZ 88, 248 (251 ff.); BGH NJW 1987, S. 1479 (1480).

1212 BT-Drs 17/10488, S. 17; *Weidenkaff* in Palandt (Hrsg.), Bürgerliches Gesetzbuch, BGB Vorb v § 630a Rn. 2.

Untersuchungszwecks erfolgt.[1213] Eine vertragliche Verpflichtung zur Befundmitteilung würde sich dementsprechend auf sämtliche medizinische Zufallsbefunde beziehen, unabhängig ob diese mittels genetischer oder bildgebender Diagnostik erhoben wurden.

(aa) Pflichten des Behandelnden

Gemäß § 630a Abs. 1 BGB ist der Arzt neben weiteren Vertragspflichten[1214] zur Diagnostik verpflichtet, welche die Anamnese, Befunderhebung und Diagnosestellung umfasst.[1215] Aus § 630c Abs. 2 BGB und § 630e Abs. 1 BGB ist es vertragliche Pflicht des Arztes, diese Diagnose dem Patienten mitzuteilen. Die Reichweite der vertraglichen Pflichten erstreckt sich auch auf Zufallsbefunde,[1216] obwohl der Patient den Behandlungsvertrag mit dem Arzt zur Abklärung anderer Symptome geschlossen hat. Bei der Vornahme naturwissenschaftlicher Untersuchungen zur Befunderhebung ist der Arzt verpflichtet, „all die Auffälligkeiten zu Kenntnis […] zu nehmen, die er aus berufsfachlicher Sicht seines Fachbereichs unter Berücksichtigung der in seinem Fachbereich vorausgesetzten Kenntnissen und Fähigkeiten" feststellen muss.[1217] Infolgedessen muss er für ihn erkenntliche Zufallsbefunde aufzugreifen.[1218] Ein Nichtaufgreifen eines erkennbaren Zufallsbefundes stellt entweder einen Befunderhebungs-[1219] oder einen Diagnosefehler[1220] dar. Abzugrenzen ist diese Verpflichtung von der aktiven Suche nach Zufallsbefunden, die nicht Vertragsinhalt ist.[1221] Auch bei der anschließenden Diagnosestellung muss die Zuordnung der Befunde zu Krankheitsbildern gewonnene Zufallsbefunde umfassen.[1222]

Der BGH hat festgestellt, dass der Arzt verpflichtet sei, Befunde entsprechend „seiner berufsfachlichen Sicht seines Fachbereiches" aufzugreifen und folglich mitzuteilen. Aus dieser Formulierung wird nicht ersichtlich, ob eine allgemeine

---

1213 Eine solche Einschränkung hinsichtlich des Untersuchungszwecks erfolgt beispielsweise im Gendiagnostikgesetz durch die Anknüpfung des Ergebnisgewinns an genetische Untersuchungen zu medizinischen Zwecken, vgl. § 2 GenDG.

1214 *Weidenkaff* in Palandt (Hrsg.), Bürgerliches Gesetzbuch, BGB § 630a Rn. 14 ff.

1215 Zur Diagnostik bereits im 1. Kapitel A IV 1. a).

1216 *Weidenkaff* in Palandt (Hrsg.), Bürgerliches Gesetzbuch, BGB § 630a Rn. 16.

1217 BGH MedR 2011, S. 645 (647).

1218 BGH MedR 2011, S. 645 (647): „Vor in diesem Sinne für ihn erkennbaren „Zufallsbefunden" darf er nicht die Augen verschließen."

1219 OLG Brandenburg BeckRS 2009, S. 25226.

1220 BGH MedR 2011, S. 645 (645).

1221 Weitere Ausführungen dazu im 2. Kapitel B II 1. b) cc).

1222 *Weidenkaff* in Palandt (Hrsg.), Bürgerliches Gesetzbuch, BGB § 630a Rn. 16.

medizinische Qualifikation oder ein Facharztstandard gefordert wird. Nach Ausführungen des Sachverständigen im Rahmen der Beweiswürdigung hätte ein Anästhesist ein radiologisches Bild befunden und den Zufallsbefund erkennen müssen, auch wenn dies grundsätzlich dem Fachbereich eines Radiologen unterfällt. Dies lässt vermuten, dass ausschließlich ein allgemeines medizinisches Verständnis zum Aufgreifen von Zufallsbefunden erforderlich scheint.[1223]

Darüber hinaus verdeutlicht das Urteil des BGH Schwierigkeiten hinsichtlich der Mitteilungspflicht im Falle einer Überweisung eines Patienten an einen weiteren Arzt zur Übernahme bestimmter Aufgaben. Exemplarisch ist die Überweisung eines Patienten an den Pathologen zu einer genetischen Analyse oder an einen Radiologen für eine Bildgebung anzuführen. Der Überweisungsvertrag beschränkt sich grundsätzlich auf die übernommene Tätigkeit und weitere eigenständige Pflichten wie die Überprüfung einer möglichen Kontraindikation und Bestimmung der Art und Weise der Leistungserbringung.[1224] Darüber hinausgehende Pflichten aus dem Behandlungsvertrag wie eine Befundmitteilung müssen weiterhin durch den behandelnden Arzt erfolgen. Demnach ist beispielsweise ein Pathologe infolge einer Überweisung nur für die Untersuchung einer medizinischen Probe zuständig, ohne sämtliche weitere Pflichten aus dem Behandlungsvertrag zu übernehmen. Wird im Rahmen dieser medizinischen Untersuchung der Probe ein (genetischer) Zufallsbefund gewonnen, ist auch der Pathologe gleichsam verpflichtet, den erkennbaren Befund zu erheben und diesem dem überweisenden Arzt mitzuteilen. Der Überweisungsvertrag beinhaltet jedoch keine Verpflichtung zur persönlichen Mitteilung der Befunde an den Patienten.[1225] Ausschließlich aus dem zwischen Arzt und Patient geschlossenen Behandlungsvertrag ergibt sich gemäß § 630a BGB eine Befundmitteilungspflicht durch den Arzt.

(bb) Berücksichtigung des gegenteiligen Willens des Patienten

Fraglich ist jedoch, ob eine Befundmitteilungspflicht für den Arzt auch bei gegenteiligem Willen des Patienten fortbesteht oder ob der Patient die Befundmitteilung ablehnen kann. Dies kommt entweder in Betracht, wenn der Patient in die Mitteilung separat einwilligen muss oder er im Rahmen eines Verzichtsrechts

1223 BGH MedR 2011, S. 645 (646).

1224 BGH NJW 1994, S. 797 (798).

1225 *Robienski/Hoppe*, Der Pathologe 2013, S. 9 (10); so auch BGH NJW 1994, S. 797 (798); ähnlich wohl auch BGH MedR 2011, S. 645 (646), nach dem ein Radiologe in Absprache für die Erstellung der Bilder, nicht jedoch für die anschließende Auswertung zuständig ist.

oder seiner vertraglichen Dispositionsmöglichkeit über die Kenntnisnahme der Befunde entscheiden kann.

(aaa) Notwendigkeit einer Einwilligung in die Mitteilung?

Unter Berücksichtigung des Integritätsschutzes wie auch der Selbstbestimmung des Patienten bedarf es vor jeder medizinischen Maßnahme einer Einwilligung des Patienten gemäß § 630d BGB nach entsprechender ärztlicher Aufklärung gemäß § 630e BGB.[1226] Die Einholung der Einwilligung ist eine weitere vertragliche Hauptpflicht des Arztes.[1227] Nach den Ausführungen der Gesetzesbegründung sind unter medizinischen Maßnahmen „insbesondere Eingriffe in den Körper oder die Gesundheit des Patienten, aber grundsätzlich auch alle sonstigen therapeutischen oder diagnostischen Maßnahmen im Rahmen der Behandlung" zu verstehen.[1228] Mithin muss auch in die Durchführung einer genetischen Analyse oder einer Bildgebung zu diagnostischen Zwecken, bei der Zufallsbefunde gewonnen werden können, eingewilligt werden. Da die Befundmitteilung jedoch wie auch die Aufklärungspflicht und die Pflicht zur Diagnoseerhebung eine vertragliche Pflicht des Arztes ist, bedarf es keiner gesonderten Einwilligung durch den Patienten, um die einzelnen Pflichten des Arztes zu legitimieren. Vielmehr umfasst die Einwilligung in die Durchführung des medizinischen Eingriffs auch die daraus resultierenden Pflichten des Arztes.Eine Befundmitteilung kann der Patient mithin nur im Rahmen der Einwilligung ablehnen. Dafür muss er den gesamten medizinischen Eingriff verweigern, sodass den Arzt dementsprechend keine Pflicht zur Befunderhebung und -mitteilung trifft. Eine Versagung der Einwilligung in eine diagnostische Maßnahme, um keine Zufallsbefunde mittgeteilt zu bekommen, ist jedoch nicht praxisrelevant.

(bbb) Verzicht auf die Mitteilung

Eine Ablehnung der Mitteilung von Zufallsbefunden könnte der Patient jedoch mittels eines Verzichts bewirken. Nach § 630c Abs. 4 BGB ist eine Informationspflicht entbehrlich, „wenn der Patient ausdrücklich verzichtet". Die Informationspflicht umfasst jedoch Informationen zum Behandlungsgeschehen wie beispielsweise die therapeutische Aufklärung und die Fehleroffenbarungspflicht und explizit nicht die Erläuterung der Diagnose.[1229] Damit kann sich ein Verzicht

1226 Vgl. 630d Abs. 1 BGB; *Mansel* in Jauernig (Hrsg.), Bürgerliches Gesetzbuch, § 630d Rn. 2.

1227 *Katzenmeier*, NJW 2013, S. 817 (820); *Mansel* in Jauernig (Hrsg.), Bürgerliches Gesetzbuch, § 630d Rn. 1.

1228 BT-Drs. 17/10488, S. 23.

1229 BT-Drs. 17/10488, S. 21; *Franzki*, Der Behandlungsvertrag, S. 89 f.

nur darauf beziehen, dass keine Verpflichtung zur Information besteht, nicht jedoch auf die Mitteilung eines Zufallsbefundes.Auch der Verzicht auf die Selbstbestimmungsaufklärung nach § 630e Abs. 3 BGB[1230] führt nicht dazu, dass die nach der Untersuchung erfolgende Mitteilung eines Zufallsbefundes unterbleiben muss. Die Selbstbestimmungsaufklärung ist Voraussetzung für die Einwilligung in die medizinische Maßnahme oder Behandlung. Ein Zufallsbefund ist gerade Folge der diagnostischen Untersuchung, sodass nicht bereits im Rahmen eines zeitlich vorangehenden Aufklärungsverzichts auf die Mitteilung des Zufallsbefundes verzichtet werden kann.

(ccc) Dispositionsmöglichkeit des Patienten

Möglicherweise könnte der Patient jedoch im Rahmen seiner vertraglichen Disposition entscheiden, Zufallsbefunde nicht zur Kenntnis nehmen zu wollen. Dies könnte sich aus § 630a Abs. 2 BGB ergeben, nach dem „die Behandlung […] [nach den] zum Zeitpunkt der Behandlung bestehenden, allgemein anerkannten fachlichen Standards zu erfolgen [hat], soweit nicht etwas anderes vereinbart ist“. Der ärztliche fachliche Standard bemisst sich an dem Stand der naturwissenschaftlichen Erkenntnis und der ärztlichen Erfahrung.[1231] Er drückt aus, welches Vorgehen durch den ärztlichen Berufsträger in der jeweiligen Therapiesituation aus fachlicher Sicht erwartet werden kann.[1232] Dabei können zur Konkretisierung des Standards und zur Beurteilung der geforderten Sorgfalt die aktuellen Leit- und Richtlinien der medizinischen wissenschaftlichen Fachgesellschaften[1233] beigezogen werden.[1234] Sie haben jedoch lediglich Informationscharakter und können nicht mit dem gebotenen medizinischen Standard gleichgesetzt werden.[1235]Die in § 630a Abs. 2 BGB ermöglichte Abweichung vom fachlichen Standard wird mit der vertraglichen Dispositionsfreiheit des

1230 BT-Drs. 17/10488, S. 22 f.; *Franzki,* Der Behandlungsvertrag, S. 139.

1231 BT-Drs. 17/10488, S. 19.

1232 BT-Drs. 17/10488, S. 19; *Mansel* in Jauernig (Hrsg.), Bürgerliches Gesetzbuch, § 630a Rn. 17.

1233 Die Arbeitsgemeinschaft der Wissenschaftlichen Medizinischen Fachgesellschaften e.V. (AWMF) hat auf ihrer Website (www.AWMF.org) eine Vielzahl der medizinischen Leitlinien zusammengefasst und veröffentlicht.

1234 *Bergmann/Middendorf* in Bergmann/Pauge/Steinmeyer (Hrsg.), Gesamtes Medizinrecht, BGB § 630a Rn. 76 m. w. Ausführungen zur rechtlichen Würdigung von Leitlinien unterschiedlicher Kategorien und Richtlinien; *Deutsch/Spickhoff,* Medizinrecht, Rn. 362; *Franzki,* Der Behandlungsvertrag, S. 79; *Spickhoff* in Spickhoff (Hrsg.), Medizinrecht, BGB § 630a Rn. 38 f.

1235 *Mansel* in Jauernig (Hrsg.), Bürgerliches Gesetzbuch, § 630a Rn. 18; BGHZ 144, 1 (9).

Patienten begründet.[1236] Demnach werden Vereinbarungen oberhalb des Standards weitgehend bedenkenlos akzeptiert,[1237] während individuelle Einigungen über einen Standard unterhalb des Facharztstandards nur innerhalb der Grenzen des Selbstbestimmungsrechts des Patienten gemäß § 138 BGB und § 228 StGB und im Rahmen einer Inhaltskontrolle nach §§ 134, 138 und § 242 BGB vereinbart werden dürfen.[1238]Nach dem BGH verlangen die konkret erforderliche Sorgfalt des Arztes und der fachliche Standard das Aufgreifen eines für den Arzt erkennbaren Zufallsbefundes.[1239] Diese Sorgfaltspflichtbestimmung wird zwar nicht durch eine dezidiert für Zufallsbefunde errichtete Leitlinie konkretisiert, doch existieren Leitlinien von Fachgesellschaften, die ein Vorgehen bei Generierung eines Zufallsbefundes konkretisieren oder die die Anwendbarkeit der Richtlinien für die generelle medizinische Befundung auf Zufallsbefunde erweitern.[1240] Diese Leitlinien beziehen sich überwiegend auf Empfehlungen zu einer weiteren Abklärung des Zufallsbefundes wie beispielsweise durch ein Follow-Up mittels CT,[1241] wobei der Nutzen dieser empfohlenen Behandlungen nicht geklärt ist.[1242] Ob durch die Behandlungsempfehlungen inzident auch Empfehlungen zur Mitteilung eines Befundes an die Patienten umfasst sein sollen, ist nicht ersichtlich.Ein durch Vereinbarung zwischen Patient und Arzt bestimmtes Abweichen von dem fachlichen Standard, nach dem ein Aufgreifen erkennbarer Zufallsbefunde geboten ist, kann nicht als sittenwidrig im Sinne von § 138 BGB oder als Verstoß gegen § 134 BGB erachtet werden. Denn zum einen bedarf nicht jede Art der Selbstgefährdung, wie sie in der Ablehnung der Mitteilung eines Befundes zu sehen ist, eines schützenden Eingriffs durch Dritte. Zum anderen verstößt die Ausübung

---

1236 BT-Drs. 17/10488, S. 20; *Spickhoff* in Spickhoff (Hrsg.), Medizinrecht, BGB § 630a Rn. 41.

1237 *Bergmann/Middendorf* in Bergmann/Pauge/Steinmeyer (Hrsg.), Gesamtes Medizinrecht, BGB § 630a Rn. 85; *Franzki*, Der Behandlungsvertrag, S. 82; *Spickhoff*, VersR 2013, S. 267 (272).

1238 *Weidenkaff* in Palandt (Hrsg.), Bürgerliches Gesetzbuch, BGB § 630a Rn. 12; a. A. *Bergmann/Middendorf* in Bergmann/Pauge/Steinmeyer (Hrsg.), Gesamtes Medizinrecht, BGB § 630a Rn. 86, nach denen eine Vereinbarung nicht gegen das ärztliche Berufsrecht verstoßen dürfe, dessen Normen Gesetze im Sinne von § 134 BGB seien.

1239 BGH MedR 2011, S. 645 (647).

1240 Vgl. beispielsweise Leitlinien der deutschen Gesellschaft für Gefäßchirurgie (vaskuläre und endovaskuläre Chirurgie) (DGG) und Leitlinie chronische pulmonale Hypertonie; abrufbar unter www.AWMF.org.

1241 Zu den Empfehlungen bei Gewinn eines Zufallsbefundes siehe überblicksartig *Weckbach/Schlett/Bertheau/Kauczor*, Der Internist 2014, S. 1019 (1022).

1242 *Weckbach/Schlett/Bertheau/Kauczor*, Der Internist 2014, S. 1019 (1024).

des verfassungsrechtlich gewährten Rechts auf Nichtwissen durch Ablehnung der Kenntnisnahme eines Zufallsbefundes nicht gegen grundlegende Wertungen der Rechts- und Sittenordnung entsprechend § 138 BGB. Die Entscheidung des Patienten ist vielmehr Ausdruck der individuellen Dispositionsfreiheit, ob das zwischen Arzt und Patient bestehende vertragliche Behandlungsverhältnis nur die Therapie der bestehenden Symptomatik umfassen oder auf die Abklärung sämtlicher medizinischer Auffälligkeiten ausgeweitet werden soll. Die in § 630a Abs. 2 BGB normierte Dispositionsfreiheit des Patienten ermöglicht folglich eine Vereinbarung, dass Zufallsbefunde nicht mitgeteilt werden müssen.

(cc) Zwischenergebnis

Den Arzt trifft aus einem Behandlungsvertrag grundsätzlich eine Befunderhebungs- und Befundmitteilungspflicht für erkennbare Zufallsbefunde. Wird entsprechend § 630a Abs. 2 BGB eine Einigung zwischen Arzt und Patient über eine Abweichung vom ärztlichen Standard erzielt, darf der Arzt Zufallsbefunde nicht mitteilen. Diese einfachgesetzliche Vorschrift im Rahmen des Patientenrechtegesetzes ermöglicht dem Patienten entsprechend seiner ihm verfassungsrechtlich zugestandenen Selbstbestimmung, über die Vertragspflichten des Arztes zu bestimmen und Zufallsbefunde nicht zu Kenntnis nehmen zu müssen.

(b) Mitteilungspflicht aus dem Gendiagnostikgesetz?

Für Ergebnisse einer genetischen Untersuchung ergeben sich ergänzend zu den allgemeinen Pflichten aus einem Behandlungsvertrag Besonderheiten durch das Gendiagnostikgesetz. Der Anwendungsbereich des Gendiagnostikgesetzes umfasst grundsätzlich erwartete und unerwartete Ergebnisse genetischer Untersuchungen, wobei nach der Geburt entstandene genetische Merkmale ausgeschlossen werden.[1243] Nach § 11 Abs. 4 i. V. m. § 8 Abs. 1 S. 1 GenDG darf dem Betroffenen ein Ergebnis einer genetischen Untersuchung nicht mitgeteilt werden, „soweit diese Person nach § 8 Abs. 1 Satz 1 in Verbindung mit Satz 2 entschieden hat, dass das Ergebnis der genetischen Untersuchung zu vernichten ist oder diese Person nach § 8 Abs. 2 ihre Einwilligung widerrufen hat". Diese Regelung verleiht dem Untersuchten das Recht, Untersuchungsergebnisse und somit auch Zufallsbefunde einer genetischen Untersuchung nicht wahrnehmen

1243 *Stockter* in Prütting (Hrsg.), MedR-Komm, GenDG § 11 Rn. 9: „Von den Regelungen des § 11 nicht erfasst sind damit insbesondere […] Ergebnisse von Untersuchungen auf nach der Geburt entstandene genetische Merkmale (insbes. Krebsuntersuchungen)."

zu müssen.[1244] Im Umkehrschluss bedingt die Entscheidung über die Vernichtung der Ergebnisse oder die Rücknahme der Einwilligung eine Achtung des Rechts auf Nichtwissen des Untersuchten. Mangels Ausnahmetatbeständen im Gendiagnostikgesetz darf dieses Recht auch nicht bei lebensbedrohlichen therapierbaren Befunden aufgrund einer Schutzpflicht des Arztes missachtet werden. Die Ansicht der *Deutschen Gesellschaft für Humangenetik*, nach der eine Mitteilung von Zufallsbefunden mit einem relevanten Risiko für eine Erkrankung (Kategorie 1) ärztlich geboten sei,[1245] ist vor dem Hintergrund des Rechts auf Nichtwissen des Patienten abzulehnen. Es ergibt sich demzufolge weder eine Mitteilungspflicht noch eine -befugnis für den Arzt aus dem Gendiagnostikgesetz.

(c) Zwischenergebnis

In verfassungsrechtlicher Hinsicht ist im Wege der praktischen Konkordanz zwischen dem Recht auf Nichtwissen des Patienten und der Schutzpflicht für die Gesundheit des Patienten durch den Arzt einzelfallabhängig abzuwägen. Einfachgesetzlich hat der Gesetzgeber im Rahmen des Behandlungsvertrages aus § 630a BGB eine Befundmitteilungspflicht auch für Zufallsbefunde angenommen, die jedoch durch die Dispositionsmöglichkeit des Patienten eingeschränkt werden kann. Hingegen wird im Gendiagnostikgesetz für genetische Zufallsbefunde das Recht auf Nichtwissen des Probanden bereits im Rahmen der Einwilligung in die Durchführung der genetischen Untersuchung berücksichtigt, indem dieser nach § 8 Abs. 1 S. 2 GenDG auch über die Vernichtung der Ergebnisse genetischer Untersuchungen entscheiden muss. Weder im Rahmen des Patientenrechtegesetzes noch des Gendiagnostikgesetzes hat der Arzt bei Ablehnung der Kenntnisnahme eines Zufallsbefundes durch den Patienten den Ermessensspielraum, dem Patienten gegen seinen Wunsch den Zufallsbefund aus seiner fürsorglichen Haltung heraus doch mitzuteilen.[1246]

1244 *Deutsche Gesellschaft für Humangenetik*, Stellungnahme zu genetischen Zufallsbefunden in Diagnostik und Forschung, S. 1 (1); *Kern* in Kern (Hrsg.), GenDG Kommentar, § 12 Rn. 10; *Robienski* in Langanke/Erdmann/Robienski/Rudnik-Schöneborn (Hrsg.), Zufallsbefunde bei molekulargenetischen Untersuchungen, S. 49 (52); *Stockter* in Prütting (Hrsg.), MedR-Komm, GenDG § 11 Rn. 19.

1245 *Deutsche Gesellschaft für Humangenetik*, Stellungnahme zu genetischen Zusatzbefunden in Diagnostik und Forschung, S. 1 (3); zu den verschiedenen Kategorien bereits ausführlich im 1. Kapitel A III 2. und 2. Kapitel A III 3. b) aa) und cc).

1246 Vgl. Herleitung im 2. Kapitel B I 2. c) bb) aaa) (2); a. A. wohl *Spickhoff*, FamRZ 2014, S. 1291 (1291), der „von einer Pflicht des Arztes, auch die Mutter als Sorgeberechtigte über das Erkrankungsrisiko ihrer Kinder zu informieren“ ausgeht.

bbb) Schutz gegenüber körperlicher Unversehrtheit der Verwandten
Neben der Schutzpflicht gegenüber der körperlichen Unversehrtheit des Patienten kann auch eine Schutzverpflichtung gegenüber der Gesundheit der Verwandten in einem Spannungsfeld mit dem Recht auf Nichtwissen des Patienten stehen, sofern infolge der fehlenden Kenntnis von dem Zufallsbefund eine Gefährdung der Verwandten in Betracht kommt. Eine Höherrangigkeit der Schutzinteressen des Dritten könnte den Arzt verpflichten, dem Patienten einen gewonnenen Zufallsbefund entgegen dessen Willen mitzuteilen und eine Empfehlung zur Information des Verwandten auszusprechen. Es könnte sogar eine Pflicht für den Arzt bestehen, den Befund den betroffenen Verwandten direkt mitzuteilen. Die Abwägung zwischen der Gesundheit der Verwandten und dem Recht auf Nichtwissen des Patienten ist von Kollisionen zwischen der Schweigepflicht des Arztes und dem Recht auf Wissen der Verwandten abzugrenzen.

Nachfolgend werden zunächst die für den Einzelfall notwendigen Abwägungskriterien im Falle einer Kollision mit dem Recht auf Nichtwissen dargestellt, bevor auf einfachgesetzlicher Ebene mögliche Konkretisierungen der Grundrechtskollisionen aufgezeigt werden.

(1) Verfassungsrechtliche Abwägung
Die verfassungsrechtliche Abwägung zwischen dem Recht auf Nichtwissen des Betroffenen aus Art. 2 Abs. 1 S. 1 i. V. m. Art. 1 Abs. 1 GG und der Schutzpflicht des Arztes für die Gesundheit aus Art. 2 Abs. 2 S. 1 GG muss anhand festgelegter Abwägungskriterien erfolgen. Zum einen kann ein Rückgriff auf die Kriterien zur Abwägung zwischen Recht auf Nichtwissen des Patienten und Recht auf Wissen der Verwandten erfolgen,[1247] da der Arzt zur Erfüllung seiner Schutzpflicht die Wissensinteressen der potentiell betroffenen Verwandten berücksichtigen muss. Zur Erfüllung der Schutzpflicht gegenüber der Gesundheit des Verwandten muss einerseits der Grad der Bedrohung für die Gesundheit und die Gegenwärtigkeit der Beeinträchtigung als auch eine Therapier- und Vermeidbarkeit beachtet werden. Dies muss insbesondere in der Hinsicht erfolgen, dass Zufallsbefunde entsprechend ihrer Art der Erkrankung für Verwandten unterschiedlich beeinträchtigend sein können. Dabei könnte ein Rückgriff auf die in ethischer Hinsicht gebildeten Kategorisierungen von Zufallsbefunden erfolgen,[1248] nach denen insbesondere bei therapierbaren Zufallsbefunden mit Relevanz für die Gesundheit der Verwandten ein Nutzen durch das Wissen und für die Gesundheit gegeben ist, während bei Zufallsbefunden mit geringer

1247 Siehe weitere Ausführungen hierzu 1. Kapitel B II 5. c) bb).
1248 Weitere Ausführungen dazu bereits im 2. Kapitel A III 3. b) aa und cc).

oder unbekannter Relevanz oder keiner Therapierbarkeit der Nutzen nur gering anzunehmen ist.

Die Gesundheit und das Leben werden häufig als „Höchstwert" der grundgesetzlichen Ordnung eingeschätzt,[1249] sodass voreilig davon ausgegangen werden könnte, dass das Recht auf Nichtwissen hinter dem Grundrecht auf körperliche Unversehrtheit zurücktreten muss. Da jedoch beide Grundrechte relative Rechte sind, die durch berechtigte Drittinteressen einschränkbar sind, ergeben sich keine Rangunterschiede zwischen den Grundrechten. Vielmehr muss in einer Einzelfallabwägung die Gewichtung der Interessen der Beteiligten vorgenommen werden.

(2) Einfachgesetzliche Ausprägung

Die verfassungsrechtliche Einzelfallabwägung zwischen dem Recht auf Nichtwissen und der Schutzpflicht des Arztes gegenüber Dritten könnte durch eine einfachgesetzliche Regelung der Mitteilungsbefugnisse der Zufallsbefunde durch den Arzt an den Patienten bestimmt worden sein. In Betracht kommt eine Regelung der Mitteilung zugunsten Dritter aus dem Behandlungsvertrag im Patientenrechtegesetz oder dem Gendiagnostikgesetz. Darüber hinaus könnte eine Mitteilung des Arztes an den Patienten durch den rechtfertigenden Notstand nach § 34 StGB zulässig sein.

(a) Vertrag mit Schutzwirkung für Dritte

Bei dem Vertrag mit Schutzwirkung zugunsten Dritter trifft den Schuldner keine eigene Leistungspflicht gegenüber dem Dritten, sondern dieser wird in die Schutz- und Sorgfaltspflichten des Schuldners einbezogen.[1250] Dazu ist neben einer Leistungsnähe des Dritten ein Interesse des Gläubigers an der Einbeziehung in den Schutz des Vertrages[1251] und eine diesbezügliche Erkennbarkeit für den Schuldner[1252] erforderlich. Als Rechtsfolge steht dem Dritten ein eigener Leistungsanspruch gegenüber dem Schuldner zu.[1253] Dies bedingt im Umkehrschluss, dass der Arzt bei Erfüllung seiner Befundmitteilungspflichten gegenüber dem Patienten auch den daraus entstehenden Schaden für Dritte berücksichtigen muss, sofern zwischen Patient und Verwandten eine Leistungsnähe besteht.

1249 BVerfGE 115, 25 (45); *Steiner* in Spickhoff (Hrsg.), Medizinrecht, GG Art. 2 Rn. 13.

1250 *Gottwald* in MüKo Bd. 3, BGB § 328 Rn. 191; *Jagmann* in Staudinger (Hrsg.), BGB § 328 Rn. 84; *Kim*, Haftung wegen Bruchs der ärztlichen Schweigepflicht, S. 201 f.

1251 BGH NJW 1996, S. 2927 (2928); *Jagmann* in Staudinger (Hrsg.), BGB § 328 Rn. 100.

1252 BGH NJW 1989, S. 1029 (1030); BGH NJW 2004, S. 3035 (3036); *Jagmann* in Staudinger (Hrsg.), BGB § 328 Rn. 105.

1253 BGH NJW 1996, S. 2927 (2928).

Diese wird angenommen, wenn das Leistungsverhältnis drittbezogen ist und der Dritte den Leistungsgefahren genauso ausgesetzt ist wie der Vertragspartner.[1254] Es muss dem Schuldner mithin eine gesteigerte Fürsorgepflicht im Sinne der „Wohl- und-Wehe-Formel" auferlegt werden.[1255]

Im Rahmen von Arztverträgen wird eine Leistungsnähe beispielsweise für den Ehepartner angenommen, wenn im Rahmen des Behandlungsvertrages ein Schwangerschaftsabbruch vorgenommen werden soll.[1256] Bei einem Vertrag über die Durchführung einer diagnostischen Untersuchung zur Abklärung einer Symptomatik oder im Rahmen einer Routineuntersuchung ist es fraglich, ob sich die Leistungspflicht der Diagnostik auch auf Dritte erstrecken soll. Vorrangig besteht eine ärztliche Verpflichtung zur diagnostischen Untersuchung des Patienten, ohne dass verallgemeinernd ein Integritätsschutz Dritter verfolgt werden kann. Sofern jedoch durch eine Verletzung einer Pflicht des Schuldners auch Dritte beeinträchtigt werden können, ist ein Leistungskontakt zu erwägen. Dies wird beispielweise bei HIV-Erkrankungen durch ein gesteigertes Infektionsrisiko in Fällen von Aufklärungspflichtverletzungen gegenüber dem Patienten angenommen.[1257] Für genetische Dispositionen, die unabhängig von einer Aufklärung bestehen, besteht eine derartige Risikopotenzierung in Folge einer Verletzung der ärztlichen Pflichten nicht.[1258] Ein Verwandter kann durch einen humangenetischen Vertrag nur betroffen sein, wenn der Patient ihn in Folge einer fehlerhaften Beratung durch den Arzt nicht über einen Zufallsbefund und eine potentielle Trägerschaft informiert. Sofern der Patient jedoch auch unter Berücksichtigung einer Gefährdung der Verwandten den Zufallsbefund nicht zu Kenntnis nehmen möchte, hat er kein Interesse an einer Einbeziehung eines Dritten in den Schutz des Vertrages.[1259] Somit fehlt es an einer Voraussetzung zur Einbeziehung des Dritten in einen Vertrag mit Schutzwirkung. Der Arzt muss mithin bei der Verpflichtung zur Befundmitteilung aus dem § 630a BGB die

---

1254 BGH NJW 2001, S. 514 (516); *Musielak,* VersR 1977, S. 973 (978).

1255 BGH NJW 1996, S. 2927 (2928).

1256 *Kern* in Laufs/Kern (Hrsg.), Handbuch des Arztrechts, § 39 Rn. 37; ähnlich *Gottwald* in Müko Bd. 3, BGB § 328 Rn. 211.

1257 *Heyers*, MedR 2009, S. 507 (510); näher *Corinth,* Ärztliche Schweigepflicht und kollidierende Gesundheitsinteressen Dritter, S. 95 ff.; a. A. *Kim*, Haftung wegen Bruchs der ärztlichen Schweigepflicht, S. 202.

1258 *Heyers*, MedR 2009, S. 507 (510).

1259 *Heyers*, MedR 2009, S. 507 (510); *Kim*, Haftung wegen Bruchs der ärztlichen Schweigepflicht, S. 203.

Gesundheit der Verwandten nicht aufgrund eines Vertrages mit Schutzwirkung für Dritte berücksichtigen.

(b) Mitteilungspflicht aus dem Gendiagnostikgesetz?

Indem der Gesetzgeber den Zweck des Gendiagnostikgesetzes in § 1 GenDG hinsichtlich der Errichtung eines Regelungsrahmens bei genetischen Untersuchungen zum „Schutz der Würde des Menschen und der informationellen Selbstbestimmung“ bestimmt hat,[1260] belegt er, dass die Wissensinteressen Dritter bei der Gesetzesentwicklung einbezogen wurden. Dabei zeigen jedoch insbesondere die Ausführungen zur Wahrung der Schweigepflicht in § 11 Abs. 1 bis 3 GenDG auf, dass der Gesetzgeber dem Recht des Untersuchten auf informationelle Selbstbestimmung höhere Bedeutung als den Rechten der Verwandten zugemessen hat. Diese Erkenntnis wird auch durch die Regelung in § 11 Abs. 4 GenDG unterstützt, die das Recht auf Nichtwissen des Untersuchten ohne Ausnahmetatbestände anerkennt.[1261] Infolgedessen kann der Patient die Kenntnisnahme einer Mitteilung ablehnen, auch wenn der Befund nicht nur ihn, sondern Verwandte betrifft. Dem Arzt ist es trotz eines Schutzansinnens gegenüber der Gesundheit der Verwandten auch nicht gemäß § 11 Abs. 4 GenDG erlaubt, das Recht auf Nichtwissen des Untersuchten zu missachten.

Hingegen lässt die Regelung der genetischen Beratung in § 10 Abs. 3 S. 4 GenDG durch die Anregung zur Empfehlung einer genetischen Beratung[1262] erkennen, dass der Gesetzgeber eine Information des möglicherweise betroffenen Verwandten des Patienten befürwortet. Gleichwohl wird auch im Rahmen dieser Doppelempfehlung der Wunsch nach Nichtwissen des Untersuchten zumindest inzident schwach respektiert, indem diesem ausschließlich „empfohlen“ wird, Verwandte zu informieren, ohne dass ein rechtlicher Zwang ausgeübt wird. Dies respektiert einerseits das Recht auf informationelle Selbstbestimmung

---

1260 Vgl. § 1 GenDG; BT-Drs. 16/10532, S. 19; *Hahn* in Kern (Hrsg.), GenDG Kommentar, § 1 Rn. 8 ff, Rn. 13 ff.

1261 *Kern* in Kern (Hrsg.), GenDG Kommentar, § 11 Rn. 10 ff.; *Schillhorn/Heidemann*, Gendiagnostikgesetz, § 11 Rn. 13; ähnlich auch *Robienski* in Langanke/Erdmann/Robienski/Rudnik-Schöneborn (Hrsg.), Zufallsbefunde bei molekulargenetischen Untersuchungen, S. 49 (55 f.).

1262 Vgl. § 10 Abs. 3 S. 4 GenDG: „[…] umfasst die genetische Beratung auch die Empfehlung, diesen Verwandten eine genetische Beratung zu empfehlen.“; zur Doppelempfehlungslösung *Schillhorn/Heidemann*, Gendiagnostikgesetz, § 10 Rn. 22 f.; krit. *Duttge* in Wehling (Hrsg.), Vom Nutzen des Nichtwissens, S. 75 (86 f.); *Duttge*, MedR 2016, S. 664 (667).

des Betroffenen[1263] in Form der Schweigepflicht des Arztes gegenüber Dritten und zudem das Recht auf Nichtwissen des Untersuchten. Eine solche Empfehlung soll jedoch nur ausgesprochen werden, wenn tatsächlich eine Möglichkeit der Trägerschaft einer behandelbaren oder therapierbaren Erkrankung besteht. Sofern mithin der Patient selbst keine Zufallsbefunde mitgeteilt bekommen möchte, kann auch mangels eines tatsächlich bestehenden Verdachts auf eine Trägerschaft den Verwandten keine genetische Beratung empfohlen werden.

Im Gendiagnostikgesetz ist keine gesetzliche Regelung aufgenommen worden, nach der Angehörige direkt durch den Arzt über einen auffälligen Befund mit Wert für ihre Gesundheit informiert werden sollen. Ein solches Vorgehen ist auch nicht von dem § 10 Abs. 3 S. 4 GenDG in seiner derzeitigen Fassung intendiert. Anzumerken ist, dass eine Kontaktierung des Angehörigen im Falle eines Befundes mit Relevanz für seine Gesundheit dessen Recht auf Nichtwissen nicht mehr wahren würde. Denn in diesem Falle wäre eine Wahl zwischen Wissen- und Nicht-Wissen-Wollen nicht mehr unbefangen möglich.[1264] Die Wahlfreiheit kann nur im Wege einer Vorabeinbeziehung der Angehörigen vor Untersuchung des Patienten gewahrt werden. Dies fordert beispielsweise auch *Duttge*, der das Geheimhaltungsbedürfnis der Patienten bei Drittbetroffenheit wertungsmäßig nachrangig einschätzt.[1265]

Die vorgestellten Ausführungen verdeutlichen, dass sich aus dem Gendiagnostikgesetz keine das Recht auf Nichtwissen einschränkende zwingende Mitteilungspflicht von Zufallsbefunden zugunsten der Gesundheit der Verwandten ergibt. Durch die gesetzlich geforderte Empfehlung an den betroffenen Verwandten soll zwar der Regelfall einer Mitteilung an diesen statuiert werden. Allerdings wird die Letztentscheidung über die Mitteilung dem untersuchten Patienten überlassen. Dies belegt, dass der Gesetzgeber keine eindeutige Position zugunsten der Gesundheit der Verwandten bezogen hat.

(c) Mitteilungsbefugnis aus § 34 StGB?

Möglicherweise ist eine Information des Patienten über den Zufallsbefund zum Schutz der Gesundheit potentiell betroffener Verwandter im Rahmen der fremdnützigen Notstandslage durch § 34 StGB gerechtfertigt. Das Recht auf

---

1263 *Schillhorn/Heidemann*, Gendiagnostikgesetz, § 10 Rn. 23; ähnlich *Damm*, MedR 2014, S. 139 (143).

1264 *Duttge*, MedR 2016, S. 664 (667); ausführlich *Wollenschläger*, AöR 2013, S. 161 (193).

1265 *Duttge*, MedR 2016, S. 664 (667); so auch *Schickhardt* in Langanke/Erdmann/Robienski/Rudnik-Schöneborn (Hrsg.), Zufallsbefunde bei humangenetischen Untersuchungen, S. 149 (155 f.).

Nichtwissen selbst ist nicht strafrechtlich geschützt, sodass in dieser Hinsicht kein strafrechtlicher Tatbestand als Anknüpfungspunkt für eine Rechtfertigung einer beeinträchtigenden Handlung herangezogen werden kann.

Gemäß § 203 Abs. 1 StGB ist das unbefugte Offenbaren eines einem Arzt anvertrauten fremden Geheimnisses in strafrechtlicher Hinsicht verfolgbar, worunter Schweigepflichtverletzungen aus dem Arzt-Patienten-Verhältnis gefasst werden. Eine Mitteilung des Arztes an den Patienten trotz dessen Willen nach Nichtwissen kann gerechtfertigt sein, wenn dies der Gefahrabwendung von Verwandten dient und dabei zugleich ein milderes Mittel als die Verletzung der Schweigepflicht aus § 203 StGB durch Offenbarung des Zufallsbefundes an die Verwandten selbst darstellt. Die Mitteilung an den Patienten selbst könnte ein milderes Mittel darstellen als die direkte Information der Verwandten zum Schutz ihrer Gesundheit. Dementsprechend kann sich in bestimmten Fallkonstellationen aus § 34 StGB eine Rechtfertigung einer Mitteilung an den Untersuchten durch den Arzt ableiten lassen.[1266] Der BGH hat einen solchen rechtfertigenden Notstand beispielsweise bei schwerwiegenden Gefahren für die Sicherheit im Straßenverkehr durch Anfallsleiden angenommen. Denn durch die Teilnahme am Straßenverkehr trotz Erkrankung werden höherwertige Interessen wie die Gesundheit anderer Verkehrsteilnehmer gefährdet. Der BGH hat das Interesse der Geheimhaltung in solchen Fällen hinter die Gesundheit Dritter zurücktreten lassen.[1267] Nach der Rechtsprechung ist das Geheimhaltungsinteresse des infizierten Partners im Falle einer HIV-Infektion geringer zu berücksichtigen als der Schutz der Gesundheit des gefährdeten Partners. Daher besteht bei HIV-infizierten Partnern eine Verpflichtung nach § 34 StGB, den gefährdeten Partner zu informieren.[1268] Eine entsprechende Anwendung kann für die Mitteilung pathologischer Zufallsbefunde jedoch nicht herangezogen werden, denn bei HIV-infizierten Partnern besteht eine Rechtfertigung zur Durchbrechung der ärztlichen Schweigepflicht als Fall der informationellen Selbstbestimmung und nicht infolge des Rechts auf Nichtwissen.[1269]

1266 Weitere Ausführungen hierzu *Fischer*, StGB, § 203 Rn. 45, 47; *Ulsenheimer*, Arztstrafrecht in der Praxis, I Teil 8 Rn. 888 ff.; *Knauer/Brose* in Spickhoff (Hrsg.), Medizinrecht, StGB §§ 203–205 Rn. 42 f.; *Corinth*, Ärztliche Schweigepflicht und kollidierende Gesundheitsinteressen Dritter, S. 147 ff.; siehe auch zur ständigen Rspr. BGH NJW 1968, S. 2288 (2290); OLG Frankfurt MedR 2000, S. 196 (197).

1267 Vgl. BGH NJW 1968, S. 2288 (2290).

1268 OLG Frankfurt a.M., MedR 2000, S. 196 (196 ff.) m. Anm. *Engländer*, MedR 2001, S. 143 (143 ff.); *Schillhorn/Heidemann*, Gendiagnostikgesetz, § 10 Rn. 24.

1269 Vgl. Ausführungen bei *Schillhorn/Heidemann*, Gendiagnostikgesetz, § 10 Rn. 24; *Heyers*, MedR 2009, S. 507 (510).

Die Mitteilung eines Zufallsbefundes an den Patienten kann zudem gegenüber der Offenbarung an Verwandte nur ein milderes Mittel darstellen, sofern die durch § 34 StGB geforderten Tatbestandsmerkmale erfüllt sind und zudem keine vorrangige spezialgesetzliche Regelung existiert.[1270] Der Gesetzgeber hat durch das Gendiagnostikgesetz Regelungen der ärztlichen Informationsbefugnisse und der Achtung des Rechts auf Nichtwissen getroffen, die sich auch auf genetische Zufallsbefunde als Ergebnisse der genetischen Untersuchung erstrecken. Demnach darf die Entscheidung des Patienten über die Kenntnisnahme der Zufallsbefunde nicht missachtet werden.

Da im Gendiagnostikgesetz dem Untersuchten nach § 11 Abs. 4 GenDG die Letztentscheidungsbefugnis über die Kenntnisnahme eines Zufallsbefundes zugestanden wird,[1271] darf keine erweiternde Auslegung der Informationsbefugnisse des Arztes durch § 34 StGB erfolgen. Indem der Gesetzgeber an anderer Stelle versucht hat, den Konflikt zwischen informationeller Selbstbestimmung des Untersuchten und Wissensinteresse des Verwandten im Rahmen der doppelten Empfehlungslösung zu regeln, kann auch nicht davon ausgegangen werde, dass die Interessen Dritter nicht beachtet wurden und eine Regelungslücke besteht. Vielmehr wird das Recht auf Nichtwissen bei persönlichkeitsrelevanten genetischen Ergebnissen als höherwertig anerkannt als ein Schutz für die Gesundheit Dritter durch Informationsmitteilung.

Für nicht-genetische Zufallsbefunde ist das Gendiagnostikgesetz nicht anwendbar, sodass sich die ärztlichen Befundmitteilungspflichten aus dem Behandlungsvertrag nach § 630a BGB bestimmen. Der Gesetzgeber hat für diese Fälle keine explizite Regelung im Rahmen des Patientenrechtegesetzes getroffen. Allerdings erlaubt die vertragliche Dispositionsmöglichkeit des Patienten eine abschließende Beachtung des Rechts auf Nichtwissen des Patienten.[1272]

Es existieren mithin spezialgesetzliche Regelungen zur Lösung des Spannungsfeldes zwischen Recht auf Nichtwissen des Patienten und dem Schutzinteresse des Arztes gegenüber der Gesundheit und dem Wissensinteresse der Verwandten. Ein Rückgriff auf eine Rechtfertigung nach § 34 StGB ist mithin nicht eröffnet.

(d) Zwischenergebnis

Der Gesetzgeber hat bei Normierung der einfachgesetzlichen ärztlichen Informationspflichten und -befugnisse das Recht auf Nichtwissen des Patienten geachtet.

1270 *Perron* in Schönke/Schröder (Hrsg.) Strafgesetzbuch, § 34 Rn. 7.
1271 Vgl. § 11 Abs. 4 i. V. m. § 8 Abs. 1 S. 2 GenDG.
1272 Vgl. Ausführungen im 2. Kapitel B I 2. c) bb) aaa) (2) (a).

Während im Gendiagnostikgesetz die Letztentscheidungsbefugnis ohne Ausnahmen geregelt ist, ergibt sich dies im Patientenrechtegesetz nur, sofern der Patient sein entgegenstehendes Recht auf Nichtwissen ausdrückt. Ansonsten würde eine fehlende Befundmitteilung durch den Arzt einen Behandlungsfehler darstellen. Das Recht auf Nichtwissen erfährt mithin auf einfachgesetzlicher Ebene gegenüber der Schutzpflicht des Arztes für die Gesundheit und das Wissen der Verwandten eine höhere Bedeutung. Diese gesetzliche Wertung widerläuft damit beispielsweise dem von *Heyers* geäußerten Grundsatz, dass das Recht auf Wissen der Verwandten grundsätzlich das Recht auf Nichtwissen des Betroffenen überwiege.[1273]

ccc) Schutz Dritter

Als möglicher Grund zur Begrenzung des Rechts auf Nichtwissen des Patienten kann auch eine damit einhergehende Gefährdung Dritter in Betracht kommen. Dementsprechend könnte eine Mitteilung des Zufallsbefundes an den Patienten rechtlich geboten sein, um unabhängige dritte Personen vor einer Schädigung der Gesundheit zu bewahren. Es gibt zahlreiche Situationen, in denen ein Dritter einer möglichen Schädigung durch einen erkrankten Patienten ausgesetzt ist, der selbst von seiner Erkrankung keine Kenntnis hat. Dies sind Konstellationen, in denen der Patient eine Verantwortung gegenüber den Dritten übernommen hat. Exemplarisch ist die Tätigkeit eines Lastwagenfahrers mit einer Disposition zu Krampfanfällen anzuführen, in dessen Folge der Fahrer durch eine eingeschränkte Verkehrstauglichkeit die Verkehrssicherheit und mithin die Gesundheit Dritter gefährdet.[1274] Auch Piloten von Passagiermaschinen mit einer kleinen Raumforderung im Gehirn, die das Risiko für epileptische Anfälle erhöht,[1275] oder suizidalen Absichten[1276] können im Rahmen ihrer beruflichen Tätigkeit die Gesundheit einer Vielzahl von Dritten gefährden. Zur Vermeidung vergleichbarer Gefährdungssituationen für die Gesundheit Dritter ist es fraglich, ob den Arzt nicht eine Pflicht zur Mitteilung des Zufallsbefundes an den Patienten trifft, sodass dieser in Kenntnis seiner Erkrankung diese Folgen vermeiden kann. In der Folge werden die beeinträchtigen verfassungsrechtlichen Güter der

---

1273 *Heyers*, MedR 2009, S. 507 (510).

1274 Für den Forschungskontext vgl. *Schmücker* in Joerden/Hilgendorf/Thiele (Hrsg.), Menschenwürde und Medizin, S. 949 (963); zur Fahruntauglichkeit *Heinemann/Hoppe/Listl/Spickhoff/Elger*, DÄ 2007, A 1982 (1983).

1275 Vgl. *Schmücker* in Joerden/Hilgendorf/Thiele (Hrsg.), Menschenwürde und Medizin, S. 949 (967).

1276 *Rehborn*, GesR 2017, S. 409 (409).

Beteiligten knapp miteinander abgewogen, bevor überprüft wird, ob der Gesetzgeber auf einfachgesetzlicher Ebene insoweit Lösungen gefunden hat.

(1) Verfassungsrechtliche Abwägung

Im Fall einer Gesundheitsgefährdung Dritter muss eine verfassungsrechtliche Abwägung zwischen dem Recht auf Nichtwissen des Patienten und der ärztlichen Verpflichtung zum Schutz der Gesundheit Dritter aus Art. 2 Abs. 2 S. 1 GG erfolgen. Dabei muss insbesondere berücksichtigt werden, inwiefern die Mitteilung eines Zufallsbefundes eine Belastung für den Nicht-Wissen-Wollenden bedeutet. Zudem muss (1) die Gefährdung des Rechts auf Nichtwissen des Patienten, (2) der Grad der Gefährdung der Gesundheit des Dritten, sowie (3) ein Nutzen des Wissens als auch (4) die Wahrscheinlichkeit, dass ein Schaden entsteht, in die Abwägungen einbezogen werden. Durch die Kenntnis einer zufällig aufgefundenen Erkrankung kann grundsätzlich eine Belastung in psychischer und finanzieller Hinsicht erfolgen. Für Dritte muss abgewogen werden, inwiefern tatsächlich eine Gefährdung besteht. So ist der Grad der Gefährdung bei möglichen Schäden im Straßenverkehr höher als beispielsweise in einem Supermarkt. Auch hinsichtlich der Wahrscheinlichkeit muss berücksichtigt werden, mit welcher Erwartungshaltung eine Gefährdung eintreten kann. Wird der Kraftwagenfahrer beispielweise nur auf dem betriebsinternen Hof zum Umparken der Lastwagen eingesetzt, besteht eine geringere Gefährdung als bei einer Fernfahrt auf der Autobahn. Eine Abwägung dieser Kriterien kann mithin nur einzelfallbezogen erfolgen, da nicht verallgemeinernd davon ausgegangen werden kann, dass jeder unwissend erkrankte Patient für die Gesundheit einer Vielzahl Dritter eine große Gefahr darstellt.

(2) Einfachgesetzliche Ausprägung

Einfachgesetzlich kommt eine Befundmitteilungspflicht des Arztes zum Schutz Dritter bei infektiösen Zufallsbefunden aus dem Infektionsschutzgesetz (IfSG) oder eine Rechtfertigung der Mitteilung nach § 34 StGB bei allen Zufallsbefunden in Betracht. Dafür muss der Schutz der Gesundheit Dritter im Verhältnis zu der Selbstbestimmung des Patienten eine tiefgreifendere Bedeutung erfahren.

(a) Mitteilungspflicht aus dem Infektionsschutzgesetz?

Das Infektionsschutzgesetz schafft einen Regelungsrahmen der „Prävention, Früherkennung, Verhinderung und Weiterverbreitung von Infektionen“[1277] zum Schutz der Bevölkerung. So ist nach § 1 IfSG der Zweck des Gesetzes, vor

1277 *Erdle*, Infektionsschutzgesetz Kommentar, § 1 S. 16; ähnlich *Häberle* in Erbs/Kohlhaas (Hrsg.), Strafrechtliche Nebengesetze, IfSG § 1 Rn. 1.

„übertragbaren [...] Krankheiten beim Menschen vorzubeugen, Infektionen frühzeitig zu erkennen und ihre Weiterverbreitung zu verhindern". Darüber hinaus gibt das IfSG einen organisatorischen Rahmen zur Ausgestaltung der Mitwirkung und Zusammenarbeit vor, indem das Meldesystem festgesetzt wird.[1278]

Während in § 6 IfSG Krankheiten aufgelistet sind, bei denen sowohl bei Verdacht, Ausprägung der Erkrankung als auch dem Tod eine Verpflichtung zur namentlichen Meldung an die Gesundheitsämter besteht, wird in § 7 bereits bei Auffinden von Krankheitserregern eine namentliche Meldungspflicht auferlegt. Diese Meldepflichten dienen nach der amtlichen Begründung den „Maßnahmen zur Eindämmung einer akuten Weiterverbreitungsgefahr"[1279]. Entsprechend § 8 IfSG sind nach Abs. 1 zur Meldung „im Falle des § 6 Nr. 1 der feststellende Arzt [...]" und nach Nr. 2 „im Falle des § 7 die Leiter von Medizinaluntersuchungsämtern" verpflichtet.[1280] Dies belegt, dass die ärztliche Schweigepflicht gegenüber dem Patienten im Falle des Verdachts oder der konkreten Infektionsgefahr durch die Mitteilung an die Behörden zum Schutz der Gesundheit der Bevölkerung durch Gesetz eingeschränkt ist.[1281] Obwohl damit nicht ausgeschlossen werden kann, dass der Patient auch indirekt von seiner Erkrankung bzw. dem Zufallsbefund Kenntnis erlangt, erfolgt die Mitteilung durch den Arzt nicht an den Patienten selbst zum Schutz Dritter. Durch die Regelungen im Infektionsschutzgesetz zur Mitteilung an die Behörden wird mithin nicht intendiert, ein Nichtwissen des Patienten zu missachten, um Dritte zu schützen. Aus dem Infektionsschutzgesetz ergeben sich daher keine Zufallsbefundmitteilungspflichten an den Patienten zum Schutz Dritter.

(b) Mitteilungspflicht aus einem Behandlungsvertrag mit Schutzwirkung zugunsten Dritter?

Eine Mitteilungspflicht aus dem Behandlungsvertrag zwischen Arzt und Patient mit Schutzwirkung zugunsten Dritter besteht bereits aufgrund einer mangelnden Leistungsnähe[1282] nicht. Denn zur Annahme einer Leistungsnähe müsste das Leistungsverhältnis drittbezogen sein, der Dritte mithin in den Schutzbereich

---

1278 *Bales/Baumann/Schnitzler*, Infektionsschutzgesetz, § 1 Rn. 6.

1279 Zitiert nach *Bales/Baumann/Schnitzler*, Infektionsschutzgesetz, § 7 S. 65.

1280 Vgl. § 8 IfSG; weitere Ausführungen bei *Bales/Baumann/Schnitzler*, Infektionsschutzgesetz, § 8 Rn. 1 ff.; *Erdle*, Infektionsschutzgesetz Kommentar, § 8 S. 34; *Kim*, Haftung wegen Bruchs der ärztlichen Schweigepflicht, S. 82 f; *von Bar*, Gesetzlich nicht normierte ärztliche Auskunfts- und Offenbarungspflichten, S. 112.

1281 So auch *Hirthammer-Schmidt-Bleibtreu/Wiese*, MedR 2017, S. 199 (204).

1282 BGH NJW 2001, S. 514 (516); *Musielak*, VersR 1977, S. 973 (978).

einbezogen werden. In einem Behandlungsvertrag zwischen Arzt und Patient kann keine Leistungsnähe für einen unbestimmbaren Kreis dritter Personen angenommen werden, die in Folge einer Erkrankung des behandelten Patienten gefährdet werden könnten. Der Behandlungsvertrag enthält keine Schutzwirkung zugunsten Dritter, die zu einer Mitteilung des Zufallsbefundes entgegen dem Willen des die Kenntnisnahme ablehnenden Patienten befugen könnte.

(c) Mitteilungspflicht aus den Regelungen des Gendiagnostikgesetzes?

Im Gendiagnostikgesetz wird in § 11 Abs. 4 GenDG das Recht auf Nichtwissen ohne Ausnahme anerkannt, sodass der Betroffene auch nicht bei einer potentiellen Drittbetroffenheit mit dem gewonnenen Zufallsbefund konfrontiert werden darf.[1283] Auch die informationelle Selbstbestimmung wird nach § 11 Abs. 3 GenDG geschützt, indem es zur Mitteilung eines Befundes an Dritte einer Einwilligung des Betroffenen bedarf.[1284] Dabei ist der Bezugspunkt gemäß § 11 Abs. 1 GenDG „das Ergebnis einer genetischen Untersuchung", worunter auch solche Zufallsbefunde mit potentiellem Erkrankungswert für Dritte zu subsumieren sind.[1285] Der Gesetzgeber hat sich mithin bei sämtlichen Ergebnissen einer genetischen Untersuchung und mithin auch für den Anwendungskontext der Zufallsbefunde gegen eine ärztliche Befugnis zur Mitteilung eines Befundes an Dritte oder an den Betroffenen zugunsten Dritter entschieden.

(d) Mitteilungsbefugnis aus § 34 StGB?

Die Mitteilung eines Zufallsbefundes an den Patienten durch den Arzt könnte jedoch nach § 34 StGB gerechtfertigt sein, sofern durch den Zufallsbefund für Dritte eine gegenwärtige Gefahr für ein Rechtsgut besteht, die durch die Mitteilung des Zufallsbefundes an den Patienten verhindert werden kann. Da auch im Rahmen des Drittschutzes das Recht auf Nichtwissen nicht strafrechtlich geschützt ist, kann als Anknüpfungspunkt ausschließlich die Verpflichtung zur ärztlichen Schweigepflicht nach § 203 Abs. 1 StGB[1286] herangezogen werden. Sofern die Beschränkung des Rechts auf Nichtwissen ein milderes Mittel

---

1283 *Kern* in Kern (Hrsg.), GenDG Kommentar, § 11 Rn. 10; *Stockter* in Prütting (Hrsg.), MedR-Komm, GenDG § 11 Rn. 19 ff.

1284 *Kern* in Kern (Hrsg.), GenDG Kommentar, § 11 Rn. 5 ff.; *Stockter* in Prütting (Hrsg.), MedR-Komm, GenDG § 11 Rn. 14, 16.

1285 Vgl. BT-Drs. 16/10532, S. 27; *Kern* in Kern (Hrsg.), GenDG Kommentar, § 9 Rn. 10; a. A. *Stockter* in Prütting (Hrsg.), MedR-Komm, GenDG § 11 Rn. 8a.

1286 Ausführlich *Ulsenheimer*, Arztstrafrecht in der Praxis, I Teil 8 Rn. 861 ff.

darstellt als es ein Eingriff in die ärztliche Schweigepflicht wäre, kann eine Mitteilung des Zufallsbefundes an den Betroffenen gerechtfertigt erscheinen.

§ 34 StGB ist als Legitimationsgrundlage zur Mitteilung eines Befundes ohne Einwilligung des Untersuchten nur anwendbar, sofern keinerlei spezifische Regelungen für diesen Kontext geschaffen wurden. Der Gesetzgeber hat jedoch in § 11 GenDG eine spezialgesetzliche Regelung aufgenommen, die die Pflichten und Rechte des Arztes bei Generierung eines genetischen Befundes abschließend regeln sollen. Nach § 11 Abs. 3 GenDG darf ein genetisches Ergebnis einer genetischen Untersuchung Dritten nur unter der Voraussetzung einer Einwilligung des Untersuchten mitgeteilt werden. Auch der Untersuchte selbst darf über das Ergebnis nach § 11 Abs. 4 GenDG nur in Kenntnis gesetzt werden, wenn die Einwilligung diese Mitteilung umfasst. Für den Bereich der genetischen Zufallsbefunde durch genetische Untersuchungen bestehen mithin spezifische Vorgaben, die systematisch einen Rückgriff auf die allgemeine Befugnis nach § 34 StGB nicht zulassen.[1287]

Weniger eindeutig ist, ob bei Zufallsbefunden, die durch bildgebende Verfahren gewonnen wurden und bei denen das Gendiagnostikgesetz keine Anwendung findet,[1288] eine gerechtfertigte Mitteilung nach § 34 StGB erfolgen könnte, da für diese Befunde keine spezialgesetzlichen Regelungen existieren. Jedoch würde ein Rückgriff auf die Befugnisse aus § 34 StGB wiederum den Pflichten des Arztes aus dem Behandlungsverhältnis zuwiderlaufen, die ihm eine Befundmitteilung an den Patienten selbst bei entgegenstehendem Wissen versagen und eine Schweigepflicht gegenüber Dritten im konkreten Behandlungsverhältnis gebieten.[1289] Die Annahme einer ärztlichen Mitteilungsbefugnis aufgrund einer Rechtfertigung nach § 34 StGB würde zudem zu einer ungleichen Wertung bei genetischen und nicht-genetischen Zufallsbefunden führen, da bei Gewinn eines genetischen Befunde aufgrund der spezielleren Normen des Gendiagnostikgesetzes eine Mitteilung nicht nach § 34 StGB gerechtfertigt wäre. Eine derartige Ungleichbehandlung der Patienten hinsichtlich der Achtung des Rechts auf Nichtwissen darf bei Annahme der Gleichwertigkeit der Befunde nicht

1287 So im Ergebnis auch *Stockter* in Prütting (Hrsg.), MedR-Komm, GenDG § 11 Rn. 15; so bereits auch beim Schutz gegenüber der körperlichen Unversehrtheit von Verwandten im 2. Kapitel B I 2. c) bb) bbb) (2) (c).

1288 Hierzu ausführlich im 2. Kapitel B II 2. b).

1289 Zur Schweigepflicht als Vertragspflicht *Spickhoff* in Spickhoff (Hrsg.), Medizinrecht, BGB § 630a Rn. 46.

erfolgen.[1290] § 34 StGB kann nicht für die Mitteilung eines Befundes an den Patienten zum Schutz dritter Personen herangezogen werden.[1291]

cc) Zwischenergebnis

Die Ausführungen belegen, dass die Mitteilung eines Zufallsbefundes bei Nicht-Wissen-Wollen des Patienten weder zu seinem eigenen Schutz noch zu dem Schutz der Verwandten oder dritter Personen erfolgen darf, sondern dass das Selbstbestimmungsrecht des Patienten umfassend gewährt wird. Vor dem Hintergrund, dass das Recht auf Nichtwissen gerade ein relatives Recht ist, das nach seiner verfassungsrechtlichen Systematik aufgrund Interessen Dritter eingeschränkt werden kann, sind die einfachgesetzlichen Regelungen kritisch zu hinterfragen. Denn es ist nicht ersichtlich, welches Rechtsgut das Recht auf Nichtwissen einschränken kann, wenn nicht die Gesundheit verwandter Personen oder der Person selbst. Auch hinsichtlich der Fürsorge des Arztes offenbart dieses Ergebnis Schwierigkeiten: So tritt die Schutzpflicht gegenüber der Gesundheit des Patienten und der Verwandten und Dritten ohne Ausnahmetatbestand hinter dem Recht auf Nichtwissen zurück. Es ist zumindest fraglich, ob dies auch bei therapierbaren Erkrankungen Dritter gerechtfertigt werden kann. Es scheint dementsprechend möglich, dass aufgrund der vergleichsweise neuen Anerkennung des Rechts auf Nichtwissen dessen Geltungskraft im Vergleich zu Gesundheitsbelangen Verwandter oder Dritter zu wenig differenzierend eingeordnet wurde.[1292] Es ist dem Gesetzgeber anzuraten, hinsichtlich der Mitteilung eines Zufallsbefundes einheitliche Regelungen unter Berücksichtigung der Schutzpflichten des Arztes gegenüber dem Patienten selbst, der Verwandten und Dritter zu treffen.

1290 Der Arbeit liegt die Annahme zugrunde, dass genetische Zufallsbefunde entgegen der Ansichten des genetischen Exzeptionalismus keine Sonderstellung begründen; vgl. 1. Kapitel B II 4. a).

1291 Im Gegensatz dazu kann § 34 StGB jedoch für eine Mitteilung des Befundes an Dritte zum Schutz der Rechtsgüter Dritter herangezogen werden, vgl. *Fischer*, StGB, § 203 Rn. 47 m. w. Nachw.; s. a. BGH NJW 1968, S. 2288 (2290).

1292 Vgl. daher auch den Gesetzesentwurf im 2. Kapitel D III 1. b), dem für den Fall einer bedrohlichen Gefahr für das Leben der Verwandten und Dritten eine ärztliche Ermessensnorm zur Mitteilung des Befundes zugrunde liegt; auch der Entwurf der BMBF-Projektgruppe „Recht auf Nichtwissen“ befürwortet eine Durchbrechung des Rechts auf Nichtwissen bei Vorliegen dezidierter Voraussetzungen, vgl. *BMBF-Projektgruppe „Recht auf Nichtwissen“*, MedR 2016, S. 399 (402).

II. Nationale Regelungen

Das Verfassungsrecht bedarf einer Konkretisierung durch das einfache Recht, um einen umfassenden Regelungsrahmen zu schaffen. Nach der Rechtsprechung des BVerfG unterliegen Entscheidungen, die Grundrechte des Einzelnen betreffen, dem parlamentarischen Gesetzesvorbehalt, auch Wesentlichkeitstheorie genannt.[1293] Die Wesentlichkeitstheorie folgt nach der ständigen Rechtsprechung des BVerfG aus dem Rechtsstaatsprinzip nach Art. 20 Abs. 3 GG und dem Demokratieprinzip nach Art. 20 Abs. 2 GG.[1294] Sie verpflichtet die Legislative, Rahmenbedingungen für die Verwaltung sowie Regelungen für das private Rechtsleben zu gestalten. Dabei steht dem Gesetzgeber hinsichtlich der Erforderlichkeit einer neuen gesetzlichen Regelung ein weiter Einschätzungs-, Wertungs- und Gestaltungsspielraum zu.[1295] Es wird häufig kritisiert, dass der Begriff „Wesentlichkeit" zu unbestimmt sei, um mittels einer Theorie festzulegen, in welchen normativen Bereichen neue gesetzgeberische Entscheidungen notwendig sind.[1296] Diese Kritik ist für den hiesigen Kontext, nämlich den Umgang mit der Aufklärung und Mitteilung von Zufallsbefunden irrelevant. Denn infolge der Generierung von Zufallsbefunden werden die relevanten Grundrechte des Einzelnen ohne gesetzliche Regelungen erheblich gefährdet.[1297] Diese Grundrechtsgefährdung bedingt einen Gesetzgebungsauftrag aus der Wesentlichkeitstheorie für das Vorgehen bei Generierung eines zufälligen Befundes.

Da der Patient bei Generierung eines Zufallsbefundes verfassungsrechtlichem Schutz unterliegt, ist folglich zu ermitteln, ob eine Präzisierung dieses Schutzes in dem Patientenrechtegesetz für sämtliche medizinische Zufallsbefunde und durch das Gendiagnostikgesetz für genetische Zufallsbefunde stattgefunden hat. Im Rahmen der Bestimmung möglicher Grenzen des Rechts auf Nichtwissen bei kollidierenden Grundrechtsinteressen wurden bereits einfachgesetzliche Mitteilungsbefugnisse oder -pflichten des Arztes dargestellt. In der Folge sind mithin insbesondere Regelungen zur Aufklärung und deren Umfang beispielsweise auch hinsichtlich der Verwendung von Kategorien, zur Verpflichtung des Arztes zur aktiven Suche von Zufallsbefunden und zur Behandlung von Zufallsbefunden zu untersuchen.

1293 BVerfGE 61, 260 (275); 88, 103 (116).

1294 BVerfGE 45, 400 (417 f.); 47, 46 (78); 58, 357 (268 f.).

1295 BVerfGE 77, 170 (214); *Kubella*, Patientenrechtegesetz, S. 32.

1296 Statt vieler *Herzog*, NJW 1999, S. 25 (26).

1297 Vgl. Darstellung im 2. Kapitel B I 2. c).

1. Patientenrechtegesetz

Das „Patientenrechtegesetz (PatRG)“[1298] vom 20. Februar 2013 trat am 26. Februar 2013 nach einer jahrelangen, bereits in den siebziger Jahren begonnenen Diskussion[1299] um die Notwendigkeit eines die Rechte der Patienten verbindlich regelnden Gesetzes in Kraft.[1300] Ziel dieses Artikelgesetzes war die Verbesserung der Rechte der Patienten durch transparente Darstellung der Regelungen zur Erlangung von Rechtsklarheit und Rechtssicherheit.[1301] Befürworter der Etablierung eines neuen Gesetzes unterstützten diese Zielsetzung und forderten eine Stärkung der Patientenrechte durch Klarstellung und Transparenz und eine Vereinheitlichung der bisher nur durch die Rechtsprechung geprägten Regelungen.[1302] Das Erfordernis eines Gesetzes zum Schutz der Patienten wurde beispielsweise von *Katzenmeier* bereits vor Inkrafttreten angezweifelt. So wurde in den Entscheidungen der Rechtsprechung eine ausreichende Klarstellung angenommen und vor einer Verrechtlichung funktionierender Abläufe gewarnt.[1303] Auch nach Inkrafttreten wurde das Patientenrechtegesetz als „Enttäuschung“ und „Ansammlung von Allgemeinplätzen und Altbekanntem“[1304] angegriffen und ein „Entwicklungsstillstand sowohl im Bereich individueller wie auch kollektiver Patientenrechte“[1305] befürchtet. Insbesondere wird kritisiert, dass die Klarstellungsfunktion der §§ 630a ff. BGB gering sei, da der Gesetzgeber

1298 Gesetz zur Verbesserung der Rechte von Patientinnen und Patienten v. 20.02.2013, BGBl I S. 277.

1299 *Francke/Hart*, Charta der Patientenrechte, S. 249; weitere Nachw. bei *Hart* in Rieger/Dahm/Katzenmeier/Steinhilper (Hrsg.), Heidelberger Komm. Arztrecht Krankenhausrecht Medizinrecht (HK-AKM), April 2017, Nr. 4015 Rn. 2; allgemein *Kubella*, Patientenrechtegesetz.

1300 *Weidenkaff* in Palandt (Hrsg.), Bürgerliches Gesetzbuch, BGB Vorb v § 630a Rn. 1; zu der historischen Entwicklung des Patientenrechtegesetzes näher *Deutsch*, NJW 2012, S. 2009 (2010 ff.); *Hart*, MedR 2013, S. 159 (159); *Kubella*, Patientenrechtegesetz, S. 15 ff.; *Montgomery/Brauer/Hubner/Seebohm*, MedR 2013, S. 149 (150); *Thole*, MedR 2013, S. 145 (145 ff.).

1301 BT-Drs. 17/10488, S. 10; *Weidenkaff* in Palandt (Hrsg.), Bürgerliches Gesetzbuch, BGB Vorb v § 630a Rn. 1; s. a. *Thole*, MedR 2013, S. 145 (146).

1302 *Hart* in AOK (Hrsg.), Patientenrechte, S. 27 (32 f.); *Tamm*, VuR 2012, 245 (245 f.); *Thole*, MedR 2013, S. 145 (146); ähnlich bereits vor Einführung des Patientenrechtegesetzes *Deutsch/Geiger*, Der medizinische Behandlungsvertrag, S. 1049 (1055).

1303 *Katzenmeier*, Bundesgesundheitsbl 2012, S. 1093 (1097); *Katzenmeier*, MedR 2011, S. 201 (204 ff.).

1304 *Thurn*, MedR 2013, S. 153 (153).

1305 *Hart*, MedR 2013, S. 165 (165).

verpasst habe, auch in der Rechtsprechung unklare Situationen nun verbindlich gesetzlich zu regeln.[1306]

Die Vorschriften des Patientenrechtegesetzes werden teilweise herangezogen, um für Transparenz und Klarstellung im Zusammenhang mit den Anforderungen an die Aufklärung und Mitteilung von Zufallsbefunden bei diagnostischen Untersuchungen zu sorgen, für die derzeit unterschiedliche ethische Lösungskonzepte vorgeschlagen werden und die Rechtsprechung keine Rechtssicherheit leistet.

a) Pflicht zur Aufklärung über Zufallsbefunde

Entsprechend § 630e Abs. 1 BGB ist der Behandelnde verpflichtet, „den Patienten über sämtliche für die Einwilligung wesentlichen Umstände aufzuklären". Weder diese Verpflichtung noch die anschließende Erklärung, nach der „insbesondere Art, Umfang, Durchführung, zu erwartende Folgen und Risiken der Maßnahme sowie ihre Notwendigkeit, Dringlichkeit, Eignung und Erfolgsaussichten im Hinblick auf die Diagnose" umfasst werden, begründen eine explizite Einbeziehung von Zufallsbefunden. Da die Aufzählung den von der Rechtsprechung entwickelten Kriterien entspricht[1307] und diese grundsätzlich entwicklungsoffen sind, könnte eine Aufklärungspflicht über den möglichen Gewinn von Zufallsbefunden jedoch dennoch umfasst sein.

aa) „Zu erwartende Folgen"

Da Zufallsbefunde generierte Ergebnisse einer diagnostischen Untersuchung wie einer Computertomographie oder einer PCR sind, könnte eine Aufklärung durch das Aufzählungskriterium „zu erwartende Folgen" erfasst sein. Der Anknüpfungspunkt der Aufklärung über zu erwartende Folgen ist die medizinische Maßnahme, die nicht legal definiert ist, wohl aber jeden Eingriff in die Gesundheit des Patienten und mithin alle diagnostischen und therapeutischen Interventionen umfasst.[1308] Während im Gendiagnostikgesetz über sämtliche „mit dem genetischen Untersuchungsmittel [...] erzielbaren Ergebnisse" (§ 9

1306 Exemplarisch *Hart*, MedR 2013, S. 165 (165); *Thurn*, MedR 2013, S. 153 (153); ähnlich auch *Duttge* in Yamanaka/Schorkopf/Jehle (Hrsg.), Präventive Tendenzen in Staat und Gesellschaft, S. 143 (156): „[...] arg simplifizierende Vorstellung von der Wirkweise des Rechts [...]."

1307 *Weidenkaff* in Palandt (Hrsg.), Bürgerliches Gesetzbuch, BGB § 630e Rn. 2.

1308 BT-Drs. 17/10488, S. 23; *Weidenkaff* in Palandt (Hrsg.), Bürgerliches Gesetzbuch, BGB Vorb v § 630a Rn. 2.

Abs. 2 Nr. 1 GenDG) aufgeklärt werden muss,[1309] besteht nach § 630e Abs. 1 BGB eine Begrenzung der Aufklärung auf die „zu erwartende Folgen“ einer medizinischen Maßnahme. Es wird folglich eine bestimmte Erwartungshaltung in Bezug auf das Eintreten der Folge ausgedrückt. Zufallsbefunde vermitteln begrifflich, dass sie kein erwartetes, sondern ein unvorhergesehenes Ergebnis einer diagnostischen Untersuchung sind. Dementsprechend lassen der Terminus und der entsprechende Sinngehalt keine Zuordnung zu dem Kriterium „zu erwartende Folgen“ zu.

Allerdings wird vertreten, dass heutzutage grundsätzlich jeder Zufallsbefund infolge der technischen Möglichkeiten erwartet werden müsse und dementsprechend keine unerwartete, sondern vielmehr eine zusätzliche Information darstelle.[1310] Bei Durchführung einer Bildgebung ermögliche eine höhere Auflösungsmöglichkeit[1311] ebenso wie bei genetischen Analysen[1312] einen verlässlicheren Gewinn von Zufallsbefunden. Dementsprechend könnte ein Zufallsbefund auch als erwartete Folge nach § 630e Abs. 1 S. 2 BGB angesehen werden. Dieser Ansatz vernachlässigt jedoch, dass zwar infolge technischer Möglichkeiten der Diagnoseinstrumente eine gewisse Erwartungshaltung hinsichtlich eines Gewinnes von Zufallsbefunden besteht, ohne dass der Behandelnde bei dem einzelnen Patienten aufgrund dessen genetischer Expression und gesundheitlicher Variabilität diese tatsächlich vorhersehen kann.[1313] Auch aus Sicht des Patienten selbst lässt sich der zufällige Befund nicht als „erwartete Folge“ charakterisieren, sondern als neue, von ihm bis zur Mitteilung nicht erahnte Erkrankung. Demzufolge kann über Zufallsbefunde auch nicht im Rahmen einer Aufklärung über zu erwartende Folgen der medizinischen Maßnahme informiert werden.

bb) „Risiken“

Unter Risiken nach § 630e Abs. 1 S. 2 BGB werden die schadhaften Folgen einer ordnungsgemäß durchgeführten medizinischen Maßnahme gefasst, die dem

---

1309 BT-Drs. 16/3233, S. 32; *Kern* in Kern (Hrsg.), GenDG Kommentar, § 9 Rn. 10; ähnlich: *Fenger* in Spickhoff (Hrsg.), Medizinrecht, GenDG § 9 Rn. 1: „Überschussinformationen“; *Schillhorn/Heidemann*, Gendiagnostikgesetz Kommentar, § 9 Rn. 4 ff.

1310 *Parker*, J Law Med Ethics 2008, S. 341 (341 f.).

1311 *Kreisler*, Der Radiologe 2004, S. 820 (820).

1312 *Clayton*, J Law Med Ethics 2008, S. 286 (287).

1313 Für den Forschungskontext siehe *Hoffmann/Schmücker* in Puls/Hosten (Hrsg.), Ganzkörper-MRT-Screening. Befunde und Zufallsbefunde, S. 1 (3).

Eingriff spezifisch anhängen.[1314] Da Zufallsbefunde gerade keine Folgeschäden einer medizinischen Maßnahme sind, sondern vielmehr bereits existierende, infolge der Untersuchung gefundene Befunde darstellen, sind sie nicht als Risiken einzuordnen.[1315] Dementsprechend darf die Aufklärung über einen möglichen Gewinn von Zufallsbefunden auch nicht im Rahmen der Risikoaufklärung nach § 630e BGB stattfinden.

cc) Ergänzung der Aufklärungskriterien

Eine Aufklärung über Zufallsbefunde könnte in Ergänzung des dort angeführten Kataloges erfolgen. Indem der Gesetzgeber eine Aufklärung über „insbesondere Art, Umfang und Durchführung […]" verlangt, wird verdeutlicht, dass die dort erwähnten Kriterien lediglich exemplarisch und somit nicht abschließend formuliert sind.[1316] Sofern Zufallsbefunde als unerwartete Ergebnisse von den wesentlichen aufklärungsbedürftigen Umständen erfasst sind, müssen sie demnach gleichsam in § 630e BGB hinein gelesen werden. Die Kriterien in § 630e Abs. 1 BGB sind grundsätzlich der durchgeführten Maßnahme anhaftende Faktoren („Art, Umfang, Durchführung, zu erwartende Folgen und Risiken") oder beziehen sich auf die Diagnose („Notwendigkeit, Dringlichkeit, Eignung und Erfolgsaussichten"). Zufallsbefunde sind keine Umstände, die mit der Maßnahme wie die dort aufgeführten Kriterien verbunden sind, sondern Befunde bereits existierender Erkrankungen oder Krankheitsdispositionen, die ausschließlich durch den Einsatz der Untersuchungsmethode generiert wurden. Sie sind mithin zufällig generierte, zusätzliche Ergebnisse dieses medizinischen Eingriffes.

Aufgrund der umfangreichen Aufzählung in § 630e Abs. 1 S. 2 ebenso wie des divergierenden Bezugspunkts der Aufklärungskriterien entsteht der Eindruck, dass der Gesetzgeber bei der Erstellung des § 630e BGB eine Aufklärung über die Generierung von Zufallsbefunden nicht in Betracht gezogen hat. Dieser Anschein wird dadurch bestätigt, dass die Vorschrift eine Zusammenfassung der bisherigen Rechtsprechung darstellt[1317] und diese sich noch nicht ausdrücklich

---

1314 *Weidenkaff* in Palandt (Hrsg.), Bürgerliches Gesetzbuch, BGB § 630e Rn. 3; ähnlich *Wever* in Bergmann/Pauge/Steinemeyer (Hrsg.), Gesamtes Medizinrecht, BGB § 630e Rn. 6.

1315 Siehe Ausführungen dazu bereits im 2. Kapitel B I 1. a) bb) aaa).

1316 So auch BT-Drs. 17/10488, S. 24; *Spickhoff*, VersR 2013, S. 267 (276).

1317 BT-Drs. 17/10488, S. 24.

mit der Aufklärung über Zufallsbefunde beschäftigt hat.[1318] Auch weitere Ausführungen zu einer Informationspflicht über das Recht auf Nichtwissen, welches bei Gewinn eines Zufallsbefundes für den Patienten einen verfassungsrechtlichen Schutz gewährt, bleiben aus. Dementsprechend muss davon ausgegangen werden, dass der Gesetzestext des § 630e BGB keine Verpflichtung zur Information über einen möglichen Gewinn von Zufallsbefunden enthält. Allerdings umfasst eine gesetzliche Regelung, die durch das Wort „insbesondere" eingeleitet wird und damit nicht abschließend ist, nicht nur vom Gesetzgeber intendierte Fälle. Sie spezifiziert vielmehr beispielhaft den Umfang der Aufklärung. Die gesetzlich verankerte Unvollständigkeit ermöglicht es, auch bei der Gesetzgebung nicht bedachte Fallgruppen zu berücksichtigen. Dazu kann auch die Aufklärung über Zufallsbefunde als nicht erwartetes Ergebnis einer Untersuchung gehören.

dd) Zwischenergebnis

Nach den ungeschriebenen Vorgaben des § 630e BGB ist es ärztliche Pflicht, über den möglichen Gewinn von Zufallsbefunden bei Durchführung einer diagnostischen Untersuchung aufzuklären. Diese Aufklärung ist auch grundsätzlich notwendig, um die Folgen der medizinischen Maßnahme in vollem Umfang ermessen zu können.[1319] Da durch Zufallsbefunde psychische und finanzielle Folgen entstehen können, muss der Patient auch über diese Umstände in Kenntnis gesetzt werden. Der Gesetzgeber hat es in diesem Zusammenhang zwar verpasst, die Folgen der neuen technischen Entwicklungen in der Medizin im Patientenrechtegesetz ausdrücklich zu berücksichtigen und dadurch eine Transparenz für den Patienten zu ermöglichen. Allerdings ist die Regelung im Patientenrechtegesetz aufgrund seiner nicht abschließenden Formulierung durch die Verwendung des Begriffes „insbesondere" für neue Entwicklungen und ihre Folgen offen.

b) Suchen von Zufallsbefunden

Die Erhebung eines auffälligen Befundes wie die eines Zufallsbefundes kann, insbesondere sofern es sich um eine therapierbare oder vermeidbare Erkrankung handelt, für den Patienten einen Nutzen darstellen.[1320] Daraus könnte

---

1318 Bisher hat die Rechtsprechung sich ausschließlich mit dem Aufgreifen von Zufallsbefunden auseinandergesetzt, vgl. BGH MedR 2011, S. 645 (645 ff.); OLG Brandenburg BeckRS 2009, S. 25226.

1319 Dazu ausführlich bereits im 2. Kapitel B I 1. a).

1320 So wird beispielweise im Rahmen der Kategorisierung von Zufallsbefunden als Bezugspunkt der Nutzen eines Zufallsbefundes für den Patienten gewählt, siehe *Rudnik-Schöneborn/Langanke/Erdmann/Robienski*, Ethik Med 2014, S. 105 (116).

die Notwendigkeit einer Verpflichtung des Arztes zum aktiven Suchen von Zufallsbefunden abgeleitet werden. In strafrechtlicher Hinsicht kann das Nichtauffinden eines relevanten Befundes bei Feststellung eines Pflichtwidrigkeitszusammenhanges als eine Körperverletzung durch Unterlassen nach § 223 Abs. 1 i.V.m § 13 StGB angesehen werden, da der Arzt gegenüber dem Patienten durch Übernahme der Behandlung eine Garantenpflicht innehat.[1321] Es bedarf hinsichtlich der ärztlichen Pflicht aus einem Behandlungsvertrag einer differenzierenden Betrachtung zwischen der Pflicht zum Auffinden sämtlicher Zufallsbefunde, dem Aufgreifen erkennbarer Zufallsbefunde und einer vertraglich vereinbarten aktiven Suche nach zufälligen Befunden.

aa) Verpflichtung zum Auffinden sämtlicher Zufallsbefunde

Eine Verpflichtung zum Auffinden sämtlicher Zufallsbefunde im Rahmen einer diagnostischen Untersuchung würde dieser den Charakter einer Ganz-Körper-Untersuchung oder eines „Gesundheitschecks" und eine dementsprechende Erfolgsaussicht verleihen. Dies würde bedingen, dass der Patient aus einer Behandlung durch den Arzt neben der eigentlichen Diagnostik und Therapie einen darüber hinausgehenden Nutzen durch umfassende Überprüfung der Gesundheit erlangen würde.

Die Pflichten des Arztes ergeben sich aus dem Behandlungsvertrag nach § 630a BGB, der eine spezielle Form des Dienstvertrages[1322] darstellt und folglich von dem einen Behandlungserfolg versprechenden Werkvertrag zu unterscheiden ist.[1323] Im Rahmen des Behandlungsvertrages wird dem Patienten „die Leistung der versprochenen Handlung" und somit die Durchführung einer

---

1321 *Gaede* in Kindhäuser/Neumann/Paeffgen (Hrsg.), StGB Band 1, § 13 Rn. 39.

1322 BT-Drs. 17/10488, S. 17; *Jaeger* in Prütting (Hrsg.), MedR-Komm, BGB § 630a Rn. 2; *Weidenkaff* in Palandt (Hrsg.), Bürgerliches Gesetzbuch, Vorb v § 630a Rn. 1; näher auch *Katzenmeier*, NJW 2013, S. 817 (817); *Preis/Schneider*, NZS 2013, S. 281 (282); *Rützenhoff*, Das Patientenrechtegesetz, S. 45 f.; *Spickhoff*, VersR 2013, S. 267 (268); *Thole*, MedR 2013, S. 145 (146); frühere Entscheidungen des BGH zur Natur des Dienstverhältnisses: BGHZ 47, 75 (77); 76, 259 (261); 97, 273 (276); Literatur vor dem Patientenrechtegesetz vgl. *Giesen*, Wandlungen des Arzthaftungsrechts, 3.; *Kern* in Laufs/Kern (Hrsg.), Handbuch des Arztrechts, § 38 Rn. 9 f.

1323 BT-Drs. 17/10488, S. 17; *Weidenkaff* in Palandt (Hrsg.), Bürgerliches Gesetzbuch, Vorb v § 630a Rn. 5; Literatur vor dem Patientenrechtegesetz vgl. *Kern* in Laufs/Kern (Hrsg.), Handbuch des Arztrechts, § 38, Rn. 11 f.; zu Verträgen im Grenzbereich zwischen Behandlungsvertrag- und Werkvertragsrecht näher *Franzki*, Der Behandlungsvertrag, S. 59 ff.

oder mehrerer bestimmter medizinischer Maßnahmen nach medizinischem Standard zugesagt.[1324] Dies impliziert keine Pflicht, einen bestimmten Behandlungs- oder Diagnoseerfolg herbeizuführen.[1325] Eine Verpflichtung zum Auffinden eines Zufallsbefundes während der medizinischen Untersuchung erfordert einen medizinischen Erfolg bei der Diagnose und nicht nur die Durchführung der Diagnose selbst. Ein solches Erfolgsziel ist von den Grundsätzen der Vertragsnatur des § 630a BGB nicht umfasst. Eine Erfolgsverpflichtung würde eine Ausweitung der Haftung des Arztes von einer „anlassbezogenen Pflichtzuweisung" aufgrund von Pflichtverletzung hin zu einer „abstrakten Einstandspflicht für das Patientenwohl" im weiteren Sinne bedingen.[1326] Vereinbaren Arzt und Patient hingegen einen bestimmten Erfolg vertraglich, so ist in diesem Fall § 630a BGB nicht anwendbar, sondern es muss ein Rückgriff auf die allgemeinen Vorschriften des Werkvertrages erfolgen.[1327] Für den Arzt besteht aus dem Patientenrechtegesetz keine Verpflichtung zum Auffinden sämtlicher Zufallsbefunde eines Patienten.

bb) Verpflichtung zum Aufgreifen erkennbarer Zufallsbefunde

Aus § 630a BGB ergibt sich jedoch eine ärztliche Verpflichtung zum Aufgreifen *erkennbarer* Zufallsbefunde aus den Pflichten des Behandelnden.[1328] Die Rechtsprechung hat inzwischen anerkannt, dass der Arzt aufgrund seiner Fürsorgepflicht[1329] bei Beachtung des medizinischen Standards dazu verpflichtet ist, Befunde mit gebotener Sorgfalt auszuwerten, sodass er im Rahmen seiner fachlichen Kenntnisse alle Auffälligkeiten zu Kenntnis nehmen und entsprechende Folgemaßnahmen einleiten kann.[1330] Unumstritten gehört dazu, dass erkennbare

---

1324 *Weidenkaff* in Palandt (Hrsg.), Bürgerliches Gesetzbuch, § 630a Rn. 7 ff.

1325 *Weidenkaff* in Palandt (Hrsg.), Bürgerliches Gesetzbuch, Vorb v § 630a Rn. 5; eine solche Verpflichtung wäre auch vor dem Hintergrund des Haftungsrechts problematisch, da der Arzt in diesem Falle steigender, kaum absehbarer Haftungsfolgen ausgesetzt wäre.

1326 *Katzenmeier*, JZ 2011, S. 797 (798); zur Entwicklung auch *Katzenmeier*, Arzthaftung, S. 156 ff.

1327 So auch BT-Drs. 17/10488, S. 17.

1328 BGH MedR 2011, S. 645 (645 ff.); *Weidenkaff* in Palandt (Hrsg.), Bürgerliches Gesetzbuch, § 630a Rn. 16.

1329 BGH MedR 2011 S. 645 (647) m. Anm. *Katzenmeier*, JZ 2011, S. 797 (797 f.), sowie m. Anm. *Schmidt-Recla*, MedR 2011, S. 648 (648) sowie *Voigt*, MedR 2011, S. 649 (649).

1330 BGH MedR 2011, S. 645 (647); OLG Brandenburg, BeckRS 2009, S. 25226.

Zufallsbefunde nicht unbeachtet bleiben dürfen.[1331] Begrenzt wird diese Verpflichtung zum Aufgreifen darauf, „all die Auffälligkeiten zur Kenntnis und zum Anlass für die gebotenen Maßnahmen zu nehmen, die er aus berufsfachlicher Sicht seines Fachbereichs unter Berücksichtigung der in seinem Fachbereich vorausgesetzten Kenntnisse und Fähigkeiten sowie der Behandlungssituation feststellen muss“[1332]. Wird ein für den Arzt nach seinen fachlichen Eigenschaften erkennbarer Zufallsbefund medizinisch nicht richtig interpretiert und daher notwendige diagnostische und therapeutische Maßnahmen nicht angeordnet, stellt dies einen Diagnoseirrtum dar.[1333] Nach dem BGH muss der Arzt hierfür jedoch die medizinisch notwendigen Befunde erhoben haben, um somit einen ausreichenden Beweis für die Einordnung der Krankheitssymptome zu schaffen. Fehlt es hingegen an einer ausreichenden Befunderhebung, sodass eine Interpretation überhaupt nicht möglich ist, handelt es sich um einen Befunderhebungsfehler.[1334] Entgegen der Ansicht des OLG Brandenburgs[1335] kann daher eine Fehlinterpretation keinen Befunderhebungsfehler darstellen, da hierfür erkennbare Befunde gerade nicht erhoben worden sein dürfen.[1336] Lediglich fundamentale Diagnoseirrtümer müssen als grobe Behandlungsfehler gewertet werden.[1337] Die Annahme eines „fundamentalen Irrtums“ erfolgt jedoch restriktiv und nur, wenn die fehlerhafte Interpretation des Befundes „aus objektiver Sicht nicht mehr verständlich erscheint“[1338].

cc) Aktive Suche von Zufallsbefunden

Abzugrenzen von den beiden zuvor genannten Fallkonstellationen ist die Verpflichtung zur aktiven Suche von Zufallsbefunden. Da eine aktive Suche von

---

1331 BGH MedR 2011, S. 645 (647).

1332 BGH MedR 2011, S. 645 (647).

1333 BGH MedR 2011, S. 645 (645 ff.); a. A.: OLG Brandenburg, BeckRS 2009, S. 25226; krit. *Kolvenbach*, MedR 2018, S. 950 (957).

1334 BGH NJW 2016, S. 1447 (1448); OLG Naumburg, MedR 2017, S. 719 (719) m. Anm. *Finn*, MedR 2017, S. 728 (728).

1335 OLG Brandenburg, BeckRS 2009, S. 25226.

1336 BGH MedR 2011, S. 645 (647); relevant ist die Abgrenzung zwischen Diagnoseirrtum und Befunderhebungsfehler aufgrund der Beweislastumkehr in Haftungsfällen. Ein einfacher Befunderhebungsfehler führt zu einer Beweislastumkehr (§ 630a Abs. 5 S. 2 BGB). Ein Diagnosefehler hingegen nicht. Vgl. hierzu OLG Naumburg MedR 2017, S. 719 (719 ff.) m. Anm. *Finn*, MedR 2017, S. 728 (728).

1337 Vgl. BT-Drs. 17/10488, S. 31.

1338 *Wagner in* MüKo Bd. 4, BGB § 630h Rn. 100.

Zufallsbefunden nicht dem Ziel des ursprünglich geschlossenen Vertrages dient, ist sie grundsätzlich nicht von den Vertragspflichten nach § 630a BGB umfasst. Das ACMG hat im Jahre 2013 eine ärztliche Verpflichtung zur aktiven Suche genetischer Zufallsbefunde befürwortet, indem bei Laboruntersuchungen von Patienten diese Proben grundsätzlich auf 50 verschiedene Mutationen untersucht werden sollen, die zuvor als mögliche Zufallsbefunde charakterisiert wurden.[1339] Die Arbeitsgruppe des ACMG sieht dieses Vorgehen als eine Verpflichtung des Arztes aus seiner Fürsorge heraus an.[1340] Dabei gehen sie jedoch nicht von der Generierung von Zufallsbefunden, sondern von Zusatzbefunden aus.[1341] Sofern auch Befunde einer aktiven Suche, die nicht mit der ursprünglichen Fragestellung in Zusammenhang stehen, als zufällige Befunde anerkannt werden,[1342] unterliegt es der Vertragsfreiheit zwischen Arzt und Patient, den Inhalt des § 630a BGB festzulegen und die Pflichten der Beteiligten zu bestimmen. So deklariert § 630a BGB gerade die Verpflichtung zur Leistung der „versprochenen Behandlung“. Da die nicht legal definierte Behandlung neben Eingriffen in die körperliche Unversehrtheit und Gesundheit des Patienten auch die Diagnostik enthält,[1343] bestimmt sich der Umfang der Behandlung entsprechend der Vereinbarung der Vertragsparteien. Wenn keine gesonderten Vereinbarungen zwischen Arzt und Patient bestehen, ist eine aktive Suche nach Zufallsbefunden nicht von dem Behandlungsvertrag gemäß § 630a BGB umfasst.

dd) Zwischenergebnis

Wenn folglich umgangssprachlich ein „Auffinden von Zufallsbefunden“ gefordert wird, muss in rechtlicher Hinsicht zwischen dem verpflichtenden Aufgreifen erkennbarer Zufallsbefunde und darüber hinausgehenden Forderungen differenziert werden. Denn während das Aufgreifen erkennbarer Zufallsbefunde für einen Arzt eine ärztliche Pflicht darstellt, ist das generelle Auffinden von Zufallsbefunden im Sinne eines Erfolges keine vertragliche Verpflichtung. Auch

1339 *Green et al.*, Genet Med 2013, S. 565 (565 ff.).

1340 *Green et al.*, Genet Med 2013, S. 565 (568).

1341 *American College of Medical Genetics and Genomics*, Genet Med 2015, S. 1 (2); vgl. Ausführungen bei *Fisher/Achilles/Tönnies/Schmidtke*, Bundesgesundheitsbl 2015, S. 166 (170); ähnlich *Presidental Comission for the Study of Bioethical Issues*, S. 27 f., S. 56; weitere Ausführungen hierzu bereits im 1. Kapitel A I 3. und A III 1.

1342 Vgl. *Presidental Comission for the Study of Bioethical Issues*, S. 37 für den Fall der Genomsequenzierung, die mit einer aktiven Suche von Zufallsbefunden verglichen werden kann.

1343 *Weidenkaff* in Palandt (Hrsg.), Bürgerliches Gesetzbuch, Vorb v § 630a Rn. 2.

eine aktive Suche ist solange nicht vom Vertrag nach § 630a BGB umfasst, bis eine vertragliche Vereinbarung über die Pflichtenerweiterungen zwischen den Parteien erfolgt. Diese Differenzierung mag für den Laien unverständlich sein, doch ist sie vor dem Hintergrund ärztlicher Haftung zwingend.

c) Mitteilung von Zufallsbefunden

Aus den Vorschriften des Patientenrechtegesetzes ergibt sich infolge der Befunderhebungspflicht des Behandelnden nach § 630a BGB eine anschließende Pflicht zur Mitteilung einer Diagnose entsprechend § 630c Abs. 2 und § 630e Abs. 1 BGB.[1344] Da der Arzt auch erkennbare Zufallsbefunde zu einem Krankheitsbegriff zuordnen soll, muss sich die Mitteilung einer Diagnose auch auf Zufallsbefunde erstrecken.[1345] In dem Zeitpunkt, in dem der aufgefundene Zufallsbefund dem noch nicht wissenden Patienten mitgeteilt werden soll, stellt dies die Information einer Diagnose im Sinne von § 630e BGB an den Patienten dar. Möchte der Patient Zufallsbefunde nicht mitgeteilt bekommen, muss er dies im Rahmen seiner Dispositionsmöglichkeiten nach § 630a Abs. 2 BGB ausdrücken.[1346]

d) Verpflichtung zur Therapie der Erkrankung

Da der Behandlungsvertrag erstmals als neuer Vertragstypus in § 630a BGB normiert wurde, liegt es nahe, auch eine Verpflichtung zur Behandlung eines aufgefundenen Zufallsbefundes aus diesen Normen abzuleiten. Der Vertragsschluss im Rahmen des Behandlungsvertrages kommt durch zwei übereinstimmende Willenserklärungen zustande, die ausdrücken, dass der Behandelnde die Behandlung übernimmt und der Patient sich behandeln lässt.[1347] Die tatsächliche Behandlungsübernahme, die eine Garantenpflicht des Arztes begründet, ist von dem Vertragsschluss zu trennen.[1348] Dies bedingt, dass die Behandlung einer zufällig aufgefundenen Erkrankung nicht von dem Vertragsschluss zwischen Patienten und Arzt, sondern vielmehr von der tatsächlichen ärztlichen Behandlungsübernahme abhängt. Auch die Einwilligung des Patienten in die konkrete

---

1344 *Weidenkaff* in Palandt (Hrsg.), Bürgerliches Gesetzbuch, § 630a Rn. 16.

1345 Dazu ausführlich im 2. Kapitel B I 2. c) bb) aaa) (2) (a) (aa).

1346 Ausführlich hierzu bereits im 2. Kapitel B I 2. c) bb) aaa) (2) (a) (bb).

1347 *Weidenkaff* in Palandt (Hrsg.), Bürgerliches Gesetzbuch, § 630a Rn. 6.

1348 BGH NJW 1979, S. 1248 (1249); *Weidenkaff* in Palandt (Hrsg.), Bürgerliches Gesetzbuch, § 630a Rn. 6; *Kern* in Laufs/Kern (Hrsg.), Handbuch des Arztrechts, § 40 Rn. 14.

ärztliche Maßnahme nach § 630d Abs. 1 BGB ist von dem Vertragsschluss zu unterscheiden, denn ihre Einholung ist vielmehr vertragliche Pflicht.[1349] Wird bei einer diagnostischen Untersuchung im Rahmen einer Behandlungsübernahme ein zufälliger Befund aufgefunden, sind weitere diagnostische Untersuchungen und therapeutische Interventionen nicht von der ursprünglichen Einwilligung umfasst. Es bedarf einer erneuten Aufklärung und Einwilligung in die geplanten Maßnahmen. Da die Behandlung zudem von der konkreten Behandlungsübernahme abhängt, ist der Arzt, der den Zufallsbefund entdeckt hat, auch nach den §§ 630a ff. BGB nicht verpflichtet, diesen auch tatsächlich zu therapieren. Vielmehr ist er verpflichtet, fachlichen Rat einzuholen oder den Patienten an einen Spezialisten zu überweisen. Weitere diagnostische und therapeutische Folgen unterliegen dann einem neuerlichen Einwilligungserfordernis durch den Patienten.

e) Ergebnis

Die Ausführungen des Gesetzgebers zum Vorgehen bei Zufallsbefunden im Patientenrechtegesetz sind weniger ausführlich als erhofft. Vor dem Hintergrund der Zielsetzung zur Stärkung der Patientenrechte[1350] hätte der Laie sich eine gesetzliche Klarstellung zu Befunderhebungs- und Befundmitteilungspflichten von Zufallsbefunden sowie Aufklärungspflichten erhofft. Dem Gesetzgeber ist hier anzuraten, den Umfang der Patientenrechte unter Berücksichtigung neuartiger medizinischer Techniken, die nicht notwendigerweise ausschließlich medizinischen Eingriffen dienen, durch ausdrückliche Aufnahme in den Gesetzestext zu erweitern. Denn insbesondere die steigenden Möglichkeiten der diagnostischen Verfahren bergen neben einer gesteigerten Invasivität weitere Folgen wie den Gewinn von Zufallsbefunden. Positiv hervorzuheben ist jedoch, dass das Patientenrechtegesetz den betroffenen Patienten – wenn auch nicht ausdrücklich – immerhin indirekt schützt.

2. Gendiagnostikgesetz (GenDG)

Für Zufallsbefunde als Ergebnis einer genetischen Untersuchung, mithin für „genetische Zufallsbefunde“, ergeben sich ergänzend zu den Grundsätzen aus

---

1349 *Franzki*, Der Behandlungsvertrag, S. 112; *Weidenkaff* in Palandt (Hrsg.), Bürgerliches Gesetzbuch, § 630d Rn. 1.

1350 BT-Drs. 17/10488, S. 1: Die Rechte der Patientinnen und Patienten werden unter anderem in der „Stärkung der Patientenbeteiligung“ und „Stärkung der Patienteninformation“ gesehen.

dem Patientenrechtegesetz spezialgesetzliche Besonderheiten zur Aufklärung und Mitteilung aus dem Gendiagnostikgesetz (GenDG)[1351]. Das Gendiagnostikgesetz trat erstmals nach zahlreichen Diskussionen um die tatsächlich existierende Notwendigkeit eines speziellen Gesetzes zum Schutz vor Diskriminierung durch genetische Untersuchungen und Analysen am 1. Februar 2010 in Kraft.[1352] Diese Debatten basierten überwiegend auf einem unterschiedlichen Verständnis von der Sensibilität genetischer Daten und der daraus resultierenden Schutzansprüche ebenso wie aus der Sorge vor „juristischer Regelungswut“[1353]. Im Laufe der Jahre entwickelte Entwürfe wie der Entwurf eines Arbeitsschutzrechtsrahmengesetzes im Jahre 1993[1354] und der Gesetzesentwurf des Bündnis 90/Die Grünen im Jahre 2006[1355] scheiterten aufgrund unterschiedlicher Regierungswechsel.[1356]

Der Gesetzgeber stellt in der Begründung zum Gendiagnostikgesetz[1357] klar, dass das neue Gendiagnostikgesetz den Ansatz der herausragenden Stellung genetischer Daten unbestritten unterstützt.[1358] Nach § 1 GenDG ist es demnach Zweck des Gesetzes, „die Voraussetzungen für genetische Untersuchungen und im Rahmen genetischer Untersuchungen durchgeführte genetische Analysen [...] zu bestimmen und eine Benachteiligung aufgrund genetischer Eigenschaften zu verhindern [...]“. Diese Zielsetzung wahrt die „staatliche Verpflichtung zur Achtung und zum Schutz der Würde des Menschen und des Rechts auf informationelle Selbstbestimmung“[1359].

1351 Gesetz über genetische Untersuchungen beim Menschen (Gendiagnostikgesetz – GenDG) v. 31.07.2009, BGBl I S. 2529.

1352 BT-Drs. 16/10532.

1353 *Duttge* in Duttge/Engel/Zoll (Hrsg.), Das Gendiagnostikgesetz im Spannungsfeld von Humangenetik und Recht, S. 1 (1 f.).

1354 BT-Drs. 12/6752.

1355 BT-Drs. 16/3233; näher dazu *Scherrer*, Das Gendiagnostikgesetz, S. 125 ff.

1356 *Hahn* in Kern (Hrsg.) GenDG Kommentar, § 1 Rn. 4; *Stockter* in Prütting (Hrsg.), MedR-Komm, GenDG Einleitung Rn. 1; für eine ausführliche Zusammenfassung zu Regelungsinitiativen und Regelungsschwerpunkten vgl. *Damm*, Bundesgesundheitsbl 2007, S. 145 (145 ff.).

1357 BT-Drs. 16/10532, S. 18: „Eine Gesetzgebungskompetenz des Bundes ergibt sich aus dem Recht auf Untersuchung von Erbinformationen aus Art. 74 Abs. 1 Nr. 26 GG, dem Bereich des privatrechtlichen Versicherungswesens Art. 74 Abs. 1 Nr. 11 GG und dem Bereich arbeitsrechtlicher Regelungen aus Art. 74 Abs. 1 Nr. 12 GG.“

1358 So auch BT-Drs. 16/10532, S. 1: „Das Gesetz geht von der Besonderheit genetischer Daten aus.“

1359 BR-Drs. 633/08 S. 34; BT-Drs. 16/10532, S. 19.

Darüber hinaus soll zudem eine Benachteiligung aufgrund genetischer Disposition (§§ 1, 4 GenDG) vorgebeugt und trotzdem der Einsatz genetischer Untersuchungen bei entsprechender Indikation für den Menschen ermöglicht werden.[1360] Typisierungen anhand von genetischen Eigenschaften unterstehen einem besonderen Rechtfertigungsgrund. Existiert kein rechtfertigender Grund kann durch die genetische Untersuchung eine Diskriminierung des Betroffenen entstehen.[1361] Die Wertigkeit dieses Diskriminierungsverbots, auch als „Gravitationszentrum des Gesetzes"[1362] bezeichnet, wird durch die gesetzliche Systematik des subsidiären allgemeinen Benachteiligungsverbotes (§ 4 GenDG) und der speziellen Benachteiligungsverbote (§ 18 GenDG und § 21 GenDG) hervorgehoben.[1363]

Die technischen Entwicklungen und Möglichkeiten genetischer Analysen führen im Bereich der Humangenetik zu einer steigenden Gefährdung der informationellen Selbstbestimmung durch Erhebung, Speicherung und Verwendung von genetischen Daten. Mittels der Vorschriften des Gendiagnostikgesetzes soll der Patient in die Lage versetzt werden, bewusst in genetische Untersuchungen und Analysen einzuwilligen und somit eigens über die Erhebung und Verwendung seiner genetischen Daten zu entscheiden. Damit grundlegend verknüpft ist das Recht auf Nichtwissen, das den Patienten dazu befähigt, selbst über die Mitteilung der genetischen Daten eine Entscheidung zu treffen.[1364] Somit gewährt das Gendiagnostikgesetz sowohl im Bereich der Fremdwahrnehmung genetischer Daten als auch der Selbstwahrnehmung Schutz – inwiefern der Schutzumfang

---

1360 BT-Drs. 16/10532, S. 16, S. 23; *Fenger* in Spickhoff (Hrsg.), Medizinrecht, GenDG § 1 Rn. 3; *Hahn* in Kern (Hrsg.), GenDG Kommentar, § 1 Rn. 8 ff.; *Kiehntopf/Pagel*, MedR 2008, S. 344 (345).

1361 *Stockter* in Prütting (Hrsg.), MedR-Komm, GenDG § 1 Rn. 3, § 4 Rn. 52.

1362 *Duttge* in Duttge/Engel/Zoll (Hrsg.), Das Gendiagnostikgesetz im Spannungsfeld von Humangenetik und Recht, S. 1 (3).

1363 Unklar bleibt in diesem Zusammenhang der Anwendungsbereich des Diskriminierungsverbotes, insbesondere ob auch „mittelbare Benachteiligungen" umfasst und die Rechtfertigungsgründe zwingender oder sachlicher Natur sein müssen; vgl. *Duttge* in Duttge/Engel/Zoll (Hrsg.), Das Gendiagnostikgesetz im Spannungsfeld von Humangenetik und Recht, S. 1 (4); nach *Stockter* in Prütting (Hrsg.), MedR-Komm, GenDG § 4 Rn. 47 werden auch mittelbare Diskriminierungen von dem Benachteiligungsverbot nach § 4 erfasst.

1364 BT-Drs. 16/10532, S. 16, 19; *Duttge* in Duttge/Engel/Zoll (Hrsg.), Das Gendiagnostikgesetz im Spannungsfeld von Humangenetik und Recht, S. 1 (2); *Fenger* in Spickhoff (Hrsg.), Medizinrecht, GenDG § 1 Rn. 3; *Hahn* in Kern (Hrsg.) GenDG Kommentar, § 1 Rn. 13 ff.; *Schillhorn/Heidemann*, Gendiagnostikgesetz, § 1 Rn. 4.

auch im Kontext der Fragestellung von Zufallsbefunden ausreicht, ist noch zu überprüfen.

Nicht vom Wortsinn des § 1 GenDG umfasst ist der Schutz der körperlichen Unversehrtheit der untersuchten Person. Eine solche Intention wird nur im Rahmen der Gesetzesbegründung des § 7 GenDG erwähnt. Denn dort heißt es, dass eine Beschränkung der Berufsfreiheit „durch den mit dem Arztvorbehalt bezweckten Schutz der ebenfalls grundrechtlich geschützten Rechtsgüter der Gesundheit und der informationellen Selbstbestimmung“ gerechtfertigt sei.[1365] Daher scheint es sich um eine mittelbare Verpflichtung zum Gesundheitsschutz durch Arztvorbehalt, „informed consent“ und genetischer Beratung zu handeln,[1366] die aufgrund ihrer allseits geltenden medizinrechtlichen Praxis keiner Erwähnung in dem Gesetzestext des Gendiagnostikgesetzes bedarf.

In der Folge werden Regelungen zum Vorgehen bei Generierung eines Zufallsbefundes in der genetischen Diagnostik dargestellt. Zudem werden Überlegungen zur Erweiterung des Anwendungsbereichs oder zur Übertragung der Grundsätze des Gendiagnostikgesetzes auf die bildgebende Diagnostik angestellt, um betroffenen Patienten bei genetischen und nicht-genetischen Auffälligkeiten den gleichen Schutzumfang zu ermöglichen.

a) Genetische diagnostische und prädiktive Untersuchungen

Nach § 3 Nr. 6 GenDG umfassen „genetische Untersuchungen zu medizinischen Zwecken eine diagnostische oder eine prädiktive genetische Untersuchung“. Dabei erfolgen diagnostische genetische Untersuchungen beispielweise nach § 3 Nr. 7a GenDG mit dem Ziel der „Abklärung einer bereits bestehenden genetischen Erkrankung oder gesundheitlichen Störung“. Im Gegensatz dazu sollen durch prädiktive genetische Untersuchungen mit dem Ziel der Abklärung „einer erst zukünftig auftretenden Erkrankung oder gesundheitlichen Störung“ (§ 3 Nr. 8a GenDG)[1367] oder einer „Anlageträgerschaft für Erkrankungen oder

1365 BT-Drs. 16/10532, S. 25; zu dem Recht auf körperliche Unversehrtheit näher *Kern* in Kern (Hrsg.), GenDG Kommentar, § 1 Rn. 16; anders *Duttge* in Duttge/Engel/Zoll (Hrsg.), Das Gendiagnostikgesetz im Spannungsfeld von Humangenetik und Recht, S. 1 (2), der neben dem Schutz vor Diskriminierung und der Garantie einer bioinformationellen Selbstbestimmung noch auf die Gewährleistung der erforderlichen Sachkompetenz und Professionalität („Qualitätssicherung“) als Ausfluss arztrechtlicher Maxime hinweist.

1366 *Kern* in Kern (Hrsg.), GenDG Kommentar, § 1 Rn. 16.

1367 Weitere Ausführungen hierzu bereits im 1. Kapitel A IV 1. c) bb) aaa) (1); siehe auch *Hahn/Schwarz* in Kern (Hrsg.), GenDG Kommentar, § 3 Rn. 32 ff.

gesundheitliche Störungen bei Nachkommen" (§ 3 Nr. 8b GenDG) umfassen.[1368] Genetische Zufallsbefunde können sowohl diagnostischer als auch prädiktiver Natur sein. In Konsequenz dessen bedarf es Regelungen im Gendiagnostikgesetz zum Umgang mit diagnostischen wie auch prädiktiven genetischen Zufallsbefunden.

aa) Aufklärung über die Möglichkeit von Zufallsbefunden nach § 9 GenDG

Regelungen zur Aufklärung über genetische Zufallsbefunde, die mittels genetischer Untersuchungen oder Analysen gewonnen werden, folgen aus § 9 GenDG. Gemäß § 9 Abs. 1 GenDG ist die von der genetischen Untersuchung betroffene Person vor Einholung der Einwilligung über „Wesen, Bedeutung und Tragweite der genetischen Untersuchung aufzuklären". Der Gesetzgeber hat folglich eine Entscheidung über den Umfang der Aufklärungspflicht, aber nicht über ihre Begrenzung getroffen.

aaa) Umfang der Aufklärung

Die Aufklärung nach § 9 Abs. 2 Nr. 1 GenDG bezieht sich insbesondere auf „Zweck, Art, Umfang und Aussagekraft der genetischen Untersuchung einschließlich der mit dem vorgesehenen genetischen Untersuchungsmittel im Rahmen des Untersuchungszwecks erzielbaren Ergebnisse". Im Gegensatz zu der medizinischen Aufklärung liegt der Schwerpunkt der Information der Patienten nicht verstärkt auf den ärztlichen Maßnahmen, therapeutischen Alternativen und Risiken des körperlichen Eingriffs, sondern auf der Aufklärung über mögliche Ergebnisse, die mittels genetischer Analyse gewonnen werden können.[1369] Dies ist in der Schwere des Eingriffs begründet, die bei einer genetischen Untersuchung meist vernachlässigbar in einer Blutentnahme liegt, während Ergebnisse einer genetischen Untersuchung verbunden mit Belastungen und Folgen sowohl für den Patienten als auch verwandte Dritte ungleich schwerwiegender erscheinen.

Der Gesetzestext fordert eine Aufklärung über sämtliche mit dem Untersuchungsmittel erzielbare Ergebnisse. Damit sind unweigerlich auch von den Betroffenen nicht erwartete genetische Erkrankungen umfasst, also auch

---

1368 Weitere Ausführungen hierzu bereits im 1. Kapitel A IV 1. c) bb) aaa) (2); siehe auch *Hahn/Schwarz* in Kern (Hrsg.), GenDG Kommentar, § 3 Rn. 38 ff.

1369 *Schillhorn/Heidemann*, Gendiagnostikgesetz, § 9 Rn. 4 ff.; vgl. auch *Fenger*, GesR 2010, S. 57 (58).

Zufallsbefunde.[1370] Schwierigkeiten bereitet die oft ungenaue und wenig differenzierte Auslegung des Gesetzestextes durch die Literatur: So wird teilweise lediglich dargelegt, dass genetische Untersuchungsmittel zu mehr Ergebnissen führen können als für den Untersuchungszweck notwendig sei und über die Möglichkeit solcher Überschussinformationen aufgeklärt werden müsse.[1371] Dabei wird jedoch verkannt, dass Überschussinformationen ein Übermaß an genetischen Eigenschaften sind, die auf den technischen Möglichkeiten des Analyseinstruments basieren und unabhängig von Qualität und Aussagekraft sind.[1372] Im Gegensatz dazu sind Zufallsbefunde gerade unerwartete Ergebnisse, die zwar auch mit dem Analyseinstrument gefunden werden, jedoch keinen Bezug zum Hauptbefund, sondern davon unabhängigen Krankheitswert zeigen. Das Gendiagnostikgesetz erstreckt insofern den Umfang der Aufklärung auch auf nicht erwartete Ergebnisse, sodass der Patient nur nach umfassender Aufklärung über das Ausmaß von Zufallsbefunden selbstbestimmt in die genetische Untersuchung einwilligen kann.

bbb) Konkretisierung der Anforderungen an die Aufklärung

Der Gesetzestext konkretisiert die Anforderungen an den Umfang der Aufklärung in Hinsicht auf Zufallsbefunde nicht weitergehend. Insbesondere bleibt unklar, ob eine abstrakte Information ausreicht[1373] oder vor dem Hintergrund der Selbstbestimmungsfähigkeit Kategorien von Zufallsbefunden aufgezeigt werden müssen. Die beim Robert-Koch-Institut eingerichtete unabhängige Gendiagnostik-Kommission (GEKO) hat nach § 23 GenDG eine Richtlinienkompetenz bzgl. des allgemein anerkannten Standes der Wissenschaft für die Anwendung des Gendiagnostikgesetzes.[1374] Die Richtlinien übernehmen die Aufgabe der „Klarstellungen und Konkretisierungen für die Praxis"[1375]. Im

1370 BT-Drs. 16/10532, S. 27; *Kern* in Kern (Hrsg.), GenDG Kommentar, § 9 Rn. 10; *Schillhorn/Heidemann*, Gendiagnostikgesetz, § 9 Rn. 8.

1371 BT-Drs. 16/3233, S. 32; *Fenger* in Spickhoff (Hrsg.), Medizinrecht, GenDG § 9 Rn. 1.

1372 *Schweizerischer Bundesrat*, Botschaft zum Bundesgesetz über genetische Untersuchungen beim Menschen vom 5. Juli 2017, S. 60; ähnliche Differenzierung bei *Kern* in Kern (Hrsg.), GenDG Kommentar, § 9 Rn. 10.

1373 So *Schillhorn/Heidemann*, Gendiagnostikgesetz, § 9 Rn. 7; vgl. *Deutsche Gesellschaft für Humangenetik*, Stellungnahme zu genetischen Zusatzbefunden in Diagnostik und Forschung, S. 1 (4); *Rudnik-Schöneborn/Langanke/Erdmann/Robienski*, Ethik Med 2014, S. 105 (109).

1374 BT-Drs. 16/10532, S. 39; *Gründel* in Kern (Hrsg.), GenDG Kommentar, § 23 Rn. 2 ff.; *Rosenau* in Duttge/Engel/Zoll (Hrsg.), Das Gendiagnostikgesetz im Spannungsfeld von Humangenetik und Recht, S. 69 (69 ff.).

1375 *Gründel* in Kern (Hrsg.), GenDG Kommentar, § 23 Rn. 7.

Rahmen einer „Richtlinie […] für die Anforderungen an die Inhalte der Aufklärung bei genetischen Untersuchungen zu medizinischen Zwecken gemäß § 23 Abs. 2 Nr. 3 GenDG“[1376] hat die GEKO festgelegt, dass die Aufklärung sich auch auf „unerwartete Eigenschaften“ beziehen kann und dementsprechend sowohl darüber als auch über die Entscheidungsbefugnis bzgl. der dort als Zusatzbefunde bezeichneten Eigenschaften aufgeklärt werden muss.[1377] Zudem sind mögliche psychische Belastungen und soziale Auswirkungen der Zufallsbefunde bei der Information des Patienten darzulegen.[1378] Neben der bedeutsamen Darlegung des Rechts auf Nichtwissen in Bezug auf die genetischen Ergebnisse soll insbesondere auch eine Aufklärung über das Widerrufsrecht des Einzelnen nach Einwilligung in die genetische Untersuchung und vor Ergebnismitteilung erfolgen.[1379]

Trotz dieser von der GEKO ausgestalteten Richtlinien bleiben Fragen hinsichtlich der Aufklärung über Zufallsbefunde offen: Insbesondere mangelt es an Ausführungen über den Umfang der Aufklärung. Denn vor dem Hintergrund, dass Zufallsbefunde in der Gesellschaft noch nicht umfassend bekannt sind, ist es fraglich, ob eine abstrakte Aufklärung über die mögliche Generierung von Zufallsbefunden ausreicht. So fordert die GEKO an anderer Stelle hinsichtlich der Aussagekraft einer Untersuchung eine Aufklärung über die Möglichkeit falsch-positiver und falsch-negativer Fälle und schlägt in diesem Zusammenhang die Verwendung von Häufigkeitsangaben vor.[1380] Warum ein vergleichbarer Vorschlag nicht im Zusammenhang mit der Aufklärung über Zufallsbefunde ergangen ist, kann nicht nachvollzogen werden. Auch ein Rückgriff auf eine mögliche Kategorienbildung, wie sie von Ethikern und Juristen verstärkt gefordert wird,[1381] wird im Rahmen der Richtlinie der GEKO weder abgelehnt noch befürwortend empfohlen. Insbesondere da Zufallsbefunde auch Drittbezug haben können, ist bereits eine Aufklärung über diese Art der Zufallsbefunde

---

1376 *Gendiagnostik-Kommission*, Bundesgesundheitsbl 2017, S. 923 (923 ff.).

1377 *Gendiagnostik-Kommission*, Bundesgesundheitsbl 2017, S. 923 (924); bereits im Jahr 2012 hatte die GEKO die Aufklärung auf „unerwartete Eigenschaften und Nebenbefunde“ bezogen; vgl. *Gendiagnostik-Kommission*, Bundesgesundheitsbl 2013, S. 326 (327).

1378 *Gendiagnostik-Kommission*, Bundesgesundheitsbl 2017, S. 923 (925).

1379 Vgl. § 8 Abs. 2 GenDG, *Gendiagnostik-Kommission*, Bundesgesundheitsbl 2017, S. 923 (926).

1380 *Gendiagnostik-Kommission*, Bundesgesundheitsbl 2017, S. 923 (924).

1381 Statt vieler *Rudnik-Schöneborn/Langanke/Erdmann/Robienski*, Ethik Med 2014, S. 105 (115).

notwendig und nicht erst eine dementsprechende Erwähnung im Rahmen der genetischen Beratung. Eine wie von der Deutschen *Gesellschaft für Humangenetik* angestrebte „familienzentrierte Aufklärung" über mögliche Zufallsbefunde mit Erkenntniswert für Dritte[1382] wird von der GEKO keineswegs thematisiert. Trotz konkretisierender Ansätze zur Aufklärung durch die Richtlinie der GEKO bestehen folglich im Zusammenhang mit Zufallsbefunden noch Unklarheiten. Es ist der GEKO daher anzuraten, diese Anforderungen im Rahmen einer gesonderten Richtlinie zu genetischen Zufallsbefunden auszuarbeiten.

ccc) Grenze der ärztlichen Aufklärungspflicht

Der Wortsinn des § 9 GenDG bietet keine Ausnahme oder Begrenzung von der ärztlichen Aufklärungspflicht. Jedoch wird in der Gesetzesbegründung im Rahmen von § 9 GenDG erörtert, dass „die betroffene Person im Einzelfall auf die Aufklärung oder Teile davon verzichten kann"[1383]. Einigkeit besteht dahingehend, dass der Verzicht auf die Aufklärung ausdrücklich und nicht nur konkludent erfolgen muss, da im Gendiagnostikgesetz aufgrund der Tragweite einer genetischen Erkrankung schlüssiges Verhalten nicht ausreiche.[1384]

Allerdings ist unklar, ob der Verzicht entsprechend der Grundsätze aus dem Patientenrechtegesetz erfolgen kann[1385] oder ob die strengeren Anforderungen des Beratungsverzichts aus § 10 Abs. 2 S. 1 GenDG übertragen werden müssen.[1386] Demnach dürfte von einer Aufklärung nur durch schriftlichen Verzicht nach vorheriger schriftlicher Information abgesehen werden. Für einen dem Beratungsverzicht vergleichbaren Maßstab ist anzuführen, dass sowohl der Verzicht auf Aufklärung als auch auf eine genetische Beratung Willenserklärungen i.S. der §§ 130 ff. BGB darstellen, die im Zusammenhang mit einer genetischen Untersuchung stehen. Zudem sind sie vergleichbare Befugnisse des Patienten im Sinne seines Rechts auf Nichtwissen. Gegen einen strengen Maßstab bei dem Aufklärungsverzicht spricht jedoch, dass die genetische Beratung und die Aufklärung keine vergleichbaren Aufgaben im Arzt-Patienten-Verhältnis darstellen. Während die genetische Beratung überwiegend als Teil der Behandlung

1382 *Deutsche Gesellschaft für Humangenetik*, Stellungnahme zu genetischen Zusatzbefunden in Diagnostik und Forschung, S. 1 (4).

1383 BT-Drs. 16/10532, S. 27.

1384 *Stockter* in Prütting (Hrsg.), MedR-Komm, GenDG § 9 Rn. 6a.

1385 *Laufs* in Laufs/Kern (Hrsg.), Handbuch des Arztrechts, § 60 Rn. 17.

1386 *Kern* in Kern (Hrsg.), GenDG Kommentar, § 9 Rn. 8; siehe auch *Genenger*, NJW 2010, S. 113 (115), die vorschlägt, den Aufklärungsverzicht nur im Ausnahmefall zuzulassen wie „etwa bei ärztlich ausgebildeten Personen oder solchen, bei denen zuvor eine genetische Untersuchung durchgeführt wurde".

angesehen wird,[1387] dient die Aufklärung der Selbstbestimmung vor Einwilligung in die genetische Untersuchung.[1388] Zudem ist die genetische Beratung eine Besonderheit im Rahmen des Gendiagnostikgesetzes, die ausdrücklich von den Regelungen im Patientenrechtegesetz abweicht, während die Aufklärung und ein entsprechendes Verzichtsrecht in den allgemeinen rechtlichen Grundsätzen zur Behandlung geregelt sind. Dementsprechend ist es konsequent, die Anforderungen an den Aufklärungsverzicht nach den allgemeinen Grundsätzen des Verzichtsrechts, wie sie in § 630e BGB übernommen wurden, auszurichten.

bb) Aufklärung über das Recht auf Nichtwissen von genetischen Zufallsbefunden

Gemäß § 9 Abs. 2 Nr. 5 GenDG muss sich die Aufklärung auch auf das Recht auf Nichtwissen „einschließlich des Rechts, das Untersuchungsergebnis oder Teile davon nicht zur Kenntnis zu nehmen, sondern vernichten zu lassen", beziehen.[1389] Der Betroffene kann danach gemäß § 8 Abs. 1 S. 2 GenDG in die genetische Untersuchung und in die Kenntnisnahme des Ergebnisses einwilligen oder die Mitteilung ablehnen.[1390] Dies entspricht seinem verfassungsrechtlichen Schutz auf Nichtwissen.[1391] Da Zufallsbefunde bereits im Rahmen von „Untersuchungsergebnissen" von der Aufklärungspflicht aus § 9 Abs. 2 Nr. 1 GenDG erfasst sind, ist ein Einschluss dieser unerwarteten Ergebnisse aufgrund des gleichen Wortsinns in § 9 Abs. 2 Nr. 5 GenDG auch in die Aufklärung über das Recht auf Nichtwissen zwingend.[1392] Ebenso wie die Information über die Möglichkeit von Zufallsbefunden dient die Aufklärung über das Recht auf Nichtwissen der selbstbestimmten Entscheidung. Bei Äußerung des Nicht-Wissen-Wollens werden die Ergebnisse nach § 8 GenDG vernichtet, sodass der Betroffene die Entscheidung nicht widerrufen kann. Dies wird auch als „Alternativität der Ansprüche auf Kenntnisnahme oder Vernichtung eines bestimmten Untersuchungsergebnisses"

1387 BT-Drs. 16/10532, S. 28; *Kern* in Kern (Hrsg.), GenDG Kommentar, § 10 Rn. 2; a. A. *Gendiagnostik-Kommission*, Bundesgesundheitsbl 2011, S. 1248 (1249): „Die genetische Beratung dient der Unterstützung einer bewussten Ausübung des Selbstbestimmungsrechts."

1388 Vgl. *Kern* in Kern (Hrsg.), GenDG Kommentar, § 9 Rn. 1.

1389 S. a. *Gendiagnostik-Kommission*, Bundesgesundheitsbl 2017, S. 923 (924).

1390 BT-Drs. 16/10532, S. 26; *Rudnik-Schöneborn/Langanke/Erdmann/Robienski*, Ethik Med 2014, S. 105 (109); s. a. *Kern* in Kern (Hrsg.), GenDG Kommentar, § 8 Rn. 8 f.; *Schillhorn/Heidemann*, Gendiagnostikgesetz, § 8 Rn. 7 ff.

1391 Dazu bereits ausführlich im 1. Kapitel B II 2.

1392 Vgl. BR-Drs. 633/08, S. 50; BT-Drs. 16/10532, S. 26.

beschrieben und dient der Unterstützung des Rechts auf Nichtwissen[1393] wie auch dem Schutz vor Missbrauch der Proben- und Datensätze.

Weder im Gesetzestext noch in der Gesetzesbegründung werden die Anforderungen an die Aufklärung über das Recht auf Nichtwissen konkretisiert. In praktischer Hinsicht folgt der Umfang der Aufklärung über die Ablehnung der Mitteilung entsprechend der vorherigen Aufklärung über Zufallsbefunde: Sofern der Patient nur informiert wird, dass durch die genetische Maßnahme zusätzliche Befunde entstehen können, muss auch im Rahmen des Rechts auf Nichtwissen nur darüber aufgeklärt werden, dass dem Patienten ein Recht auf Nichtwissen zusteht. Werden dem Patienten aufgrund des Ermessens des Arztes jedoch die einzelnen Kategorien möglicher Zufallsbefunde dargelegt, muss eine Aufklärung auch dahingehend erfolgen, dass ein Recht auf Nichtwissen bzgl. der Befunde einzelner Kategorien besteht.

cc) Genetische Beratung nach § 10 GenDG

Die genetische Beratung nach § 10 GenDG ist eine zentrale Rahmenbedingung des Gendiagnostikgesetzes und umfasst „insbesondere die eingehende Erörterung der möglichen medizinischen, psychischen und sozialen Fragen im Zusammenhang mit einer Vornahme oder Nichtvornahme der genetischen Untersuchung und ihren vorliegenden oder möglichen Untersuchungsergebnissen […]“[1394]. Der Gesetzgeber hat in § 10 Abs. 1 S. 1 GenDG festgelegt, dass der Arzt dem Untersuchten bei einer diagnostischen genetischen Untersuchung eine genetische Beratung anbieten soll, bei nicht behandelbaren Befunden nach S. 2 sogar anbieten muss.[1395] Nach § 10 Abs. 2 GenDG soll eine verpflichtende genetische Beratung bei einer prädiktiven genetischen Untersuchung sogar kumulativ vor der Untersuchung und nach Vorliegen des Befundes erfolgen.[1396]

1393 BR-Drs. 633/08, S. 51; *Stockter* in Prütting (Hrsg.), MedR-Komm, GenDG § 8 Rn. 15; anders *Schillhorn/Heidemann*, Gendiagnostikgesetz, § 9 Rn. 22, die in der Ausübung des Rechts auf Nichtwissen nach der Einwilligung in die Durchführung der genetischen Untersuchung eine Systemwidrigkeit sehen, so das darin eine Verweigerung der Einwilligung in die genetische Untersuchung gesehen werden sollte.

1394 Vgl. § 10 Abs. 3 S. 1 GenDG.

1395 Vgl. § 10 Abs. 1 GenDG; *Kern* in Kern (Hrsg.), GenDG Kommentar, § 10 Rn. 5 ff.; s. a. *Gendiagnostik-Kommission*, Bundesgesundheitsbl 2011, S. 1248 (1249); krit. *Schillhorn/Heidemann*, Gendiagnostikgesetz, § 10 Rn. 3, die den Willen des Gesetzgebers in einer „grundsätzlichen Pflicht zum Angebot genetischer Beratungen“ sehen.

1396 Vgl. § 10 Abs. 2 GenDG; *Kern* in Kern (Hrsg.), GenDG Kommentar, § 10 Rn. 8 ff.; *Schillhorn/Heidemann*, Gendiagnostikgesetz, § 10 Rn. 5; s. a. *Gendiagnostik-Kommission*, Bundesgesundheitsbl 2011, S. 1248 (1249).

aaa) Inhalt der genetischen Beratung

Da genetische Untersuchungen schwerwiegende „individuelle, familiäre und psychosoziale Auswirkungen zur Folge haben und erhebliche Bedeutung für die reproduktiven Entscheidungen erlangen“[1397], hat der Gesetzgeber dem Untersuchten als Hilfestellung eine ärztliche Beratung vorgeschrieben. Die genetische Beratung wird infolgedessen teilweise als „Unterstützung einer bewussten Ausübung des Selbstbestimmungsrechtes“[1398] und nach anderer Ansicht als Teil einer medizinischen Behandlung angesehen.[1399]

Als Folge der Achtung des Selbstbestimmungsrechts wird im Rahmen der Gesetzesbegründung zum Gendiagnostikgesetz ausgeführt, dass bei der genetischen Beratung auch auf die Möglichkeit des Gewinns von Zufallsbefundes hingewiesen werden soll.[1400] Dies hat die GEKO entsprechend ihres Richtlinien-Auftrages nach § 23 GenDG konkretisiert, indem sich die Beratung zu den methodischen Aspekten der genetischen Untersuchungen auf den Umgang mit unerwarteten Untersuchungsergebnissen und „Nebenbefunden“ beziehen müsse.[1401] Da insbesondere Zufallsbefunde aufgrund ihrer nicht erwarteten Präsenz zu starken Problemen psychischer, sozialer aber auch finanzieller Art führen können, ist eine umfassende Beratung geboten. Auch das Recht, das Ergebnis einer genetischen Untersuchung nicht zur Kenntnis nehmen zu müssen, soll im Rahmen der genetischen Beratung thematisiert werden.

bbb) Doppelte Empfehlungslösung nach § 10 Abs. 3 S. 4 GenDG

Der Gesetzgeber hat durch § 10 Abs. 3 S. 4 GenDG mittels der „doppelten Empfehlungslösung“ versucht, den Konflikt zwischen dem Recht auf informationelle Selbstbestimmung des Untersuchten bzgl. eines Untersuchungsergebnisses und dem Recht auf Wissen und Gesundheit potentiell betroffener Verwandter auf bundesgesetzlicher Ebene zu lösen.[1402] Dementsprechend soll der Arzt im Rahmen der genetischen Beratung dem Untersuchten bei Vorliegen eines positiven Untersuchungsbefundes mit Relevanz für vermeidbare oder behandelbare

---

1397 *Gendiagnostik-Kommission*, Bundesgesundheitsbl 2011, S. 1248 (1248).

1398 *Gendiagnostik-Kommission*, Bundesgesundheitsbl 2011, S. 1248 (1249).

1399 BT-Drs. 16/10532, S. 28; *Kern* in Kern (Hrsg.), GenDG Kommentar, § 10 Rn. 2.

1400 BT-Drs. 16/3233, S. 33; so auch *Kern* in Kern (Hrsg.), GenDG Kommentar, § 10 Rn. 14.

1401 *Gendiagnostik-Kommission*, Bundesgesundheitsbl 2011, S. 1248 (1253 f.).

1402 So auch *Damm*, MedR 2014, S. 139 (143); *Fündling*, Recht auf Wissen vs. Recht auf Nichtwissen in der Gendiagnostik, S. 344 ff.; *Heyers*, MedR 2009, S. 507 (508 f.); *Schillhorn/Heidemann*, Gendiagnostikgesetz, § 10 Rn. 23; ähnlich *Kern* in Kern (Hrsg.), GenDG Kommentar, § 10 Rn. 17.

Krankheiten empfehlen, auch den genetisch Verwandten eine genetische Beratung zu empfehlen.[1403] Dies gilt unweigerlich auch für nicht erwartete genetische Ergebnisse der Untersuchung, durch die Verwandte ebenfalls betroffen sein können. Das mit dieser gesetzlichen Regelung einhergehende Verbot an den Arzt, den Verwandten selbst über eine Erkrankung zu informieren wird teilweise als Eingriff in die Berufsfreiheit des Arztes aus Art. 12 GG gewertet.[1404]

Die aktuelle gesetzliche Lösung des Interessenkonfliktes wird zum Teil als „pharisäerhaft" kritisiert, da sie eine direkte Konfrontation des Verwandten durch den Arzt vermeiden, jedoch gleichzeitig eine Information erzielen will.[1405] Zudem bestehe Unklarheit, wie der Arzt vorgehen muss, wenn der Betroffene seine Verwandten gerade nicht informiert. So führt *Duttge* an, dass sich der empfehlende Humangenetiker auch bei solcher „Privatisierung des Informationskonfliktes nicht von seiner Verantwortung für das in Gang gesetzte Aufdrängen einer u.U. unerwünschten Nachricht freizeichnen [...]" könne.[1406] Dies wiederum impliziert jedoch eine vom Gesetzgeber nicht intendierte Verpflichtung des Arztes zur Überprüfung der Informationsweitergabe an die Verwandten.[1407] Zudem ist ein solch vorsichtiges „Herantasten" nicht praktikabel, da der Angehörige zumeist in keinem direkten Behandlungsverhältnis zum Arzt steht, sondern unvorbereitet ohne eigenes Abklärungsinteresse mit auffälligen Befunden konfrontiert werden würde.[1408] Von *Kern* wird daher angeführt, dass eine direkte Information durch den Arzt an die Verwandten zulässig sei, sofern zwischen beiden ein direktes Behandlungsverhältnis bestünde.[1409] Jedoch ist diese Ausnahmeregelung weder durch den Wortsinn des § 10 Abs. 3 S. 4 GenDG

1403 *Wollenschläger*, AöR 2013, S. 161 (176); nach *Schillhorn/Heidemann*, Gendiagnostikgesetz, § 10 Rn. 22 soll es sich bei der Formulierung des Wortsinnes in § 10 Abs. 3 S. 4 hinsichtlich der doppelten „Empfehlung" nur um ein redaktionelles Versehen handeln.

1404 *Wollenschläger*, AöR 2013, S. 161 (192), der zudem auch einen Angriff auf die körperliche Unversehrtheit des Verwandten annimmt.

1405 *Duttge* in Wehling (Hrsg.), Vom Nutzen des Nichtwissens, S. 75 (86); *Duttge*, DuD 2010, S. 36 Fn. 29.

1406 *Duttge* in Wehling, Vom Nutzen des Nichtwissens, S. 75 (96).

1407 Ähnlich *Nationale Akademie der Wissenschaften Leopoldina/acatech-Deutsche Akademie der Technikwissenschaften/Berlin-Brandenburgische Akademie der Wissenschaften*, Prädiktive genetische Diagnostik als Instrument der Krankheitsprävention, S. VIII Ziffer 14, S. 60.

1408 *Wollenschläger*, AöR 2013, S. 161 (194).

1409 *Kern* in Kern (Hrsg.), GenDG Kommentar, § 10 Rn. 17.

aufgenommen worden, noch ergibt sie sich aus einer Berufung auf die HIV-Fälle.[1410]

Die Lösung des § 10 Abs. 3 S. 4 GenDG ist zusätzlich wegen der Begrenzung der Empfehlung auf Befunde mit Relevanz für vermeidbare und behandelbare Erkrankungen zu kritisieren. Denn so intendiert der Gesetzgeber zwar den Schutz des Rechts auf Nichtwissen des Verwandten in Bezug auf nicht therapierbare Befunde,[1411] jedoch ist nicht nachvollziehbar, inwiefern eine aufgedrängte Information bei behandelbaren (Zufalls-)Befunden gerechtfertigt werden kann. Denn behandelbare Befunde können für den Verwandten erst recht eine Belastung bedeuten, die dieser nicht auf sich nehmen und in diesem Zuge Zufallsbefunde nicht wissen möchte.[1412] Im Umkehrschluss kann jedoch auch das Wissen um nicht behandelbare Erkrankungen für die Selbstbestimmung des Verwandten bedeutsam sein. Der Gesetzgeber hat mithin durch § 10 Abs. 3 S. 4 GenDG zwar versucht, die Interessen der Beteiligten zu berücksichtigen. Tatsächlich ist jedoch eine Mischung aus staatlichem Paternalismus gegenüber dem Patienten, unterlassener Hilfestellung und Eingriff in die Therapiefreiheit[1413] bzgl. des Vorgehens für den Arzt sowie einer „Privatisierung von Informationskonflikten"[1414] entstanden, die dem Konfliktpotential ebenso wie der Relevanz für die Gesundheit der Verwandten nicht gerecht wird.

ccc) Zwischenergebnis

Die genetische Beratung nach § 10 GenDG muss sich auch auf die Möglichkeit der Generierung von Zufallsbefunden und die daraus eventuell resultierenden Folgen für die Gesundheit und für reproduktive Entscheidungen erstrecken. Sind durch den gewonnenen Zufallsbefund potentiell Verwandte Träger der vermeidbaren oder behandelbaren Erkrankung, soll der Betroffene den Verwandten nach dem derzeitig geltenden Gendiagnostikgesetz eine genetische Beratung anraten. Diese Vorschrift vermittelt jedoch eine nur scheinheilige Umgehung der Verletzung der informationellen Selbstbestimmung und bedarf einer grundlegenden Überarbeitung.[1415]

1410 Vgl. *Damm*, MedR 2014, S. 139 (143, Fn. 35); zu den HIV-Fällen: OLG Frankfurt, MedR 2001, S. 143 (143 f.); LG Braunschweig, NJW 1990, S. 770 (770).

1411 Ähnlich *Schillhorn/Heidemann*, Gendiagnostikgesetz, § 10 Rn. 23.

1412 Krit. zu der Missachtung des Rechts auf Nichtwissens bereits *Duttge*, Stellungnahme zum Entwurf eines Gesetzes über genetische Untersuchungen bei Menschen (Gendiagnostikgesetz – GenDG), BT-Drucks. 16/10532) vom 26. Januar 2009, S. 1 (7).

1413 *Wollenschläger*, AöR 2013, S. 161 (192).

1414 *Duttge* in Wehling (Hrsg.), Vom Nutzen des Nichtwissens, S. 75 (86).

1415 Vgl. Vorschlag im 2. Kapitel D III 1. b); ähnlich krit. *Damm*, MedR 2014, S. 139 (143).

dd) Mitteilung genetischer Zufallsbefunde

§ 11 Abs. 1 bis 3 GenDG zur Mitteilung genetischer Befunde soll das Recht auf informationelle Selbstbestimmung des Betroffen und § 11 Abs. 4 GenDG dessen Recht auf Nichtwissen schützen.[1416] Nach Ansicht der GEKO besteht noch keine Praxis, inwiefern Zufallsbefunde mitgeteilt werden müssen, sodass derzeit eine einzelfallbezogene Rückmeldung erfolgen solle.[1417] Gründe für eine Differenzierung zwischen Befunden und Zufallsbefunden im Rahmen der Mitteilung an den Betroffenen werden nicht angeführt. Sie können daher nur in dem Spannungsfeld zwischen dem Selbstbestimmungsrecht des Untersuchten und der Fürsorge des Arztes sowie der daraus resultierenden Besorgnis bzgl. der Gesundheit des Untersuchten vermutet werden. Diese Gesundheitsfürsorge durch die GEKO rechtfertigt jedoch nicht, wieso genetische Zufallsbefunde grundsätzlich vom Gendiagnostikgesetz im Rahmen der Aufklärung und genetischen Beratung umfasst sein sollen,[1418] während bei der Mitteilung der Zufallsbefunde eine Anwendbarkeit des Gendiagnostikgesetzes ohne Alternativlösung abgelehnt wird. Der Vorschlag einer Einzelfallentscheidung kann nicht als ein alternativer Lösungsvorschlag angesehen werden, da er nicht zur Vermeidung willkürlicher und paternalistischer Entscheidungen beiträgt. Dementsprechend werden Zufallsbefunde in der Folge entgegen den Überlegungen der GEKO wie übrige genetische Befunde gewertet, die durch genetische Analysen gewonnen wurden.

aaa) Mitteilung an den Betroffenen

Nach § 11 Abs. 1 GenDG darf das Ergebnis einer genetischen Untersuchung „[...] nur der betroffenen Person und nur durch die ärztliche Person [...], die die genetische Beratung vorgenommen hat, mitgeteilt werden". Dadurch soll sichergestellt werden, dass dem Betroffenen das Ergebnis nur durch einen Arzt überbracht wird, der zuvor schon an der genetischen Beratung beteiligt war.[1419]

1416 *Kern* in Kern (Hrsg.), GenDG Kommentar, § 11 Rn. 1; *Stockter* in Prütting (Hrsg.), MedR-Komm, GenDG § 11 Rn. 3.

1417 *Gendiagnostik-Kommission*, Tätigkeitsbericht 2012, S. 20 f.; vgl. auch *Stockter* in Prütting (Hrsg.), MedR-Komm, GenDG § 11 Rn. 8a.

1418 *Gendiagnostik-Kommission*, Bundesgesundheitsbl 2013, S. 326 (326 ff.); *Gendiagnostik-Kommission*, Bundesgesundheitsbl 2017, S. 923 (924 f.); *Stockter* in Prütting (Hrsg.), MedR-Komm, GenDG § 11 Rn. 8a, § 9 Rn. 15.

1419 Vgl. § 11 Abs. 1 GenDG; BR-Drs. 633/08, S. 56; *Kern* in Kern (Hrsg.), GenDG Kommentar, § 11 Rn. 3; *Stockter* in Prütting (Hrsg.), MedR-Komm, GenDG § 11 Rn. 17.

Gemäß § 11 Abs. 4 GenDG kann der Betroffene jedoch auch die Kenntnisnahme eines Befundes nach § 8 Abs. 1 S. 1 i. V. m. S. 2 GenDG ablehnen, sodass ihm der Zufallsbefund nicht mitgeteilt werden darf. Folge dieser Entscheidung ist die irreversible Vernichtung sämtlicher Dokumente über den zufälligen Befund. Der Patient kann ebenfalls entscheiden, nur bestimmte Befunde mitgeteilt zu bekommen und damit die Mitteilungspflicht auf bestimmte Gegenstände zu beschränken.[1420] Für den Bereich der Zufallsbefunde hat diese Möglichkeit der Beschränkung eine große Relevanz, so ist es doch dem Untersuchten möglich, die Ergebnisse des Hauptbefundes mitgeteilt zu bekommen, dies für etwaige Zufallsbefunde aber abzulehnen. Im Falle einer Aufklärung über Kategorien von Zufallsbefunden kann er die Mitteilung auch auf bestimmte Gruppen von Zufallsbefunden beschränken. Der Untersuchte hat ein „alternatives Wahlrecht" zwischen dem Wunsch auf Mitteilung und dem Wunsch auf Vernichtung der Befunddaten. Ihm ist demnach nicht gestattet, nach Wahrnehmung des Befundes die Daten vernichten zu lassen und sich einen „Wissensvorsprung" gegenüber Dritten zu verschaffen.[1421]

In Ermangelung von Ausnahmetatbeständen darf das Recht auf Nichtwissen des Betroffenen durch den Arzt nicht aufgrund seiner Fürsorgeverpflichtung gegenüber dem Patienten selbst eingeschränkt werden.[1422] Lediglich nach der *Deutschen Gesellschaft für Humangenetik* ist eine Mitteilung von Zufallsbefunden mit einem relevanten Risiko für eine Erkrankung (Kategorie 1) ärztlich geboten.[1423] Diese Ansicht beschreibt das ärztliche Selbstverständnis im Sinne eines Angebots an den Patienten. Sie ist vor dem Hintergrund des Rechts auf Nichtwissen des Patienten und dem eindeutigen Wortsinn des § 11 Abs. 4 GenDG abzulehnen.

bbb) Mitteilung an Dritte

Nach § 11 Abs. 1 GenDG kann eine Ausnahme von der Mitteilungspflicht an den Betroffenen nur nach Abs. 2 und 3 erfolgen. § 11 Abs. 2 GenDG regelt, dass ausschließlich der Arzt und nicht der Angestellte des die Genanalyse durchführenden Labors dem Betroffenen oder Dritten Befunde und Zufallsbefunde mitteilen

---

1420 BT-Drs. 16/10532, S. 29; s. a. *Kern* in Kern (Hrsg.), GenDG Kommentar, § 11 Rn. 10 ff.; ähnlich: *Schillhorn/Heidemann*, Gendiagnostikgesetz, § 11 Rn. 13.

1421 *Stockter* in Prütting (Hrsg.), MedR-Komm, GenDG § 11 Rn. 5; vgl. BT-Drs. 16/10582, S. 4 bzgl. eines Wissensvorsprungs gegenüber des Versicherungsgebers.

1422 Weitere Ausführungen dazu bereits im 1. Kapitel C II 2. b) bb) und C III 1.

1423 *Deutsche Gesellschaft für Humangenetik*, Stellungnahme zu genetischen Zusatzbefunden in Diagnostik und Forschung, S. 1 (3).

darf.[1424] In § 11 Abs. 3 GenDG ist festgesetzt, dass anderen Personen das genetische Ergebnis nur „mit ausdrücklicher[1425] und schriftlicher[1426] Einwilligung der betroffenen Person" mitgeteilt werden darf. Grundsätzlich wird mithin durch § 11 GenDG das Recht auf informationelle Selbstbestimmung höher eingeschätzt als die Interessen Dritter. Der Gesetzgeber hat ausgedrückt, dass auch nicht aus einer Erfüllung der Schutzpflicht des Arztes gegenüber Verwandten oder unabhängigen Dritten eine Einschränkung der informationellen Selbstbestimmung des Patienten in Betracht kommt.[1427] Problematisch erscheint diese Regelung, sofern im Familienkontext Untersuchungen vorgenommen und dadurch inzident über Familienangehörige Informationen gewonnen werden. Möchte beispielsweise der Enkel einer an Chorea Huntington erkrankten Großmutter seine genetische Disposition wissen, deckt eine genetische Untersuchung ebenfalls Erkenntnisse über den genetischen Zustand des Vaters auf.[1428] Jedoch ergibt sich aus § 11 Abs. 3 GenDG im Zusammenspiel mit § 10 Abs. 3 S. 4 GenDG, dass der Gesetzgeber auch bei Verwandten eine Mitteilungspflicht ohne Einwilligung des Betroffenen als nicht zulässig erachtet.[1429] In diesem Zusammenhang thematisiert *Kern* erneut ein Recht des Arztes, den betroffenen Verwandten zu informieren, sofern zwischen beiden ein Behandlungsverhältnis besteht.[1430] Ebenso wie § 10 Abs. 3 S. 4 GenDG lässt jedoch der Wortsinn des § 11 Abs. 3 GenDG diese Auslegung nicht zu. Vielmehr kann nur die ausdrückliche und schriftliche Einwilligung des Betroffenen legitimieren, dass Dritte informiert werden.

ccc) Zwischenergebnis

Der Gesetzgeber hat durch § 11 GenDG den Schutz des Betroffenen vor der Fremdwahrnehmung seiner genetischen Disposition umfassend geregelt und eine Ausnahme nur bei schriftlichen ausdrücklichen Einwilligungen durch den Betroffenen zugelassen. Dementsprechend sind auch Durchbrechungen der Schweigepflicht nach § 34 StGB aufgrund einer Spezialität des

1424 BT-Drs. 16/10532, S. 29; *Genenger*, NJW 2010, S. 113 (115); *Kern* in Kern (Hrsg.), GenDG Kommentar, § 11 Rn. 4; *Schillhorn/Heidemann*, Gendiagnostikgesetz, § 11 Rn. 4 ff.

1425 Vgl. auch § 4a Abs. 3 BDSG.

1426 Vgl. § 126 BGB.

1427 *Stockter* in Prütting (Hrsg.), MedR-Komm, GenDG § 11 Rn. 16 ff.

1428 *Kern* in Kern (Hrsg.), GenDG Kommentar, § 11 Rn. 7.

1429 *Stockter* in Prütting (Hrsg.), MedR-Komm, GenDG § 11 Rn. 16.

1430 *Kern* in Kern (Hrsg.), GenDG Kommentar, § 11 Rn. 9; a. A. *Stockter* in Prütting (Hrsg.), MedR-Komm, GenDG § 11 Rn. 16a.

Gendiagnostikgesetzes wegen Interessen Dritter wie auch Verwandter nicht zulässig.[1431] Der Gesetzgeber hat zudem den Rang des Rechts auf Nichtwissens bei genetischen Daten bestimmt, das dem Betroffenen bzgl. der Selbstwahrnehmung der genetischen Ergebnisse nach § 11 Abs. 4 i. V. m. § 8 Abs. 1 GenDG zusteht. Insgesamt wird damit dem verfassungsrechtlich geschützten Recht auf Nichtwissen als Ausprägung der informationellen Selbstbestimmung wie auch dem Recht auf informationelle Selbstbestimmung selbst ein höherer Rang gewährt als der Fürsorgeverpflichtung des Arztes als Schutzpflichterfüllung für die Gesundheit Dritter.

ee) Suchen von Zufallsbefunden

Aus dem Gendiagnostikgesetz ergeben sich keine speziellen Regelungen zur Suche bzw. zum Aufgreifen erkennbarer Zufallsbefunde. Die *Deutsche Gesellschaft für Humangenetik* mahnt an, dass im Behandlungskontext das am wenigsten zufallsbefundträchtigste Verfahren eingesetzt werden sollte, sofern diagnostische Gleichwertigkeit bestehe.[1432] Dies belegt, dass nach dieser Ansicht mittels genetischer Untersuchungen gerade kein gesundheitlicher Checkup mit einer Verpflichtung zum Suchen nach genetischen Ergebnissen mit Relevanz für die Gesundheit des Untersuchten intendiert ist. Es ist mithin auf die im Rahmen des Patientenrechtegesetzes dargelegten Grundsätzen zum Auffinden, Aufgreifen erkennbarer Zufallsbefunde und aktiver Suche nach Zufallsbefunden zu verweisen.[1433]

ff) Behandlung von zufällig entdeckten Erkrankungen

Durch das Gendiagnostikgesetz wurde primär ein rechtlicher Rahmen für die Durchführung genetischer Untersuchungen und Analysen bestimmt, um genetische Eigenschaften feststellen zu können. Der Anwendungsbereich wird nach § 2 GenDG auf „genetische Untersuchungen und [...] genetische Analysen [...] zu medizinischen Zwecken [...]“ begrenzt, sodass ausschließlich diagnostische Maßnahmen am Menschen zu medizinischen Zwecken im Behandlungskontext umfasst sind.[1434] Der Arzt ist nicht befugt, über das bestehende

---

1431 Im Ergebnis so auch *Stockter* in Prütting (Hrsg.), MedR-Komm, GenDG § 11 Rn. 16a.

1432 *Deutsche Gesellschaft für Humangenetik*, Stellungnahme zu genetischen Zusatzbefunden in Diagnostik und Forschung, S. 1 (5).

1433 Siehe weitere Ausführungen im 2. Kapitel B II 1 b).

1434 So auch *Deutsche Gesellschaft für Humangenetik*, Stellungnahme zu genetischen Zusatzbefunden in Diagnostik und Forschung, S. 1 (1).

Behandlungsverhältnis hinaus therapeutische Maßnahmen durchzuführen.[1435] Für das über die Einwilligung hinausgehende ärztliche Vorgehen bedarf es vielmehr einer weiteren Einwilligung durch den Betroffenen.[1436] Die als Folge der diagnostizierten Erkrankung notwendige Therapie ist nicht im Gendiagnostikgesetz geregelt, sondern es muss ein Rückgriff auf die allgemeinen Vorschriften der §§ 630a ff. BGB erfolgen.

Dabei muss spezialgesetzlich jedoch das Erfordernis einer genetischen Beratung nach § 10 GenDG durch einen Arzt oder ärztliches Personal berücksichtigt werden, nach der „medizinische, psychische und soziale Fragen" thematisiert werden sollen. Erfolgt die Beratung bereits, wenn ein Ergebnis mit Krankheitswert nach einer diagnostischen Untersuchung vorliegt, muss sie auch präventiv bzgl. zukünftiger Störungen und Erkrankungen unterstützen sowie weitere Beratungsmöglichkeiten umfassen[1437] und ist damit Teil einer Behandlung.

gg) Zwischenergebnis

Im Gendiagnostikgesetz sind Regelungen zur Aufklärung, zur genetischen Beratung, Mitteilung und Behandlung von Ergebnissen der genetischen Untersuchungen zu medizinischen Zwecken in den §§ 7 ff. GenDG geschaffen worden. Da von genetischen Ergebnissen entsprechend der Gesetzesbegründung ausdrücklich auch unerwartete Ergebnisse umfasst sind, wurde ein umfassender Regelungsrahmen für vor der Geburt erlangte genetische Erkrankungen errichtet. Jedoch besteht noch gesetzlicher Nachbesserungsbedarf in Bezug auf Mitteilungsbefugnisse bei Betroffenheit Dritter durch die genetische Erkrankung, insbesondere im Rahmen des § 10 Abs. 3 S. 4 GenDG und des § 11 GenDG.

b) Bildgebende Diagnostik

Neben der Anwendung des Gendiagnostikgesetzes bei genetischen Untersuchungen zu medizinischen Zwecken ist fraglich, ob sich der Anwendungsbereich auch auf zufällige Ergebnisse bildgebender Diagnostik erstreckt; denn mittels bildgebender Verfahren können Informationen über phänotypische Erkrankungen als auch genetische Dispositionen generiert werden. Beispielsweise kann ein Arzt mittels Sonografie oder MRT eine autosomal-dominante polyzystische Niere bei einem Patienten entdecken, die als erblich bedingte Erkrankung der

1435 *Deutsche Gesellschaft für Humangenetik*, Stellungnahme zu genetischen Zusatzbefunden in Diagnostik und Forschung, S. 1 (1 f.).

1436 *Rudnik-Schöneborn/Langanke/Erdmann/Robienski*, Ethik Med 2014, S. 105 (109).

1437 *Gendiagnostik-Kommission*, Bundesgesundheitsbl 2011, S. 1248 (1254).

Niere eine genetische Ausprägung ist.[1438] Sie ist eine der lebensbedrohlichsten Erberkrankungen, die zu chronischem Nierenversagen führt und nur mittels Nierentransplantation therapiert werden kann. Durch bildgebende Diagnostik können auch bestimmte Fehlstellungen der Zähne und des Kiefers als Indikator für eine Darmkrebswahrscheinlichkeit oder ein kirschroter Fleck auf dem Augenhintergrund als ein Indiz für das Vorliegen einer Tay-Sachs-Krankheit entdeckt werden.[1439] In entsprechenden Fällen ist ein vergleichbarer Schutzumfang durch das Gendiagnostikgesetz für Patienten, bei denen genetische Zufallsbefunde gewonnen wurden, zu befürworten – unabhängig davon, ob die medizinischen Ergebnisse mittels genetischer oder bildgebender Diagnostik generiert wurden. In der Folge sind demnach der von dem Gesetzgeber festgelegte sachliche Anwendungsbereich des Gendiagnostikgesetzes nach § 2 GenDG zu bestimmen und im Anschluss mögliche Analogieschlüsse für den Gewinn eines (1) phänotypischen Zufallsbefundes oder (2) eines genetischen Zufallsbefundes mittels bildgebender Diagnostik zu erörtern.

aa) Sachlicher Anwendungsbereich des Gendiagnostikgesetzes

Das Gendiagnostikgesetz findet nach § 2 Abs. 1 GenDG Anwendung bei „genetischen Untersuchungen und im Rahmen genetischer Untersuchungen durchgeführte[n] Analysen bei geborenen Menschen […] zu medizinischen Zwecken, zur Klärung der Abstammung sowie im Versicherungsbereich und im Arbeitsleben“. Nach der Legaldefinition in § 3 Nr. 1 GenDG ist eine genetische Untersuchung „eine auf den Untersuchungszweck gerichtete […] genetische Analyse zur Feststellung genetischer Eigenschaften […]“. Zur Feststellung der genetischen Eigenschaften werden nach § 3 Nr. 2 GenDG zytogenetische, molekular-genetische und Genproduktanalysen eingesetzt.[1440] Eine Beschränkung des Anwendungsbereiches des Gendiagnostikgesetzes findet mithin dahingehend statt, dass ausschließlich genetische Untersuchungen vom Regelungszweck umfasst sind und diese im Hinblick auf den medizinischen Zweck erfolgen müssen. Letztere Zweckbestimmung soll im Zusammenhang mit § 2 Abs. 2 Nr. 1 GenDG insbesondere Untersuchungen zu Forschungszwecken ausschließen. Durch den

---

1438 *Propping/Aretz/Schumacher/Taupitz/Guttmann/Heinrichs*, Prädiktive genetische Testverfahren, S. 34.

1439 *Stockter* in Prütting (Hrsg.), MedR-Komm, GenDG § 3 Rn. 21; *Stockter*, Das Verbot genetischer Diskriminierung und das Recht auf Achtung der Individualität, S. 87 f.

1440 Vgl. § 3 Nr. 2 a) – c) GenDG; *Hahn/Schwarz* in Kern (Hrsg.), GenDG Kommentar, § 3 Rn. 8 ff.

gewählten Anknüpfungspunkt der genetischen Untersuchung werden genetische Ergebnisse, die mittels nicht-genetischer Untersuchungen wie Blickdiagnostik und klinischer Diagnostik aufgefunden werden, nicht in den Anwendungsbereich des Gendiagnostikgesetzes eingeschlossen.[1441] Auch der Einsatz bildgebender Verfahren ist Teil der klinischen Diagnostik, sodass die Vorschriften des Gendiagnostikgesetzes nach § 2 GenDG bei Generierung eines Zufallsbefundes durch Bildgebung nicht anwendbar sind. Dies gilt unabhängig davon, ob die Zufallsbefunde phänotypischer oder genetischer Natur sind.

Von diesem Grundsatz ist die Reichweite des Benachteiligungsverbotes nach § 4 Abs. 1 GenDG aufgrund seines wörtlichen Gehaltes auszunehmen. Demnach darf „niemand [...] wegen seiner oder der genetische[n] Eigenschaft einer genetisch verwandten Person, wegen der Vornahme oder Nichtvornahme einer genetischen Untersuchung oder Analyse bei sich [...] oder wegen des Ergebnisses einer solchen Untersuchung oder Analyse benachteiligt werden". Der Schutz vor Diskriminierung in § 4 Abs. 1 GenDG ist nicht auf genetische Eigenschaften als Ergebnisse einer genetischen Untersuchung beschränkt, sodass durch Bildgebung gewonnene genetische Zufallsbefunde umfasst sein können. Unklar ist, ob die weite Fassung des Benachteiligungsverbotes ein redaktioneller Fehler des Gesetzgebers ist, der in einem früheren Gesetzesentwurf auch die Phänotypanalyse zulassen wollte.[1442] Dagegen spricht, dass nach dem Gesetzeszweck gemäß § 1 GenDG eine Benachteiligung aufgrund genetischer Eigenschaften verhindert werden soll, sodass eine Begrenzung des § 4 Abs. 1 GenDG auf Eigenschaften, die durch genetische Untersuchung gewonnen werden, dem Gesetzeszweck zuwiderliefe.[1443] Auch die separate Erwähnung der „Vornahme oder Nichtvornahme einer genetischen Untersuchung" in § 4 Abs. 1 GenDG wäre überflüssig, sofern die genetischen Eigenschaften bereits hinsichtlich der methodenspezifischen Bestimmung begrenzt würden.[1444] Vielmehr ist aufgrund eines umfassenden Schutzes davon auszugehen, dass jegliches Ergebnis mit genetischem Erkenntniswert in den Schutz vor Diskriminierung einbezogen werden soll und zwar unabhängig davon, ob es durch genetische Analyse oder auf andere Weise erfahren wurde.[1445]

1441 *Kern* in Kern (Hrsg.), GenDG Kommentar, § 2 Rn. 3.

1442 BT-Drs. 16/3233, S. 6.

1443 So auch *Reuter* in Kern (Hrsg.), GenDG Kommentar, § 4 Rn. 26.

1444 *Reuter* in Kern (Hrsg.), GenDG Kommentar, § 4 Rn. 26.

1445 *Reuter* in Kern (Hrsg.), GenDG Kommentar, § 4 Rn. 26 f.; *Schillhorn/Heidemann*, Gendiagnostikgesetz, § 4 Rn. 2; *Stockter* in Prütting (Hrsg.), MedR-Komm, GenDG § 4 Rn. 21; a. A. *Hübner/Pühler*, MedR 2010, S. 676 (679).

Dementsprechend erweitert § 4 Abs. 1 GenDG als lex specialis den Anwendungsbereich des § 2 GenDG in Bezug auf das Benachteiligungsverbot,[1446] sodass auch Personen, bei denen ein genetischer Zufallsbefund durch bildgebende Diagnostik gewonnen wurde, vor Diskriminierung geschützt sind. Diese Erweiterung des Anwendungsbereiches gilt jedoch nicht für die Vorschriften der §§ 7 ff. GenDG, die dem Schutz des Selbstbestimmungsrechtes des Betroffenen dienen. Demnach entfalten die Vorschriften bzgl. der genetischen Untersuchungen zu medizinischen Zwecken in Abschnitt 2 des Gendiagnostikgesetzes keine Geltungskraft für mittels Bildgebung gewonnene Eigenschaften.

Zusammengefasst gilt, dass durch Bildgebung generierte, nicht-genetische Zufallsbefunde keine nach den Vorschriften des Gendiagnostikgesetzes in direkter Anwendung gewonnene Eigenschaften sein können. Für genetische Zufallsbefunde, die durch bildgebende Diagnostik aufgefunden wurden, gelten ausschließlich die Benachteiligungsvorschriften des Gendiagnostikgesetzes in direkter Anwendung.

bb) Analogie zum Gendiagnostikgesetz

Möglicherweise könnte jedoch ein Analogieschluss zum Gendiagnostikgesetz begründet sein, sodass der Patient bei einem durch Bildgebung aufgefundenen phänotypischen oder genetischen Zufallsbefund auch nach den Maßstäben des Gendiagnostikgesetzes in seinem Recht auf Aufklärung, Mitteilung und Nichtwissen (§§ 7 ff. GenDG) geschützt wäre. Eine Analogie ist die Übertragung eines oder mehrerer Rechtsgrundsätze auf einen vergleichbaren Tatbestand, der diese Regelung nicht im Wortsinn enthält. Dafür müssten eine vergleichbare Interessenlage sowie eine planwidrige Regelungslücke gegeben sein.[1447]

aaa) Phänotypische Zufallsbefunde

In Betracht kommt zunächst eine analoge Anwendung des Gendiagnostikgesetzes bei Generierung eines phänotypischen Zufallsbefundes durch bildgebende Diagnostik ohne Erkenntnisse genetischer Daten. Dies hätte die Folge, dass untersuchte Personen den gleichen Schutz der §§ 7 ff. GenDG beanspruchen könnten wie jene, bei denen die Ergebnisse genetischen Ursprungs sind.

1446 *Stockter* in Prütting (Hrsg.), MedR-Komm, GenDG § 4 Rn. 21.

1447 BGH 149, 165 (174), BGH NJW 2003, S. 1932 (1933); BGH NJW 2005, S. 2142 (2143); BGH NJW 2007, S. 992 (993); *Grüneberg* in Palandt (Hrsg.), Bürgerliches Gesetzbuch, BGB v § 1 Einleitung Rn. 48.

(1) Vergleichbare Interessenlage

Eine vergleichbare Interessenlage ist gegeben, wenn Patienten, bei denen ein phänotypischer Zufallsbefund durch diagnostische Bildgebung aufgefunden wurde, gleichbedeutend schutzbedürftig erscheinen wie Patienten, bei denen ein genetischer Zufallsbefund mittels genetischer Untersuchung gewonnen wurde. Phänotypische Zufallsbefunde sind medizinische Ergebnisse wie beispielsweise ein Aneurysma der Halsschlagader oder aber eine infektiöse Erkrankung wie eine HIV- oder Hepatitis-Infektion. Unter Berufung auf den „genetischen Exzeptionalismus“ wird teilweise eine entsprechende Schutzbedürftigkeit und damit eine vergleichbare Interessenlage abgelehnt, da genetische Daten eine höhere Sensibilität vorweisen würden, die sich in einer hohen Prädiktivität, Vorhersagegenauigkeit und Aussagepotentials über Erkrankungen Verwandter begründe.[1448] Dagegen wird angeführt, dass auch durch nicht-genetische Untersuchungen Erkrankungen im Frühstadium diagnostiziert werden könnten. Beispielweise erläutert *Völzke*, dass die Erkenntnis einer Karotiswanddicke und einer reduzierten flussvermittelten Vasodilatation mittels Sonographie Rückschlüsse auf eine arteriosklerotisch bedingte Krankheit und einen dementsprechenden Krankheitsverlauf zulasse.[1449] Auch andere subklinische Befunde weisen zum Erhebungszeitpunkt keinen eigenen Krankheitswert auf, sondern sind eine Prognose für beginnende oder ablaufende Erkrankungsprozesse und beinhalten damit einen prädiktiven Wert, sodass genetische Erkrankungen nicht per se eine höhere Schutzbedürftigkeit als nicht-genetische Erkrankungen bedingen. Auch in Bezug auf die Betroffenheit Dritter können keine qualitativen Unterschiede bestehen, die eine unterschiedliche Regelung genetischer und nicht-genetischer Ergebnisse rechtfertigen. Zwar können mittels genetischer Untersuchungen Erkrankungen mit Aussagekraft über die Gesundheit genetisch Verwandter wie z. B. die Chorea Huntington Erkrankung oder eine Prädisposition für Darmkrebserkrankungen gewonnen werden. Jedoch haben auch HIV-Erkrankungen oder virologische Krankheiten eine Relevanz für Dritte[1450] und bedürfen dementsprechend eines angehobenen Schutzstandards. Eine vergleichbare Interessenlage besteht folglich nicht nur im Einzelfall, sondern begründet eine Gleichartigkeit des Schutzumfangs für den Gesamtbereich.

1448 BT-Drs. 16/10532, S. 1; weitere Ausführungen dazu bereits im 1. Kapitel B II 4. a).

1449 *Völzke* in Puls/Hosten (Hrsg.), Ganzkörper-MRT-Screening, Befunde und Zufallsbefunde, S. 17 (18).

1450 Weitere Ausführungen bereits im 1. Kapitel B II 4. a) aa).

(2) Planwidrige Regelungslücke

Fraglich ist, ob durch die Begrenzung des Anwendungsbereichs des Gendiagnostikgesetzes eine planwidrige Regelungslücke für phänotypische diagnostische Untersuchungen entstanden ist oder ob der Gesetzgeber diesen Ausschluss gezielt intendiert hat. Keine planwidrige Regelungslücke wird bei bewusst ausschließenden gesetzlichen Regelungen angenommen.[1451]

Gegen eine planwidrige Regelungslücke ist zunächst der prägnante Titel des Gesetzes anführen, infolgedessen es nachzuvollziehen ist, dass in den Anwendungsbereich eines „Gendiagnostikgesetzes" ausschließlich diagnostische Untersuchungen zur Feststellung genetischer Eigenschaften eingeschlossen werden sollen. Auch die Einbeziehung einer eigenen Regelung zum Anwendungsbereich in § 2 GenDG, nach dem dieses Gesetz „für genetische Untersuchungen und im Rahmen genetischer Untersuchungen durchgeführte Analysen" Geltung entfaltet, spricht gegen eine Planwidrigkeit. Darüber hinaus wird in der Beschreibung des Ausgangspunktes des Gesetzes in der Gesetzesbegründung vermittelt, dass die Gesetzesintention hier zielgerichtet auf den Schutz vor genetischer Diskriminierung durch genetische Untersuchungen und nicht auf eine solche durch medizinische Untersuchungen anderer Art gerichtet sei.[1452] Dies wird auch durch zahlreiche Ausführungen zur Begriffsbestimmung genetischer Analysen unterstützt, in die phänotypische Untersuchungen aufgrund des geringeren Missbrauchspotentials nicht eingeschlossen werden sollen.[1453]

Dass der Gesetzgeber nicht fahrlässig und unbedacht den Fokus des Schutzbereiches des Gesetzes auf genetische Ergebnisse genetischer Untersuchungen gelegt hat, beweist auch die historische Entwicklung des Gesetzes. Der aktuellen Fassung des Gendiagnostikgesetzes gingen zahlreiche Vorschläge voraus,[1454] in denen der Anwendungsbereich punktuell verändert wurde. So wurden beispielsweise in dem Entwurf der Fraktion 90/DIE GRÜNEN im Jahr 2006 in den §§ 26 ff. auch genetische Untersuchungen im Forschungskontext einbezogen.[1455] In keinem dieser Gesetzesvorschläge wird allerdings der Schutz für den

1451 *Schmidt*, VerwArch 2006, S. 139 (142); *Vogeler*, Ethik-Kommissionen – Grundlagen, Haftung und Standards, S. 563.

1452 BT-Drs. 16/10532, S. 1.

1453 BT-Drs. 16/10532, S. 20.

1454 Zum Antrag der CDU/CSU-Fraktion im Jahr 2001 vgl. BT-Drs. 14/6640; zum Antrag im Jahr 2003 vgl. BT-Drs. 15/543; zum Antrag des Bündnis 90/DIE GRÜNEN aus dem Jahr 2006 vgl. BT-Drs. 16/3233.

1455 BT-Drs. 16/3233, S. 48 ff.

Untersuchten auch hinsichtlich nicht-genetischer Untersuchungen und nicht-genetischer Ergebnisse erweitert.

(3) Zwischenergebnis

Für phänotypische Zufallsbefunde, die durch bildgebende Diagnostik generiert wurden und Krankheitswert für den Patienten aufweisen, kann kein Schutz aus dem Gendiagnostikgesetz aufgrund eines Analogieschlusses zu genetischen Untersuchungen gewährt werden. Der Gesetzgeber hat das Gendiagnostikgesetz gezielt etabliert, um einen Regelungsrahmen für genetische Untersuchungen und einen Schutz vor Diskriminierung aufgrund genetischer Eigenschaften zu schaffen. Bei Generierung eines phänotypischen Zufallsbefundes im Kontext diagnostischer Untersuchungen im Behandlungsverhältnis muss mithin ein Rückgriff auf den durch das Patientenrechtegesetz gewährten Schutz erfolgen.

bbb) Genetische Zufallsbefunde durch bildgebende Diagnostik

Ein analoge Anwendung der Normen des Gendiagnostikgesetzes ist allerdings für Zufallsbefunde in Betracht zu ziehen, die nicht mittels genetischer Untersuchung, sondern klinischer Diagnostik, wie beispielsweise durch den Einsatz bildgebender Verfahren, gewonnen werden, aber auf genetische Erkrankungen hinweisen.

(1) Vergleichbare Interessenlage

Zunächst müsste eine vergleichbare Interessenlage vorliegen. Das bedeutet, dass Patienten mit zufällig aufgefundenen genetischen Erkrankungen unabhängig von der Diagnosemethode – nämlich einer genetischen Untersuchung nach dem Gendiagnostikgesetz oder bildgebender Diagnostik – gleich schutzbedürftig sind. Exemplarisch ist als genetischer Zufallsbefund im Rahmen einer genetischen Untersuchung die Disposition für Chorea Huntington anzuführen, die neben dem Krankheitswert für den Betroffenen auch Auskunft über eine Erkrankung eines Elternteils und eine potentielle Trägerschaft von Geschwistern und Nachkommen gibt.[1456] Andererseits kann durch den Einsatz bildgebender Verfahren beispielweise zufällig eine autosomal-dominante Erkrankung wie eine polyzystische Niere diagnostiziert werden.[1457] Auch diese ermöglicht einen Rückschluss auf mögliche Erkrankungen von genetisch Verwandten. In medizinischer Hinsicht ermöglichen folglich beide Diagnostiken den Gewinn eines

1456 *Wollenschläger*, AöR 2013, S. 161 (184); *Retzko*, Prädiktive Medizin versus ein (Grund-) Recht auf Nichtwissen, S. 166.

1457 BT-Drs. 16/3233, S. 25; *Propping/Aretz/Schumacher/Taupitz/Guttmann/Heinrichs*, Prädiktive genetische Testverfahren, S. 34.

genetischen Befundes mit Krankheitswert für den Untersuchten sowie eines genetischen Verwandten. Auch bzgl. der Prognostik des Krankheitseintritts ist die genetische Analyse qualitativ nicht derart überlegen, dass keine vergleichbare Interessenlage besteht, denn so kann beispielsweise mittels Sonografie aus einer Karotisdicke ein prädiktiver Wert bzgl. einer Arteriosklerose gewonnen werden[1458].

Ferner haben in rechtlicher Hinsicht sämtliche genetischen Befunde mit Krankheitswert unabhängig von der Art der Diagnosemethode Diskriminierungs- und Stigmatisierungspotential.[1459] Exemplarisch führt eine polyzystische Niere dazu, dass der Patient unter chronischem Nierenversagen leidet und dementsprechend in seiner Lebenssituation eingeschränkt ist. Dies kann zu Diskriminierung durch das Umfeld oder zu Stigmatisierung durch die eigene Wahrnehmung der Einschränkungen infolge der Erkrankung führen. Ein vergleichbares Dilemma kann einen Patienten treffen, bei dem eine genetische Krebserkrankung oder Chorea Huntington mittels genetischer Untersuchungen festgestellt wurde. Dies hat auch der Gesetzgeber selbst erkannt und infolgedessen den Umfang des Benachteiligungsverbotes nach § 4 Abs. 1 GenDG auf genetische Eigenschaften unabhängig von der Art der Diagnostik ausgeweitet.[1460] Eine vergleichbare Interessenlage bzgl. des Schutzumfanges des Patienten liegt mithin vor.

(2) Planwidrige Regelungslücke

Zudem müsste auch eine planwidrige Regelungslücke gegeben sein. Das Benachteiligungsverbot nach § 4 Abs. 1 GenDG untersagt eine Diskriminierung aufgrund „seiner oder der genetischen Eigenschaft einer genetisch verwandten Person".[1461] Hinsichtlich der Vorschriften zum Schutz der Selbstbestimmung des Untersuchten nach §§ 7 ff. GenDG ist hingegen eine Begrenzung auf genetische Zufallsbefunde, die durch genetische Untersuchung oder Analyse gewonnen wurde, vorgenommen worden. Dementsprechend bestehen keine spezialgesetzlichen Regelungen zur Aufklärung, Einwilligung, genetischen Beratung und

---

1458 *Völzke* in Puls/Hosten (Hrsg.), Ganzkörper-MRT-Screening, Befunde und Zufallsbefunde, S. 17 (18).

1459 Vgl. *Duttge*, TIP Hukuku Dergisi 2013, S. 161 (S. 161 ff.).

1460 Vgl. 2. Kapitel B II 2. b) aa); s. a. *Reuter* in Kern (Hrsg.), GenDG Kommentar, § 4 Rn. 26 f.; *Schillhorn/Heidemann*, Gendiagnostikgesetz, § 4 Rn. 2; *Stockter* in Prütting (Hrsg.), MedR-Komm, GenDG § 4 Rn. 21; a. A. *Hübner/Pühler*, MedR 2010, S. 676 (679).

1461 Weitere Ausführungen bei *Reuter* in Kern (Hrsg.), GenDG Kommentar, § 4 Rn. 2 ff.

Mitteilung von genetischen Befunden, die mittels bildgebender Methoden gewonnen wurden. Eine Regelung zum Schutz der Selbstbestimmung ergibt sich demnach auf einfachgesetzlicher Ebene nur aus dem Patientenrechtegesetz,[1462] wobei insbesondere eine dem § 10 GenDG entsprechende Regelung zur Beratung durch einen Arzt fehlt. Dementsprechend existiert für genetische Zufallsbefunde, die mittels einer bildgebenden Diagnostik generiert wurden, eine Regelungslücke.

Fraglich ist, ob diese Regelungslücke auch tatsächlich planwidrig oder vielmehr ein vom Gesetzgeber gewollter und in Kauf genommener Ausschluss aus dem Gendiagnostikgesetz unter der Annahme ist, dass ein ausreichender Schutz durch andere Regelungen bestehe. Im dem Gesetzesentwurf der Fraktion Bündnis90/DIE GRÜNEN aus dem Jahre 2006 wurde in § 3 Abs. 1 Nr. 2c GenDG als eine genetische Analyse auch „eine Analyse des äußeren Erscheinungsbildes oder der beobachteten Merkmale, in denen sich bestimmte genetische Merkmale ausprägen (Phänotyp)“, angesehen.[1463] Die Erfahrung habe gezeigt, dass bestimmte genetische Abweichungen mit äußeren Merkmalen verbunden seien. Exemplarisch wird die Trisomie 21 aufgeführt, bei der mittels pränataler Ultraschalluntersuchung eine Nackenfalte gemessen werden kann. Dieses Verfahren stellt nach Ansicht der Antragsteller des Gesetzesentwurfs eine genetische Untersuchung auf Phänotypebene dar. Ähnliches wird für die Feststellung von Zystennieren mittels Ultraschalluntersuchungen angenommen.[1464] Der Gesetzesentwurf aus dem Jahre 2006 bezog mithin auch bestimmte nicht-genetische Untersuchungen, die genetische Ergebnisse gewinnen konnten, in den Anwendungsbereich ein, da „es keinen Grund [...] [gebe], genetische Befunde im Hinblick auf den Weg ihrer Erhebung unterschiedlich zu bewerten“[1465]. Unter dem Stichwort der Methodendiskriminierung wurde in dem damaligen Gesetzesentwurf ein abweichendes Vorgehen als benachteiligend empfunden.[1466]

Der Gesetzgeber hat im Rahmen der Begriffsbestimmung in der aktuellen Fassung des § 3 Nr. 2 GenDG keine vergleichbare Formulierung aufgenommen, sondern genetische Analysen auf zytogenetische und molekulargenetische Untersuchungen und Genproduktanalysen begrenzt. Aus den Formulierungen lässt sich dementsprechend annehmen, dass der Gesetzgeber die

1462 BT-Drs. 17/10488.

1463 Vgl. § 3 in BT-Drs. 16/3233, S. 6.

1464 BT-Drs. 16/3233, S. 25.

1465 BT-Drs. 16/3233, S. 24.

1466 BT-Drs. 16/3233, S. 24.

Phänotypanalyse bewusst ausgeschlossen hat. Diese Einschätzung wird durch die Gesetzesbegründung bestätigt, nach der auf eine Phänotyp-Untersuchung verzichtet werde, da bei nachgeburtlichen Phänotyp-Untersuchungen ein geringeres Missbrauchspotential gegeben sei. Das besondere Potential bei genetischen Untersuchungen liege in der Möglichkeit der Analyse genetischer Eigenschaften bereits aus kleinsten Proben ohne das Wissen des Patienten.[1467]

Die Ausführungen belegen, dass genetische Befunde und Zufallsbefunde, die durch Phänotyp-Untersuchungen wie beispielsweise mittels bildgebender Verfahren gewonnen werden und Rückschlüsse auf einen vergleichbaren Krankheitswert zulassen, bewusst aus dem Anwendungsbereich des Gendiagnostikgesetzes ausgeschlossen worden sind. Ob der Gesetzgeber dabei fehlerhaft davon ausgegangen ist, dass ein ausreichender Schutzrahmen durch bestehende Regelungen vorhanden ist, bleibt unklar. Insbesondere da das Patientenrechtegesetz zum Zeitpunkt des Inkrafttretens des Gendiagnostikgesetzes noch nicht geschaffen worden war, musste er davon ausgehen, dass die bestehenden richterrechtlichen Vorgaben ausreichen. Dies ist in Ermangelung ausreichender gerichtlicher Entscheidungen zum Recht auf Nichtwissen hinsichtlich der Selbstbestimmung des Patienten fragwürdig. Der Gesetzgeber hat den Schutz des Gendiagnostikgesetzes jedoch an die Verfahren der genetischen Untersuchung und genetischen Analyse geknüpft und nicht an die zu gewinnenden Ereignisse. Mithin ist keine planwidrige Regelungslücke für genetische Zufallsbefunde, die durch Bildgebung gewonnen werden, gegeben.

(3) Stellungnahme

Auch für mittels bildgebender Diagnostik gewonnene genetische Zufallsbefunde kann kein Analogieschluss zum Gendiagnostikgesetz gezogen werden, da der Gesetzgeber bewusst Phänotyp-Untersuchungen aus dem Anwendungsbereich des Gesetzes ausgeschlossen hat.[1468] Nach *Stockter* ist es gesetzgeberische Zielsetzung, dass unerwartete Ergebnisse trotzdem nach §§ 7 ff. GenDG analog behandelt werden sollen, auch wenn Untersuchungen, die nicht auf genetische Ergebnisse gerichtet sind, nicht von dem Gendiagnostikgesetz umfasst sind.[1469] Diese Ansicht ist hinsichtlich der Berücksichtigung des Rechts auf Wissen und Nichtwissen methodisch fragwürdig. Die vorangegangenen Ausführungen belegen, dass keine Rechtslage für einen Analogieschluss existiert,

---

1467 BT-Drs. 16/10532, S. 20; weitere Ausführungen bei *Stockter* in Prütting (Hrsg.), MedR-Komm, GenDG § 3 Rn. 23.

1468 A. A. *Stockter* in Prütting (Hrsg.), MedR-Komm, GenDG Vor §§ 7 ff. Rn. 5.

1469 *Stockter* in Prütting (Hrsg.), MedR-Komm, GenDG Vor §§ 7 ff. GenDG, Rn. 5a.

da der Gesetzgeber nicht planwidrig gehandelt hat. Folglich kann es auch nicht die gesetzgeberische Zielsetzung sein, bei Phänotyp-Analysen analog der Vorschriften des Gendiagnostikgesetzes vorzugehen. Zudem ist in praktischer Hinsicht insbesondere unklar, wie ein Nichtwissen gewahrt werden soll, wenn vor Durchführung einer nicht-genetischen Untersuchung nicht über den möglichen Gewinn eines Zufallsbefundes und die Möglichkeiten der Mitteilung nach dem Gendiagnostikgesetz aufgeklärt wird.

Die Entscheidung des Gesetzgebers, das Gendiagnostikgesetz an die genetische Methodik zu binden und dementsprechend genetische Befunde nicht-genetischer Untersuchungen auszuschließen, ist jedoch vor dem Hintergrund gleicher Interessenlagen stark zu kritisieren.[1470] Insbesondere die Annahme, dass ein unterschiedliches Missbrauchspotential bestünde, da genetische Untersuchungen an kleinen Materialproben gegen den Willen des Betroffenen vorgenommen werden könnten,[1471] begründet keinen unterschiedlichen Schutz der Selbstbestimmung aufgrund unterschiedlicher Diagnostiken. Denn so bedarf es auch bei Phänotyp-Untersuchungen, bei denen beispielsweise lebensbedrohliche Erkrankungen wie Zystennieren aufgefunden werden können, einer weitergehenden Beratung durch den Arzt.[1472] Der Gesetzgeber verkennt, dass Phänotyp-Untersuchungen zwar überwiegend nicht ohne Wissen des Patienten durchgeführt werden, wohl jedoch im Anschluss an die Offenbarung eine ebenbürtige Belastungssituation nach sich ziehen können. Zudem erscheint es inkonsequent, trotz Annahme unterschiedlicher Missbrauchspotentiale wiederum einen Schutz vor Benachteiligung aufgrund genetischer Eigenschaften zu gewähren. Der Diskriminierungsschutz in § 4 Abs. 1 GenDG knüpft nämlich gerade nicht an die Diagnostik, sondern an die genetische Eigenschaft des Ergebnisses der Diagnosemethode an. Wenn der Gesetzgeber aber konsequent von einem höheren Missbrauchspotential der genetischen Untersuchung hätte ausgehen wollen, hätte er diese Erweiterung des Diskriminierungsverbotes nicht vornehmen müssen. Dementsprechend sollte auch Patienten, bei denen die Möglichkeit des Gewinns einer Zystenniere besteht, der Schutz durch Recht auf

---

1470 Ähnlich *Bundesärztekammer*, Ausschuss-Drs. 16(14)0469(3), S. 5; *Bayreuther*, NZA 2010, S. 679 (681); a. A. *Kern* in Kern (Hrsg.), GenDG Kommentar, § 2 Rn. 3, nach dem durch klinische Diagnostik und Blickdiagnostik sowieso nur ausnahmsweise genetische Anlagen, die noch nicht zu einer Erkrankung geführt haben, aufgefunden werden können.

1471 BT-Drs. 16/10532, S. 20.

1472 Zum Management klinischer Patienten bei Zufallsbefunden durch bildgebende Verfahren näher *Weckbach/Schlett/Bertheau/Kauczor*, Der Internist 2014, S. 1019 (1022).

Nichtwissen entsprechend § 11 Abs. 4 i. V. m. § 8 Abs. 1 GenDG und genetischer Beratung nach § 10 GenDG gewährt werden.

c) Zwischenergebnis

Die Vorschriften des Gendiagnostikgesetzes belegen, dass der Gesetzgeber bei der Schaffung des Gesetzes das Spannungsfeld zwischen informationeller Selbstbestimmung und dem Schutz der Gesundheit des Patienten und genetisch Verwandter erkannt hat. Für mittels genetischer Analyse aufgefundene genetische Zufallsbefunde hat er infolgedessen einen Regelungsrahmen geschaffen, wobei dieser hinsichtlich der Berücksichtigung von Drittinteressen Schwächen aufweist. Insbesondere die Übergabe der Verantwortung zur Information der Verwandten in die Familiensituation birgt Konfliktpotential und ist darüber hinaus nicht ausreichend zielgerichtet und zwingend.[1473]

Auch für die Begrenzung des Anwendungsbereiches des Gendiagnostikgesetzes ist der Gesetzgeber zu kritisieren.[1474] So ist zunächst nachvollziehbar, dass das Gendiagnostikgesetz für nicht-genetische Ergebnisse nicht-genetischer Analysen keine Anwendung findet, da diese Untersuchungen keinerlei Bezug zu der durch das Gendiagnostikgesetz in den Fokus gestellten Genetik aufweisen. Zu kritisieren ist der Gesetzgeber jedoch für seine bewusste Entscheidung, auch genetische Zufallsbefunde, die durch Phänotyp-Untersuchungen entdeckt werden, nicht in den Schutz des Gendiagnostikgesetzes zu integrieren. Die alleinige Begründung, dass es sich um ein divergierendes Missbrauchspotential im Rahmen der Untersuchungen handele, ist nicht überzeugend. Dies birgt die Gefahr einer Methodendiskriminierung, wie sie in der Gesetzesbegründung zu dem vorherigen Entwurf noch entschieden abgelehnt wurde.[1475]

In Ermangelung eines alternativen spezialgesetzlichen Schutzumfanges wird der Patient mithin mit genetischen Zufallsbefunden mit Krankheitswert ohne weitergehende genetische Beratung gleichsam „alleine gelassen". Der Gesetzgeber kommt dabei seiner staatlichen Schutzverpflichtung gegenüber der Gesundheit des Patienten bewusst nicht nach. Gleichzeitig darf es auch für den behandelnden Arzt nicht Folge dieser Regelungen sein, den Patienten bei nicht-genetischer

---

1473 Vgl. 2. Kapitel B II 2. a) cc) bbb); krit. hinsichtlich der Privatisierung der Konflikte auch *Duttge* in Wehling (Hrsg.), Vom Nutzen des Nichtwissens, S. 75 (86).

1474 Ähnlich *Kiehntopf/Deufel/Pagel*, DÄ 2008, A 776 (777), die einheitliche Standards zur Qualitätssicherung und daher ein Diagnostikgesetz anstelle eines Gendiagnostikgesetzes forderten.

1475 BT-Drs. 16/3233, S. 24.

Untersuchung, bei dem ein genetischer Zufallsbefund gewonnen wurde, nicht weitergehend hinsichtlich finanzieller und psychischer Folgen zu beraten. Entsprechend der ärztlichen Fürsorgepflicht wird hier gleichsam von Betroffenen und Ärzten ein Überschreiten der rechtlichen Voraussetzungen erwartet. Der Gesetzgeber hat folglich durch das Gendiagnostikgesetz das Spannungsfeld zwischen Selbstbestimmungsrecht und ärztlicher Fürsorge nicht hinreichend gelöst.

3. *Strahlenschutzverordnung (StrSchV)*

Die Strahlenschutzverordnung bietet keinen mit dem Gendiagnostikgesetz vergleichbaren Regelungsgehalt zum Umgang mit Zufallsbefunden bei bildgebender Diagnostik. Eine entsprechende spezialgesetzliche Regelung oder eine Spezifizierung durch Verordnung auch für nicht-genetische Zufallsbefunde wäre jedoch wünschenswert.

Die Strahlenschutzverordnung dient dem Vollzug des StrSchG[1476] und regelt somit den Schutz bei Verwendung radioaktiver Stoffe.[1477] Es werden u. a. die spezifischen Vorgaben zum beruflichen und medizinischen Strahlenschutz, die Voraussetzungen und Anforderungen an die Freigabe radioaktiver Stoffe und Vorgaben für den radiologischen Notfallschutz festgelegt. Regelungen zum Schutz der Selbstbestimmung des Untersuchten gibt es ausschließlich für den Bereich der Forschung (§§ 133 ff. StrSchV).[1478] Für den Kontext der Diagnostik existieren keine die Selbstbestimmung des Patienten schützenden spezialgesetzlichen Vorgaben. Die Strahlenschutzverordnung schafft folglich primär einen Regelungsrahmen für Tätigkeiten mit ionisierenden Strahlen,[1479] ohne dabei einen allgemeingültigen Schutz der Selbstbestimmung eines Patienten zu verfolgen. Aus der Strahlenschutzverordnung sind mithin keine Regelungen als Richtlinie für den Arzt bzgl. der Aufklärung, Mitteilung und Beratung bei Gewinn eines Zufallsbefundes abzuleiten.

1476 BR-Drs. 423/18, S. 1.

1477 *Ulsenheimer* in Laufs/Kern (Hrsg.), Handbuch des Arztrechts, § 136 Rn. 5.

1478 BR-Drs. 423/18, S. 434 ff.

1479 So bereits bzgl. der Verordnung über den Schutz vor Schäden durch ionisierende Strahlung v. 20. Juli 2001, BGBl I S. 1714, aufgehoben durch Art. 20 V. v. 29. November 2018, BGBl I S. 2034.; *Ewen/Holte*, Die neue Strahlenschutzverordnung, Kommentierung § 3 S. 18 ff.

4. *Zusammenfassung*

Für den Kontext der Diagnostik ist festzustellen, dass für den Patienten in verfassungsrechtlicher Hinsicht ein umfangreicher informationeller Schutz durch das Recht auf Nichtwissen und die ärztliche Pflicht zur Aufklärung vorgegeben ist. Schwierigkeiten bereitet in diesem Zusammenhang ausschließlich die Bestimmung der Selbstbestimmungsfähigkeit des Patienten, da es sich um bekannte und unbekannte Mutationen und pathologische Auffälligkeiten handeln kann. Es ist bisher ungeklärt, welches Maß an Wissen für das Recht auf Nichtwissen bestehen muss.[1480]

Auf einfachgesetzlicher Ebene ist der Gesetzgeber den Herausforderungen der Generierung von Zufallsbefunden bei diagnostischen Untersuchungen durch das Gendiagnostikgesetz und das Patientenrechtegesetz noch nicht umfassend gerecht geworden. Dem ethisch häufig vertretenen Grundsatz, dass Zufallsbefunde im Rahmen eines Behandlungsverhältnisses aufgefunden und dementsprechend wie ein normaler Befund behandelt werden müssten,[1481] ist nicht zuzustimmen. Zwar müssen die Befundmitteilungspflichten des Patientenrechtegesetzes auch auf Zufallsbefunde ausgeweitet werden, doch wurden insbesondere die Informationsabwehr dieser Mitteilung als auch Interessen Dritter entweder zu gering oder gar nicht berücksichtigt.

Diesen Anforderungen ist der Gesetzgeber im Gendiagnostikgesetz besser gerecht geworden, wobei unverständlich bleibt, dass bei durch Phänotyp-Untersuchung gewonnenen genetischen Befunden kein vergleichbarer Schutzumfang gewährt wird.[1482] Die alleinige Begründung, dass eine genetische Analyse entgegen dem Willen und eine phänotypische Untersuchung nur mit Willen des Patienten durchgeführt werden könne,[1483] ist nicht überzeugend. Gerade ein Patient als medizinischer und rechtlicher Laie, der sich in die Obhut eines Arztes gibt, kann nicht jede ärztliche Methode verstehen, sodass ein Missbrauch durchaus erfolgen kann. Eine Differenzierung anhand der Diagnosemethode vermittelt vielmehr den Eindruck einer Ungleichbehandlung von wesentlich Gleichem, obwohl dies nach Art. 3 Abs. 1 GG und auch § 4 Abs. 1 GenDG verboten ist.

1480 Ähnlich auch *Duttge* in Wehling (Hrsg.), Vom Nutzen des Nichtwissens, S. 75 (87 f.).

1481 *Schmücker* in Joerden/Hilgendorf/Thiele (Hrsg.), Menschenwürde und Medizin. Ein interdisziplinäres Handbuch, S. 949 (951); *Schmücker* in Ach (Hrsg.), Grenzen der Selbstbestimmung in der Medizin, S. 209 (211).

1482 Vgl. § 3 Nr. 1 GenDG; siehe dazu BT-Drs. 16/10532, S. 20.

1483 BT-Drs. 16/10532, S. 20.

Darüber hinaus wird insbesondere das Interesse betroffener Dritter – und zwar sowohl genetisch Verwandter als auch unbeteiligter Dritter – wie auch das Schutzinteresse des Arztes nur spärlich berücksichtigt. Da das Recht auf Nichtwissen nach dem Grundgesetz ein durch andere Grundrechte einschränkbares Recht darstellt, erscheint es inkonsequent, diesem im Gendiagnostikgesetz tatsächlich einen absoluten Rang zuzusprechen. Auch wenn die Intention des Schutzes der informationellen Selbstbestimmung des Gesetzgebers nach § 1 GenDG nachvollziehbar wirkt, ist fraglich, ob dieser tatsächlich immer eingehalten werden kann. Es entsteht die Befürchtung, dass der Arzt sich aus seiner standesrechtlichen Fürsorge und in Erfüllung einer staatlichen Schutzpflicht entgegen den Grundsätzen des Gendiagnostikgesetzes zu rechtswidrigem Verhalten gedrängt sieht. Weitere Konfliktvermeidungsstrategien des Gesetzes wie die doppelte Empfehlungslösung nach § 10 Abs. 3 S. 4 GenDG verstärken das Gefühl einer Unsicherheit des Gesetzgebers hinsichtlich der Lösung des Spannungsfeldes zwischen Selbstbestimmung des Patienten und ärztlicher Fürsorge. Denn die Verlagerung des Konfliktes in den Familienverbund[1484] mag zwar den Versuch einer Lösung darstellen, tatsächlich ist sie jedoch hinsichtlich des Schutzes der Gesundheit der Verwandten nicht zielgerichtet. Dementsprechend sind zeitnahe Nachbesserungen im Rahmen des Gendiagnostikgesetzes und des Patientenrechtegesetzes durch den Gesetzgeber zu fordern.[1485]

C. Rechtliche Regelungen zu Zufallsbefunden in der Forschung

Zufallsbefunde mit individuellem Krankheitswert werden nicht nur durch medizinische Diagnostik, sondern auch im Rahmen von Untersuchungen zu Forschungszwecken generiert. Dabei können Zufallsbefunde als Ergebnisse im Rahmen von therapeutischen Versuchen mit kranken Probanden, die teilweise auch als „Patientenprobanden“ bezeichnet werden,[1486] und bei rein

1484 So *Duttge* in Wehling (Hrsg.), Vom Nutzen des Nichtwissens, S. 75 (86 f.).

1485 Konkrete Vorschläge zur Änderung durch den Gesetzgeber siehe 2. Kapitel D III.

1486 Diesen Begriff verwenden z. B. *Heinemann/Hoppe/Listl/Spickhoff/Elger*, DÄ 2007, A 1982 (1982) für „Patienten mit vordiagnostizierten Erkrankungen“. Er soll eine Differenzierung zwischen gesunden Probanden und kranken Probanden bewirken, jedoch verwirrt die daraus zwangsläufig folgende Fokussierung auf den Teilbegriff „Patient“ schnell und führt möglicherweise zu falschen Schlüssen. Es muss bedacht werden, dass auch bei kranken Probanden zwischen Forscher und Proband ein

wissenschaftlichen Experimenten mit gesunden Probanden gewonnen werden.[1487] Zudem ermöglichen auch genetische Untersuchungen an Sammlungen von Körpermaterialien die Generierung zusätzlicher Ergebnisse mit gesundheitlicher Relevanz für die Probanden.[1488]

Da das Recht zumeist hinter der Forschung zurückbleibt,[1489] mangelt es nicht nur im Anwendungskontext, sondern oftmals auch für den Forschungskontext selbst an spezialgesetzlichen Regeln. Dementsprechend wird seit geraumer Zeit ein Forschungsgesetz gefordert,[1490] in dem rechtliche Fragestellungen der Forschung geregelt werden. Infolge der am 27. Mai 2014 verabschiedeten Verordnung für klinische Arzneimittelstudien durch das Europäische Parlament[1491] wird auch die Notwendigkeit eines Probandenrechtegesetzes in Ergänzung zum Patientenrechtegesetz angemahnt.[1492] Derzeit existierende forschungsbezogene Spezialgesetze beschränken sich auf das Arzneimittel-[1493] und Medizinproduktegesetz[1494] sowie einzelne Vorschriften in der Strahlenschutzverordnung. Ob diese im Hinblick auf die problematische Konstellation im Zusammenhang mit Zufallsbefunden ausreichende Vorgaben enthalten, ist unklar. Dabei gebietet das normative Kernproblem des Probandenschutzes bei Generierung eines Zufallsbefundes eine zwingende Klarstellung. Denn bei fehlenden einheitlichen

---

Forscher-Probanden-Verhältnis und nicht ausschließlich ein Behandlungsvertrag vorliegt.

1487 Vgl. Beispiele bei *Weckbach/Schlett/Bertheau/Kauczor*, Der Internist 2014, S. 1019 (1019 f.), nach denen bei MRT-Aufnahmen für einen Anatomieatlas oder bei einer Ultraschalldiagnostik von Freiwilligen als „Show-Probanden" Zufallsbefunde generiert werden können.

1488 *Dierickx/Kirchhoffer* in Joerden/Hilgendorf/Thiele (Hrsg.), Menschenwürde und Medizin, S. 935 (939 f.); *Robienski/Hoppe*, Der Pathologe 2013, S. 9 (13); *Viberg/Hansson/Langenskiöld/Segerdahl*, Eur J Hum Genet 2014, S. 437 (437 ff.); *Wallace/Kent*, Hum Genet 2011, S. 393 (395 f.); zu Biobanken siehe bereits im 1. Kapitel A IV 2. a) cc).

1489 *Duttge*, ZRph 2004, S. 67 (81).

1490 Forderung des Bundesrates, vgl. BR-Drs. 374/09 S. 1.

1491 Verordnung (EU) Nr. 536/2014 des Europäischen Parlaments und Rates vom 16.4.2014 über klinische Prüfungen mit Humanarzneimitteln und zur Aufhebung der Richtlinie 2001/20 EG.

1492 *Kratz*, VersR 2014, S. 788 (788).

1493 Arzneimittelgesetz in der Fassung der Bekanntmachung vom 12. Dezember 2005 (BGBl. I S. 3394), letzte Änderung vom 17.12.2014 (BGBl. I S. 2222).

1494 Medizinproduktegesetz in der Fassung der Bekanntmachung vom 7. August 2002 (BGBl. I S. 3146), letzte Änderung vom 21. Juli 2014 (BGBl. I S. 1133).

Regelungen bliebe ungeklärt, welche Pflichten und ggf. Befugnisse der Forscher bzgl. der Aufklärung des Probanden und einer entsprechenden Mitteilung von Zufallsbefunden erfüllen muss.[1495] Dies betrifft auch kollidierende Interessen Verwandter und Dritter. Infolgedessen bedarf es einer näheren Untersuchung, inwiefern auch im Forschungskontext ärztliche Fürsorgepflichten entstehen können und entsprechend das Selbstbestimmungsrecht des Probanden berücksichtigt werden muss.

Im Folgenden sind daher zunächst die verfassungsrechtlichen Grundlagen zum Selbstbestimmungsrecht bei Gewinn eines Zufallsbefundes und das Kollisionspotential mit der ärztlichen Fürsorge im Kontext der Forschung darzustellen, bevor im Anschluss einfachgesetzliche Vorschriften hinsichtlich ihrer bestehenden Vorgaben zu Aufklärung, Mitteilung und Behandlung von Zufallsbefunden überprüft werden. Dabei ist von der Notwendigkeit rechtlicher Regelungen zum Schutz von Probanden im therapeutischen als auch im wissenschaftlichen Versuch auszugehen, sofern keine ausdrückliche Differenzierung erfolgt. Eine unterschiedliche Behandlung beider Gruppen, insbesondere bzgl. des Rechts auf Nichtwissen von Zufallsbefunden, ist nur bei Vorliegen sachlicher Gründe gerechtfertigt.

I. Verfassungsrechtlicher Rahmen

Das Verfassungsrecht gewährt dem Betroffenen einen Schutz gegenüber Eingriffen des Staates oder mittelbaren Beeinträchtigungen durch Dritte unabhängig von einem bestimmten Anwendungskontext, sodass der Proband auch im Forschungskontext ein Recht auf Nichtwissen und Selbstbestimmung hat. Letzteres kann er wiederum nur ausüben, sofern er durch den Forscher ausreichend aufgeklärt worden ist.

1. Selbstbestimmungsaufklärung

Die Selbstbestimmungsaufklärung soll den Probanden in die Situation versetzen, informiert über Risiken und Folgen der studienbedingten Untersuchungen oder einer möglichen Arzneimittelverabreichung bei klinischen Prüfungen zu entscheiden und dementsprechend selbstverantwortlich in die Teilnahme an der Studie einzuwilligen.[1496] In diesem Zusammenhang ist zu erörtern, ob vor

---

1495 *Schmücker* in Joerden/Hilgendorf/Thiele (Hrsg.), Menschenwürde und Medizin, S. 949 (957 ff.; 972).

1496 Statt vieler *Laufs* in Laufs/Kern (Hrsg.), Handbuch des Arztrechts, § 59 Rn. 11.

Einwilligung in die Studienteilnahme über die Möglichkeit von Zufallsbefunden ebenfalls informiert werden muss, oder ob diese Information den Prozess der Selbstbestimmung nicht entscheidend beeinflusst.

a) Aufklärung über die Möglichkeit von Zufallsbefunden

Die Aufklärung über die Möglichkeit der Generierung eines Zufallsbefundes wird in ethischer Hinsicht für den Forschungskontext als notwendig erachtet.[1497] In rechtlicher Hinsicht wurde ein vergleichbares Erfordernis bereits für den Kontext der Diagnostik angenommen.[1498] Allerdings könnte der Unterschied zwischen Forschung und Diagnostik und die damit einhergehende differierende Subjektqualität von Patient und Proband einen Unterschied in dem Aufklärungsinhalt rechtfertigen.

aa) Notwendigkeit einer Aufklärung

Die Aufklärung über das Forschungsprojekt muss sich auf „Wesen, Tragweite, Risiken und Bedeutung" der Studie beziehen und beinhaltet mithin allgemeine Informationen über die Durchführung der Studie wie auch studienbedingte Risiken und Auswirkungen.[1499] Zufallsbefunde sind individuelle Gesundheitsbefunde, deren Aufdecken nicht vom Studienziel umfasst ist und die keine studienbedingten Folgen oder Risiken darstellen. Daher ist es fraglich, ob sie notwendiger Aufklärungsinhalt zur Ermöglichung einer selbstbestimmten Entscheidung sind. Dies wäre beispielsweise abzulehnen, sofern Zufallsbefunde äußerst seltene Ergebnisse einer wissenschaftlichen Untersuchung wären, die aufgrund ihrer geringen Relevanz die selbstbestimmte Entscheidung des Probanden nicht beeinflussen. Jedoch belegen die Häufigkeitsangaben[1500] zur Generierung von Zufallsbefunden, dass bei Verwendung bildgebender und genetischer Untersuchungen zu Studienzwecken vermehrt Zufallsbefunde entdeckt werden und diese mithin gleichsam wie interventionelle Risiken eine nicht unwahrscheinliche Folge der Untersuchungsmethode darstellen.

1497 Exemplarisch *Heinemann/Hoppe* in Lanzerath/Rietschel/Heinrichs/Schmäl (Hrsg.), Incidental Findings. Scientific, Legal and Ethical Issues, S. 59 (65); *Rudnik-Schöneborn/Langanke/Erdmann/Robienski*, Ethik Med 2014, S. 105 (115 f.); weitere Ausführungen bereits im 2. Kapitel A III 3. b) aa).

1498 Bereits ausführlich im 2. Kapitel B I 1. a).

1499 *Osieka*, Das Recht der Humanforschung, S. 175.

1500 Für bildgebende Forschung exemplarisch *Heinrichs*, DRZE 2011, S. 1 (2); *Schleim/Spranger/Urbach/Walter*, Nervenheilkunde 2007, S. 1041 (1042); weitere Ausführungen siehe 1. Kapitel A IV 2. b) cc) und 1. Kapitel A IV 2. c) bb).

Zudem tangieren sie die Entscheidung des Probanden zur Einwilligung in die Studienteilnahme insofern, als dieser in Ermangelung einer Aufklärung über den Umgang mit Zufallsbefunden möglicherweise einer subjektiven Fehlvorstellung über den Nutzen einer Teilnahme an der klinischen Studie unterliegt.[1501] Bei klinischen Studien bezieht sich dieses Missverständnis zumeist auf den *therapeutischen* Nutzen, indem der kranke Proband der Gefahr unterläuft, in die Studienteilnahme nur in der Erwartung einzuwilligen, dass er eine effektive Behandlung erhält. Dabei wird häufig nicht beachtet, dass eine randomisierte Zuordnung des Probanden zu einer Placebo-Gruppe nicht zu dem erwarteten Nutzen führen kann.[1502] Bzgl. eines Nutzens durch das Auffinden von Zufallsbefunden kann nicht von einer therapeutischen Fehlvorstellung ausgegangen werden, sondern es besteht vielmehr die Gefahr, dass der Proband die Studienteilnahme hinsichtlich des *diagnostischen* Nutzens über- bzw. unterschätzt. Dies erfolgt beispielweise durch die Annahme, dass der Forscher sämtliche genetische oder durch Bildgebung darstellbare pathologische Auffälligkeiten tatsächlich auffindet.[1503] Diese diagnostische Fehlvorstellung entsteht zumeist in nichtklinischen Studien mit gesunden Probanden.[1504] In der Vorstellung des Probanden hat die Studienteilnahme den Charakter eines klinischen Check-Ups mit der Folge, dass in dem Studiendurchführenden auch nicht mehr nur ein Forscher, sondern vielmehr ein behandelnder Arzt gesehen wird. Es besteht daher die Gefahr, dass der Proband glaubt, durch die vom Forscher angewandte Untersuchungsmethode einen Vorteil zu erlangen.[1505] Da sich aus einem Arzt-Patienten-Verhältnis und einem Forscher-Probanden-Verhältnis unterschiedliche rechtliche Pflichten ergeben, ist eine solche „Verwischung“ der Kontexte „Forschung“ und „Therapie“ äußerst problematisch. So besteht beispielsweise infolgedessen die Gefahr, dass

---

1501 *Schmücker* in Joerden/Hilgendorf/Thiele (Hrsg.), Menschenwürde und Medizin, S. 949 (960); s. a. *Lidz/Appelbaum/Grisso/Renaud*, Soc Sci Med 2004, S. 1689 (1691); *Rudnik-Schöneborn/Langanke/Erdmann/Robienski,* Ethik Med 2014, S. 105 (114).

1502 *Appelbaum/Roth/Lidz*, Int J Law Psychatry 1982, S. 319 (319 ff.); *Schmücker* in Joerden/Hilgendorf/Thiele (Hrsg.), Menschenwürde und Medizin, S. 949 (961).

1503 *Wolf et al.*, J Law Med Ethics 2008, S. 219 (228); für Biobank-Studien *Halverson/Ross*, Genet Med 2012, S. 611 (613).

1504 *Schmücker* in Joerden/Hilgendorf/Thiele (Hrsg.), Menschenwürde und Medizin, S. 949 (960); selbiger führt die Unterschiede zwischen „therapeutic misconception“ und „diagnostic misconception“ anschaulich aus, kommt jedoch letztendlich zu dem Schluss, dass keine der beiden subjektiven Fehlvorstellungen bei Zufallsbefunden eintritt.

1505 *Wolf et al.*, J Law Med Ethics 2008, S. 219 (228); s. a. *Schmücker* in Joerden/Hilgendorf/Thiele (Hrsg.), Menschenwürde und Medizin, S. 949 (961).

der Proband bei fehlender Rückmeldung des Forschers davon ausgeht, vollständig gesund zu sein und die Möglichkeit anderer Erkrankungen nicht mehr in Betracht zieht.[1506] Nicht unwahrscheinlich ist es, dass dadurch zu dem Zeitpunkt noch behandelbare Erkrankungen nicht entdeckt werden und nach Zeitablauf nicht mehr therapierbar sind. Diese Erwartungshaltung an den Forscher wird zudem dadurch verstärkt, dass dem medizinischen Laien zumeist die Reichweite der Auswertung, insbesondere welche Tesla bei den MRT-Scans verwendet und durch wen die Aufnahmen ausgewertet wurden, nicht bekannt ist.[1507]

Um eine diagnostische Fehlvorstellung des Probanden zu vermeiden, ist eine strukturierte Aufklärung über die Möglichkeit von Zufallsbefunden für den Entscheidungsprozess des Probanden erforderlich.[1508] Dabei muss der Schwerpunkt der Aufklärung auf der Unvorhersehbarkeit von Zufallsbefunden, dem Unterschied zwischen Forschung und Behandlung, dem Studienziel, der begrenzten Reichweite der Untersuchung und dem Studienablauf liegen. Bedenklich sind in diesem Zusammenhang die Ergebnisse der Befragungen nach der Greifswalder SHIFT-Studie, nach der 30 % der Studienteilnehmer als Motiv der Studienteilnahme die Abklärung bestehender Symptome angaben, obwohl sie vor Studienbeginn über den fehlenden individuellen Nutzen ausdrücklich informiert wurden.[1509] Obwohl in rechtlicher Hinsicht mithin eine Aufklärung über Zufallsbefunde zur selbstbestimmten Entscheidung notwendig ist, scheint der Proband bei der praktischen Durchführung trotzdem nicht nur selten einer Fehlvorstellung zu unterliegen. Der Proband muss daher vor jeder studienbedingten Maßnahme erneut über den Zweck der Untersuchung und den fehlenden Nutzen für die individuelle Gesundheit informiert werden. Zentrales Ziel der Information des Probanden ist die Vermeidung einer Fehlvorstellung. Dabei kann sich hinsichtlich des Vorgehens bei der Aufklärung z.B. an den von *Poser* dargestellten – und eigentlich selbstverständlichen – Voraussetzungen einer wirksamen Aufklärung orientiert werden, wie sie im Zusammenhang mit der Vermeidung eines Nocebo-Effekts entwickelt wurden. Denn sowohl die Vermeidung einer Fehlvorstellung bzgl. des Nutzens der Untersuchungen als auch die Vermeidung

---

1506 *Schmücker* in Joerden/Hilgendorf/Thiele (Hrsg.), Menschenwürde und Medizin, S. 949 (959); *Wolf et al.*, J Law Med Ethics 2008, S. 219 (228).

1507 Ähnlich *Heinemann/Hoppe/Listl/Spickhoff/Elger*, DÄ 2007, A 1982 (1983); *Wolf et al.*, J Law Med Ethics 2008, S. 219 (228).

1508 So auch *Erdmann*, Zufallsbefunde aus bildgebenden Verfahren in populationsbasierter Forschung, S. 166.

1509 *Schmücker* in Joerden/Hilgendorf/Thiele (Hrsg.), Menschenwürde und Medizin, S. 949 (959 f.).

des Nocebo-Effekts können nur durch eine wirksame patientenindividuelle Aufklärung erreicht werden. Nach *Poser* führt insbesondere eine Aufklärung in vertrauter Sprache und durch einen erfahrenen Arzt zu einem Wissenszuwachs bei dem Probanden. Zudem soll der Proband genügend Zeit zur Entscheidungsfindung und Gelegenheit zu Rückfragen haben.[1510]

Ergänzend können Forscher und Proband auch im Rahmen des Probandenvertrages nach Information über den Zweck eines Forschungsvorhabens festlegen, welche studienbedingten Maßnahmen Relevanz für die individuelle Gesundheit wie z.B. zum Auffinden von Zufallsbefunden haben könnten und welche Folgen sich für den Forscher daraus ergeben. Dieses Vorgehen geht über eine wirksame, die Fehlvorstellung vermeidende Aufklärung des Probanden hinaus.

bb) Umfang der Aufklärung

In rechtlicher Hinsicht muss die Aufklärung in dem Umfang erfolgen, dass der Proband selbstbestimmt in die Studienteilnahme unter Berücksichtigung einer Vielzahl von Faktoren einwilligen kann, d. h. beispielsweise auch im Wissen um die Möglichkeit von Zufallsbefunden und entsprechenden Folgen.[1511] Auch im Kontext der Forschung bestehen Unklarheiten, ob ein abstraktes Erwähnen der Möglichkeit den Anforderungen einer Aufklärung entspricht oder ob über konkrete zufällig zu entdeckende Erkrankungsmöglichkeiten informiert werden muss. Im letztgenannten Fall müsste der Patient bereits vor der Darstellung konkreter Organe oder Körperteile mittels MRT oder CT detailreich über bestimmte Zufallsbefunde und die Tatsache aufgeklärt werden, dass durch die begrenzte Befundung der Bilder einer Vielzahl von Mutationen im Rahmen der Studienuntersuchung noch kein Krankheitswert zugeordnet werden kann. Eine dementsprechend differenzierte Aufklärung ist dem Forscher in praktischer Hinsicht nicht zumutbar[1512] und bedeutet für den Probanden eine Ausweitung der Aufklärung, infolgedessen die Selbstbestimmungsfähigkeit im Einzelfall nicht unbedingt nur gestärkt, sondern der Proband auch überfordert werden kann.

1510 *Poser* in Duttge/Lenk (Hrsg.), Das sogenannte Recht auf Nichtwissen, S. 197 (206).

1511 *Deutsche Gesellschaft für Humangenetik*, Stellungnahme zu genetischen Zusatzbefunden in Diagnostik und Forschung, S. 1 (3); *Rudnik-Schöneborn/Langanke/Erdmann/Robienski*, Ethik Med 2014, S. 105 (118); *Wolf et al.*, J Law Med Ethics 2008, S. 219 (233);

1512 *Deutsche Gesellschaft für Humangenetik*, Stellungnahme zu genetischen Zusatzbefunden in Diagnostik und Forschung, S. 1 (4).

Dementsprechend wurden für den Kontext der Forschung Kategorien[1513] gebildet, die die unterschiedliche Relevanz von Zufallsbefunden darstellen.[1514] Anhand dieser Kategorisierungen können dem Probanden Folgen eines Zufallsbefundes unter Hinweis auf die finanziellen und psychischen Konsequenzen nachvollziehbar aufgezeigt werden.[1515] Im Zusammenhang mit der Information über die Möglichkeit sowie der Häufigkeit von Zufallsbefunden sollte dem Probanden ebenfalls dargelegt werden, dass nicht alle verwendeten Untersuchungsmethoden dem Standard der Therapiesituation entsprechen und dass insbesondere eine Auswertung im Kontext der Forschung auch durch Personen mit geringerer fachlicher Expertise, also nicht zwangsläufig durch klinische Neuroradiologen oder Humangenetiker, sondern beispielsweise Physiker erfolgen kann.[1516]

b) Aufklärung über das Recht auf Nichtwissen

Neben der Information über Zufallsbefunde muss der Proband über sein Recht auf Nichtwissen aufgeklärt werden.[1517] Dieses beinhaltet auch im Kontext der Forschung das Recht, bestimmte Informationen bewusst nicht zur Kenntnis nehmen zu wollen. Im Zusammenhang mit Zufallsbefunden bedingt dies insbesondere die Information über die Modalitäten einer Mitteilung unerwarteter Befunde bzw. eine Absprache, inwiefern eine Rückmeldung mit den Interessen auf Wissen und Nichtwissen des Probanden korreliert.

c) Einschränkungen der Aufklärung

Die ärztliche Pflicht zur Aufklärung vor Einwilligung in die Studienteilnahme kann im Einzelfall eingeschränkt werden, wobei dies im Vergleich zu der Aufklärung im Behandlungsverhältnis nur restriktiv erfolgen sollte. Insbesondere kann die Aufklärung im Gegensatz zu dem Kontext der Diagnostik aus Gründen der Vollinformiertheit nur im Einzelfall beschränkt werden. Überwiegend wird ein

---

1513 Zu den Kategorien siehe bereits im 1. Kapitel A III 2.

1514 *Deutsche Gesellschaft für Humangenetik*, Stellungnahme zu genetischen Zusatzbefunden in Diagnostik und Forschung, S. 2 f.; *Rudnik-Schöneborn/Langanke/Erdmann/Robienski*, Ethik Med 2014, S. 105 (115 f.); *Wolf et al.*, J Law Med Ethics 2008, S. 219 (233, 235).

1515 *Heinemann/Hoppe/Listl/Spickhoff/Elger*, DÄ 2007, Intersupplement 1 S. 2; *Schleim/Spranger/Urbach/Walter*, Nervenheilkunde 2007, S. 1041 (1043).

1516 *Heinemann/Hoppe/Listl/Spickhoff/Elger*, DÄ 2007, A 1982 (1987).

1517 *Rudnik-Schöneborn/Langanke/Erdmann/Robienski*, Ethik Med 2014, S. 105 (117); *Wolf et al.*, J Law Med Ethics 2008, S. 219 (233).

Studienteilnehmer über Risiken sowie Wesen, Bedeutung und Tragweite einer Studienteilnahme nicht bereits vollständig informiert sein.[1518] Eine Ausnahme davon ist nur anzunehmen, wenn der Forscher selbst oder ein Mitglied der Studiengruppe als Probanden agieren. Hingegen ist ein Absehen von der Aufklärung aufgrund therapeutischer paternalistischer Gründe in der Forschung nicht zulässig, da der Umfang der Fürsorge des Forschers auf studienbezogene und nicht therapierbare Interventionen beschränkt ist.[1519] Der Ansatz eines therapeutischen Privilegs erfolgt jedoch aus der Sorge um das Wohl des Patienten, das durch die Aufklärung beeinträchtigt werden kann. Eine vergleichbare Sorge um die Gesundheit des Patienten und den Therapieerfolg besteht in einem Forscher-Probanden-Verhältnis nicht. Schwerpunktmäßig kann eine Einschränkung der Aufklärungspflicht im Forschungskontext aufgrund eines selbstbestimmten Verzichts des Probanden erfolgen. Es bedarf nach überwiegender Ansicht zum Schutz des Probanden zumindest einer Grundaufklärung,[1520] ohne dass Anforderungen an diese jedoch genauer definiert werden. Ob Zufallsbefunde mithin als Teil der notwendigen Grundaufklärung oder vielmehr als zulässiger Verzichtsgegenstand angesehen werden, ist unklar: Da der Proband einer Fehlvorstellung unterliegen kann, dass während der Studie sämtliche individuelle Befunde mit Krankheitswert diagnostiziert werden und mithin ein über die Studienteilnahme hinausgehender diagnostischer Nutzen bestehe, könnte die Aufklärung über die Möglichkeit und den entsprechenden Mitteilungsmodus bei Zufallsbefunden als notwendiger Teil der Grundaufklärung angesehen werden. Jedoch soll die Grundaufklärung der Selbstbestimmungsfähigkeit dienen und sicherstellen, dass der Proband trotz seines Verzichts grundlegende Risiken und Gefahren sowie den Verlauf der Studie einschätzen kann. Die Kenntnis, dass möglicherweise nicht exakt vorhersehbar zufällige Befunde diagnostiziert werden können, beeinflusst jedoch die Selbstbestimmungsfähigkeit nicht primär. Sofern sichergestellt wird, dass der Proband das Wesen einer Studie versteht, ohne dass über potentielle Ergebnisse mit individuellem Gesundheitswert informiert wird, bedarf es keiner Darlegung der Kategorien und entsprechenden Folgen. Dies bedingt jedoch auch, dass im Studienprotokoll festgelegt wird, ob

---

1518 Siehe bereits Ausführungen im 1. Kapitel B I 3. a).

1519 *Osieka*, Das Recht der Humanforschung, S. 179; *Schwander* in Brudermüller/Hauck/Lücker/Seelmann/Westhofen (Hrsg.), Forschung am Menschen, S. 57 (71).

1520 *Eberbach*, Die zivilrechtliche Beurteilung der Humanforschung, S. 110; ähnlich *Fischer*, Medizinische Versuche am Menschen, S. 13; *Osieka*, Das Recht der Humanforschung, S. 178 bezeichnet diese als „Kernbereich", in dem der Aufklärungsverzicht nicht zulässig ist.

eine Rückmeldung von Zufallsbefunden stattfinden muss oder ob diese unterbleibt. Wird vielmehr ein Studiendesign gewählt, in dem der Proband über die Rückmeldung selbst entscheiden darf, muss auch eine Aufklärung dahingehend erfolgen.

d) Zwischenergebnis

Im Forschungskontext muss nicht nur nach ethischer Ansicht,[1521] sondern auch unter rechtlichen Aspekten eine Aufklärung über die Möglichkeit von Zufallsbefunden und den daraus resultierenden Folgen für die Probanden erfolgen. Diese Pflicht besteht unabhängig von einem therapeutischen oder rein wissenschaftlichen Forschungskontext, um eine selbstbestimmte Entscheidung bzgl. der Studienteilnahme und einer entsprechenden Kenntnisnahme zufälliger Befunde zu gewährleisten. Eine Aufklärung sollte effektiv und probandenfreundlich anhand von Kategorien erfolgen, ohne dass der Umfang der Aufklärung die Selbstbestimmungsfähigkeit wiederum gefährdet. Zufallsbefunde sind zwar notwendiger Bestandteil der Aufklärung, ohne dass sie jedoch im Rahmen des dem Probanden zustehenden Verzichtsrechts als Kernbereich der Aufklärung angesehen werden müssen, der nicht Verzichtsgegenstand sein kann.

2. Ablehnung der Mittteilung als Ausübung des Rechts auf Nichtwissen

Ebenfalls Ausprägung der Selbstbestimmung des Probanden ist dessen verfassungsrechtlich aus Art. 2 Abs. 1 i. V. m. Art. 1 Abs. 1 GG garantiertes Recht auf Nichtwissen, das die Ablehnung der Kenntnisnahme von Zufallsbefunden ermöglicht. Im Kontext der Forschung ist insbesondere die Selbstbestimmungsfähigkeit des Probanden umstritten, da bei Einwilligung noch nicht eingegrenzt werden kann, welche Art von Zufallsbefunden zu welchem Zeitpunkt diagnostiziert werden können. Zudem ist in rechtlicher Hinsicht auch zu bestimmen, ob eine Pflicht zur Kenntnisnahme bei Kollision mit Interessen Dritter oder aufgrund einfachgesetzlicher Regelungen besteht. In der Folge werden mithin Schutzgut, zeitliche Ausübung, Selbstbestimmungsfähigkeit und mögliche

---

1521 Siehe bereits 2. Kapitel A III 3. b) aa); vgl. auch *Deutsche Gesellschaft für Humangenetik*, Stellungnahme zu genetischen Zusatzbefunden in Diagnostik und Forschung, S. 1 (2); *Heinemann/Hoppe* in Lanzerath/Rietschel/Heinrichs/Schmäl (Hrsg.), Incidental Findings. Scientific, Legal and Ethical Issues, S. 59 (64); *Presidental Commission for the Study of Bioethical Issues*, S. 86 ff.; *Wolf et al.*, J Law Med Ethics 2008, S. 219 (233).

Einschränkungen des Rechts auf Nichtwissen des Probanden bei Gewinn eines Zufallsbefundes im Kontext der Forschung dargestellt.

a) Schutzbereich

Ebenso wie im diagnostischen Kontext gewährt das Recht auf Nichtwissen aus Art. 2 Abs. 1 S. 1 i. V. m. Art. 1 Abs. 1 GG im Kontext der Forschung dem Probanden die Entscheidungsbefugnis über die Wahrnehmung eines zufällig aufgefundenen Befundes.[1522] Dies ermöglicht dem Probanden zu bestimmen, ob er von der Existenz eines Zufallsbefunds wissen möchte und zeitgleich, ob der Forscher ihm einen gewonnenen Zufallsbefund mitteilen soll. Das Recht auf Nichtwissen des Probanden bezieht sich uneingeschränkt auf Befunde sämtlicher Forschungsprojekte.

In persönlicher Hinsicht ist der Schutzbereich dieses Grundrechtes sowohl für kranke Patienten in therapeutischen Studien als auch für gesunde Probanden in rein wissenschaftlichen Studien wie z. B. epidemiologischen Beobachtungsstudien eröffnet. Eine unterschiedliche Behandlung beider Probandenkollektive in Bezug auf die Ausübung des Rechts auf Nichtwissen ist aus verfassungsrechtlicher Hinsicht unter Beachtung des Gleichbehandlungsgrundsatzes des Art. 3 Abs. 1 GG sachlich nicht gerechtfertigt.

In sachlicher Hinsicht erstreckt sich der Anwendungsbereich des Rechts auf Nichtwissen in der Forschung korrelierend zur Diagnostik auf sämtliche medizinische Befunde mit gesundheitlicher Relevanz.[1523] Insbesondere genetische Zufallsbefunde erlangen im Bereich der Forschung gesteigerte Bedeutung, da sie sowohl infolge genetischer Untersuchungen in Studien als auch im Rahmen

---

1522 *Heinemann/Hoppe/Listl/Spickhoff/Elger*, DÄ 2007, A 1982 (1984); *Schleim/Spranger/Urbach/Walter*, Nervenheilkunde 2007, S. 1041 (1043); *Schmücker* in Joerden/Hilgendorf/Thiele (Hrsg.), Menschenwürde und Medizin, S. 949 (958 ff.); *Wolf et al.*, J of Law Med Ethics 2008, S. 219 (233).

1523 Exemplarisch für Zufallsbefunde als Ergebnis bildgebender Forschung hierzu *Heinemann/Hoppe/Listl/Spickhoff/Elger*, DÄ 2007, A 1982 (1982 ff.); *Illes/Kirschen et al*, Science 2006, S. 783 (783 f.); *Schleim/Spranger/Urbach/Walter*, Nervenheilkunde 2007, S. 1041 (1041 ff.); exemplarisch für genetische Zufallsbefunde *Deutsche Gesellschaft für Humangenetik*, Stellungnahme zu genetischen Zusatzbefunden in Diagnostik und Forschung, S. 1 (1 ff.); s. a. *Christenhusz/Devriendt/Dierickx*, Eur J Hum Genet 2012, S. 1 (1 ff.); *Rudnik-Schöneborn/Langanke/Erdmann/Robienski*, Ethik Med 2014, S. 105 (105 ff.).

von Forschung mit Biomaterialien diagnostiziert werden können.[1524] Als Folge der uneinheitlichen oder vielmehr noch ungeklärten Konzepte der Biobanken in Bezug auf den Umgang mit Zufallsbefunden scheint das Recht auf Nichtwissen in der Literatur nicht mehr als dem Probanden zustehendes Grundrecht, sondern als eine im Studienprotokoll festzulegende Modalität der Forschung angesehen zu werden. Infolgedessen wird teilweise vertreten, das Recht auf Nichtwissen des Probanden bei Forschung aus archivierten Proben nicht zuzulassen, sondern den Forscher zu einer Mitteilung des jeweiligen Befundes zu verpflichten, da hierdurch eine Stärkung der Autonomie des Probanden durch die Chance zur Lebensbestimmung erfolge und dies auch den Erwartungen des Probanden bei der Studienteilnahme entspräche.[1525] Nach anderer Ansicht wird jedoch auch eine Mitteilung der Zufallsbefunde an den Probanden aus Kosten- und Organisationsgründen verallgemeinernd abgelehnt.[1526]

Im Zuge dieser Diskussionen ist zu berücksichtigen, dass das Recht auf Nichtwissen ein verfassungsrechtlich gewährleistetes Grundrecht des Probanden ist. Daher ist die Bestimmung, ob der Proband im Falle der Ausübung dieses Rechts an der Studie teilnehmen darf oder nicht zu kritisieren, denn es handelt sich dabei um die Vorenthaltung oder Aufdrängung des grundrechtlichen Schutzes des Nichtwissens. Auch wenn der Wunsch nach verbindlicher Mitteilung von Zufallsbefunden in der Forschung durch den Sponsor oder den Forscher und die entsprechende Verpflichtung im Studienprotokoll nachvollziehbar sind, darf die Funktion des Rechts auf Nichtwissen als individuelles verfassungsrechtliches Recht eines jeden Probanden nicht in den Hintergrund rücken.

b) Zeitpunkt der Ausübung

Um den Probanden eine tatsächliche Entscheidungsmöglichkeit über die Kenntnisnahme oder Ablehnung der Mitteilung von Zufallsbefunden zu gewähren, müssen sie bereits mit Einwilligung in die Studienteilnahme über ihren entsprechenden Willen entscheiden.[1527] Auch über die Rückmeldung individueller Ergebnisse muss der jeweilige Spender im Zeitpunkt des Einverständnisses, sein

---

1524 *Viberg/Hansson/Langenskiöld/Segerdahl*, Eur J Hum Genet 2014, S. 437 (437 f.); *Winkler/Ose/Glimm/Tanner/von Kalle*, Ethik Med 2013, S. 195 (195 ff.); *Wolf et al.*, Genet Med 2012, S. 361.

1525 Zur detaillierten Ausführung der Argumente für eine Mitteilung vgl. *Viberg/Hansson/Langenskiöld/Segerdahl*, Eur J Hum Genet 2014, S. 437 (437).

1526 *Bledsoe/Clayton/McGuire/Grizzle/O'Rourke/Zeps*, Genet Med 2012, S. 103 (104).

1527 *Projektgruppe EURAT*, Stellungnahme: Eckpunkte für eine Heidelberger Praxis der Ganzgenomsequenzierung 2013, S. 1 (28); ähnlich *Duttge* in Wehling (Hrsg.), Vom

Gewebe, Blut oder anderes Biomaterial für Forschungszwecke zur Verfügung zu stellen, entscheiden. Häufig ist dies inzwischen in den schriftlichen Aufklärungsdokumenten dargelegt und muss entsprechend in der Einwilligung erklärt werden.[1528]

Eine spätere Ausübung des Rechts auf Nichtwissen, beispielsweise indem der Proband eine studienbedingte zufallsbefundträchtige Untersuchung ablehnt, führt zumeist zu einem Ausschluss des Probanden aus der Studie. Dies geschieht nicht aus Sanktionsgründen, sondern weil infolge fehlender Untersuchungen bei einzelnen Probanden die Ergebnisse der Studie nicht verwertbar sind und die Studie mithin nicht valide ist. In praktischer Hinsicht wird ausschließlich ein gesunder Proband einer wissenschaftlichen Studie diese Entscheidungsmöglichkeit wahrnehmen. Sofern ein Patient jedoch aus eigennützigen therapeutischen Gründen an der Studie teilnimmt, wird der mögliche Gewinn eines Zufallsbefundes zumeist keinen Grund für die Ablehnung einer studienbedingten Untersuchung darstellen. Somit entsteht durch das Studiendesign für den kranken Probanden, der sich aus therapeutischen Gründen für die Teilnahme an der Studie entschieden hat, ein faktischer Zwang, zufällige Befunde zu Kenntnis nehmen zu müssen. Dem könnte nur entgegengewirkt werden, indem niemals Zufallsbefunde mitgeteilt werden dürften.

c) Selbstbestimmungsfähigkeit

Für eine selbstbestimmte Entscheidung ist grundsätzlich eine vorherige Information des Probanden notwendig.[1529] Daher ist unklar, wie diesem Erfordernis im Zusammenhang mit dem Recht auf Nichtwissen entsprochen werden kann. Insbesondere im Rahmen von Forschungsprojekten, in die genetische Untersuchungen involviert sind, führt die Wirksamkeit der Einwilligung auf der Grundlage der Aufklärung („informed consent“) zu Diskussionen. Dies folgt im Zusammenhang mit Zufallsbefunden aus der Unmöglichkeit einer vollinformierten Einwilligung aufgrund der ungenauen Vorhersehbarkeit einer Generierung von Zufallsbefunden einerseits und der Unbestimmtheit der Art der Befunde andererseits. Infolgedessen ist es fraglich, ob der Proband selbstbestimmt seinen Wunsch erklären kann, sämtliche in Zukunft auftretende Befunde

---

Nutzen des Nichtwissens, S. 75 (86) nach dem Probanden „[...] bereits vor Beginn der ersten Untersuchung ihre Zustimmung oder Ablehnung erklären dürfen“.

1528 Vgl. *Projektgruppe EURAT*, Stellungnahme: Eckpunkte für eine Heidelberger Praxis der Ganzgenomsequenzierung 2013, S. 1 (34, 43).

1529 *Taupitz* in Wiese-FS, S. 583 (598).

nicht zur Kenntnis nehmen zu wollen. Inzwischen scheint für das Recht auf Nichtwissen ein Konsens zu bestehen, dass ein „mehr oder weniger konkretes Wissen" bestehen muss, um die Folgen der Informationsabwehr einschätzen zu können.[1530] Auch diese Vorgabe löst jedoch die dilemmatische Lage bei noch nicht bekannten Zufallsbefunden nicht befriedigend.

aa) Zufallsbefunde aus bildgebenden Untersuchungen

Sofern im Zusammenhang mit Zufallsbefunden überhaupt eine Lösung der „Problematik des nicht-wissenden informed consent"[1531] angenommen werden kann, erfolgt dies am ehesten bei Zufallsbefunden infolge bildgebender wissenschaftlicher Untersuchungen. Im Rahmen der Untersuchungen spezieller Körperregionen zur phänotypischen Darstellung mittels MRT, CT oder Röntgen ist es dem Forscher aufgrund des derzeitigen Entwicklungsstandes möglich, annähernd und abstrakt einzuschätzen, welche pathologischen Veränderungen entdeckt werden könnten, und eine dementsprechende Aufklärung vorzunehmen. So kann beispielsweise bei einer Schädel-CT eine zufällige Auffälligkeit entdeckt werden, deren Krankheitswert eine Multiple Sklerose oder einen Gehirntumor vermuten lässt. Eine Sonografie vermag eine polyzystische Niere aufzudecken,[1532] über deren Diagnosepotential zuvor informiert werden kann. Eine kategorienbasierte Aufklärung ermöglicht im Gegensatz zu einer Aufklärung anhand exakter Krankheitsbilder eine abstrakte Information des Probanden vor Einwilligung in die Studienteilnahme, sodass er die Folgen seiner Entscheidung einschätzen und informiert die Kenntnisnahme ablehnen kann. Im Rahmen von bildgebenden Untersuchungen ist dementsprechend eine Selbstbestimmungsfähigkeit des Probanden durch umfangreiche Aufklärung über die Möglichkeit von Zufallsbefunden zu erreichen, sodass er autonom entscheiden kann, einen Befund nicht wissen zu wollen.

bb) Zufallsbefunde aus genetischen Untersuchungen

Hingegen bestehen hinsichtlich der Selbstbestimmungsfähigkeit zur Ablehnung der Kenntnisnahme genetischer Zufallsbefunde schwerwiegendere Zweifel.

1530 *Schwill*, Aufklärungsverzicht und Patientenautonomie, S. 318 ff.; *Taupitz* in Wiese-FS, S. 583 (597 f.).

1531 So bezeichnet *Duttge* in Wehling (Hrsg.), Vom Nutzen des Nichtwissens, S. 75 (87), das Dilemma zwischen Selbstbestimmung und Recht auf Nichtwissen.

1532 *Propping/Aretz/Schumacher/Taupitz/Guttmann/Heinrichs*, Prädiktive genetische Testverfahren, S. 34.

Denn durch genetische Untersuchungen im Forschungskontext können zahlreiche genetische Mutationen aufgefunden werden, ohne dass es zum Zeitpunkt der Aufklärung des Probanden möglich ist, die Validität und Relevanz für den einzelnen Probanden und die Prognose für das Eintreten einer Erkrankung einzuschätzen. Dementsprechend erfolgt die Aufklärung über die mögliche Generierung von Zufallsbefunden nur allgemein und unspezifisch, ohne jedoch konkrete Krankheitsbilder und die Folgen darzustellen.[1533] Zum Zeitpunkt der Entscheidung über die Ausübung seines Rechts auf Wissen oder Nichtwissen und folglich über den Wunsch nach Mitteilung des Zufallsbefundes kann der Proband mithin nicht vollinformiert entscheiden, da ein Informationsdefizit dahingehend besteht, ob tatsächlich ein Zufallsbefund und mit welcher individuellen Gesundheitsrelevanz und Aussagekraft diagnostiziert werden wird.

Die daraus resultierende objektive Annahme einer fehlenden Selbstbestimmungsfähigkeit des Probanden würde jedoch seine Möglichkeit zur eigenen Entscheidung begrenzen. Dies ist mithin einer Beschränkung der Selbstbestimmung aufgrund der Befürchtung eines Informationsdefizits gleichzustellen. Die Einschränkung der Selbstbestimmung um der Selbstbestimmung willen, ist jedoch eine fragwürde und geradezu paternalistische Intention. Vielmehr muss dem Erfordernis eines „mehr oder weniger konkreten Wissens" durch eine umfangreiche Aufklärung bezogen auf die Unsicherheit einer Generierung von Zufallsbefunden entsprochen werden, wodurch der Proband in seiner Selbstbestimmung gestärkt und nicht durch zu wenig Information beschränkt wird. Im Zusammenhang mit zeitlich und zweckgerichtet bestimmbaren genetischen Untersuchungen reicht das Wissen um die Möglichkeit von Zufallsbefunden aus, um das Recht auf Nichtwissen ausüben zu können, denn es muss stets berücksichtigt werden, dass das Recht auf Nichtwissen kein vollinformiertes Recht darstellt.[1534] Noch eingehender wird die Selbstbestimmungsfähigkeit gewahrt, wenn den Probanden die Dimension möglicher Funde erklärt wird. Dies kann durch eine beispielhafte Erläuterung unterschiedlicher Kategorien der Befunde oder anhand von Krankheitsszenarien und -risiken vermittelt werden.[1535] Der

---

1533 *Deutsche Gesellschaft für Humangenetik*, Stellungnahme zu genetischen Zusatzbefunden in Diagnostik und Forschung, S. 1 (2 f.).

1534 *Taupitz* in Wiese-FS, S. 583 (598).

1535 Statt vieler *BMBF-Projektgruppe „Recht auf Nichtwissen"*, MedR 2016, S. 399 (403); *Fündling* in Langanke/Erdmann/Robienski/Rudnik-Schöneborn (Hrsg.), Zufallsbefunde bei molekulargenetischen Untersuchungen, S. 37 (46).

Proband kann mithin selbstbestimmt entscheiden, dass er einen Befund nicht wissen will.[1536]

cc) Zufallsbefunde aus genetischen Untersuchungen an archiviertem Biomaterial

Noch unklarer erscheint die Problematik der Selbstbestimmungsfähigkeit des Probanden bei genetischen Untersuchungen von in Biobanken gelagerten und archivierten Proben. Denn neben die Unbestimmbarkeit der möglichen genetischen Zufallsbefunde aus einer diagnostischen Untersuchung tritt abhängig von dem datenschutzrechtlichen und organisatorischen Konzept der Biobank die Unbestimmbarkeit der möglichen Verwendungen des Biomaterials, der zu untersuchenden wissenschaftlichen Fragestellungen wie auch des Zugriffs auf das Biomaterial hinzu. Dem Probanden kann folglich nur unspezifisch oder mittels Kategorisierung von Erkrankungsrisiken dargestellt werden, dass bei Untersuchungen des menschlichen Gewebes, von Zellen, Blut, DNA und RNA, zu wissenschaftlichen Zwecken unerwartete Befunde gewonnen werden können und er über die Mitteilung vorab zu entscheiden hat. In diesem Fall ist fraglich, ob diese dürftigen Informationen ausreichen, dass der Proband die Tragweite seines Nicht-Wissen-Wollens tatsächlich informiert einschätzen kann. Dabei muss berücksichtigt werden, dass sich die technischen Verfahren über einen Zeitraum von 20 Jahren verbessern und eine bessere Prognostik der Erkrankungen zugunsten des Probanden ermöglicht werden kann.[1537] Gleichzeitig muss jedoch auch die Tragweite des Wissen-Wollens in die Überlegungen zur Selbstbestimmung einbezogen werden. So kann eine Rückmeldung an den Spender nach einem Zeitraum von 30 Jahren durch ihm inzwischen unbekannte Forscher oder Ärzte belastend sein.[1538]

Eine Entscheidung über Wissen oder Nicht-Wissen-Wollen eines möglichen Befundes auf der Basis derart unkonkreter Informationen gleicht dem Charakter einer Generaleinwilligung, wie sie im Zusammenhang mit der Verwendung von Proben für Biomaterialbanken häufig diskutiert wird. Denn im Rahmen dieser Einwilligung erlaubt der Proband die Nutzung seines Biomaterials, ohne

---

1536 Für das Recht auf Wissen wird dies auch von der *Deutschen Gesellschaft für Humangenetik*, Stellungnahme zu genetischen Zusatzbefunden in Diagnostik und Forschung, S. 1 (2) vertreten, die darlegt, dass der „Studienteilnehmer [...] hierbei eine breite Zustimmung zur unbegrenzten Erhebung von Befunden geben“ kann.

1537 *Wolf et al.*, J Law Med Ethics 2008, S. 219 (236).

1538 *Wolf et al.*, J Law Med Ethics 2008, S. 219 (236);

Kenntnis über die Dimension der Preisgabe seiner Rechtsgüter zu haben.[1539] Generaleinwilligungen werden häufig wegen des Mangels der Konkretheit der Aufklärung kritisiert, durch die die Tragweite der Entscheidung für den Probanden nicht verständlich werde. Denn vor der Einwilligung wird der Proband nicht über den Zweck der Verwendung seiner Proben informiert,[1540] sondern vielmehr über die Unsicherheit der konkreten Verwendung für wissenschaftliche Fragestellungen in der Zukunft, die sowohl für Proband als auch Forscher besteht.[1541] Mithin fehlt es an einer spezifischen Wissensgrundlage. Nach *Duttge* könnte nur auf „Basis einer Fiktion von einer selbstbestimmten Entscheidung" ausgegangen werden.[1542]

Die Generaleinwilligung in wissenschaftliche Forschung aus Biobanken und die Entscheidung über Nichtwissen und Wissen-Wollen potentieller Zufallsbefunde in der Zukunft gleichen sich einerseits zwar in der Unspezifität der Aufklärung und den daraus resultierenden Informationsdefiziten, aufgrund derer eine selbstbestimmte Einschätzung der Tragweite nicht mit Sicherheit angenommen werden kann. Jedoch unterscheiden sich die Institute auch voneinander: Denn während der Proband durch die Generaleinwilligung in die Speicherung und Verwendung einer Probe ohne Zweckbestimmung einwilligt und somit seine Rechtsgüter gegenüber Dritten preisgibt,[1543] entscheidet der Proband durch sein Wissen oder Nicht-Wissen-Wollen von Befunden über die Selbstwahrnehmung derselben.[1544] Die Kritik an der Generaleinwilligung in wissenschaftliche Untersuchungen mit Biomaterialien kann daher aufgrund unterschiedlicher Schutzrichtungen nicht umfänglich auf eine Entscheidung über die Mitteilung von Zufallsbefunden übertragen werden. Denn im Zusammenhang mit Zufallsbefunden würde mithin die Selbstbestimmungsfähigkeit angezweifelt werden, um

---

1539 *Söns*, Biobanken im Spannungsfeld von Persönlichkeitsrecht und Forschungsfreiheit, S. 224; so auch *Spranger*, NJW 2005, S. 1084 (1087), der darin jedoch kein Argument gegen die Zulässigkeit einer Generaleinwilligung sieht.

1540 Zur Festlegung des zulässigen Nutzens bei Biobanken vgl. *Deutscher Ethikrat*, Humanbiobanken für die Forschung, S. 39 ff.

1541 *Söns*, Biobanken im Spannungsfeld von Persönlichkeitsrecht und Forschungsfreiheit, S. 225; *Deutscher Ethikrat*, Humanbiobanken für die Forschung, S. 19; *Spranger*, NJW 2005, S. 1084 (1087).

1542 *Duttge* in Haksay/Deryal (Hrsg.), Patientenrechte, S. 125 (128).

1543 *Söns*, Biobanken im Spannungsfeld von Persönlichkeitsrecht und Forschungsfreiheit, S. 226.

1544 Zur Einordung des Rechts auf Nichtwissens in die informationelle Selbstbestimmung siehe 1. Kapitel B II 1. b) aa).

den Probanden vor den ihn selbst betreffenden Folgen seines eigenen Handelns zu schützen. Dies wäre, zumindest sofern eine Aufklärung über die Unsicherheit des Nutzens und der Risiken möglicher Zufallsbefunde in entfernter Zukunft erfolgt, ein paternalistisches Vorgehen in Sorge um das Wohl des Probanden. Da jedoch das Recht auf Nichtwissen gerade die Selbstbestimmung stärken und dem Grundsatz nach ein Wissen über die Möglichkeit des Wissens ausreicht,[1545] muss der Proband bei spezifischer Aufklärung über die Unabwägbarkeiten bei Forschung an Biobanken selbstbestimmt über die Mitteilung von Zufallsbefunden entscheiden können. Dafür sollte ihm zuvor die potentielle Dimension anhand von Kategorien dargestellt werden.

dd) Zwischenergebnis

Die unterschiedlichen Untersuchungen zu Forschungszwecken, nämlich bildgebende und genetische Analysen sowie genetische Untersuchungen an archiviertem Biomaterial, belegen, dass das Problem des Wissens für das Recht auf Nichtwissen noch nicht hinreichend gelöst ist. Derzeitige Überlegungen münden grundsätzlich in den Schluss, dass zwar eine umfangreiche Aufklärung wünschenswert, aber insbesondere bei genetischen Untersuchungen an archiviertem Material nicht durchführbar ist. Um die Selbstbestimmungsfähigkeit nicht um ihrer selbst willen in sämtlichen Forschungskontexten einzuschränken, muss daher eine unspezifische Aufklärung ausreichen. Es muss jedoch auch festgestellt werden, dass die derzeitige Akzeptanz einer unspezifischen Aufklärung nicht der Endpunkt der Überlegungen um die Selbstbestimmungsfähigkeit sein sollte. Gerade im Rahmen von Forschung mit Biobanken, aber auch im Rahmen übriger Forschungskontexte sollte ein einheitlicher Regelungsrahmen zur Ermöglichung einer informierten Entscheidung für das Nichtwissen etabliert werden. So führt in diesem Zusammenhang auch *Duttge* die Entscheidung des OLG Koblenz an, nach dem es Ziel sein muss, eine zur „[...] Wahrung des informationellen Selbstbestimmungsrechts [in der Ausprägung des sog. Rechts auf Nichtwissen, G.D.] einheitliche Verfahrensweise der Ärzteschaft und aller beteiligten Kreise" zu schaffen.[1546]

1545 *Taupitz* in Wiese-FS, S. 583 (598).

1546 Zitiert nach *Duttge* in Wehling (Hrsg.), Vom Nutzen des Nichtwissens, S. 75 (88); siehe auch OLG Koblenz, MedR 2014, S. 168 (174).

d) *Einschränkungen des Rechts auf Nichtwissen durch kollidierende Interessen Dritter*

Die Ablehnung der Kenntnisnahme von Zufallsbefunden im Forschungskontext betrifft primär den Probanden in seiner Selbstbestimmung aus Art. 2 Abs. 1 i. V. m. Art. 1 Abs. 1 GG und infolgedessen möglicherweise auch in seiner Gesundheit aus Art. 2 Abs. 2 GG. Jedoch kann das Nicht-Wissen-Wollen des Probanden auch Interessen Dritter tangieren. Insbesondere können wie auch im Behandlungsverhältnis Befunde gewonnen werden, die eine Relevanz für die Gesundheit Dritter aufweisen. Ob sich zum Schutz Dritter oder aber auch zum Schutz des Probanden selbst eine Mitteilungspflicht des Forschers an den Probanden ergibt, ist unklar. Zudem könnte aber auch das Interesse des Forschers selbst aus seiner Forschungsfreiheit eine Begrenzung des Rechts auf Nichtwissen rechtfertigen, sofern durch das Nichtwissen ein verfassungsrechtlich nicht gerechtfertigter Eingriff in Art. 5 Abs. 3 GG erfolgt. Da das Recht auf Nichtwissen ein relatives Grundrecht ist, kann es grundsätzlich eine Einschränkung durch kollidierende verfassungsrechtliche Interessen Dritter im Rahmen der praktischen Konkordanz erfahren.

In der Folge werden mithin mögliche Einschränkungen aufgrund einer Beeinträchtigung der Forschungsfreiheit aus Art. 5 Abs. 3 GG und einer Fürsorge des Forschers gegenüber der Gesundheit des Probanden sowie Verwandter und Dritter spezifiziert. Zudem wird erörtert, ob sich aus einfachgesetzlichen Regelungen wie dem Patientenrechtegesetz oder aber aus vertraglicher Ausgestaltung eine Mitteilungspflicht durch den Forscher ergeben kann.

aa) Forschungsfreiheit

Die Interessen des Forschers aus Art. 5 Abs. 3 GG können mit dem Recht auf Nichtwissen des Probanden kollidieren, sofern die Ablehnung der Mitteilung von Zufallsbefunden einen Eingriff in die Forschungsfreiheit bedeutet. Der Schutzbereich des Art. 5 Abs. 3 GG umfasst die Forschung als Unterfall der Wissenschaft. Unter letzterer ist die selbständige „Gewinnung wissenschaftlicher Erkenntnisse“[1547] zu verstehen. Sachlich werden durch die Wissenschaftsfreiheit „die auf wissenschaftlicher Eigengesetzlichkeit beruhenden Prozesse, Verhaltensweisen und Entscheidungen bei der Suche nach Erkenntnissen, ihrer Deutung und Weitergabe“[1548] geschützt. Der Schutzbereich des Grundrechts

1547 BVerfGE 61, 220 (244); *Jarass* in Jarass/Pieroth (Hrsg.), GG, Art. 5 Rn. 137.
1548 BVerfGE 35, 79 (112); 47, 327 (367); BVerfGE 111, 333 (354).

ist sehr weit gefasst, um eine freie Erforschung von Erkenntnissen zu ermöglichen.[1549] Geschützte Tätigkeiten zur Forschung umfassen sowohl vorbereitende als auch begleitende Dienste wie insbesondere die freie Wahl von Fragestellung und Methodik, die gesamte praktische Durchführung eines Forschungsprojektes sowie die Bewertung der Forschungsergebnisse.[1550] Unbestritten stellen demnach Grundlagenforschung und angewandte Forschung nach dem Arzneimittel- und Medizinproduktegesetz ein Schutzgut nach Art. 5 Abs. 3 GG dar. Eingriffe in die Wissenschaftsfreiheit können in der Einflussnahme auf einen einzelnen Wissenschaftler oder in der Einflussnahme auf die wissenschaftliche Einrichtung liegen. Auch faktische Beeinträchtigungen sind als Grundrechtseingriffe zu charakterisieren.[1551]

Sofern ein Teilnehmer einer wissenschaftlichen Studie die Mitteilung eines auffindbaren Befundes bereits im Vorhinein ablehnt,[1552] könnte dies eine faktische Beeinträchtigung darstellen, wenn infolgedessen das Forschungsprojekt nicht mehr ordnungsgemäß durchgeführt werden kann. Daher bedarf es einer Abwägung zwischen dem Selbstbestimmungsrecht nach Art. 2 Abs. 1 GG i. V. m. Art. 1 Abs. 1 GG und der Freiheit der Wissenschaft aus Art. 5 Abs. 3 GG. Dies ist ausdrücklich nicht der Fall, wenn das Studienprotokoll eine optionale Entscheidung des Probanden über das Wissen- oder Nicht-Wissen-Wollen auffälliger Befunde ermöglicht. Während Art. 5 Abs. 3 GG keinem expliziten Eingriffsvorbehalt unterliegt und mithin mit „kollidierenden Grundrechten Dritter und anderen mit Verfassungsrang ausgestattete Rechtswerten"[1553] im Sinne des Verhältnismäßigkeitsgrundsatzes abgewogen werden muss,[1554] ist das Recht auf Nichtwissen durch Gesetz einschränkbar. Da jedoch durch die in Art. 2 Abs. 1 genannten „Rechte Dritter" ebenso eine grundrechtliche Schranke gebildet wird, kann keine generelle Vorrangstellung der Grundrechte erkannt werden. Vielmehr ist die Kollision beider Grundrechte im Wege einer praktischen Konkordanz einzelfallabhängig zu lösen. Dabei müssen als Abwägungskriterien (1) die

1549 Weitere Ausführungen zum Schutzgut siehe *Britz* in Dreier (Hrsg.), Grundgesetz Kommentar Bd. 1, Art. 5 III Rn. 12 ff.; *Starck/Paulus* in v. Mangoldt/Klein/Starck (Hrsg.), GG Bd. 1, Art. 5 Abs. 3 Rn. 488 ff.

1550 *Jarass* in Jarass/Pieroth (Hrsg.), GG, Art. 5 Rn. 138.

1551 *Jarass* in Jarass/Pieroth (Hrsg.), GG, Art. 5 Rn. 142.

1552 Da dies eine Beeinträchtigung durch Private darstellt, ist die Anwendung der Grundrechte im Privatrecht über die mittelbare Drittwirkung zu beachten. Vgl. *Jarass* in Jarass/Pieroth (Hrsg.), GG, Art. 5 Rn. 147.

1553 Vgl. BVerfGE 28, 243 (261).

1554 BVerfGE 28, 243 (260 f.); 93, 1 (21).

Belastung für den Probanden durch einen Eingriff in sein Recht auf Nichtwissen, (2) die Intensität des Eingriffs in die Forschungsfreiheit und (3) die daraus resultierenden Schäden berücksichtigt werden.

Die Mitteilung eines Zufallsbefundes und das Wissen um eine Erkrankung oder Disposition für eine Krankheit kann ebenso wie im Kontext der Diagnostik auch während eines Forschungsprojektes zu einer psychischen und finanziellen Belastung führen.[1555] Abhängig von der Erkrankung und den daraus resultierenden Folgen für die Nachkommens- oder die Lebensplanung variiert der Grad der Belastung. Der Eingriff in die Forschungsfreiheit hat einen unterschiedlichen Grad an Intensität je nachdem, ob ausschließlich die Pflicht des Forschers durch Ablehnung der Mitteilung eingegrenzt oder ob die Forschung dadurch gleichsam verhindert wird. Dieses Szenario tritt allerdings nur ein, wenn laut Studienprotokoll ein Verlangen nach Nichtwissen zu einem Ausschluss des Probanden führt und dieses Recht sämtliche potentielle Studienteilnehmer in Anspruch nehmen, sodass der aus der Grundrechtswahrnehmung resultierende Schaden die Verhinderung des Forschungsprojektes wäre. Da die Abwägung der Grundrechte einzelfallabhängig erfolgen muss, kann das Recht auf Nichtwissen jedoch auch in Fällen, in denen nur einzelne Studienteilnehmer ausgeschlossen oder das Studienprotokoll modifiziert werden muss, nicht generalisierend höher gewichtet werden als die Forschungsfreiheit.

bb) Recht auf Wissen der Verwandten

Auch für den Forschungskontext könnte das Recht auf Nichtwissen des Probanden mit dem Recht auf Wissen verwandter Personen kollidieren, denn auch medizinische Befunde im Rahmen wissenschaftlicher Untersuchungen können eine Drittbetroffenheit erkennen lassen.[1556] Ebenso wie im Diagnostikkontext sollte eine Abwägung der gleichwertigen Interessen des Nichtwissens und Wissens unter Beachtung der Kriterien (1) des Grades der Gefahr für den Patienten bei Nichtbeachtung des Rechts auf Nichtwissen, (2) der Kriterien der persönlichen Relevanz der Erkrankung für den Verwandten und (3) einem entsprechenden Nutzen des Wissens erfolgen.[1557] Dabei sollte zudem die Gegenwärtigkeit der Gefahr und des Nutzens für den Verwandten einbezogen werden. Denn sofern

---

1555 *Heinemann/Hoppe* in Lanzerath/Rietschel/Heinrichs/Schmäl (Hrsg.), Incidental Findings. Scientific, Legal and Ethical Issues, S. 59 (62).

1556 Vgl. Ausführungen bei *Lanzerath* in Lanzerath/Rietschel/Heinrichs/Schmäl (Hrsg.), Incidental Findings. Scientific, Legal and Ethical Issues, S. 73 (77).

1557 Siehe Herleitung der Abwägungskriterien im 1. Kapitel B II 5. c) bb).

ein Befund mit Drittbetroffenheit diagnostiziert wurde, der keiner akuten Therapie oder vorbeugenden Lebensplanung bedarf, ist die Relevanz des Wissens zum Zeitpunkt der möglichen Mitteilung an den Probanden weniger gewichtig als die Beeinträchtigung des Nichtwissens. Die Abwägung der widerstreitenden Interessen muss in verfassungsrechtlicher Hinsicht einzelfallbezogen erfolgen.

cc) Fürsorge des Forschers

Eine Einschränkung des Rechts auf Nichtwissen durch Anerkennung einer Mitteilungspflicht der Zufallsbefunde könnte sich auch aus einer rechtlichen Verpflichtung zur Fürsorge des Forschers gegenüber dem Probanden sowie Verwandten und Dritten ergeben. Einer verfassungsrechtlichen Abwägung der möglichen widerstreitenden Interessen bedarf es nur, sofern der Forscher wie der Arzt zur Erfüllung einer staatlichen verfassungsrechtlichen Schutzpflicht für die körperliche Unversehrtheit der Probanden durch einfachgesetzliche Norm zu fürsorglichem Handeln bestimmt ist.

Nachdem eine Verpflichtung zur Fürsorge in ethischer Hinsicht aus dem „Ancillary Care Modell" hergeleitet wurde,[1558] ist fraglich, ob auch in rechtlicher Hinsicht eine dem Arzt vergleichbare Pflicht zur Fürsorge auferlegt ist. Die ärztliche Verpflichtung zu fürsorglichem Handeln im Behandlungskontext ergibt sich aus seiner in Art. 12 GG geregelten Berufsausübung als auch aus einer Schutzpflicht des Staates für die körperliche Unversehrtheit, deren Erfüllung dem Arzt durch die Regelungen des Patientenrechtegesetzes in Verbindung mit den standesrechtlichen Vorgaben auferlegt ist.[1559] Damit eine rechtliche Verpflichtung zur Fürsorge des Forschers anerkannt werden kann, muss der Gesetzgeber ihm diese in Ausübung seiner staatlichen Schutzpflicht für die Gesundheit der Probanden aus Art. 2 Abs. 2 GG durch Gesetz auferlegt haben.

aaa) Gesetzliche Verpflichtung zur Fürsorge des Forschers

Es gibt keine einfachgesetzlichen Regelungen, die den Forscher neben einer Pflicht zur wissenschaftlichen Sorgfalt auch zu fürsorglichem und wohltuendem Handeln gegenüber der Gesundheit der Probanden verpflichten. Das Patientenrechtegesetz, in das die standesrechtlichen Pflichten des Arztes zu fürsorglichem Handeln eingelesen werden können, ist nicht für den Kontext der Forschung

---

1558 Siehe *Richardson/Belsky*, Hastings Center Report 2004, S. 25 (26 ff.); so bereits im 2. Kapitel A III 2. b) bb) ccc).

1559 So bereits dargelegt im 1. Kapitel C II 1. und 2. c) cc).

ausgestaltet worden.[1560] Der Wortsinn der Überschrift wie auch der Gesetzestext in § 630a BGB sind dahingehend auszulegen, dass der Anwendungsbereich des Vertrages auf ein Behandlungsverhältnis zwischen einem Patienten und dem Behandelnden beschränkt werden soll.[1561] Nach der Gesetzesbegründung werden unter „Behandelnden" neben Angehörigen der Heilberufe u. a. auch Hebammen und Ergotherapeuten verstanden, ohne dass jedoch auf eine Anwendbarkeit der Vorschriften des Patientenrechtegesetzes für den Forscher verwiesen wird.[1562] Diese Trennung erfolgte, da durch Forschungsprojekte zwischen den Beteiligten kein diagnostisches oder therapeutisches, sondern ein wissenschaftliches Ziel verfolgt wird. Demnach wird ausschließlich ein Probandenvertrag über die Durchführung studienbedingter Maßnahmen oder die Verwendung der personenbezogenen Daten geschlossen. Ähnliches gilt für Forschung an menschlichem Material wie die Sammlung in Biobanken mit anschließender Verwendung für Studien. Sofern diese Untersuchung des Materials nicht mit Individualnutzen geschieht, überwiegt der wissenschaftliche Erkenntniswert des Vorhabens, sodass keine Patientenrechte gestärkt werden müssen.[1563] Da dementsprechend auch kein Anknüpfungspunkt für die Berufspflichten aus der Musterberufsordnung besteht und die separate Vorschrift des § 630a BGB kein dezidierter Ausdruck eines für den Forschungsbereich geltenden Fürsorgegedankens ist, werden Forscher bei der Durchführung studienbedingter Maßnahmen nicht zu einem fürsorglichen Handeln verpflichtet.

Auch das Arzneimittelgesetz verpflichtet den Forscher nicht zu fürsorglichem Handeln. Gemäß § 1 AMG ist Zweck des Gesetzes „für die Sicherheit im Verkehr mit Arzneimitteln, insbesondere für die Qualität, Wirksamkeit und Unbedenklichkeit der Arzneimittel […] zu sorgen". Diese Zielsetzung hat zentrale Bedeutung und muss bei der Anwendung der weiteren Regelungen des AMG berücksichtigt werden.[1564] Das AMG ist ein „Risikovorsorgerecht" im Sinne

---

1560 *Katzenmeier/Hebecker* in Lenk/Duttge/Fangerau (Hrsg.), Handbuch Ethik und Recht der Forschung am Menschen, S. 217 (219); a. A. *Lippert*, MedR 2013, S. 714 (714 ff.).

1561 BT-Drs. 17/10488, S. 17; vgl. auch *Mansel* in Jauernig, Bürgerliches Gesetzbuch, § 630a Rn. 1 ff.; *Spickhoff* in Spickhoff (Hrsg.), Medizinrecht, BGB § 630a Rn. 19 ff.

1562 BT-Drs. 17/10488, S. 17.

1563 Ähnlich wohl *Katzenmeier/Hebecker* in Lenk/Duttge/Fangerau (Hrsg.), Handbuch Ethik und Recht der Forschung am Menschen, S. 217 (219); ausdrücklich a. A. *Lippert*, MedR 2013, S. 714 (718), der die Anwendbarkeit des Patientenrechtegesetzes nur für epidemiologische Forschung vollständig ausschließt.

1564 *Heßhaus* in Spickhoff (Hrsg.), Medizinrecht, § 1 Rn. 1; *Müller* in Klügel/Müller/Hofmann (Hrsg.), Arzneimittelgesetz, § 1 Rn. 3 f.

einer geordneten Arzneimittelversorgung[1565] und gerade kein Probandenschutzgesetz durch Fürsorge des Forschers. Bei dieser Zielsetzung wird auch nicht zwischen klinischen Studien, bei denen auch kranke und damit schutzbedürftige Probanden einbezogen werden und Studien mit gesunden Probanden unterschieden. Bei den studienbedingten Untersuchungen und Interventionen steht unabhängig von dem Probandenkollektiv immer das wissenschaftliche Interesse des Forschers im Vordergrund. In Ermangelung forschungsbezogener Gesetze, die Pflichten des Forschers normieren, ist ein Forscher im therapeutischen und wissenschaftlichen Versuch mithin nicht zu fürsorglichem Handeln, sondern allein zu wissenschaftlicher Sorgfalt verpflichtet.

In rechtlicher Hinsicht ergibt sich mithin für den Forscher keine Verpflichtung zu fürsorglichem Handeln als Erfüllung der staatlichen Schutzpflicht. Eine Mitteilung des Zufallsbefundes an den Probanden kann nicht mehr im Sinne der Fürsorge für das verfassungsrechtlich geschützte gesundheitliche Wohl des Probanden erfolgen. Vielmehr wird in diesen Fällen die wissenschaftliche Sorgfaltspflicht eine Weitergabe der Daten an behandelnde Ärzte erfordern, sofern der Proband im Rahmen der Einwilligung einem solchen Vorgehen zugestimmt hat. Während in ethischer Hinsicht nach dem „Ancillary Care Modell"[1566] eine abgestufte Fürsorge entsprechend des Anvertrauens der Gesundheit erfolgen soll,[1567] findet sich eine solche Forderung nach der Fürsorge des Forschers nicht in den existierenden rechtlichen Regelungen. Der ethische und der rechtliche Gedanke in Bezug auf die Pflichten des Forschers unterscheiden sich demnach.

bbb) Vertragliche Verpflichtung zur Fürsorge des Forschers

Im Forschungskontext kommt folglich derzeit eine Verpflichtung zur Fürsorge nur durch vertragliche Vereinbarung zwischen Forscher und Proband oder durch Festsetzung bestimmter Forschungsstandards in Betracht. Der zwischen Forscher und Proband geschlossene Probandenvertrag ist ein Vertrag sui generis, der mithin weder eine reine Dienstleistung wie ein Behandlungsvertrag noch einen konkreten Erfolg entsprechend einem Werkvertrag impliziert.[1568] Da sich der Proband als Versuchsperson für ein von dem Forscher durchgeführtes

1565 *Rehmann* in Rehmann (Hrsg.), AMG § 1 Rn. 1.

1566 *Richardson/Belsky,* Hastings Center Report 2004, S. 25 (26 ff.).

1567 Siehe Ausführungen bereits im 2. Kapitel A III 2. b) bb) ccc).

1568 *Kratz,* VersR 2014, S. 788 (790); so auch *Deutsch,* VersR 2005, S. 1609 (1609); zu den Pflichten aus einem Probandenvertrag über genetische Forschung auch *Robienski* in Langanke/Erdmann/Robienski/Rudnik-Schöneborn (Hrsg.), Zufallsbefunde bei molekulargenetischen Untersuchungen, S. 49 (58).

bzw. intendiertes Projekt zur Verfügung stellt, ist durch den fachlich überlegenden Forscher ein korrespondierendes Maß an Fürsorge zu erwarten, das sich nicht ausschließlich aus den Forderungen nach der wissenschaftlichen Sorgfalt ergibt.[1569] Diese erhöhte Fürsorgeverpflichtung schlägt sich insbesondere in einem gesteigerten Aufklärungsumfang nieder, der wie grundsätzlich im Vertragsrecht im Sinne der Selbstbestimmung des Probanden festzulegen ist.[1570] Dies bedeutet, dass die Aufklärungsinhalte durch die einzelnen Forschungsvorhaben individuell beeinflusst werden und einzelfallabhängig unterschiedlich weitgehend über Risiken, Rechtsfragen etc. aufgeklärt werden muss. Im Zusammenhang mit Zufallsbefunden impliziert die gesteigerte Fürsorgeverpflichtung aus dem Vertrag eine Information des Probanden über die Möglichkeit der Entdeckung von Zufallsbefunden und dem Mitteilungsmodus und ein dementsprechendes Vorgehen seitens des Forschers. Ähnliches ergibt sich, wenn für ein Forschungsprojekt ein Kodex für die Wissenschaftler formuliert wird, wie es die *Projektgruppe EURAT* im Rahmen der „Eckpunkte für eine Heidelberger Praxis der Ganzgenomsequenzierung“[1571] vorgenommen hat, in dem eine Verpflichtung zur Fürsorge Aufnahme gefunden hat.

Im Rahmen der vertraglichen Vereinbarung zu fürsorglichem Handeln ist zudem durch Forscher und Proband festzulegen, ob eine Rückmeldung zufälliger Befunde erfolgen soll. Ob es sich bei der Vereinbarung der Parteien um eine Pflicht des Forschers oder eine Befugnis handeln soll, ist am Vertragsinhalt nach §§ 133, 157 BGB auszulegen. Bestimmt der Vertragsinhalt nach seiner Auslegung eine Verpflichtung zur Mitteilung von Zufallsbefunden unabhängig von der Art oder Therapierbarkeit des Befundes, ist von einer tatsächlichen Pflicht auszugehen. Eine Befugnis ist nur anzunehmen, wenn der Proband die Notwendigkeit einer Mitteilung dem Forscher überlässt und auf dessen Fürsorge vertraut. Die Mitteilung eines Zufallsbefundes kann folglich nur als Folge der vertraglich vereinbarten Fürsorge erfolgen, wenn sowohl Proband als auch Forscher sich auf dieses Vorgehen geeinigt haben. Selbiges betrifft eine Mitteilung des Zufallsbefundes an potentiell betroffene Verwandte oder gefährdete Dritte.

1569 *Kratz*, VersR 2014, S. 788 (791).

1570 *Kratz*, VersR 2014, S. 788 (791).

1571 Projektgruppe EURAT, Stellungnahme: Eckpunkte für eine Heidelberger Praxis der Ganzgenomsequenzierung 2013, S. 1 (1 ff.).

Dieser Personenkreis darf nur informiert werden, sofern eine solche Mitteilung vertraglich durch Proband und Forscher festgelegt wurde.[1572]

ccc) Gerechtfertigtes fürsorgliches Handeln nach § 34 StGB

Zum Teil wird die Mitteilung eines Befundes an verwandte Personen oder Dritte gegen den Willen des Probanden auch durch § 34 StGB als gerechtfertigt angesehen.[1573] Daher könnte man überlegen, ob § 34 StGB als eine die Fürsorge des Forschers charakterisierende Vorschrift angesehen werden kann. Da § 34 StGB als Rechtfertigung von Straftaten herangezogen werden kann, könnte er auch bei einer Vertragsverletzung anwendbar sein.[1574] Eine solche Vertragsverletzung könnte möglicherweise die Mitteilung eines Zufallsbefundes an den nichtwissenden Probanden sein, sodass die Durchbrechung des Probandenwillens zum Schutz Dritter nach § 34 StGB gerechtfertigt werden könnte. Da das Recht auf Nichtwissen nicht strafrechtlich geschützt ist, kann in dieser Hinsicht kein strafrechtlicher Tatbestand als Anknüpfungspunkt für eine Rechtfertigung einer beeinträchtigenden Handlung herangezogen werden, sondern nur hinsichtlich eines dem jeweiligen Geheimnisträger anvertrauten Geheimnisses gemäß § 203 Abs. 1 StGB. Der Geheimnisbegriff des § 203 StGB umfasst sowohl die Erkrankung als auch die Diagnose und Therapieerwägungen.[1575] Das Forscher-Probanden-Verhältnis ist ein von Vertrauen geprägtes Verhältnis, in dem Verschwiegenheitspflichten bestehen. Eine Mitteilung eines Zufallsbefundes von dem Forscher an den Probanden kann nach § 34 StGB gerechtfertigt sein, wenn es der Gefahrabwendung von Dritten dient und dabei ein milderes Mittel als die Offenbarung des Befundes an Verwandte oder Dritte, also eine geringere Beeinträchtigung als eine Verletzung der Schweigepflicht darstellt.

Für diese Rechtfertigung der Mitteilung bedarf es einer gegenwärtigen Gefahr für ein notstandsfähiges Rechtsgut. Eine Gefahr für das Erhaltungsgut[1576]

1572 Zur Frage, ob eine Mitteilung an betroffene Verwandte gegen den Willen des Probanden gemäß § 34 StGB gerechtfertigt sein kann, sogleich im 2. Kapitel C I 2. d) cc) ccc).

1573 *Hilgendorf* in Deutscher Ethikrat, Neuroimaging – Bilder vom Gehirn und das Bild des Menschen, S. 61; ähnlich wohl auch *Schmücker* in Joerden/Hilgendorf/Thiele (Hrsg.), Menschenwürde und Medizin, S. 949 (967), allerdings ohne dass er Bezug zu den rechtlichen Normen nimmt.

1574 *Hilgendorf* in Deutscher Ethikrat, Neuroimaging – Bilder vom Gehirn und das Bild des Menschen, S. 61.

1575 *Herzog*, ZRP 2015, S. 121 (122).

1576 *Erb* in MüKo Bd. 1, StGB § 34 Rn. 55; siehe auch *Duttge* in Dölling/Duttge/König/Rössner (Hrsg.), Gesamtes Strafrecht, 1 § 34 Rn. 4.

besteht, „wenn nicht nur die gedankliche Möglichkeit, sondern die auf festgestellte tatsächliche Umstände gegründete Wahrscheinlichkeit eines schädigenden Ereignisses besteht"[1577]. Ein Zufallsbefund ermöglicht Rückschlüsse auf die Gesundheit des Probanden und kann Rückschlüsse auf einen eintretenden Schaden bei verwandten Personen zulassen. Auch indem ein Dritter in bestimmten Situationen in seiner Gesundheit durch einen Probanden mit einer Erkrankung, die zu Berufsuntauglichkeit oder Verkehrsuntüchtigkeit führt, beeinträchtigt werden kann, ist der Eintritt eines Schadens möglich.[1578] Der Gefahrbegriff des § 34 StGB fordert ausschließlich eine Prognose dahingehend, dass sich die Bedrohung auch tatsächlich manifestieren kann, ohne Anforderungen an die Intensität der Gefährdung zu stellen. Demzufolge können auch nicht verwandte Personen im Sinne von § 34 StGB gefährdet sein, die sich in der Verantwortung des Untersuchten wie beispielsweise im Bus oder Flugzeug befinden. Die Gefahr durch die Erkrankung des Probanden ist auch für die verwandten und dritten Personen gegenwärtig, da eine Gegenwärtigkeit der Gefahrenlage angenommen wird, wenn der Eintritt eines Schadens „bei ungestörter (natürlicher) Weiterentwicklung der Dinge nach menschlicher Erfahrung als sicher oder wahrscheinlich anzusehen" ist.[1579] Im Falle bloßer Erkrankungsrisiken ist hingegen nicht von einer gegenwärtigen Gefährdung auszugehen, da ein Schadenseintritt nicht als sicher oder wahrscheinlich vorausgesehen werden kann.

Die Mitteilung des Zufallsbefundes durch den Forscher an den Probanden kann im Einzelfall nach § 34 StGB gerechtfertigt sein, wenn sie zum Rechtsgüterschutz geeignet[1580] und die Gefahr nicht anders abwendbar ist.[1581] Es ist daher abzuwägen, ob die Mitteilung eines Befundes an den Probanden selbst als Missachtung des Rechts auf Nichtwissen oder die Mitteilung an Dritte als

---

1577 BGHSt 18, 271 (272); ähnlich *Erb* in MüKo Bd. 1, StGB § 34 Rn. 60; *Kühl* in Lackner/Kühl (Hrsg.), StGB, § 34 Rn. 2.

1578 *Hilgendorf* führt als prägendes Beispiel an, dass ein Pilot mit einem „Riesenloch im Gehirn" ein Flugzeug fliegen will. Der Arzt sei infolgedessen gerechtfertigt, den Piloten zu fesseln und demnach auch einen Vertragsbruch zu begehen. Vgl. *Hilgendorf* in Deutscher Ethikrat, Neuroimaging – Bilder vom Gehirn und das Bild des Menschen, S. 61.

1579 *Duttge* in Dölling/Duttge/König/Rössner (Hrsg.), Gesamtes Strafrecht, 1 § 34 Rn. 10.

1580 *Duttge* in Dölling/Duttge/König/Rössner (Hrsg.), Gesamtes Strafrecht, 1 § 34 Rn. 11; Vgl. auch *Kühl*, Strafrecht Allgemeiner Teil, § 8 Rn. 80; *Erb* in MüKo Bd. 1, StGB § 34 Rn. 89 ff.; ähnlich *Neumann* in Kindhäuser/Neumann/Paeffgen (Hrsg.), StGB Band 1, § 34 Rn. 60.

1581 *Kühl* in Lackner/Kühl (Hrsg.), StGB, § 34 Rn. 3; *Duttge* in Dölling/Duttge/König/Rössner (Hrsg.), Gesamtes Strafrecht, 1 § 34 Rn. 11 f.

Durchbrechung der Schweigepflicht die meisten Chancen zur Gefahrabwendung und zum Schutz der Rechtsgüter bietet und dabei das mildere Mittel darstellt. Konkret ist zu bestimmen, ob die Mitteilung einer Erkrankung an eine Vielzahl Dritter weniger belastend ist als das eigene Wissen um den Befund. Diese Entscheidung ist ebenso wie die notwendige Güter- und Interessenabwägung[1582] zwischen dem Recht auf Nichtwissen des Probanden und der Gesundheit der Verwandten und dritten Personen einzelfallabhängig vorzunehmen. Im Zusammenhang mit Zufallsbefunden kann keine generalisierende Höherrangigkeit eines Rechtsguts bestimmt werden.[1583]

§ 34 StGB kann die Mitteilung eines Befundes durch den Forscher an Verwandte oder dritte Personen gegen den Willen des Probanden in einzelfallabhängigen Situationen rechtfertigen. Die Vorschrift ist allerdings nicht als Regelung zur Erfüllung einer staatlichen Schutzpflicht durch den Forscher zu charakterisieren. Dies belegt auch die Einordnung des § 34 StGB als bloße Offenbarungsbefugnis und nicht als Offenbarungspflicht.[1584] Der Gesetzgeber hatte bei der Normierung eines allgemeinen Rechtfertigungsgrundes keinerlei Intention, eine Orientierung zu fürsorglichem Handeln für den Forscher zu schaffen. § 34 StGB kann mithin im Extremfall eine Missachtung des Rechts auf Nichtwissen des Probanden zum Schutz der Rechtsgüter Dritter rechtfertigen, ohne jedoch eine Verpflichtung zur Fürsorge zu begründen. § 34 StGB ist damit eine bloße Erlaubnisvorschrift, aus der sich jedoch keine Ansprüche begründen.

dd) Zwischenergebnis

Der Gesetzgeber hat den Forscher folglich nicht verpflichtet, eine dem Arzt vergleichbare Fürsorgestellung zur Erfüllung einer Schutzpflicht gegenüber der Gesundheit der Probanden einzunehmen. Dies ist einerseits vor dem Hintergrund der strikten Trennung von Therapie und Forschung nachvollziehbar. Andererseits sind therapeutische Maßnahmen häufig Folge der im Forschungskontext gestellten Diagnosen. In praktischer Hinsicht ist eine tatsächliche Trennung dieser Verpflichtungen oftmals nicht möglich und sowohl dem ärztlichen Forscher als auch Patient bzw. Proband schwer vermittelbar. Es ist daher dem

---

1582 *Duttge* in Dölling/Duttge/König/Rössner (Hrsg.), Gesamtes Strafrecht, 1 § 34 Rn. 16; ähnlich *Neumann* in Kindhäuser/Neumann/Paeffgen (Hrsg.), StGB Band 1, § 34 Rn. 67.

1583 Weitere Ausführungen dazu bereits im 1. Kapitel B II 5. c) aa).

1584 *Herzog*, ZRP 2015, S. 121 (122); *Hirthammer-Schmidt-Bleibtreu/Wiese*, MedR 2017, S. 199 (201); *Klein*, RDG 2010, S. 172 (176 f.); *Tsambikakis*, medstra 4/2015, S. 193 (194).

Gesetzgeber anzuraten, eine Verpflichtung zur Fürsorge in einem Forschungsrahmengesetz aufzunehmen. Nach der derzeitigen Rechtslage dürfen Forscher bei Nichtbestehen einer vertraglichen Vereinbarung über das Vorgehen bei Gewinn eines Zufallsbefundes keinerlei weitere Maßnahmen einleiten, denn die Diagnose und Befundung sowie anschließende Mitteilung eines Zufallsbefundes sind bereits ein fürsorglicher und nicht mehr rein wissenschaftlich sorgfältiger Akt. Wenn eine vertragliche Verpflichtung zur Aufklärung über Zufallsbefunde sowie zur Mitteilung von Zufallsbefunden besteht, legt sich der Forscher mithin selbst die durch den Staat nicht zugedachte Erfüllung einer Schutzpflicht auf. Er erweitert damit seinen Pflichtenkreis auf den des Arztes.

Grundsätzlich ist das Recht auf Nichtwissen des Probanden im Kontext der Forschung jedoch verfassungsrechtlich im Einzelfall durch entgegenstehende Wissensinteressen der Verwandten einschränkbar. Eine Begrenzung durch die Fürsorge des Forschers im Rahmen der Erfüllung einer staatlichen Schutzpflicht erfährt es allerdings nicht. Demzufolge ist das Recht auf Nichtwissen des Probanden zwar dem Grundsatz nach gemäß Art. 2 Abs. 1 S. 1 i. V. m. Art. 1 Abs. 1 GG ein relatives Recht. In seiner Ausprägung im Forschungskontext hat es gegenüber dem Forscher jedoch beinahe absoluten Charakter, da der Forscher sich nicht aus einer rechtlichen Verpflichtung gegen die Interessen des Probanden wenden darf. Im Forschungskontext besteht mithin in verfassungsrechtlicher Hinsicht ein geringeres Spannungspotential zwischen den Interessen der Beteiligten als im Kontext der Diagnostik. In praktischer Hinsicht kann durchaus weiterhin eine Kollision zwischen den Interessen der Verwandten bestehen, die insbesondere hinsichtlich der Verpflichtung zu fürsorglichem Handeln im Sinne einer Mitteilung der Zufallsbefunde vertraglich geregelt werden sollte.

Einer vertraglichen Regelung der Aufklärung, Mitteilung, Behandlung und Beratung bei Generierung eines Zufallsbefundes bedarf es jedoch nur soweit, wie der Gesetzgeber keine einfachgesetzlichen Regelungen im Sinne des Probanden getroffen hat. In der Folge wird daher dargestellt, ob es in Spezialgesetzen zur Forschung Vorschriften zum Umgang mit Zufallsbefunden gibt, die ein einheitliches Handeln nach einem festgesetzten Regelungsrahmen ermöglichen und vertraglich nicht ausgeschlossen werden können.

II. Nationale Regelungen

Der Gesetzgeber könnte aus verfassungsrechtlichen Gründen verpflichtet gewesen sein, die Spannungen zwischen Recht auf Nichtwissen und Schutz der körperlichen Unversehrtheit in eine einfachgesetzliche Regelung umzusetzen. Wie im Kontext der Diagnostik unterliegen grundrechtsrelevante Entscheidungen nach der Rechtsprechung des BVerfG auch im Forschungsbereich dem parlamentarischen Gesetzesvorbehalt, der auch als Wesentlichkeitstheorie bezeichnet wird.[1585] Die gesetzgeberische Entscheidung über Aufklärung und Mitteilung unerwarteter Befunde kann für den Betroffenen einen derartigen grundrechtlichen und daher gesetzlich zu regelnden Eingriff darstellen. Vorschriften zum Vorgehen bei Generierung eines Zufallsbefundes sind dabei sowohl für den organisatorischen Ablauf der Studien selbst als auch für den Persönlichkeits- und Gesundheitsschutz des sich zur Verfügung stellenden Probanden notwendig. In der Folge werden dementsprechend existierende rechtliche Regelungen, die im Forschungskontext Anwendung finden, hinsichtlich ihres Schutzumfangs für den Fall der Aufklärung über bzw. der Mitteilung eines Zufallsbefundes überprüft.

1. Arzneimittelgesetz (AMG)

Da in Deutschland zum gegenwärtigen Zeitpunkt trotz entsprechender Forderungen kein allgemeines Forschungsgesetz oder Forschungsrahmengesetz existiert,[1586] könnte sich das Vorgehen bei Zufallsbefunden im Rahmen klinischer Studien aus dem Arzneimittelgesetz (AMG) ergeben. Bei einer klinischen Studie mit Arzneimitteln werden oftmals umfangreiche genetische Untersuchungen durchgeführt, bei denen unerwartete genetische Befunde mit Krankheitswert oder Krankheitsdisposition aufgefunden werden können. Auch bildgebende Verfahren werden in klinischen Studien mit Arzneimitteln eingesetzt, um die Größe und Lage der mit dem Prüfpräparat zu therapierenden Erkrankung zu überprüfen. So werden häufig maligne Tumoren oder Karzinome, aber auch andere organische Krankheiten bildlich dargestellt, wobei Zufallsbefunde gewonnen werden können. Zu differenzieren ist in diesem Zusammenhang, ob der zufällige Befund bei einer studienbedingten Anwendung der Bildgebung oder bei einer routinemäßigen therapeutischen Bildgebung generiert wurde, sodass der Zufallsbefund im Kontext der Diagnostik gewonnen wurde und die entsprechenden gesetzlichen Regelungen Anwendung finden.

1585 BVerfGE 61, 260 (275); 88, 103 (116); zu der Wesentlichkeitstheorie bei Grundrechtseingriffen bereits ausführlich 2. Kapitel B II.

1586 Der Bundesrat hat als Reaktion auf das Gendiagnostikgesetz ein Forschungsrahmengesetz gefordert, siehe BR-Drs. 374/09, S. 1.

a) Anforderungen an die Aufklärung nach § 40 Abs. 1 S. 3 Nr. 3 b AMG

Gemäß § 40 Abs. 1 S. 3 Nr. 3 b i. V. m. § 40 Abs. 2 AMG ist der Proband über „Wesen, Bedeutung, Risiken und Tragweite der klinischen Prüfung, sowie über [...] [sein] Recht aufzuklären, die Teilnahme an der klinischen Prüfung jederzeit zu beenden"[1587]. Nach § 41 Abs. 1 AMG gelten die Vorschriften über die Aufklärung und Einwilligung gemäß § 40 Abs. 2 AMG auch für Probanden, die an einer Krankheit leiden, „zu deren Behandlung das zu prüfende Arzneimittel angewendet werden soll"[1588], sodass § 40 AMG sowohl für Probanden eines therapeutischen Versuches als auch von Humanexperimenten gilt. Die Aufklärung über das „Wesen" der klinischen Prüfung umfasst insbesondere die Information über experimentelle studienbezogene Maßnahmen, sowie den Hinweis auf die Freiwilligkeit, die Zielsetzung und den Ablauf der Studienteilnahme.[1589] Zudem fordert der Gesetzestext auch die Information über den therapeutischen Nutzen des Prüfarzneimittels („Bedeutung") anhand bisheriger Ergebnisse wissenschaftlicher Studien[1590] sowie über Schadensmöglichkeiten und jeweilige Nebenwirkungen der Maßnahmen („Risiken").[1591] Zur Wahrung der Selbstbestimmung bedarf es zusätzlich einer Information über die Größenordnung der klinischen Prüfung und den individuellen Aufwand der Studienteilnahme sowie über das Recht auf Widerruf der Studienteilnahme.[1592]

1587 Weitere Ausführungen bei *Wachenhausen* in Klügel/Müller/Hofmann (Hrsg.), Arzneimittelrecht, § 40 Rn. 48.

1588 *Listl-Nörr* in Spickhoff (Hrsg.), Medizinrecht, AMG § 41 Rn. 1; *Wachenhausen* in Klügel/Müller/Hofmann (Hrsg.), Arzneimittelrecht, § 41 Rn. 5; *von Kielmanssegg*, PharmR 2008, S. 517 (519).

1589 *Deutsch* in Deutsch/Lippert (Hrsg.), Kommentar zum Arzneimittelgesetz (AMG), § 40 Rn. 16; *Listl-Nörr* in Spickhoff (Hrsg.), Medizinrecht, AMG § 40 Rn. 45.

1590 *Listl-Nörr* in Spickhoff (Hrsg.), Medizinrecht, AMG § 40 Rn. 45; *Stock*, Der Probandenschutz bei der medizinischen Forschung am Menschen, S. 61; a. A. *Staak/Weiser*, Klinische Prüfung von Arzneimitteln, S. 46, nach denen die Bedeutung der klinischen Prüfung für einen Probanden nicht einschätzbar ist, sodass er nicht mit dererlei Aufklärungen beschäftigt werden sollte.

1591 BGH NJW 2006, S. 2108 (2109 f.); *Listl-Nörr* in Spickhoff (Hrsg.), Medizinrecht, AMG § 40 Rn. 46; ähnlich *Deutsch* in Deutsch/Lippert (Hrsg.), Kommentar zum Arzneimittelgesetz (AMG), § 40 Rn. 16, der in der Tragweite „das Risiko des klinischen Versuchs als solchem" definiert; zu weiteren speziellen Risiken siehe auch *Spickhoff*, NJW 2006, S. 2075 (2075 f.).

1592 *Listl-Nörr* in Spickhoff (Hrsg.), Medizinrecht, AMG § 40 Rn. 45.

b) *Aufklärung über Zufallsbefunde*

Die Forderung nach einer Aufklärung über „Wesen, Bedeutung, Risiken und Tragweite der klinischen Prüfung" umfasst im Wortgehalt nicht die Verpflichtung des Forschers zur Aufklärung über die Möglichkeit des Auffindens von Zufallsbefunden mit Krankheitswert. Auch eine Auslegung des Wortsinnes belegt keine Intention des Gesetzgebers zur Information über die Zufallsbefundträchtigkeit der eingesetzten Untersuchungsmethoden. Denn Zufallsbefunde dürften aus der objektiven Sicht eines Dritten nicht als ein Risiko der Studienteilnahme und können nicht als Wesensbestandteil der Forschung angesehen werden, da die Aufklärung über das Wesen der Studie an die Durchführung und den Ablauf der Studie anknüpft,[1593] ohne dabei auf Ergebnisse des Einsatzes der Untersuchungsmethoden einzugehen. Die Information über die Bedeutung der Studie bezieht sich hauptsächlich auf den Nutzen durch das Prüfpräparat[1594] und nicht auf einen darüber hinausgehenden therapeutischen Nutzen durch Kenntnis des Zufallsbefundes oder einer Vermeidung dieser Fehvorstellung bei dem Probanden. Auch der im Einzelfall anzunehmende Nutzen jenseits der Therapierbarkeit allein durch die Wissenserlangung unterfällt nicht dem Aufklärungsumfang nach dem AMG.

Neben dem Wortsinn lässt auch der Gesetzeszweck keine Intention des Gesetzgebers zur Aufklärung über Zufallsbefunde vermuten. So ist es gemäß § 1 AMG Zweck des Gesetzes, „im Interesse einer ordnungsgemäßen Arzneimittelversorgung von Mensch und Tier für die Sicherheit im Verkehr mit Arzneimitteln, insbesondere für die Qualität, Wirksamkeit und Unbedenklichkeit der Arzneimittel [...] zu sorgen". Das Gesetz ist mithin Risikovorsorge im Sinne einer Risikobewertung von zugelassenen oder sich noch in der Prüfungsphase befindlichen Arzneimitteln.[1595] Die klinische Prüfung nach §§ 40 ff. AMG soll insbesondere dem Inverkehrbringen nicht geprüfter oder schädlicher Arzneimittel vorbeugen und bezweckt mithin nach § 1 AMG die „Vorbeugung der Risiken und Gefahren des Arzneimittelverkehrs"[1596]. Durch Normierung von Verkehrssicherungspflichten sowie Qualifikationsanforderungen an Prüfer und

---

1593 *Listl-Nörr* in Spickhoff (Hrsg.), Medizinrecht, AMG § 40 Rn. 45; ähnlich *Deutsch* in Deutsch/Lippert (Hrsg.), Kommentar zum Arzneimittelgesetz (AMG), § 40 Rn. 16.

1594 *Listl-Nörr* in Spickhoff (Hrsg.), Medizinrecht, AMG § 40 Rn. 45.

1595 *Heßhaus* in Spickhoff (Hrsg.), Medizinrecht, AMG § 1 Rn. 1; *Koyuncu* in Deutsch/Lippert (Hrsg.), Kommentar zum Arzneimittelgesetz (AMG), § 1 Rn. 6; *Müller* in Klügel/Müller/Hofmann (Hrsg.), Arzneimittelrecht, § 1 Rn. 8; *Rehmann*, Arzneimittelgesetz (AMG), § 1 Rn. 1; dazu auch *Dettling*, PharmR 2005 S. 162 (165 f.).

1596 *Müller* in Klügel/Müller/Hofmann (Hrsg.), Arzneimittelrecht, § 1 Rn. 8.

das Verbot der klinischen Prüfung an Untergebrachten[1597] soll der Schutz des Probanden bei Anwendung der Prüfpräparate gewährt werden. Dieser Schutz bezieht sich insbesondere auf das Vorgehen bei der Erprobung des Medikamentes und untersagt mithin die Vornahme studienbedingter Untersuchungen bei Überwiegen der Risiken gegenüber potentiellem Nutzen für den Probanden.

Dieses in § 40 AMG normierte Verbot mit Erlaubnisvorbehalt dient dem Schutz der Gesundheit, der Selbstbestimmung und der Menschenwürde[1598] und soll mithin der Diskriminierung eines Probanden als „Versuchsobjekt"[1599] vorbeugen. Die Selbstbestimmung wird insbesondere durch die Grundsätze des informed consent gewahrt, nach denen die Teilnahme an der klinischen Prüfung durch die Einwilligung legitimiert werden muss. Durch die dezidierten datenschutzrechtlichen Bestimmungen in § 40 Abs. 2a AMG und den entsprechenden Vorgaben in der GCP-Verordnung wird zudem die informationelle Selbstbestimmung des Probanden bzgl. der Erhebung und Verwendung persönlicher Daten gewährt.[1600] Zum Schutz der Selbstbestimmung müsste grundsätzlich eine Information über die mögliche Generierung von Zufallsbefunden in die Vorschriften zum informed consent eingelesen werden. Jedoch wird diese Notwendigkeit und Intention weder durch den Gesetzestext noch einer entsprechenden Auslegung konkretisiert. Die bestehenden Regelungen zum informed consent im Sinne der Selbstbestimmung lassen nicht erkennen, dass der Gesetzgeber die Situation des Gewinns eines Zufallsbefundes in das AMG oder die entsprechenden Änderungsgesetze bewusst und willentlich einbezogen hat. Diese Schlussfolgerung wird durch die Regelung in § 40 Abs. 2a AMG gestützt, in dem Sonderregeln für den Datenschutz explizit aufgeführt werden. Dies bedeutet, dass der Gesetzgeber die Relevanz und Sensibilität von Daten aus einer Studie erkannt hat. Er hat jedoch lediglich den Schutz vor der Kenntnis der Daten durch Dritte ohne Einwilligung des Betroffenen geregelt und nicht den Schutz vor der eigenen Wahrnehmung. Unterstellt, dass diese Differenzierung willentlich vorgenommen wurde, wollte der Gesetzgeber das Recht auf Nichtwissen und dem Umgang mit Zufallsbefunden bewusst nicht im AMG regeln.

1597 *Listl-Nörr* in Spickhoff (Hrsg.), Medizinrecht, AMG § 40 Rn. 33 f.; *Rehmann*, Arzneimittelgesetz (AMG), § 40 Rn. 6 f.

1598 *Listl-Nörr* in Spickhoff (Hrsg.), Medizinrecht, AMG § 40 Rn. 1, 17; zum Verbotstatbestand mit Erlaubnisvorbehalt siehe auch *Rehmann*, Arzneimittelgesetz (AMG), § 42 Rn. 5.

1599 Erst durch Einwilligung wird das „Versuchsobjekt" zum selbstbestimmten Subjekt, siehe *Zuck* in Quaas/Zuck/Clemens (Hrsg.), Medizinrecht, § 68 Rn. 37.

1600 Vgl. *Listl-Nörr* in Spickhoff (Hrsg.), Medizinrecht, AMG § 40 Rn. 49.

2. Medizinproduktegesetz (MPG)

Auch im Medizinproduktegesetz sind Vorschriften zur Forschung am Menschen (§§ 20 ff. MPG) normiert. Bei einer klinischen Prüfung eines Medizinproduktes können Zufallsbefunde insbesondere durch den Einsatz bildgebender Verfahren gewonnen werden. Sofern es sich um implantierbare Medizinprodukte wie Stents handelt, bedarf es einer Überprüfung der Lage des Produktes bei Eingriff und der Haltbarkeit im Verlauf zur wissenschaftlichen Auswertung der Leistungsbewertung. Dies erfolgt vornehmlich durch bildliche Darstellungen mittels MRT, Röntgen oder CT. Infolge der Anwendung dieser Untersuchungsmethoden ist die Generierung eines Zufallsbefundes möglich, auch wenn aufgrund der wahrscheinlich vorausgegangenen Untersuchungen und Bildgebungen zumeist eine abgeschlossene Diagnostik vorliegt. Genetische Untersuchungen werden im Zusammenhang mit klinischen Studien eines Medizinproduktes beträchtlich seltener durchgeführt. Sie sind jedoch insbesondere bei genetisch bedingten allergischen Reaktionen für die Risikobewertung des Medizinproduktes notwendig.

Der Gesetzestext fordert gemäß §§ 20 Abs. 1 S. 4 Nr. 2, Abs. 2 MPG eine Aufklärung des Probanden über „Wesen, Bedeutung und Tragweite der klinischen Prüfung". Die Vorgaben zu Aufklärung und Einwilligung im MPG entsprechen den Regelungen der §§ 40 ff. AMG[1601] und dienen mithin der Wahrung des Selbstbestimmungsrechts des Probanden.[1602] Der Proband muss demnach auch bei klinischen Prüfungen nach dem MPG in die Lage versetzt werden, die Risiken und Nutzen einer Studienteilnahme abwägen und dementsprechend eine Einwilligung ablehnen oder befürworten zu können.

Angesichts der Vergleichbarkeit der §§ 40 ff. des Arzneimittel- und der §§ 20 ff. des Medizinproduktegesetzes in Aufbau und Zielsetzung und dem entsprechenden Zweck der Sicherheit und Risikoversorge kann der identische Gesetzestext zur Aufklärung nicht unterschiedlich ausgelegt werden. Dementsprechend

---

1601 Eine Angleichung findet jedoch nur hinsichtlich der Einwilligung in die Studienteilnahme, nicht jedoch die datenschutzrechtlichen Bedingungen statt. Anders als im AMG besteht im MPG keine Unwiderruflichkeit der datenschutzrechtlichen Einwilligung, s. a. *Listl-Nörr* in Spickhoff (Hrsg.), Medizinrecht, MPG § 20 Rn. 9; *Herbst*, MedR 2009, 149 (151 f.).

1602 Zu den Ausführungen zu § 40 ff. AMG siehe 2. Kapitel C II 1. a); *Wachenhausen* in Klügel/Müller/Hofmann (Hrsg.), Arzneimittelrecht, § 40 Rn. 49 f.; krit. *Deutsch/Spickhoff*, Medizinrecht, Rn. 2040: „Im Übrigen sind Anleihen, manchmal in peinlich naher Abhängigkeit vom AMG, zu bemerken, etwa was die klinische Prüfung angeht, §§ 20 f. MPG."

erstreckt sich auch die Aufklärung nach dem MPG nicht auf die mögliche Generierung von Zufallsbefunden.[1603] Dies ist insbesondere vor dem Hintergrund des verstärkten Einsatzes bildgebender Verfahren zur Überprüfung implantierter Medizinprodukte und zur Kontrolle bei der Anwendung neuer Medizinprodukte und der infolgedessen möglicherweise auffindbaren Zufallsbefunden bedenklich. Das MPG ist mithin kein Spezialgesetz, das die Forderung nach einem Forschungsrahmengesetz erfüllen könnte.

3. *Bundesdatenschutzgesetz*

Der Gesetzgeber hat in der Begründung zum Gendiagnostikgesetz vertreten, dass ein spezielles Forschungsrahmengesetz aufgrund bestehender Regelungen für genetische Untersuchungen und Daten im Forschungskontext nicht notwendig sei.[1604] Trotz gegenteiliger Kritik[1605] hat die Bundesregierung in einer anschließenden Unterrichtung bekräftigt, dass die zum Zeitpunkt des Inkrafttretens des Gendiagnostikgesetzes bestehenden Datenschutzgesetze einen umfangreichen und ausreichenden Schutz für den Kontext der Forschung begründen würden.[1606] Neben dem außer Kraft getretenen Bundesdatenschutzgesetz (BDSG a. F.) hat insbesondere die inzwischen in Kraft getretene Datenschutz-Grundverordnung (DS-GVO) und das überarbeitete Bundesdatenschutzgesetz vom 30. Juni 2017 (BDSG n. F.) Potential, den Einzelnen vor einer Beeinträchtigung seiner Persönlichkeitsrechte im Umgang mit seinen personenbezogenen Daten zu schützen.

a) Rückblick: Rechtslage nach dem Bundesdatenschutzgesetz a. F.[1607]

Die allgemeinen Regelungen des Bundesdatenschutzgesetzes zum Umgang mit persönlichen Daten[1608] unterlagen keiner Bereichsausnahme, sondern wurden

1603 Vgl. Ausführungen zur Aufklärung über die mögliche Generierung von Zufallsbefunden in dem AMG bereits im 2. Kapitel C II 1. b).

1604 BT-Drs. 16/10532, S. 1.

1605 BR-Drs. 633/09 S. 1; *Riedel,* Stellungnahme zum Entwurf eines Gesetzes über genetische Untersuchung beim Menschen – BT-Drs. 16/10532, S. 1.

1606 BT-Drs. 16/10583, S. 1.

1607 In der Fassung der Bekanntmachung vom 14.01.2003 (BGBl. I S. 66), zuletzt geändert durch Gesetz vom 30.10.2017 (BGBl I S. 3618 m.W.v. 09.11.2017, außer Kraft getreten am 25.05.2018 aufgrund Gesetzes vom 30.06.2017 (BGBl. I S. 2097.

1608 *Gola/Klug/Körffer* in Gola/Schomerus, BDSG, § 1 Rn. 22; *Weichert* in Däubler/Klebe/Wedde/Weichert (Hrsg.), BDSG, § 1 Rn. 7; krit. hinsichtlich der Formulierung *Simitis* in Simitis (Hrsg.), Bundesdatenschutzgesetz, § 1 Rn. 82.

für bestimmte Kontexte durch spezielle Sondervorschriften wie den Regelungen zu der Forschung in § 40 BDSG a. F. konkretisiert. Entsprechend dem § 1 BDSG a. F. sollte der Betroffene demnach auch in seinem informationellen Persönlichkeitsrecht und mithin bei der Erhebung, Verarbeitung und Nutzung von personenbezogenen Daten geschützt werden.[1609] Nach der Legaldefinition in § 3 Abs. 1 BDSG a. F. waren personenbezogene Daten „Einzelangaben über persönliche oder sachliche Verhältnisse einer bestimmten oder bestimmbaren natürlichen Person". Unter persönlichen Verhältnissen wurden Informationen über den Betroffenen selbst oder einen entsprechenden individualbezogenen Sachverhalt verstanden.[1610] Medizinische Zufallsbefunde stellen als medizinische Ergebnisse mit Krankheitswert aufgrund ihrer individuellen Relevanz für die Gesundheit und ihrer Offenbarung von individuellen Eigenschaften des Betroffenen Angaben über persönliche Verhältnisse dar. Sofern sich in der Folge aus den spezifischen Regelungen des Bundesdatenschutzgesetzes Vorgaben zum Vorgehen bei Gewinn eines Zufallsbefundes im Kontext der Forschung ergeben, müsste der Ansicht des Gesetzgebers zugestimmt werden, dass zum Zeitpunkt des Inkrafttretens des Gendiagnostikgesetzes kein gesondertes Forschungsrahmengesetz notwendig war.[1611] Einen entsprechenden Schutz des Probanden könnten insbesondere Ausführungen zum Recht auf Wissen und Nichtwissen aus dem in § 19 BDSG a. F. normierten Auskunftsanspruch und Regelungen zur Mitteilung der persönlichen Daten aus den forschungsspezifischen Normen gewährleisten.

aa) Auskunftsanspruch aus § 19 BDSG a. F.

Gemäß § 19 Abs. 1 BDSG a. F. stand dem Betroffenen ein Auskunftsrecht gegenüber öffentlichen Stellen hinsichtlich aller zur Person gespeicherten Daten zu.[1612] Zweck des Auskunftsanspruches war es, den Betroffenen in die Lage zu versetzen, seine Rechte auf Berichtigung, Sperrung und Löschung nach § 20 BDSG a. F. auszuüben.[1613] Die in § 6 BDSG a. F. geregelte Unabdingbarkeit dieser Rechte

---

1609 *Gola/Klug/Körffer* in Gola/Schomerus, BDSG, § 1 Rn. 6; *Simitis* in Simitis (Hrsg.), Bundesdatenschutzgesetz, § 1 Rn. 24.

1610 *Gola/Klug/Körffer* in Gola/Schomerus, BDSG, § 3 Rn. 5; ausführlich auch *Dammann* in Simitis (Hrsg.), Bundesdatenschutzgesetz, § 3 Rn. 7 ff.

1611 BT-Drs. 16/10583, S. 1.

1612 Ausgeschlossen von der Auskunftspflicht sind die in § 19 Abs. 2 und 3 BDSG näher bezeichneten Daten, vgl. *Ambs* in Erbs/Kohlhaas (Hrsg.), Strafrechtliche Nebengesetze, BDSG § 19 Rn. 1; *Gola/Klug/Körffer* in Gola/Schomerus, BDSG, § 19 Rn. 4.

1613 *Ambs* in Erbs/Kohlhaas (Hrsg.), Strafrechtliche Nebengesetze, BDSG § 19 Rn. 1 f.

durch Rechtsgeschäft stärkte die Position des Betroffenen.[1614] Er hatte mithin gegenüber Krankenhäusern, Versicherungen etc. einen Anspruch auf Auskunft individueller Gesundheitsdaten und damit ein Recht auf Wissen. Nicht von § 19 BDSG a. F. spezialgesetzlich geregelt war jedoch das verfassungsrechtlich garantierte Recht, Befunde selbst nicht zur Kenntnis nehmen zu wollen, da § 19 BDSG a. F. allein eine Kontrollmöglichkeit gegenüber der Speicherung von Daten durch öffentliche Stellen darstellen und nicht eine Stärkung der einzelnen Rechte des Probanden verdeutlichen sollte.[1615] Zudem war Auskunftspflichtiger auch nicht der betroffene Forscher, sondern die öffentliche Stelle.[1616] Daher war von § 19 BDSG a. F. nicht das Recht auf Mitteilung eines individuellen in der Forschung generierten Befundes jedoch gegenüber dem konkreten Forscher umfasst.

bb) Verarbeitungs- und Nutzungsanspruch aus § 40 BDSG

Aus den speziellen Regelungen zur Verarbeitung und Nutzung personenbezogener Daten durch Forschungseinrichtungen in § 40 BDSG a. F. ergab sich kein umfassender Schutz des Probanden bei Generierung eines Zufallsbefundes hinsichtlich seines Rechts auf Nichtwissen. Jedoch schützte § 40 BDSG a. F. vor Weitergabe des Befundes an Dritte: In § 40 BDSG a. F. wurden die Nutzung und Verarbeitung personenbezogener Daten, die für Zwecke der wissenschaftlichen Forschung erhoben wurden, auf diesen Zweck begrenzt. Nach § 40 Abs. 3 BDSG a. F. durfte eine Veröffentlichung personenbezogener Daten nur mit Einwilligung (Nr. 1) oder bei wissenschaftlicher Unerlässlichkeit (Nr. 2) vorgenommen werden. Die Vorschriften dienten der Wahrung der Zweckbindung[1617] und regelten das Spannungsfeld zwischen Forschungsfreiheit und Anspruch des Einzelnen in seiner informationellen Selbstbestimmung.[1618] Das generelle Verbot mit Erlaubnisvorbehalt zur Verarbeitung personenbezogener Daten zu wissenschaftlichen

---

1614 *Gola/Klug/Körffer* in Gola/Schomerus, BDSG, § 6 Rn. 4; *Ambs* in Erbs/Kohlhaas (Hrsg.), Strafrechtliche Nebengesetze, BDSG, § 6 Rn. 1.

1615 Ähnlich *Ambs* in Erbs/Kohlhaas (Hrsg.), Strafrechtliche Nebengesetze, BDSG § 19 Rn. 1.

1616 *Gola/Klug/Körffer* in Gola/Schomerus, BDSG, § 19 Rn. 8

1617 *Gola/Klug/Körffer* in Gola/Schomerus, BDSG, § 40 Rn. 7; *Simitis* in Simitis (Hrsg.), Bundesdatenschutzgesetz, § 40 Rn. 43 ff.; näher auch *Ambs* in Erbs/Kohlhaas (Hrsg.), Strafrechtliche Nebengesetze, BDSG, § 40 Rn. 2; *Weichert* in Dübler/Klebe/Wedde/Weichert (Hrsg.), BDSG, § 40 Rn. 6 f.

1618 *Gola/Klug/Körffer* in Gola/Schomerus, BDSG, § 40 Rn. 3 f.; *Weichert* in Däubler/Klebe/Wedde/Weichert (Hrsg.), BDSG, § 40 Rn. 1.

Zwecken sollte neben einer Stärkung der informationellen Selbstbestimmung insbesondere vor einer Verobjektivierung des Probanden in der Forschung bewahren.[1619] Indem § 40 BDSG a. F. die informationelle Selbstbestimmung des Probanden schützte und eine Mitteilung eines Befundes an Dritte ohne Einwilligung des Probanden untersagte, wurde auch für den Fall der Generierung eines Zufallsbefundes ein Schutz gewährt. Denn dies bedeutet, dass entsprechend der individuellen Entscheidung über die Fremdwahrnehmung keine Arbeitgeber oder Versicherungsgeber über eine Erkrankung des Betroffenen informiert werden durften.

§ 40 BDSG a. F. berücksichtigte jedoch nicht die kollidierenden Ansprüche auf Wissen, die aus einem Befund mit Krankheitswert für Dritte folgen können. So bot die Regelung keine Lösungen für derartige Spannungsfelder mit drittbezogenen Interessen, wie bspw. im familiären Kontext. Vielmehr diente auch § 40 BDSG a. F. der Regelung eines Verhältnisses zwischen einer öffentlich-rechtlichen Stelle und dem Betroffenen.

cc) Zwischenergebnis

In Ermangelung weiterer Regelungen im Zusammenhang mit der Aufklärung, Beratung und Mitteilung von Zufallsbefunden konnte das Bundesdatenschutzgesetz nicht als umfassender Regelungsrahmen für die Aufklärung Mitteilung eines Zufallsbefundes für den Forscher angesehen werden, der die Notwendigkeit eines Forschungsrahmengesetzes entfallen ließ. Zwar schützte das Bundesdatenschutzgesetz die informationelle Selbstbestimmung des Probanden hinsichtlich der Weitergabe persönlicher Daten und Befunde an öffentliche Stellen, doch wurde alleine dieses Verbot mit Erlaubnisvorbehalt dem umfangreichen Regelungsbedarf nicht gerecht. Neben fehlenden Regelungen zu kollidierenden Wissensinteressen potentiell betroffener Verwandter fehlte auch eine eindeutige Berücksichtigung des Rechts auf Nichtwissen des Probanden selbst. Der in der Forschung besondere Bedeutung erlangende „informed consent" fand hinsichtlich der Aufklärung über mögliche Zufallsbefunde keinerlei Beachtung. Insgesamt zeigte das Bundesdatenschutzgesetz zwar auf, dass persönlichkeitsrelevante Befunde in unterschiedlichen Lebenskontexten einen umfassenden Schutz benötigen, doch wurde es in keiner Weise dem durch den Gesetzgeber zugewiesenen umfassenden Regelungsrahmen gerecht. Infolgedessen ist *Riedel*

1619 *Gola/Klug/Körffer* in Gola/Schomerus, BDSG, § 40 Rn. 4; a. A. wohl *Weichert* in Dübler/Klebe/Wedde/Weichert (Hrsg.) BDSG, § 40 Rn. 2: „§ 40 enthält keine Erhebungs- und Verarbeitungserlaubnis zum Zweck der Forschung".

zuzustimmen, die im Zusammenhang mit der Schaffung des Gendiagnostikgesetzes festgestellt hat, dass die „allgemeinen Datenschutzbestimmungen [...] unzureichend [sind], da sie nicht auf die speziellen Nutzungsmöglichkeiten genetischer Proben und Daten zugeschnitten sind."[1620]

b) EU-Datenschutz-Grundverordnung (DS-GVO)

Die europäische Datenschutz-Grundverordnung soll einen einheitlichen Rechtsrahmen für den in der EU-Grundrechtecharta grundrechtlich verankerten Datenschutz in der EU gewähren. Die DS-GVO ist am 24. Mai 2016 in Kraft getreten und ist ab dem 25. Mai 2018 anzuwenden. Aufgrund ihres Charakters als Verordnung entwickelt sie in Deutschland ohne Umsetzung Geltungskraft.[1621]

Die DS-GVO kann wie bereits das Bundesdatenschutzgesetz a. F. im hiesigen Kontext keinen umfassenden Schutz für Probanden gewähren. Als Konsequenz dessen ist ein ergänzendes Forschungsrahmengesetz in Deutschland notwendig. Nach Art. 1 Abs. 1 DS-GVO ist der Gegenstand und das Ziel der DS-GVO der Schutz natürlicher Personen bei der Verarbeitung von personenbezogenen Daten.[1622] In sachlicher Hinsicht wird die Datenverarbeitung personenbezogener Daten geschützt.[1623]

Zwar enthält die DS-GVO Regelungen für den Kontext der Forschung, doch erfährt die konkrete Ausformulierung insbesondere hinsichtlich der Regelungen zur Einwilligung Kritik.[1624] In Art. 7 Abs. 1 DS-GVO wird eine Beweislastumkehr hinsichtlich der Einwilligung eingeführt[1625] und die Aufklärung nicht mehr als notwendige Voraussetzung der Einwilligung thematisiert. Diese Vorgabe in der Verordnung wiederläuft dem anerkannten medizinrechtlichen Grundsatz

---

1620 *Riedel*, Stellungnahme zum Entwurf eines Gesetzes über genetische Untersuchung beim Menschen – BT-Drs. 16/10532, S. 1.

1621 Siehe Art. 288 AEUV; *Buchner* in Kühling/Buchner (Hrsg.), DS-GVO, Art. 1 Rn. 5, der angesichts der mehr als 70 Öffnungsklauseln der DS-GVO eher ein „atypisches Hybrid aus Verordnung und Richtlinie" annimmt.

1622 *Plath* in Plath (Hrsg.), BDSG/DSGVO, Art. 1 Rn. 3; *Pötters* in Gola (Hrsg.), DS-GVO, Art. 1 Rn. 8; weitere Ausführungen zu personenbezogenen Daten: *Plath* in Plath (Hrsg.), BDSG/DSGV, Art. 4 Rn. 4 ff.

1623 *Plath* in Plath (Hrsg.), BDSG/DSGVO, Art. 2 Rn. 4 ff.

1624 TMF – Stellungnahme zum Entwurf des Europäischen Parlaments für eine Verordnung zum Schutz natürlicher Personen bei der Verarbeitung personenbezogener Daten und zum freien Datenverkehr (Datenschutzgrundordnung) v. 29.07.2014, S. 1 (6, 15); ausführlich auch *Taupitz*, MedR 2012, S. 423 (423 ff.).

1625 *Plath* in Plath (Hrsg.), BDSG/DSGVO, Art. 7 Rn. 3.

des „informed consent"[1626] und mindert den durch die Aufklärungsverpflichtung gewährleisteten Schutz des Probanden. Zudem steht er im Widerspruch zu sämtlichen anderen Forschungsgesetzen wie dem AMG und dem MPG. Die Anforderungen an eine Aufklärung über zufällig generierte Befunde werden demnach auch in der DS-GVO nicht konkretisiert.

Für das Vorgehen bei Auffinden eines Zufallsbefundes fehlen insbesondere explizite Vorschriften zu einem Recht, um gesundheitsbezogene Daten nicht zur Kenntnis nehmen zu müssen. Durch Art. 17 DS-GVO wird ein Recht auf Vergessenwerden normiert, das der betroffenen Person ein Recht auf Löschung der personenbezogenen Daten gegenüber dem für die Verarbeitung Verantwortlichen gewährt.[1627] Es findet seine primärrechtliche Grundlage in der Achtung des Privat- und Familienlebens aus Art. 7 GRCh und dem Schutz personenbezogener Daten aus Art. 8 GRCh.[1628] In die DS-GVO wurden verschiedene Gründe für die Löschung personenbezogener Daten wie insbesondere der Widerruf der Einwilligung (Art. 17 Abs. 1 b), der Widerspruch gegen die Verarbeitung (Art. 17 Abs. 1c) oder die unrechtmäßige Verarbeitung (Art. 17 Abs. 1c) aufgenommen. Dies verdeutlicht, dass es bei dem Recht auf Vergessenwerden schlicht um die datenschutzrechtliche Löschung geht.[1629] Der Löschungsanspruch besteht nach Art. 17 Abs. 3c DS-GVO jedoch nicht bei Daten aus dem Bereich des im öffentlichen Interesse liegenden Gesundheitsschutzes.[1630] Insgesamt schützt das Recht auf Vergessenwerden zwar mittelbar die Selbstbestimmung des Probanden, doch ist der Schutzumfang nicht vergleichbar zu einem Recht auf Nichtwissen.

c) Bundesdatenschutzgesetz n. F.

Die Regelungen der DS-GVO wurden in dem BDSG in der Fassung des Datenschutzanpassungs- und Umsetzungsgesetzes (DSAnpUmG), das seit dem

---

1626 So auch TMF – Stellungnahme zum Entwurf des Europäischen Parlaments für eine Verordnung zum Schutz natürlicher Personen bei der Verarbeitung personenbezogener Daten und zum freien Datenverkehr (Datenschutzgrundordnung) v. 29.07.2014, S. 1 (15).

1627 Das Recht auf Vergessen wurde als Folge der Entscheidung des EUGH in der Sache Google vs. Spain legitimiert. Vgl. EuGH v. 13.5.2014 - C 131/12, NJW 2014, S. 2257 ff.; s. a. *Spranger/Schulz*, PharmR 2017, S. 128 (129).

1628 *Nolte/Werkmeister* in Gola (Hrsg.), DS-GVO, Art. 17 Rn. 4.

1629 *Nolte/Werkmeister* in Gola (Hrsg.), DS-GVO, Art. 17 Rn. 7 ff.; *Plath* in Plath (Hrsg.), BDSG/DSGVO, Art. 17 Rn. 2; krit. Zur Umsetzung des Rechts auf Vergessen *Buchner* in Kühling/Buchner (Hrsg.), DS-GVO, Art. 1 Rn. 7.

1630 *Plath* in Plath (Hrsg.), BDSG/DSGVO, Art. 17 Rn. 19.

25. Mai 2018 in Kraft getreten ist, angepasst und umgesetzt. Dabei beschränkt sich der Zweck des BDSG darauf, Regelungsspielräume auszufüllen, die den Mitgliedsstaaten überlassen wurden. Der eigentliche materielle Inhalt des BDSG n. F. ergibt sich bereits aus der DS-GVO.[1631] Dies belegt auch § 1 Abs. 5 BDSG n. F., nach dem die Vorschriften des BDSG keine Anwendung finden, wenn die DS-GVO unmittelbar gilt. Primärer Zweck des BDSG n. F. ist der umfassende Schutz des Einzelnen bei der Verarbeitung personenbezogener Daten durch öffentliche Stellen des Bundes und der Länder.

Sowohl der Anwendungsbereich als auch die Zielsetzung des BDSG n. F. belegen bereits, dass auch das BDSG n. F. keinen ausreichenden Schutzumfang für das Selbstbestimmungsrecht des Probanden in Forschungssituationen bietet. Denn im Kontext der Forschung wird der deutsche Gesetzgeber nur durch Art. 9 Abs. 2 lit. j DS-GVO ermächtigt, eigene Regelungen zur Verarbeitung personenbezogener Daten im wissenschaftlichen Kontext festzusetzen. Diesbezüglich sieht das BDSG eine „Privilegierung der Datenverarbeitung zu Forschungs- und Statistikzwecken" vor.[1632] Aus § 27 BDSG n. F. ergeben sich aber keine Regelungen zum Recht auf Mitteilung eines die eigene Gesundheit betreffenden Befundes. Zwar wird der Anwendungsbereich zur Verarbeitung bzw. Weitergabe der personenbezogenen Daten ohne Einwilligung des Betroffenen erweitert. Allerdings bezieht sich auch diese Regelung nur auf die Weitergabe der Daten zu Forschungszwecken[1633] und nicht aus Gründen der Drittbetroffenheit. Kollidierende Ansprüche auf Wissen oder Nichtwissen wurden nicht berücksichtigt. Sie unterfallen nicht dem Anwendungsbereich des BDSG n. F.

Der Gesetzgeber hat in § 1 Abs. 2 S. 1 BDSG n. F. dargelegt, dass das BDSG nur lückenfüllende Funktion für die Bereiche hat, in denen es keine bereichsspezifischen Spezialregelungen gibt.[1634] Damit entsteht letztlich ein „Zirkelschluss", wenn man die Aussage des Gesetzgebers in der Begründung zum Gendiagnostikgesetz berücksichtigt. Denn danach bedürfe es eines speziellen Forschungsrahmengesetzes aufgrund bestehender, ausreichenden Schutz gewährender Datenschutzgesetze nicht.[1635] Wenn aber das GenDG keine Regelungen zum Forschungskontext enthält, ein Forschungsrahmengesetz nicht notwendig ist und das BDSG n. F. nur als Auffanggesetz fungieren soll, verbleibt der Eindruck, dass

---

1631 *Franzen* in Erfurter Kommentar zum Arbeitsrecht, BDSG § 1 Rn. 10.

1632 *Krohm* in Gola/Heckmann, BDSG, § 27 Rn. 1; *Lippert*, MedR 2018, S. 613 (620).

1633 *Krohm* in Gola/Heckmann, BDSG, § 27 Rn. 1 ff.

1634 *Franzen* in Erfurter Kommentar zum Arbeitsrecht, BDSG, § 1 Rn. 13; *Lippert*, MedR 2018, S. 613 (619).

1635 BT-Drs. 16/10532, S. 1.

der Proband hinsichtlich seines Selbstbestimmungsrechtes bei der Generierung eines Zufallsbefundes im Kontext der Forschung unzureichend geschützt ist.

d) Zwischenergebnis

Der Schutzumfang des bisher geltenden Bundesdatenschutzgesetzes reicht entgegen der Annahme des Gesetzgebers nicht aus, um Probanden in Forschungssituationen informationell zu schützen und eine dem Gendiagnostikgesetz vergleichbare Regelung für den Forschungskontext entbehrlich zu machen. Obwohl die EU-Kommission in der DS-GVO eine Regelung zur Einwilligung bei der Verarbeitung gesundheitsbezogener Daten aufgenommen hat, genügt auch dieser Schutz nicht, um ein Forschungsrahmengesetz für entbehrlich zu erachten. Gleiches gilt für das Bundesdatenschutzgesetz in seiner aktuellen Fassung. Ergänzend ist darauf hinzuweisen, dass der Gesetzgeber sich bei der Etablierung des Gendiagnostikgesetzes nicht auf eine zum damaligen Zeitpunkt noch nicht beschlossene und in Kraft getretene Verordnung berufen konnte und durfte, um zu verdeutlichen, dass ein Forschungsrahmengesetz nicht erforderlich sei. Die datenschutzrechtlichen Vorgaben können zusammenfassend ein spezielles Forschungsgesetz nicht ersetzen. Derzeit ist auch aus der politischen Diskussion nicht zu erwarten, dass die Voraussetzungen und Konsequenzen des Rechts auf Nichtwissen bei einer erneuten Anpassung des Bundesdatenschutzgesetzes an die DS-GVO zusätzlich berücksichtigt werden.

4. Strahlenschutzverordnung

Die Strahlenschutzverordnung[1636] regelt die Voraussetzungen für den Einsatz von ionisierender Strahlung und ist daher eine gesetzliche Regelung, die bei der Durchführung von Forschungsprojekten berücksichtigt werden muss. Primäres Ziel der StrSchV ist der Schutz vor der schädlichen Wirkung ionisierender Strahlung. Die Achtung der Selbstbestimmung des Betroffenen wird nur mittelbar bezweckt, auch wenn der Gesetzgeber bei der Neugestaltung des Gesetzes explizite Regelungen zu besonderen Anforderungen bei der Anwendung radioaktiver Stoffe oder ionisierender Strahlungen zum Zwecke der medizinischen Forschung in §§ 133 ff. StrSchV aufgenommen hat. Allerdings hat er dargelegt, dass die neuen Vorschriften die Regelungen in der bisherigen

---

1636 Verordnung zum Schutz vor der schädlichen Wirkung ionisierender Strahlung – Strahlenschutzverordnung v. 29. November 2018, BGBl I S. 2034, 2036.

Strahlenschutzverordnung[1637] und Röntgenverordnung[1638] aufgreifen und an die Anforderungen der DS-GVO angepasst wurden.[1639] Vor diesem Hintergrund ist es auch nicht erstaunlich, dass die Generierung eines Zufallsbefundes in der StrSchV keine Berücksichtigung gefunden hat. Im Einzelnen ergibt sich diese Schlussfolgerung aus nachfolgenden Darstellungen.

a) Aufklärung nach §§ 133, 135 StrlSchV

Nach § 133 StrlSchV ist der Einsatz von ionisierender Strahlung und radioaktiven Stoffen am Menschen zum Zweck der medizinischen Forschung nur mit dessen Einwilligung nach Aufklärung und Befragung nach Maßgabe der §§ 134, 135 und § 136 StrlSchV zulässig.[1640] In § 134 Abs. 1 StrlSchV wird dieses Verbot mit Erlaubnisvorbehalt dahingehend konkretisiert, dass die schriftliche Einwilligung des Probanden sich auf die Anwendung der radioaktiven Stoffe oder ionisierenden Strahlung wie auch auf die mit dieser Anwendung verbundenen Untersuchungen zur Kontrolle und zur Erhaltung der Gesundheit beziehen muss. Da bei Einwilligung Kenntnis hinsichtlich der Möglichkeit von Zufallsbefunden durch bildgebende Untersuchungen mit Strahlung bestehen muss, um auch weitergehende Untersuchungen einschätzen zu können, bedarf es einer umfangreichen Aufklärung. Nach § 135 Abs. 1 StrlSchV muss diese mündliche und schriftliche Aufklärung[1641] Informationen über „Art, Bedeutung, Tragweite und Risiken der Anwendung der radioaktiven Stoffe oder ionisierenden Strahlen“ umfassen. Die Formulierung ist vergleichbar mit dem Gesetzestext in § 40 AMG, der ebenso eine Information über „Wesen, Bedeutung, Risiken und Tragweite“ fordert.[1642] Ebenso wie im AMG fehlen auch in der Formulierung der StrlSchV Anhaltspunkte, dass der Gesetzgeber eine Aufklärung über Zufallsbefunde und daraus resultierende Folgen intendiert hat. Denn unter der „Art“ der Anwendung muss eindeutig das bildgebende Verfahren selbst, unter „Bedeutung“ die Relevanz

---

1637 Verordnung über den Schutz vor Schäden durch ionisierende Strahlung v. 20. Juli 2001, BGBl I S. 1714, aufgehoben durch Art. 20 V. v. 29. November 2018, BGBl I S. 2034.

1638 Verordnung über den Schutz vor Schäden durch Röntgenstrahlen v. 1. März 1973, BGBl I S. 173, aufgehoben durch Art. 20 V. v. 29. November 2018, BGBl I S. 2034.

1639 BR-Drs. 423/18, S. 435.

1640 Die Vorschrift greift den bisherigen § 87 Abs. 1 Satz 1 StrlSchV auf; vgl. BR-Drs. 423/18, S. 435.

1641 BR-Drs. 423/18, S. 438.

1642 Vgl. weitere Ausführungen in *Listl-Nörr* in Spickhoff (Hrsg.), Medizinrecht, AMG § 40 Rn. 44.

dieses Einsatzes für die Durchführung der wissenschaftlichen Forschung und unter „Risiken" die aus dem Einsatz resultierenden medizinischen Nebenwirkungen verstanden werden. Auch die Tragweite der Anwendung der strahlenbedingten Verfahren lässt in Anlehnung an das AMG eher eine Aufklärung über den Nutzen durch den Einsatz vermuten[1643] als tatsächlich die Information über unerwartet zu diagnostizierende Folgen. Vielmehr soll die Aufklärung hier dem Schutz bzgl. des Einsatzes der bildgebenden Verfahren und der Entscheidungsbildung vor Einwilligung dienen. Eine Einbeziehung sämtlicher, durch die strahlenbedingten Verfahren entstehenden Ergebnisse, wie es der Gesetzgeber im Rahmen des Gendiagnostikgesetzes gewählt hat, erfolgt hier nicht. § 135 StrlSchV enthält mithin keine einfachgesetzlichen Regelungen zu der Aufklärung über Zufallsbefunde, wie es aus verfassungsrechtlicher Sicht notwendig ist.

b) Mitteilung von Zufallsbefunden

In den Regelungen zur Anforderungen bei der Anwendung ionisierender Strahlungen zum Zweck der medizinischen Forschung sind verschiedene Mitteilungsbefugnisse und -pflichten geregelt. In § 134 Abs. 2 StrlSchV ist die Übermittlung personenbezogener Daten an die zuständige Behörde nach Einwilligung durch den Probanden festgesetzt.[1644] In § 141 StrlSchV sind Mitteilungs- und Berichtspflichten normiert, die sich jedoch nicht auf Ergebnisse mit individueller Relevanz für die Gesundheit eines Probanden und dessen informationeller Selbstbestimmung beziehen. Der Gesetzgeber hat hier ausschließlich Mitteilungspflichten gegenüber Aufsichtsbehörden (§ 141 Abs. 1 StrlSchV) und Genehmigungs- und Anzeigebehörden (§141 Abs. 2, 3 StrlSchV) geregelt, die beispielsweise im Falle der Beendigung des Forschungsvorhabens Anwendung finden. § 141 StrlSchV dient mithin nicht dem Schutz vor Fremd- oder Selbstwahrnehmung von Befunden.

c) Ergebnis

Die Strahlenschutzverordnung enthält keine speziellen Regelungen für die Aufklärung des Probanden über eine mögliche Entdeckung von Zufallsbefunden oder entsprechende Hinweise zum Vorgehen im Falle einer Generierung dieser. Es ist zu vermuten, dass dies Resultat des Schutzzwecks der Strahlenschutzverordnung ist, die nicht der Abwehr von Beeinträchtigungen der

---

1643 Vgl. zur Aufklärung im Rahmen des Arzneimittelgesetzes bereits im 2. Kapitel C II 1. a).

1644 BR-Drs. 423/18, S. 436.

Selbstbestimmung im Rahmen der Entscheidung über die Durchführung strahlenbedingter Untersuchungen dient. Diese Einschätzung bestätigt auch bereits der Titel der Strahlenschutzverordnung: Denn danach wird „der Schutz vor der schädlichen Wirkung ionisierender Strahlen" angestrebt. Mithin soll primär die Gesundheit des Probanden aus Art. 2 Abs. 2 S. 1 GG geschützt werden. Der Gesetzgeber hat auch im Rahmen der neuesten vollständigen Änderung der Strahlenschutzverordnung im Jahr 2018 einen Schutz des Probanden vor einer Informationsabwehr bei Zufallsbefunden nicht in Betracht gezogen.

Zwar entfaltet die Strahlenschutzverordnung im Kontext der Forschung Geltungskraft, doch umfassen die Aufklärungspflichten ausschließlich auf die Verfahren bezogene Risiken und Nutzen, ohne dabei Anhaltspunkte zu geben, dass die Verpflichtung sich auch auf unerwartete Ergebnisse und deren Folgen erstrecken soll. Die Verordnung kann mithin nicht als spezifische Regelungen für den Umgang mit Zufallsbefunden aus Einsatz bildgebender Verfahren im Forschungskontext angesehen werden.

5. *Analoge Anwendung des Patientenrechtegesetzes*

Wie bereits dargestellt,[1645] sind die gesetzlichen Vorgaben des Patientenrechtegesetzes nicht in spezifischen Forschungskontexten anwendbar.[1646] Die Auslegung des Wortsinnes der Überschrift wie auch des Gesetzestextes in § 630a BGB beschränken den Anwendungsbereich des Vertrages auf ein Behandlungsverhältnis zwischen einem Patienten und dem Behandelnden, ohne dass ein expliziter Verweis auf eine Anwendbarkeit der Vorschriften im Forschungskontext erfolgt.

Auch eine analoge Anwendung der Regelungen des Patientenrechtegesetzes für den Forschungskontext ist auszuschließen, denn dafür bedürfte es einer vergleichbaren Interessenlage wie auch einer planwidrigen Regelungslücke. Sowohl Patienten als auch Probanden unterliegen bei den jeweiligen Untersuchungen einem medizinischen Eingriff, sodass beide in ihrer körperlichen Unversehrtheit und Gesundheit geschützt werden müssen. Dabei müssen beide durch ihre Einwilligung den Eingriff legitimieren. Unterschiede in der Schutzbedürftigkeit ergeben sich auch nicht daraus, dass ein Proband zwangsläufig an einer Studie freiwillig teilnimmt und möglicherweise weniger zu schützen ist. Denn zum einen ist die Teilnahme an einer Studie für kranke Probanden häufig die

---

1645 Siehe Ausführungen bereits im 2. Kapitel C I 2. d) cc) aaa).

1646 *Katzenmeier/Hebecker* in Lenk/Duttge/Fangerau (Hrsg.), Handbuch Ethik und Recht der Forschung am Menschen, S. 217 (219; a. A. *Lippert*, MedR 2013, S. 714 (716 ff.).

letzte Chance und zum anderen sind gerade Probanden umfassend zu schützen, da sie ihre Gesundheit gleichsam zur Erforschung einer Fragestellung für die Gesellschaft zur Verfügung stellen.[1647] Dementsprechend bedarf es für Probanden ebenso wie für Patienten der Stärkung ihrer Rechte sowie einer Transparenz bzgl. der eigenen Rechte und Pflichten des Forschers.

Jedoch liegt eindeutig keine planwidrige Regelungslücke vor, sondern vielmehr ein bewusster Ausschluss des Forschungskontextes aus dem Patientenrechtegesetz. Der Gesetzgeber hat das Gesetz zur Stärkung der Rechte der Patienten und zur Regelung des Arzt-Patienten-Verhältnisses geschaffen.[1648] In der Gesetzesbegründung wird jedoch nicht zusätzlich die Stärkung der Probandenrechte aufgenommen. Da das Patientenrechtegesetz im Jahre 2013 und damit nach dem Gendiagnostikgesetz errichtet wurde, hätte der Gesetzgeber die Möglichkeit gehabt, die bestehende Kritik an fehlenden Regelungen für die Forschung durch eine Ausweitung der Rechte aus dem Patientenrechtegesetz auf Probanden aufzunehmen. Indem er dies jedoch nicht getan, sondern ausschließlich eine Transparenz und einen Schutz für Patienten intendiert hat, mangelt es an einer Planwidrigkeit der Regelungslücke. Die Vorschriften des Patientenrechtegesetzes können dementsprechend nicht zum Schutz von Probanden bei studienbedingten Maßnahmen analog herangezogen werden.

6. *Gendiagnostikgesetz*

In Ermangelung umfangreicher spezifischer Forschungsgesetze ist für den Umgang mit genetischen Zufallsbefunden im Forschungskontext eine direkte Anwendbarkeit oder ein Analogieschluss zum Gendiagnostikgesetz in Betracht zu ziehen. Das Gendiagnostikgesetz bietet zum Schutz des informationellen Selbstbestimmungsrechtes des Patienten für das Behandlungsverhältnis Regelungen zur Aufklärung, genetischen Beratung und Mitteilung von Zufallsbefunden, die mittels genetischer Analysen gewonnen wurden.

a) *Zufallsbefunde als Ergebnis genetischer Untersuchungen*

aa) „Direkte Anwendung" des Gendiagnostikgesetzes

Der Gesetzgeber hat in § 2 Abs. 1 GenDG den Anwendungsbereich des Gesetzes „für genetische Untersuchungen und im Rahmen genetischer Untersuchungen

---

1647 Ähnlich *Kratz*, VersR 2014, S. 788 (791).

1648 BT-Drs. 17/10488, S. 1; *Hart*, MedR 2013, S. 159 (159); *Thole*, MedR 2013, S. 145 (145).

durchgeführte genetische Analysen bei geborenen Menschen [...] zu medizinischen Zwecken, zur Klärung der Abstammung sowie im Versicherungsbereich und Arbeitsleben" definiert. Mithin hat er eine zweckspezifische Bestimmung des Anwendungsbereichs vorgenommen und durch die Formulierung „medizinische Zwecke" dabei den Fokus auf Untersuchungen zu genetischen Merkmalen gelegt. Eine darüber hinausgehende bereichsspezifische Bestimmung des Anwendungsbereiches erfolgt in Abs. 1 nicht. Insbesondere hat der Gesetzgeber durch die Formulierung keine Einschränkung der genetischen Untersuchungen ausschließlich für die Bereiche des Versicherungswesens und des Arbeitslebens vorgenommen.[1649]

Eine Einschränkung erfährt die bereichsspezifische Bestimmung jedoch durch § 2 Abs. 2 GenDG. Der Gesetzgeber hat eine Bereichsausnahme formuliert, nach der die spezialgesetzlichen Vorschriften des Gendiagnostikgesetzes nicht für „genetische Untersuchungen und Analysen [...] zu Forschungszwecken [...]" anwendbar sind. Dies wird in der Gesetzesbegründung durch das Ziel der wissenschaftlichen Erforschung genetischer Ursachenfaktoren gerechtfertigt, die gerade keine individualbezogene konkrete Maßnahme gegenüber Probanden darstelle.[1650] Tatsächlich unterschlägt diese Begründung jedoch Differenzierungsschwierigkeiten zwischen Untersuchungen zu „medizinischen Zwecken" und zu „Forschungszwecken", da sich häufig aus der forschungsbezogenen Maßnahme gesundheitsrelevante Ergebnisse für den Probanden ergeben können, die dann im Rahmen eines therapeutischen Verhältnisses weiter untersucht werden könnten.[1651]

Aufgrund einer fehlenden Legaldefinition des Begriffes „Forschungszwecke" in § 3 GenDG wird vereinzelt diskutiert, ob der Gesetzgeber möglicherweise keinen Komplettausschluss des Forschungskontextes vorgenommen habe, sondern die Bereichsausnahme auf die Grundlagenforschung zu begrenzen sei.[1652] Dies begründe sich in der Notwendigkeit strenger Regelungen und dem Ziel des Gendiagnostikgesetzes, für Patienten eines Heilversuches Schutz zu gewähren.[1653] Diese Argumentation missachtet jedoch, dass nicht nur ein Heilversuch, sondern eine Vielzahl verschiedener Studien und klinischen Prüfungen therapeutischen

1649 *Stockter* in Prütting (Hrsg.), MedR-Komm, GenDG § 2 Rn. 28.

1650 BT-Drs. 16/10532, S. 20.

1651 *Sosnitza/Op den Camp*, MedR 2011, S. 401 (401); ähnlich *Schillhorn/Heidemann*, Gendiagnostikgesetz, § 2 Rn. 18.

1652 *Kern* in Kern (Hrsg.), GenDG Kommentar, § 2 Rn. 14; a. A. *Sosnitza/Op den Camp*, MedR 2011, S. 401 (402).

1653 *Kern* in Kern (Hrsg.), GenDG Kommentar, § 2 Rn. 14.

Nutzen haben[1654] und es dementsprechend eines verstärkten Schutzes der Probanden bedarf. Zudem lassen Systematik des Gesetzes, Gesetzestext und historische Entwicklung keine zwischen den Forschungskontexten differenzierende Intention des Gesetzgebers annehmen: Der Gesetzestext ist an anderen Stellen, insbesondere bei der Zweckbestimmung nach Abs. 1 sehr konkret gefasst, sodass der Gesetzgeber wortwörtlich zwischen „Forschung" und „Grundlagenforschung" hätte differenzieren können. Mittelbar geschieht dies beispielsweise durch die Öffnungsklausel in § 13 Abs. 2 GenDG („andere Zwecke")[1655] und die Hinweispflicht nach § 9 Abs. 2 Nr. 3 GenDG auf sonstige Verwendungsmöglichkeiten.[1656] Auch in der Gesetzesbegründung wird die Forschung als „allgemeine Erforschung von Ursachenfaktoren menschlicher Eigenschaften" definiert, die nicht auf konkrete Maßnahmen gegenüber einzelnen Personen zielen.[1657] Allein die Verwendung des Begriffes „allgemeine Erforschung" bedingt jedoch noch keinen unterschiedlichen Anwendungsbereich für therapeutische Versuche und Grundlagenforschung. Da es sich bei dem Gendiagnostikgesetz darüber hinaus um ein Strafgesetz handelt, das dem Bestimmtheitsgebot nach § 103 Abs. 2 GG unterliegt, ist dementsprechend ein weiter Forschungsbegriff im Rahmen der Bereichsausnahme anzunehmen.[1658]

Sofern Kritiker den Wortgehalt des Gesetzestextes, nach dem „dieses Gesetz [...] nicht [...] für genetische Untersuchungen [...] zu 1. Forschungszwecken" gilt, als nicht eindeutig erachten,[1659] belegt die historische Entwicklung des Gesetzes eine eindeutige Intention des Gesetzgebers zur Begrenzung des Anwendungsbereiches hinsichtlich der Forschung. So wurden in dem Entwurf

---

1654 *Lipp* in Laufs/Katzenmeier/Lipp (Hrsg.), Arztrecht, Kap. XIII Rn. 18 ff.; *Sosnitza/Op den Camp*, MedR 2011, S. 401 (402).

1655 BR-Drs. 633/08, S. 59; BT-Drs. 16/10532, S. 30; *Duttge*, Wortprotokoll zur öffentlichen Anhörung des Gesundheitsausschusses des Deutschen Bundestages v. 21.01.2009, Protokoll Nr. 16/105, S. 10; *Kern* in Kern (Hrsg.), GenDG Kommentar, § 13 Rn. 4; *Stockter* in Prütting (Hrsg.), MedR-Komm, GenDG § 13 Rn. 10.

1656 *Kern* in Kern (Hrsg.), GenDG Kommentar, § 9 Rn. 14; BT-Drs. 16/10532, S. 27; *Stockter* in Prütting (Hrsg.), MedR-Komm, GenDG § 9 Rn. 21; s. a. *Duttge*, Wortprotokoll zur öffentlichen Anhörung des Gesundheitsausschusses des Deutschen Bundestages v. 21.01.2009, Protokoll Nr. 16/105, S. 10.

1657 BT-Drs. 16/10532, S. 20.

1658 *Sosnitza/Op den Camp*, MedR 2011, S. 401 (404).

1659 Vgl. z. B. *Sosnitza/Op den Camp*, MedR 2011, S. 401 (401), die den Forschungsbegriff insbesondere hinsichtlich der Anwendbarkeit der Normen im Rahmen der klinischen Prüfung einer historischen, grammatikalischen und systematischen Auslegung unterziehen.

zum jetzigen Gendiagnostikgesetz im Jahre 2006 im 7. Abschnitt (§§ 26 – 33 Entwurf GenDG)[1660] eigenständige Regelungen zu genetischen Untersuchungen zu Zwecken wissenschaftlicher Forschung und Lehre vorgeschlagen, die der Gesetzgeber in der aktuellen Version des Gendiagnostikgesetzes ausdrücklich nicht übernommen hat. Im Rahmen dieses Gesetzesentwurfs wurde in § 28a Entwurf-GenDG festgesetzt, dass die Übermittlung von Daten aus dem Forschungsprojekt an Dritte nur mit Einwilligung des Betroffenen erfolgen dürfe. Mithin sollte sich der Schutz des Entwurfes auch auf das informationelle Selbstbestimmungsrecht des Probanden im Forschungskontext erstrecken.[1661] Diese Regelungen wurden jedoch in den aktuellen Gesetzestext nicht übernommen. Der Gesetzgeber hat lediglich erklärt, dass ausreichende spezialgesetzliche Regelungen für die Forschung bestünden.[1662] Dies verdeutlicht seine Intention, den Kontext der Forschung nicht in den Geltungsbereich des Gendiagnostikgesetztes einzubeziehen. Es muss daher von „einer bewussten Aussparung“[1663] des Forschungsbereiches ausgegangen werden.

Aufgrund des restriktiven Anwendungsbereiches[1664] entfaltet das Gendiagnostikgesetz daher auch keine Geltung für diagnostische Zufallsbefunde, die im Rahmen einer zu Forschungszwecken durchgeführten Untersuchung gewonnen wurden.[1665] So betont *Duttge*, dass die durchgeführte Analyse im Rahmen einer Studie zu Forschungszwecken erfolge und die therapeutische Relevanz eines Zufallsbefundes nur die Folge dessen sei, sodass eine Anwendung des Gendiagnostikgesetzes explizit nicht erfolgen könne.[1666] Diese Ansicht berücksichtigt die unterschiedlichen anvisierten Ziele von Diagnostik und Forschung und nimmt daher eine konsequente Trennung bei der Anwendung der Spezialgesetze vor.

1660 BT-Drs. 16/3233.

1661 BT-Drs. 16/3233, S. 51.

1662 BT-Drs. 16/10532, S. 1; Bestätigung dieser Aussage durch die Bundesregierung in BT-Drs. 16/10582, S. 1.

1663 Vgl. *Duttge*, Wortprotokoll zur öffentlichen Anhörung des Gesundheitsausschusses v. 21.01.2009, Protokoll Nr. 16/105, S. 9.

1664 BT-Drs. 16/10532, S. 20; *Stockter* in Prütting (Hrsg.), MedR-Komm, GenDG § 2 Rn. 2, 17.

1665 *Schillhorn/Heidemann*, Gendiagnostikgesetz, § 2 Rn. 20; ähnlich *Fündling*, Recht auf Wissen vs. Recht auf Nichtwissen, S. 405.

1666 *Duttge* zitiert in *Dochow* in Duttge/Engel/Zoll (Hrsg.), Das Gendiagnostikgesetz im Spannungsfeld zwischen Humangenetik und Recht, S. 113 (122).

bb) Übergreifender Rechtsgedanke des Gendiagnostikgesetzes

Es könnte jedoch in den Regelungen des Gendiagnostikgesetzes ein übergreifender Rechtsgedanke gesehen werden, der im Lichte der verfassungsrechtlichen Verbürgung des Rechts auf Nichtwissen als Muster für andere – nicht eigens geregelte – Anwendungsbereiche fruchtbar zu machen wäre. Es würde sich dabei um eine verfassungsrechtlich nahegelegte Rechtsfortbildung handeln. Eine analoge Anwendung des Gendiagnostikgesetzes ist hingegen methodisch unbegründbar, da eine planwidrige Regelungslücke aufgrund des wörtlichen Ausschlusses des Forschungskontextes in § 2 Abs. 2 GenDG nicht angenommen werden kann.

Eine Rechtsfortbildung ist die Weiterentwicklung der Gesetzgebung aufgrund einer Anpassung an veränderte Verhältnisse oder einem sich ändernden Rechtsverständnis. Maßgebend für eine Rechtsfortbildung ist der im Gesetz zu erkennende Leitgedanke in seiner unveränderten oder wandelbaren Form.[1667] Der Rechtsgedanke des Gendiagnostikgesetzes ist in der Zwecksetzung des § 1 GenDG abgebildet: Danach sollen die Patienten in ihrem informationellen Selbstbestimmungsrecht (§§ 7 ff. GenDG) und vor Diskriminierung aufgrund einer genetischen Disposition (§ 4 GenDG) geschützt werden. Eine Notwendigkeit dieses Schutzes für Patienten entsteht dadurch, dass mittels genetischer Untersuchungen und Analysen persönlichkeitsrelevante Daten gewonnen werden könnten, teilweise sogar ohne dass der Patient dies erkennt.[1668] Daher soll ihm die Entscheidung ermöglicht werden, ob Dritte Kenntnis von diesen Daten erlangen dürfen und ob er sie selbst wissen möchte. Der Ursprung dieses Schutzerfordernisses besteht mithin in der Persönlichkeitsrelevanz der Daten und dem Selbstbestimmungsrecht des Patienten.

Im Forschungskontext können vergleichbare Befunde mit individuellem Krankheitswert gewonnen werden aufgrund derer dem Probanden eine selbstbestimmte Entscheidung bzgl. der Wahrnehmung der Ergebnisse durch ihn selbst und Dritte zugestanden werden müsste. Das Verständnis über die Rolle des Probanden hat sich in den letzten Jahrzehnten von einer „Verobjektivierung“ zu einer selbstbestimmten Teilnahme an Studien entwickelt. Infolgedessen muss der Proband bei Vornahme einer studienbedingten genetischen Analyse auch die Möglichkeit haben, eine genetische Beratung wie nach § 10 GenDG zu erhalten und über die eigene Wahrnehmung genetischer Ergebnisse und die Weitergabe genetischer Daten entscheiden zu können. Anders als in den Ursprüngen der genetischen Forschung handelt es sich heutzutage bei studienbedingten

---

1667 *Creifelds*, Rechtswörterbuch, Stichwort „Rechtsfortbildung“.

1668 So BT-Drs. 16/10532, S. 17.

genetischen Untersuchungen auch nicht mehr um die allgemeine Erforschung menschlicher Eigenschaften,[1669] sondern vielmehr um eine auf den individuellen Probanden bezogene konkretisierte Maßnahme, bei der individuelle genetische Ergebnisse festgestellt werden können. Zudem werden auch im Kontext der Forschung personenbezogene Daten gespeichert und im Rahmen von Registern und anderen Forschungsprojekten weiterverwendet. Sofern keine Anonymisierung, sondern ausschließlich eine Pseudonymisierung der Daten erfolgt, ist eine Rückführbarkeit der genetischen Eigenschaften auf den Träger durch den Forscher möglich, sodass ein vergleichbarer Schutzbedarf des Probanden vor Eingriffen in seine verfassungsrechtlichen Güter besteht.[1670] Da das Selbstbestimmungsrecht des Einzelnen in der Forschung ebenso wie in der Diagnostik Geltung beansprucht, kann dieses nicht begrenzt werden, indem der Proband nicht selbst über Verwendung, Verarbeitung und Kenntnisnahme von relevanten Daten entscheiden darf. Die verfassungsrechtliche Rechtsfortbildung ermöglicht die Anpassung der rechtlichen Situation auf die dargestellte ethische und naturwissenschaftliche Entwicklung und vermeidet dadurch rechtliche Lücken. Die Berücksichtigung des Rechtsgedankens des Gendiagnostikgesetzes auch in der Forschung entspricht zudem den Stimmen der Literatur, die eine entsprechende Geltungskraft des Regelungsinhalts der § 7 ff. GenDG de lege lata im Forschungskontext befürworten.[1671]

cc) Zwischenergebnis

Im Ergebnis muss somit bei einer genetischen Untersuchung eine Übertragung der Rechtsgrundsätze des Gendiagnostikgesetzes auch auf den Kontext der Forschung stattfinden, damit der Proband nicht gegen den Willen des Gesetzgebers schutzlos bleibt. Im Zusammenhang mit genetischen Zufallsbefunden bedeutet dies, dass bei Generierung eines unerwarteten Befundes entsprechend den Regelungen des Gendiagnostikgesetzes gehandelt werden muss. Dieses Resultat erfährt in der Literatur überwiegende Zustimmung.[1672] Trotz des Zweckes des Probandenschutzes ist dieses Resultat jedoch überaus unbefriedigend, da eine

1669 So ähnlich noch BT-Drs. 16/10582, S. 1.

1670 Ähnlich *Riedel*, Stellungnahme zum Entwurf eines Gesetzes über genetische Untersuchung beim Menschen – BT-Drs. 16/10532, S. 1.

1671 *Kern* in Kern (Hrsg.), GenDG Kommentar, § 2 Rn. 15; *Stockter* in Prütting (Hrsg.), MedR-Komm, GenDG § 2 Rn. 32; *Schillhorn/Heidemann*, Gendiagnostikgesetz, § 2 GenDG Rn. 20; a. A. *Sosnitza/Op den Camp*, MedR 2011, S. 401 (403 f.).

1672 *Kern* in Kern (Hrsg.), GenDG, § 2 Rn. 15; *Schillhorn/Heidemann*, Gendiagnostikgesetz, § 2 Rn. 20; allg. zu genetischen Eigenschaften des Probanden s. a. *Stockter* in

Rechtsfortbildung zu keiner Rechtssicherheit führt. So ist in praktischer Hinsicht fraglich, ob ein Forscher Kenntnis darüber hat, dass er sich bei Durchführung einer wissenschaftlichen genetischen Analyse an den Grundsätzen des Gendiagnostikgesetzes orientieren musste. Insbesondere vor dem Hintergrund des organisatorischen und finanziellen Aufwandes kann erwartet werden, dass eine Anwendbarkeit des Gendiagnostikgesetzes durch die Ärzteschaft abgelehnt wird, denn gerade Vorgaben wie eine genetische Beratung sind für kleinere Studien mit genetischen Untersuchungen forschungserschwerende Regelungen. Zudem besteht auch bei Rückgriff auf das Gendiagnostikgesetz eine Unsicherheit, wie bei genetischen Untersuchungen im Rahmen von Forschung an Biobanken vorgegangen werden soll, denn explizite Vorgaben zu noch nicht bestimmbaren genetischen Untersuchungen fehlen auch in diesem Gesetz.

Darüber hinaus ist auch zu berücksichtigen, dass die Annahme eines Rechtsgedankens bzw. einer verfassungsrechtlichen Rechtsfortbildung dem Willen des Gesetzgebers entgegensteht. Denn er hat den Anwendungsbereich des Gendiagnostikgesetzes unzweifelhaft auf diagnostische Untersuchungen begrenzt. Die Annahme einer Rechtsfortbildung unterstellt dem Gesetzgeber gleichsam, dass dieser die Notwendigkeit eines Forschungsrahmengesetzes unterschätzt und Regelungslücken zu verantworten hat. Allerdings ist eine Fortbildung bestehenden Rechts aufgrund des Wandels ethischer Auffassungen auch unter Abwendung vom Wortlaut des Gesetzestextes möglich. Die Grenze der Auslegung ist dort zu ziehen, wo eine Rechtsfortbildung Sinn und Zweck des Gesetzes und die Grundrechte der in das Gesetz einbezogenen schutzbedürftigen Personengruppen missachten würde. Gerade in sich wandelnden rechtsethischen Bereichen wäre ein Festhalten am Rechtspositivismus ohne Möglichkeit einer eigenen Wertung nicht progressiv. Die seit Inkrafttreten des Gendiagnostikgesetzes verstrichene Zeit ohne Einbringung oder Vorschlag eines Forschungsrahmengesetzes unterstützt den Eindruck eines mangelnden Interesses des Gesetzgebers zur Schaffung weiterer Regelungen. Eine Rechtsfortbildung ist daher dringend notwendig.

b) Zufallsbefunde in der bildgebenden Forschung

Da bereits im Kontext der Diagnostik keine Analogie zu den Normen des Gendiagnostikgesetzes für mittels Bildgebung gewonnener Zufallsbefunde hergestellt werden konnte,[1673] kann dies auch für den Kontext der Forschung nicht

Prütting (Hrsg.), MedR-Komm, GenDG § 2 Rn. 32; ähnlich auch *Rudnik-Schöneborn/Langanke/Erdmann/Robienski*, Ethik Med 2014, S. 105 (113).

1673 Bereits ausführlich hierzu im 2. Kapitel B II 2. b) bb).

erfolgen. Auch für eine Übertragung eines Rechtsgedankens finden sich keine Anhaltspunkte. Der Gesetzgeber hat den Anwendungsbereich an die genetische Untersuchung zu medizinischen Zwecken angeknüpft, sodass Ergebnisse bildgebender Untersuchungen ausgeschlossen sind.

c) Zwischenergebnis

Bei Generierung eines genetischen Zufallsbefundes mittels genetischer Untersuchungen im Kontext der Forschung bedarf es eines vergleichbaren Schutzes für den Probanden wie für den Patienten im Kontext der Diagnostik. In Ermangelung spezialgesetzlicher Gesetze ist der Rechtsgedanke des Gendiagnostikgesetzes heranzuziehen, obwohl der Gesetzgeber in § 2 Abs. 2 GenDG eine Bereichsausnahme formuliert hat. Da dieses Ergebnis jedoch in praktischer Hinsicht nicht zu einer Rechtssicherheit führt, bedarf es dringend einer neuen gesetzlichen Regelung durch den Gesetzgeber speziell für den Kontext der Forschung.

7. Entwurf eines Biobankengesetzes

Die vorangegangenen Ausführungen belegen, dass es kein spezielles Forschungsgesetz gibt und das Gendiagnostikgesetz nur für genetische Befunde aus dem Forschungskontext analog angewendet werden kann. Für dezidierte Forschungsvorhaben an Biomaterial aus Biobanken fehlen jedoch spezielle Regelungen. Insbesondere da die Diagnose eines Zufallsbefundes mit Krankheitswert oder -disposition im Rahmen genetischer Studien mit Biomaterial in rechtlicher Hinsicht Schwierigkeiten aufwirft, ist ein Biobankengesetz erforderlich.

Diskussionen um die Notwendigkeit eines Biobankengesetzes bestehen nicht erst seit dem Ausschluss der Forschung aus dem Gendiagnostikgesetz und der Begründung des Gesetzgebers, dass für die Forschung eine ausreichende gesetzliche Regelung bestünde.[1674] Vielmehr hat bereits der Nationale Ethikrat im Jahr 2004 festgestellt, dass eine gesetzliche Bestimmung hinsichtlich der Zweckbestimmung genetischer Proben, der Frage der Weitergabe und der Verknüpfung zwischen Proben und Daten sowie dem Schutz von Dritten notwendig sei.[1675] In diesem Zusammenhang wurde auch zu der individuellen Rückmeldung bei zufälligen Befunden Stellung genommen und diese aus organisatorischen Gründen als nicht praktikabel dargestellt. Vielmehr solle es das Ziel sein, dass der Proband auf eine Rückmeldung verzichte und der Forscher diesen Verzicht als

---

1674 BT-Drs. 10532, S. 1.

1675 *Nationaler Ethikrat*, Biobanken für die Forschung, S. 28 f.

Einschlusskriterium festsetzen dürfe. Gleichwohl problematisiert der Nationale Ethikrat auch, dass eine Mitteilung der Befunde bei lebenswichtigen Informationen zwingend sei.[1676]

In der Folge haben eine Vielzahl von Abgeordneten und die Fraktion der SPD[1677] wie auch die Fraktion der Grünen[1678] unterschiedliche Anträge zu einer Regulierung der Biobanken gestellt, insbesondere aufgrund der Notwendigkeit eines Forschungsgeheimnisses. Die damals regierende Koalition der CDU und FDP hat einen Regelungsbedarf jedoch abgelehnt.[1679] Zentrale Forderungen bei der Antragsstellung der Fraktion der SPD waren die Definition und Abgrenzung von Biobanken, datenschutzrechtliche Vorgaben sowie die Einbindung von Ethikkommissionen und Verfahrensregelungen für die Nutzung von Proben.[1680] Dabei wurde speziell die Forderung eines Ausgleichs zwischen dem Nutzen des wissenschaftlichen Potentials und der rechtlichen Bestimmungen betont.[1681] Auch im Rahmen wissenschaftlicher Diskussionen wird zumeist ein Design gefordert, das Klarheit bzgl. der Notwendigkeit einer Pseudonymisierung oder Anonymisierung der Daten[1682] herstellt und ein Biobankengeheimnis[1683] wahrt. Der Schutz der informationellen Selbstbestimmung insbesondere in seiner Ausprägung des Rechts auf Nichtwissen und die damit verbundene Unsicherheit der Selbstbestimmungsfähigkeit bei noch nicht bestimmbaren genetischen Befunden ist ebenso wenig zentraler Aspekt der rechtlichen Diskussionen wie eine potentielle Rückmeldung der individuellen Befunde an den Probanden. Aus diesem Grund ist zwar festzustellen, dass das Bewusstsein in der Gesellschaft hinsichtlich eines Forschungsgesetzes geweckt wurde[1684], jedoch noch kein rechtlicher Entwurf zu einem Biobankengesetz besteht, der als derzeitige Regelungshilfe bei Generierung eines Zufallsbefundes herangezogen werden könnte.

1676 *Nationaler Ethikrat*, Biobanken für die Forschung, S. 68.

1677 BT-Drs. 17/3868, S. 4.

1678 BT-Drs. 17/3790, S. 1 ff.

1679 BT-Drs. 17/8873, S. 2, 5.

1680 BT-Drs. 17/3868, S. 3 f.

1681 BT-Drs. 17/3868, S. 3.

1682 *Nationaler Ethikrat*, Biobanken für die Forschung, S. 70.

1683 *Nationaler Ethikrat*, Biobanken für die Forschung, S. 76; *Deutscher Ethikrat*, Humanbiobanken für die Forschung, S. 30 ff.; *Taupitz* zitiert in *Deutscher Ethikrat*, Reglungsbedarf für Forschung mit Biobanken?, S. 66.

1684 Siehe beispielsweise *von der Weiden*, Der Tagesspiegel vom 23.März 2003, abrufbar unter http://www.tagesspiegel.de/wissen/krebsforschung-biobanken-boomen/7973104.html, zuletzt abgerufen am 03. Oktober 2019.

8. Ergebnis

Auf einfachgesetzlicher Ebene existieren für den Forschungskontext keine umfassenden Regelungen zur Aufklärung, Mitteilung und genetischen Beratung von Zufallsbefunden. Dies resultiert aus dem Mangel eines Forschungsrahmengesetzes, dem Ausschluss der Forschung aus dem Gendiagnostikgesetz und der fehlenden Erstreckung der spezialgesetzlichen Regelungen des Arzneimittel- und Medizinproduktegesetzes auf das Vorgehen bei Diagnose eines Zufallsbefundes. Im Vergleich mit dem Kontext der Diagnostik ist ein Proband bei Generierung eines Zufallsbefundes mithin eindeutig schutzloser als ein Patient im Behandlungsverhältnis. Dementsprechend offenbaren die Ausführungen einen Regelungsbedarf in Bezug auf ein Forschungsgesetz, aber explizit auch bzgl. einheitlicher Regelungen zur Aufklärung und Mitteilung von Zufallsbefunden. Es kann nicht Intention des Gesetzgebers sein, dass ein aufgefundener Befund wie eine Disposition für Chorea Huntington im Rahmen einer Untersuchung aus dem Behandlungsvertrag mitgeteilt werden muss, bei Erkenntnis dieses Ergebnisses in einer pharmakogenetischen Substudie zu Arzneimittelstudien oder einer Biobankstudie jedoch kein rechtlich bestimmter Mitteilungsmodus besteht. Da bestehende Datenschutzgesetze insbesondere in Bezug auf die Verwendung von Proben keinen ausreichenden Schutz gewähren, sind zum jetzigen Zeitpunkt sämtliche Regelungen des Vorgehens bei Zufallsbefunden durch den Probandenvertrag festgesetzt. Auch diese Delegierung von Verantwortung an die Vertragspartner führt nicht zu einer Gleichbehandlung der Probanden und kann mithin nicht intendiert sein. Es besteht dementsprechend im Kontext der Forschung auf bundesgesetzlicher Ebene dringender und zwingender Regelungsbedarf.

III. Ergebnis

Die vorangegangene rechtsethische Analyse von Zufallsbefunden in der Forschung hat offenbart, dass auch das für die Forschung garantierte Recht auf Nichtwissen einfachgesetzlich derzeit noch wenig berücksichtigt ist. Dies ist vermutlich Folge dessen, dass das Recht auf Nichtwissen als Ausprägung der informationellen Selbstbestimmung im Vergleich zu anderen Grundrechten noch ein „neues Recht" ist,[1685] dessen Konsequenz für Gesetze wie das AMG, MPG und die Datenschutzgesetze noch nicht erfasst werden konnte.

1685 Vgl. zur Akzeptanz des Rechts auf Nichtwissen Ausführungen im 1. Kapitel B II 1. b); vgl. auch zur erstmaligen Normierung des Rechts auf Nichtwissen im GenDG: BT-Drs. 16/10532, S. 16, 19; *Duttge* in Duttge/Engel/Zoll (Hrsg.), Das

Die rechtsethische Analyse hat für den Kontext der Forschung ebenso verdeutlicht, dass der Gesetzgeber noch kein Gesetz geschaffen hat, durch das der Forscher zur Fürsorge gegenüber der Gesundheit des Probanden verpflichtet wird. Gesetze wie das AMG und MPG verpflichten ausschließlich zum Schutz der Gesundheit im Rahmen der wissenschaftlichen Sorgfalt, nicht jedoch zu einem darüber hinausgehenden aktiven fürsorglichen Handeln. Letztere wird dem Forscher im Einzelfall vertraglich auferlegt. Als Konsequenz dessen entsteht im Kontext der Forschung in rechtlicher Hinsicht nur im Einzelfall ein Spannungsfeld zwischen Selbstbestimmungsrecht und Fürsorgeverpflichtung. Problematisch ist jedoch, dass zur Ausübung einer vollumfassenden Selbstbestimmung die Probanden auch über Zufallsbefunde aufgeklärt und ihnen die Folgen verdeutlicht werden müssen, wofür ausreichende einfachgesetzliche Regelungen notwendig sind. Demzufolge werden Patienten und Probanden durch die existierenden Gesetze derzeit nicht vergleichbar geschützt.

Des Weiteren mag zwar in rechtlicher Hinsicht aufgrund der vorgegebenen Trennung zwischen Forschungs- und Behandlungsverhältnis nur im Einzelfall ein Spannungsfeld bestehen. In praktischer Hinsicht existiert ein Konflikt zwischen Entscheidung des Probanden und des forschenden Arztes jedoch oftmals trotz anderer rechtlicher Vorgaben, da die rechtliche Trennung in der Praxis nicht umgesetzt werden kann. Da der therapierende Arzt vielmals auch der verantwortliche Forscher ist, ist eine Trennung der unterschiedlichen Konsequenzen aus diagnostischen und wissenschaftlichen Untersuchungen praktisch schwer durchführbar und dem Probanden nicht vermittelbar. Diese Problematik hat *Lippert* umgangen, indem er die Regelungen des Patientenrechtegesetzes im therapeutischen Versuch anwendet.[1686] Dementsprechend sollen Forscher bei wissenschaftlichen Untersuchungen an kranken Patientenprobanden entsprechend der Vorgaben aus dem Patientenrechtegesetz vorgehen. Diese Lösung mag ethisch und emotional vorzuziehen sein, rechtlich führt sie jedoch zu einer Verwischung von Diagnostik und Forschung. Dieses Dilemma muss durch aktives Einschreiten des Gesetzgebers gelöst werden, indem für Forscher und Probanden eigene gesetzliche Regelungen zum Schutz eingeführt werden. Es besteht folglich erheblicher rechtlicher Regelungsbedarf im Kontext der Forschung.

Gendiagnostikgesetz im Spannungsfeld von Humangenetik und Recht, S. 1 (2); *Fenger* in Spickhoff (Hrsg.), Medizinrecht, GenDG § 1 Rn. 3; *Hahn* in Kern (Hrsg.) GenDG Kommentar, § 1 Rn. 13 ff.; *Schillhorn/Heidemann*, Gendiagnostikgesetz, § 1 Rn. 4.

1686 *Lippert*, MedR 2013, S. 714 (716).

D. Rechtlicher Regelungsbedarf

Da zum jetzigen Zeitpunkt das Interessendilemma zwischen Patient bzw. Proband, Arzt bzw. Forscher und potentiell betroffenen Verwandten oder Dritten auf einfachgesetzlicher Ebene nicht hinreichend gelöst ist, bedarf es einer rechtlichen Regelung. Der Gesetzgeber hat die Dringlichkeit einer gesetzlichen Normierung bisher verkannt und infolgedessen seine Gesetzgebungskompetenz nicht befriedigend ausgeübt. Diese ergibt sich für die unterschiedlichen Regelungsmaterien aus verschiedenen Zuständigkeiten: So verleiht das deutsche Verfassungsrecht dem Bund auf dem Gebiet des Medizinrechts für Materien des bürgerlichen Rechts wie dem Patientenrechtegesetz nach Art. 74 Abs. 1 Nr. 1 GG[1687] eine konkurrierende Gesetzgebungskompetenz. Auch für die Manifestierung von Probandenrechten in zivilrechtlicher Hinsicht besteht dementsprechend eine Gesetzgebungskompetenz. Für ein einheitliches Biobankengesetz ergibt sich eine Zuständigkeit teilweise im Rahmen der konkurrierenden Gesetzgebungskompetenz für Untersuchungen von Erbinformationen nach Art. 74. Abs. 1 Nr. 26 GG.[1688] Die darüber hinausgehenden notwendigen datenschutzrechtlichen Regelungen im Biobankengesetz unterliegen kraft Sachzusammenhang (Annexkompetenz) der Kompetenz des Bundes,[1689] da eine Errichtung eines Biobankengesetzes ohne datenschutzrechtliche Vorgaben nicht möglich ist.

Zweifellos wird es im Falle einer gesetzlichen Neuregelung zum Vorgehen bei Generierung eines Zufallsbefundes teilweise Befürworter und zum Teil Kritiker geben. Letztere werden wie bereits im Zusammenhang mit dem Patientenrechtegesetz[1690] vortragen, dass in den derzeitig fehlenden Regelungen zum Vorgehen bei Generierung eines Zufallsbefundes eine Chance zu sehen sei. Allerdings überwiegen bei objektiver Betrachtung die Vorteile einer gesetzlichen Regelung, da beispielsweise Rechtssicherheit geschaffen und ein fachlicher Standard etabliert werden kann.

Aufgrund der unterschiedlichen Positionen werden in der Folge Vor- und Nachteile neuer gesetzlicher Regelungen zur Aufklärung und Mitteilung von

---

1687 Vgl. auch BT-Drs. 17/10488, S. 12.

1688 BT-Drs. 17/3790, S. 3; *Taupitz* in Deutscher Ethikrat, Regelungsbedarf für Forschung mit Biobanken, S. 70.

1689 BT-Drs. 17/3790, S. 4.

1690 *Katzenmeier*, MedR 2011, S. 201 (204 ff.); *Katzenmeier*, Bundesgesundheitsblatt 2012, S. 1093 (1097).

Zufallsbefunden dargestellt, bevor der Inhalt und die mögliche Integration einer Neureglung in das bestehende Rechtssystem vorgeschlagen werden. Nach einem knappen Ausblick zu der Lösung dieses Spannungsfeldes in den deutschsprachigen Nachbarländern Österreich und der Schweiz, wird im Anschluss ein neuer Gesetzesvorschlag präsentiert.

I. Vor- und Nachteile rechtlicher Neuregelungen

Eine neue gesetzliche Regelung zum Vorgehen bei Diagnose eines Zufallsbefundes sowohl in der Diagnostik als auch der Forschung führt zu einer erhöhten Rechtssicherheit für alle Beteiligten. Nach derzeitigem Stand besteht eine (unzureichende) einfachgesetzliche Regelung nur für genetische Analysen zu medizinischen Zwecken, bei denen die Letztendscheidungsbefugnis bzgl. der Konfrontation mit einem zufälligen Befund dem Untersuchten zusteht.[1691] Im Rahmen diagnostischer und wissenschaftlicher Untersuchungen existieren ethische Vorschläge[1692] und verfassungsrechtliche Grundlagen,[1693] ohne dass jedoch exakte Rechtssätze zu Rate gezogen werden können. Diese Ungleichbehandlung grundsätzlich gleichwertiger Befunde[1694] aufgrund unterschiedlicher Analyseverfahren oder unterschiedlicher medizinischer Kontexte bedingt eine schwerwiegende Rechtsunsicherheit: Seitens der Patienten und Probanden vermag sich diese in einer Beklommenheit äußern, was denn genau von dem behandelnden Arzt und Forscher erwartet und welche Konsequenzen gezogen werden können. So kann beispielweise die mangelnde Befundrückmeldung eines Arztes bedeuten, dass kein unerwartetes Ergebnis aufgefunden wurde oder aber, dass der Arzt sich nicht verpflichtet sieht, dem Untersuchten eine Rückmeldung zu geben.[1695]

1691 Vgl. § 11 Abs. 4 i. V. m. § 8 Abs. 1 S. 1, 2 GenDG; dazu ausführlich siehe 2. Kapitel B II 2. dd).

1692 Vgl. 2. Kapitel A III 3.

1693 Vgl. 2. Kapitel B I und C I.

1694 Entgegen der Ansicht der Bundesregierung in der BT-Drs. 16/10532, S. 1 zum Gendiagnostikgesetz liegt dieser Arbeit die Ansicht zugrunde, dass nicht-genetische Befunde ebenso belastend und sensibel für den Patienten und Probanden sein können wie genetische Befunde, sodass eine medizinische Sonderstellung und eine unterschiedliche rechtliche Bewertung nicht gerechtfertigt sind. Vgl. hierzu 1. Kapitel B II 4. a)

1695 *Erdmann/Langanke/Assel* in Steger (Hrsg.), Medizin und Technik. Risiken und Folgen technologischen Fortschritts, S. 15 (21) stellen dar, dass aufgeklärt werden muss, ob und welche Befunde mitgeteilt werden.

Seitens der Ärzte wiederum besteht die Rechtsunsicherheit in der Frage, welche Pflichten gegenüber den Patienten und Probanden denn tatsächlich bestehen.[1696]

Die Beseitigung der Rechtsunsicherheit ermöglicht infolgedessen die Etablierung eines fachlichen Standards, wie bei Generierung eines Zufallsbefundes grundsätzlich agiert werden muss. Dies gestattet eine fachübergreifende Organisation bei mehreren behandelnden Ärzten und eine anschließende unverzügliche Weiterbehandlung im Falle eines lebensbedrohlichen behandelbaren Befundes.

Ein weiterer bedeutsamer Vorteil einer einfachgesetzlichen Neuregelung liegt in der Vermeidung einer Diskriminierung der Patienten und Probanden. Im Zusammenhang mit Zufallsbefunden ergibt sich ein Diskriminierungspotential insbesondere bzgl. der Missachtung des Selbstbestimmungsrechts der Betroffenen. Durch das Gendiagnostikgesetz wurde ausdrücklich geregelt, dass das Selbstbestimmungsrecht zu wahren und insbesondere ein Nicht-Wissen-Wollen der Befunde zu respektieren sei.[1697] Da darüber hinausgehende Regelungen für Zufallsbefunde nicht-genetischer Analysen in der Diagnostik wie auch sämtlicher Befunde in der Forschung fehlen, besteht die Gefahr, dass in die Selbstbestimmung derartig Betroffener ohne sachlichen Grund eingegriffen wird. Da bei Expression der Erkrankung eine Diskriminierung und Stigmatisierung auch nicht nur bei genetischen Zufallsbefunden erfolgen kann, ist eine gleichwertige Regelung für sämtliche Kontexte, in denen Zufallsbefunde gewonnen werden können, unumgänglich.

Kritiker, die Neuregelungen aus Sorge vor einer Verrechtlichung bereits bekannter ärztlicher Pflichten und funktionierender Abläufe ablehnen,[1698] vermögen gegen eine gesetzliche Festsetzung des Vorgehens bei Zufallsbefunden sowohl verstärkte Haftungsaspekte als auch einen fehlenden ärztlichen Spielraum anzuführen. Letzterer wird entsprechend dem Selbstverständnis des

---

1696 Die Unsicherheit über tatsächlich bestehende Pflichten des Arztes und des Forschers wird exemplarisch durch die unterschiedlichen Ansichten in der Literatur verdeutlicht.

1697 Vgl. statt vieler die Ausführungen bei *Stockter* in Prütting (Hrsg.), MedR-Komm, GenDG § 1 Rn. 7 ff.

1698 So wurde beispielsweise an der Regelung des Behandlungsvertrages in § 630a BGB und den daraus resultierenden Pflichten in §§ 630a ff. BGB Kritik gehegt, da ein bereits funktionierendes Arzt-Patienten-Verhältnis verrechtlicht wurde; vgl. *Katzenmeier*, Bundesgesundheitsbl 2012, S. 1093 (1097); *Katzenmeier*, MedR 2011, S. 201 (204 ff.).

Arztberufes[1699] angenommen und in Abhängigkeit von der Verfassung des Patienten und Probanden über die Mitteilung von Zufallsbefunden mit oder ohne Therapierbarkeit einzelfallabhängig entschieden. Durch ein Gesetz würden eine derartig weite Interpretation des ärztlichen Entscheidungsspielraums versagt und konkrete ärztliche Pflichten bestimmt werden. Gleichwohl hängt es von dem konkreten Gesetzesentwurf ab, ob eine „starre" Regelung gefunden wird oder dem Arzt noch bestimmte Entscheidungskriterien zugestanden werden. Tatsächlich ist jedoch die Missachtung der ärztlichen Pflichten aus dem Gesetz eine Pflichtverletzung, die eine mögliche Haftung nach sich zieht. Dieser Nachteil kann jedoch nicht als besonders schwerwiegend gewürdigt werden, da auch dies eine grundsätzliche Folge gesetzlicher Regelungen und folglich nicht ausschließlich für den Fall einer Regelung von Zufallsbefunden ist.

Die Summe und Varietät der derzeit existierenden ethischen Vorschläge zur Lösung des Spannungsfeldes in Diagnostik und Forschung[1700] belegen, dass ausschließlich ethische Wertordnungen weder Sicherheit für die Betroffenen noch einen Standard gewähren oder vor Diskriminierung vorbeugen können. Im Zusammenhang mit der Generierung von Zufallsbefunden überwiegen mithin die Vorteile für die Betroffenen, Ärzte und Forscher gegenüber den Nachteilen von Neuregelungen.

II. Integration neuer Regelungen in das Rechtssystem

Vor der Entwicklung eines konkreten Gesetzesvorschlags bedarf es näherer Überlegungen, inwiefern neue Regelungen zum Umgang mit Zufallsbefunden in das bestehende deutsche Rechtssystem integriert werden können oder ob es gar einer Schaffung neuer Gesetze bedarf. Dafür lohnt sich ein rechtsvergleichender Blick auf die Gesetzeslage in den deutschsprachigen Nachbarländern Schweiz und Österreich, insbesondere inwiefern dort Regelungen zu Zufallsbefunden aus genetischen und nicht-genetischen Analysen aufgegriffen und das Spannungsfeld unter Beachtung des Rechts auf Nichtwissen im Kontext der Diagnostik und Forschung gelöst wurden.

1699 Vgl. § 1 Abs. 1 MBO; siehe auch *Scholz* in Spickhoff (Hrsg.), Medizinrecht, MBO § 1 Rn. 1 ff.

1700 Vgl. 2. Kapitel A IV.

1. Parallelregelungen in der Schweiz und Österreich

a) Schweiz

In der Schweiz ist die Bedeutung von Zufallsbefunden im Kontext der Diagnostik und Forschung bekannt wie Zeitungsartikel als Reaktion auf die Erstellung einer Genliste der ACMG belegen.[1701] Aktuell gibt es kein dem Patientenrechtegesetz entsprechendes Gesetz, das eine eigene Regelung etabliert oder den Begriff Zufallsbefund aufgreift, denn mangels Bundeskompetenz sind in der Schweiz die Kantone für die Patientenrechte zuständig.[1702] Vergleichbar mit der Rechtslage in Deutschland existiert in der Schweiz für den Bereich der genetischen Diagnostik ein „Bundesgesetz über genetische Untersuchungen am Menschen (GUMG)“. Der schweizerische Gesetzgeber hat auf die technologischen Veränderungen reagiert und das GUMG im Jahr 2018 grundlegend überarbeitet. In dem überarbeiteten GUMG wurden erstmals Regelungen zu „Überschussinformationen“ aufgenommen. Regelungen zum Vorgehen bei nicht-genetischen Zufallsbefunden, wie beispielsweise durch Bildgebung aufgefundene Befunde, wurden hingegen nicht getroffen. Im Gegensatz zu Deutschland existiert in der Schweiz ein „Humanforschungsgesetz (HFG)“.

aa) Rückblick: „Bundesgesetz über genetische Untersuchungen am Menschen (GUMG) vom 8. Oktober 2004“

Das inzwischen außer Kraft getretene Bundesgesetz über genetische Untersuchungen am Menschen[1703] aus dem Jahr 2004 hat bestimmt, unter welchen Voraussetzungen genetische Untersuchungen durchgeführt werden durften. Ähnlich wie im deutschen § 2 GenDG war in Art. 1 Abs. 3 GUMG a. F. bestimmt, dass das Gesetz nicht für genetische Untersuchungen zu Forschungszwecken anwendbar ist. Der Anwendungsbereich erstreckte sich jedoch nicht allein auf genetische Untersuchungen zu medizinischen Zwecken, sondern auch für versicherungs- und arbeitsrechtliche Angelegenheiten sowie im Haftpflichtbereich. Im Zusammenhang mit Zufallsbefunden ist hervorzuheben, dass der schweizerische Gesetzgeber das Recht auf Nichtwissen in einer eigenen Regelung hervorgehoben hat, indem er in Art. 6 GUMG a. F. folgendermaßen normiert hat: „Jede

---

1701 Vgl. *Stallmach*, Neue Zürcher Zeitung vom 21. Mai 2013.

1702 *Schweizerischer Bundesrat*, Patientenrechte und Patientenpartizipation in der Schweiz, S. 4; s. a. *Damm*, MedR 2018, S. 847 (850 f.); *Damm*, MedR 2018, S. 939 (940).

1703 Bundesgesetz über genetische Untersuchungen beim Menschen (GUMG) vom 8. Oktober 2004 (Stand am 1. Januar 2014); abrufbar unter http://www.gen-test.info/files/3113/9031/5434/gumg.pdf, zuletzt abgerufen am 03. Oktober 2019.

Person hat das Recht, die Kenntnisnahme von Informationen über ihr Erbgut zu verweigern; Artikel 18 Absatz 2 bleibt vorbehalten." Dies verdeutlicht zunächst, dass auch in der Schweiz das Recht auf Nichtwissen zumindest im Bereich der Genetik anerkannt war und ist. Indem dieses Recht in der Form ausgestaltet war, sämtliche Informationen über das eigene Erbgut zu verweigern, erstreckte es sich mithin zwangsläufig auch auf die Entscheidung über die Kenntnisnahme von Zufallsbefunden. Hingegen hat der Gesetzgeber im Unterschied zu der derzeitig geltenden deutschen Regelung in Art. 18 Abs. 2 GUMG a. F. aufgenommen, dass der Arzt „die betroffene Person unverzüglich über das Untersuchungsergebnis informieren [muss], wenn für sie oder den Embryo oder den Fötus eine unmittelbar drohende physische Gefahr besteht, die abgewendet werden könnte". Dies impliziert, dass bei einer lebensbedrohlichen Gefahr für Leib und Leben der untersuchten Person wie auch des ungeborenen Lebens eine Befugnis zur Durchbrechung der Selbstbestimmung der Betroffenen eingeräumt wurde. Dem Arzt wurde mithin eine deutlich weitgehendere Entscheidungs- und Fürsorgebefugnis auferlegt als es der deutsche Gesetzgeber im Gendiagnostikgesetz vorgesehen hat.

Auch bei Betroffenheit verwandter Personen, Ehegatten und Partnern hat der schweizerische Gesetzgeber eine Lösungsmöglichkeit im Spannungsfeld zwischen Selbstbestimmungsrecht und Fürsorge für die körperliche Unversehrtheit gefunden: So wurde in Artikel 19 Abs. 3 GUMG a. F. normiert, dass sofern der Untersuchte eine Mitteilung an Verwandte verweigerte, „die Ärztin oder der Arzt bei der zuständigen kantonalen Behörde nach Artikel 321 Ziffer 2 des Strafgesetzbuches die Entbindung von Berufsgeheimnissen beantragen [konnte], sofern dies zur Wahrung überwiegender Interessen der Verwandten, der Ehegattin oder des Ehegatten, der Partnerin oder des Partners notwendig"[1704] war. Der Gesetzgeber hat für diesen Fall keine Lösung des Spannungsfalles zwischen Recht auf Nichtwissen und Interessen Dritter vorgesehen, wohl aber das informationelle Selbstbestimmungsrecht des Untersuchten in Form der ärztlichen Schweigepflicht eingeschränkt. Da das Gesetz grundsätzlich nur von „genetischen Untersuchungsergebnissen" sprach, ohne Eingrenzungen hinsichtlich der Erwartung dieser vorzunehmen, ist davon auszugehen, dass auch zufällige und unerwartete Befunde eingeschlossen wurden.

Der schweizerische Gesetzgeber hat mithin im Umgang mit genetischen Zufallsbefunden das Selbstbestimmungsrecht hervorgehoben. Gleichwohl

1704 Vgl. auch Ausführungen bei *Wollenschläger*, AöR 2013, S. 138 (179).

ermöglicht er dem Arzt eine Ausflucht aus der Achtung der Selbstbestimmung, wenn überwiegende Interessen Dritter gewahrt werden müssen.

bb) Aktuelle Gesetzeslage: Revision des GUMG

Der schweizerische Gesetzgeber hat festgestellt, dass die in den letzten Jahren einsetzenden wissenschaftlichen und technischen Entwicklungen der genetischen Analysen und ihrer Anwendungsbereiche eine Neubeurteilung des GUMG erfordern.[1705] Der Bundesrat hat daher am 5. Juli 2017 den Entwurf und die Botschaft[1706] zum GUMG n. F. verabschiedet und zur Beratung an das Parlament überwiesen. Das Parlament hat das revidierte GUMG am 15. Juni 2018 verabschiedet.[1707]

In der neuen Version des GUMG wird der Anwendungsbereich gegenüber der aktuellen Fassung deutlich erweitert, sodass insbesondere auch Untersuchungen von Erbgut außerhalb des medizinischen Bereiches umfasst sind.[1708] Aus dem Geltungsbereich werden weiterhin Gebiete ausgenommen, die in anderen Gesetzen ausreichend berücksichtigt wurden. Dazu gehört nach Art. 2 GUMG auch der Bereich der Forschung, der durch das Humanforschungsgesetz (HFG) geregelt ist.

Infolge der Anwendung neuer Technologien hat der schweizerische Gesetzgeber in der neuen Fassung des GUMG die Stärkung des Selbstbestimmungsrechts in den Fokus gestellt.[1709] Dabei hat er anders als der deutsche Gesetzgeber im Gendiagnostikgesetz und als in der noch geltenden Regelung des GUMG erstmalig auch umfassende Regelungen zu Zufallsbefunden integriert, wobei er diese als „Überschussinformationen" bezeichnet. Im Rahmen der Botschaft zur Begriffsbestimmung in Art. 3 Best. n wurde klargestellt, dass Überschussinformationen

---

1705 *Schweizerischer Bundesrat*, Botschaft zum Bundesgesetz über genetische Untersuchungen beim Menschen vom 5. Juli 2017, S. 2.

1706 *Schweizerischer Bundesrat*, Botschaft zum Bundesgesetz über genetische Untersuchungen beim Menschen vom 5. Juli 2017.

1707 Gesetz über genetische Untersuchungen am Menschen vom 15. Juni 2018, BBl 2018 3509.

1708 *Schweizerischer Bundesrat*, Botschaft zum Bundesgesetz über genetische Untersuchungen beim Menschen vom 5. Juli 2017, S. 3.

1709 Die Expertenkommission für genetische Untersuchungen am Menschen (GUMEK) hat bereits im Februar 2013 eine Empfehlung abgegeben, aufgrund der neuen Technologien und deren Potential für Überschussinformationen eine Revision des GUMG vorzunehmen; vgl. Erläuterungen zur Totalrevision des Bundesgesetzes über genetische Untersuchungen beim Menschen, S. 17.

ein „Oberbegriff für alle nicht anvisierten, aber dennoch anfallenden Ergebnisse, unabhängig von ihrer Qualität und Aussagekraft“ sind.[1710]

In der aktuellen Version des GUMG wurden insbesondere Regelungen zur Aufklärung (Art. 6) und zur Mitteilung von Überschussinformationen (Art. 27) sowie zu einem Recht auf Information (Art. 7) und Recht auf Nichtwissen (Art. 8) aufgenommen. Nach Art. 6 muss über die Möglichkeit von Überschussinformationen (Buchst. d.), die Fälle, in denen Überschussinformationen nicht mitgeteilt werden dürfen (Buchst. e.), die mögliche Bedeutung des Untersuchungsergebnisses für Angehörige, ihr Recht auf Nichtwissen (Buchst. f.) und ihre Rechte zu Zustimmung und Recht auf Nichtwissen (Buchst. g.) aufgeklärt werden. Dabei ist auf verschiedene Arten von Überschussinformationen hinzuweisen mit dem Ziel, dass die betroffene Person selbst entscheiden kann, welche Überschussinformationen sie zur Kenntnis nehmen möchte. Das in Art. 7 verankerte Recht auf Wissen gibt ihr den Anspruch, grundsätzlich sämtliche Befunde und Überschussinformationen zur Kenntnis zu nehmen. Ausgenommen sind nur die in Buchstabe e ausgeschlossenen Bereiche. Besonders hervorzuheben ist in diesem Zusammenhang, dass Überschussinformationen, die bei genetischen Untersuchungen außerhalb des medizinischen Bereichs („Direct-to-Consumer-Test“) generiert werden, nicht mitgeteilt werden dürfen.[1711] Diese Einschränkung soll eine Missbrauchsgefahr verhindern und verdeutlichen, dass im Rahmen von nicht-medizinischen Untersuchungen keine medizinische Validität der Überschussinformationen garantiert werden kann. Die Regelung zur Aufklärung in dem Entwurf des GUMG verpflichtet zu deutlich vertiefter Information über Überschussinformationen mit der Folge, dass der Patient in seiner Selbstbestimmung gestärkt wird.

Im Rahmen des Rechts auf Information wurde in Art. 7 Abs. 2 GUMG festgelegt, dass anderen Personen „Informationen aus einer genetischen oder pränatalen Untersuchung nur mitgeteilt werden, wenn die betroffene Person zugestimmt hat“. Das Recht der betroffenen Person, über die Mitteilung an Angehörige zu entscheiden, unterliegt jedoch den Einschränkungen verschiedener Bundesgesetze. Insbesondere kann sich der Arzt nach Art. 26 Abs. 3 GUMG unter bestimmten Voraussetzungen durch die zuständige Behörde vom Berufsgeheimnis entbinden lassen. Diese Regelung verletzt letztlich das Recht auf

---

1710 *Schweizerischer Bundesrat*, Botschaft zum Bundesgesetz über genetische Untersuchungen beim Menschen vom 5. Juli 2017, S. 60.

1711 *Schweizerischer Bundesrat*, Botschaft zum Bundesgesetz über genetische Untersuchungen beim Menschen vom 5. Juli 2017, S. 67 f.

informationelle Selbstbestimmung und gewichtet die Fürsorge des Arztes höher. Anerkannt ist jedoch, dass der Angehörige kein Recht auf Information hat, das ihm im gleichen Ausmaß wie der betroffenen Person zugestanden wird. In Streitfällen wird im Rahmen der Botschaft zum GUMG empfohlen, die zuständigen Gerichte anzurufen, um eine Einzelfallentscheidung herbei zu führen.[1712] Die Einsetzung von Gerichten als Konfliktlösungsmechanismus des Spannungsfeldes zwischen Recht auf Nichtwissen, Wissen und ärztlichen Interessen erscheint unbefriedigend. Denn es handelt sich dabei um eine Verschiebung des von der Familie unter Berücksichtigung individueller Perspektiven zu lösenden Konflikts in das staatliche Umfeld.

Besonders hervorzuheben ist, dass der Gesetzgeber in Art. 8 GUMG zum Recht auf Nichtwissen den bisher geltenden Art. 18 Abs. 2 GUMG a. F. nicht erneut aufgegriffen hat. Dies bedeutet, dass der Arzt die betroffene Person nicht mehr unverzüglich über das Untersuchungsergebnis informieren muss, wenn für sie oder den Embryo bzw. Fötus eine unmittelbar drohende physische Gefahr besteht. Die Aufgabe dieser Regelung führt zu einer Stärkung des Rechts auf Nichtwissen. Im Übrigen entspricht die Regelung in ihren Grundsätzen dem außer Kraft getretenen Art. 6 GUMG a. F.[1713]

Der schweizerische Gesetzgeber hat in Art. 9 GUMG aufgenommen, dass zur Vermeidung von Überschussinformationen im Zweifelsfall das Untersuchungsverfahren gewählt werden sollte, welches weniger Überschussinformationen generiert. Zudem soll die technische Sequenzierung auf Zwecke der Untersuchung beschränkt und nicht unnötig ausgeweitet werden.[1714] Dieses Vorgehen bzw. die Achtsamkeit im Umgang mit genetischen Daten wurde auch in Deutschland bereits im Jahre 2013 von der Deutschen Gesellschaft für Humangenetik gefordert.[1715]

Auch zur Mitteilung von Überschussinformationen sind in Art. 27 GUMG umfassende Regelungen in den Gesetzesentwurf integriert worden. Als Grundsatz wird das Selbstbestimmungsrecht gestärkt, indem der Patient das Recht hat, über die Mitteilung und den Zeitpunkt der Mitteilung der Überschussinformationen zu entscheiden. Die betroffene Person soll sich insbesondere entscheiden

---

1712 *Schweizerischer Bundesrat*, Botschaft zum Bundesgesetz über genetische Untersuchungen beim Menschen vom 5. Juli 2017, S. 70.

1713 *Schweizerischer Bundesrat*, Botschaft zum Bundesgesetz über genetische Untersuchungen beim Menschen vom 5. Juli 2017, S. 70 f.

1714 *Schweizerischer Bundesrat*, Botschaft zum Bundesgesetz über genetische Untersuchungen beim Menschen vom 5. Juli 2017, S. 71 f.

1715 *Deutsche Gesellschaft für Humangenetik*, Stellungnahme zu genetischen Zufallsbefunden in Diagnostik und Forschung.

können, ob sie nur behandelbare oder auch nicht therapierbare Erkrankungen zur Kenntnis nehmen möchte. Einschränkungen werden nur für urteilsunfähige betroffene Personen getroffen, die nur bei Notwendigkeit der Mitteilung für die Gesundheit oder bei schwerer Familienkrankheit oder Anlageträgerschaft informiert werden sollen. Das Recht auf Information nach Art. 7 GUMG wird für diese Personengruppe eingeschränkt. Zudem werden nach Art. 27 Abs. 3 GUMG auch bei pränatalen Untersuchungen Überschussinformationen nur bei Beeinträchtigung der Gesundheit des Fötus oder bei schwerer Erbkrankheit in der Familie oder Anlageträgerschaft mitgeteilt.[1716]

Die Regelungen in dem GUMG vom 15. Juni 2018 berücksichtigen die technischen Entwicklungen und die damit verbundenen Konsequenzen für den Betroffenen im Falle der Generierung einer Überschussinformation weitaus umfassender als das deutsche Gendiagnostikgesetz. Dabei liegt der Fokus auf der Gewährung und der Stärkung des Selbstbestimmungsrechts, insbesondere des Rechts auf Nichtwissen. Der Gesetzgeber hat nahezu umfassend von direkten Regelungen zur Durchbrechung der Selbstbestimmungsrechte des Betroffenen wie beispielsweise den Art. 18 GUMG a. F. abgesehen. Es ist aufgrund der detaillierten Regelungen, die wenig Spielraum zur Interpretation bieten, nicht ersichtlich, dass ein Spannungsfeld zwischen Selbstbestimmung und ärztlichen Interessen entstehen kann. Der Schutz des Patienten durch den neuen Gesetzesentwurf ist deutlich weitreichender als durch das zuvor geltende GUMG und das deutsche Gendiagnostikgesetz.

cc) Humanforschungsgesetz (HFG)

In der Schweiz wurde zum 1. Januar 2014 das Humanforschungsgesetz (HFG) verabschiedet,[1717] das in Art. 1 HFG als Zweck angibt, „Würde, Persönlichkeit und Gesundheit des Menschen in der Forschung“ zu schützen. Dabei etabliert das Gesetz entsprechend Art. 2 einen Regelungsrahmen für klinische Prüfungen, weitere wissenschaftliche Forschung wie auch Forschung an biologischen Materialien und mit gesundheitsbezogenen Personendaten. Der Wortgehalt des Gesetzes verwendet den Begriff „Zufallsbefund“ nicht explizit. Insbesondere existiert kein gesonderter Abschnitt über die Aufklärung oder die Mitteilung

---

1716 *Schweizerischer Bundesrat*, Botschaft zum Bundesgesetz über genetische Untersuchungen beim Menschen vom 5. Juli 2017, S. 95 ff.

1717 Humanforschungsgesetz (HFG) vom 30. September 2011, Stand 1. Januar 2014; abrufbar unter http://www.admin.ch/opc/de/classified-compilation/20061313/index.html, zuletzt abgerufen am 03. Oktober 2019.

von im Forschungskontext gewonnenen Zufallsbefunden. Gleichwohl hat der Gesetzgeber in Art. 8 ein Recht auf Information aufgenommen, nach dem „die betroffene Person [...], über die ihre Gesundheit betreffenden Ergebnisse informiert“ werden muss. Gleichzeitig wird dem Probanden jedoch auch das Recht eingeräumt, auf diese Information zu verzichten. Diese im ersten Abschnitt des Gesetzes niedergelegten Grundsätze verdeutlichen, dass der schweizerische Gesetzgeber auch im Kontext der Forschung die Gesundheit des Probanden als bedeutend erachtet und dem Probanden ein Recht auf Wissen an gesundheitsbezogenen Ergebnissen wie auch ein entsprechendes Recht auf Nichtwissen gewährt. Da nicht nur endgültige wissenschaftliche Ergebnisse der Studie, sondern auch Zufallsbefunde eine derartige Gesundheitsrelevanz aufweisen können, ist davon auszugehen, dass der schweizerische Gesetzgeber auch ein Informationsrecht und ein entsprechendes Abwehrrecht in Bezug auf Zufallsbefunde integriert hat. Weitergehende Regelungen zur Aufklärung und Mitteilung von Zufallsbefunden insbesondere auch im Spannungsfeld mit Interessen Verwandter wurden nicht in das Humanforschungsgesetz aufgenommen. Insbesondere sind auch in den Regelungen zur Forschung mit Biomaterialien keine Vorgaben zur Rückmeldung bei individuellen Befunden vorgesehen.

Das Humanforschungsgesetz der Schweiz bietet für den Forschungskontext außer dem grundsätzlichen Recht auf Kenntnisnahme oder Ablehnung der Mitteilung von gesundheitsbezogenen Ergebnissen keinerlei Regelungsvorgaben. Gleichwohl wurde dort ein Regelungsrahmen für den Schutz des Menschen bei sämtlichen Forschungsvorhaben etabliert.

b) Österreich

Die gesetzliche Lage in Österreich ähnelt der derzeitigen Situation in Deutschland: So existiert ein Gentechnikgesetz[1718], dessen §§ 64 ff. GTG Regelungen für genetische Untersuchungen zu medizinischen Zwecken enthalten. Dabei ist der Wortsinn nahezu identisch zu den Regelungen des deutschen Gendiagnostikgesetzes gefasst. Dies kann exemplarisch an § 70 GTG verdeutlicht werden, der die doppelte Empfehlungslösung wie in § 10 Abs. 3 S. 4 GenDG normiert.[1719]

1718 Gentechnikgesetz, in Kraft seit 1995, konsolidierte Fassung vom 25. Februar 2013; vgl. auch *Bernat* in Langanke/Erdmann/Robienski/Rudnik-Schöneborn (Hrsg.), Zufallsbefunde bei molekulargenetischen Untersuchungen, S. 61 (63 ff.); *Fündling*, Recht auf Wissen vs. Recht auf Nichtwissen in der Gendiagnostik, S. 348; *Satzinger*, Journal für Neurologie, Neurochirurgie und Psychiatrie 2006, S. 14 (17).

1719 So auch *Wollenschläger*, AöR 2013, S. 138 (178).

Der österreichische Gesetzgeber hat in § 67 GTG das Recht auf „geninformationelle Selbstbestimmung" unter besonderen Schutz gestellt und Arbeitgebern und Versicherern[1720] untersagt, Ergebnisse genetischer Analysen „zu erheben, zu verlangen, anzunehmen oder sonst zu verwerten". Dadurch wird einerseits verhindert, dass Dritte die Daten wahrnehmen und somit die informationelle Selbstbestimmung geschützt. Inzident umfasst der Schutz des § 67 GTG aber auch die „genetische Privatsphäre des einzelnen Menschen".[1721]

Nach § 69 GTG muss eine Beratung nach einer genetischen Analyse grundsätzlich auf „alle Untersuchungsergebnisse" und „mögliche physische, psychische und soziale Folgen" Bezug nehmen. Diese weite Formulierung in dem Gentechnikgesetz ermöglicht eine Anwendung der Regelungen über die Aufklärung und Mitteilung auch auf Zufallsbefunde. Für über genetische Befunde hinausgehende Zufallsbefunde existieren im Kontext der Diagnostik keinerlei rechtliche Vorgaben. In der österreichischen Patientencharta wird zwar in Abschnitt 4 das Recht auf Selbstbestimmung und Information berücksichtigt, jedoch wird dort nur gefordert, dass der Patient im „Vorhinein über Diagnose- und Behandlungsarten sowie deren Risiken und Folgen" aufgeklärt werden müsse.[1722] Diese Formulierung stellt nicht eindeutig sicher, dass der Gesetzgeber auch eine Aufklärung über Zufallsbefunde bedacht hat.

Wie in Deutschland existiert auch in Österreich aktuell kein der Schweiz vergleichbares Forschungsgesetz zum Schutz des Probanden bei klinischen Prüfungen, wissenschaftlichen Versuchen und der Verwendung von Biomaterial. Die rechtliche Lage in Österreich bei Gewinn eines Zufallsbefundes in der Forschung ist folglich gleichermaßen wie in Deutschland unbefriedigend und bisher nicht gelöst worden.

2. *Referenzvorschlag für Deutschland*

Die Regelungen in Österreich können hinsichtlich einer Integration von Vorschriften zu Zufallsbefunden nicht als Anhaltspunkt für Deutschland angesehen werden. Möglicherweise kann zur Lösung des Spannungsfeldes inhaltlich auf

---

1720 Krit. hinsichtlich der Logik im Zusammenhang mit Versicherungsvertrags- und Arbeitsrecht vgl. *Bernat* in Langanke/Erdmann/Robienski/Rudnik-Schöneborn (Hrsg.), Zufallsbefunde bei molekulargenetischen Untersuchungen, S. 61 (69 ff.)

1721 *Bernat* in Langanke/Erdmann/Robienski/Rudnik-Schöneborn (Hrsg.), Zufallsbefunde bei molekulargenetischen Untersuchungen, S. 61 (68).

1722 Landesrecht Oberösterreich: Gesamte Rechtsvorschrift für Vereinbarung zur Sicherstellung der Patientenrechte (Patientencharta) v. 01. September 2001.

die Regelungen der Schweiz im Entwurf zum GUMG n. F. zurückgegriffen werden. Eine Entscheidung hinsichtlich der Systematik, nämlich wie die Regelungen zu Zufallsbefunden in existierende Gesetze integriert oder ob neue Regelungen etabliert werden sollen, muss für den deutschen Geltungsbereich allerdings selbständig getroffen werden.

a) Diagnostik

Für die Generierung eines Zufallsbefundes infolge einer diagnostischen Maßnahme sollten die Regelungen des Patientenrechtegesetzes erweitert werden, da dieses im Gegensatz zum Gendiagnostikgesetz für Ergebnisse sämtlicher medizinischer Analysen anwendbar ist und somit einen einheitlichen Schutz gewährt. Nach den Ausführungen in der Drucksache zum Patientenrechtegesetz verlangt „die Komplexität der Medizin und die Vielfalt von Behandlungsmöglichkeiten […] nach einem gesetzlichen Rahmen […]“[1723]. Dabei sollen Transparenz und Rechtssicherheit hergestellt werden, indem die Patientenrechte kodifiziert werden. In dem derzeitigen Patientenrechtegesetz sind die Regelungen zu Zufallsbefunden nicht aufgenommen worden. Jedoch ist die Entdeckung eines Zufallsbefundes während einer diagnostischen Maßnahme gerade ein Fall der vom Gesetzgeber problematisierten Komplexität der Medizin, in der es transparenter Regelungen für Patienten bedarf. Eine Ausweitung der Normen der Aufklärung auch auf unerwartete Befunde, wie es beispielweise der Gesetzgeber im Gendiagnostikgesetz getan hat, wäre mühelos möglich. Das Gendiagnostikgesetz selbst eignet sich nicht ausschließlich zur Aufnahme weiterer Regelungen, da der Anwendungsbereich abschließend für genetische Analysen festgelegt und mithin auch nicht auf nicht-genetische Untersuchungen ausgeweitet werden kann. Allerdings müssen die Regelungen im Gendiagnostikgesetz entsprechend der Vorgaben im neuen Patientenrechtegesetz angeglichen werden, damit keine gesetzliche Widersprüchlichkeit entsteht.[1724] Dabei können die Regelungen des GUMG n. F. zu Überschussinformationen als Anhaltspunkt genommen werden.

Ein gänzlich neues Gesetz, das ausschließlich den Umgang mit Zufallsbefunden in der Diagnostik regelt, würde wiederum dem Zweck des Patientenrechtegesetzes zuwiderlaufen. Denn indem der Gesetzgeber in dem Patientenrechtegesetz für die Diagnostik und Therapie einen „gesetzlichen Rahmen“ zur Schließung bestehender Lücken in den verschiedenen Rechtsbereichen

1723 BT-Drs. 17/10488, S. 1.

1724 Nach *Fündling*, Recht auf Wissen vs. ein Recht auf Nichtwissen, S. 414 ist der Umgang mit Zufallsbefunden in den Regelungen der §§ 7 ff. GenDG zu integrieren.

verfolgt,[1725] verdeutlicht er den Willen nach Rechtseinheitlichkeit und der Vorbeugung einer Zersplitterung einheitlich regelbarer Bereiche. Da das Patientenrechtegesetz ein Änderungsgesetz zum Bürgerlichen Gesetzbuch ist, bedarf es für neue Änderungen eines weiteren Änderungsgesetzes.

b) Forschung

Eine Integration neuer gesetzlicher Regelungen für die Generierung von Zufallsbefunden im Kontext der Forschung in bestehende Forschungsgesetze wie das Arzneimittel- oder Medizinproduktegesetz ist nicht zielführend. Der Geltungsbereich dieser Gesetze ist auf klinische Prüfungen beschränkt, sodass kein umfassender Schutz für den gesamten Forschungskontext gewährt werden kann. Dies hat sich auch nicht durch die Verordnung über klinische Prüfung mit Humanarzneimitteln geändert.[1726] Da auch das Patientenrechtegesetz nicht für die Forschung anwendbar ist,[1727] existieren keine Gesetze, in die Vorgaben zum Vorgehen bei Entdeckung eines Zufallsbefundes integriert werden könnten.

Dementsprechend bedarf es eines neuen Gesetzes, wobei für die Forschung die Forderungen nach einem Forschungsrahmengesetz[1728] oder einem Probandenrechtegesetz[1729] im Raum stehen. Regelungen zur Aufklärung und Mitteilung von Zufallsbefunden in einem Probandenrechtegesetz würden eine Parallelität zum Patientenrechtegesetz erlauben. Da für Patienten und Probanden ein vergleichbarer Schutzstandard gewährt werden sollte, könnte ein Probandenrechtegesetz vorzugswürdig sein. Gleichwohl fordern Kritiker für viele verschiedene Aspekte der Forschung eine neue gesetzliche Regelung, wie beispielsweise auch für Forschung mit Biobanken.[1730] Für diese Aspekte wäre eine Regelung

---

1725 Vgl. Ausführungen in der BT-Drs. 17/10488, S. 1; ähnlich *Weidenkaff* in Palandt (Hrsg.), Bürgerliches Gesetzbuch, BGB Vorb v § 630a, Rn. 1.

1726 Verordnung (EU) Nr. 536/2014 des Europäischen Parlaments und des Rates v. 16.4.2014 über klinische Prüfungen mit Humanarzneimitteln und zur Aufhebung der Richtlinie 2001/20/EG, (ABl. EU L 158/1); im Einzelnen hierzu *Jansen,* MedR 2016, S. 417 (417 ff.).

1727 Vgl. bereits Ausführungen im 2. Kapitel C II 5.; a. A. *Lippert,* MedR 2013, S. 714 (714 ff.).

1728 BR-Drs. 374/09, S. 1.

1729 *Kratz,* VersR 2014, S. 788 (788).

1730 Hinsichtlich einer Forderung nach einem Forschungsrahmengesetz vgl. Stellungnahme des Bundesrates in BT-Drs 16/10532, S. 45; Forderung eines Biobanken-Gesetzes durch die SPD vgl. Ärzte Zeitung v. 30.11.2010, abrufbar unter http://www.aerztezeitung.de/politik_gesellschaft/arzneimittelpolitik/article/631724/spd-regierung-soll-biobanken-gesetz-pruefen.html, (zuletzt abgerufen am 02. Januar 2018).

ausschließlich von Probandenrechten unzureichend. Im Allgemeinkontext ist mithin die Etablierung eines Forschungsrahmengesetzes vergleichbar zu dem Humanforschungsgesetz in der Schweiz zu bevorzugen, in die zusätzlich spezielle Regelung für Zufallsbefunde aufgenommen werden können.

III. Gesetzesentwurf

Eine neue gesetzliche Regelung muss den Anspruch erfüllen, eine Lösung des Spannungsfeldes zwischen Selbstbestimmungsrecht und Rechten Dritter unter Berücksichtigung des Dilemmas der unterschiedlichen Interessen bei Generierung eines Zufallsbefundes anzubieten. Zwingend notwendig erscheint eine einheitliche Regelung des Vorgehens bei Zufallsbefunden unabhängig von der Art der medizinischen Analyse. Die Anerkennung der Sensibilität genetischer Daten darf in diesem Zusammenhang nicht zu einer höheren Schutzwürdigkeit bei genetischen Zufallsbefunden gegenüber solchen aus bildgebender Diagnostik, sondern muss zu einem allgemein angehobenen Schutzstandard für sämtliche Analyseverfahren führen.[1731]

Ebenso sollte ein vergleichbarer Schutzstandard für Probanden im Kontext der Forschung und Patienten in der Diagnostik geschaffen werden. Dies bedingt jedoch nicht, dass durch den Gesetzgeber eine einzige, alle diese Variablen umfassende gesetzliche Regelung gewählt werden muss. Vielmehr ist er verpflichtet, bei der Entwicklung neuer Gesetze die Vergleichbarkeit der Kontexte zu berücksichtigen und eine rechtliche Gleichbehandlung für Patienten und Probanden zu gewähren.

1. Diagnostik

a) Inhaltliches Konzept

Der Gesetzesvorschlag fokussiert sich auf die Regelungen der Aufklärung und der Mitteilung von Zufallsbefunden unter Berücksichtigung entgegenstehender Gesundheitsinteressen Verwandter und Dritter. Bevor das Gesetz im Wortsinn vorgestellt wird, soll das dem Gesetzesentwurf zugrundeliegende inhaltliche Konzept zur Lösung des Spannungsfeldes dargestellt werden.

1731 Vgl. bereits Ausführungen im 1. Kapitel B II 4. b) cc).

aa) Konflikt zwischen Selbstbestimmungsrecht und ärztlicher Fürsorge für den Patienten

Im Kontext der Diagnostik bedarf es einer Achtung des Selbstbestimmungsrechts aus Art. 2 Abs. 1 i. V. m. Art. 1 Abs. 1 GG als hochrangiges Recht. Die Entscheidung über die eigene Konfrontation mit einem therapierbaren oder nicht therapierbaren Zufallsbefund muss letztbefugt durch den Patienten selbst getroffen werden können. Dies bedingt eine umfassende ärztliche Aufklärung vor Therapiebeginn. Vergleichbar empfiehlt auch die *BMBF-Projektgruppe „Recht auf Nichtwissen“*, nach der die „vollständige oder teilweise Ablehnung oder mit einer Zustimmung verknüpfte Bedingung [...] grundsätzlich zu respektieren“ sei.[1732]

Der Behandlungsvertrag zwischen Arzt und Patient besteht grundsätzlich beschränkt auf die ursprünglich versprochene Leistung und wird nur bei vorheriger Absprache auf die medizinische Betreuung bei Generierung eines Zufallsbefundes ausgeweitet. Da das Selbstbestimmungsrecht jedoch in verfassungsrechtlicher Hinsicht kein absolutes Recht ist, dürfen kollidierende Interessen Dritter nicht unbegründet vernachlässigt werden. Gleichwohl ist es abzulehnen, dass der Arzt nach seinem Ermessen zugunsten des Patienten Entscheidungen gegen dessen Willen trifft. Eine Missachtung der Selbstbestimmung um der Selbstbestimmung willen ist entschieden abzulehnen. Im Spannungsfeld zwischen Selbstbestimmungsrecht und ärztlicher Fürsorge zugunsten des Patienten sollte der Gesetzgeber dem Recht des Patienten auf selbstbestimmte Entscheidung explizit eine Vorrangstellung einräumen. Eine vergleichbare Regelung hat er bereits für genetische Analysen und mithin genetische Zufallsbefunde in der Regelung des § 11 GenDG getroffen,[1733] sodass lediglich eine entsprechende Regelung für Ergebnisse nicht-genetischer Untersuchungen geschaffen werden muss.

bb) Konflikt zwischen Selbstbestimmungsrecht und ärztlicher Fürsorge für Interessen Verwandter

Eine andere Schlussfolgerung muss bei kollidierenden Wissens- und Gesundheitsinteressen Verwandter erfolgen: Grundsätzlich erscheint es weder haltbar, sämtlichen Interessen Anderer ein höheres Gewicht als der Selbstbestimmung des Patienten einzuräumen noch das Selbstbestimmungsrecht ausnahmslos höher einzuschätzen. Willigt der Patient in die Mitteilung eines Befundes an

---

1732 *BMBF-Projektgruppe „Recht auf Nichtwissen“*, MedR 2016, S. 399 (401).

1733 Vgl. Ausführungen im 2. Kapitel B II 2. a) dd) aaa); siehe auch Ausführungen bei *Fenger* in Spickhoff (Hrsg.), Medizinrecht, GenDG § 11 Rn. 1 f.

Dritte ein, muss der Arzt diesen ebenfalls informieren. Das Selbstbestimmungsrecht des Patienten ist folglich gewahrt. In diesem Falle kann allein das informationelle Abwehrrecht der Dritten beeinträchtigt werden, sodass vorgeschlagen wird, die Verwandten vor Durchführung der Untersuchung zu befragen, ob sie informiert werden wollen.[1734] Willigt der Patient nicht in die Mitteilung des Befundes an Dritte ein und wird ein Befund mit lebensbedrohlicher Relevanz für Dritte entdeckt, führt auch eine Empfehlung gemäß § 10 Abs. 3 S. 4 GenDG[1735] nicht zu einer Lösung, sondern nur zu einer Verschiebung des Konflikts in den Familienkontext.[1736]

Konsequenterweise ermöglicht nur eine Ermessensklausel für den Arzt, die ihn befugt, in lebensbedrohlichen Fällen seine ärztliche Schweigepflicht zu durchbrechen, den Ausgleich zwischen dem Schutz des Rechts auf Nichtwissen und Drittinteressen. Das Geheimhaltungsinteresse des Patienten ist in diesem Fall aus objektiver Sicht als nachrangig anzusehen. Ob die Verletzung der ärztlichen Schweigepflicht im Verhältnis zur „Durchbrechung" des Rechts auf Nichtwissen individuell tatsächlich weniger schwer wiegt, kann nur einzelfallabhängig beantwortet werden. Ein Vorgehen, wie es der schweizerische Gesetzgeber in dem Art. 19 Abs. 3 GUMG gewählt hat,[1737] nach dem eine Behörde den Arzt von der Schweigepflicht entbindet, ist nicht zu empfehlen. Denn einerseits basiert die Verpflichtung zum Schweigen gegenüber Dritten aus dem Verhältnis zwischen Arzt und Patient, sodass nur diese Parteien zur Entbindung zuständig sein sollten, und andererseits ist unklar, welche Behörde oder Kommission diese Aufgabe organisatorisch übernehmen könnte. Eine Übertragung der Entscheidung zur Schweigepflichtentbindung wiederum an Betreuungsgerichte hätte den Charakter der Entmündigung der selbstbestimmt handelnden Patienten.

Im Rahmen einer Stufenlösung sollte zum Ausgleich der widerstreitenden Interessen primäres Ziel sein, eine Einwilligung des Patienten in die eigene Wahrnehmung des Zufallsbefundes und die Information potentiell betroffener Verwandter zu erlangen. Vorzugsweise sollte diese Einwilligung, soweit praktisch möglich, auch die Einwilligung der Verwandten in die Mitteilung umfassen, um

---

1734 Vgl. *Duttge* in Wehling (Hrsg.) Vom Nutzen des Nichtwissens, S. 75 (87); ähnlich auch einer von vier Vorschlägen zum ex-ante-Vorgehen bei *Schickhardt* in Langanke/Erdmann/Robienski/Rudnik-Schöneborn (Hrsg.), Zufallsbefunde bei molekulargenetischen Untersuchungen, S. 149 (156 f.).

1735 *Wollenschläger*, AöR 2013, S. 138 (175 f.).

1736 *Duttge* in Wehling (Hrsg.) Vom Nutzen des Nichtwissens, S. 75 (86).

1737 Vgl. 2. Kapitel D II 1. a) aa).

deren Recht auf Nichtwissen nicht zu missachten.[1738] Sollte der Patient Zufallsbefunde nicht mitgeteilt bekommen wollen, muss er darüber informiert werden, dass die Verwandten im Falle einer lebensbedrohlichen, therapierbaren Erkrankung auch ohne seine Einwilligung informiert werden.

cc) Konflikt zwischen Selbstbestimmungsrecht und ärztlicher Fürsorge für Dritte

Bei der Abwägung zwischen dem Selbstbestimmungsrecht des Patienten und einer ärztlichen Fürsorge für die Gesundheit Dritter muss berücksichtigt werden, inwiefern der Schutz der Gesundheit eines unbestimmten Personenkreises eine Missachtung des Selbstbestimmungsrechts des Untersuchten rechtfertigen kann. Dafür muss die ärztliche Fürsorge auf einen derart weiten Personenkreis ausgeweitet werden können, was bei einer existentiellen Bedrohung infolge einer lebensbedrohlichen gegenwärtigen Gefahr für dritte Personen angenommen werden kann. Im Zusammenhang mit Zufallsbefunden wird dieser Schutzgedanke beispielsweise für Personengruppen im Verkehr diskutiert,[1739] die durch Fahrzeugführer mit Epilepsie gefährdet werden. Der Gesetzgeber hat z. B. bei infektiösen Erkrankungen Meldepflichten gegenüber Behörden angenommen,[1740] sodass der Schutz unbestimmbarer Personengruppen bei vergleichbar existentiellen Bedrohungen vertretbar ist.[1741] Dieser Grundsatz liegt auch dem folgenden Gesetzgebungsvorschlag zugrunde, wobei es für die Missachtung der informationellen Selbstbestimmung des Patienten ausdrücklich einer Gegenwärtigkeit der Gefahr und einer Lebensbedrohlichkeit für Dritte bedarf. Die Notwendigkeit einer Gegenwärtigkeit der Gefahr wird insbesondere bei zahlreichen genetischen Mutationen der Mitteilungspflicht des Arztes entgegenstehen, da diese häufig als Zufallsbefunde noch keinen konkreten Erkrankungen zugeordnet werden können.

1738 Vgl. zum entgegenstehenden Recht auf Nichtwissen der Verwandten *Wollenschläger*, AöR 2013, S. 138 (184 ff.).

1739 *Hilgendorf* in Deutscher Ethikrat, Neuroimaging – Bilder vom Gehirn und das Bild des Menschen, S. 61; *Schmücker* in Joerden/Hilgendorf/Thiele (Hrsg.), Menschenwürde und Medizin, S. 949 (967).

1740 Vgl. §§ 6 ff. IfSG; siehe auch *Pelchen* in Erbs/Kohlhaas (Hrsg.), Strafrechtliche Nebengesetze, § 6 Rn. 1 ff.; § 9 Rn. 1 ff.

1741 Weitere Offenbarungspflichten bestehen nach § 202 SGB VII, § 28 Abs. 8 RÖV und bspw. § 5a Abs. 2 BTMVV; vgl. auch *Klein*, RDG 2010, S. 172 (175).

b) Gesetzesvorschlag

Es wird durch den Gesetzgebungsvorschlag eine Änderung der Vorschrift zur Aufklärung nach § 630e BGB angeregt, indem der Aufklärungsinhalt auch auf unerwartete und zusätzliche Ergebnisse sowie ihre potentielle Bedeutung für den Betroffenen und Dritte ausgeweitet wird. Unter dem Begriff „Dritte" sollen ausdrücklich Verwandte wie auch nicht verwandte Personen verstanden werden. Eine Legaldefinition des Begriffes „unerwartete und zusätzliche Ergebnisse" im Sinne eines Zufallsbefundes wird nicht vorgenommen, da das Patientenrechtegesetz von seiner Struktur ein sich selbst erklärendes Gesetz ist, das im Gegensatz zum Gendiagnostikgesetz keinen eigenen Abschnitt zur Begriffsbestimmung enthält.

Zur Aufklärung über die Möglichkeit des Gewinns von Zufallsbefunden ergibt sich folglich folgender Gesetzesvorschlag:

§ 630e BGB Aufklärung

Abs. 1: „[1]Der Behandelnde ist verpflichtet, den Patienten über sämtliche für die Einwilligung wesentlichen Umstände aufzuklären. [2]Dazu gehören insbesondere Art, Umfang, Durchführung, zu erwartende Folgen und Risiken **sowie mögliche unerwartete und zusätzliche Ergebnisse der Maßnahme und deren potentielle Folgen für den Betroffenen und Dritte wie auch** die Notwendigkeit, Dringlichkeit, Eignung und Erfolgsaussichten der Maßnahme im Hinblick auf die Diagnose oder die Therapie. [3]Bei der Aufklärung ist auch auf Alternativen zur Maßnahme hinzuweisen, wenn mehrere medizinisch gleichermaßen indizierte und übliche Methoden zu wesentlich unterschiedlichen Belastungen, Risiken oder Heilungschancen führen können."

Abs. 2: [...]

Die gesetzliche Regelung zur Mitteilung von Zufallsbefunden aus dem Kontext der Diagnostik wird im hiesigen Gesetzesvorschlag im Rahmen der Einwilligung gemäß § 630d BGB in einem neuen Absatz 2 thematisiert. Da § 630a BGB nur allgemein die Vertragspflicht zur Vornahme der medizinischen Behandlung aufgreift,[1742] würde es der Struktur des § 630a BGB zuwiderlaufen, nur eine einzelne Vertragspflicht wie die Mitteilung eines Zufallsbefundes wörtlich zu konkretisieren. Auch eine Aufnahme der Mitteilungspflicht in die Informationspflichten nach § 630c BGB ist nicht angemessen, da dieser nur die Pflicht zur therapeutischen Aufklärung (Abs. 1), die Fehleroffenbarungspflicht (Abs. 2 S. 2

1742 Vgl. Wortsinn des § 630a BGB; zum Vertragsinhalt ausführlich *Weidenkaff* in Palandt (Hrsg.), Bürgerliches Gesetzbuch, BGB § 630a Rn. 7 ff.; zum Gegenstand des Behandlungsvertrags auch *Spickhoff* in Spickhoff (Hrsg.), Medizinrecht, BGB § 630a Rn. 12 ff.

und 3) sowie die wirtschaftliche Aufklärung (Abs. 3) umfasst.[1743] Da die Entscheidung über die Kenntnisnahme jedoch vielmehr ein Prozess infolge der Selbstbestimmung ist und zeitlich nach der Aufklärung gemäß § 630e BGB erfolgt, ist der entsprechende Hinweis auf eine Entscheidungsmöglichkeit des Patienten bzgl. der Mitteilung eines Befundes im Rahmen der Einwilligung nach § 630d BGB aufzunehmen. Hervorzuheben ist, dass in das Patientenrechtegesetz eine Alternativität der Entscheidung über die Kenntnisnahme oder die Vernichtung der Befunde eingegliedert werden muss, wie der Gesetzgeber dies bereits im Rahmen des Gendiagnostikgesetzes vorgenommen hat.[1744]

Darüber hinaus muss in § 630d Abs. 2 n. F. integriert werden, dass die Einwilligung des Patienten auch die Mitteilung der zusätzlichen Ergebnisse an potentiell betroffene Verwandte oder Dritte umfassen kann. In § 630d Abs. 2 S. 4 n. F. ist zudem eine Ausnahme vom Einwilligungserfordernis bei einer bedrohlichen Gefahr für das Leben der Verwandten oder Dritten aufzunehmen, wobei aufgrund des unbestimmten medizinischen Begriffes „lebensbedrohlich" auf die Gegenwärtigkeit einer Gefahr abzustellen ist.[1745] Die Auslegung der Gegenwärtigkeit der Gefahr ist in Anlehnung an das entsprechende Tatbestandsmerkmal des § 34 StGB so zu interpretieren, dass ein Schaden „bei ungestörter (natürlicher) Weiterentwicklung der Dinge nach menschlicher Erfahrung" sicher oder höchstwahrscheinlich eintritt.[1746] Infolge dieser Auslegung des Merkmals „gegenwärtig" sind auch Dauergefahren umfasst, die „über einen längeren Zeitraum [...] gegenwärtig sind, dass sie jederzeit – zu einem ungewissen Zeitpunkt,

---

1743 Näher zu den Informationspflichten nach § 630c BGB *Franzki*, Der Behandlungsvertrag, S. 86 ff.

1744 Vgl. § 8 Abs. 1 S. 2 GenDG.

1745 Ähnlich *BMBF-Projektgruppe „Recht auf Nichtwissen"*, MedR 2016, S. 399 (402), die eine Übermittlungspflicht an Angehörige annimmt, wenn es sich (1) um eine therapierbare Erkrankung, (2) um das hohe Risiko einer schwerwiegenden genetischen Erkrankung bei zukünftigen Kindern handelt und die betreffenden Angehörigen sich im fortpflanzungsfähigen Alter befinden und (3) es sich um eine therapierbare Erkrankung oder ein genetisches Risiko für eine erhebliche Erkrankung handelt und der Patient dem Angehörigen gegenüber fürsorgepflichtig ist. Der Vorschlag der BMBF-Projektgruppe ist damit weitreichender und detaillierter als der hiesige Vorschlag. Dies ist Folge seines Charakters als Empfehlung an die Ärzte und Forscher.

1746 BGH NJW 1997, S. 265 (266); *Duttge* in Dölling/Duttge/König/Rössner (Hrsg.), Gesamtes Strafrecht, § 34 Rn. 10; *Neumann* in Kindhäuser/Neumann/Paeffgen (Hrsg.), StGB Band 1, StGB § 34 Rn. 39 f.

alsbald oder später – in einen Schaden umschlagen" können.[1747] Diese Gefahr besteht beispielsweise bei genetischen Dispositionen für eine Erkrankung, die zu einem nicht bestimmbaren Zeitpunkt zu einer Bedrohlichkeit für das Leben der Verwandten und Dritten führen können.

Bei einer Gefahr für das Leben der Verwandten sollte die Mitteilung an die Verwandten selbst erfolgen. Ist jedoch ein unbestimmbarer Kreis dritter Personen gefährdet, ist eine direkte Information dieser organisatorisch nicht möglich. Dementsprechend muss eine Mitteilung des Befundes abhängig von der Art der Erkrankung an die Personen, Behörden oder Organisationen erfolgen, die eine Verantwortung für die Sicherheit des gefährdeten Personenkreises tragen. Dies kann beispielsweise bei Gefährdung durch Betroffene, die aufgrund einer zufällig entdeckten Epilepsie nur eingeschränkt flugtauglich sind, der Arbeitgeber oder bei Kraftfahrzeugfahrern die Verkehrsbehörde sein.[1748]

Für die Mitteilung eines Zufallsbefundes durch den Arzt ergibt sich mithin folgender Gesetzesvorschlag:

§ 630d BGB Einwilligung

Abs. 1: […]

Abs. 2 n. F.: „[1] Sofern die Einwilligung die Mitteilung zusätzlicher Ergebnisse einer diagnostischen Untersuchung umfasst, sind diese dem Probanden mitzuteilen. [2]Ansonsten sind die zusätzlichen Ergebnisse zu vernichten. [3]Eine Mitteilung zusätzlicher Ergebnisse an potentiell betroffene Verwandte oder an Verantwortliche für gefährdete Dritte muss bei Einwilligung des Betroffenen vorgenommen werden. [4]Eine Ausnahme von dem Einwilligungserfordernis kann nur bei einer Erkrankung des Betroffenen, die eine bedrohliche, gegenwärtige Gefahr für das Leben des Dritten darstellt, erfolgen."

Abs. 3[1749]: Die Wirksamkeit der Einwilligung setzt voraus, dass der Patient oder im Fall des Absatzes 1 Satz 2 der zur Einwilligung Berechtigte vor der Einwilligung nach Maßgabe von § 630e Absatz 1 bis aufgeklärt worden ist.

Abs. 4[1750]: Die Einwilligung kann jederzeit und ohne Angaben von Gründen formlos widerrufen werden.

1747 BGH JR 1999, S. 341 (342); *Duttge* in Dölling/Duttge/König/Rössner (Hrsg.), Gesamtes Strafrecht, § 34 Rn. 10; der BGH hat sich zu einer Dauergefahr insbesondere in Konstellationen, in denen sich die Gefahrenabwehr gegen Haustyrannen richtet, geäußert; vgl. BGHSt 48, 255 (259). Darüber hinaus besteht aber auch eine Dauergefahr bei latenter Gefährlichkeit eines unberechenbaren Geisteskranken; vgl. BGHSt 13, 197 (197 ff.).

1748 vgl. zur Offenbarungspflicht an Verkehrsbehörden bereits BGH NJW 1968, S. 2288 (2288 ff.).

1749 Entspricht dem derzeitigen § 630d Abs. 2 BGB.

1750 Entspricht dem derzeitigen § 630d Abs. 3 BGB.

c) *Ergebnis*

Der Gesetzesvorschlag verdeutlicht, dass im Zusammenhang mit Zufallsbefunden das Selbstbestimmungsrecht des Patienten eine zentrale Bedeutung erlangt. Es darf entgegen der Intention paternalistischer Strömungen nicht von einer generellen Befundmitteilungs- und Behandlungspflicht aus einem Behandlungsverhältnis ausgegangen werden.[1751] Gleichwohl können aber bestimmte verfassungsrechtliche Schutzpflichten gegenüber Verwandten und nicht-verwandten Dritten nicht unberücksichtigt bleiben.[1752] Dementsprechend bedarf es einer eng auslegbaren Rechtfertigungsnorm, die den Arzt aufgrund einer lebensbedrohlichen Erkrankung von Dritten zur Mitteilung des Befundes an den Patienten wie auch möglicherweise den potentiell Betroffenen selbst ermöglicht.

Dieser Gesetzesvorschlag steht mithin im Gegensatz zu den ethischen Lösungsansätzen, nach denen eine Entscheidung über die Mitteilung auch nach entsprechender Aufklärung grundsätzlich in einem einvernehmlichen Gespräch stattfinden und das Selbstbestimmungsrecht nur bei einheitlicher Ansicht zwischen Arzt und Patient berücksichtigt werden soll.[1753] Dieser weit verbreitete ethische Lösungsvorschlag ließe sich rechtlich jedoch nur durch die Normierung einer Letztentscheidungsbefugnis des Arztes übernehmen. Von einem derartigen Rückgriff auf den Paternalismus nimmt der Gesetzgeber derzeit jedoch durchweg Abstand.[1754] Die ethischen Vorschläge müssen insofern in den neuen Gesetzgebungsvorschlag einbezogen werden, indem durch eine ausführliche Aufklärung eine Lösung gefunden werden soll, die sowohl die ärztliche Fürsorgeverpflichtung als auch die Selbstbestimmung des Patienten befriedigt. Gleichwohl ist entgegen der ethischen Ansicht bei einem Dissens die Ansicht des Patienten in Bezug auf seine eigene Gesundheit höherrangig und in Bezug auf die Gesundheit Dritter nur bei einer gegenwärtigen lebensbedrohlichen Erkrankung zurückzustellen.

1751 Aus ethischer Betrachtungsweise a. A. *Schmücker* in Joerden/Hilgendorf/Thiele (Hrsg.), Menschenwürde und Medizin, S. 949 (950 f.); gegen eine Behandlungspflicht bereits näher im 2. Kapitel B II 1. d.

1752 Vgl. 1. Kapitel C.

1753 Vgl. bereits im 2. Kapitel A III 3. a) aa).

1754 Dies verdeutlicht einerseits exemplarisch die Errichtung eines Patientenrechtegesetzes zur Stärkung der Rechte der Patienten und zur Schaffung von Transparenz, andererseits aber auch das Gendiagnostikgesetz, in dem das Selbstbestimmungsrecht des Patienten zentrale Bedeutung erlangt. Vgl. hierzu bereits 2. Kapitel B II 1. und 2.

2. Forschung

Eine gesetzliche Neuregelung für den Kontext der Forschung kann durch ein Forschungsrahmengesetz erfolgen, in dem unter anderem ein Unterabschnitt zu therapeutischen und wissenschaftlichen Versuchen und ein weiterer zur Forschung aus Biobanken integriert wird. Für die Regelungen zur Aufklärung und Mitteilung über Zufallsbefunde erscheint eine separate rechtliche Regelung sinnvoll, da der Proband bei der Entscheidung über die Rückmeldung unterschiedliche Voraussetzungen zu berücksichtigen hat, wie z. B. unterschiedlich lange Zeiträume, in denen ein Befundgewinn durch verschiedene Forscher erfolgen kann. Ein entsprechendes Vorgehen würde auch mit den ethischen Empfehlungen übereinstimmen, die zumeist zwischen therapeutischen und wissenschaftlichen Studien sowie der Sammlung und Forschung an Biomaterialien trennen.[1755]

a) Therapeutische und wissenschaftliche Versuche

Bevor der Gesetzesvorschlag in seinem Wortsinn vorgestellt wird, bedarf es zunächst einer Bestimmung des inhaltlichen Konzepts zur Lösung des Spannungsfeldes zwischen Selbstbestimmung und Fürsorge.

aa) Inhaltliches Konzept

Der Gesetzesvorschlag sowie die inhaltliche Konzeption fokussieren sich auf die Aufklärung über die mögliche Generierung von Zufallsbefunden bei einer wissenschaftlichen Untersuchung mittels genetischer Analyse oder bildgebender Verfahren sowie die Mitteilung eines Befundes. Zudem werden die Interessen der Verwandten und Dritten berücksichtigt.

aaa) Stellung des Selbstbestimmungsrechts des Probanden

Im Forschungskontext muss die Selbstbestimmung des Probanden geachtet werden, auch wenn aus objektiver Sicht Interessen, die den Probanden betreffen, entgegenstehen. Da zum aktuellen Zeitpunkt keine gesetzlichen Regelungen existieren, die eine fürsorgliche Handlung im Sinne der Erfüllung einer staatlichen Schutzpflicht erfordern,[1756] bestimmt derzeit alleine die vertragliche Absprache die Wertigkeit zwischen Fürsorge und Selbstbestimmungsrecht. Haben Forscher und Proband keine vertragliche Regelung getroffen, bedeutet dies im Zusammenhang mit einer Aufklärung und einem möglichen Gewinn

---

1755 Vgl. 2. Kapitel A III 3. b) cc) und dd).

1756 Vgl. bereits 2. Kapitel C I 2. d) cc) aaa).

von Zufallsbefunden, dass die Kenntnisnahme eines Zufallsbefundes Entscheidung des Probanden sein muss.

Die erstmalige Verabschiedung einer einfachgesetzlichen Norm bzgl. der Generierung von Zufallsbefunden im Rahmen wissenschaftlicher Untersuchungen vermittelt die gesetzgeberische Position zur Kollisionsvermeidung zwischen Selbstbestimmung und fürsorglichem Handeln des Forschers. Dabei rät der hier dargestellte Gesetzgebungsvorschlag, parallel zu den Regelungen in § 630d n. F. und § 630e n. F. BGB vorzugehen[1757] und dem Selbstbestimmungsrecht des Probanden hinsichtlich der Entscheidung über die Kenntnisnahme zufälliger Befunde zentrale Bedeutung zuzusprechen. Damit geht der hiesige Vorschlag einher mit dem Vorschlag der *BMBF-Forschungsgruppe „Recht auf Nichtwissen"*, der dem Probanden für den Forschungskontext auch bei therapierbaren Befunden eine Letztentscheidungsbefugnis zugesteht.[1758]

bbb) Konflikt zwischen Selbstbestimmungsrecht und Fürsorge gegenüber Verwandten und Dritten

Im Kontext der Forschung bereitet es Schwierigkeiten, eine Einschränkung des Selbstbestimmungsrechts des Probanden mit der Fürsorge des Forschers gegenüber verwandten Personen oder Dritten zu begründen, da die Fürsorge des Forschers schon gegenüber dem Probanden nur bei einer vertraglichen Absprache besteht.[1759] In rechtlicher Hinsicht ist der Forscher derzeit folglich nur verpflichtet, potentiell gefährdete Verwandte und Dritte zu informieren, wenn diese Pflicht in den Probandenvertrag einbezogen wurde.

Trotzdem ist auch in dem Forscher-Probanden-Verhältnis zu berücksichtigen, dass das verfassungsrechtlich gewährte Recht auf Nichtwissen kein absolutes Recht darstellt und eine Mitteilung infolgedessen bei entgegenstehenden Interessen Dritter gerechtfertigt sein kann. Da eine (zukünftige) Regelung im Forschungsrahmengesetz als Erfüllung einer staatlichen Schutzpflicht eingeordnet werden muss, ist in dem hier dargestellten Gesetzesentwurf eine Regelung zu finden, wie der Forscher bei einem zukünftigen Interessenkonflikt handeln muss. Dabei ist primäres Gebot, dass auch im Kontext der Forschung das Recht auf Selbstbestimmung des Probanden zentrale Bedeutung erfährt, sodass einerseits seine Entscheidung gegen die Kenntnisnahme eines Befundes akzeptiert wird und andererseits potentiell betroffene Verwandte primär nur einbezogen werden können, wenn der Proband einwilligt. Dazu sollte auch der Verwandte

---

1757 Siehe 2. Kapitel D III 1. b).

1758 *BMBF-Forschungsgruppe „Recht auf Nichtwissen"*, MedR 2016, S. 399 (403).

1759 Vgl. 2. Kapitel C I 2. d) cc) aaa).

gefragt werden, ob er eine Mitteilung wünscht,[1760] damit auch sein Recht auf Nichtwissen geschützt wird.

Sofern der Proband nicht in die Information potentiell dritter Betroffener einwilligt, ist jedoch auch die Etablierung der sogenannten Empfehlungslösung, wie sie im Gendiagnostikgesetz getroffen wurde,[1761] nicht zielführend und zudem nur bei einer Kenntnisnahme des Probanden auch tatsächlich möglich. Im Ergebnis ist auch dieser Konflikt nur lösbar, indem bei lebensbedrohlichen Erkrankungen nicht das Recht auf Nichtwissen, sondern die ärztliche Schweigeverpflichtung des Forschers verletzt wird und die Verwandten und Dritten informiert werden. In dem nachfolgenden Gesetzesvorschlag wird mithin parallel zu der Regelung für den Kontext der Diagnostik[1762] eine Ermessensentscheidung des Arztes bei lebensbedrohlichen, therapierbaren Zufallsbefunden aufgenommen.

bb) Gesetzesvorschlag

Die folgenden Vorschriften des Gesetzgebungsvorschlages sollen für klinische Prüfungen nach dem AMG und MPG sowie für Forschungsprojekte, die einer Beratung nach § 15 MBO unterliegen, anwendbar sein. Reine Studien mit Biomaterial aus Biobanken werden in einem eigenen Unterabschnitt durch gesonderte Vorschriften erfasst.

Die Aufklärung soll neben der Information über den Studieninhalt und das Studienziel auch die Möglichkeit der Generierung von Zufallsbefunden und deren Relevanz für die Gesundheit des Probanden, der potentiell betroffenen Verwandten und Dritten umfassen. Dabei muss als zentraler Aspekt auch der Unterschied zwischen Forschung und Diagnostik hervorgehoben werden, um eine diagnostische Fehlvorstellung bei dem Probanden zu vermeiden.

Zudem muss der Forscher den Probanden informieren, dass er nicht zur aktiven Suche von Zufallsbefunden verpflichtet ist, sofern nicht etwas anderes vereinbart wurde. Eine solche Klarstellung erscheint infolge der diagnostischen Erwartungen des Probanden und der Vorschläge des ACMG[1763] notwendig.

Es ergibt sich mithin folgender Gesetzestext:

1760 Für den Bereich der Gendiagnostik so *Duttge* in Wehling (Hrsg.), Vom Nutzen des Nichtwissens, S. 75 (87).

1761 Vgl. § 10 Abs. 3 S. 4 GenDG.

1762 Vgl. bereits im 2. Kapitel D III 1. b).

1763 *Green et al.*, Genet Med 2013, S. 565 (565 ff.).

§ 1 [Aufklärung]

Abs. 1: [1]Der Forscher ist verpflichtet, den Probanden über sämtliche für die Einwilligung in die Studienteilnahme wesentliche Umstände aufzuklären. Dazu gehören insbesondere Studienziel, studienbedingte Maßnahmen und Folgen, Zeitaufwand sowie auch die Möglichkeit der Generierung von Zufallsbefunden mit Relevanz für die Gesundheit des Probanden und Dritten. [2]Dies umfasst neben der Aufklärung über Art, Häufigkeit und Folgen der Zufallsbefunde auch die Möglichkeit, zufällige Ergebnisse nicht zur Kenntnis nehmen zu wollen.

Abs. 2: Der Forscher hat den Probanden darüber zu informieren, dass er nicht zur aktiven Suche von Zufallsbefunden verpflichtet ist, soweit nicht etwas anderes vereinbart ist.

In einer weiteren Vorschrift (§ 2) ist der Umfang und die Art und Weise der Mitteilung der Zufallsbefunde, die durch wissenschaftliche Untersuchungen generiert wurden, an den Probanden festzulegen. Eine Mitteilung an den Probanden darf grundsätzlich nur erfolgen, wenn der Proband in dieses Vorgehen eingewilligt hat, nachdem er entsprechend § 1 ordnungsgemäß aufgeklärt worden ist.[1764] Auch in dem Entwurf zu § 2 Forschungsrahmengesetz ist der aus dem Gendiagnostikgesetz bekannte Grundsatz der Alternativität[1765] aufzunehmen, nach dem Untersuchungsergebnisse vernichtet werden müssen, wenn der Proband nicht in die Mitteilung eingewilligt hat. Zudem ist bzgl. der Art und Weise der Mitteilung zu bestimmen, durch wen eine Rückmeldung individueller Gesundheitsergebnisse erfolgen darf. Zum Schutz des Probanden ist ausschließlich eine Mitteilung durch den vertrauten Prüfarzt vertretbar, der in klinischen Prüfungen zumeist auch der behandelnde Arzt ist, sodass ein gesteigertes Vertrauensverhältnis zwischen Proband und Forscher besteht.

In Abs. 2 wird unter Berücksichtigung der Stellung der Gesundheit einer Person im Grundgesetz (Art. 2 Abs. 2 GG) eine Rechtfertigung für den Forscher normiert, die Schweigeverpflichtung gegenüber Dritten aufgrund einer lebensbedrohlichen Erkrankung zu missachten. Dies erfordert im Rahmen des jeweiligen Forschungsprojektes eine sorgsame Befunderhebung bei den genetischen Analysen. Der Arzt ist nur bei lebensbedrohlichen Erkrankungen gerechtfertigt, dieses Ergebnis entgegen dem Willen des Probanden den Verwandten

---

1764 A. A. *Heinemann/Hoppe/Listl/Spickhoff/Elger*, DÄ 2007, Intersupplement 1, nach denen ein abklärungsbedürftiger Zufallsbefund dem Probanden durch den Forscher mitgeteilt werden muss. Dieser Ansicht liegt jedoch als Einschlusskriterium einer Studie zugrunde, dass Probanden bei Einwilligung in die Studienteilnahme auch schriftlich in die Mitteilung eines Befundes einwilligen.

1765 Vgl. § 8 Abs. 1 S. 2 GenDG.

bzw. Dritten mitzuteilen. Dabei bedarf es für die Mitteilung an Verwandte einer lebensbedrohlichen Erkrankung, die therapierbar ist, oder eines Erkrankungsrisikos wie beispielsweise bei einer Krebserkrankung. Nur im Fall einer therapierbaren Erkrankung bzw. eines therapierbaren Erkrankungsrisikos erscheint ein Eingriff in das Recht auf Nichtwissen des Probanden aufgrund eines Rechtsgüterschutzes der Verwandten gerechtfertigt. Im Gegensatz dazu ist die Mitteilung an Dritte auch bei nicht therapierbaren Erkrankungen des Probanden gerechtfertigt. Denn auch in diesen Fällen dient die Mitteilung dem Schutz der Gesundheit der Dritten, indem eine Gefährdung vermieden werden kann. Die Gesundheit des Dritten kann nicht davon abhängen, ob die Erkrankung des Probanden therapierbar ist oder nicht. Daher ist sie bei lebensbedrohlichen Gefahren höher als die Selbstbestimmung des Probanden zu gewichten.

Die Mitteilung sollte wie im Kontext der Diagnostik bei einer Gefahr für das Leben der Verwandten an diese selbst erfolgen, um eine zeitnahe weitere Abklärung und Therapie zu ermöglichen. Hingegen ist eine Information des nicht bestimmbaren Personenkreises potentiell gefährdeter Dritter nicht zielführend. Daher sollte bei einer Erkrankung des Untersuchten, die zu einer Lebensgefahr für Dritte führen kann, eine Person, Behörde oder Organisation benachrichtigt werden, die für die Unversehrtheit der Dritten eine Verantwortung übernehmen kann. Dies kann beispielsweise der Arbeitgeber des erkrankten Probanden sein.

Es ergibt sich demnach folgender Gesetzesvorschlag:

§ 2 [Mitteilung]

Abs. 1: [1]Der verantwortliche Forscher muss dem Probanden den unerwarteten Befund mitteilen, sofern dieser nach entsprechender Aufklärung gemäß § 1 in die Mitteilung eingewilligt hat. [2]Bei Verweigerung der Einwilligung müssen die Ergebnisse vernichtet werden, sofern nicht Abs. 2 S. 2 Anwendung findet. [3]Der Forscher muss den Probanden zur weiteren diagnostischen Abklärung und Therapie sowie zur (genetischen) Beratung an einen Facharzt verweisen.

Abs. 2: [1]Eine Mitteilung des Befundes an potentiell betroffene Verwandte oder an Verantwortliche für gefährdete Dritte muss bei Einwilligung des Probanden zwingend vorgenommen werden. [2]Eine Ausnahme von dem Einwilligungserfordernis kann nur

1. bei einer therapierbaren Erkrankung, die eine gegenwärtige lebensbedrohliche Gefahr für die Verwandten ist

oder

2. sowohl bei einer therapierbaren als auch nicht therapierbaren Erkrankung des Probanden, die eine lebensbedrohliche Gefahr für Dritte darstellt,

erfolgen.

Im Gegensatz zu dem Vorschlag der *Presidental Commission for the Study of Bioethical Issues*[1766] kann in den Entwurf eines Forschungsrahmengesetzes für Deutschland nicht aufgenommen werden, dass Ethikkommissionen einbezogen werden sollen, wenn eine Beeinträchtigung des informationellen Selbstbestimmungsrechts des Probanden in Betracht gezogen wird. Denn nach § 3 Abs. 2c GCP-V ist es Aufgabe der Ethikkommissionen, „den Schutz der Rechte, die Sicherheit und das Wohlergehen von betroffenen Personen im Sinne des Absatzes 2a zu sichern und diesbezüglich Vertrauen der Öffentlichkeit zu schaffen". Es ist nicht ihre Aufgabe, Einzelfallentscheidungen bzgl. der Gebotenheit oder Erforderlichkeit einer Mitteilung eines zufälligen Befundes an den Probanden vorzunehmen, sondern nur die Informationsschriften hinsichtlich der Anforderungen des § 1 n. F. zu überprüfen.[1767]

Entscheidungen über die Mitteilung eines Zufallsbefundes an den Probanden oder betroffene Verwandte können vielmehr die aus dem therapeutischen Bereich geläufigen Ethikkomitees in den einzelnen Unikliniken und Krankenhäusern herbeiführen.[1768] Sie sind jedoch rechtlich noch nicht anerkannt und arbeiten demzufolge anhand interner Leitlinien,[1769] sodass diesen noch keine verbindliche rechtliche Entscheidungskompetenz zukommen kann. In praktischer Hinsicht ist es jedoch zu empfehlen, dass sich einzelne Forscher und einbezogene Experten im Rahmen einer Einzelfallberatung Rat bei einem Ethikkomitee einholen.[1770]

b) Biobanken

Aufgrund des umfassenden Regelungsbedarfs für Forschung mit Biomaterialien wird hier vorgeschlagen, in dem Forschungsrahmengesetz einen eigenen Abschnitt für diese spezielle Art der Forschung aufzunehmen, in dem ein Unterabschnitt zur Rückmeldung bei Gewinn eines gesundheitsrelevanten Befundes

---

1766 *Presidental Commission for the Study of Bioethical Issues*, S. 87 f.

1767 Ähnlich *Heinemann/Hoppe/Listl/Spickhoff/Elger*, DÄ 2007, Intersupplement 1, S. 2, nach denen die Ethikkommission den Forscher hinsichtlich seines Umgangs mit Zufallsbefunden befragen sollte.

1768 *Bundesärztekammer*, DÄ 2006, S. 331 (331 f.); vgl. bspw. *Dörries*, Klinische Ethikberatung, S. 197 ff.; *Kettner* in Frewer/Fahr/Rascher (Hrsg.), Klinische Ethikkomitees. Chancen, Risiken und Nebenwirkungen, S. 15 (16).

1769 *Bundesärztekammer*, DÄ 2006, S. 331 (332).

1770 Zur Einzelfallberatung näher *Bundesärztekammer*, DÄ 2006, S. 331 (331).

an den Spender integriert wird. Der nachfolgende Gesetzesvorschlag bezieht sich ausschließlich auf die Aufklärung über und die Mitteilung von Zufallsbefunden.[1771]

aa) Inhaltliches Konzept

Das Spannungsfeld zwischen Selbstbestimmungsrecht und gesundheitlicher Fürsorge muss in dem Kontext der Forschung an Biobanken zugunsten der Entscheidung des Materialspenders gelöst werden, da dieser eines umfassenden Schutzes aufgrund der Unsicherheit, zu welchem Zeitpunkt Zufallsbefunde festgestellt werden können, bedarf. Insbesondere vor dem Hintergrund, dass eine unerwartete Rückmeldung zu einem unbestimmten Zeitpunkt mit einer hohen psychischen Belastung verbunden ist, darf nicht gegenteilig entschieden werden. Zwar würde eine Rückmeldung gesundheitsrelevanter Befunde möglicherweise zu einer effektiven und zeitnahen Therapieoption verhelfen, doch kann dieser Fürsorgegedanke nicht die aus einer möglichen Rückmeldung und der vorherigen Wartezeit resultierenden Belastungen rechtfertigen. In diesem Fall ist die Entscheidung des Patienten hinsichtlich seines Rechts auf Nichtwissen nach Art. 2 Abs. 1 S. 1 i. V. m. Art. 1 GG als höherrangig zu gewichten.

Eine vergleichbare Gewichtung ist im Verhältnis zu Gesundheitsinteressen Verwandter und Dritter vorzunehmen. Der Spender kann einwilligen, dass auch in der Informationsschrift näher benannte, potentiell betroffene Verwandte über ein relevantes Ergebnis informiert werden dürfen. Eine darüber hinausgehende Durchbrechung der Schweigepflicht gegen den Willen des Spenders ist jedoch nicht gerechtfertigt.

bb) Gesetzesvorschlag

Der Spender muss über die Art und Häufigkeit des Auftretens zufälliger Befunde informiert werden, sowie über den langen Zeitraum, in dem Zufallsbefunde abhängig von der Nutzung des Biomaterials in Forschungsprojekten gewonnen werden können. Darüber hinaus muss die Aufklärung die Information über das Recht auf Nichtwissen umfassen.

Als Folge der umfassenden Aufklärung wird in § 1 Abs. 1 S. 3 des Gesetzesentwurfes verlangt, dass zwischen Spender und Forscher eine Absprache getroffen

---

1771 Ein darüber hinausgehender Vorschlag an den Gesetzgeber für eine einheitliche Regelung der Speicherungs- und Verwendungsmodalitäten von Biomaterial kann aufgrund der Komplexität und des Umfangs der Thematik im Rahmen dieser Arbeit nicht entwickelt werden.

wird, ob eine Rückmeldung der Befunde gewünscht wird. Der Gesetzesvorschlag entspricht damit nicht den ethischen Empfehlungen, eine Rückmeldung aus praktischen Gründen niemals anzubieten[1772] oder – sofern nicht widersprochen wird – die Entscheidung dem Forscher zu überlassen.[1773]

In einem weiteren Abschnitt (§ 1 Abs. 2) sollte zusätzlich gesetzlich festgelegt werden, dass den Forscher im Rahmen eines Projektes an Biomaterial keine Pflichten zur aktiven Suche nach genetischen Auffälligkeiten treffen. Wie bereits im Abschnitt über die Forschung ist dies sowohl vor dem Hintergrund der Forderung der ACMG für den Kontext der Diagnostik[1774] als auch den Erwartungen der Probanden notwendig. Ein gesundheitlicher Check-Up ist nicht primärer Sinn und Zweck der Forschung und der Spende des Biomaterials durch den Probanden.

Für die Aufklärung über Zufallsbefunde während der Forschung an Biomaterial ergibt sich mithin folgender Vorschlag:

§ 1 [Aufklärung]
Abs. 1: „[1]Der Spender muss vor Einwilligung in die Aufbewahrung und Nutzung seines Biomaterials über das Design der Biomaterialbank und die Möglichkeit der Generierung von Zufallsbefunden mit Relevanz für seine Gesundheit aufgeklärt werden. [2]Dies umfasst insbesondere die Art, Häufigkeit und Folgen der Zufallsbefunde, die andauernde Möglichkeit der Generierung und das Recht des Spenders, Befunde nicht zur Kenntnis zu nehmen. [3]Zudem muss mit dem Spender die Art und Weise der Rückmeldung zufälliger Ergebnisse festgelegt werden."
Abs. 2: Der Forscher hat den Spender darüber zu informieren, dass bei Studien mit dem Biomaterial nicht aktiv nach Zufallsbefunden gesucht wird, soweit nicht etwas anderes vereinbart ist.

In Abhängigkeit des Designs der Biobank kann eine Rückmeldung gesundheitsrelevanter Befunde an den Spender stattfinden, sofern er im Anschluss an die Aufklärung darin eingewilligt hat. Dieser Grundsatz gilt nicht, sofern das Design einer Biobank eine Anonymisierung sämtlicher Proben vorsieht.[1775]

1772 Vgl. 2. Kapitel A III 3. b) dd); ähnlich *Nationaler Ethikrat*, Biobanken für die Forschung, S. 68 f.

1773 So einer von zwei Lösungsvorschlägen nach *Elger* in Langanke/Erdmann/Robienski/Rudnik-Schöneborn, Zufallsbefunde bei molekulargenetischen Untersuchungen, S. 97 (102 f.).

1774 *Green et al.*, Genet Med 2013, S. 565 (569); *Allyse/Michie*, Trends Biotechnol 2013, S. 439 (439).

1775 Der Gesetzgeber hat zum jetzigen Zeitpunkt noch keine Entscheidung getroffen, wie die Speicherung der Biomaterialen und die Forschung an Biomaterialbanken zukünftig ausgestaltet sein soll; vgl. *Mand*, MedR 2005, S. 565 (566 ff.); *Wellbrock*,

§ 2 enthält keinerlei Ausnahmetatbestände, nach denen eine Rückmeldung auch gegen den Willen des Spenders zugunsten der Gesundheit des Spenders oder potentiell betroffener Dritter vorgenommen werden kann. Vergleichbar zu § 8 GenDG[1776] sollte in den § 2 des Abschnitts über die Biomaterialforschung ein Grundsatz der Alternativität aufgenommen werden, nach dem Ergebnisse, die der Spender nicht zu Kenntnis nehmen möchte, vernichtet werden. Eine Rückmeldung der Ergebnisse sollte aus organisatorischen Gründen an den Spender selbst erfolgen. Eine möglicherweise weniger belastende Rückmeldung an den behandelnden Arzt oder Hausarzt ist bereits organisatorisch nicht möglich. Vor dem Hintergrund, dass in heutiger Zeit zahlreiche Arztwechsel und Umzüge stattfinden, ist zwar die Adresse des Spenders über das Einwohnermeldeamt, nicht jedoch dessen derzeitig behandelnder Arzt zu ermitteln.[1777]

Es ergibt sich mithin folgender Vorschlag:

§ 2 [Mitteilung]
Abs. 1: [1]Dem Spender kann ein Zufallsbefund mitgeteilt werden, sofern das datenschutzrechtliche Konzept der Biomaterialbank eine Rückmeldung des Ergebnisses zulässt. [2]Wird hingegen eine vollständige Anonymisierung der Proben und Daten vorgenommen, erfolgt keine Rückmeldung.
Abs. 2: [1]Der Forscher darf den Zufallsbefund dem Spender nur mitteilen, sofern er in die Nutzung und Aufbewahrung des Biomaterials wie auch in die Rückmeldung von zusätzlichen Ergebnissen eingewilligt hat. [2]Anderenfalls sind die zusätzlichen Ergebnisse zu vernichten.
Abs. 3: Eine Mitteilung muss an den Probanden und nur in Ausnahmefällen auf Wunsch des Probanden an den behandelnden Hausarzt erfolgen.

c) Ergebnis

Der Gesetzgebungsvorschlag zur Aufklärung und Mitteilung von Zufallsbefunden im therapeutischen und wissenschaftlichen Versuch unterscheidet sich von dem der Aufklärung und Mitteilung von Befunden bei Forschung aus Biobanken

MedR 2003, S. 77 (77 ff.); zur zweckgebundenen Verwendung von Daten aus Humanbiobanken auch *Deutscher Ethikrat*, Humanbiobanken für die Forschung, S. 18.

1776 Vgl. BR-Drs. 633/08, S. 51; *Stockter* in Prütting (Hrsg.), MedR-Komm, GenDG § 8 Rn. 15.

1777 Dies kann sich möglicherweise ändern, wenn die elektronische Gesundheitskarte im GKV-System eingesetzt wird und darauf sowohl Daten von Patienten als auch behandelnde Arztinformationen gespeichert werden. Aber auch in diesem Fall ist fraglich, ob ein Forscher, der mit archiviertem Biomaterial forscht, Zugriff auf diese aktualisierten Daten hat.

nur hinsichtlich der Befugnis des Forschers, auch verwandten und dritten Personen bei Verdacht einer lebensbedrohlichen Erkrankung diesen Befund mitteilen zu können. Der Unterschied der Vorschriften rechtfertigt sich aufgrund der unterschiedlichen zeitlichen Erwartungen und den damit einhergehenden Belastungen bei der Befundrückmeldung. Während bei wissenschaftlichen Untersuchungen im Forschungsprojekt eine Rückmeldung zeitnah erfolgen kann, ist bei Studien an Biomaterialien nicht absehbar, ob und wann die Biomaterialien verwendet und dementsprechend zufällige Befunde gewonnen werden können. Das Angebot zur Rückmeldung an den Spender ergeht, da dieser selbst seine Biomaterialproben zur Verfügung gestellt hat und dementsprechend befugt sein muss, selbstbestimmt über weitere Folgen zu entscheiden. Eine Rückmeldung auch an Verwandte zu einem nicht absehbaren Zeitpunkt könnte jedoch zu einer hohen Belastung infolge der Mitteilung führen, insbesondere da sie womöglich gar nicht über die Spende der Biomaterialien des Untersuchten in Kenntnis gesetzt wurden. Da die Organisatoren und Forscher einer Biomaterialbank auch nicht dafür Sorge tragen können, dass der Verwandte in der Folge medizinisch betreut und beraten würde, können die Belastungen nicht abgesehen werden. Es besteht daher keine Fürsorge gegenüber Verwandten oder Dritten im Rahmen von Biomaterialstudien.

Beide Gesetzgebungsvorschläge gewichten das Recht auf Selbstbestimmung ausnahmslos hoch und stimmen damit auch mit dem Vorschlag zur Aufklärung und Mitteilung von Zufallsbefunden im Rahmen diagnostischer Untersuchungen überein. In diesem Verhältnis unterscheidet sich ausschließlich die Integration der Normen in das bestehende Patientenrechtegesetz (§§ 630a BGB ff.) und ein neues Forschungsrahmengesetz.

IV. Sonstige Maßnahmen

Ohne Zweifel verlangt die derzeitige rechtliche Unsicherheit, wie bei der Generierung eines Zufallsbefundes von Seite des Arztes oder Forschers vorgegangen werden muss, primär den Erlass eines Gesetzes, das für Transparenz und Klarheit sorgt. Allerdings sind weitere über die alleinige rechtliche Festsetzung hinausgehende Maßnahmen notwendig, um tatsächlich ein Bewusstsein für Zufallsbefunde in der Gesellschaft zu wecken und einen verantwortungsvollen Umgang seitens der Ärzteschaft zu gewährleisten. Vornehmlich bedarf es einer Aufklärung der Bevölkerung, die keine ärztliche Information im Sinne des informed consent darstellen, sondern vielmehr das Bewusstsein für diese medizinische Befundform wecken soll. Dies impliziert eine Aufklärung über den Begriff, die Häufigkeit des Erscheinens, die Art von Zufallsbefunden und anschließend auch über den rechtlichen Umgang bei Auffinden eines solchen Befundes. Zentrale Rolle in dieser Bevölkerungsaufklärung muss auch der Konflikt zwischen Wissen- und Nicht-Wissen-wollen sowie die potentielle Bedeutung für verwandte Personen einnehmen.

In praktischer Hinsicht kann eine effektive und transparente Belehrung der Bevölkerung einerseits durch Informationsveranstaltungen als auch durch Verteilen von Informationsmaterial erfolgen. Ersteres ist zwangsläufig eine Aufgabe der Ärzteschaft, im Rahmen von Patientenfortbildungen, Vorträgen bei Selbsthilfegruppen für Patienten, Angehörigen und ähnlichen Personenkreisen über Zufallsbefunde zu berichten. Optimalerweise wird diese Aufgabe nicht an den einzelnen Arzt herangetragen, sondern im Rahmen von Krankenhausverbänden, Landesverbänden und durch Ethikkommissionen organisiert. Eine solche Aufklärung setzt zweierlei Maßnahmen voraus: Zunächst bedarf es zwingend einer umgehenden Schulung von Ärzten, Forschern und Personen, die in die Bevölkerungsaufklärung eingebunden werden sollen. Diese Schulung muss neben der Einführung in die rechtlichen Vorgaben auch die medizinische Kategorisierung der Befunde umfassen. Zudem besteht jedoch eine unumgängliche Notwendigkeit von bundesweit einheitlichem Informationsmaterial in Form von Broschüren, Flyern und Informationsschriften. Bereits die *Presidental Comission for the Study of Bioethical Issues* hat eine vergleichbare Vorgehensweise und die Erstellung evidenzbasierter Materialien gefordert, in denen auf die Häufigkeit des Gewinns von Zufallsbefunden dezidiert eingegangen werden sollte.[1778] Ein Konflikt zwischen Selbstbestimmung und Fürsorge kann nur gelöst werden, sofern eine einheitliche Information in der Bevölkerung erzielt wird. Dafür ist eine auf übereinstimmenden Zahlen und Arten basierende Aufklärung der Patienten im Zeitalter von häufigen freiwilligen Arztwechseln, notwendigen Überweisungen und Kooperationen unentbehrliche Voraussetzung zur Transparenz.

Als zusätzliche Maßnahme sollte eine Internetplattform zum Thema „Zufallsbefunde" erstellt werden, auf denen Patienten ihre Erfahrungen bzgl. der Konfrontation mit zufälligen Befunden oder dem Wunsch nach Nichtwissen darlegen und mit anderen Patienten kommunizieren können. Eine vergleichbare Einrichtung existiert bereits für Erkrankungen wie chronischer Schmerz, Diabetes Typ 2, Epilepsie und chronisch-entzündliche Darmerkrankungen.[1779] Ziel dieser Plattform kann es sein, durch den Austausch medizinischer Laien über

---

1778 *Presidental Commission for the Study of Bioethical Issues*, S. 11, S. 66 f.

1779 Bzgl. des Projektes der Universität Freiburg und der Universitätsmedizin Göttingen vgl. www.krankheitserfahrungen.de.

bestimmte Krankheitsbilder als Zufallsbefund oder über abstrakte Befunde und den entsprechenden Umgang eine über die ärztliche Aufklärung hinausgehende Transparenz und Meinungsbildung in der Bevölkerung zu erzielen. Zudem kann eine Kommunikation der Patienten auch zur emotionalen Unterstützung beitragen und Hinweise zu weiteren Quellen geben, was auch die Zielsetzung der Website www.krankheitserfahrungen.de verdeutlicht.[1780]

Es erscheint nicht hilfreich, diesen Vorschlag zur Bevölkerungsinformation auch gesetzlich zu manifestieren, denn er ist keine zivilrechtlich einklagbare oder strafrechtlich verfolgbare Vorgabe, sondern lediglich eine Handlungsempfehlung. Diese soll der Stärkung des Arzt-Patienten-Verhältnisses und des Forscher-Probanden-Verhältnisses aus der bereits beschriebenen Fürsorge dienen.

1780 Vgl. „Welche Ziele hat krankheitserfahrungen.de?" http://www.krankheitserfahrungen.de/ueber-uns/ueber-diese-website.

3. Kapitel Schlussbetrachtung

Im Rahmen dieser Arbeit wurde die Generierung eines Zufallsbefundes im Kontext der Diagnostik und der Forschung unter Einbeziehung der Belange der Patienten und Probanden nach Wissen und Nichtwissen der Befunde sowie entgegenstehenden Interessen Verwandter und Dritter analysiert. Exemplarisch wurde das Spannungsfeld zwischen Selbstbestimmungsrecht und ärztlicher Fürsorge anhand medizinischer Untersuchungen mittels bildgebender Verfahren und genetischer Analysen erörtert, wobei die Schlussfolgerungen auf Zufallsbefunde als Ergebnisse sämtlicher medizinischer Untersuchungen unabhängig von der Art der Analyse zu übertragen sind. Nachfolgend werden die Ergebnisse der Arbeit überblicksartig zusammengefasst und ein Ausblick auf noch ungeklärte rechtliche Fragen im Zusammenhang mit der Aufklärung und Mitteilung von Zufallsbefunden gegeben.

A. Zusammenfassung

In der Arbeit konnte aufgezeigt werden, dass Zufallsbefunde durch genetische und bildgebende Untersuchungen sowohl im Kontext der Diagnostik als auch der Forschung aufgefunden werden können. Denn im Kontext der Diagnostik erstrecken sich der rechtliche Umfang eines Behandlungsvertrages und zumeist auch der grundsätzliche Wille des Patienten nicht darauf, sämtliche Erkrankungen aufzufinden und zu therapieren mit der Folge, dass Zufallsbefunde im Behandlungskontext nicht mehr bestünden.[1781] In einem Forschungsprojekt ist die Generierung eines medizinischen Befundes mit Gesundheitsrelevanz für den Probanden sogar grundsätzlich nicht intendiert. Aufgrund dieser Annahme sind Zufallsbefunde „Ergebnisse medizinischer Untersuchungen im Kontext der Diagnostik und der Forschung, die mit der ursprünglichen Fragestellung nicht in Verbindung stehen und potentielle Relevanz für die Gesundheit des Betroffenen oder ihre Verwandten haben".[1782] Dabei sind die Anwendungsfelder zur Generierung von Zufallsbefunden in der Diagnostik und Forschung umfassend: Sowohl der Einsatz bildgebender Verfahren wie z. B. der Röntgendiagnostik, des CT und

1781 Dazu 1. Kapitel A I 1. b).

1782 Dazu 1. Kapitel A I 5.

der MRT als auch genetische Assoziationsstudien, pharmakogenetische Untersuchungen u. ä. haben das Potential, Zufallsbefunde zu generieren.

Den betroffenen Patienten und Probanden steht unabhängig von der Art des Zufallsbefundes und der Art der Analysemethode ein Recht auf Wissen wie auch ein Recht auf Nichtwissen zu, das es ihnen ermöglicht, über die Kenntnisnahme der Befunde zu entscheiden. Das Recht auf Nichtwissen ist verfassungsrechtlich im Rahmen der informationellen Selbstbestimmung aus Art. 2 Abs. 1 i.V.m. Art. 1 Abs. 1 GG geschützt.[1783] Der Arbeit liegt die Annahme zugrunde, dass genetische Daten nicht sensibler sind als übrige gesundheitsbezogene Daten, da sich weder aus medizinischer noch rechtlicher Sicht eindeutige Gründe für eine solche Sonderstellung genetischer Daten ergeben. Der Betroffene kann auch infolge nicht-genetischer Erkrankungen stigmatisiert und diskriminiert werden, ebenso wie er durch nicht-genetische und genetische Erkrankungen in seiner Lebensführung eingeschränkt werden kann.[1784] Der vom Gesetzgeber im Rahmen des Gendiagnostikgesetzes vertretene genetische Exzeptionalismus,[1785] den auch der BGH in seinem Urteil vom 20.05.2014 zur Haftung des Arztes wegen Information über eine Erbkrankheit des geschiedenen Ehepartners[1786] nicht grundsätzlich ausgeschlossen hat, wird infolge der hiesigen Analyse nicht vertreten.

Die im Rahmen der Einleitung aufgeworfene Frage „Clearly, knowing you have a brain tumor is better than not knowing, right?“ kann dem anonymen Verfasser auch nach Analyse des Spannungsfeldes zwischen Selbstbestimmungsrecht der Patienten und Probanden und der ärztlichen Fürsorge nicht objektiv beantwortet werden. Denn die mit der Kenntnis über einen Zufallsbefund einhergehenden Belastungen oder der entstehende Nutzen können nur von jedem Betroffenen selbst bestimmt werden. Das ist Folge der Grenzen des Rechts auf Nichtwissen, das nicht generell höher gewichtet werden kann als andere Grundrechte. Im Widerstreit mit entgegenstehen Interessen auf Verfassungsebene muss das Recht auf Nichtwissen im Einzelfall mit anderen Grundrechten abgewogen werden (praktische Konkordanz). Dies gilt beispielsweise auch für eine Abwägung mit den Interessen des Arztes. Die ärztliche Verpflichtung zur Fürsorge kann einerseits durch das Recht auf Berufsfreiheit aus Art. 12 Abs. 1 GG und andererseits durch eine staatliche Verpflichtung zum Schutz der Gesundheit

---

1783 Dazu 1. Kapitel B II 1. b) aa), c).

1784 Dazu ausführlich 1. Kapitel B II 4. a).

1785 BT-Drs. 16/10532, S. 1.

1786 BGHZ 201, 263 (263 ff.).

des Betroffenen aus Art. 2 Abs. 2 GG hergeleitet werden.[1787] Die staatliche Verpflichtung zum Schutz der Gesundheit wird den Ärzten durch zivilrechtliche Normen, insbesondere dem Behandlungsvertrag aus § 630a BGB i.V.m. mit der ärztlichen Berufsordnung (MBO-Ä) übertragen.[1788] Hingegen gibt es keine einfachgesetzlichen Normen, die den Forscher verpflichten, als „Erfüllungsgehilfe" des Staates für die Gesundheit des Probanden zu sorgen.[1789] Dementsprechend ist der Proband in Forschungsstudien nur im Rahmen der wissenschaftlichen Sorgfaltspflicht aber nicht durch aktive Fürsorge geschützt.

Der Gesetzgeber hat es vermissen lassen, für den Fall der widerstreitenden Interessen bei Generierung eines Zufallsbefundes eine Lösung des Spannungsfeldes zwischen Selbstbestimmungsrecht des Patienten und Fürsorgepflicht des Arztes anzubieten. Die bestehenden Regelungen im Gendiagnostikgesetz zur Aufklärung und Mitteilung von Befunden können zwar auch für den Fall der Generierung von Zufallsbefunden angewendet werden. Allerdings sind sie unzureichend und führen insbesondere bei kollidierenden Grundrechtsinteressen von Verwandten zu einer Verschiebung der Problematik in den Familienkontext.[1790] Für die Generierung nicht-genetischer Zufallsbefunde ist das Gendiagnostikgesetz zudem nicht anwendbar und es fehlen im gleichen Umfang schützende Regelungen im Patientenrechtegesetz. Da das Recht auf Nichtwissen trotz der Zielvorgabe der Transparenz und Stärkung der Patientenrechte in den §§ 630a ff. BGB nicht ausdrücklich einbezogen wurde, sondern der Gesetzgeber nur ein grundsätzliches Dispositionsrecht des Patienten aufgenommen hat, ist daran zu zweifeln, ob der Gesetzgeber den umfassenden Schutz des Patienten auch hinsichtlich der Zufallsbefunde berücksichtigen wollte. Auch in weiteren Gesetzen wie dem Infektionsschutzgesetz und der Strahlenschutzverordnung wurden keine Regelungen zur Aufklärung und Mitteilung von Zufallsbefunden getroffen. Damit besteht kein einheitlicher Schutz für die Patienten hinsichtlich der Aufklärung und Mitteilung von genetischen und nicht-genetischen Zufallsbefunden durch einfachgesetzliche Normen.

Ähnliche Schlussfolgerungen können für den Kontext der Forschung gezogen werden: Die forschungsbezogenen Spezialgesetze wie das Arzneimittelgesetz und das Medizinproduktegesetz verfolgen eine andere Zielsetzung als die Stärkung des Selbstbestimmungsrechts des Probanden. Auch das Bundesdatenschutzgesetz

---

1787 Dazu 1. Kapitel C II.

1788 Dazu 1 Kapitel C II 2. c) cc) bbb).

1789 Dazu 2. Kapitel C I 2. d) cc).

1790 Dazu 2. Kapitel B I 2. c) bb) bbb) (2); 2. Kapitel B II 2. a) cc) bbb).

bzw. die DS-GVO[1791] können das fehlende Forschungsrahmengesetz nicht ersetzen, denn es werden zwar Regelungen zum Schutz der informationellen Selbstbestimmung durch eine unbefugte Weitergabe der Daten an Dritte, aber nicht an den Betroffenen selbst bestimmt. Zudem ist auch das Gendiagnostikgesetz nach § 2 Abs. 2 Nr. 1 GenDG für den Bereich der Forschung nicht anzuwenden. Aus dem Interesse, den Probanden ebenso wie den Patienten bei Generierung eines genetischen Zufallsbefundes zu schützen und ihm eine selbstbestimmte Entscheidung zu ermöglichen, wird man wohl dogmatisch den Rechtsgedanken des Gendiagnostikgesetzes auch bei genetischen Analysen in der Forschung herbeiziehen können – und ohne weiteres Tätigwerden des Gesetzgebers sogar müssen.[1792] Ob tatsächlich auch in der Praxis so gehandelt wird, ist unklar. Zudem hilft dieser „lösungsorientierte Behelf" zum Schutz des Probanden bei nicht-genetischen Zufallsbefunden als Ergebnis bildgebender Untersuchungen in der Forschung nicht. Denn für diese Fälle gibt es keine schlüssigen juristischen Argumente, dass das Gendiagnostikgesetz als „Gesetz über genetische Untersuchungen beim Menschen" auch für nicht-genetische Verfahren Anwendung finden sollte.

Zugunsten des Gesetzgebers ist zu berücksichtigen, dass bisher auch im Rahmen der nationalen und internationalen medizinethischen Empfehlungen kein Konsens gefunden wurde, ob und wie über Zufallsbefunde aufgeklärt und ob diese mitgeteilt werden sollten. Die Medizinethik kann damit im Rahmen ihrer rechtspolitischen Funktion kein Minimum zur rechtlichen Manifestierung beitragen. Die einzelnen Empfehlungen sind stark geprägt von dem jeweiligen medizinethischen Verständnis des Landes. Dies verdeutlicht sich insbesondere hinsichtlich der Rolle des Arztes und der Bedeutung der Forschungsfreiheit, die beispielsweise in den USA einen höheren Stellenwert als in Deutschland hat. Im Zusammenhang mit der Rückmeldung von Befunden aus Forschungsprojekten mit archivierten Proben belegen die in der Arbeit exemplarisch vorgestellten Empfehlungen sogar, dass der „informed consent" hier an seine Grenze kommt: Denn es ist unklar, in welchem Umfang der Spender über mögliche Befunde aufgeklärt werden soll, wann und durch wen eine Rückmeldung

---

1791 Die DS-GVO ist am 24. Mai 2016 mit Wirkung zum 25. Mai 2018 in Kraft getreten. Infolgedessen muss durch das Gesetz zur Anpassung des Datenschutzrechts an die Verordnung EU (2016/679) und zur Umsetzung der Richtlinie (EU) 2016/680 (Datenschutz-Anpassungs- und Umsetzungsgesetz EU) vom 30. Juni 2017, BGBL. I S. 2097, das Bundesdatenschutzgesetz angepasst werden.

1792 Dazu 2. Kapitel C II 6. a) bb).

erfolgen und wie dabei das Recht auf Nichtwissen gewahrt werden kann.[1793] Die aus dieser Unklarheit resultierenden Empfehlungen, die Entscheidung über die Rückmeldung den Organisatoren der Biomaterialbank zu überlassen,[1794] kollidieren jedoch stark mit dem Selbstbestimmungsrecht des Spenders und offenbaren eine Verantwortungslosigkeit vor deren Gesundheit.

Die dargelegten Ergebnisse der hiesigen Arbeit offenbaren, dass ein gesetzgeberisches Tätigwerden dringend notwendig ist, da Zufallsbefunde im Kontext der Diagnostik und Forschung derzeit aufgrund der Etablierung bildgebender Verfahren sowie genetischer Analysen stetig zunehmen[1795] und insbesondere Genomsequenzierung und Micro-Arrays in der Zukunft vermehrt eingesetzt werden.[1796] Der Gesetzgeber ist verpflichtet, sich eine Überzeugung aufgrund der existierenden rechtswissenschaftlichen und ethischen Erkenntnisse zu bilden und diese in einem formellen Bundesgesetz entsprechend umzusetzen. Der vorgestellte Gesetzesvorschlag soll als Anhaltspunkt dienen, wie der Gesetzgeber bei der Umsetzung vorgehen könnte. Für den Kontext der Diagnostik ist es beispielsweise möglich, das Patientenrechtegesetz zu erweitern und somit für stärkere Transparenz zu sorgen. Im Forschungskontext hingegen erscheint es notwendig, dass der Gesetzgeber seinen Widerstand gegen ein Forschungsrahmengesetz aufgibt und die Aufklärung und Mitteilung von Zufallsbefunden in einem solchen integriert.

B. Ausblick

Auch wenn eine Vielzahl von Fragen im Zusammenhang mit der Generierung von Zufallsbefunden noch nicht abschließend geklärt sind, ist eine gesetzliche Regelung notwendig. Zwar wird teilweise die Notwendigkeit neuer Regelungen negiert, da zusätzliche Befunde im Rahmen diagnostischer und wissenschaftlicher Untersuchungen zukünftig immer erwartet werden müssten[1797] und

---

1793 Dazu 2. Kapitel A III 3. b) cc).

1794 Vgl. beispielsweise *Elger* in Langanke/Erdmann/Robienski/Rudnik-Schöneborn (Hrsg.), Zufallsbefunde bei molekulargenetischen Untersuchungen, S. 97 (102 f.); vgl. 2. Kapitel A III 3. b) cc).

1795 Siehe Ausführungen im 1. Kapitel A; ähnlich für die Bildgebung auch *Weckbach/Sclett/Bertheau/Kauczor*, Der Internist 2014, S. 1019 (1019).

1796 *Pfeufer/Krawczak*, DÄ 2013, A 2016 (2016); ähnlich *Eberbach*, MedR 2011, S. 757 (761); zweifelnd *Ropers* in Duttge/Engel/Zoll (Hrsg.), Das Gendiagnostikgesetz im Spannungsfeld von Humangenetik und Recht, S. 61 (64).

1797 Ähnlich *Fisher/Achilles/Tönnies/Schmidtke*, Bundesgesundheitsbl 2015, S. 166 (166).

dementsprechend wie intendierte Befunde zu behandeln seien. Diese Ansicht ergibt sich beispielsweise aus aktuellen Leitlinien der Fachgesellschaften,[1798] die kaum zwischen einer Abklärung eines Befundes und eines Zufallsbefundes unterscheiden. Allerdings kann die tatsächliche Entwicklung der genetischen Analysen zum jetzigen Zeitpunkt noch nicht zuverlässig bestimmt werden. Insbesondere die derzeit zumeist nur in der Forschung eingesetzte Ganzgenomsequenzierung wird zukünftig auch häufiger im diagnostischen Kontext verwendet werden.[1799] Für die im Rahmen dieser genetischen Analysen auftretenden Zufallsbefunde bedarf es gesetzlicher Regelungen, da der informed consent in seiner derzeit bekannten Form bei derart weitreichenden Analysemethoden zur Wahrung der Selbstbestimmung nicht mehr ausreicht.

Weiterhin offen bleiben Fragen zur Organisation der in der Literatur geforderten ausführlichen und kategorienbasierten Aufklärung. So ist einerseits unklar, ob die gesteigerte Aufklärungspflicht in Zeiten der Rationalisierung in dem zeitlichen Umfang überhaupt praktisch durchführbar ist, den ein Arzt für den Patienten zur Verfügung hat. Auch haftungsrechtliche Folgefragen sind nicht ausdrücklich, sondern nur inzident durch die Bestimmung der Pflichten von Ärzten und Forschern thematisiert worden.[1800] Als zentrales Problem bei der geforderten Aufklärung gestalten sich zudem derzeit die uneinheitlichen Kategorien der Literatur, die zur Information des Patienten beigezogen werden sollten. Es bedarf einer Organisation, durch wen in welchem Zeitraum eine einheitliche Kategorisierung vorgenommen werden kann und einer anschließenden Schulung des betroffenen Personals.[1801] So ist beispielsweise anzudenken, ob nicht die Bundesärztekammer durch eine unverbindliche Empfehlung eine interne Kategorisierung vornehmen könnte,[1802] oder ob die Gendiagnostik-Kommission exemplarisch für den Bereich der genetischen Analysen eine Richtlinie erlassen kann, die ein Vorgehen am fachlichen Standard unter Berücksichtigung einheitlicher Kategorien ermöglicht. Die Richtlinien-Kompetenz der Gendiagnostik-Kommission[1803] umfasst nach § 23 Abs. 2 Nr. 3 GenDG die Festsetzung von

---

1798 Vgl. Zusammenstellung der Leitlinien der Fachgesellschaften auf www.AWMF.org.

1799 *Molnár-Gábor* in Langanke/Erdmann/Robienski/Rudnik-Schöneborn (Hrsg.), Zufallsbefunde bei molekulargenetischen Untersuchungen, S. 23 (25 f.).

1800 Hierzu 2. Kapitel B II 1. und 2. sowie 2. Kapitel C I 2. d) cc) aaa) und II.

1801 Ähnlich bereits *Presidental Commission for the Study of Bioethical Issues*, S. 11, S. 66 f.

1802 Die Kompetenz der Bundesärztekammer zum Erlass von Richtlinien begrenzt sich auf wenige Bereiche wie die des Transplantationsrechts; vgl. statt vieler *Scholz/Middel* in Spickhoff (Hrsg.), Medizinrecht, TPG § 16 Rn. 1; *Gutmann/Fateh-Moghadam*, NJW 2002, S. 3365 (3369).

1803 *Fenger* in Spickhoff (Hrsg.), Medizinrecht, GenDG § 23 Rn. 1.

„Anforderungen an den Inhalt der Aufklärung und genetischen Beratung". Dazu können unzweifelhaft auch Kategorien zur Mitteilung genetischer Zufallsbefunde gehören. Abwegig ist die Beauftragung der Selbstverwaltungspartner nach dem SGB V wie dem Spitzenverband der gesetzlichen Krankenversicherung, der Deutschen Krankenhausgesellschaft, der Kassenärztlichen Bundesvereinigung und der Kassenzahnärztlichen Bundesvereinigung oder des Gemeinsamen Bundesausschusses (G-BA). Letzterer hat zwar eine Kompetenz zur Festsetzung von Richtlinien zur Qualitätssicherung. Allerdings bezieht diese sich auf Standards für die Gesundheitsversorgung und damit die Qualitätssicherung in der gesetzlichen Krankenversicherung[1804] und nicht auf zivilrechtliche Grundsätze der Aufklärung.

Abzuwarten bleibt für den Kontext der Forschung vor allem, ob der Gesetzgeber seine Auffassung aufgibt, dass ein Forschungsrahmengesetz nicht notwendig sei[1805] und entsprechende Regelungen vornimmt. Er ist unter Berücksichtigung der Schutzbedürftigkeit der Probanden gehalten, seine ablehnende Haltung ebenso wie den angeblich ausreichenden Schutz durch Datenschutzgesetze ausführlich zu überprüfen. Im Rahmen der Anpassung des Bundesdatenschutzgesetztes an die DS-GVO hätte er die Möglichkeit gehabt, weitergehende Regelungen zum Datenschutz in der Forschung aufzunehmen. Diese Möglichkeit hat er jedoch nur unzureichend und damit enttäuschend wahrgenommen.[1806]

Zudem muss abgewartet werden, ob der Gesetzgeber auch infolge des vermehrten Einsatzes bildgebender Verfahren bei diagnostischen und wissenschaftlichen Untersuchungen seine derzeitige Ansicht des genetischen Exzeptionalismus' aufrechterhält,[1807] oder ob er vielmehr einsieht, dass es eines grundsätzlichen angehobenen Schutzniveaus für den Fall der Generierung zufälliger Befunde bedarf. Da im Zusammenhang mit der Kenntnisnahme oder auch der Informationsabwehr von Zufallsbefunden mit Krankheitswert die Gesundheit und die Selbstbestimmung von Patienten und Probanden beeinträchtigt werden können, ist es Aufgabe des Gesetzgebers ein einheitliches und übergreifendes Schutzkonzept zu gewähren. Dabei ist er aufgrund der Komplexität des Themas geraten, durch neue Regelungen ein Handeln für Ärzte und Forscher sowie Entscheiden für Patienten und Probanden zu vereinfachen.

1804 *Schmidt-de Caluwe* in Becker/Kingreen (Hrsg.), SGB V § 92 Rn. 1.

1805 BT-Drs. 16/10532, S. 20.

1806 Dazu bereits ausführlich 2. Kapitel C II 3. b).

1807 Dazu BT-Drs. 16/10532, S. 1.

Da zwischen Einsicht des Gesetzgebers und tatsächlichem Handeln in Form eines Gesetzes zwangsläufig einige Zeit vergehen wird, ist die Rechtsprechung bis dahin gehalten, für Transparenz, Rechtssicherheit und hinreichenden Schutz der Patienten und Probanden sowie deren Grundrechte zu sorgen. Diese Aufgabe haben die Rechtsprechungsorgane bereits im Rahmen der Entwicklung der Aufklärungspflichten übernommen bis das Patientenrechtegesetz im Februar 2013 in Kraft trat.[1808] Für den Kontext der Generierung von Zufallsbefunden bedeutet dies, dass durch die Rechtsprechung konkrete Vorgaben zu den Anforderungen an Aufklärung und Mitteilung von Befunden entwickelt werden müssen, wie dies ansatzweise für das Aufgreifen von Zufallsbefunden bereits erfolgt ist.[1809] Dazu gehört aber z. B. auch, dass in der höchstrichterlichen Rechtsprechung zukünftig Entscheidungen zu der Reichweite eines Rechts auf Nichtwissen getroffen werden und nicht floskelhaft darauf verwiesen wird, dass dieses Recht ja in der Genetik anerkannt sei.[1810] Durch die Rechtsprechung muss vermehrt die Chance ergriffen werden, durch richtungsweisende Urteile eine darüber hinausgehende Botschaft zu vermitteln. Nur so kann zukünftig für Ärzte, Forscher, Patienten und Probanden Transparenz und Rechtssicherheit geschaffen werden.

Ob neue gesetzliche Regelungen oder die höchstrichterliche Rechtsprechung zukünftig auch im Einzelfall zu einer Befriedigung der Betroffenen führen können, ist allerdings unklar. Denn auch wenn es objektive Kriterien für die Abwägung von Nutzen des Wissens und des Nichtwissens gibt, hat wohl jeder durch einen zufälligen Befund Betroffene seine subjektive Empfindung hinsichtlich Nutzen und Risiken des Wissens. Denn nur eine jede Person kann für sich selbst entscheiden, ob der Zufall für sie etwas Negatives und Belastendes ist oder ob er vielmehr eine unvorhergesehene, glückliche Fügung für die weitere Lebensplanung darstellt. Denn so sinnierte schon der Lyriker *Christian Friedrich Hebbel*: „Der Zufall ist ein Rätsel, welches das Schicksal dem Menschen aufgibt."

1808 BT-Drs. 17/10488, S. 1: „Auf dem Gebiet des Behandlungs- und Arzthaftungsrechts steht Wesentliches nicht im Gesetz, sondern ist Richterrecht."

1809 BGH MedR 2011, S. 645 (645 ff.).

1810 BGHZ 201, 263 (263 ff.).

Literaturverzeichnis

Albers, Marion: Rechtsrahmen und Rechtsprobleme bei Biobanken, MedR 2013, S. 483–491.

Alexy, Robert: Theorie der Grundrechte, Baden-Baden 1985 (zugl.: Göttingen, Univ., Habil-Schr., 1984).

Almli, C. R./Rivkin M. J./McKinstry R. C.: The NIH MRI study of normal brain development (Objective-2): newborns, infants, toddlers, and preschoolers, Neuroimage 2007, S. 308–325.

Allyse, Megan/Michie, Marsha: Not-so-incidental findings: the ACMG recommendations on the reporting of incidental findings in clinical whole genome and whole exome sequencing, Trends Biotechnol 2013, S. 439–441.

American College of Medical Genetics and Genomics: ACMG policy statement: updated recommendations regarding analysis and reporting of secondary findings in clinical genome-scale sequencing, Genet Med 2015, S. 68–69.

Anonym: How volunteering for an MRI scan changed my life, Nature Publishing Group 2005, S. 17.

Appelbaum, Paul S./Roth, Loren H./Lidz, Charles: The therapeutic misconception: informed consent in psychiatric research, Int J Law Psychiatry 1982, S. 319–329.

Arbeitsgruppe Humane Genomsequenzierung (gemeinsame AG der Ständigen Senatskommission für Grundsatzfragen der Genforschung und der Ständigen Senatskommission für Grundsatzfragen in der Klinischen Forschung): Stellungnahme Humane Genomsequenzierung – Herausforderungen für eine verantwortungsvolle Anwendung in der Wissenschaft 2016, S. 1–8, abrufbar unter http://www.dfg.de/download/pdf/dfg_im_profil/reden_ stellungnahmen/2016/160801_stellungnahme_humane_genomsequenzierung.pdf (zuletzt abgerufen am 16.01.2018) (zit.: Arbeitsgruppe Humane Genomsequenzierung, Stellungnahme).

Arbeitskreis medizinischer Ethikkommissionen: Protokoll der 25. Jahresversammlung des Arbeitskreises medizinischer Ethikkommissionen in der Bundesrepublik Deutschland am 9. und 10. November 2007 in Berlin, Bundesärztekammer, abrufbar unter http://www.ak-med-ethik-komm.de/documents/25JaVewebsite.pdf (zuletzt abgerufen am 27.03.2015).

Arbeitskreis medizinischer Ethikkommissionen: Klinische Prüfung eines Arzneimittels mit einer obligatorisch verbundenen pharmakogenetischen Untersuchung, abrufbar unter http://www.ak-med-ethik-komm.de/index.

php?option=com_content&view=article&id=145&Itemid=154&lang=de (zuletzt abgerufen am 16.01.2018).

Arntz, Klaus: Das Recht auf Nichtwissen im Kontext prädiktiver Medizin. Anmerkungen aus ethischer Sicht, in Duttge, Gunnar/Lenk, Christian (Hrsg.), Das sogenannte Recht auf Nichtwissen. Normatives Fundament und anwendungspraktische Geltungskraft, Paderborn 2019, S. 117–129 (Arntz in Duttge/Lenk (Hrsg.), Das sogenannte Recht auf Nichtwissen).

Bales, Stefan/Baumann, Hans-Georg/Schnitzler, Norbert: Infektionsschutzgesetz. Kommentar und Vorschriftensammlung, 2. Auflage, Stuttgart 2003 (zit.: Bales/Baumann/Schnitzler, Infektionsschutzgesetz).

Bayreuther, Frank: Einstellungsuntersuchungen, Fragerecht und geplantes Beschäftigtendatenschutzgesetz, NZA 2010, S. 679–683.

Beauchamp, Tom L.: Prinzipien und andere aufkommende Paradigmen in der Bioethik, in Rauprich, Oliver/Steger, Florian (Hrsg.), Prinzipienethik in der Biomedizin: Moralphilosophie und medizinische Praxis, Frankfurt am Main 2005, S. 48–73 (zit.: Beauchamp in Rauprich/Steger (Hrsg.), Prinzipienethik in der Biomedizin).

Beauchamp, Tom L./Childress, James F.: Principles of Biomedical Ethics, 7. Auflage, New York 2013.

Becker, Ulrich/Kingreen, Thorsten: SGB V – Gesetzliche Krankenversicherung – Kommentar, 6. Auflage, München 2018 (zit.: Becker/Kingreen, SGB V, § Rn.)

Belsky, Leah/Richardson, Henry S.: Medical researchers' ancillary clinical care responsibilities, BMJ 2004, S. 1494–1496.

Benda-Kommission: Bundesministerium für Forschung und Technologie (Hrsg.): In-vitro-Fertilisation, Genomanalyse und Gentherapie, Bericht der gemeinsamen Arbeitsgruppe des Bundesministers für Forschung und Technologie und des Bundesministers der Justiz, München 1985.

Berg, Jonathan S./Khoury, Muin J./Evans, James P.: Deploying whole genome sequencing in clinical practice and public health: Meeting the challenge one bin at a time, Genet Med 2011, S. 409–504.

Bergmann, Karl Otto/Pauge, Burkhard/Steinmeyer, Heinz-Dietrich (Hrsg.): Gesamtes Medizinrecht, 3. Auflage, Baden-Baden 2018 (zit.: Bearbeiter in Bergmann/Pauge/Steinmeyer (Hrsg.), Gesamtes Medizinrecht, BGB § Rn.).

Bernat, Erwin: Genetischer Exzeptionalismus und österreichisches Recht, in Langanke, Martin/Erdmann, Pia/Robienski, Jürgen/Rudnik-Schöneborn, Sabine (Hrsg.), Zufallsbefunde bei molekulargenetischen Untersuchungen. Medizinische, juristische und ethische Perspektiven, Berlin Heidelberg 2015, S. 61–74.

Birnbacher, Dieter: Analytische Einführung in die Ethik, 2. Auflage, Berlin 2007.

Bleckmann, Albert: Neue Aspekte der Drittwirkung der Grundrechte, DVBl 1988, S. 938–946.

Bledsoe, Marianna J./Clayton, Ellen Wright/McGuire, Amy L./Grizzle, William E./O'Rourke, P. Pearl/Zeps, Nikoljas: Return of research results from genomic biobanks: cost matters, Genet Med 2013, S. 103–105 (zit.: Bledsoe et al., Genet Med 2013).

BMBF-Projektgruppe „Recht auf Nichtwissen": Empfehlungen zum anwendungspraktischen Umgang mit dem „Recht auf Nichtwissen", MedR 2016, S. 399–405.

Bockelmann, Paul: Rechtliche Grundlagen und rechtliche Grenzen der ärztlichen Aufklärungspflicht, NJW 1961, S. 945–951.

Booth, T. C./Jackson, A./Wardlaw, J. M./Taylor, S. A./Waldman, A. D.: Incidental findings found in „healthy" volunteers during imaging performed for research: current legal and ethical implications, Br J Radiol. 2010, S. 456–465.

Brauer, Daniel: Autonomie und Familie. Behandlungsentscheidungen bei geschäfts- und einwilligungsunfähigen Volljährigen, Berlin Heidelberg 2013 (zugl.: Göttingen, Univ., Diss 2013) (zit.: Brauer, Autonomie und Familie).

Brockmöller, Jürgen/Sehrt, Daniel: Pharmakogenomik, in Lenk, Christian/Duttge, Gunnar/Fangerau, Heiner (Hrsg.), Handbuch Ethik und Recht der Forschung am Menschen, Berlin Heidelberg 2014, S. 61–69.

Broich, Karl/Rems, Lucas: Bedeutung von Biomarkern in der Arzneimittelentwicklung aus Sicht des Bundesinstituts für Arzneimittel und Medizinprodukte (BfArM) am Beispiel von neuropsychiatrischen Erkrankungen, in Schmitz, Gerd (Hrsg.), Biomarker, 1. Auflage, Stuttgart 2008.

Brügmann, Walter: Widerrechtlichkeit des ärztlichen Eingriffs und Aufklärungspflicht des Arztes, NJW 1977, S. 1473–1478.

Bundesärztekammer: Richtlinien zur pränatalen Diagnostik von Krankheiten und Krankheitsdispositionen, DÄ 1998, A 3236–3242.

Bundesärztekammer: Bekanntmachungen: Richtlinie zur prädiktiven genetischen Diagnostik, DÄ 2003, A 1297–1305.

Bundesärztekammer: Stellungnahme der Zentralen Kommission zur Wahrung ethischer Grundsätze in der Medizin und ihren Grenzgebieten (Zentrale Ethikkommission) bei der Bundesärztekammer zur Ethikberatung in der klinischen Medizin (24. Januar 2006), DÄ 2006, S. 331–335.

Buselmaier, Werner/Tariverdian, Gholamali: Humangenetik, 4. Auflage, Heidelberg 2006.

Christenhusz, Gabrielle M./Devriendt, Koenraad/Dierickx, Kris: To tell or not to tell? A systematic review of ethical reflections on incidental findings arising in genetics contexts, Eur J Hum Genet. 2013, S. 248–255.

Clayton, Ellen Wright: Incidental Findings in Genetics Research Using Archived DNA, J Law Med Ethics 2008, S. 268–291.

Clouser, K. Danner/Gert, Bernard: Eine Kritik der Prinzipienethik, in Rauprich, Oliver/Steger, Florian (Hrsg.), Prinzipienethik in der Biomedizin: Moralphilosophie und medizinische Praxis, Frankfurt am Main 2005, S. 88–108 (zit.: Clouser/Gert in Rauprich/Steger (Hrsg.), Prinzipienethik in der Biomedizin).

Corinth, Annette S.: Ärztliche Schweigepflicht und kollidierende Gesundheitsinteressen Dritter, Göttingen 2008 (zugl.: Hannover, Univ., Diss., 2008).

Cramer, Regine: Die Bedeutung der Patientenaufklärung in der forensischen Praxis in Katzenmeier, Christian/Ratzel, Rudolf (Hrsg.), Festschrift für Franz-Josef Dahm: Glück auf! Medizinrecht gestalten, Berlin 2017, S. 119–137 (zit.: Cramer in Dahm-FS).

Cremer, Jakob: Berücksichtigung prädiktiver Gesundheitsinformationen beim Abschluss privater Versicherungsverträge, Baden-Baden 2010 (zugl.: Augsburg, Univ., Diss., 2009 – 2010).

Damm, Reinhard: Persönlichkeitsrecht und Persönlichkeitsrechte – Identitäts- und Autonomieschutz im Wandel, in Heldrich, Andreas/Schlechtriem, Peter (Hrsg.), Recht im Spannungsfeld von Theorie und Praxis. Festschrift für Helmut Heinrichs zum 70. Geburtstag, München 1998, S. 115–139 (zit.: Damm in Heinrichs-FS).

Damm, Reinhard: Imperfekte Autonomie und Neopaternalismus – Medizinrechtliche Probleme der Selbstbestimmung in der modernen Medizin, MedR 2002, S. 375–387.

Damm, Reinhard: Informed Consent und informationelle Selbstbestimmung in der Genmedizin, in Kern, Bernd-Rüdiger (Hrsg.), Humaniora: Medizin, Recht, Geschichte. Festschrift für Adolf Laufs zum 70. Geburtstag, Berlin 2006, S. 735–752 (zit.: Damm in Laufs-FS)

Damm, Reinhard: Gendiagnostik als Gesetzgebungsprojekt – Regelungsinitiativen und Gesetzgebungsprojekte, Bundesgesundheitsbl 2007, S. 145–156.

Damm, Reinhard: Eckpunkte der Bundesregierung zu einem Gendiagnostikgesetz, MedR 2008, S. 535–538.

Damm, Reinhard: Medizinrechtliche Grundprinzipien im Kontext von Pflege und Demenz – „Selbstbestimmung und Fürsorge“, MedR 2010, S. 451–463.

Damm, Reinhard: Prädiktive Gendiagnostik, Familienverband und Haftungsrecht, MedR 2014, S. 139–147.

Damm, Reinhard: Patientenrechte – grenzüberschreitende Betrachtungen zum deutschen und schweizerischen Recht (Teil 1), MedR 2018, S. 847–859.

Damm, Reinhard: Patientenrechte – grenzüberschreitende Betrachtungen zum deutschen und schweizerischen Recht (Teil 2), MedR 2018, S. 939–947.

Däubler, Wolfgang/Klebe, Thomas/Wedde, Peter/Weichert, Thilo: Bundesdatenschutzgesetz. Kompaktkommentar zum BDSG, 4. Auflage, Frankfurt am Main 2014 (zit.: Bearbeiter in Däubler/Klebe/Wedde/Weichert (Hrsg.), BDSG, § Rn.).

Dennin, Reinhard H./Lafrenz, Michael/Sinn, Arndt: Die Prävention der HIV-Infektion: Ethik und Recht sind nicht mehr gefragt?, MedR 2009, S. 457–463.

Dettling, Heinz-Uwe: Arzneimittelrecht als Sicherheitsrecht – Zugleich ein Beitrag zur Rechtfertigung von Freiheitsbeschränkungen, PharmR 2005, S. 162–173.

Dettmeyer, Reinhard/Madea, Burkhard: Zur Aufklärungsproblematik bei geplanten intraoperativen Schnell-Schnitt-Untersuchungen und intraoperativen Zufallsbefunden mit Operationserweiterungen, MedR 1998, S. 247–252.

Deutsch, Erwin: Das therapeutische Privileg des Arztes: Nichtaufklärung zugunsten des Patienten, NJW 1980, S. 1305–1309.

Deutsch, Erwin: Haftungsfreistellung von Arzt oder Klinik und Verzicht auf Aufklärung durch Unterschrift des Patienten, NJW 1983, S. 1351–1354.

Deutsch, Erwin: Haftung für unerlaubte bzw. fehlerhafte Genomanalyse, VersR 1991, S. 1205–1209.

Deutsch, Erwin: Das Vertragsrecht des Probanden, VersR 2005, S. 1609–1614.

Deutsch, Erwin: Das neue Bild der Ethikkommission, MedR 2006, S. 411–416.

Deutsch, Erwin: Deutsche Sonderwege zur Arzthaftung, NJW 2012, S. 2009–2014.

Deutsch, Erwin/Geiger, Michael: Der medizinische Behandlungsvertrag, in Bundesministerium der Justiz (Hrsg.), Gutachten und Vorschläge zur Überarbeitung des Schuldrechts, Bd. II, Köln 1981, S. 1049–1113 (zit.: Deutsch/Geiger, Der medizinische Behandlungsvertrag).

Deutsch, Erwin/Lippert, Hans-Dieter: Kommentar zum Arzneimittelgesetz (AMG), 3. Auflage, korrigierter Nachdr., Berlin 2011.

Deutsch, Erwin/Spickhoff, Andreas: Medizinrecht, 7. Auflage, Berlin 2014.

Deutsche Gesellschaft für Humangenetik e.V.: Stellungnahme der deutschen Gesellschaft für Humangenetik zu genetischen Zufallsbefunden in Diagnostik und Forschung vom 28.05.2013, S. 1–6, abrufbar unter http://www.gfhev.de/de/leitlinien/LL_und_Stellungnahmen/2013_05_28_Stellungnahme_zu_genetischen_Zufallsbefunden.pdf (zuletzt abgerufen am 16.01.2018) (zit.: Deutsche Gesellschaft für Humangenetik, Stellungnahme zu genetischen Zufallsbefunden in Diagnostik und Forschung).

Deutscher Ethikrat: Humanbiobanken für die Forschung: Stellungnahme, Berlin 2010 (zit.: Deutscher Ethikrat, Humanbiobanken für die Forschung).

Deutscher Ethikrat: Regelungsbedarf für Forschung mit Humanbiobanken? Expertengespräch in Zusammenarbeit mit der TMF, Donnerstag 7. April 2011, Simultanmitschrift, abrufbar unter http://www.ethikrat.org/dateien/pdf/expertengespraech-biobanken-simultanmitschrift (zuletzt abgerufen am 16.01.2018) (zit.: Deutscher Ethikrat, Regelungsbedarf für Forschung mit Humanbiobanken?)

Deutscher Ethikrat: Neuroimaging – Bilder vom Gehirn und das Bild des Menschen (Wortprotokoll), Öffentliche Tagung am 27. November 2013, Nordrhein-Westfälische Akademie der Wissenschaften und der Künste, abrufbar unter http://www.ethikrat.org/dateien/pdf/herbsttagung-27-11-2013-simultanmitschrift.pdf (zuletzt abgerufen am 16.01.2018) (zit.: Referent in Deutscher Ethikrat, Neuroimaging- Bilder vom Gehirn und das Bild des Menschen).

Deutscher Ethikrat: Big Data und Gesundheit – Datensouveränität als informationelle Freiheitsgestaltung. Stellungnahme, Berlin 2017 (zit.: Deutscher Ethikrat, Big Data und Gesundheit).

Dierickx, Kris/Kirchhoffer, David: Menschenwürde und Biobanken, in Joerden, Jan C./Hilgendorf, Eric/Thiele, Felix (Hrsg.), Menschenwürde und Medizin: ein interdisziplinäres Handbuch, Baden-Baden 2012, S. 935–948 (zit.: Dierickx/Kirchhoffer in Joerden/Hilgendorf/Thiele (Hrsg.), Menschenwürde und Medizin).

Dietlein, Johannes: Die Lehre von den grundrechtlichen Schutzpflichten, 2. Auflage, Berlin 2005 (zugl.: Münster, Univ., Diss., 1991).

Dillo, W./Husstedt, H./Herzog T./Smekal, U. v./Becker, H.: Möglichkeiten und Grenzen der Spiral-CT in der neuroradiologischen Diagnostik, Klinische Neuroradiologie, Band 7 (1997), Nr. 2 Juni, S. 53–62 (zit.: Dillo et al., Klinische Neuroradiologie 1997).

Dochow, Carsten: Bericht über die Podiumsdiskussion, in Duttge, Gunnar/Engel, Wolfgang/Zoll, Barbara (Hrsg.), Das Gendiagnostikgesetz im Spannungsfeld von Humangenetik und Recht, Göttingen 2011, S. 113–128.

Dölling, Dieter: Einwilligung und überwiegende Interessen, in Dölling, Dieter/Erb, Volker (Hrsg.), Festschrift für Karl Heinz Gössel zum 70. Geburtstag, Heidelberg 2002, S. 209–216 (zit.: Dölling in Gössel-FS).

Dölling, Dieter/Duttge, Gunnar/König, Stefan/Rössner, Dieter (Hrsg.): Gesamtes Strafrecht: StGB, StPO, Nebengesetze, Handkommentar, 4. Auflage, Baden-Baden 2017 (zit.: Bearbeiter in Dölling/Duttge/König/Rössner (Hrsg.), Gesamtes Strafrecht, I § Rn.)

Donner, Hartwig/Simon, Jürgen: Genomanalyse und Verfassung, DÖV 1990, S. 907–918.

Doppelfeld, Elmar: Mögliche neue Tätigkeitsfelder für Ethikkommissionen, MedR 2008, S. 645–650.

Dörries, Andrea: Klinische Ethikberatung: ein Praxisbuch für Krankenhäuser und Einrichtungen der Altenpflege, 2. Auflage, Stuttgart 2010 (zit.: Dörries, Klinische Ethikberatung).

Dreier, Horst: Grundgesetz: Kommentar, Band 1: Präambel, Artikel 1 - 19, 3. Auflage, Tübingen 2013 (zit.: Bearbeiter in Dreier, Grundgesetz Kommentar Bd. 1, Art.).

Drzezga, Alexander/Sabri, Osama/Fellgiebel, Andreas: Amyloid-Bildgebung: Reif für die Routine?, DÄ 2014, A 1206–1210.

Duden: Das Wörterbuch der Synonyme: Rund 100 000 Stichwörter und Synonyme für den alltäglichen Schreibgebrauch, 2. Auflage, Mannheim 2012 (zit.: Duden, Das Wörterbuch der Synonyme, S. Stichwort).

Duttge, Gunnar: Die Rechtsphilosophie vor den Herausforderungen der Biotechnologie, ZRph 2004, S. 76–81.

Duttge, Gunnar: Zukunftsperspektiven der Medizinethik - aus Sicht des Rechts, Ethik Med 2006, S. 331–336.

Duttge, Gunnar: Biobanken - Patienten als Rohstofflieferanten?, in Haksay, Adina/Deryal, Jahaya (Hrsg.), Patientenrechte - Viertes Türkisch-Deutsches Symposium zum Bio- und Medizinrecht 2007, S. 125–140 (zit. Duttge in Haksay/Deryal (Hrsg.), Patientenrechte).

Duttge, Gunnar: Der hippokratische Eid im Selbstbild der modernen Medizin, in Duttge, Gunnar (Hrsg.), Perspektiven des Medizinrechts im 21. Jahrhundert, Göttingen 2007, S. 1–20.

Duttge, Gunnar: Kurzstellungnahme zum Entwurf eines Gesetzes über genetische Untersuchungen bei Menschen (Gendiagnostikgesetz - GenDG), BT-Drucks. 16/3233, abrufbar unter http://webarchiv.bundestag.de/cgi/showsearchresult.php?filetoload=/srv/www/htdocs/archive/2009/0314/ausschuesse/a14/anhoerungen/2007/066/stllg/Duttge.pdf&id=1090 (zuletzt abgerufen am 16.01.2018).

Duttge, Gunnar: Wortprotokoll zur öffentlichen Anhörung zum Entwurf eines Gesetzes über genetische Untersuchungen bei Menschen, 105. Sitzung, Berlin, den 21.01.2009, BT-Drs. 16/10532, 16/10582 (zit.: Duttge, Wortprotokoll zur öffentlichen Anhörung des Gesundheitsausschusses des Deutschen Bundestages v. 21.01.2009).

Duttge, Gunnar: Striktes Verbot der Arzneimittelprüfung an zwangsweise Untergebrachten (§ 40 I S. 3 Nr. 4 AMG), in Ahrens, Hans-Jürgen/von Bahr,

Christian/Fischer, Gerfried/Spickhoff, Andreas/Taupitz, Jochen (Hrsg.), Medizin und Haftung Festschrift für Erwin Deutsch zum 80. Geburtstag, Berlin Heidelberg 2009, S. 115–136 (zit.: Duttge in Deutsch-FS).

Duttge, Gunnar: Das Recht auf Nichtwissen in der Medizin, DuD 2010, S. 34–38.

Duttge, Gunnar: Regelungen der Gendiagnostik zwischen Ideal und Realität, in Duttge, Gunnar/Engel, Wolfgang/Zoll, Barbara (Hrsg.), Das Gendiagnostikgesetz im Spannungsfeld von Humangenetik und Recht, Göttingen 2011, S. 1–11.

Duttge, Gunnar: Landesbericht Deutschland, in Deutsch, Erwin/Duttge, Gunnar/Spickhoff, Andreas/Taupitz, Jochen (Hrsg.), Die Implementierung der GCP-Richtlinie und ihre Ausstrahlungswirkungen, Heidelberg 2011, S. 77–130.

Duttge, Gunnar: Die Schutzbedürftigkeit genetischer Daten – der genetische Exzeptionalismus, TIP Hukuku Dergisi (türk. Journal of Medical Law) 2013, Issue 4, S. 161–177 (zit.: Duttge, TIP Hukuku Dergisi 2013).

Duttge, Gunnar: Fehler im Patientenrechtegesetz, Juristische und ethische Probleme der Neuregelung, in Frewer, Andreas/Schmidt, Kurt/Bergemann, Lutz (Hrsg.), Fehler und Ethik in der Medizin – Neue Wege für Patientenrechte (Jahrbuch Ethik in der Klinik, Bd. 6), Würzburg 2013, S. 135–151 (zit.: Duttge in Frewer/Schmidt/Bergemann (Hrsg.), Fehler und Ethik in der Medizin).

Duttge, Gunnar: Patientenautonomie und Einwilligungsfähigkeit, in Wiesemann, Claudia/Simon, Alfred (Hrsg.), Patientenautonomie. Theoretische Grundlagen – Praktische Anwendungen, Münster 2013, S. 77–90.

Duttge, Gunnar: Begrenzung der ärztlichen Aufklärung aus therapeutischen Gründen? Renaissance eines alten Themas im neuen Patientenrechtegesetz, in Yamanaka, Keiichi/Schorkopf, Frank/Jehle, Jörg-Martin (Hrsg.), Präventive Tendenzen in Staat und Gesellschaft zwischen Sicherheit und Freiheit. Ein deutsch-japanisches Symposium, Göttingen 2014, S. 143–162 (zit.: Duttge in Yamanaka/Schorkopf/Jehle (Hrsg.), Präventive Tendenzen in Staat und Gesellschaft).

Duttge, Gunnar: Rechtlich-normative Implikationen des Rechts auf Nichtwissen in der Medizin, in Wehling (Hrsg.), Vom Nutzen des Nichtwissens. Sozial- und kulturwissenschaftliche Perspektiven, Bielefeld 2015, S. 75–92 (zit.: Duttge in Wehling (Hrsg.), Vom Nutzen des Nichtwissens).

Duttge, Gunnar: Das Recht auf Nichtwissen in einer informationell vernetzten Gesundheitsversorgung, MedR 2016, S. 664–669.

Duttge, Gunnar: Strafrechtlich reguliertes Sterben. Der neue Straftatbestand einer geschäftsmäßigen Förderung der Selbsttötung, NJW 2016, S. 120–125.

Duttge, Gunnar: Zur Sinnhaftigkeit des Nichtwissens und seiner normativen Absicherung – Eine thematische Einführung, in Duttge, Gunnar/Lenk, Christian (Hrsg.), Das sogenannte Recht auf Nichtwissen. Normatives Fundament und anwendungspraktische Geltungskraft, Paderborn 2019, S. 9–20 (zit.: Duttge in Duttge/Lenk (Hrsg.), Das sogenannte Recht auf Nichtwissen).

Duttge, Gunnar/Er, Derya/Fischer, Eike Sven: Vertrauen durch Recht?, in Steinfath, Holmer/Wiesemann, Claudia (Hrsg.), zusammen mit Anselm, Reiner/Duttge, Gunnar/Lipp, Volker/Nauck, Friedemann/Schicktanz, Silke, Autonomie und Vertrauen. Schlüsselbegriffe der modernen Medizin, Wiesbaden 2016, S. 239–291.

Duttge, Gunnar/Zimmermann, Anja: Normative Schlussfolgerungen aus der Perspektive des Rechts, in Duttge, Gunnar/Lenk, Christian (Hrsg.), Das sogenannte Recht auf Nichtwissen. Normatives Fundament und anwendungspraktische Geltungskraft, Paderborn 2019, S. 173–182 (Duttge/Zimmermann, in Duttge/Lenk (Hrsg.), Das sogenannte Recht auf Nichtwissen).

Eberbach, Wolfram H.: Die zivilrechtliche Beurteilung der Humanforschung, Frankfurt am Main 1982 (zugl. Augsburg, Univ., Diss., 1982).

Eberbach, Wolfram H.: Juristische Aspekte einer individualisierten Medizin, MedR 2011, S. 757–770.

Ehmann, Horst: Informationsschutz und Informationsverkehr im Zivilrecht, Archiv für civilistische Praxis 1988, S. 230–380.

Eibach, Ulrich/Schaefer, Klaus: Patientenautonomie und Patientenwünsche. Ergebnisse und ethische Reflexion von Patientenbefragungen zur selbstbestimmten Behandlung in Krisensituationen, MedR 2001, S. 21–28.

Eigler, Friedrich Wilhelm: Der hippokratische Eid: Ein zeitgemäßes Gelöbnis, DÄ 2003, A 2203–2204.

Elger, Bernice: Gentests und Biobanken – Sollen die Spender von Proben über Resultate informiert werden?, in Langanke, Martin/Erdmann, Pia/Robienski, Jürgen/Rudnik-Schöneborn, Sabine (Hrsg.), Zufallsbefunde bei molekulargenetischen Untersuchungen. Medizinische, juristische und ethische Perspektiven, Berlin Heidelberg 2015, S. 97–106.

Engelhardt, Hugo Tristam: The Foundation of Bioethics, 1. ed., New York 1986.

Engländer, Armin: Anmerkung zu OLG Frankfurt a. M., Urt. v. 5.10.1999 – 8 U 67/99 (LG Wiesbaden), MedR 2001, S. 143–144.

Erdle, Helmut: Infektionsschutzgesetz: Kommentar, 2. Auflage, Landsberg/Lech 2002.

Erdmann, Jeanette/Linsel-Nitschke, Patrick/Schunkert, Heribert: Genetische Ursachen des Herzinfarktes. Neue Aspekte durch genomweite Assoziationsstudien, DÄ 2010, S. 694–699.

Erdmann, Pia: Zufallsbefunde aus bildgebenden Verfahren in populationsbasierter Forschung – Eine empirisch-ethische Untersuchung zur Ganzkörper-MRT in SHIP, 2013, abrufbar unter http://d-nb.info/1050912381/34 (zuletzt abgerufen am 16.01.2018) (zit.: Erdmann, Zufallsbefunde aus bildgebenden Verfahren in populationsbasierter Forschung).

Erdmann, Pia/Langanke, Martin/Assel, Heinrich: Zufallsbefunde – Risikobewusstsein von Probanden und forschungsethische Konsequenzen, in Steger, Florian (Hrsg.), Medizin und Technik. Risiken und Folgen technologischen Fortschritts, Münster 2013, S. 15–47.

Erfurter Kommentar zum Arbeitsrecht: Müller-Glöge/Preis/Schmidt (Hrsg.), Erfurter Kommentar zum Arbeitsrecht, 19. Auflage, München 2019 (zit.: Bearbeiter in Erfurter Kommentar zum Arbeitsrecht, § Rn.)

Eskandary, Hossein/Sabba, Mohammad/Khajehpour, Foruzandeh/Eskandari, Mohamad: Incidental Findings in brain computed tomography scans of 3000 head trauma patients, Surg Neurol 2005, S. 550–553.

Estler, Claus J./Schmidt, Harald: Pharmakologie und Toxikologie: Für Studium und Praxis, 6. Auflage, Stuttgart 2007 (zit.: Estler/Schmidt, Pharmakologie und Toxikologie).

Ewen, Klaus/Holte, Michael: Die neue Strahlenschutzverordnung: Praxiskommentar, 2. Auflage, Köln 2003.

Fateh-Moghadam, Bijan: Grenzen des weichen Paternalismus – Blinde Flecken der liberalen Paternalismuskritik, in Fateh-Moghadam, Bijan/Sellmaier, Stephan/Vossenkuhl, Wilhelm (Hrsg.), Grenzen des Paternalismus, Stuttgart 2010, S. 21–47.

Fenger, Herrmann: Das neue Gendiagnostikgesetz, GesR 2010, S. 57–60.

Fenger, Herrmann/Klotz, Stefan/Hoffmeier, Andreas: Vorsicht beim Aufklärungsverzicht, DMW 2005, S. 2910–2911.

Fischer, Gerfried: Medizinische Versuche am Menschen: Zulässigkeitsvoraussetzungen und Rechtsfolgen, Göttingen 1979 (zugl.: Göttingen, Univ., Diss., 1979) (zit.: Fischer, Medizinische Versuche am Menschen).

Fischer, Thomas (Hrsg.): Strafgesetzbuch mit Nebengesetzen, 65. Auflage, München 2017 (zit.: Fischer, StGB, § Rn.)

Fisher, Eva/Achilles, S./Tönnies, Holger/Schmidtke, Jörg: Konzepte zur Mitteilung genetischer Zusatzbefunde in der medizinischen Diagnostik, Bundesgesundheitsbl 2015, S. 166–173.

Francke, Robert: Ärztliche Berufsfreiheit und Patientenrechte: eine Untersuchung zu den verfassungsrechtlichen Grundlagen des ärztlichen Berufsrechts, Stuttgart 1994 (zit.: Francke, Ärztliche Berufsfreiheit und Patientenrechte).

Francke, Robert/Hart, Dieter: Ärztliche Verantwortung und Patienteninformation. Eine Untersuchung zum privaten und öffentlichen Recht der Arzt-Patienten-Beziehung, Medizin in Recht und Ethik Bd. 16, Stuttgart 1987 (zit.: Francke/Hart, Ärztliche Verantwortung und Patienteninformation).

Francke, Robert/Hart, Dieter: Charta der Patientenrechte: Rechtsgutachten zur Vorbereitung einer Charta der Patientenrechte gemäß dem Beschluss der 70. Konferenz der für das Gesundheitswesen zuständigen Ministerinnen und Minister, Senatorinnen und Senatoren am 20. und 21. November 1997 in Saarbrücken für die Länder Freie Hansestadt Bremen - Senator für Frauen, Gesundheit, Jugend, Soziales und Umweltschutz, Freie Hansestadt Hamburg – Behörde für Arbeit, Gesundheit und Soziales, Nordrhein-Westfalen – Ministerium für Frauen, Jugend, Familie und Gesundheit, Baden-Baden 1999 (zit.: Francke/Hart, Charta der Patientenrechte).

Franzki, Dominik: Der Behandlungsvertrag. Ein neuer Vertragstypus im Bürgerlichen Gesetzbuch, Göttingen 2014 (zugl.: Göttingen, Univ., Diss., 2014) (zit.: Franzki, Der Behandlungsvertrag).

Fröhlich, Uwe: Forschung wider Willen?: Rechtsprobleme biomedizinischer Forschung mit nichteinwilligungsfähigen Personen, Berlin 1999 (zugl.: Mannheim, Univ., Diss., 1998) (zit.: Fröhlich, Forschung wider Willen?).

Frölich, Jürgen C./Kirch, Wilhelm: Praktische Arzneitherapie, 4. Auflage, Heidelberg 2006.

Fündling, Caroline: Recht auf Wissen vs. Recht auf Nichtwissen in der Gendiagnostik, Baden-Baden 2017 (zugl.: Augsburg, Univ., Diss., 2016).

Gallwas, Hans-Ullrich: Gefahrenerforschung und HIV-Verdacht, NJW 1989, S. 1516–1520.

Gantner, Gösta: „Zufall" ist das falsche Wort – Zusatzbefunde bei genomweiten Analysen und die normativen Konsequenzen, in Langanke, Martin/Erdmann, Pia/Robienksi, Jürgen/Rudnik-Schöneborn, Sabine (Hrsg.), Zufallsbefunde bei molekulargenetischen Untersuchungen. Medizinische, juristische und ethische Perspektiven, Berlin Heidelberg 2015, S. 107–118.

Geiß, Karlmann/Greiner, Hans-Peter: Arzthaftpflichtrecht, 7. Auflage, München 2014.

Gendiagnostik-Kommission: Tätigkeitsbericht der Gendiagnostik-Kommission, Erster Bericht gemäß § 23 Abs. 4 Gendiagnostikgesetz (GenDG) für den Zeitraum vom 19.11.2009 bis 31.12.2012., abrufbar unter http://www.rki.de/DE/Content/Kommissionen/ GendiagnostikKommission/Taetigkeitsbericht/Taetigkeitsbericht_01.pdf?blob=publicationFile (zuletzt abgerufen am 16.01.2018) (zit.: Gendiagnostik-Kommission (GEKO), Tätigkeitsbericht 2012).

Gendiagnostik-Kommission: Richtlinie der Gendiagnostik-Kommission (GEKO) über die Anforderungen an die Qualifikation zur und Inhalte der genetischen Beratung gemäß § 23 Abs. 2 Nr. 2a und § 23 Abs. 2 Nr. 3 GenDG, Bundesgesundheitsbl 2011, S. 1248–1256.

Gendiagnostik-Kommission: Richtlinie für die Anforderungen an die Durchführung genetischer Reihenuntersuchungen gemäß § 23 Abs. 2 Nr. 6 GenDG v. 16.11.2012, Bundesgesundheitsbl 2013, S. 321–324.

Gendiagnostik-Kommission: Richtlinie der Gendiagnostikkommission (GEKO) für die Anforderungen an die Inhalte der Aufklärung bei genetischen Untersuchungen zu medizinischen Zwecken gemäß § 23 Abs. 2 Nr. 3 GenDG in der Fassung vom 27.04.2012, Bundesgesundheitsbl 2013, S. 326–330.

Gendiagnostik-Kommission: Zweiter Tätigkeitsbericht der Gendiagnostik-Kommission, Zweiter Bericht gemäß § 23 Abs. 4 Gendiagnostikgesetz (GenDG) für den Zeitraum vom 01.01.2013 bis 31.12.2015; abrufbar unter http://www.rki.de/DE/Content/Kommissionen/GendiagnostikKommission/Taetigkeitsbericht/Taetigkeitsbericht_02.pdf?__blob=publicationFile (zuletzt abgerufen am 24.04.2019) (zit.: Gendiagnostik-Kommission, Zweiter Tätigkeitsbericht).

Gendiagnostik-Kommission: Richtlinie der Gendiagnostikkommission (GEKO) für die Anforderungen an die Inhalte der Aufklärung bei genetischen Untersuchungen zu medizinischen Zwecken gemäß § 23 Abs. 2 Nr. 3 GenDG revidierte Fassung vom 28.04.2017, veröffentlicht und in Kraft getreten am 17.05.2017, ersetzt die Fassung vom 27.04.2012, zuletzt geändert am 16.11.2012, Bundesgesundheitsbl 2017, S. 923–927.

Genenger, Angie: Begrenzung genetischer Untersuchungen und Analysen im Arbeitsrecht, AuR 2009, S. 285–289.

Genenger, Angie: Das neue Gendiagnostikgesetz, NJW 2010, S. 113–117.

Giesen, Dieter: Arzthaftungsrecht: Die zivilrechtliche Verantwortung des Arztes in rechtsvergleichender Sicht, Bielefeld 1981 (zit.: Giesen, Arzthaftungsrecht 1981)

Giesen, Dieter: Wandlungen des Arzthaftungsrechts, 2. Auflage, Tübingen 1984.

Giesen, Dieter: Arzthaftungsrecht: die zivilrechtliche Haftung aus medizinischer Behandlung in der Bundesrepublik Deutschland, in Österreich und der Schweiz, 4. Auflage, Tübingen 1995 (zit.: Giesen, Arzthaftungsrecht).

Gola, Peter: Datenschutz-Grundverordnung VO (EU 2016/679 Kommentar, München 2017.

Gola, Peter/Heckmann, Dirk: BDSG Bundesdatenschutzgesetz: Kommentar, 13. Auflage München 2019 (zit.: Bearbeiter in Gola/Heckmann, BDSG, § Rn.).

Gola, Peter/Schomerus, Rudolf: BDSG Bundesdatenschutzgesetz: Kommentar, 12. Auflage, München 2015 (zit.: Bearbeiter in Gola/Schomerus, BDSG, § Rn.).

Green, Robert/Berg, Jonathan S./Grody, Wayne W./Kalia, Sarah S./Korf, Bruce R./-Martin, Christa L./McGuire, Amy L./Nussbaum, Robert L./O'Daniel, Julianna M./Ormond, Kelly E./Rehm, Heidi L./Watson, Michael S./Williams, Marc S./-Biesecker, Leslie G.: ACMG recommendations for reporting of incidental findings in clinical exome and genome sequencing, Genet Med 2013, S. 565–574 (zit.: Green et al., Genet Med 2013).

Gutmann, Thomas/Fateh-Moghadam, Bijan: Rechtsfragen der Organverteilung – Das Transplantationsgesetz, die „Richtlinien" der Bundesärztekammer und die Empfehlungen der Deutschen Gesellschaft für Medizinrecht, NJW 2002, S. 3365–3372.

Hagedorn, Manfred: Die Entbehrlichkeit der Einwilligung und Aufklärung bei Heilbehandlungen nach dem Strafgesetzbuch-Entwurf 1962, Heidelberg 1965 (zit.: Hagedorn, Die Entbehrlichkeit der Einwilligung und Aufklärung).

Hahn, Erik: Das „Recht auf Nichtwissen" des Patienten bei algorithmengesteuerter Auswertung von Big Data, MedR 2019, S. 197–202.

Halverson, Colin M.E./Ross, Lainie Friedman: Incidental Findings of therapeutic misconception in biobank-based research, Genet Med 2012, S. 611–615.

Hanika, Heinrich: Patientencharta. Stärkung der Rechte der Patienten bei der Reform der Gesundheitssysteme in Europa – Herausforderungen für Deutschland?, MedR 1999, S. 149–161.

Harmann, Lena: Das Recht des Patienten auf Aufklärungsverzicht, NJOZ 2010, S. 819–825.

Harris, John: Der Wert des Lebens. Eine Einführung in die medizinische Ethik, Berlin 1984 (zit.: Harris, Der Wert des Lebens).

Hart, Dieter: Autonomiesicherung im Arzthaftungsrecht – Ein Beitrag zur Entkoppelung von ärztlicher Aufklärungspflicht und Körperverletzung, in Heldrich, Andreas/Schlechtriem, Peter/Schmidt, Eike (Hrsg.), Recht im Spannungsfeld von Theorie und Praxis: Festschrift für Helmut Heinrichs zum 70. Geburtstag, München 1998, S. 291–318 (zit.: Hart in Heinrichs-FS).

Hart, Dieter: Grundlagen des Arzthaftungsrechts: Pflichtengefüge, Jura 2000, S. 64–70.

Hart, Dieter: Patientengesetz oder Patientencharta? Ansätze für eine rechtliche Weiterentwicklung der Patientenrechte, in AOK-Bundesverband (Hrsg.), Patientenrechte – Wunsch oder Stiefkind? Ansätze für eine verbesserte Rechtsstellung von Patienten, Berlin, den 6. September 2007, S. 27–33, abrufbar unter http://www.aok-bv.de/imperia/md/aokbv/aok/dialog/aid _patientenrechte_060907.pdf (zuletzt abgerufen am 16.01.2018).

Hart, Dieter: Nutzen und Risiko in klinischen Prüfungen von Arzneimitteln – Abwägung, Aufklärung, Verfahren, in Ahrens, Hans-Jürgen/von Bar,

Christian/Fischer, Gerfried/Spickhoff, Andreas/Taupitz, Jochen (Hrsg.), Medizin und Haftung. Festschrift für Erwin Deutsch zum 80. Geburtstag, Berlin Heidelberg 2009, S. 197–216 (zit.: Hart in Deutsch-FS).

Hart, Dieter: Patientenrechte, in Rieger, Hans-Jürgen/Dahm, Franz-Josef/ Katzenmeier, Christian/Steinhilper, Gernot (Hrsg.), Heidelberger Kommentar. Arztrecht, Krankenhausrecht, Medizinrecht, Bd. III, 76. Aktualisierung, Heidelberg, Stand Februar 2019, Nr. 4015.

Hart, Dieter: Patientensicherheit nach dem Patientenrechtegesetz, MedR 2013, S. 159–165.

Hebbel, Friedrich/Poppe, Theodor Adolf: Hebbels Werke, Bände 9 – 10, Berlin 1908.

Hebecker, Raphaël/Lutzi, Thomas: Anmerkung zu BGH, Urt. v. 20.5.2014 – VI ZR 381/13 (OLG Koblenz), MedR 2015, S. 189–195.

Hefendehl, Roland/Hohmann, Olaf (Hrsg.): Münchener Kommentar zum StGB (§§ 263 – 358 StGB), Band 5, 3. Auflage, München 2019 (zit.: Bearbeiter in MüKo Bd. 5, StGB § Rn.).

Heinemann, Thomas/Hoppe, Christian: Incidental Findings in Neuroimaging Research: Ethical Considerations and a Framework for Ethical Guidelines, in Lanzerath, Dirk/Rietschel, Marcella/Heinrichs, Bert/Schmäl, Christine (Hrsg.), Incidental Findings. Scientific, Legal and Ethical Issues, 1. Auflage, Köln 2014, S. 59–71.

Heinemann, Thomas/Hoppe, Christian/Listl, Susanne/Spickhoff, Andreas/Elger, Christian E.: Zufallsbefunde bei bildgebenden Verfahren in der Hirnforschung, DÄ 2007, A 1982–1987.

Heinemann, Thomas/Hoppe, Christian/Listl, Susanne/Spickhoff, Andreas/Elger, Christian E.: Intersupplement 1, DÄ 2007, A 1988 (zit.: Heinemann/Hoppe/ Listl/Spickhoff/Elger, Intersupplement 1).

Heinrichs, Bert: Zufallsbefunde in der Hirnforschung, in Infobrief, Deutsches Referenzzentrum für Ethik und Biowissenschaften 2011, S. 1–2 (zit.: Heinrichs, DRZE 2011).

Heinrichs, Bert: Incidental Findings and the Right not to Know, in Lanzerath, Dirk/Rietschel, Marcella/Heinrichs, Bert/Schmäl, Christine (Hrsg.), Incidental Findings. Scientific, Legal and Ethical Issues, 1. Auflage, Köln 2014, S. 83–91.

Helm, Jürgen: Studien zu diagnostischen Verfahren, in Lenk, Christian/Duttge, Gunnar/Fangerau, Heiner (Hrsg.), Handbuch Ethik und Recht der Forschung am Menschen, Berlin Heidelberg 2014, S. 25–26.

Helmrich, Jan: Zulässigkeit zwangsweiser Blutentnahmen bei Infektionsgefahr für Polizeibeamte, NVwZ 2008, S. 162–165.

Hentschel, Frank/Klix, Wolf-Ekkehard: Management inzidenter Befunde in der bildgebenden Diagnostik und Forschung, Fortschr Neurol Psychiat 2006, S. 651–655.

Hermes, Georg: Das Grundrecht auf Schutz von Leben und Gesundheit: Schutzpflicht und Schutzanspruch aus Art. 2 Abs. 2 Satz 1 GG, Heidelberg 1987 (zugl.: Freiburg, Univ., Diss., 1987) (zit.: Hermes, Das Grundrecht auf Schutz von Leben und Gesundheit).

Herzog, Felix: Hände weg von der ärztlichen Schweigepflicht, ZRP 2015, S. 121–123.

Heyers, Johannes: Prädiktive Gesundheitsinformationen – Persönlichkeitsrechte und Drittinteressen, MedR 2009, S. 507–512.

Hildt, Elisabeth: Vom Miteinander und Gegeneinander der Beauchamp-Childress-Prinzipien, in Rauprich, Oliver/Steger, Florian (Hrsg.), Prinzipienethik in der Biomedizin: Moralphilosophie und medizinische Praxis, Frankfurt am Main 2005, S. 315–339 (zit.: Hildt in Rauprich/Steger, Prinzipienethik in der Biomedizin).

Hildt, Elisabeth: Autonomie in der biomedizinischen Ethik: genetische Diagnostik und selbstbestimmte Lebensgestaltung, Frankfurt 2006 (zugl.: Tübingen, Univ., Habil.-Schr., 2004) (zit.: Hildt, Autonome in der biomedizinischen Ethik).

Hildt, Elisabeth: Was ist das besondere an genetischer Information, in Hildt, Elisabeth/Kovacs, Laszlo (Hrsg.), Was bedeutet genetische Information?, Berlin 2009, S. 7–18.

Hildt, Elisabeth: Prädiktive genetische Diagnostik und das Recht auf Nichtwissen, in Hirschberg, Irene/Grießler, Erich/Littig, Beate/Frewer, Andreas (Hrsg.), Ethische Fragen genetischer Beratung: klinische Erfahrungen, Forschungsstudien und soziale Perspektiven, Frankfurt am Main 2009, S. 225–239 (zit.: Hildt in Hirschberg/Grießler/Littig/Frewer (Hrsg.), Ethische Fragen genetischer Beratung).

Hillgruber, Christian: Der Schutz des Menschen vor sich selbst, München 1992 (zugl.: Köln, Univ., Diss., 1992).

Hirthammer-Schmidt-Bleibtreu, Christina/Wiese, Jasper: Ärztliche Offenbarungsrechte und Offenbarungspflichten hinsichtlich sensibler Patienteninformationen mit Drittschädigungspotenzial, MedR 2017, S. 199–205.

Hoerster, Norbert: Zur Bedeutung des Prinzips der Menschenwürde, JuS 1983, S. 93–96.

Hoffmann, Martin/Schmücker, Reinold: Die ethische Problematik der Zufallsbefunde, in Puls, Ralf/Hosten, Norbert (Hrsg.), Ganzkörper-MRT-Screening. Befunde und Zufallsbefunde, Berlin 2010, S. 1–16.

Höfling, Wolfram: Menschenwürde und gute Sitten, NJW 1983, S. 1582–1585.

Hofmann, Constantin: Rechtsfragen der Genomanalyse, Frankfurt am Main 1999 (zugl.: Mannheim, Univ., Diss., 1999).

Hollenbach, Axel: Grundrechtsschutz im Arzt-Patienten-Verhältnis: eine Untersuchung zur Umsetzung verfassungsrechtlicher Vorgaben im einfachen Recht, Berlin 2003 (zugl.: Konstanz, Univ., Diss., 2002) (zit.: Hollenbach, Grundrechtsschutz im Arzt-Patienten-Verhältnis).

Hollerbach, Alexander: Selbstbestimmung im Recht, Sitzungsberichte der Heidelberger Akademie der Wissenschaften, vorgetragen am 11. November 1995, Heidelberg 1996 (zit.: Hollerbach, Selbstbestimmung im Recht).

Holtzman, Neil A.: ACMG recommendations on incidental findings are flawed scientifically and ethically, Genet Med 2013, S. 750–751.

Hönn, Günther: Kompensation gestörter Vertragsparität: Ein Beitrag zum inneren System des Vertragsrechts, München 1982 (zit.: Hönn, Kompensation gestörter Vertragsparität).

Hübner, Marlis/Pühler, Wiebke: Das Gendiagnostikgesetz – neue Herausforderungen im Alltag, MedR 2010, S. 676–682.

Hübner, Marlis/Pühler, Wiebke: Das Gendiagnostikgesetz – Bilanz und Ausblick, in Katzenmeier, Christian/Ratzel, Rudolf (Hrsg.), Festschrift für Franz-Josef Dahm: Glück auf! Medizinrecht gestalten, Berlin 2017, S. 243–259 (zit.: Hübner/Pühler in Dahm-FS).

Hufen, Friedhelm: Gefährden Ethikkomitees die Autonomie des Patienten?, in Wiesemann, Claudia/Simon, Alfred (Hrsg.), Patientenautonomie. Theoretische Grundlagen – Praktische Anwendungen, Münster 2013, S. 431–444 (zit.: Hufen in Wiesemann/Simon (Hrsg.), Patientenautonomie).

Illes, Judy/Kirschen, Matthew/Gabrieli, John D.E.: From neuroimaging to neuroethics, Nat Neurosci 2003, S. 205.

Illes Judy/Kirschen, Matthew/Karetsky, Kim/Kelly, Megan/Saha, Arnold/Desmond, John/Raffin, Thomas/Glover, Gary/Atlas, Scott W.: Discovery and Disclosure of Incidental Findings in Neuroimaging Research, J Magn Reson Imaging 2004, S. 743–747 (zit.: Illes/Kirschen/Karetsky et al., J Magn Reson Imaging 2004).

Illes, Judy/Kirschen, Matthew/Edwards, Emmeline/Bandettini P./Cho, Mildred K./Ford, P. J./Glover, G. H./Kulynych, J./Macklin, R./Michael, D. B./Wolf, S. M./Grabowski, T./Seto, B.: Practical approaches to incidental findings in brain imaging research, Neurology 2008, S. 384–390 (zit.: Illes/Kirschen et al., Neurology 2008).

Illes, Judy/Kirschen, Matthew/Edwards, Emmeline/Stanford, L. R./Bandettini, Peter/Cho, Mildred K./Ford, Paul J./Glover, Gary H./Kulynych, Jennifer/Macklin,

Ruth/Michael, Daniel B./Wolf, Susan M.: Incidental Findings in Brain Imaging Research. What should happen when a researcher sees a potential health problem in a brain scan from a research subject?, Science 2006, S. 783–784 (zit.: Illes/Kirschen et al., Science 2006).

International Multiple Sclerosis Genetics Consortium: Genetic risk and a primary role for cell-mediated immune mechanisms in multiple sclerosis, Nature 2011, S. 214–219.

Isensee, Josef: Das Grundrecht als Abwehrrecht und staatliche Schutzpflicht, in Isensee, Josef/Kirchhof, Paul (Hrsg.), Handbuch des Staatsrechts, Bd. IX, Allgemeine Grundrechtslehren, 3. Auflage, Heidelberg 2011, § 191, S. 413–568 (zit.: Isensee in Isensee/Kirchhof (Hrsg.), Handbuch des Staatsrechts, Bd. IX, §191 Rn.).

Jackson, Simon A./Thomas, Richard M: CT, MRT, Ultraschall - auf einen Blick, 1. Auflage, München 2009.

Jansen, Scarlett: Der Schutz der Patienten und Probanden bei klinischen Prüfungen nach den geplanten Neuerungen im Arzneimittelrecht, MedR 2016, S. 417–423.

Jarass, Hans: Grundrechte als Werteentscheidung bzw. objektivrechtliche Prinzipien der Rechtsprechung des Bundesverfassungsgerichts, AöR 1985, S. 363–397.

Jarass, Hans: Folgerungen aus der neueren Rechtsprechung des BVerfG für die Prüfung von Verstößen gegen Art. 3 I GG, NJW 1997, S. 2545–2550.

Jarass, Hans/Pieroth, Bodo (Hrsg.): Grundgesetz für die Bundesrepublik Deutschland: Kommentar, 15. Auflage, München 2018 (zit.: Bearbeiter in Jarass/Pieroth, GG, Art. §).

Jassoy, Christian/Wagner, Ralf: Perspektiven für die Entwicklung einer HIV-Vakzine, DÄ 2002, A 1962–1971.

Jauernig, Othmar (Hrsg.): Bürgerliches Gesetzbuch mit Allgemeinem Gleichbehandlungsgesetz (Auszug), 17. Auflage, München 2018 (zit.: Bearbeiter in Jauernig (Hrsg.), Bürgerliches Gesetzbuch, § Rn.).

Javaher, Poupak/Schmidtke, Jörg: Die Bewertung genetischer Tests im klinischen Kontext, in Schmidtke (Hrsg.), Gendiagnostik in Deutschland: status quo und Problemerkundung, Limburg 2007, S. 107–122.

Jellinek, Georg: Die sozialethische Bedeutung von Recht, Unrecht und Strafe, 2. Auflage, Berlin 1908.

Joecks, Wolfgang/Miebach, Klaus (Hrsg.): Münchener Kommentar zum Strafgesetzbuch, Band 1, §§ 1 – 37 StGB, 3. Auflage, München 2017 (zit.: Bearbeiter in Müko Bd. 1, StGB § Rn.).

Joecks, Wolfgang/Miebach, Klaus: Münchener Kommentar zum Strafgesetzbuch, Band 6, (JGG, Nebenstrafrecht I, Strafvorschriften aus: AMG, BtMG, GÜG, TPG, TFG, GenTG, TierSchG, BNatSchG, VereinsG, VersammlG), 3. Auflage, München 2018 (zit.: Bearbeiter in MüKo Bd. 6, TPG § Rn.).

John, David Alexander: Kein deliktischer Schutz eines sorgeberechtigten Elternteils vor psychischen Belastungen durch Kenntniserlangung über mögliche genetische Disposition der gemeinsamen Kinder, VersR 2014, S. 1139–1141.

Joussen, Antonia M./Huang S.: Möglichkeiten einer Breitspektrumanalyse von Genexpressionsmustern mittels cDNA-Arrays, Der Ophthalmologe 2001, S. 568–573.

Kalb, Peter: Ist das Berufsrecht der Heilberufe noch zeitgemäß?, GesR 2012, S. 143–148.

Katzenmeier, Christian: Arzthaftung, Tübingen 2002 (zugl.: Heidelberg, Univ., Habil.-Schr., 2001).

Katzenmeier, Christian: Mammographie-Screening. Rechtsfragen weitgehend ungeklärt, DÄ 2006, A 1054–1058.

Katzenmeier, Christian: Anmerkung zum Urteil des BGH vom 21.12. 2010, Az. VI ZR 284/09, JZ 2011, S. 797–799.

Katzenmeier, Christian: Arzthaftpflicht in der Krise – Entwicklungen, Perspektiven, Alternativen, MedR 2011, S. 201–216.

Katzenmeier, Christian: Patientenautonomie und Patientenrechte, Bundesgesundheitsbl 2012, S. 1093–1099.

Katzenmeier, Christian: Die Rahmenbedingungen der Patientenautonomie – Eine kritische Betrachtung des Patientenrechtegesetz-Regierungsentwurfs, MedR 2012, S. 576–583.

Katzenmeier, Christian: Der Behandlungsvertrag – Neuer Vertragstypus im BGB, NJW 2013, S. 817–824.

Katzenmeier, Christian: Ärztliche Aufklärung, in Wiesemann, Claudia/Simon, Alfred (Hrsg.), Patientenautonomie. Theoretische Grundlagen – Praktische Anwendungen, Münster 2013, S. 91–105 (zit.: Katzenmeier in Wiesemann/Simon (Hrsg.), Patientenautonomie).

Katzenmeier, Christian/Hebecker, Raphaël: Patientenrechte, in Lenk, Christian/Duttge, Gunnar/Fangerau, Heiner (Hrsg.), Handbuch Ethik und Recht der Forschung am Menschen, Heidelberg 2014, S. 217–221.

Katzenmeier, Christian/Voigt, Tobias: Anmerkung zum Urteil des BGH vom 20.05.2014, Az. VI ZR 381/13, Keine (Arzt-)Haftung bei unaufgeforderter Information einer Sorgeberechtigten über genetische Anlagen ihrer Kinder, JZ 2014, S. 900–902.

Kaufmann, Arthur: Recht und Sittlichkeit, Tübingen 1964.

Kern, Bernd-Rüdiger: Unerlaubte Diagnostik – Das Recht auf Nichtwissen, in Dierks, Christian/Wienke, Albrecht/Eberbach, Wolfram/Schmidtke, Jörg/-Lippert, Hans-Dieter (Hrsg.), Genetische Untersuchungen und Persönlichkeitsrecht (10. Einbecker Workshop), Berlin 2003, S. 55–70 (zit.: Kern in Dierks u. a. (Hrsg.), Genetische Untersuchungen und Persönlichkeitsrecht).

Kern, Bernd-Rüdiger: Gendiagnostikgesetz Kommentar, 1. Auflage, München 2012 (zit.: Bearbeiter in Kern (Hrsg.), GenDG Kommentar).

Kern, Bernd-Rüdiger/Laufs, Adolf: Die ärztliche Aufklärungspflicht, Berlin 1983.

Kettner, Matthias: Autorität und Organisationsformen klinischer Ethikkomitees, in Frewer/Fahr/Rascher (Hrsg.), Klinische Ethikkomitees. Chancen, Risiken und Nebenwirkungen, Würzburg 2008, S. 15–18 (zit.: Kettner in Frewer, Andreas/Fahr, Uwe/Rascher, Wolfgang (Hrsg.), Klinische Ethikkomitees).

Kiehntopf, Michael/Deufel, Thomas/Pagel, Cornelia: Gendiagnostikgesetz: Zweifel am Konzept, DÄ 2008, A 776–777.

Kiehntopf, Michael/Pagel, Cornelia: Der Entwurf des Gendiagnostikgesetzes – genetischer Exzeptionalismus oder allgemeines Diagnostikgesetz, MedR 2008, S. 344–349.

von Kielmanssegg, Sebastian Graf: Das Prinzip des Eigennutzens in der klinischen Arzneimittelprüfung, PharmR 2008, S. 517–525.

Kienle, Thomas: Die prädiktive Medizin und gentechnische Methoden. Ein Beitrag zur Regelung von Genanalyse und Gentherapie in Deutschland und Europa, Tübingen 1998 (Zugl.: Tübingen, Univ., Diss., 1998) (zit.: Kienle, Die prädiktive Medizin und gentechnische Methoden).

Kim, Hyung Sun: Haftung wegen Bruchs der ärztlichen Schweigepflicht in Deutschland und in Korea. Eine vergleichende Untersuchung, Frankfurt am Main 2015 (zugl.: Göttingen, Univ., Diss., 2013) (zit.: Kim, Haftung wegen Bruchs der ärztlichen Schweigepflicht).

Kim, Min-Joong: Aufklärungspflicht im Arztrecht: eine zivilrechtliche Untersuchung über den Umfang und die Grenzen der ärztlichen Aufklärungspflicht mit rechtsvergleichenden Hinweisen, 1989 (zugl.: Göttingen, Univ., Diss., 1988) (zit.: Kim, Aufklärungspflicht im Arztrecht).

Kindhäuser, Urs/Neumann, Ulfried/Paeffgen, Hans-Ullrich (Hrsg.): Strafgesetzbuch, Allgemeiner Teil, §§ 1 – 79b, Bd. 1, 5. Auflage, Baden-Baden 2017 (zit.: Bearbeiter in Kindhäuser/Neumann/Paeffgen (Hrsg.), StGB, § Rn.).

Kindhäuser, Urs/Neumann, Ulfried/Paeffgen, Hans-Ullrich: Strafgesetzbuch, Besonderer Teil, §§ 80 – 231, Bd. 2, 5. Auflage, Baden-Baden 2017 (zit.: Bearbeiter in Kindhäuser/Neumann/Paeffgen (Hrsg.), StGB, Band 2 § Rn.).

Kingreen, Thorsten/Poscher, Ralf: Grundrechte Staatsrecht II, 34., neu bearbeitete Auflage, Heidelberg 2018.

Kirchhof, Gregor: Ärztliches Handeln zwischen Heilung, Forschung und Erneuerung. Schutz des Patienten durch eine modifizierte Typologie ärztlicher Eingriffe, MedR 2007, S. 147–152.

Kirschen, Matthew/Jaworska, A./Illes, Judy: Subjects' expectations in neuroimaging research, J Magn Reson Imaging 2006, S. 205–209.

Klein, Hans-Georg/Rost, Imma: Moderne genetische Analysemethoden. Grundlagen für eine genetisch basierte Prävention, Bundesgesundheitsbl 2015, S. 113–120.

Klein, Hubert: Schweigepflicht versus Offenbarungspflicht, RDG 2010, S. 172–178.

Klügel, J. Wilfried/Müller, Rolf-Georg/Hofmann, Hans-Peter (Hrsg.): Arzneimittelgesetz: Kommentar, 2. Auflage, München 2016 (zit.: Bearbeiter in Klügel/Müller/Hofmann (Hrsg.), Arzneimittelgesetz, § Rn.).

Kolvenbach, Helge: Diagnose- oder Befunderhebungsfehler? Ein medizintheoretisch fundiertes Abgrenzungsmodell, MedR 2018, S. 950–958.

König, Steffen: Prädiktive Gesundheitsinformationen im Arbeits- und Beamtenrecht und genetischer Exzeptionalismus: die Berücksichtigung des zukünftigen Gesundheitszustandes bei Einstellung und Verbeamtung, Baden-Baden 2010 (zugl.: Bremen, Univ., Diss., 2009) (zit.: König, Prädiktive Gesundheitsinformationen im Arbeits- und Beamtenrecht und genetischer Exzeptionalismus).

Koppernock, Martin: Das Grundrecht auf bioethische Selbstbestimmung: zur Rekonstruktion des allgemeinen Persönlichkeitsrechts, Baden-Baden 1997 (zugl.: Frankfurt am Main, Univ., Diss., 1996) (zit.: Koppernock, Das Grundrecht auf bioethische Selbstbestimmung).

Kratz, Ernst Jürgen: Die Abgrenzung der Arzneimittelstudie nach dem AMG von der Behandlung, VersR 2007, S. 1448–1455.

Kratz, Ernst Jürgen: Starke Impulse durch das Europarecht für das Probandenrechtegesetz, VersR 2014, S. 788–795.

Kreisler, P.: Technischer Überblick: Von der dedizierten MRT zur Ganzkörper MRT mit schnellen Bildgebungsverfahren, Der Radiologe 2004, S. 820–825.

Kreß, Hartmut: Samenspende und Leihmutterschaft – Problemstand, Rechtsunsicherheiten und Regelungsansätze, FPR 2013, S. 240–244.

Krey, Volker: Deutsches Strafrecht, Allgemeiner Teil, Band 2, Täterschaft und Teilnahme, Unterlassungsdelikte, Versuch und Rücktritt, Fahrlässigkeitsdelikte, 3. Auflage, Stuttgart 2008 (zit.: Krey, Deutsches Strafrecht AT 2, Rn.).

Kroll, Werner: Biomarkers – Predictors, Surrogate Parameters – A Concept Definition, in Schmitz, Gerd (Hrsg.), Biomarker, 1. Auflage, Stuttgart 2008.

Krüger, Wolfgang (Hrsg.): Münchener Kommentar zum BGB, Band 3 (Schuldrecht, Allgemeiner Teil II §§ 311 - 432 BGB), 8. Auflage, München 2019 (zit.: Bearbeiter in MüKo Bd. 3, BGB § Rn.).

Kube, Hanno: Persönlichkeitsrecht, in Isensee, Josef/Kirchhof, Paul (Hrsg.), Handbuch des Staatsrechts, Bd. VII, Heidelberg 2009, § 148, S. 79–146 (zit.: Kube in Isensee/Kirchhof (Hrsg.), Handbuch des Staatsrechts, Bd. VII, § 148 Rn.).

Kubella, Kathrin: Patientenrechtegesetz, Berlin Heidelberg 2011 (zugl.: Köln, Univ., Diss., 2011).

Kubiak, Simon: Gendiagnostik bei Abschluss von Privatversicherungen: unter besonderer Berücksichtigung der VVG- und Gesundheitsreform sowie des in Aussicht stehenden Gendiagnostikgesetzes, Baden-Baden 2008 (zugl.: Düsseldorf, Univ., Diss., 2007) (zit.: Kubiak, Gendiagnostik bei Abschluss von Privatversicherungen).

Kühl, Kristian: Strafrecht Allgemeiner Teil, 8. Auflage, Tübingen 2017.

Kühling, Jürgen/Buchner, Benedikt: Datenschutz-Grundverordnung Kommentar, 2. Auflage, München 2018.

von Kummer, Rüdiger: Zufallsbefunde bei bildgebenden Verfahren in der Hirnforschung. Ethische Überlegungen und Lösungsvorschläge: Ignoranz als ethisches Prinzip in der Medizin?, DÄ 2007, A 3186.

Lackner, Karl/Kühl, Kristian: Strafgesetzbuch Kommentar, 29. Auflage, München 2018 (zit.: Bearbeiter in Lackner/Kühl (Hrsg.), StGB, § Rn.).

Lanzerath, Dirk: Incidental Findings in Genetic Research: Ethical Issues, in Lanzerath, Dirk/Rietschel, Marcella/Heinrichs, Bert/Schmäl, Christine (Hrsg.), Incidental Findings. Scientific, Legal and Ethical Issues, 1. Auflage, Köln 2014, S. 73–81.

Lassere, Anke/Blohm, Ludwig: Radiologie Kurzlehrbuch zu GK 2 und GK 3, 3. Auflage, München 2003 (zit.: Lassere/Blohm, Radiologie).

Laufs, Adolf: Standesregeln und Berufsrecht der Ärzte, in Heberer, Georg/-Opderbecke, Hans Wolfgang/Spann, Wolfgang (Hrsg.), Ärztliches Handeln – Verrechtlichung eines Berufsstandes. Festschrift für Walther Weißauer zum 65. Geburtstag, Berlin Heidelberg 1986, S. 88–95 (zit.: Laufs in Weißauer-FS).

Laufs, Adolf/Katzenmeier, Christian/Lipp, Volker: Arztrecht, 7. Auflage, München 2015.

Laufs, Adolf/Kern, Bernd-Rüdiger (Hrsg.): Handbuch des Arztrechts (Zivilrecht, Öffentliches Recht, Vertragsarztrecht, Krankenhausrecht, Strafrecht),

4. Auflage, München 2010 (zit.: Bearbeiter in Laufs/Kern (Hrsg.), Handbuch des Arztrechts).

Laufs, Rainer: Aids und Arztrecht, NJW 1987, S. 2257–2265.

Lemke, Thomas: „Die Polizei der Gene" – Genetische Diskriminierung und die Fallstricke der Kritik, Soziale Welt 2005, S. 53–72.

Lenk, Christian: Biobanken, in Lenk, Christian/Duttge, Gunnar/Fangerau, Heiner (Hrsg.), Handbuch Ethik und Recht der Forschung am Menschen, Berlin Heidelberg 2014, S. 419–426.

Lenk, Christian/Frommeld, Debora: Ethische und soziologische Aspekte des Rechtes auf Nichtwissen, in Duttge, Gunnar/Lenk, Christian (Hrsg.), Das sogenannte Recht auf Nichtwissen. Normatives Fundament und anwendungspraktische Geltungskraft, Paderborn 2019, S. 49–68 (zit.: Lenk/Frommeld in Duttge/Lenk (Hrsg.), Das sogenannte Recht auf Nichtwissen).

Lidz, Charles W./Appelbaum, Paul S./Grisso, Thomas/Renaud, Michelle: Therapeutic Misconception and the appreciation of risks in clinical trials, Soc Sci Med 2004, S. 1689–1697.

Lilie, Hans: Ärztliche Dokumentation und Informationsrechte des Patienten: eine arztrechtliche Studie zum deutschen und amerikanischen Recht, Frankfurt am Main 1980 (zugl.: Göttingen, Univ., Diss., 1980) (zit.: Lilie, Ärztliche Dokumentation und Informationsrechte des Patienten).

Lindner, Josef Franz: Grundrechtsfragen prädiktiver Gendiagnostik, MedR 2007, S. 286–295.

Lippert, Hans-Dieter: Das Patientenrechtegesetz und die biomedizinische Forschung – wird die Forschung etwa stiefmütterlich behandelt?, MedR 2013, S. 714–718.

Lippert, Hans-Dieter: Biomedizinische Forschung unter den Regeln der Verordnung (EU) 2016/679 – Datenschutzgrundverordnung (DS-GVO), GesR 2018, S. 613–621.

Loewenhardt, Björn: Bildgebende Diagnostik. Technik, Anatomie, Pathologie, Fulda 2006 (zit.: Loewenhardt, Bildgebende Diagnostik).

Logothetis, Nikos K.: What we can do and what we cannot do with fMRI, Nature Reviews 2008, S. 869–878.

Looschelders, Dirk: Aktuelle Probleme der vorvertraglichen Anzeigepflicht des Versicherungsnehmers, VersR 2011, S. 697–705.

Lorenz, Dieter: Recht auf Leben und körperliche Unversehrtheit, in Isensee, Josef/Kirchhof, Paul (Hrsg.), Handbuch des Staatsrechts, Bd. VI, Heidelberg 1989, § 128 S. 3–40 (zit.: Lorenz in Isensee/Kirchhof (Hrsg.), Handbuch des Staatsrechts, Bd. VI, § 128 Rn.).

Lorenz, Egon: Zur Berücksichtigung genetischer Tests und ihrer Ergebnisse beim Abschluss von Personenversicherungsverträgen, VersR 1999, S. 1309–1315.

Lubman, Dl./Velakoulis, D./McGorry, P. D./Smith, D. J./Brewer, W./Stuart, G./-Desmond, P./Tess, B./Pantelis, C.: Incidental radiological findings on brain magnetic imaging in first-episode psychosis and chronic schizophrenia, Acta Psychiatrica Scandinavica 2002, S. 331–336 (zit.: Lubman/Velakoulis/McGorry et al., Acta Psychiatr Scand 2002).

Magnus, Dorothea: Fürsorge oder Selbstbestimmung? Von Arztpflichten und Patientenrechten – rechtliche, ethische und medizinische Aspekte, DÄ 2012, A 918–922.

Mahnken, Andreas H./Mühlenbruch, Georg/Dohnen, Guido/Kelm, Malte/Wildberger, Joachim E./Günther, Rolf W.: Aktueller Stand der MSCT-Angiografie der Koronararterien, DÄ 2007, A 2201–2207.

Maio, Giovanni: Mittelpunkt Mensch: Ethik in der Medizin; ein Lehrbuch; mit 39 kommentierten Patientengeschichten, 1. Auflage, Stuttgart 2012 (zit.: Maio, Ethik in der Medizin).

Molnár-Gábor, Franziska/Gantner, Gösta/Lichter, Peter: Das Ende der Zufallsbefunde in der genetischen Diagnostik: Die Ganzgenomsequenzierung und die Erwartbarkeit zusätzlicher Befunde, ZfMR 2014, S. 81–104.

Mand, Elmar: Biobanken für die Forschung und informationelle Selbstbestimmung, MedR 2005, S. 565–575.

Mangoldt, Hermann v./Klein, Friedrich/Starck, Christian (Hrsg.): Kommentar zum Grundgesetz, Band 1: Präambel Artikel 1 bis 19, 7. Auflage, München 2018 (zit.: Bearbeiter in v. Mangoldt/Klein/Starck (Hrsg.), GG Bd. 1, Art. Rn.).

Marx-Stölting, Lilian: Pharmakogenetik und Pharmakogentests: biologische, wissenschaftstheoretische und ethische Aspekte des Umgangs mit genetischer Variation, Berlin 2007 (zugl.: Tübingen, Univ., Diss., 2006) (zit.: Marx-Stölting, Pharmakogenetik und Pharmakogentests).

Maunz, Theodor/Dürig, Günter (Hrsg.): Kommentar zum Grundgesetz, Band 1 (Präambel – Art. 5), München Loseblattsammlung, Stand: 85. Ergänzungslieferung, November 2018 (Bearbeiter in Maunz/Dürig (Hrsg.), GG Bd. 1, Art. Rn.).

Maurer, Hartmut/Waldhoff, Christian: Allgemeines Verwaltungsrecht, 19. überarbeitete und ergänzte Auflage, München 2017.

Mayer, Alan N./Dimmock, David P./Marjorie, J. Arca/Bick, David P./Verbsky, James W./Worthey, Elizabeth A./Jacob, Howard J./Margolis, David A.: A timely arrival for genomic medicine, Genet Med 2011, S. 195–196 (zit.: Mayer et al., Genet Med 2011).

Menzel, Hans-Joachim: Genomanalyse im Arbeitsverhältnis und Datenschutz, NJW 1989, S. 2041–2043.

Meyer, Evelyn: Persönlichkeitsschutz durch „Recht auf Nichtwissen" am Beispiel der Genomanalyse, ArztRecht 7/2001, S. 172–179.

Michl, Susanne/Paul, Norbert W.: Belmont Report, in Lenk, Christian/Duttge, Gunnar/Fangerau, Heinrich (Hrsg.), Handbuch Ethik und Recht der Forschung am Menschen, Berlin Heidelberg 2014, S. 495–500.

Miller, Franklin G./Mello, Michelle M./Joffe, Steven: Incidental Findings in Human Subjects Research: What Do Investigators Owe Research Participants?, J Law Med Ethics 2008, S. 271–279.

Mitch, Wolfgang: Anmerkung zum Urteil des BGH vom 22.01.2015, Az.: 3 StR 233/14, NJW 2015, S. 1545–1546.

Moeller-Herrmann, Moritz: Die Regelung prädiktiver Gentests: Bindung an Gesundheitszwecke, Arztvorbehalt und verwandte Ansätze, Marburg 2006 (zugl.: Mannheim, Univ., Diss., 2005) (zit.: Moeller-Herrmann, Die Regelung prädiktiver Gentests).

Molnár-Gábor, Franziska: Besonderheiten der Genomsequenzierung als Grundlage der Steuerung in der translationalen Medizin, in Langanke, Martin/Erdmann, Pia/Robienksi, Jürgen/Rudnik-Schöneborn, Sabine (Hrsg.), Zufallsbefunde bei molekulargenetischen Untersuchungen. Medizinische, juristische und ethische Perspektiven, Berlin Heidelberg 2015, S. 23–33.

Molnár-Gábor, Fruzsina: Das Recht auf Nichtwissen. Fragen der Verrechtlichung im Kontext von Big Data in der modernen Biomedizin, in Duttge, Gunnar/Lenk, Christian (Hrsg.), Das sogenannte Recht auf Nichtwissen. Normatives Fundament und anwendungspraktische Geltungskraft, Paderborn 2019, S. 83–116 (zit.: Mólnar-Gábor in Duttge/Lenk (Hrsg.), Das sogenannte Recht auf Nichtwissen).

Montgomery, Frank Ulrich/Brauer, Daniel/Hubner, Marlis/Seebohm, Annabel: Das Patientenrechtegesetz aus Sicht der Ärzteschaft, MedR 2013, S. 149–153.

Morris, Zoe/Whiteley, William N./Longstreth, Jr./Weber, Frank/Lee, Yi-Chung/Tsushima, Yoshito/Alphs, Hannah/Ladd, Susanne C./Warlow, Charles/Wardlaw, Joanna M/Al-Shahi Saman, Rustam: Incidental findings on brain magnetic resonance imaging: systematic review and meta-analysis, BMJ onlinefirst 2009, 339, S. 1–7 (zit.: Morris/Whiteley/Longstreth et al., BMJ 2009).

Murswiek, Dietrich: Entschädigung für immissionsbedingte Waldschäden, NVwZ 1986, S. 611–615.

Musielak, Hans-Joachim: Die Haftung der Banken für falsche Kreditauskünfte – zugleich ein Beitrag zur Lehre von den vertraglichen Schutzwirkungen für Dritte, VersR 1977, S. 973–979.

Musielak, Hans-Joachim/Borth, Helmut (Hrsg.): Familiengerichtliches Verfahren: FamFG 1. u. 2. Buch, 5. Auflage, München 2015.

Musielak, Hans-Joachim/Voit, Wolfgang (Hrsg.): Kommentar zur Zivilprozessordnung: mit Gerichtsverfassungsgesetz, 14. Auflage, München 2017 (zit.: Bearbeiter in Musielak (Hrsg.), ZPO, § Rn.).

National Commission for the Protection of Human Subjects of Research: The Belmont Report. Ethical Principles and Guidelines for the Protection of Human Subjects of Research, Bände 1 – 2, United States 1978 (zit.: National Commission for the Protection of Human Subjects of Research, The Belmont Report).

Nationale Akademie der Wissenschaften Leopoldina/acatech-Deutsche Akademie der Technikwissenschaften/Berlin-Brandenburgische Akademie der Wissenschaften: Prädiktive genetische Diagnostik als Instrument der Krankheitsprävention, 2010, abrufbar unter http://www.leopoldina.org/uploads/tx_leopublication/201011_natEmpf_praedikative -DE.pdf (zuletzt abgerufen am 16.01.2018).

Nationaler Ethikrat: Biobanken für die Forschung: Stellungnahme, Berlin 2004 (zit.: Nationaler Ethikrat, Biobanken für die Forschung).

Nationaler Ethikrat: Prädiktive Gesundheitsinformationen bei Einstellungsuntersuchungen. Stellungnahme, Berlin 2005 (zit.: Nationaler Ethikrat, Prädiktive Gesundheitsinformationen bei Einstellungsuntersuchungen).

Nelson, Charles A.: Incidental Findings in Magnetic Resonance Imaging (MRI) Brain Research, J Law Med Ethics 2008, S. 315–319.

von Olshausen, Henning: Menschenwürde im Grundgesetz: Wertabsolutismus oder Selbstbestimmung, NJW 1982, S. 2221–2224.

Ormond, Kelle E./Wheeler, M. T./Hudgnis, L./Klein, T. E./Butte, A. J./Altman, R. B./Ashley, E. A./Greely, H.T.: Challenges in the clinical application of whole-genome sequencing, The Lancet 2010, S. 1749–1751 (zit.: Ormond et al., Lancet 2010).

Osieka, Thomas Oliver: Das Recht der Humanforschung: unter besonderer Berücksichtigung der 12. Arzneimittelgesetz-Novelle, Hamburg 2006 (zugl.: Köln, Univ., Diss., 2006) (zit.: Osieka, Das Recht der Humanforschung).

Palandt, Otto (Hrsg.): Bürgerliches Gesetzbuch – Kommentar, 78. Auflage, München 2019 (zit.: Bearbeiter in Palandt (Hrsg.), Bürgerliches Gesetzbuch, § Rn.).

Park, Tido: Handbuch Durchsuchung und Beschlagnahme: mit Sonderteil zur Unternehmensdurchsuchung, München 2002 (zit.: Park, Handbuch Durchsuchung und Beschlagnahme).

Parker, Lisa S.: The Future of Incidental Findings: Should they be viewed as Benefits? J Law Med Ethics 2008, S. 341–351.

Pauge, Burkhard: Arzthaftungsrecht: neue Entwicklungslinien der BGH-Rechtsprechung, 12. Auflage, Köln 2015 (zit.: Pauge, Arzthaftungsrecht).

Pauge, Burkhard: Die Komplikation der Komplikation – wie weit geht die ärztliche Aufklärungspflicht?, in Steinmeyer, Heinz-Dietrich/Roeder, Norbert/von Eiff, Wilfried (Hrsg.), Medizin – Haftung – Versicherung. Festschrift für Karl Otto Bergmann zum 70. Geburtstag, Berlin Heidelberg 2016, S. 169–178 (zit.: Pauge in Bergmann-FS).

Peintinger, Michael: Therapeutische Partnerschaft: Aufklärung zwischen Patientenautonomie und ärztlicher Selbstbestimmung, Wien 2003 (zit.: Peintinger, Therapeutische Partnerschaft).

Pfeufer, Arne/Krawczak, Michael: Das „1000-Dollar-Genom", DÄ 2013, A 2016–2017.

Plath, Kai-Uwe: BDSG/DSGVO, Kommentar zum BDSG und zur DSGVO sowie den Datenschutzbestimmungen von TMG und TKG, 2. Auflage, Köln, 2016.

Platzer, Johann: Autonomie und Lebensende: Reichweite und Grenzen von Patientenverfügungen, Würzburg 2010 (zugl.: Graz, Univ., Diss. 2010) (zit.: Platzer, Autonomie und Lebensende).

Poser, Wolfgang: Zum Noceboeffekt in Krankenbehandlung und Probanden-Experiment. Kann Aufklärung schaden?, in Duttge, Gunnar/Lenk, Christian (Hrsg.), Das sogenannte Recht auf Nichtwissen. Normatives Fundament und anwendungspraktische Geltungskraft, Paderborn 2019, S. 197–210.

Präve, Peter: Das Gendiagnostikgesetz aus versicherungsrechtlicher Sicht, VersR 2009, S. 857–862.

Preis, Ulrich/Schneider, Angie: Das Patientenrechtegesetz – eine gelungene Kodifikation, NZS 2013, S. 281–288.

Presidental Commission for the Study of Bioethical Issues: Anticipate and Communicate. Ethical Management of Incidental and Secondary Findings in the Clinical, Research and Direct-to-Consumer Contexts, Dezember 2013, abrufbar unter: https://bioethicsarchive.georgetown.edu/pcsbi/sites/default/files/FINALAnticipateCommunicate_PCSBI_0.pdf (zuletzt abgerufen am 16.01.2018).

Prittwitz, Cornelius: AIDS, Recht und Gesundheitspolitik, Berlin 1990.

Projektgruppe EURAT: Stellungnahme: Eckpunkte für eine Heidelberger Praxis der Ganzgenomsequenzierung 2013, Heidelberg 2013, abrufbar unter http://www.uni-heidelberg.de/md/totalsequenzierung/informationen/mk_eurat_stellungnahme_2013.pdf (zuletzt abgerufen am 16.01.2018).

Projektgruppe EURAT: Stellungnahme: Eckpunkte für eine Heidelberger Praxis der Ganzgenomsequenzierung 2015, 2. aktualisierte Auflage, Heidelberg 2015, abrufbar unter http://www.uni-heidelberg.de/md/totalsequenzierung/

mk_eurat_journal_d_2016_web.pdf (zuletzt abgerufen 16.01.2018) (zit.: Projektgruppe EURAT, Stellungnahme 2015).

Propping, Peter/Aretz, Stefan/Schumacher, Johannes/Taupitz, Jochen/Guttmann, Jens/Heinrichs, Bert: Prädiktive genetische Testverfahren. Naturwissenschaftliche, rechtliche und ethische Aspekte, Freiburg München 2006 (zit.: Propping/Aretz/Schumacher/Taupitz/Guttmann/Heinrichs, Prädiktive genetische Testverfahren).

Prütting, Dorothea (Hrsg.): Medizinrecht Kommentar, 4. Auflage, Köln 2016 (zit.: Bearbeiter in Prütting (Hrsg.), MedR-Komm, § Rn.).

Pschyrembel, Willibald (Hrsg.): Klinisches Wörterbuch 2014, 265. Auflage, Berlin 2013 (zit.: Pschyrembel, Klinisches Wörterbuch, S. Stichwort).

Quaas, Michael/Zuck, Rüdiger: Medizinrecht, 3. Auflage, München 2014 (zit.: Bearbeiter in Quaas/Zuck (Hrsg.), Medizinrecht, § Rn.).

Quaas, Michael/Zuck, Rüdiger/Clemens, Thomas: Medizinrecht – Öffentliches Medizinrecht – Pflegeversicherungsrecht – Arzthaftpflichtrecht – Arztstrafrecht, 4. vollständig neu bearbeitete Auflage, München 2018 (zit.: Bearbeiter in Quaas/Zuck/Clemens (Hrsg.), Medizinrecht, § Rn.).

Quick, Harald H.: Technische Voraussetzungen für das Ganzkörper-MRT-Screening, in Puls/Hosten (Hrsg.), Ganzkörper-MRT-Screening. Befunde und Zufallsbefunde, Berlin 2010, S. 25–39.

Rangel, Erica K.: The Management of Incidental Findings in Neuro-Imaging Research: Framework and Recommendations, J Law Med Ethics 2010, S. 117–126.

Ratzel, Rudolf/Lippert, Hans-Dieter (Hrsg.): Kommentar zur Musterberufsordnung der deutschen Ärzte (MBO), 5. Auflage, Berlin 2010 (zit.: Bearbeiter in Ratzel/Lippert (Hrsg.), Kommentar zur Musterberufsordnung der deuts chen Ärzte (MBO), § Rn.).

Rauch, Anita: Next-Generation-Sequenzierung. Ein Quantensprung in der Aufklärung genetischer Erkrankungen, Schweiz Med Forum 2012, S. 44–46.

Rauprich, Oliver: Prinzipienethik in der Biomedizin – zur Einführung, in Rauprich, Oliver/Steger, Florian (Hrsg.), Prinzipienethik in der Biomedizin: Moralphilosophie und medizinische Praxis, Frankfurt am Main 2005, S. 11–47 (zit.: Rauprich in Rauprich/Steger (Hrsg.), Prinzipienethik in der Biomedizin).

Regenbogen, Daniela/Henn, Wolfram: Aufklärungs- und Beratungsprobleme bei der prädiktiven genetischen Diagnostik, MedR 2003, S. 152–158.

Rehbock, Theda: Autonomie – Fürsorge – Paternalismus. Zur Kritik (medizin-) ethischer Grundbegriffe, Ethik Med 2002, S. 131–150.

Rehbock, Theda: Personsein in Grenzsituationen: Zur Kritik der Ethik medizinischen Handelns, Paderborn 2005 (zit.: Rehbock, Personsein in Grenzsituationen).

Rehborn, Martin: Die ärztliche Schweigepflicht - ein schützenswertes Rechtsgut, GesR 2017, S. 409–415.

Rehmann, Wolfgang A.: Arzneimittelgesetz: AMG (Kommentar), 4. Auflage, München 2014.

Rehmann-Sutter, Christoph: Gibt es eine Pflicht, seine Gene zu kennen?, in Duttge, Gunnar/Lenk, Christian (Hrsg.), Das sogenannte Recht auf Nichtwissen. Normatives Fundament und anwendungspraktische Geltungskraft, Paderborn 2019, S. 131–145 (Rehmann-Sutter in Duttge/Lenk (Hrsg.), Das sogenannte Recht auf Nichtwissen).

Reiser, Maximilian/Kuhn, Fritz-Peter/Debus, Jürgen: Radiologie, 3. Auflage, Stuttgart 2011.

Reneman, L./de Win, M. M. L/Booij, J./van den Brink, W./den Heeten, G. J./-Freling, N./Majoie, C. B.: Incidental Hand and Neck Findings on MRI in Young Healthy Volunteers: Prevelance and Clinical Implications, Am J Neuroradiol 2012, S. 1971–1974.

Retzko, Kerstin Karoline: Prädiktive Medizin versus ein (Grund-)Recht auf Nichtwissen, Aachen 2006 (zugl.: Mainz, Univ., Diss., 2005).

Revermann, Christoph/Sauter, Arnold: Biobanken als Ressource der Humanmedizin: Bedeutung, Nutzen, Rahmenbedingungen, Berlin 2007 (zit.: Revermann, Biobanken als Ressource der Humanmedizin).

Richardson, Henry S.: Incidental Findings and Ancillary-Care Obligations, J Law Med Ethics 2008, S. 256–270.

Richardson, Henry S./Belsky, Leah: The Ancillary-Care Responsibilities of Medical Researchers, The Hastings Report 2004, S. 25–33.

Rixen, Stephan: Ethik des Grundgesetzes? Zum Verhältnis von (Verfassungs-) Recht und Ethik, IMEW konkret Nr. 6, Mai 2004, Online Version ISSN 1612-9997, abrufbar unter http://www.imew.de/de/imew-publikationen/imew-konkret/ethik-des-grundgesetzes/ (zuletzt abgerufen am 16.01.2018) (zit.: Rixen, IMEW konkret Nr. 6, Mai 2004).

Robienski, Jürgen: Umgang mit genetischen Zufallsbefunden – Reden ist Silber, Schweigen ist Gold, in Langanke, Martin/Erdmann, Pia/Robienksi, Jürgen/Rudnik-Schöneborn, Sabine (Hrsg.), Zufallsbefunde bei molekulargenetischen Untersuchungen. Medizinische, juristische und ethische Perspektiven, Berlin Heidelberg 2015, S. 49–60.

Robienski, Jürgen/Hoppe, Nils: Aktuelle medizinrechtliche und -ethische Herausforderungen der Pathologie, Der Pathologe 2013, S. 9–15.

Rogowski, Wolf/Langer, Astrid: Gentests und deren Einsatz für Reihenuntersuchungen aus gesundheitsökonomischer Perspektive, in Schmidtke, Jörg (Hrsg.), Gendiagnostik in Deutschland: Status quo und Problemerkundung, Limburg 2007, S. 87–106.

Röhrig, Bernd/du Prel, Jean-Baptist/Wachtlin, Daniel/Blettner, Maria: Studientypen in der medizinischen Forschung, DÄ 2009, S. 262–268.

Ropers, Hans-Hilger: Genomsequenzierung - Konsequenzen für die prädiktive genetische Diagnostik, in Duttge, Gunnar/Engel, Wolfgang/Zoll, Barbara (Hrsg.), Das Gendiagnostikgesetz im Spannungsfeld von Humangenetik und Recht, Göttingen 2011, S. 61–68.

Rosenau, Henning: Landesbericht Deutschland, in Deutsch, Erwin/Taupitz, Jochen (Hrsg.), Forschungsfreiheit und Forschungskontrolle in der Medizin. Zur geplanten Revision der Deklaration von Helsinki, Berlin Heidelberg 2000, S. 63–91 (zit.: Rosenau in Deutsch/Taupitz (Hrsg.), Forschungsfreiheit und Forschungskontrolle).

Rosenau, Henning: Relevante Fragestellungen des GenDG und Aufgaben der Gendiagnostik-Kommission (GEKO), in Duttge, Gunnar/Engel, Wolfgang/Zoll, Barbara (Hrsg.), Das Gendiagnostikgesetz im Spannungsfeld von Humangenetik und Recht, Göttingen 2011, S. 69–90.

Rosenblatt, David: Who's on first in exome and whole genome sequencing? Is it the patient or the incidental findings?, Molecular Genetics and Metabolism 2013, S. 1–2.

Roßner, Hans-Jürgen: Verzicht des Patienten auf eine Aufklärung durch den Arzt, NJW 1990, S. 2291–2296.

Roßner, Hans-Jürgen: Begrenzung der Aufklärungspflicht des Arztes bei Kollision mit anderen ärztlichen Pflichten. Eine medizinrechtliche Studie mit vergleichenden Betrachtungen des nordamerikanischen Rechts, Frankfurt am Main 1998 (zugl.: Göttingen Univ., Diss., 1996) (zit.: Roßner, Begrenzung der Aufklärungspflicht des Arztes).

Royal College of Radiologists: Management of Incidental Findings Detected During Research Imaging, abrufbar unter https://www.rcr.ac.uk/system/files/publication/field_ publication_files/BFCR%2811%298_ethics.pdf (zuletzt abgerufen am 16.01.2018).

Rudnik-Schöneborn, Sabine/Langanke, Martin/Erdmann, Pia/Robienski, Jürgen: Ethische und rechtliche Aspekte im Umgang mit genetischen Zufallsbefunden - Herausforderungen und Lösungsansätze, Ethik Med 2014, S. 105–119.

Rudnik-Schöneborn, Sabine: Umgang mit Zufallsbefunden in der humangenetischen Praxis, in Langanke, Martin/Erdmann, Pia/Robienksi,

Jürgen/Rudnik-Schöneborn, Sabine (Hrsg.), Zufallsbefunde bei molekulargenetischen Untersuchungen. Medizinische, juristische und ethische Perspektiven, Berlin Heidelberg 2015, S. 9–19.

Ruffert, Matthias: Vorrang der Verfassung und Eigenständigkeit des Privatrechts: Eine verfassungsrechtliche Untersuchung zur Privatrechtsentwicklung des Grundgesetzes (Jus Publicum), 2001.

Rützenhoff, Steffen Moritz: Das Patientenrechtegesetz. Zwischen Vertrags-, Delikts- und Sozialrecht: Eine Bestandsaufnahme zur Kodifizierung der geltenden Rechtsprechung im Arzthaftungsrecht durch die §§ 630a bis 630h im Bürgerlichen Gesetzbuch und ihren Auswirkungen, Hamburg 2017 (zugl.: Humboldt-Universität zu Berlin (HUB), Diss., 2017) (zit.: Rützenhoff, Das Patientenrechtegesetz).

Sachs, Michae (Hrsg.): Grundgesetz Kommentar, 7. Auflage, München 2014 (zit.: Bearbeiter in Sachs (Hrsg.), Grundgesetz Kommentar, Art. Rn.).

Satzinger, Gabriele: Genetische Analysen – Die Rechtslage in Österreich, Journal für Neurologie, Neurochirurgie und Psychiatrie 2006, S. 14–18.

Scharnagl, Hubert/Stojakovic, Tatjana/März, Winfried: Biomarker in Forschung und Diagnostik, in Schmitz, Gerd (Hrsg.), Biomarker, 1. Auflage, Stuttgart 2008.

Scherrer, Johanna: Das Gendiagnostikgesetz: eine Darstellung unter besonderer Berücksichtigung verfassungsrechtlicher Fragestellungen, Münster 2012 (zugl.: Bonn, Univ., Diss., 2011) (zit.: Scherrer, Das Gendiagnostikgesetz).

Schickhardt, Christoph: Zu einer Ethik der Weitergabe von genetischen Informationen an Verwandte – theoretische Probleme und praktische Lösungsansätze, in Langanke, Martin/Erdmann, Pia/Robienski, Jürgen/Rudnik-Schöneborn, Sabine (Hrsg.), Zufallsbefunde bei molekulargenetischen Untersuchungen. Medizinische, juristische und ethische Perspektiven, Berlin Heidelberg 2015, S. 131–148.

Schillhorn, Kerrin/Heidemann, Simone: Gendiagnostikgesetz, Kommentar für die Praxis, 2., neu bearbeitete und erweiterte Auflage, Heidelberg 2017 (zit.: Schillhorn/Heidemann, Gendiagnostikgesetz).

Schlette, Volker: Ethik und Recht bei der Arzneimittelprüfung. Landesrechtliche Ethik-Kommissionen nach der 12. AMG-Novelle und die unfreiwillige Vorreiterrolle des Landes Berlin, NVwZ 2006, S. 785–787.

Schleim, Stephan/Spranger, Tade Matthias/Urbach, H/Walter, Henrik: Zufallsfunde in der bildgebenden Hirnforschung. Empirische, rechtliche und ethische Aspekte, Nervenheilkunde 2007, S. 1041–1045.

Schmid, Hugo: Die Grundlagen der ärztlichen Aufklärungspflicht, NJW 1984, S. 2601–2606.

Schmidt, Angelika: Rechtliche Aspekte der Genomanalyse: insbesondere die Zuverlässigkeit genanalytischer Testverfahren in der pränatalen Diagnostik sowie der Präimplantationsdiagnostik, Frankfurt am Main 1991 (zugl.: Göttingen, Univ., Diss., 1991) (zit.: Schmidt, Rechtliche Aspekte der Genomanalyse).

Schmidt, Thorsten Ingo: Die Analogie im Verwaltungsrecht, VerwArch 2006, S. 139–164.

Schmidt, Gerwin/Dinter, Dietmar/Reiser, Maximilian F./Schoenberg, Stefan O.: Möglichkeiten und Grenzen der Ganzkörper-MRT, DÄ 2010, S. 383–389.

Schmidt-Aßmann, Eberhard: Anwendungsprobleme des Art. 2 Abs. 2 GG im Immissionsschutzrecht, AöR 1981, S. 205–217.

Schmidt-Recla, Adrian: Anmerkung zum Urteil des BGH vom 21.12.2010, Az. VI ZR 284/09, MedR 2011, S. 648.

Schmücker, Reinold: Zufallsbefunde – was gebietet die Menschenwürde?, in Joerden, Jan C./Hilgendorf, Eric/Thiele, Felix (Hrsg.), Menschenwürde und Medizin: ein interdisziplinäres Handbuch, Berlin 2013, S. 949–982 (zit.: Schmücker in Joerden/Hilgendorf/Thiele (Hrsg.), Menschenwürde und Medizin).

Schmücker, Reinold: Wie viel Probandenautonomie verträgt die medizinische Forschung?, in Ach, Johann S. (Hrsg.), Grenzen der Selbstbestimmung in der Medizin, Münster 2013, S. 209–230.

Schneider, Karla: Der Einsatz bildgebender Verfahren im Strafprozess, Lohmar 2010 (zugl.: Köln, Univ., Diss., 2010).

Schneider, Lena: Neue Behandlungsmethoden im Arzthaftungsrecht: Behandlungsfehler – Aufklärungsfehler – Versicherung, Berlin 2010 (zugl.: Göttingen, Univ., Diss., 2010) (zit.: Schneider, Neue Behandlungsmethoden).

Schölmerich, P.: Verbindlichkeit des anerkannten medizinischen Fortschritts aus der Sicht der Klinik, in Deutsch, Erwin/Kleinsorge, Hellmuth/Scheler, Fritz (Hrsg.), Verbindlichkeit der medizin-diagnostischen und therapeutischen Aussage, Stuttgart 1983, S. 69–78.

Schönke, Adolf/Schröder, Horst (Hrsg.): Strafgesetzbuch Kommentar, 30. Auflage, München 2019 (zit.: Bearbeiter in Schönke/Schröder (Hrsg.), Strafgesetzbuch, § Rn.).

Schramm, Stephan: Aufklärung über die Nebenwirkungen einer Strahlentherapie. Zugleich Anmerkung zum Urteil des BGH vom 12.12.1987 (VI ZR 83/89), VersR 1991, S. 284–286.

Schreiber, Hans-Ludwig: Recht und Ethik – am Beispiel des Arztrechts, in Hannack, Ernst-Walter/Rieß, Peter/Wendisch, Günter (Hrsg.), Festschrift für Hanns Dünnebier zum 75. Geburtstag am 12. Juni 1982, Berlin 1982, S. 633–647 (zit.: Schreiber in Dünnebier-FS).

Schröder, Peter: Gendiagnostische Gerechtigkeit: eine ethische Studie über die Herausforderungen postnataler genetischer Prädiktion, Münster 2004 (zit.: Schröder, Gendiagnostische Gerechtigkeit).

Schröder, Peter: Der Status genom-basierter Informationen. Public-Health-Genomics und die These des genetischen Exzeptionalismus, Bundesgesundheitsbl 2006, S. 1219–1224.

Schünemann, Klaus: Die Rechtsprobleme von AIDS: Mannheimer Symposium am 20. und 21. November 1987, 1. Auflage, Baden-Baden 1988 (zit.: Schünemann, Die Rechtsprobleme von AIDS).

Schwab, Matthias/Marx, Claudia/Zanger, Ulrich M./Eichelbaum, Michel/Fischer-Bosch, Margarete: Pharmakogenetik der Zytochrom-P-450-Enzyme: Bedeutung für Wirkungen und Nebenwirkungen von Medikamenten, DÄ 2002, A 497–504.

Schwabe, Jürgen: Probleme der Grundrechtsdogmatik, Darmstadt 1977.

Schwabe, Jürgen: Der Schutz des Menschen vor sich selbst, JZ 1998, S. 66–75.

Schwander, Verena: Medizinische Forschung am Menschen zwischen Wissenschaftsfreiheit und Persönlichkeitsschutz. Zur Rechtslage in der Schweiz, in Brudermüller, Gerd/Hauck, Max/Lücker, Peter/Seelmann, Kurt/Westhofen, Martin (Hrsg.), Forschung am Menschen. Ethische Grenzen medizinischer Machbarkeit, Würzburg 2005, S. 57–76 (zit.: Schwander in Brudermüller/Hauck/Lücker/Seelmann/Westhofen (Hrsg.), Forschung am Menschen).

Schwill, Florian: Aufklärungsverzicht und Patientenautonomie: das Recht des Patienten zum Verzicht auf die ärztliche Aufklärung, Marburg 2007 (zugl.: Augsburg, Univ., Diss., 2006) (zit.: Schwill, Aufklärungsverzicht und Patientenautonomie).

Seel, Martin: Vom Nachteil und Nutzen des Nicht-Wissens für das Leben, in Gugerli, David/Hagner, Michael/Sarasin, Philipp/Tanner, Jakob (Hrsg.), Nach-Feierabend. Nichtwissen, Zürich 2009, S. 37–49.

Seewald, Otfried: Zum Verfassungsrecht auf Gesundheit, Köln 1981 (zugl.: Hamburg, Univ., Habil.-Schr., 1987).

Seidler, E.: Arzt und Patient – Pflichten und Rechte, in Häring, Rudolf (Hrsg.), Chirurgie und Recht, Berlin 1993, S. 8–16.

Shaw, David: Wenn Zufallsbefunde beabsichtigt sind: ein gefährlicher Präzedenzfall, in Langanke, Martin/Erdmann, Pia/Robienksi, Jürgen/Rudnik-Schöneborn, Sabine (Hrsg.), Zufallsbefunde bei molekulargenetischen Untersuchungen. Medizinische, juristische und ethische Perspektiven, Berlin Heidelberg 2015, S. 165–176.

Siegrist, Johannes: Der Wandel der Medizin und der Wandel der Arzt-Patienten-Beziehung, in Jung, Heike/Schreiber, Hans-Wilhelm (Hrsg.), Arzt und Patient zwischen Therapie und Recht, Stuttgart 1981, S. 54–67.

Simitis, Spiros: Bundesdatenschutzgesetz, 8. Auflage, Baden-Baden 2014 (zit.: Bearbeiter in Simitis (Hrsg.), Bundesdatenschutzgesetz, § Rn.).

Sinnecker, Tim/Mittelstaedt, Paul/Dörr, Jan/Pfueller, Caspar F./Harms, Lutz/Niendorf, Thoralf/Paul, Friedemann/Wuerfel, Jens: Multiple Sclerosis Lesions and Irreversible Brain Tissue Damage. A Comparative Ultrahigh-Field Strength Magnetic Resonance Imaging Study, Arch Neurol 2012, S. 739–745 (zit.: Sinnecker/Mittelstaedt/Dörr et al., Arch Neurol 2012).

Sodan, Helge/Ziekow, Jan: Grundkurs Öffentliches Recht: Staats- und Verwaltungsrecht, 8. Auflage, München 2018.

Soergel, Hans Theodor (Hrsg.): Kommentar zum Bürgerlichen Gesetzbuch, Band 12 (§§ 823 – 853, ProdHG, UmweltHG), 13. Auflage, Stuttgart 2005 (zit.: Bearbeiter in Soergel, BGB, Anh I § 823).

Söns, Udo: Biobanken im Spannungsfeld zwischen Persönlichkeitsrecht und Forschungsfreiheit: eine Gefahr für Selbstbestimmung und Datenschutz?, Hamburg 2008 (zugl.: Bochum, Univ., Diss., 2008) (zit.: Söns, Biobanken im Spannungsfeld zwischen Persönlichkeitsrecht und Forschungsfreiheit).

Sosnitza, Olaf/Op den Camp, Albert: Auswirkungen des Gendiagnostikgesetzes auf klinische Prüfungen, MedR 2011, S. 401–404.

Späth, Wolfgang: Die zivilrechtliche Haftung des Steuerberaters, 4. Auflage, Bonn 1994.

Spickhoff, Andreas: Patientenrechte und Patientenpflichten – Die medizinische Behandlung als kodifizierter Vertragstypus, VersR 2013, S. 267–282.

Spickhoff, Andreas (Hrsg.): Medizinrecht – Kommentar, 3. Auflage, München 2018 (zit.: Bearbeiter in Spickhoff (Hrsg.), Medizinrecht, § Rn.).

Spickhoff, Andreas: Anmerkung zum Urteil des BGH vom 20.05.2014, Az. VI ZR 381/13, FamRZ 2014, S. 1288–1291.

Spranger, Tade Matthias: Die Rechte des Patienten bei der Entnahme und Nutzung von Körpersubstanzen, NJW 2005, S. 1084–1090.

Spranger, Tade Matthias: Rechtliche Implikationen der Generierung und Verwendung neurowissenschaftlicher Erkenntnisse, in Schleim, Stephan/Spranger, Tade Matthias/Walter, Henrik (Hrsg.), Von der Neuroethik zum Neurorecht?, Göttingen 2009, S. 193–213.

Spranger, Tade Matthias: Recht und Bioethik: Verweisungszusammenhänge bei der Normierung der Lebenswissenschaften, Tübingen 2010 (zugl.: Bonn, Univ., Habil.-Schr., 2008 – 2009) (zit.: Spranger, Recht und Bioethik).

Spranger, Tade Matthias/Schulz, Tobias: Auswirkungen der Datenschutz-Grundverordnung auf die pharmazeutische Forschung, PharmR 2017, S. 128–131.

Sprecher, Franziska: Medizinische Forschung mit Kindern und Jugendlichen: nach schweizerischem, deutschen, europäischem und internationalem Recht, Berlin 2007 (zugl.: St. Gallen, Univ., Diss., 2007) (zit.: Sprecher, Medizinische Forschung mit Kindern und Jugendlichen).

Staak, Michael/Weiser, Alfons: Klinische Prüfung von Arzneimitteln: Methodik und Rechtsgrundlagen, Stuttgart 1987 (zit.: Staak/Weiser, Klinische Prüfung von Arzneimitteln).

Stallmach, Lena: Das genetische Schicksal abwenden, in Neue Zürcher Zeitung vom 21.Mai 2013, abrufbar unter http://www.nzz.ch/wissen/wissenschaft/das-genetische-schicksal-abwenden-1.18084780 (zuletzt abgerufen am 16.01.2018).

Starck, Christian: Praxis der Verfassungsauslegung, Baden-Baden 1994.

von Staudinger, Julius (Hrsg.): Kommentar zum Bürgerlichen Gesetzbuch, Buch 2 Recht der Schuldverhältnisse §§ 328 - 345, Berlin 2009 (zit.: Bearbeiter in Staudinger (Hrsg.), BGB, §).

Steindorf, Ernst: Anmerkung zum Urteil des BGH v. 6.11.1962, Az. VI ZR 29/62, JZ 1963, S. 370–371.

Steinfath, Holmer: Das Wechselspiel von Autonomie und Vertrauen – eine philosophische Einführung, in Steinfath, Holmer/Wiesemann, Claudia (Hrsg.) zusammen mit Anselm, Reiner/Duttge, Gunnar/Lipp, Volker/Nauck, Friedemann/Schicktanz, Silke, Autonomie und Vertrauen. Schlüsselbegriffe der modernen Medizin, Wiesbaden 2016, S. 11–68 (zit.: Steinfath in Steinfath/Wiesemann (Hrsg.), Autonomie und Vertrauen).

Stern, Klaus: Das Staatsrecht der Bundesrepublik Deutschland, Band III (Allgemeine Lehren der Grundrechte), 1. Halbband, München 1988 (zit.: Stern, Staatrecht Bd. III/I).

Stock, Meike: Der Probandenschutz bei der medizinischen Forschung am Menschen: unter besonderer Berücksichtigung der gesetzlich nicht geregelten Bereiche, Frankfurt am Main 1998 (zugl.: Göttingen, Univ., Diss., 1996) (zit.: Stock, Der Probandenschutz bei der medizinischen Forschung am Menschen).

Stockter, Ulrich: Das Verbot genetischer Diskriminierung und das Recht auf Achtung der Individualität: Gendiagnostik als Anlass für gleichheits- und persönlichkeitsrechtliche Erwägungen zum Umgang mit prognostischen und anderen statistischen Daten, Berlin 2008 (zugl.: Köln, Univ., Diss., 2005) (zit.: Stockter, Das Verbot genetischer Diskriminierung und das Recht auf Achtung der Individualität).

Stockter, Ulrich: Wissen als Option, nicht als Obliegenheit – Aufklärung, Einwilligung und Datenschutz in der Gendiagnostik, in Duttge, Gunnar/Engel, Wolfgang/Zoll, Barbara (Hrsg.), Das Gendiagnostikgesetz im Spannungsfeld von Humangenetik und Recht, Göttingen 2011, S. 27–41.

Strachan, Tom/Read, Andrew P.: Molekulare Humangenetik, 3. Auflage, Heidelberg 2005.

Strong, Carson: Spezifizierte Prinzipienethik: Was ist sie und löst sie Fälle wirklich besser als die Kasuistik?, in Rauprich, Oliver/Steger, Florian (Hrsg.), Prinzipienethik in der Biomedizin: Moralphilosophie und medizinische Praxis, Frankfurt am Main 2005, S. 291–314 (zit.: Strong in Rauprich/Steger (Hrsg.), Prinzipienethik in der Biomedizin).

Stumper, Kai: Informationelle Selbstbestimmung und DNA-Analysen, Zur Zulässigkeit der DNA-Analyse am Menschen angesichts des informationellen Selbstbestimmungsrechts aus Art. 2 I i.V.m. Art. 1 I GG, Frankfurt am Main Berlin 1996 (zugl.: Darmstadt, Techn. Hochsch., Diss., 1996) (zit.: Stumper, Informationelle Selbstbestimmung und DNA-Analysen).

Sundmacher, Julia Susanne: Die unterlassene Befunderhebung des Arztes: eine Auseinandersetzung mit der Rechtsprechung des BGH, Frankfurt am Main 2008 (zugl.: Köln, Univ., Diss., 2007) (zit.: Sundmacher, Die unterlassene Befunderhebung des Arztes).

Tag, Brigitte: Der Körperverletzungstatbestand im Spannungsfeld zwischen Patientenautonomie und Lex artis: eine arztstrafrechtliche Untersuchung, Berlin 2000 (zugl.: Heidelberg, Univ., Habil.-Schr., 1999 - 2000).

Tamm, Marina: Patientenrechtegesetz: ein neuer Vorstoß zur Kodifikation des ärztlichen Behandlungsvertrages, VuR 2012, S. 245–246.

Taupitz, Jochen: Die Standesordnungen der freien Berufe: geschichtliche Entwicklung, Funktionen, Stellung im Rechtssystem, Berlin 1991, (zugl.: Göttingen, Univ., Habil.-Schr., 1989) (zit.: Taupitz, Die Standesordnung der freien Berufe).

Taupitz, Jochen: Das Recht auf Nichtwissen, in Hanau, Peter/Lorenz, Egon/-Matthes, Hans C. (Hrsg.), Festschrift für Günther Wiese zum 70. Geburtstag, Neuwied u. a. 1998, S. 583–602 (zit.: Taupitz in Wiese-FS).

Taupitz, Jochen: Genetische Diagnostik und Versicherungsrecht, Karlsruhe 2000.

Taupitz, Jochen: Der Entwurf einer europäischen Datenschutz-Grundverordnung – Gefahren für die medizinische Forschung, MedR 2012, S. 423–428.

Terbille, Michael/Clausen, Tilman/Schroeder-Prinzen, Jörn: Münchener Anwaltshandbuch Medizinrecht, 2. überarb. und erw. Auflage, München 2013 (zit.: Bearbeiter in Terbille/Clausen/Schroeder-Printzen (Hrsg.), Münchener Anwaltshandbuch Medizinrecht, § Rn.).

Teufel, Andreas: BASICS Humangenetik, 1. Auflage München 2011 (zit.: Teufel, Humangenetik).

Thole, Larissa: Das Patientenrechtegesetz – Ziele der Politik, MedR 2013, S. 145–149.

Thole, Larissa/Schanz, Michael: Die Rechte der Patienten – transparent, verlässlich und ausgewogen, RDG 2013, S. 64–70.

Thomas, Heider: Zufallsfunde und Zufallsbefunde in der medizinischen Forschung, Baden-Baden 2018 (zugl. Düsseldorf, Univ., Diss 2018) (zit.: Thomas, Zufallsfunde und Zufallsbefunde).

Thomasius, Christian: Fundamenta juris naturae et gentium: ex sensi communi deducta, in quibus ubique secernuntur principia honesti, iusti ac decori, cum adiuncta emendatione ad ista fundamenta, institutionum iurisprudentiae divinae, Band 1, Halle 1718 (zit.: Thomasius, Fundamenta juris naturae et gentium, I Kap.).

Thurn, Peter: Das Patientenrechtegesetz – Sicht der Rechtsprechung, MedR 2013, S. 153–157.

Tieck, Ludwig/Schlegel, Fr.: „Novalis" Schriften 1. Teil, Berlin 1826.

TMF-Technologie und Methodenplattform für die vernetzte medizinische Forschung e.V.: Stellungnahme zum Entwurf des Europäischen Parlaments für eine Verordnung zum Schutz natürlicher Personen bei der Verarbeitung personenbezogener Daten und zum freien Datenverkehr (Datenschutzgrundordnung) unter Berücksichtigung des Entwurfs der Europäischen Kommission v. 29.07.2014, abrufbar unter http://bit.ly/1pHn9WZ (zuletzt abgerufen am 16.01.2018).

Townsend, Anne/Adam, Shelin/Birch, Patricia H./Friedman, Jan M.: Paternalism and the ACMG recommendations on genomic incidental findings: patients seen but not heard, Genet Med 2013, S. 751–752.

Treskes, K. et al.: High rates of clinically relevant incidential findings by total-body CT scanning in trauma patients; results of the REACT-2 trial, Eur Radiol (2017) 27: 2451–2453.

Tsambikakis, Michael: Keine Lockerung der ärztlichen Schweigepflicht, medstra 4/2015, S. 193–194.

Uhlenbruck, Wilhelm: Die Rechtspflicht des Arztes zu ausreichender postoperativer Schmerztherapie, MedR 1993, S. 296–299.

Ulsenheimer, Klaus (Hrsg.): Arztstrafrecht in der Praxis, 5. Auflage, Heidelberg 2015.

Unruh, Peter: Zur Dogmatik der grundrechtlichen Schutzpflichten, Berlin 1996.

Urbach, U./Solymosi, L./Jacobs, A./Voges, J./Sturm, V./Weller, M./Schlegel, Uwe: Diagnostik, in Schlegel, Uwe/Weller, Michael/Westphal, Manfred (Hrsg.), Neuroonkologie, 2. erw. Auflage, Stuttgart 2003, S. 55–83.

van den Daele, Wolfgang: Genetische Rationalisierung und Grundrechtsschutz: verfassungspolitische Aspekte der Anwendung der Genetik auf den Menschen, in Steger, Florian (Hrsg.), Die Herstellung der Natur: Chancen und Risiken der Gentechnologie, Bonn 1985, S. 135–149 (zit.: van den Daele in Steger (Hrsg.), Die Herstellung der Natur).

van Ness, Brian: Genomic Research and Incidental Findings, J Law Med Ethics 2008, S. 292–297.

Vernooji, Maike W./Ikram, M. Arfan/Tanghe, Hervé L./Vincent, Arnaud J. P. E./Hofman, Albert/Krestin, Gabriel P./Niessen, Wiro J./Breteler, Monique M. B./van der Lugt, Aad: Incidental Findings on Brain MRI in the General Population, The N Engl J Med 2007, S. 1821–1828 (zit.: Vernooji et al., N Engl J of Med 2007).

Viberg, Jennifer/Hansson, Mats/Langenskiöld, Sophie/Segerdahl, Pär: Incidental findings: the time is yet not ripe for a policy for biobanks, Eur J Hum Genet 2014, S. 437–441 (zit.: Viberg/Hansson/Langenskiöld/Segerdahl, Eur J Hum Genet 2014).

Vogeler, Marcus: Ethik-Kommissionen - Grundlagen, Haftung, Standards, Heidelberg 2011 (zugl.: Göttingen, Univ., Diss., 2010).

Voigt, Tobias: Anmerkung zum Urteil des BGH vom 21.12.2010, Az. VI ZR 284/09, MedR 2011, S. 648-651.

Völzke, Henry: MRT-Bildgebung in populationsbasierter Forschung, in Puls, Ralf/Hosten, Norbert (Hrsg.), Ganzkörper-MRT-Screening. Befunde und Zufallsbefunde, Berlin 2010, S. 17–24.

Von Bar, Nikolaus: Gesetzlich nicht normierte ärztliche Auskunfts- und Offenbarungspflichten, Berlin Heidelberg 2017 (zugl.: Göttingen, Univ., Diss., 2016).

Vossenkuhl, Cosima: Der Schutz genetischer Daten: unter besonderer Berücksichtigung des Gendiagnostikgesetzes, Heidelberg 2013 (zugl.: Frankfurt (Main), Univ., Diss., 2012) (zit.: Vossenkuhl, Der Schutz genetischer Daten).

Vossenkuhl, Wilhelm: Gerechtigkeit, Paternalismus und Vertrauen, in Fateh-Moghadam, Bijan/Sellmaier, Stephan/Vossenkuhl, Wilhelm (Hrsg.), Grenzen des Paternalismus, 1. Auflage, Stuttgart 2010, S. 163–181.

Waldschmidt, Anne: Der Selbstbestimmungsbegriff. Perspektiven chronisch kranker und behinderter Menschen, in Feuerstein, Günter/Kuhlmann, Ellen (Hrsg.), Neo-paternalistische Medizin: der Mythos der Selbstbestimmung im Arzt-Patienten-Verhältnis, Bern 1999, S. 115–130.

Wallace, Susan E./Kent, Alastair: Population Biobanks and returning individual research results. Mission impossible or new directions?, Hum Genet 2011, S. 393–401.

Weber, Frank/Knopf, Heinz: Incidental Findings in magnetic resonance imaging of the brains of healthy young men, J Neurol Sci 2006, S. 81–84.

Weckbach, S./Schlett, C. L./Bertheau, R. C./Kauczor, H.-U.: Der radiologische Zufallsbefund, Der Internist 2014, S. 1019–1025.

Wehling, Martin: Klinische Pharmakologie, 2. Auflage, Stuttgart 2011.

Wehling, Peter: Vom Nutzen des Nichtwissens, vom Nachteil des Wissens, in Wehling, Peter (Hrsg.), Vom Nutzen des Nichtwissens. Sozial- und kulturwissenschaftliche Perspektive, Bielefeld 2015, S. 9–52 (zit.: Wehling in Wehling (Hrsg.), Vom Nutzen des Nichtwissens).

Wehling, Peter: Die letzte Rettung? Das Recht auf Nichtwissen in Zeiten von Anlageträger-Screening und Genom-Sequenzierung, in Duttge, Gunnar/Lenk, Christian (Hrsg.), Das sogenannte Recht auf Nichtwissen. Normatives Fundament und anwendungspraktische Geltungskraft, Paderborn 2019, S. 233–251 (zit.: Wehling in Duttge/Lenk (Hrsg.), Das sogenannte Recht auf Nichtwissen).

Wellbrock, Rita: Datenschutzrechtliche Aspekte des Aufbaus von Biobanken für Forschungszwecke, MedR 2003, S. 77–82.

Westhofen, Martin: Experimente am Menschen in der Medizin. Methodologie der Medizinwissenschaften, Akzeptanz der Öffentlichkeit, in Brudermüller, Gerd/Hauck, Max/Lücker, Peter/Seelmann, Kurt/Westhofen, Martin (Hrsg.), Forschung am Menschen. Ethische Grenzen medizinischer Machbarkeit, Würzburg 2005, S. 97–106 (zit.: Westhofen in Brudermüller/Hauck/Lücker/Seelmann/Westhofen (Hrsg.), Forschung am Menschen).

Wetzke, Martin/Happle, Christine: BASICS Bildgebende Verfahren, 2. Auflage, München 2009 (zit.: Wetzke/Happle, Bildgebende Verfahren).

Wiese, Günther: Gibt es ein Recht auf Nichtwissen? – Dargestellt am Beispiel der genetischen Veranlagung von Arbeitnehmern -, in Jayme, Erik (Hrsg.), Festschrift für Hubert Niederländer: zum siebzigsten Geburtstag am 10. Februar 1991, Heidelberg 1991, S. 475–488 (zit.: Wiese in Niederländer-FS).

Wiesemann, Claudia: Die Autonomie des Patienten in der modernen Medizin, in Wiesemann, Claudia/Simon, Alfred (Hrsg.), Patientenautonomie. Theoretische Grundlagen – Praktische Anwendungen, Münster 2013, S. 13–26 (zit.: Wiesemann in Wiesemann/Simon (Hrsg.), Patientenautonomie).

Wiesing, Urban: Vom Nutzen und Nachteil der Prinzipienethik in der Medizin, in Rauprich, Oliver/Steger, Florian (Hrsg.), Prinzipienethik in der Biomedizin: Moralphilosophie und medizinische Praxis, Frankfurt am Main 2005, S. 74–87 (zit.: Wiesing in Rauprich/Steger (Hrsg.), Prinzipienethik in der Biomedizin).

Winkler, Eva C./Ose, Dominik/Glimm, Hanno/Tanner, Klaus/von Kalle, Christof: Personalisierte Medizin und Informed Consent: Klinische und ethische Erwägungen im Rahmen der Entwicklung einer Best Practice Leitlinie für die biobankbasierte Ganzgenomforschung in der Onkologie, Ethik Med 2013, S. 195–203.

Winter, Stefan F./Fenger, Hermann/Schreiber, Hans-Ludwig: Genmedizin und Recht, 1. Auflage, München 2001.

Wolf, Susan M./Annas, George J./Elias, Sherman: Patient Autonomy and Incidental Findings in Clinical Genomics, Science 2013, S. 1049–1050.

Wolf, Susan M./Crock, Brittney N./Van Ness, Brian/Lawrenz, Frances/Kahn, Jeffrey P./Beskow, Laura M./Cho, Mildred K./Christman, Michael F./Green, Robert C./Hall, Ralph/Illes, Judy/Keane, Moira/Knoppers, Bartha M./Koenig, Barbara A./Kohane, Isaac S./LeRoy, Bonnie/Maschke, Karen J./McGeveran, William/Ossorio, Pilar/Parker, Lisa S./Petersen, Gloria M./Richardson, Henry S./Scott, Joan A./Terry, Sharon F./Wilfond, Benjamin S./Wolf, Wendy A.: Managing incidental findings and research results in genomic research involving biobanks and archived data sets, Genet Med 2012, S. 361–248 (zit.: Wolf et al., Genet Med 2012).

Wolf, Susan M./Lawrenz, Frances P./Nelson, Charles A./Kahn, Jeffrey P./Cho, Mildred K./Clayton, Ellen Wright/Fletcher, Joel G./Georgieff, Michael/Hammerschmidt, Dale/Hudson, Kathy/Illes, Judy/Kapur, Vivek/Keane, Moira A./Koenig, Barbara A./LeRoy, Bonnie S./McFarland, Elizabeth G./Paradise, Jordan/Parker, Lisa S./Terry, Sharon F./Van Ness, Brian/Wilfond, Banjamin S.: Managing Incidental Findings in Human Subjects Research: Analysis and Recommendations, J Law Med Ethics 2008, S. 219–248 (zit.: Wolf et al., J Law Med Ethics 2008).

Wollenschläger, Ferdinand: Der Drittbezug prädiktiver Gendiagnostik im Spannungsfeld der Grundrechte auf Wissen, Nichtwissen und Geheimhaltung. Krankheitsveranlagungen im Familienverbund und das neue Gendiagnostikgesetz, AöR 2013, S. 161–203.

Woopen, Christiane/Rummer, Anne: Beratung im Kontext von Pränataldiagnostik und Schwangerschaftsabbruch, MedR 2009, S. 130–138.

Zerres, Klaus: Einführung zur Stellungnahme der Deutschen Gesellschaft für Humangenetik e.V. zu genetischen Zusatzbefunden in Diagnostik und Forschung, in Lanzerath, Dirk/Rietschel, Marcella/Heinrichs, Bert/Schmäl,

Christine (Hrsg.), Incidental Findings. Scientific, Legal and Ethical Issues, 1. Auflage, Köln 2014, S. 111–114.

Ziegler, Andreas: Genetische Epidemiologie – Gegenwart und Zukunft, DÄ 1999, A 2342–2346.

Zuck, Rüdiger: Biomedizin als Rechtsgebiet, MedR 2008, S. 57–61.

www.ingramcontent.com/pod-product-compliance
Ingram Content Group UK Ltd.
Pitfield, Milton Keynes, MK11 3LW, UK
UKHW021827290926
8980IPUK00004B/294

9 783631 797334